U0731627

北京·中关村
民营科技大事记

（中卷）

1991—1997

纪世瀛 齐 忠 著

团结出版社

图书在版编目（CIP）数据

北京·中关村民营科技大事记．中卷，1991—1997 /
纪世瀛，齐忠著．-- 北京：团结出版社，2023.10
ISBN 978-7-5234-0194-1

Ⅰ．①北… Ⅱ．①纪… ②齐… Ⅲ．①民营企业 – 高
技术企业 – 大事记 – 海淀区 – 1991-1997 Ⅳ．
① F279.245

中国国家版本馆 CIP 数据核字（2023）第 180740 号

出　　版：团结出版社
　　　　　（北京市东城区东皇城根南街 84 号　邮编：100006）
电　　话：（010）65228880　65244790（出版社）
网　　址：http://www.tjpress.com
E-mail：zb65244790@vip.163.com
经　　销：全国新华书店
印　　装：三河市东方印刷有限公司

开　　本：170mm×240mm　16 开
印　　张：66.75
字　　数：950 千字
版　　次：2023 年 10 月　第 1 版
印　　次：2023 年 10 月　第 1 次印刷

书　　号：978-7-5234-0194-1
定　　价：168.00 元（全两册）
　　　　　（版权所属，盗版必究）

本书谨献给

北京·中关村电子一条街民营科技企业创办四十周年

（1980 年 10 月 23 日—2020 年 10 月 23 日）

目　录

1992 年   133

1994 年　　　　　　343

1995 年　393

1996 年   423

1991 年

1991年——北京及中关村民营科技企业概况

　　1991年，北京及中关村电子一条街民营科技企业，虽然完成原始资本积累阶段，但是没有顺利进入发展阶段，处于低潮时期。民营科技企业数量，在全国及北京市处于萎缩、消减、倒退状态。

　　1990年，以民营科技企业群体为主的北京市新技术产业开发试验区（以下简称为"试验区"），新技术企业为974家。而在1991年，试验区新技术企业为1343家，其中全民所有制企业338家、民营企业707家、联营企业158家、三资企业140家。[①]造成北京及中关村电子一条街民营科技企业这种萎缩、消减、倒退现象主要是以下几点原因。

　　1. 对民营科技企业姓"社"、姓"资"的质疑

　　1989年夏，发生"四通公司事件"。四通公司是中国大陆和北京市及中关村电子一条街最大的民营科技企业。"四通公司事件"使不少人对民营科技企业姓"社"、姓"资"的性质进行质疑，认为民营科技企业是非公有制经济，"非公即私"是私营企业。这种"警察看小偷"的错误认识，不仅是对民营科技企业的误解，也人为地使民营科技企业处于恶劣的生存环境。

　　1990年，北京市不少区县拒绝私营性质的科技企业认定与注册。

　　1991年6月14日，中关村四大公司之一——中科院计算所、科仪厂与海淀农工商总公司共同出资300万元人民币合办的股份制企业信通公司爆发走私案，走私金额高达7269.5万元人民币，相当于2021年70亿元人民币。信通公司走私案成为1991年中国最大的走私案，使中科院一些人及有关部门人士，对中国科学院每年出资3000万元人民币开办公司的做法产生质疑。[②]

　　这些情况引发了一系列对民营科技企业条条框框的束缚，使北京市及中关村电子一条街民营科技企业的数量下降。

　　2. 全国第二次清理整顿公司

　　1988年10月，在全国范围内进行第二次清理整顿公司，1991年夏，全国第二次清理整顿公司结束。

在全国范围内进行第二次清理整顿公司中，民营科技企业成为重点清理整顿对象。例如，有不少人认为，上海国有企业可以主导一切，不需要民营科技企业，上海上千家民营科技企业几乎全军覆灭。安徽省马鞍山市上百家民营科技企业，在第二次清理整顿公司结束后，只剩下十三家。

2007年9月12日，北京市工商部门原某副局长，曾任北京市清理整顿公司办公室主任，他在接受作者齐忠采访时说："当年不少企业负责人把我们北京市清理整顿公司办公室，称为'砍办'，就是砍倒公司办公室的意思。"

1989年，北京市公司总数为5677家，海淀区拥有公司1289家，占北京市公司总数的22.7%，居北京市各区县第一位。

1991年6月30日，海淀区清理整顿公司工作结束，海淀区企业数量为10973家，注销企业数量为1739家。

北京市新技术产业开发试验区共有科技企业857家，公司561家。其中有关部门、部队等单位负责清理整顿的公司411家，北京市所属的单位负责清理整顿的公司35家，海淀区负责清理整顿的公司123家。在清理整顿结束后，北京市新技术产业开发试验区海淀区负责清理整顿的123家公司中，保留103家、撤销14家、合并6家。[③]

北京市新技术产业开发试验区办公室原主任、北京市原副市长胡昭广回忆第二次清理整顿公司工作时说："市工商局把清理整顿公司的复查审核权交给了试验区，所以在清理整顿的公司中，我们这个开发区没有受到太大影响，迈过了这个坎。"[④]从胡昭广的回忆中，不难看出全国第二次清理整顿公司对企业的打击有多大。

3. 中国乡镇企业的兴起

1987—1991年，中国乡镇企业异军突起。

1987年，中国乡镇企业发展的第一个"黄金时代"，中国乡镇企业产业产值合计增加到4854亿元人民币，这相当于中国农业总产值的

104%，首次超过了中国农业总产值。

农业部及中国各省、自治区、直辖市都非常重视乡镇企业，成立正式的乡镇企业管理局管理机构。

1991年，据不完全统计，北京乡镇企业18000家，从业人员90万人，产值171亿元人民币。而北京民营科技企业，全市只有2184家，从业人员4万人，技、工、贸总收入在40亿元人民币左右。⑤

面对中国乡镇企业经济的异军突起，民营科技企业还是弱小的，在有些人的眼里可有可无。但是北京及中关村民营科技企业在1991年还是呈现出比较迅猛的发展势头。

1991年，四通公司全年销售总额达到20亿元人民币，利润为1亿元人民币，生产总值达5亿多元人民币。⑥

1991年，北京市新技术产业开发试验区新技术企业技、工、贸总收入为37亿元人民币，工业总产值为12亿元人民币。⑦

一、珍贵历史资料

1. 科学技术是第一生产力

1988年9月5日，邓小平在会见外宾时指出："马克思说过，科学技术是生产力，事实证明这话讲得很对，依我看，科学技术是第一生产力。"⑧

2. 中关村地标位置的确定

1954年，北京大学（原燕京大学）为了扩建，征用中官村甲16号农民刘瑞在土改时分到的原燕京大学义地。农民刘瑞原是燕京大学义地的看坟人。后来中关村各方面人士确定中关村地标位置时，最后认定该处为中关村最早的地标。（见下页图）

二、中关村早期历史名词解释："企业"与"公司"

1988—1992年，"企业"与"公司"是两个概念。企业包括公司，也包括一些非公司的经营单位。例如，著名民营科技企业家张大中创

位于北京大学东门的中关村地标碑。1954 年，北京大学征用中官村甲 16 号农民刘瑞土改时分到的土地，从此确定该处为中关村的地标。齐忠摄影。

办的大中电器公司的前身"张记电器加工铺"，著名民营科技企业家王文京创办的用友公司前身"用友财务软件服务部"，北京及中关村首家校办民营科技企业——清华大学教授倪振伟创办的"海华新技术开发中心"等。这些非公司的经营单位，注册资金在几千元至几万元人民币，雇员1—8人，但是不能超过8人。

对于公司，有关工商部门规定，公司的注册资金要求是50万元人民币，雇员可以在8人以上，还要有局以上的主管单位。

1993年12月29日，第八届全国人民代表大会常务委员会第五次会议通过《中华人民共和国公司法》以后，新成立的非公司经营单位就不准注册了，要以公司的形式在工商局注册登记。

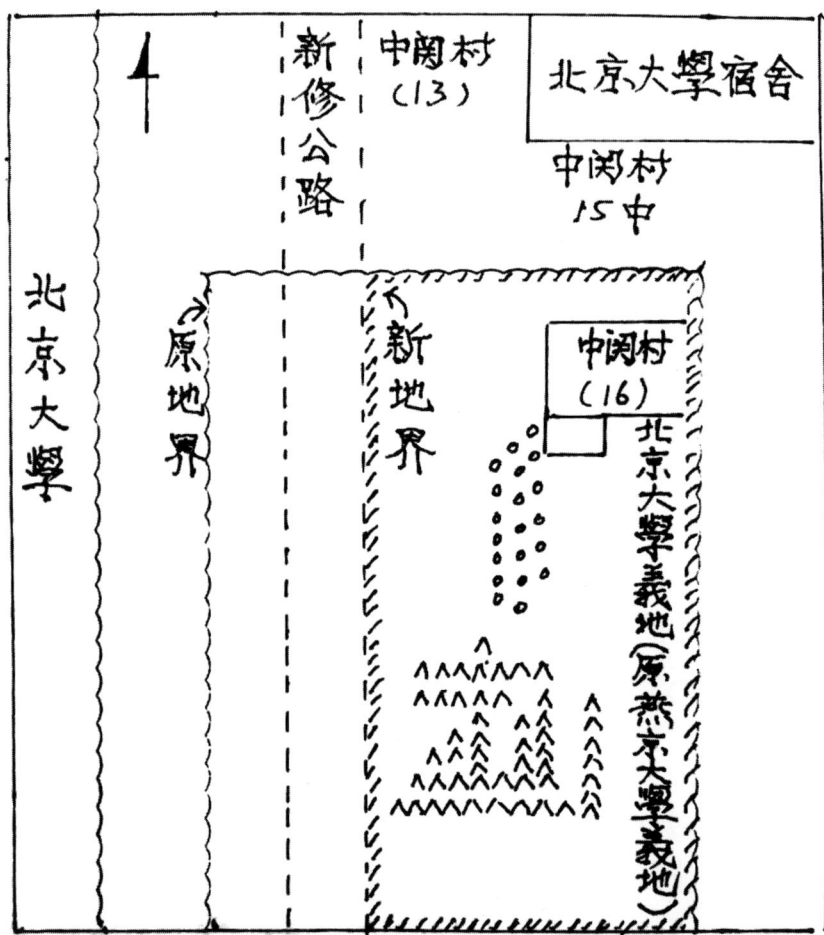

1954年，《北京大学义地面积图》上的中关村，该图为手绘草图，比例为1：1000。[9]齐忠摄影。

参考资料：

①来自北京市海淀区政协出版的《中关村》，该资料由齐忠收藏。

②来自中国科学院撰写的《中国科学院 1983—2002 年促进高技术产业发展大事记》，该资料由齐忠收藏。

③来自海淀区原副区长王纪平《关于我区进一步清理整顿公司情况的报告》，该资料由齐忠收藏。

④来自北京市政协出版的《中关村创业史话》，该资料由齐忠收藏。

⑤来自 1991 年《科技之光报》第 8—9 期合刊，该资料由齐忠收藏。

⑥来自四通公司内部刊物《四通人》第 128 期，该资料由齐忠收藏。

⑦来自北京市新技术产业开发试验区办公室回忆录《铺路石》，该资料由齐忠收藏。

⑧来自中共中央党史和文献研究院出版的《改革开放四十年大事记》，该资料由齐忠收藏。

⑨来自北京市海淀区政协出版的《中关村》，该资料由齐忠收藏。

1991 年 1 月 7 日——海淀区政府、试验区推出《上地产业基地规划开发意见》与上地产业基地的启动和运作过程

一、上地产业基地的启动

1991 年 1 月 7 日，北京市海淀区政府、北京市新技术产业开发试验区（以下简称"试验区"）推出《上地产业基地规划开发意见》，并向国家科委主任宋健汇报。宋健指示："新的基地要以信息高技术为主，发展 CAD 技术并兼顾其他。"（CAD 为 Computer Aided Design 的缩写，翻译中文为"计算机辅助设计"）

1991年10月12日，国务委员、国家科委主任宋健，在上地信息产业基地正式开工仪式上讲话。齐忠摄影。

试验区办公室工作人员，在讨论上地产业基地开发工作。左二：试验区企管部负责人邵欣平；左五：试验区总工程师郑建中；左六：试验区副主任胡定淮；左七：试验区主任胡昭广；左九：试验区副主任王思红。照片来自试验区中英文宣传册。齐忠收藏。

1991年1月17日，北京市常务副市长张百发、副市长陆宇澄，在海淀区东北旺上地村召开有26个有关单位负责人参加的现场办公会，会议决定建立"北京市新技术产业开发试验区上地信息产业基地"（以下简称"上地产业基地"）。①

5月31日，北京市政府成立了"上地产业基地建立领导小组"，张百发、陆宇澄分别为正、副组长，首都规划委员会办公室主任赵知敬任总指挥，海淀区常务副区长、试验区办公室主任胡昭广和副区长许树迎任副总指挥。

10月12日，上地产业基地正式开工。②

二、上地村当年的状况与名称的历史变革

1. 上地村当年的状况

1991年，上地村由东北旺乡上地村委会管辖，村呈三角形，共有村民381户1220人。村北有占地共60亩的鱼池4个。③

1986年7月25日，北京市海淀区中日友好人民公社上地大队的公章。齐忠摄影。

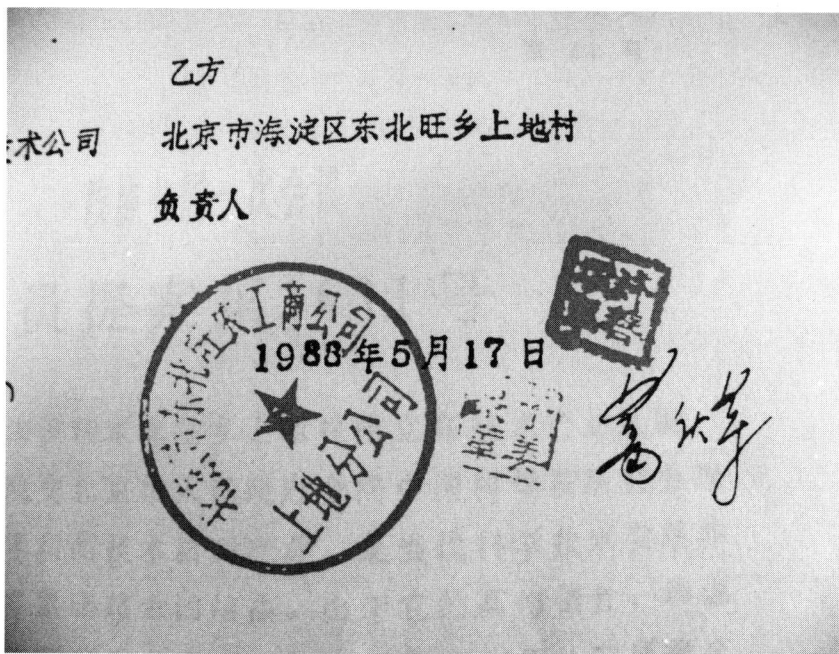

1988年5月17日，北京市东北旺农工商公司上地分公司的公章。齐忠摄影。

2. 上地村名称的历史变革

1958年，在人民公社化高潮后，上地村由"北京市海淀区中日友好人民公社"管辖，称为"北京市海淀区中日友好人民公社上地大队"。

1988年5月，上地村在改革开放大潮的推动下，又称为"北京市东北旺农工商公司上地分公司"，这也是海淀区改革开放的珍贵历史见证。

1989年，上地村由北京市海淀区东北旺乡政府管辖，称为"上地村"。

三、最早入驻上地的两家科技企业

1984年9月19日，中关村首家公司"北京等离子体学会先进技术发展服务部"创始人之一，纪世瀛带领陷入困境的华夏所骨干和技术人员奔赴上地，借款五万元，与"东升公社清河大队第六小队"洽谈签订租赁土地合作协议，租赁上地体院西路的10亩地场院。

1985年12月30日，纪世瀛自筹资金，拆除马棚和猪圈，终于建成1040平方米的科学实验楼，成为中关村民营科技企业第一次建成自有的

1984 年 10 月 18 日，纪世瀛在上地体院西路科学实验楼施工现场。图片为纪世瀛提供。

科学实验楼。

该基地陆续扩建，后来成为民营科技企业"北京市理化应用技术研究所"总部和"民营科技创业园"。

1984 年 10 月 31 日，中科院声学所科研人员屠焰创办的中科院所属的国有企业"科理高公司"与"中日友好人民公社上地大队"签订合作协议，双方筹建"科理新材料公司"，"中日友好人民公社上地大队"将 17.4 亩土地提供给科理高公司使用。

北京市理化应用技术研究所、科理高公司，成为最早进入上地的中关村科技企业。

四、上地产业基地建立的原因

1980—1990 年，中关村及试验区科技公司完成了资本积累阶段，进入发展阶段。科技公司的业务也从贸易为主变为生产自主研发高科技产品为主，这就是中关村科技公司贸、工、技的发展道路。而由于中关村电子一条街及试验区的地域空间有限，中关村及试验区科技公司，很难在此建造大型制造工厂。

当年四通公司打字机虽然闻名全国，但是只能从四季青乡购买北坞地区一块小小的地皮，建造四通打字机的生产制造工厂。四通打字机售后培训基地，只好租赁中关村第三小学的房子来办。

随着四通打字机销售量的不断扩大，中关村及试验区无法提供生产基地，四通公司只好在深圳特区八卦岭地区购买地皮，建立生产四通打字机、有关打印机的24针打印头生产基地。

联想公司、王码电脑公司等多家科技企业，在广东惠州投入巨资大量购买地皮建立生产基地。联想公司在广东惠州建立的计算机板卡生产基地，投资上亿元人民币，而且效果巨大。联想公司生产的计算机板卡，出口到世界各地，成为替代联想汉卡的第二个"拳头"产品。北大新技术公司（北大方正公司前身）在东莞市石龙镇建厂。

亚都公司生产的亚都加湿器虽然在全国名列前茅，也只能在天津某县建立生产亚都加湿器的生产基地。

当年位于中关村黄庄胡同里的众多公司，现为中关村家乐福超市东门。齐忠摄影。

中关村及试验区科技公司，在我国南方地区投入巨资建立生产基地，被人们称为"孔雀东南飞"。

此外，中关村及试验区不少科技公司虽然有钱，但是在中关村及试验区却无法拥有自己的办公大楼。中关村及试验区科技公司只好在胡同里、某小学、某机构租赁住房办公。

亚都公司租赁魏公村小学几间房子作为办公总部，时代公司租赁海淀区商委的房子办公，瑞星公司租赁颐宾楼旅馆几间客房办公，不少公司甚至租赁胡同中的民房办公。

四通公司与联想公司也只好共同租赁海淀煤炭公司的一座大楼共同办公。

2004年5月16日，在四通公司举行公司成立二十周年的大会上，联想公司董事长柳传志当场赋诗一首，其中有"一楼二主两公司，风雨相伴十几年"。从这两句诗中，不难看出中关村及试验区地域的狭小，阻碍了中关村及试验区科技公司的发展。

人们将中关村及试验区科技公司这种奇特的办公方式称为"螺蛳壳里做道场"。所以，北京市政府与试验区推动上地产业基地的建立是必然趋势。

五、上地产业基地面积与建筑面积和规划

上地产业基地位于海淀区东北旺上地村，东起京包铁路，西至上地西路，南起上地南路，北至西二旗北路。占地面积223.7公顷，总规划建筑面积261.92万平方米，并分为南区与北区。[③]

上地产业基地规划首创了"六图、二书"模式。"六图"即现状图、道路规划图、竖向规划图、市政建设及管网综合规划图、绿化规划图。"二书"即《工业详细规划说明书》《环境影响评价报告书》。

六、上地产业基地投入资金

1991年10月12日，上地产业基地南区正式开工建设。

上地产业基地南区总建设用地面积为181.6公顷，建设用地171.5公顷。规划建筑总面积130万平方米，分三期工程建设，一期工程总投资2.21亿元人民币，由海淀区自筹资金。

截至1995年12月31日，共投入资金9.02亿元人民币。④

2000年6月，上地产业基地北区正式开工建设，一级开发投入4.14亿元人民币。⑤

七、建设上地产业基地的资金来源

1991年10月，试验区首先利用税收返还资金2000万元人民币，作为上地产业基地的启动资金。

1992年3月26日，试验区创办"北京实创高科技发展总公司"（以下简称"实创公司"），注册资金是试验区的税收返还资金5000万元人民币，主要也是作为上地产业基地的启动资金。实创公司除全面负责上地基地的开发、经营和管理外，还涉及房地产开发、进出口贸易等诸多领域的业务。

1992年3月26日上午，北京市政府、海淀区政府、试验区在北京香格里拉饭店召开"北京新技术产业开发试验区土地使用权有偿出让转让新闻发布会"。会上，有70多名中外记者和100多名中外企业家参加。

北京市副市长陆宇澄，代表北京市政府宣布："将占地1.8平方公里的上地信息产业基地土地使用权，由政府土地管理部门出让给实创公司。"

实创公司在会上和四通公司、时代公司、大庆石油进出口公司、英思泰克公司、北大新技术公司、天津开发区公司、机电部六所华科新技术开发公司等8家新技术企业，签订土地使用权有偿转让合同，实创公司获得4000万元人民币转让费。⑥

1992年5月23日，实创公司又与17家企业签订土地使用权转让合同，共转让土地11.5万平方米，占基地工业用地面积的16.57%，实创公司获得近亿元人民币。招商引资的成功缓解了实创公司资金的紧张状况，使开发工程得以快速地进行。

企业在购买了上地产业基地土地使用权后，再投入资金建造本企业的生产基地与办公大楼，然后用生产基地与办公大楼作为股份与外资合作，使企业快速发展。四通公司与日本三菱公司，在上地产业基地合资的四通三菱芯片生产公司，就是一个典型的例子。

八、北京及中关村民营科技企业入驻上地产业基地情况

1992 年 3 月 26 日，北京市政府、海淀区政府、试验区在香格里拉饭店召开"北京市新技术产业开发试验区土地使用权有偿出让新闻发布会"，四通公司、时代公司、北大新技术公司（北大方正公司前身）、大庆石油进出口公司、英思泰克公司、天津开发区公司、机电部六所新技

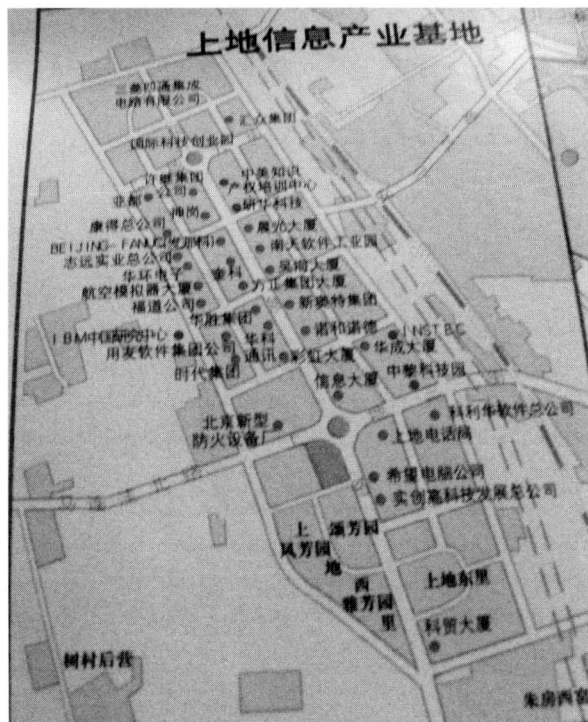

2003 年，上地产业基地内的科技企业位置图。齐忠摄影。

术开发公司等8家企业签署土地使用权有偿出让合同。⑦

不久，中关村民营科技企业联想公司、用友公司、亚都公司、新奥特公司、科利华公司、百度公司等也入驻上地产业基地。

九、北京市税务局对试验区税收返还优惠政策

1988年9月7日，北京市税务局下发市税二字〔1988〕621号文件。该文件第四条规定："根据《条例》第十六条'试验区内新技术企业所缴各项税款，以1987年为基数，新增部分5年内全部返还给海淀区'的规定，其基数应按以下办法确定：1. 试验区内原有新技术企业以1987年实缴税款为基数。2. 试验区建立后新成立的新技术企业不计算基数。3. 试验区建立后迁入的企业，应以迁入前一年（对头计算）实缴税款为基数。"

综上文件规定，例如，以1987年，试验区新技术企业上缴税金为4000万元人民币为基数。如果试验区新技术企业在1988年底完成上缴税金5000万元人民币，就要返还1000万元人民币税金给海淀区，作为试验区财政支出和发展基金，并且五年内不变。⑧

1991年10月12日，试验区创办实创公司，该公司注册资金5000万元人民币，就是来自试验区的税收返还资金。⑨

北京市丰台科技园区等其他北京市科技园也享受税收返还优惠政策。⑩

十、试验区历史名词解释："孔雀东南飞"

1991年，中关村科技企业进入发展阶段，从贸易进入产品制造业阶段，中关村及试验区没有地方容纳这些企业建立工厂进行产品制造，被人们称为"螺蛳壳里做道场"。不少企业只好到南方发展建立工厂，当年广东惠州最为开放，吸引了不少中关村企业。联想公司、王码电脑公司等纷纷投巨资到惠州建厂，仅联想公司投资就高达1亿多元人民币，试验区负责人称这种现象为"孔雀东南飞"。

1991年，由于中关村地域空间太小，不少企业办公用房只好租用中关村胡同里的居民住宅，被称为"胡同公司"，这成为中关村的一大奇观。

十一、上地产业基地为北京及中关村民营科技企业发展作出巨大贡献

试验区上地产业基地的建立，为北京及中关村民营科技企业发展作出巨大贡献。据不完全统计，北京及中关村民营科技企业在上地产业基地落户的有四通公司、联想公司、用友公司、时代公司、龙兴公司、希望公司、新奥特公司、北大方正公司、亚都公司、科利华公司、清华同方公司等。

北京及中关村民营科技企业，不仅在上地产业基地获得办公大楼、生产基地，还从上地产业基地配套设施中为员工获得住宅，提高了企业的凝聚力。

用友公司董事长兼总裁王文京先生，在上地产业基地用友大厦建成后不久，他说："现在我们虽然进入互联网时代，用电脑加鼠标就可以完成工作，所以很多人认为用友大厦的建造不合时宜浪费资源。但是中国的国情与国外不同，用友大厦的建立为公司带来极好的企业形象与生存环境，公司的许多大的订单都是在用友大厦签订的。"

时代公司为员工购买上地产业基地住宅，提供了优惠的条件。员工在购买住宅时，公司提供购房款的30%资金，减轻了员工的负担。

上地产业基地的建立，还开创了中关村民营科技企业经营房地产的先例，从此使很多中关村民营科技企业开始进入房地产领域，从靠卖电脑（贸、工、技）到靠经营房地产盈利来养研发部门。最为成功的是用友公司在海淀北清路永丰基地开创的"用友软件园"。

十二、珍贵历史文献——北京市税务局对试验区税收返还文件

北京市税务局市税二字〔1988〕621号
关于贯彻《北京市新技术产业开发试验区暂行条例》及其《实施办法》
有关税收问题的补充通知

1988年9月7日

海淀区分局（区税务局）：

为了促进我市新技术产业开发试验区的发展，认真贯彻执行税收优惠政策，根据市人民政府京政发〔1988〕49号《关于发布〈北京市新技术产业开发试验区暂行条例〉的通知》（以下简称《条例》）和京政发〔1988〕57号发布的《北京市新技术产业开发试验区暂行条例实施办法》的通知精神，经研究，现对有关税收政策中的几个问题，补充通知如下：

一、北京市新技术产业开发试验区（以下简称试验区）内经开发试验区办公室审批核定的新技术企业（以下简称新技术企业），按照国家有关规定，必须自领取营业执照之日起三十日内，向当地税务部门办理税务登记。

二、在试验区内享受新技术企业税收优惠政策的均以独立核算的企业法人为单位。凡总机构设在试验区内的新技术企业，其设在试验区以外不具备法人资格，与新技术企业实行统一核算，统负盈亏的分支机构，享受试验区税收优惠政策（建筑税按规定征收）；凡总机构设在试验区以外，其分支机构设在试验区以内具备独立核算法人资格的新技术企业，享受试验区税收优惠政策。

三、新技术企业按《北京市新技术产业开发试验区内新技术企业核定暂行办法》第七条第（2）项规定，凡技术性收入占总收入的比例达到规定比例时，享受试验区税收优惠政策，就其全部所得给予减免税照顾，达不到规定比例时，不得享受试验区税收优惠政策。对新技术企业按照规定的条件和标准，实行"按季考核，年终清算"的办法。

四、根据《条例》第十六条"试验区内新技术企业所缴各项税款，以 1987 年为基数，新增部分 5 年内全部返还给海淀区"的规定，其基数应按以下办法确定：

1. 试验区内原有新技术企业以 1987 年实缴税款为基数。

2. 试验区建立后新成立的新技术企业不计算基数。

3. 试验区建立后迁入的企业，应以迁入前一年（对头计算）实缴税款为基数。

五、新技术企业设置的"国家扶植基金"是指在试验区内新技术企业减按 15% 税率征收所得税的基础上给予减税和免税的数额。

六、新技术企业未经批准，擅自转业、歇业或不按规定使用减免税款的，由税务部门将减免的税款按税种入库级次追缴入库。

七、《条例》第七条所称"新技术企业所用贷款经税务部门批准，可税前还贷"系指：

1. 银行等金融机构和国家指定的部门发放的贷款。贷款的项目和范围应按市税务局有关规定执行。

2. 新技术企业所用贷款须经税务部门批准，其中全民企业商财政部门批准。

3. 企业在归还贷款本息期间，先用提取的折旧基金归还，不足部分经批准用项目投产后新增利润在税前归还。凡新技术企业用各种贷款进行的单项工程，新增建筑面积超过原有建筑面积 30% 或土建工程的资金超过工程投资总额 20% 的项目，应视同基本建设贷款，一律不准用税前新增利润归还，对中途停建以及没有达到预期经济效果和不能按期归还贷款本息，银行加收利息的，一律不准用税前新增利润归还。

4. 国家对"税前还贷"办法有新规定时，按国家新规定办理。

八、试验区内，外商投资企业符合新技术企业标准的，可享受试验区《条例》第五条所规定的减免税优惠，其余仍按原外商投资企业有关税收规定执行。

九、新技术企业在征收 15% 所得税基础上按规定减免的所得税暂免缴纳能源交通重点建设基金。

十、凡享受新技术企业所得税优惠政策的，除另有规定外，原则上不再享受行业和部门所得税减免税规定。

十一、新技术企业在试验区建立之前，已开办的，其减免税的期限自企业领取营业执照之日起连续计算。试验区内新技术企业所得税的优惠政策从 1988 年 5 月份起执行。以前已征收的税款不再退库。

十二、新技术企业以自筹资金翻扩建生产、经营性用房和技术改造项目，比照《条例》第五条第四款的规定办理。

十三、新技术企业的减税、免税，由海淀区税务分局按规定办理并将批准的新技术企业减免税情况，按季列表汇总上报市局。对新技术企业减免税款的使用以及各项税款超基数返还情况，由海淀区税务分局每半年向市局报告一次。

十四、试验区内新技术企业的有关税收问题，由税务部门负责解释。

参考资料：

①来自海淀区政协出版的《中关村》，中关村科技园区管理委员会编辑的《中关村 30 年大事记》，该资料由齐忠收藏。

②来自海淀区政协出版的《中关村》，该资料由齐忠收藏。

③来自《海淀地名志》第 251 页，该资料由齐忠收藏。

④来自《北京市海淀区志》第 434 页，该资料由齐忠收藏。

⑤来自《中关村科技园区志》，该资料由齐忠收藏。

⑥来自《中关村改革风云纪事》，该资料由齐忠收藏。

⑦来自《中关村创新发展 40 年大事选编》，该资料由齐忠收藏。

⑧来自北京市税务局下发的市税二字〔1988〕621 号文件，该资料由齐忠收藏。

⑨来自《中关村改革风云纪事》，该资料由齐忠收藏。

⑩来自《中关村科技园区志》第 731 页，该资料由齐忠收藏。

1991 年 1 月 18 日——中科院召开科技开发工作会议，会上联想公司总裁柳传志谈"大船结构"管理模式、信通公司总裁金燕静谈公司发展战略与经营管理，及钟琪女士回忆录：中科院"一院两制"的起源和在中关村创办科技产业的历程，吕谭平谈香港联想公司初创历史

1991 年 1 月 18 日，中国科学院在北京召开"科技开发工作会议"，联想公司总裁柳传志在会上介绍公司首次推出"大船结构"的管理模式，对公司在发展阶段的管理进行新的探索。柳传志在发言中还详细地介绍了联想公司从 1984 年 11 月成立，到 1990 年的经营业绩、经营规模、对中科院计算所的贡献，以及联想公司今后的发展，是研究联想公司发展阶段的珍贵历史文献。

信通公司总裁金燕静（女）在这次会议上，介绍了信通公司发展战略与经营管理等，以及 1991 年底信通公司要创外汇 1000 万美元的计划，是研究信通公司发展阶段的珍贵历史文献。

1986 年，中科院第二期经理人培训班合影。后排右四：中科院院长周光召；前排右一：张云岗，后任中科院副秘书长；右三：中科院计划局钟琪（女），后任中科院新技术企业管理局副局长。图片由钟琪女士提供。

本节还以珍贵历史文献的方式，刊登了中科院高企局原副局长钟琪（女）回忆录，该回忆录记载了1983年中科院创办公司的起源，中科院在中关村创办首家公司科海公司，以及希望公司的历史过程，是研究中科院创办公司初期的珍贵历史文献。

本节还以历史资料的方式，刊登了北京联想计算机集团公司原副总裁、香港联想公司原总经理吕谭平的讲话，吕谭平在讲话中叙述了他与柳传志先生合作创办香港联想公司的过程，这是人们唯一能见到的吕谭平先生的相关资料，也是还原香港联想公司创办历史原貌的宝贵资料。

本节不仅真实地还原1983年至1991年，中科院在北京及中关村开办"国有民营"科技企业发展历史，也是改革开放中我国科技体制改革，中国科学院伟大革命开公司的真实写照！

一、柳传志在中科院"科技开发工作会议"上的发言

既做"船主"，也当"船长" 办好高技术企业集团

联想集团公司总裁　柳传志

1991 年 1 月 18 日

在刚刚结束的院工作会议上，周光召院长提出了20世纪90年代的三大奋斗目标，再次明确了"一院两制"的战略方针，提出开发工作要"形成几个能不断开发新技术、新产品，具有现代化管理的，有一定规模和国际竞争能力的高技术企业集团"，使我们很受鼓舞。我们公司的同志们经过这几年在国内和海外的切身实践，是能够真正比较深刻地领会到这句话包含的重大意义的。

高技术，特别是在海外竞争中发展日新月异的新技术。如果不和生产、销售连为一体，不能将市场上用户对产品的需要和同行产品的竞争情况及时反馈回研究部门，研究部门不能根据市场需求的变化以及元器件的发展情况对产品设计做出及时调整，就谈不上是新技术，谈不上是

有实用的新技术。如果研究和生产不是一个紧密的结合体，那么生产出的产品就会不符合市场的需要，就会赔大钱。改革开放以前，我们国家沿用的是苏联的那种僵化的计划经济体制，研究、生产、销售被割裂开来，研究归科学院，生产归工业部门，销售归商业部门，而且销售的功能极弱。特别是大家长年累月按这样的方式去工作，对此习以为常，认为是天经地义。

而在国外几乎所有的大公司，包括日本的索尼公司、松下公司，美国的 IBM 公司、AT&T 公司等，全是设计、生产、销售融为一体的。它们通过这种组织结构保证了研究部门不断地从市场中吸取营养，开发出实用的高新技术。我们公司在这方面也深有体会。当我们第一次在海外推出自制产品时，立即被同行掀起的同类产品竞争的巨浪卷得晕头转向。正是靠公司自有的研究中心、生产中试工厂、销售网点这样的技、工、贸结合的体制及时调整，不断改进，我们才接连推出了适应市场需要的新产品，从而站稳了脚跟、得到了发展。

因此，从我们的实践中，从无数国外企业成功的经验中，从大量的国内企业失败的教训中，可以得出明确的结论：要发展有国际竞争能力的高新技术，要发展能真正促进国民经济的实用高新技术，科研活动必须和销售市场，和生产连在一起，也就是要形成周院长所强调的有一定规模的企业集团。对于中科院创办高技术企业集团，我们认为这绝不仅仅是挣钱养科研、支持科研的问题，而是涉及应用科学应该如何发展的问题，涉及工业部门的产品如何能竞争、如何能外向的问题。这个问题的深远意义绝不是局限在中国科学院范围内的，而是对整个的科研、工业提出的问题。我们国家要想开放改革，要想参与国际竞争就必须面对这个问题。在这个问题上大肆宣传肯定是必要的。但对我们院来说，最好是先去做，去探索，做出了样子就有了巨大的说服力。院领导号召形成几个有一定规模的高技术企业集团，对我们这些科技开发工作者来说是树起了指明前进方向的旗帜，给了我们明确的目标和极大的鼓舞！

自从中国科学院明确提出"一院两制"的改革方针后，科研开发这一制度蓬勃发展，中科院涌现出一批有实力、有声誉、有特色的高技术公司，像科健公司、三环公司、信通公司、希望公司，等等，已经形成了气候。我们大家一起投身于国民经济服务的主战场，积极地把科研成果转化成产品，用科研为国民经济服务，打破了过去多年形成的科研、生产、销售互相割裂，应用科学被禁锢在象牙塔之中的万马齐喑的气氛。可以说，我们这些高技术公司为探索中国科技改革的道路是作出了贡献、立了功劳的！当然，一个新生事物诞生后，不可避免地会存在一些问题，由于院开发领导部门也在探索道路，由于创办公司的开发工作者难免良莠不齐，有的缺乏管理经验，有的缺乏进取勇气，甚至也有少数人在金钱面前不能把持自己，致使少数公司办得不理想，办得不好，有的甚至出现了严重问题，损害了高技术公司的形象，加大了科技改革的困难，也使一些同志产生了疑惑。如何正确认识这一现象？我们认为，科技改革的大方向毫无疑义是正确的，不这样走下去，中国的科技界就没有出路。我们要发展应用科学技术，不能永远是向上伸手要经费，必须和开发紧密结合，和生产、市场紧密结合，去产生效益，去产生钱，这才是应用科学的出路。所以，现在我们要讨论的绝不是这条路走得通走不通的问题，而是为什么有的公司走得通，有的公司走不通的问题。

今天，我想结合我们自身的体会来谈谈要走通这条路，关键因素是什么？

我们联想计算机集团公司，是全民所有制科技企业，前身是中科院计算所新技术发展公司，成立于1984年11月。公司初创时只有11个人、20万元投资和一间小平房，如今发展到北京本部有职工501人，资产4000多万元。拥有一个下设4个研究室的研究开发中心，一个生产基地，一个培训中心，国内有15个分公司和31个维修站，形成了技、工、贸一体化的企业结构。公司销售额1985年是300万元，1986年1700万元，1987年7300万元，1988年1.2亿元，1989年2.2亿元，年平均增长速度是 192.6%，1990 年度可望达到 2.5 亿元。其中公司完全自行开发的产品销售额已占总销售额的 50% 以上，如包括二次开发或部分开发的产品，则占 95% 以上。从 1985 年到 1989 年 5 年中，公司上缴国家各种税款近 3000 万元，交给计算所纯利润 630 万元（人员工资、房租、仪器折旧、水电费等不在其内），为改善研究所的工作、生活环境起了一定的作用。

在公司积累了一定的经验，特别是市场经验，并且具备了一定的实力之后，我们的目光开始瞄准海外。我们制定了海外发展的三步曲。第一步先办一个贸易性公司以积累资金，了解海外市场动向，为自己开发产品寻找突破口；第二步建立有研究中心、生产基地和世界销售网点的跨国企业集团；第三步使该集团形成规模经济。

1988 年 4 月，按照预定的发展策略，我们在香港开办了合资公司——香港联想电脑公司。在第一步走稳后，便不失时机地在 1988 年底迈出了第二步，买下了具有生产能力的 Quantum 公司，并不断改造扩大。

由于我们制定并执行了正确的发展策略，由于双方人员能很好地团结合作，优势互补，所以香港联想电脑公司发展很快。合资公司开办时，我方投资 30 万港币，三方总投资 90 万港币。开业当年，营业额就做到 1.2 亿，1989 年，是 3.2 亿，1990 年，可达 4 亿港币。1988 年公司开办时，包括内地人员共 15 人，1990 年度职工已有 185 人，其中内地人员 20 人，主要是管理人员和研究人员。当初，只有 300 平方米的写字间，到 1990 年底，营业、厂房和办公面积已经有 5000 平方米，全部是用赚取的利润购买的。现在公司自己研制生产的 286、386、486 微机的主板和 VGA 显示卡。从 1990 年 12 月起，以每月 2 万套的数量销到西欧、北美的 40 多个国家，在美国、加拿大、法国、比利时等国家有每月购买 1000 块以上主板的固定用户 10 余家。同时，公司在美国的洛杉矶和德国的德斯多夫还设有分公司。

根据市场情况和公司开发生产能力，明年我们将开始在海外销售整机系统，而主机板产品的销售量预计可达到每月 2.5 万—4 万块。为此，今年香港联想公司将把现有每月生产能力为 3000 块主板的深圳生产基地扩展为面积达 7600 平方米，月生产 3 万块主板的生产基地，并将在美国东部加设一家分公司，欧洲和新加坡各加设一家分公司。

1992 年，将把科研开发中心的一部分从中国香港移到美国硅谷。这样，我们将完整地实现把科研、中间试验工厂和市场放在海外，大型加工基地放在国内的合理布局。在此基础上，将有可能于 1992— 1993 年间在香港地区和其他国家同时股票上市。到那时，我们可以说是初步完成了周院长提出的要创办有一定规模的外向型高科技企业集团的战略任务，而所有这一切都是在我们最初投入的 30 万港币的基础上取得的。

我们的中期目标是用 10 年左右时间，如果不发生大的意外的话，达到我国台湾地区宏碁电脑集团现在的水平。宏碁公司在台湾地区 100 多家大的电脑公司，包括外资电脑公司，如台湾 IBM、台湾 NEC 等中，排名第二，1989 年排名第一，营业额 4.5 亿美元。我们目前的营业额是 5000 万美元，正好相差 9 倍。我们认为 10 年左右达到 4.5 亿美元这个目标是实事求是的，是有可能实现的。

我们之所以在前进的道路上取得了一定成绩，从外部条件看，是因为具有两方面的优势。一方面我们是大院大所办的公司，有强大的技术实力作后盾。虽然我们从所里得到的仅仅是 20 万元有形投资，但是，人力资源及研究所长期培养形成的严格、严密、严肃的科研作风等无形投资却是一些民办企业无法得到的宝贵财富。

另一方面，由于院、所领导同志积极支持改革开放的态度，使我们和民办公司一样具有以"四自"原则为核心的灵活的运行机制，并能真正打破平均主义，实现按劳分配，这又比工业部门的一些大企业具有了特殊的优势。除此之外，联想集团的发展还有三条关键的内因。

1. 有一个敢于担风险、负责任、团结合作的领导班子

全民所有制企业存在一个共同的问题，即很难说清有没有"主人"。我曾在香港认识一个中资企业的总经理，当时他们单位每月有上百万元

的大幅度亏损，但是他依然笑容满面地告诉我，在香港火车站买一条免税烟比在飞机场买便宜 8 块钱。如果是个香港老板，他可能会因为无法控制亏损局面而倾家荡产，甚至跳楼自杀。而我们的"大锅饭"制度下的经理却可以不为所动，这里显示了他对待两种钱的不同态度。一种是大笔的国家的钱，盈利了和他关系不大，亏损了也不至于损及个人，所以无动于衷。另一种是他自己腰包里的钱，他可以斤斤计较几块钱的差价，真正体现出"主人翁"精神。

所以，一个中资公司和同行的香港公司在竞争时，还没有起步，起跑点的位置就有了很大的不同。在旧的经济体制的束缚和影响下，企业经营者有可能以两种方式对待自己的企业：一种是大把大把地花国家的钱，毫不手软，毫不心疼，以一种不花白不花的姿态去浪费、挥霍，为使个人多得一块钱，往往不惜让企业多花五块钱。而另一种情况则是十分的谨慎小心，不冒风险，怕犯错误，因为企业办好了与己关系不大，出了问题，作为法人代表则要承担责任。以这种精神状态去办企业，不要说和海外的资本家竞争，就是在国内和民办、集体所有制企业竞争也很难取胜，因为这种企业领导并没有把自己当作企业的主人。

事实上，"主人"的概念对于我们内地的企业经营者和香港的资本家来说，也确实有不同的含义。比如我们香港联想的港方主要股东这两年个人收入有了很大提高，他用按资分配利润中的一小部分在香港买了房子，在澳大利亚买了别墅和汽车，现正准备购买游艇。如果把企业看作一条船，港方经理不仅在驾船航行的时候是船的主人，在船到达彼岸时，他也是以船主的身份享受胜利果实的。

而我们则不同。按试验区规定，我们企业的分配原则是 5：3：2 的比例，即利润的 50% 用于再投资，是国家所有；30% 用作企业福利基金；20% 作为奖金。因此，当企业遇到急风险浪时，我们要做船的主人，挺身而出，尽自己的全力，甚至拼命去掌好舵。而在分配的时候，则要明白自己不过是这条船上最高职位的员工，可以享受一个员工的最高待遇，但不可动用剩余价值。在航船危急时当船主，到达彼岸享受胜利果实时当船长，这无疑是要企业的创办者做出牺牲的事情。

我们要创办企业，创办有一定规模的外向型高技术企业集团，就必须甘心扮演这双重角色，充分做好既当"船主"又当"船长"的思想准备。我们公司6年来的奋斗历程证明，我们这个领导核心是有这种奉献精神的一班人。在我们遇到的若干次大的急风险浪中，常务副总裁李勤同志，副总裁张祖祥同志、胡靖宇同志，以及我们公司人人尊重的总工程师倪光南同志，都是抢先站在最困难、最危险的岗位上。比如，在以联想286作为打入国际市场的"敲门砖"的过程中，我们就几次遇到险情。国际市场上，286微机的存储器通常采用SIM和DIP两种芯片，在刚开始进行联想286的设计时，由于DIP芯片价格比1987年上涨了5倍，倪光南总工程师采用了价格较低的SIM芯片，降低了产品成本，使联想286主板以优异的性能价格比在联邦德国汉诺威展览会上一炮打响，拿到了1000多套订单。但是三个月后当我们正式批量生产时，国际市场上风云突变，DIP芯片价格大跌，使SIM芯片的价格优势不复存在，而我们的主机板则因成本过高，面临着售不出去的危险。在这个关键时刻，倪总和患有胃病的张祖祥副总裁顶着巨大的压力，在短短一个月内完成了联想286的重新设计。但是，一波未平一波又起，联想286投入市场不久，在自己获得利益的同时，一定要注意和承认对方的利益。在这方面，我们的合作者，也就是原香港导远公司总经理、现在的香港联想公司总经理吕谭平做得很好。为了合资公司的发展，他面临几次选择，下了几次大的决心。

首先是商议创办合资公司时，我们要求他们彻底解散香港导远公司，完全合并到联想公司中来，要他们和我们一起，破釜沉舟，背水一战。当时他们毫不犹豫，表示坚决合作。第二次选择是在香港联想取得利润之后，我们决定加大投资购买一个电脑生产工厂。一般来说，办工厂投资多、风险大，需要较雄厚的资金和技术力量托底，要有很强的应变能力，能随着市场变化灵活地进退伸缩，而一时又不容易收回本钱，这就需要投资者有很大的魄力。尤其是这个电脑工厂初办时由于缺乏经验，产品质量不好，致使资金积压，工厂不能运转，以致它原来的老板失去了信心。假如不购买这个工厂，吕谭平在联想公司任总经理，可以稳当地拿到一笔很丰厚的利润。但是，吕先生表示坚决办产业，愿以全部家产做抵押进行贷款，要和我们同舟共济。第三次是吕先生为了办好合资公司，主动放弃了移民海外的机会，下决心在香港电脑产业中有所作为。这些选择都说明我们的合作者有着办好合资公司、大家风雨同舟的决心。

其次是有问题摆在桌面上。内地和香港企业的经济机制、管理体制、文化观念等都截然不同，办合资公司容易在管理方式等许多问题上产生分歧。一些合资公司就是在这些问题上弄得不欢而散。而我们在工作中十分重视双方的团结。我们聘请港方代表吕谭平出任总经理，并兼任联想集团副总裁，要求内地的职工坚决服从总经理的领导。我们按照香港企业的方式管理公司，尊重他们的制度和习惯，按当地的规矩办事。我们对内地和香港的职工一视同仁，从双方职工中选择了一批骨干作为企业的管理核心，工作中注意发挥双方的优势。遇到分歧，我们能够做到坦诚相见，把问题摆在桌面上。有错误，对港方人员敢于严格管理、严格批评，对大陆人员也从不袒护，做到办事公正。遇到困难，我们一起商量对策，日常工作，我们经常交换意见，沟通思想，在联想公司内部逐渐树立起良好的合作风气。

2. 做好合资企业的"大后方"

联想集团这几年发展很快，也非常需要大批各种类型的人才。北京联想集团在人力上做到全力支持香港联想，不仅将技术人才分批输送，而且挑选了一批德才兼备的管理人才，经过培训，随时可为香港联想服务。为完成大批外商订单，内地生产基地与香港联想销售部门密切配合，及时生产出海外用户急需的各种产品。为保证产品质量，我们专门在北京为香港联想成立了一个产品质量检测中心。总之，联想集团对香港联想电脑公司这个合资企业做到全力支持，起了一个支撑作用，成为香港联电脑想公司在海外竞争的"大后方"。

联想公司的实践证明，香港的优秀企业和内地的科技力量联合起来，将是一种明智之举。充分发掘内地智力资源，调动适当数量的高技术人才到香港创办合资企业，既是繁荣香港经济最便利的方式，也是两地科技与经济共同走向国际市场的最佳起点。为什么能做到这一步？这归因于我们制定的"茅台酒的质量，二锅头的价格"这一销售策略的成功。

合资公司成立后，通过对国际市场的考察分析，我们清楚地看到，随着计算机技术的发展，286微机将会逐渐降为低档机，根据我们的技术实力，虽然完全有可能在短时间内开发出386、486等高档机型。但首先要解决的是要让用户了解认识公司产品，增加对公司产品的信任度。我们认为，在286微机还有一定市场，而台湾、香港的一些生产厂家因利润低又不愿再做的情况下，正是我们乘虚而入，提高公司知名度的极好时机。为此我们制定了"茅台酒质量，二锅头价格"的销售策略，旨在用贸易收入支持自制产品打牌子。用286微机铺路，为高档机进入国际市场打通道。这个策略的核心点是确保产品质量。在经历了上面提到的摔打磨炼后，我们几次调整，加强质量管理，使联想286主机板的性能已经达到非常可靠的程度。产品性能高，可靠性高，工艺水平高，在同类产品中已属上乘。不过由于采用高档元器件，较之台湾和香港同行的产品，成本也高出一块。但是我们坚持按比香港市场同类产品低1—2美元的价格出售。这样按每块板子赔1美元，每月销售8000块来计算，当时公司每月要赔8000美元。这对每月赢利25万美元的公司来说，并不算什么，但是其效果却是在众多厂家的286机器中，使用户注意到了联想286的存在，乐于买去试用，用户一旦使用就会切实感受到联想286的性能先进，质量可靠，因此很快就出现了踊跃订货的局面。现在公司已拥有一大批"铁杆"用户，他们信任联想的产品质量，确认联想的价格公道，盯着要买联想386、486。联想386、486均属中高档机型，平均每块主板可赚100—300美元，这种高额利润正是我们用联想286每块赔1—2美元的策略换来的。总之，我们在实践中深深体会到，作为公司的领导者，不但要有"船主"的责任心，还要具备优秀"船长"的指挥才能。风险越大，困难越多，越要有科学的态度，求实的精神，力求考虑周到，计划在前。只有这样，企业才能减少风险，免走弯路。

3. 加强管理，培养一支纪律严明、步调一致的作战队伍

有了正确的战略部署和具体的战术步骤，未见得就能得以实施。必须要有人，有队伍，一步一步地坚决按这个要求去做。正如在解放战争时期，毛泽东同志制定出解放全中国的总体战略，但依然提出要对部队开展"新式整军运动"一样，只有锤炼出一支士气高昂有战斗力的部队，才有可能坚决地执行正确的战略部署，才有可能取得胜利。

我们在公司的起步阶段，来不及制定系统的管理制度，只是针对出现的问题宣布几个"天条"，作为约束职工的行为规范。然后，把全部兴奋点都集中在求生存、抢市场上。当时，公司快速起步发展，较高的经济效益和公司内部问题相比像"一白遮十丑"。但是，当我们已经发展成大兵团作战，要与海外竞争对手比高低时，就决不能再停留在原来的管理水平上。否则，不仅是停顿的问题，甚至会有沉船的可能。因此我们把抓管理列为公司1990年度的三大任务之一，决心向管理要效益，提高战斗力。

由于国情的不同，我们不可能照搬西方企业的管理经验，也不能硬套工业部门大企业的管理模式。我们从联想公司的实际出发，根据方方面面的环境条件，在制度化管理中突出了两个方面：一方面是通过制度强化竞争机制，切实做到按劳分配，奖惩分明，从精神和物质两个方面充分调动广大员工的积极性；另一方面是用制度来保证公司内部令行禁止，步调一致。

1990年6月，总裁室召开了10个座谈会听取意见，先后有各方面代表250人次参加，在此基础上拟定了《联想集团管理大纲》（以下简称《管理大纲》)，并召开全体干部会讨论通过。这个《管理大纲》确立了公司的长远发展目标、管理模式以及企业精神和风格，同时提出了人

事管理，人员德才绩效评价标准以及分配奖惩方式等方面的指导思想和原则。我们的目的是让《管理大纲》成为一面鲜明的旗帜，写明公司要干什么和怎样去干，让公司的远大目标成为激励职工的强大动力，使每个职工都明确怎样做一个联想人，怎样才能在公司里受到奖励，得到发展。

《管理大纲》是公司的基本大法，是我们制定各项具体制度的依据。在公司已有的各部门接口制度、财物管理制度、部门承包合同制度的基础上，我们以《管理大纲》为依据，又先后制定出和正在拟定分配制度、干部考核、任用制度、劳保福利制度等一系列管理制度，在近期内交由执委会讨论通过后即将生效。同时，公司还设有管理、监察部，专司对各项制度的执行情况进行检查和监督之职。

另外，总裁室在进行重大决策时，坚持"听多数人意见，和少数人商量，领导核心说了算"的民主集中制原则。决策前，总裁室和公司执行委员会及各层骨干反复"对表"，统一思想，一旦拍板，则军令如山，必须坚决执行，违反决策或只顾本部门利益而影响全局利益者都要受到批评，甚至处罚。我们在实践中感到，一项任务要能完成，各个部门每个职工必须同时动作，在指定时间到达指定地点。一个部门有误，会全盘皆输。

1989年，供应部经理严重渎职，致使公司由业务部、生产基地、培训部、公关部等部门共同执行的销售计划无法按期完成，使公司蒙受巨大损失，该部经理受到了撤职处分。

1990年初，为使公司自己研制的联想286微机能在4月举办的全国计算机展览会上展出，公司召集了有关部门，分析了形势，下达了任务。公司的生产基地、研发中心、业务一部、进口部、公关部等拼力协同作战，特别是生产基地和进口部，克服了难以想象的困难，硬是按期完成了任务，为展览会上公司拿下上千万元的订货合同立下了功劳，体现了联想公司的员工把5%的希望变成100%的现实的进取精神。我们感到由于市场竞争，特别是国际市场竞争中生死存亡，瞬息万变，我们要想发挥优势，就要有市场如战场的精神，就必须步调一致，保证高效运转。

总之，一是抓领导班子的建设，二是抓战略计划的制订，三是抓管理，带队伍，这是我们能得以生存和发展的内因中三个关键环节。在这次开发工作会议上，我们将进一步听取兄弟单位的好经验，认真学习消化，以提高自己。

我想，兄弟公司和我们一样有共同的愿望，就是希望院里开发这一制能搞好，能为中国科学院争光。谁都知道长在空场上的一棵树，势单力薄，即使很矮小，面临风暴的袭击也是危险的，而众多的树木形成森林，就大大增强了抵御风险的能力，同时其中的每一棵树也都会安全得多。我们衷心希望中科院各个公司能够共同努力，互相支持，并肩前进，使高技术企业集团在风浪中不断巩固发展和壮大，为我国的经济腾飞和科技振兴做出无愧于时代的贡献。①

二、历史名词解释：联想公司的"大船结构"管理模式

1991 年 1 月 18 日，联想公司总裁柳传志在公司管理上推出"大船结构"新型管理模式。"大船结构"管理模式是指国有企业的领导人，不仅要有指挥企业前进方向的"船长"能力，还要有企业投资者的"船主"责任心。这是联想公司重大的管理改革，为联想公司的发展奠定了良好的基础。

1984 年 11 月 9 日，联想公司成立。

1990 年底，联想公司已经发展成为拥有众多分公司、合资公司、独立部门的大型企业。这些分公司、合资公司、独立部门拥有独立的资金使用权、财务权、开具发票权、小金库等。当年中关村不少企业也出现这种现象，称为"诸侯"现象，严重影响了公司的发展。

针对这种"诸侯"现象，联想公司总裁柳传志推出"大船结构"管理模式，主要是收回公司各部门、各分公司独立的资金使用权、财务权、开具发票权、小金库。要求公司各部门，各分公司在经营上收到的

1986年11月15日，风华正茂的中关村电子一条街科技企业家在信通公司举行第一次聚会。右一：大恒公司总裁张家林，右四：海华公司总裁倪振伟（已故），右五：海淀区委书记贾春旺，右六：信通公司总裁金燕静（已故），右七：中科院高新技术企业管理局副局长钟琪，右八：科海公司总裁陈庆振，右九：大中电器公司总裁张大中，右十：中科院计算所资深科学家京海顾问蒋士骕（已故），右十一：希望公司总裁周明陶。其中，还有京海公司的张复、苗芝仁等人。图片由钟琪女士提供。

资金，统一汇入总公司指定账户不得截留。公司各部门，各分公司对外开具发票，要经过总公司统一电脑管理，小金库的资金归总公司所有。

联想公司总裁柳传志推出"大船结构"管理模式，使联想公司在发展阶段避免了公司内部分公司、有关部门尾大不掉及不听指挥的混乱局面。

三、金燕静在中科院"科技开发工作会议"上的发言

关于信通公司发展战略和经营管理的几点体会

信通集团公司总裁　金燕静（女，已故）

1991年1月18日

信通集团公司成立于1984年，是由中科院计算所、中科院科仪厂和海淀区新型产业联合总公司三家投资创办的。经营范围由与公司成立时单做电脑与信息技术，现已发展到电脑与信息技术及其众多的应用

领域，如办公自动化、交通管理自动化等，还包括卫星电视地面接收技术、科学仪器、精细化工、生物技术等。

人员从筹建时 5 人发展到现在的北京地区 230 人，包括京外单位近 500 人。集团所属子公司、分公司，北京地区 15 家（含中外合资企业 1 家），京外 11 家（含中外合资 1 家）。

公司成立 6 年来，共开发较重大科技项目近百项。其中，获国际金奖 3 项、获国家专利 5 项、获北京市新技术产业开发试验区新技术拳头产品称号 3 项、获北京市科技成果奖 6 项。主要产品有信通 ST-286 系列微机、BST-386 微机、ST-PC 微机、ST-M arcopolo 智能集成软件、ST-CDOS 汉字处理系统、ST-N s/7000 小巨型计算机系统、ST-90 翻译说话机、ST-IM S88 型离子质谱计、ST-FIA 流动注射分析仪等。

1989 年，销售额 1.136 亿元，利税 770 万元，创汇 350 万美元。

1990 年，总销售额 3.2 亿元，总利税额 2800 万元，创汇 500 多万美元。

1. 新型科技企业必须走技术创新之路

技术创新是当前世界上许多国家正在广泛研究的热门话题技术创新，从纵向来说，它是从研究、开发（引进）、中试（消化吸收）、新产品试制、生产、销售，直到售后服务及调研市场对产品的使用反映并据此进行产品的改型换代。所以，这是一条从研究到市场，从市场到研究的闭合环状链。就其横向而言，它包括资金、人才、物资的配置，体制和政策体系，组织管理，社会支撑系统，地区和企业文化，以及教育培训等，构成环绕在链条上的一个个大小不等而又相互关联的圆环，都从不同角度在促进纵向环状链运动的加速。

公司以中国科学院为科技依托，公司的科技骨干主要来自中国科学院。一大批科技人员走出研究所的高楼大院，面向经济建设的需要，力促科技成果转化为商品。

在公司起步阶段，首先根据对市场的调研，把中国科学院现有的部分成果转化为商品，如计算所获 1978 年全国科学大会奖的抗干扰稳压电源等。公司积累了一定资金和技术力量，并对市场营销规律逐步有所掌握以后，我们开始有选择地引进、消化、吸收国内外新的技术成果，进行商品的工程开发，向市场推出新技术产品。如信通公司与香港一家公司和机电部合作开发的 K-IET 局部网络是消化、吸收国外同类产品的技术，在国内加工生产的。信通公司与美国一家公司合作开发的信通 ST-286 高档微机等产品是吸收外国先进技术，结合我国市场的实际需要，由我们完成微机系统的总体设计。以上都属于"短链""中链"创新的例子。

随着公司实力的增长，我们也开始做一些"长链"创新的工作，即从研究开发，经过中试、工程设计、生产到市场。

1988 年 8 月，研制开发成功的获得国家专利的 ST-IM S88 型离子质谱计和现正处于总装调试阶段的可直接处理接近于数学公式的数学表达式，浮点运算速度达 1000 万—3000 万次的 ST/10 71000 小巨型并行计算机系统，都是从研制工作开始，经过一个相当长的过程才能把高新技术产品投入市场的。

以上三种创新形式，对于新型科技企业来说，一般应以"短链"和"中链"创新为主，在企业发展壮大到一定实力和水平以后，才能开始选择一些"长链"创新的项目，这样对于加速资金周转，减少投资风险，加快企业资金积累是有好处的。而到了"短""中""长"链有机结合阶段，那时就更能保证公司的技术实力，满足市场竞争的要求，不断推出新产品。

2. 新型科技企业要与大中型企业"联手"

如何把高新技术产品尽快推向市场，加速其扩散和应用，正是科技体制改革的重要课题之一。经过国家几十年投资建设和积累的大中型企业理所当然地成为促进高技术成果商品化的主力军，而在改革、开放浪潮中涌现的一大批新型科技企业是发展高技术产业的生力军。

我们信通集团公司确定了与大中型企业共同发展高技术产业的"联手"模式，在公司内部采取"两头在内，中间在外"的轻型结构。

这就是以市场为导向，结合国家计划，进行选项、研制和开发工作的总体设计由公司负责。市场分析、产品销售（含对外贸易）、售后服务以及征集用户使用意见，形成产品的升级改型设想，也由公司来做。而部分中试工作和生产环节委托给有能力且价格适宜的国内厂家和科研机构去做。在国内找不到合适单位也可拿到国外去做。

"联手"模式的出发点是双方相互取长补短，一般来说在我们新型科技企业，人才、技术和信息相对密集，对科技产品的市场比较熟悉，反应快捷灵敏，在"两头"具有相对优势；大中型企业经过国家几个五年计划的投资和装备，现已有了相当雄厚的基础，具备生产方面的优势。我公司的一些重要产品，如信通286微机、离子质谱计、动注射分析仪，以及每秒一千万次到三千万次的小巨型计算机等，都是采用这种模式进行的。实践证明，"联手"模式是行之有效的。

3. 新型科技企业把参与国际市场的竞争作为自己的战略目标

高技术和高技术产业具有很强的国际性。参与国际市场的竞争，拓宽信通公司产品在国际市场的销路是企业的战略目标。

就我们信通集团公司的情况而言，第一，开发产品吸收国际上的先进技术。第二，吸收外资，利用外资发展企业。目前已有内地—香港合资企业和中国—美国合资企业，在计算机及卫星电视地面接收技术方面做出了成绩。第三，在国外用我们的技术、工业产权、知识产权入股，成立合资企业，在美国的 ABTECH 公司，我们占股49%。在香港的香港信通公司，我们占股50%。第四，为了适应国际化的要求，我们每年派出80—100人（约占公司总人数的20%）到世界各地参观、学习、访问开阔眼界了解世界。国际化的重要一环是了解他国的国情、经济、法律、政策、文化诸方面。第五，公司在组织及人才方面积累和培养国际贸易和技术合作人员，以适应公司员工长期在国外的需求。

1990年，信通公司已创汇500万美元，1991年，可望达到1000万美元。

4. 新型科技企业要力求管理体制合理，管理制度严格

信通集团现有 24 家子公司和分公司，在管理体制上主要是采取总裁、经理（总经理）两级负责制。集团总裁由董事会任命，向董事会负责。

总裁在国家政策和法律允许的范围内，独立、主持全面的日常业务。集团对所属子公司和分公司实行分层次的管理，对各子公司和分公司实行（总经理）目标承包责任制。在集团总裁的领导下，各子公司、分公司经理（总经理）独立主持本部门的全面日常业务。各子公司、分公司实行独立核算、自负盈亏。相互之间的往来采取内部转账、结算的办法进行，但在独立核算的基础上，强调相互配合和协作。这样，从集团总部到子公司、分公司形成了一个既有集体领导、统一意志，又有分层管理、各司其职的科学管理体制。

信通公司自成立以来，先后制定了有关人、财、物和技术开发、技术成果管理等方面的管理制度，做到有法可依，有章可循。每项重大的管理制度出台，都有一个试行阶段，试行结果表明制度合理而可行的，即正式发布。一经正式发布的制度，在公司内上至总裁下至普通职工，都要严格执行，违者必究。信通公司严格执行公司规章制度的结果，使公司实行法治而不是人治，即便是领导不在内部仍可正常运行。

5. 充分发挥人才的作用是新型科技企业发展的关键

信通公司以"人无完人，扬其所长，克其所短，人尽其才"的指导思想，吸引不同层次的各类科技人才，并为他们创造良好的工作条件和环境，充分发挥他们的才能和作用。公司在思想观念和管理制度上，做到不唯学历、资历，重在贡献、效益和实绩，实现按劳取酬和平等竞争的原则。

我们首先重视建设一个好的领导班子，带出一支好的职工队伍。信通公司的领导集体是有创新意识、重视人才和团结和谐的集体。每周五晚是领导集体的法定学习时间，他们利用学习讨论的形式，学习党的方针政策和国内外先进的管理思想，讨论协调总公司与各子公司、分公司

以及各子公司、分公司之间的重要工作。同时对领导成员的思想、工作进行解剖，使领导成员之间思想透明，开展批评与自我批评，提高领导成员的素质。公司重视培训职工，新职工上岗前进行一周至两周的岗前培训，目的是使新职工尽快了解公司，以便与公司同步前进。公司邀请社会上有声望的专家、教授出任顾问，请他们讲授经济、外贸、经营、税收等课题；请国内著名专家和公司的高工讲授专业知识和行业信息。

公司为每一位职工创造内部和外部人才流动的良好环境，目的使每个人都做到扬长避短，最大限度地发挥作用。每年年终，对于不太适合的经理和职工，进行适当地调整。对于本人提出的调整岗位的要求，一般都在保证集团总体效益的前提下予以考虑。对于个别经调整后仍不适合在信通工作的职工，流出公司。

6. 弘扬企业文化和新型思想政治工作方法

公司自成立时起就注重树立和弘扬企业文化。艰苦奋斗、开拓创新、遵纪守法、团结协作是信通的传统，创造、服务、卓越是信通公司文化的精髓。转变观念、启发引导、正面教育是信通公司党组织新型思想政治工作方法。要求党员在改革中发挥模范作用；正确处理经理负责制与发扬民主的关系，敢于和善于使用干部，允许犯错误，改正错误。

弘扬企业文化和做好思想政治工作是相辅相成的。信通公司把两者有机地结合起来，使整个公司呈现出团结、紧张、和谐、高效的局面，受到社会各界的好评。

信通集团公司是北京市新技术产业开发试验区的优秀企业之一。

1990 年 11 月，又被北京市科委、北京市科协、北京市新技术产业开发试验区、北京民办科技实业家协会评为"科技之光"优秀企业。领导部门给予了我们很多荣誉，这是对我们的鼓动和鞭策。而就我们自己的工作来说，同领导、部门对我们的要求，以及与兄弟公司的工作相比较，还都存在不小的差距，我们一定要通过不懈地努力，迎头赶上。②

四、珍贵历史文献：中科院"一院两制"的起源和在中关村创办科技产业历程回忆录

中科院科技产业在中关村的建立与发展回忆录

中国科学院高技术企业局原副局长　钟琪（女）

2022 年 8 月 1 日

前言

1960 年，我从上海同济大学毕业以后留校当老师。

1964 年，我调到中科院计划局工作。

1983 年，我出任中科院计划局成果处副处长、中国科学院科技咨询开发服务部主任，负责中科院成果转让和中科院在全国及中关村创办高科技公司等工作。当年谷雨同志（女）任中科院计划局局长，她是胡乔木同志的夫人，谷雨同志非常支持中科院创办科技公司的工作。

1983 年起，我亲身参与中科院首家科技企业科海公司与希望公司、三环公司等多家公司的筹备、创办工作。

2020 年 11 月 18 日，钟琪留影。齐忠摄影。

不久，我出任中科院高技术企业局副局长兼总工程师，中科院信息咨询中心常务副主任，这些工作大部分都与中科院创办科技公司有关。

中科院在中关村地区有二十多个科研单位，这些单位发挥了技术源泉的作用。当年中关村电子一条街上最早的一批技术开发公司，基本上都是中科院的科技人员创办的，这些公司是如何诞生与成长的，我由于所在工作岗位的关系，成为当年的见证人之一。

1983 年，我出任中科院计划局成果处副处长、中科院科技咨询开发服务部主任，负责中科院成果转让和中科院在中关村创办高科技产业群体等工作。亲身参与科海公司、希望公司、三环公司等多家公司的筹备、发起工作，后来又担任中科院高企局副局长、中科院信息咨询中心常务副主任、中科院高技术局总工程师，这些工作大部分都与中关村的中科院科技公司有关。

2007 年，海淀区原区委书记张福森同志曾经说过："没有中科院的大力支持，中关村园区不可能形成今天的局面"。我认为这是十分中肯的话，中科院为加快改革开放的进程，多年来突破重重困难投入大量人力、物力和巨额资金，把科技成果转化为商品，打造出高科技产业群体，不仅对国民经济快速发展做出了贡献，有些工作也对海淀翻天覆地的变化发挥了巨大的作用。特别应该看到，做出的这些成绩和海淀区各届领导对改革开放信念的坚定不移是分不开的。

我退休后，担任中科院老科学家科普演讲团团长，在全国各地做科学普及工作。科普团共做科普报告 3400 多场次，听众 130 万人次，受到中共中央政治局原常委、国务院原副总理李岚清同志的关注。李岚清同志还请我到中南海向他汇报科普工作。

今天我已经是耄耋之人，回想四十年前我奔走在友谊宾馆的中科院开发部、黄庄海淀区政府、四季青公社、通往科海公司的乡间小路，陪同周光召院长到希望公司破旧小楼考察的诸多往事，仿佛就发生在昨天，仍然感慨万分。

这篇文章记录下中科院"一院两制"的起源，以及中科院在中关村电子一条街初期创办科技企业的经历、"摸着石头过河"的艰苦历程。作为历史文献，以飨读者！

1. 中科院科技公司的推动机构——科技咨询开发服务部

1983年3月18日，中科院科技咨询开发服务部正式成立（以下简称"科技咨询部"），科技咨询部的任务是促进中科院科技成果转化的专业机构。从此吹响了中科院创办高科技企业群体的号角，也拉开了中科院"一院两制"的序幕。科技咨询部对推动中科院科技成果的转化、建立科技产业，创办科海公司、信通公司、希望公司、三环公司等多家公司都发挥了巨大作用，它的诞生是中科院在改革开放中科技体制改革的重大举措。

中科院在改革开放以前，科研成果的转化，困难重重，这是中科院体制造成的。中科院奖励和分配机制都是以出科研成果为准，对它的转化和推广工作人员缺乏重视，有的科研人员说："到工厂做科研成果的转化工作，干得再好也难以评职称、涨工资、分房子，出差一天补助3毛钱，个人要贴钱，家里也照顾不了，这种费力不讨好的事谁也不想干。"长久以来，轻视科技成果转化这种观念，在中科院不少科研人员头脑中存在，他们往往会说："我只管科学研究，成果转化不是我的事。"

所以，中科院成立科技咨询部不仅是体制上的重大改革，也是观念上的一大转变。

科技咨询部与中科院计划局成果处，是"一个机构两块牌子"，我是成果处副处长兼科技咨询部主任，负责开发部的全面工作。

2. 科技咨询部的起源与筹办

1982年11月27日至1983年1月8日，中科院在北京民族文化宫举办"中国科学院科研成果展览交流会"，共展出科研成果2002项，是中科院在1958年举办科研成果展览会以来，第二次较大规模的展览会。展出有基础研究的科研成果，但重点是可推广的应用技术成果，中共中央总书记胡耀邦等党和国家领导人参观了展览会，我任这次展览会主展馆的馆长。

展览会结束后，党中央、国务院给中科院提出一个重要任务，即科研成果不能停留在立项—拨款—评奖—获奖后进仓库，变成死档案。而是推广应用，转化为商品，促进国民经济发展，造福于人民。院领导决定成立科研成果推广、应用、转化的相应机构，这个任务落在中科院计划局成果处。

中科院计划局（现更名为"计划财务局"），负责组织协调中科院科研和事业发展的规划和布局，相关资金的划拨，是中科院权力很大的机构。成果处（现更名为"成果专利处"），负责中科院全院科技成果的管理，组织国家科技奖的推荐、评审等工作。

科研成果转化机构的名称是中科院领导开会研究决定的，先提出咨询部，觉得不够全面，又加上"开发"和"服务"，叫"中国科学院科技咨询开发服务部"，名字搞得很长。我负责该部的全面工作，原因之一是我参加过大连中美合办的经理人员培训班。

1981 年，外经贸部和美国在大连联合举办经理人培训班，主要培训大中型企业的经理，这件事本身与中科院没有什么关系，但是中科院很有远见也派人参加这次培训。当年计划局局长谷羽同志分期选派几位同志去，第一期参加培训的有张云岗同志，他后来担任中科院计划局副局长、中科院副秘书长。我参加的是第二期培训，同去的还有金鹤鸣等同志，金鹤鸣同志后来担任中科院北京科仪厂厂长。

讲课的是美国人，内容非常新。在这次培训班上我首次听说产品的生命周期，商品进入库房以后还会发生价格变化和贬值，等等，使我开阔眼界，触摸到真正的市场经济。

3. 制定条例促使科技咨询部的建立在全院展开

科技咨询部最初的工作是针对中科院各个研究所，制定《中国科学院科技咨询开发服务部暂行章程》，这个章程当年相当走红，中央各大部委、大专院校纷纷上门索要。

章程正式实施后，推动中科院很多研究所也成立了科技咨询部，它和研究所的科技处，也是"一个机构两块牌子"，对研究所推广成果、开办公司起到很大推动作用。联想公司的起家产品"联想汉卡"，就是在计算所咨询开发部主任、信通公司董事会董事、联想公司首任总经理王树和的坚持下，落户在联想公司。当初是信通公司与深圳一家公司投资给计算所科研人员倪光南，开发出联想汉卡。

开发部还认真收集各个研究所可推广应用的成果，进行筛选，出版了《可应用科技成果100例》，并陆续出了几册。同时，首创中科院的"信息发布会"，让研究所和公司直接与企业交流，这个形式也引起各部委和大专院校的兴趣，上门"取经"的很多。

4. 中科院改革问题汇报提纲确定大办科技产业

1983年底，中共中央书记处就中科院今后一个时期的方针和任务做出指示，要求中科院"大力加强应用研究，积极而有选择地参加发展工作，继续重视基础研究"。

1984年初，为贯彻中央对中科院方向任务的指示，中国科学院在调整配备新领导班子后，由中科院党组书记严东生负责准备关于改革问题的汇报。经过对全院工作进行调查研究，中科院提出基础、应用、开发三类研究工作应分别有不同的评价标准，采取不同的办法予以管理、支持和推动。在这些基本想法的基础上，多次向中共中央书记处和国务院有关领导同志汇报，听取意见，最终形成《关于改革问题的汇报提纲》。

《关于改革问题的汇报提纲》分为三部分：

（1）指导思想

即放手鼓励与支持研究所和科研人员投入社会主义现代化建设，多出成果、快出成果，多出人才、快出人才。

（2）下一步改革设想

下一步改革设想，主要是围绕扩大研究所自主权、支持和鼓励更多的科技人员直接投身到社会主义现代化建设的实践中去。

（3）拟采取的主要措施

科学院提出了所长负责制、开放实验室、科研经费分配的基金制与合同制、发展高新技术开发公司等措施。

1984 年 11 月 22 日，中共中央、国务院作出批复，同意中科院《关于改革问题的汇报提纲》，并指示有关地区和部门对中科院的改革工作给予支持。

《关于改革问题的汇报提纲》是中科院首次以文件的方式，提出兴办高新技术开发公司，使我们咨询开发服务部也把工作重点，放在帮助中科院科技人员创办高科技公司上。

在《关于改革问题的汇报提纲》和党中央批示推动下，中科院出现开办公司的热潮。

1984 年至 1985 年，中科院和各研究所开办的公司数量已接近 400 家，有的研究所开办五六个公司，可见当年公司开办的速度之快令人吃惊。我讲讲微生物所开公司的事情，大家就知道中科院开公司的速度有多快。

1984 年 10 月，周光召副院长到中科院微生物所视察工作，时任微生物研究所科技处处长的毛桂震汇报说："微生物所有 30 多项应用性很强的科技成果，大多数没有转化应用，关键是体制问题。"

周光召听完汇报后问："为什么不成立公司，专门从事成果推广呢？"

毛桂震回答说："有此打算。"

周光召又说："那就现在写报告，我马上批。"

微生物所公司就这样当场成立，该公司成立后的 3 年内，签订 40 多项技术转让和技术服务合同，每年为我国生物产业增加效益 1 亿多元，给微生物所创收 100 多万元。

5. 海淀区领导有强烈改革开放观念

1983 年，海淀区科委主任胡定淮同志找到我，提出了海淀区与中科院合作搞技术开发的意向，以及商谈合作问题。中科院为加快成果转化，予以积极响应，由科技咨询开发部出面，从中科院各研究所抽调十几名科技人员成立了调研小组。从此开始了与海淀区的合作。这些成员对推广应用技术较为熟悉，他们考察海淀区的社办企业，想在这些企业中挑选出优秀者承接中科院科研成果，但考察结果发现海淀区的社办企业基础太差，不适应推广中科院科研成果，最后决定与海淀区政府合作，联合成立转化科研成果的机构——科海公司。

科海公司的最初主要任务是对科研成果进行二次开发，并对企业的相关工作人员进行技术培训，使转化工作顺利进行。我和海淀区科委主任胡定淮商量后，他向海淀区委、区政府汇报后，海淀区委书记贾春旺、海淀区政府领导史定潮（女，已故）、副区长邵干坤、海淀区科委主任胡定淮等同志当时的思想超前，搞改革开放的干劲十足，他们也想借改革的东风，改变海淀区以农业为主的布局，所以对我们非常欢迎，办什么事都开绿灯。科技咨询开发服务部决定以海淀为工作重点，并把办公地点搬到友谊宾馆。

6. "摸着石头过河"创办中科院首家科技公司——科海公司

1983年5月4日，中科院副院长叶笃正和北京海淀区委书记贾春旺，在海淀区四季青乡礼堂签订了新技术联合开发协议，成立"中国科学院北京市海淀区新技术联合开发中心"，后来叫科海公司，这也是中科院创办的首家科技公司，双方计划把海淀区建成先进技术设备生产一流产品的新兴经济区。

邓小平同志有句名言："摸着石头过河"，科海公司创办的过程正是"摸着石头过河"的体现，最初只是把科海当作海淀推广成果的一个机构，当年我还不明白公司是什么，如果科海以公司形式出现，中科院的科技人员不会去的，从各方面来看，科海公司成立的初期也不是公司的模式。

首先是科海的名字"中国科学院北京市海淀区新技术联合开发中心"，这么长的名字是任何公司都不肯使用的。其次是科海的管理体制，科海的上面不是董事会，而是管理委员会。海淀区副区长邵干坤任管委会主任，胡定淮和我是副主任，陈庆振、王贵庭为委员，陈庆振是科海公司的主任而不是经理。

1983年底，科海公司淘到第一桶金，利润达到几十万元，"摸着石头过河"，科海公司当年成为中关村的大公司。

7. 海淀区领导为改革甘愿冒风险

海淀区政府几届领导都是开明的，对中科院建立的新技术产业群等方面都是无私的支持。给房子、给地、给好政策、给好条件。要是碰上一个不开明的，中关村电子一条街就会毁于一旦，很多公司都会倒闭。科海公司刚办起来的时候，我跟陈庆振每月要与邵干坤和胡定淮去碰个头，解决科海公司出现的问题，有的是工商问题、有的是税务问题，邵干坤和胡定淮同志会把工商和税务的同志叫来问清情况后，让工商和税务的同志按照有利于科海公司的发展去办。

海淀区政府的领导还有个创新，就是开这种会不记录，作出的决定没有文字的东西，我知道他们也是在冒风险。有一次某同志对胡定淮同志说："这些知识分子连话都说不清楚，还想开公司？"胡定淮严肃地对他说："这些中科院的知识分子都是科学家，思路非常清晰，说话出口成章，为什么在你那里连话都说不清，是你们衙门话难听，脸难看，事难办，把人家给吓得，应该检讨一下自己"。听到这些话，我心里很感动。

8. 科海公司的出现带动了中科院创办公司的热潮

科海公司第一项推广成果成功的应用，是中科院电工所华元涛同志的"计算机控制线切割机床"。当时我国线切割机床都是手动操控的，操作复杂对使用人员的技术性要求很高。用计算机控制就简单方便多了，大大提高了工作效率，创造了高效益，我们在友谊宾馆专门进行论证后认为可行，由海淀区副区长邵干坤出面协调银行，科海公司向农行贷款几十万元，买来几十台计算机，再与线切割机床厂合作，把计算机配到线切割机床上，效果非常好，投放市场后很快销售一空，科海公司盈利几十万元。

科海公司首次"出海"就赚几十万元，在中科院影响非常大，想办公司的人纷纷上门"取经"。科海公司是院办公司，人员来自不同研究所，各所对科海公司的动态非常了解，有的科海人回所向领导建议由所来办公司。科海公司成立本身就说明院领导是支持办公司的，于是中科院各研究所纷纷掀起创办公司的热潮。

9. 月下两追周明陶——希望公司诞生

希望公司最初名字为"中国科学院希望高级电脑技术公司"，后改名为"北京希望电脑公司"。我亲身参与了希望公司成立的过程。

1984 年 12 月一个星期六的晚上，科海公司的刘剑峰到我家，他说："计算所有 18 个研究生要求调到航空部工作，带头人叫周明陶。"我问："为什么？"

他说："这 18 个研究生虽然分别在不同的研究室工作，但工作领域是相互关联的，他们就想在一起工作以发挥更大的作用，要求计算所领导为他们成立单独的研究室，所领导不同意，双方谈得很不愉快。周明陶就与航空部联系调动工作，航空部非常欢迎这么多的优秀人才，马上提出给房子、资金等好多优惠条件。"

我听完觉得不妙，虽然人才流动是正常的，但 18 个研究生一起流动到航空部就不太正常。当即我和刘剑峰到计算所宿舍找周明陶。他不在家，邻居说他在所里。我们又急忙赶往计算所，宿舍楼道太黑，走得又急，刘剑峰还把脚崴伤了。

在计算所也没找到周明陶，却遇到胡康通，他也是 18 个研究生之一，后出任希望公司副总裁。他对我说："周明陶去航空部谈调动工作的事了，还没回来。"因当时中科院主管这方面工作的是副院长周光召，他当时在外地，我就给中科院秘书长顾以健打电话，顾以健听后，让我告诉周明陶暂停调动的事，等周副院长回京后商量。我把秘书长的意见转告给了胡康通。办完事已经很晚，刘剑峰送我回家。

第二天早上七点钟，周明陶、胡康道等人就来到我家，看样子他们是商议了一夜，我请他们暂停调动，他们同意了。

周光召副院长回京后与周明陶等谈话，对他们说，要成立单独的研究室和研究所都不现实，你们想做的研究工作，在国外都是在公司里搞的，你们是否也可以考虑成立个公司。周明陶表示同意，并请院长给公司起个名字。周光召说："你们都是年轻人，是明天的希望，公司的名字就叫'希望公司'吧。"

1985 年 1 月，希望公司正式成立，周明陶任总经理，办公地点在中科院宿舍区，条件很差。

1985 年 12 月，我请周光召、中科院新技术开发局局长张宏一起去看望希望公司，周光召看后也感到办公条件很差，当时就批条子给基建处负责人，基建处把中科院在中关村黄庄路口的一块地皮给了希望公司，周明陶在这块地皮上盖起了三层小楼成为希望公司的办公地。

10. 中科院每年投放3000万元支持创办科技公司

1984 年，科海公司成立不久，中科院其他的科技公司也纷纷成立，但公司成立了，没有资金很难干起来。中科院平均每年拨出约 3000 万元支持科技公司，该项资金投放了约 10 年。

11. 中科院"一院两制"的起源

1984 年 3 月，周光召同志出任中科院副院长，主管中科院开发工作。在党中央提出改革开放以后，科学院如何改革成为当时的核心问题。院领导经常组织各方面人员讨论这些问题，称为"务虚会"。由此提出科研工作要为生产和经济的发展服务，要考虑创收，解决科研经费等问题。

有人就提出科学院应该以基础研究为主，也有一部分人认为国家要发展经济，科学院以基础研究为主行不通，这两种不同意见一直存在了好几年。

周光召同志的"一院两制"运行机制的提出，进一步明确了办院方针，平息了不同看法的争论。特别是使技术开发和科研产业运行更加规范化，对企业及创办人员的有些政策进一步完善，大大促进了企业的壮大和发展。

1987 年 1 月，周光召同志出任中科院院长。

1988 年 3 月，他在全国科技工作会议上发表讲话，提出了"一院两制"的建院模式，其基本点是对科学研究和技术开发两种不同类型工作，根据其不同的特点和规律，采用不同的运行机制，管理体制和评价标准。

1988 年 11 月 5 日至 7 日，召开的中科院工作会议上，对此问题进行深入讨论。

周光召在论述"一院两制"模式时，他指出："中国科学院的发展，必须从中国的国情出发，遵循科学技术自身的发展规律，走适合中国科学技术发展的道路。依据'一院两制'模式，中国科学院科学研究体系，改革目标是打破封闭体系，形成开放的、流动的、联合的、富有活力的新局面，通过择优汰劣的竞争机制，保持一支精干的富有精神的研究队伍。高技术开发改革目标是建立一支适应市场机制的宏观调控体制、生产经营体制，及其相应的支持系统，并与国内外企业界建立广泛的合作与联系，使中国科学院的开发工作进入经济领域，为国家产业结构调整，以及开拓和发展中国高技术产业做出贡献。"

我认为"一院两制"的办院方针，符合党中央提出的改革开放英明决策，从当年中科院的规模状态来讲，"一院两制"也是中科院的必由之路。以下几点原因就说明这一点：

（1）改革开放初期中科院人员众多，科研经费紧张

1978 年，中科院共有人员 7.7 万多名，但专业人员仅有 3.3 万名左右，高级职称人员仅有 1000 多名。造成中科院庞大非专业人员现象的主要原因是"巴统"对我国的封锁。

新中国成立后不久，西方国家为封锁中国高新技术的发展，成立"巴黎统筹委员会"（又称"巴统"），他们组织起来对中国实行技术产品禁运。为打破"巴统"对科学技术的封锁，中科院各研究所都实行"自力更生"的科研方式，凡是与科研相关的物品，能通过自行加工生产的就在本所自行解决，不少研究所都有自己的加工厂。中科院物理所的加工厂就有 100 多名职工，该工厂设备精良人员技术素质也非常好。当时有位物理所工程师对我开玩笑，他说："我们物理所的加工厂非常厉害，能够制造出机关枪。"

再有就是为基础研究、应用基础研究服务的大批工程技术人员，他

们也是出于"巴统"这个原因，这些工程技术人员是能工巧匠，研究人员只要讲出基本原理，他们就会设计出相关设备。

1979 年，国家实施经济调整政策，减少了中科院相关经费。面对这种情况，科学院相应地对大中型实验装置的研制计划做出调整，分别视情况予以改建、缓建或停建。再有就是长期的科研经费紧张，已经严重困扰基础科学的研究，中科院化学所曾经发生过负债几百万元搞科研的状况。

（2）部分国有企业对新技术不感兴趣

改革开放初期，部分国有大中型企业领导人对中科院推广新技术不感兴趣。他们认为企业产品干好干坏都是统购统销，不愿冒风险在本单位搞新技术和科研成果转化工作。我们中科院的科研人员跑到这些企业里要求做科研成果中试和新技术推广，还要求爷爷告奶奶，10 家企业经常有 8 家领导不同意，他们不愿意干创新和技术改造的事情。有的企业虽然同意搞，但是中科院还要掏钱给人家做成果转化。遇到不错的企业领导人，给你派两三个技术员帮着一起搞中试，但是工厂的人潇洒得很，想来就来、想走就走。可是中科院的人要 24 小时监测技术指标、性能，没有节假日和白天、晚上地干。成果转化成功，报成果、得奖时，中科院跟企业两家都有份。那个时候就这个思想，企业是国家的，中科院也是国家的，所以得奖也是不分家的。

还有一些国有企业领导人认为企业是国家的，中科院也是国家的，科研工作者到企业搞科研成果转化工作是应该的，干好了有自己一份，干坏了全是科研工作者的事。这些旧观念严重挫伤了科研工作者的积极性。中科院无法向国有大中型企业推广科研成果，只好自己办公司搞成果转化工作。以上情况足以证明"一院两制"是新中国科技改革史上的光辉篇章。

1997 年，在"一院两制"的办院方针指导下，中科院研究机构由原来的 100 多个调整为 2005 年的 91 个，其中调整 45 个研究机构，在此基础上组建 13 个研究机构，新建了 10 个法人研究机构，3 个植物研究机构转为植物园序列，7 个研究机构转制为企业。新建和改造 7 项大科学工程，建设与发展了 63 个国家重点实验室，30 个非法人研究单元。各研究机构也对其内部研究单元设置进行了大幅调整。在进行大规模科研布局调整的同时，在职科研人员的队伍从近 7 万多人减至 4 万余人，20多个司局级官位被撤掉。更重要的是，一大批中科院科技企业成长起来，加快了国民经济的发展。

但是中科院"一院两制"的机制，在历史上是没有过的，不少人接受不了，旧的观念严重地阻碍"一院两制"的实施。

（3）部分科研人员要走回头路的心态

1978 年 3 月 18 日，中共中央在北京召开全国科学大会，时任中科院院长郭沫若在闭幕式上发表了题为"科学的春天"书面讲话。大会结束后，中科院许多科研人员认为，在"文化大革命"的 10 年中，今天到干校，明天到工厂，后天到农村，没有平静的时候，浪费很多大好时光，使中国的基础研究工作落后于国外。既然中国科学的春天来了，我们应该加油大搞基础研究，别再搞什么新花样。

中科院科研人员这种心态可以理解，但是在这种大搞基础研究模式的背后是立项、拨款、出成果、评奖、成果进仓库，走一条永无休止循环的回头路。

当国家提出科学技术要为国民经济服务，大力推广应用技术的时候，遭到这些要走老路人的强烈抵触。

1985 年，我到庐山开会碰到中科院各所、院的研究人员，他们对"一院两制"的意见非常大。

他们问我："你是中科院院部的人，怎么看这个问题？"

我说："基础研究、应用基础由国家拨款，开发工作是有偿的生产。'一院两制'是让各研究所进行分类管理，该拨款的拨款，该创收的要创收。"他们听完后绝大多数人没有意见了。

（4）对"一院两制"科研创收的误解

对"一院两制"中的科研创收这个事儿，中科院有些领导想不通，科研人员就更想不通。记得有一次我去上海出差开座谈会，讲关于科研工作创新与创收的问题，有好多科学家、研究人员就说科学研究工作就是国家投资，不能搞创收。

有个科研工作者举例说："我的实验室是研究天线的保护，某个项目花了国家几十万元，国防部拿走了就给 3000 元钱，这叫我怎么创收？"

我听完对他说："'一院两制'中的科研创收，指的是把科研成果转化为商品，为国民经济服务的创收。你所举的例子也正好说明这点，国家投资几十万元的科研项目更应该商品化进入流通领域，每个产品卖3000 元，只需要卖掉 300 个就可以收回成本盈得利润。"

（5）对开公司推广应用技术工作的轻视

当年中科院不少人对开公司，推广应用技术工作非常轻视，直到今天还有人说："某些人是在研究所干不下去，才出来办公司的。"对这个问题我要讲一讲。

二十世纪五十年代，中科院从形成重视基础研究、轻视应用技术推广的体制，从来没有认真划分各类型的研究工作，并形成全部倒向基础研究的奖励机制。

1978 年，科技大会召开以后，中科院全面推行职称评定工作。每个科研工作者职称评定的主要依据都跟论文挂钩，就是说科研工作者要写论文才能评上副研究员、研究员、院士。科研人员只有搞基础研究理论的才能写出论文，也只有在《物理学报》《化学学报》上发表几篇论文，评职称的事情才能解决。只要职称提升，就能涨工资、分房子。搞技术推广、成果转让写不了论文，也就评不上职称。由于这样一个引导作用，大家都不愿意搞技术转让和成果推广。长期以来，在中科院科研人员的观念里，对搞应用技术推广是瞧不上的。

（6）对中科院每年投资 3000 万元创办公司指责最多

1984 年，中科院为使科技公司快速发展壮大，开始每年给公司3000 万元的投资，共投资 10 年。中科院不少人对这项投资的指责最多，他们认为这是乱投，应该把资金投入基础研究。

这种指责是毫无道理的，科技公司把中科院的科研成果转换成产品进入流通领域，还对大批科研成果进行二次技术开发，公司没有向国家要三项经费支持，本身就是给国家省了钱。科技公司的产品含有高技术，填补国家空白又给国家省了外汇。所以不应该对这些科技公司投资进行指责。

1990年前后，中科院的科技企业逐渐壮大。

1992年全院科技企业的业绩已经十分明显，上缴利税超过亿元。这时对"一院两制"的反对声音才渐渐减少。

我认为"一院两制"的办院方针，符合党中央提出的改革开放英明决策，从当年中科院的规模状态来讲，"一院两制"也是中科院的必由之路。

12. 中科院对科技公司的组织管理与支撑机构的建立

为了推动技术开发和科技产业的发展，中科院在组织管理方面也在不断完善。最初建立的管理机构科技咨询开发服务部，随着形势的发展和改革的深入，已不能适应当时的变化。

1985年，中科院专门成立了新技术开发局，负责公司管理，组织与地方合作，科技开发项目所需资金的拨款，等等。同时为了促进技术产业的发展，还制定了一些优惠政策以免除科技人员去办公司的后顾之忧。

中科院规定，中科院各研究所去公司的人员工资不变，研究所涨工资时，公司人员同步增长。公司人员编制留研究所不变。处长、所长可兼经理，原职务保留。不愿在公司时，允许回研究所。退休后视为中科院工作人员一切待遇不变。

公司可以用5：3：2的分配制度，即利润的50%做发展基金，30%为福利基金，20%为奖励基金。总的来说，当时公司人员总收入略高于研究所，这些政策对创办公司起了很大作用，因此人员比较稳定。

中科院当年还大幅度提高院办公司的权限，规定其有评定副高级职称的权力，有批准工作人员出国的权力。

为了研究所和科技公司的开发项目顺利进行，中科院成立了一批支撑机构，以解决其所需资金，建立与国内外企业界的合作与联系，以加快发展。这些支撑机构有深圳的科深公司、中科院信息咨询中心、科技促进经济发展基金会，等等，我简单介绍一下这些支撑机构。

（1）科深公司

1984 年初，中科院根据中央在深圳建立经济特区的新形势，决定在深圳设立一个窗口创办科深公司，主要是为研究所和公司提供以下服务。

一、利用深圳这个开放的条件，将科技成果向外推介，例如协助中科院在香港举办展览会、在深圳举办高技术产品交易会等。

二、为中科院各研究所和公司与港资和外资企业牵线搭桥，促成了声学所、地质所、上海技物所等与香港企业及外企的合作。

三、为中科院院内单位提供在深圳的后勤服务。从中科院机关到所长、干部和公司人员，凡是到深圳的人，都可以在科深公司食宿并得到各种支持。

（2）中科院信息咨询中心

中科院信息咨询中心负责全院的科技成果推广工作，每两年出版一本《可推广应用成果汇编》。还年年组织"信息发布会"，一般都有二三百家地方企业参加，我们请研究所和科技公司与企业面对面交谈。还经常根据不同需要，组织相关的研究所和公司到省市去签合作协议。

1990 年，还在我国香港地区及泰国、新加坡、韩国、日本等，组织中科院各研究所和公司进行多次大规模的成果展览，协助他们建立国外联系，参展的所和公司都十分踊跃。

中科院信息咨询中心在帮助中科院各研究所、公司与国内外企业建立广泛的合作和联系上起了很好的作用。

（3）科技促进经济发展基金委员会

1987 年 9 月 12 日，原国家经委和中科院联合发起创立的"科技促进经济发展基金委员会"在北京正式成立。朱镕基同志对基金会的成立给予很大支持，对中关村电子一条街的起步和腾飞起到了助推火箭的作用。

1986年，国家某机构在哈尔滨开会，主要内容是解决科研和生产脱节的问题。参加会议的有国家某机构主任李冬、中科院副院长周光召、国家经委副主任朱镕基。在讨论该怎么解决科研成果和生产脱节的问题时，李冬主任说："我国有很多科研成果，就是成不了商品，要解决科研成果与商品脱节这个问题，把科研成果转化为生产力。"

朱镕基与周光召在返回北京的火车上进行了协商，打算国家经委出资一亿元左右（后因国家机构调整，共投入200多万元，但拨给基金会2000万元的银行贷款指标，由基金会提供项目），中科院出资7000万元，成立"科技促进经济发展基金委员会"，解决科研成果转化的资金问题，促进企业与科研单位、科技公司的合作。

基金会的成立，对中科院各研究所和公司的科技成果开发工作在资金方面支持很大。例如联想公司，在创办初期连续三年以贷款方式获得基金会的支持有1000万元左右，发挥了启动资金的作用，使联想公司的产品每年上一个台阶。

（4）东方仪器进出口公司

中科院东方仪器进出口公司，是服务于中科院各研究所的，中科院的院办、所办公司纷纷成立以后，需要进口电子元器件，当年我国外汇紧缺，控制很严，外汇额度很难得到，这等于束缚了这些公司，要与外国公司竞争，条件是不对等的。东方公司尽力提供换取外汇途径，支持了研究所和科技公司。

（5）中科院科技企业成绩喜人

1983年5月4日，中科院开办第一家科技企业科海公司至今，已经造就出强大的新技术产业群体。

1993年至2001年，中科院科技企业利润为85.89亿元，上缴税金62.48亿元。不仅为国民经济做出重大贡献，也成为中国迈向创新兴国家强有力的支撑体系。为此，我把有关中科院科技企业1992—2001年的经营情况详细介绍一下：

1992 年，中科院科技企业营业收入 32.94 亿元，利润总额 3.02 亿元，职工总数 23211 人，为社会提供就业机会 12497 个。

1993 年，资产总额 25 亿元，营业收入 42.70 亿元，利润总额 3.43 亿元，上缴税金 0.91 亿元，所有者权益 12.58 亿元，职工总数 18294 人，为社会提供就业机会 11070 个。

1994 年，资产总额 53 亿元，营业收入 54.12 亿元，利润总额 3.90 亿元，上缴税金 1.15 亿元，所有者权益 18.30 亿元，职工总数 21534 人，为社会提供就业机会 11786 个。

1995 年，资产总额 61 亿元，营业收入 53.87 亿元，利润总额 4.42 亿元，上缴税金 1.85 亿元，所有者权益 27.90 亿元，职工总数 21668 人，为社会提供就业机会 11473 个。

1996 年，资产总额 76 亿元，营业收入 85.50 亿元，利润总额 5.23 亿元，上缴税金 1.22 亿元，所有者权益 32.16 亿元，职工总数 20380 人，为社会提供就业机会 11754 个。

1997 年，资产总额 93 亿元，营业收入 107.15 亿元，利润总额 5.81 亿元，上缴税金 3.37 亿元，所有者权益 39.75 亿元，职工总数 29361 人，为社会提供就业机会 17586 个。

1998 年，资产总额 157 亿元，营业收入 231.97 亿元，利润总额 8.94 亿元，上缴税金 3.07 亿元，所有者权益 60.77 亿元，职工总数 40094 人，为社会提供就业机会 23784 个。

1999 年，资产总额 171 亿元，营业收入 272.54 亿元，利润总额 11.03 亿元，上缴税金 12.10 亿元，所有者权益 69.82 亿元，职工总数 38952 人，为社会提供就业机会 27836 个。

2000 年，资产总额 253 亿元，营业收入 368.39 亿元，利润总额 19.89 亿元，上缴税金 16.83 亿元，所有者权益 94.37 亿元，职工总数 40477 人，为社会提供就业机会 31900 个。

2001 年，资产总额 324 亿元，营业收入 434.54 亿元，利润总额

23.24 亿元，上缴税金 21.98 亿元，所有者权益 117.22 亿元，职工总数
52375 人，为社会提供就业机会 44027 个（以上数据来自"中国科学院
高技术产业发展大事记"）。

以上数字表明，中科院科技企业群体的不断壮大，不仅对国民经济
作出巨大贡献，也再次证明了"一院两制"的正确。

五、珍贵历史资料——香港联想电脑有限公司总经理吕谭平在"联想走向世界"报告会上的讲话

精诚合作　共同走向世界

北京联想计算机集团公司副总裁、香港联想电脑有限公司总经理　吕谭平

1990 年 7 月 17 日

尊敬的女士们、先生们：

大学时代，我很喜欢读世界著名企业家传记，因为每个成功的企业
家都有一番令人崇敬的个人奋斗经历。

今天，当我这个农民家庭的儿子，以香港联想电脑有限公司总经理
和北京联想集团副总裁的双重身份，来到这个在 11 亿人的心中神圣的
大会堂时，却想谈谈另一个比个人奋斗更有意义的话题。

在香港，每个礼拜都有新的企业开张，每隔不久也会听到某某公司
倒闭的消息，使人强烈地意识到，必须在竞争中求得生存。在这个弹丸
之地怎样才能谋生？真可谓"八仙过海，各显神通"。

1988 年 4 月 1 日，中科院计算所新技术发展公司与香港三家公
司投资的电脑公司在香港柴湾的一幢大厦中诞生了，公司的英文名叫
"LEGEND"，中文全称"香港联想电脑有限公司"（以下简称"香港联想
公司"）。香港联想公司开业时，三家股东共投资区区 90 万港币。

1988 年，香港联想公司完成营业额 1.2 亿港币；1989 年，香港联想
公司完成营业额 3.2 亿港币。现在，香港联想公司有 140 名员工，3 万
英尺的厂房。有一个贸易电脑公司，一个研究开发中心和一个每月有

4000 块微机主板生产能力的工厂。这个工厂自 1989 年 10 月生产 286 主机板已经在欧美市场销售了 5 万套，总共创产值 1000 万美元。现在，香港的同行们和新闻界对香港联想公司给予了很高的评价，认为它发展前景可观，密切关注着它的经营动向。

虽说香港联想公司目前的规模和根基雄厚的外资大企业相比，尚有很大差距，但是上面提到的公司的进展，都是两年之前我们作为创始人所不敢想象的。尤其使我感到骄傲的是，香港联想公司是用我们自己的双手建立起来的，我们的董事长柳传志先生引以为自豪的是，他们也没有要国家投入一分钱。近半年内，海内外用户和内地很多领导来公司参观，不少朋友跑来了解我们的发展情况，给了我们很多鼓励。

今天，十分感谢中国科学院、国家科委、经济日报社和北京市新技术产业试验区的领导和朋友们，为我提供了这样一个宝贵的机会，能够非常荣幸地见到国内这么多重要部门的高级领导、专家学者、社会名人和新闻界的朋友。在此，请允许我代表香港联想公司董事长、北京联想集团公司总裁柳传志先生和两个公司的全体同仁，向主办这次报告会的朋友们致以衷心的感谢！向今天光临会场的各位来宾表示敬意！

现在，我向在座的前辈和朋友们汇报两年来香港联想公司的发展，谈谈我的一孔之见。不当之处，恭请赐教。

我发言的题目是：精诚合作，共同走向世界！

我讲三个内容：

（一）为什么选择与北京联想集团（当时叫计算所公司）合作

（二）合作中的启示和体会

（三）合作的前景与问题

（一）为什么选择与北京联想集团合作

1990 年 6 月，我在香港参加了内地与香港应用科学与经济合作研讨会，是京港学术交流中心和香港新华社举办的。会上，柳传志董事长作了报告，题目为："创办香港合资企业——中国科技界走向国际市场的起点"。

会上，各界代表一致肯定内地与香港合作的前景与意义，香港联想公司的合作经验也受到香港新华社和工商界名流的称赞。但是，根据会上统计分析，目前大多内地与香港合资企业办得还不很成功，前景固然很好，但也不容盲目乐观，当然有各种原因。

在香港办企业的人都很羡慕内地拥有众多的科技人才，但也深知与内地合作往往有很多麻烦。在这个问题上，无论是同学、好友还是我本人，都曾有过几次不愉快的经历。

1983年，我组织一批人为香港用户开发计算机软件，从内地请来4个工程师，据介绍水平很高，可是6个多月却什么也没做出来，并不是他们的能力不够。我是按香港技术人员的高薪付酬的，但不知何故，他们上班时总想搞点外面的收入，工作很不专心。我很失望，只好请他们回去。

1983年与上海某单位合作，这个单位对外宣传很有技术实力，但他们办事效率极低，不讲信誉，我们百般无奈，终止了合作。

最糟糕的是1985年，我们把一批产品卖给内地，结果赶上内地银根收紧；很多单位付不出钱来，使得我们有破产的危险。几乎有半年的时间，我们坐着硬板火车，一趟又一趟地分头跑上海、兰州、四川等地去挨家挨户地讨账，狼狈至极。

后来，当我再次要与北京联想集团合作时，我的朋友说，俗话讲"一朝被蛇咬，十年怕井绳"，你怎么不接受教训呢？要问我为什么一再执迷不悟地与内地合作的缘由，恐怕还得从小时候的志向说起。

记得小时候父亲早逝，母亲将我们兄弟姐妹抚养长大，家境贫寒。因为我少年贪玩，没考上高中，有一年多的时间在家帮母亲维持生计。那段经历使我品尝到了生活的艰辛，教我悟出了人生目标和真谛，那就是要奋斗，要学谋生的本事，立志当一名实业家。当我对妈妈说，帮我一点路费，我要去英国读书的时候，妈妈瞪着这个不孝的儿子，惊讶得说不出话来。

1980年，我真的从英国伦敦大学帝国理工学院计算机系毕业了。我先在英国一家电脑公司打了一年短工，积蓄了一点钱，然后回到香港，想在电脑这个行当里施展一番。但苦战八年之久不见大的起色，原因何在？我们当时有几个在英国学电脑的同学，组成一个志同道合的班底儿，以我为首大家省吃俭用地凑了点股份，办起了一个电脑公司，叫作香港导远公司。导远公司主要搞电脑贸易，要办成实业，形成电脑产业谈何容易。一没有雄厚的资金，二缺少足够的经验，尤其是开发力量不足，徒有一颗急于发迹的心。

1985 年，我们推销一种把中小型机和终端联系起来的仿真卡，便与北京联想集团的前身——中国科学院计算所公司开始了接触。在这里，我认识了像倪光南这样的内地一流专家，会见到了中科院计算所所长曾茂朝先生这样有学识有名望的前辈，并且结识了计算所公司总经理柳传志和副总经理李勤、张祖祥等先生。至此，我们的事业发生了转机。

1986 年，我参观了计算所研制的 757 大型计算机，印象深刻。让人吃惊的是，在内地那样封闭的条件下，中科院计算所竟有这样的设计水平和研制能力，757 大型机当时在海外也算得上水平很高的机器，而且不论是总体设计，还是元器件和外部设备，都是国内自力更生搞出来的，真是很了不起。当时我想入非非，假如有这样的科学家去香港工作，就有可能打入西方市场，形成产业。

后来进一步与计算所公司打交道的时候，发现这个公司与内地其他单位有很大不同，他们讲究信誉，说到做到，并且效率很高。尤其是以总经理柳传志为首的管理层给我留下了非常好的印象。他们在电脑业这个领域里办企业，很具有战略头脑，他们办事认真，计划周密。并且告诉我，他们办公司的目标是创办电脑产业，要生产自己设计的机器，到世界各地去比比高低。我们感到和他们志趣相投，思路吻合，目标一致，大有相见恨晚之意。

1987 年夏天，我与柳传志频繁接触，我们共谋合办企业，走向海外的大计，真是一拍即合。

反复磋商以后，1987 年底，计算所所长，也就是联想集团的董事长曾茂朝先生带领王树和先生、李勤先生到香港与我们签订了合作协议。

1987年，大年初四，柳传志总经理从北京打来长途，要求我们将香港导远公司完全合并到香港联想公司来，敦促我们破釜沉舟，背水一战，请我充分考虑。我第二天便回复柳总："坚决合作，完全同意。"经商议，香港联想领导班子由三家合资者联合组成，柳传志先生担任董事长，我任总经理，张祖祥先生和另一家合资单位派一人出任副总经理，经过三个月紧张地筹备、买房、买地、筹措资金和手续上的审批。

1988年4月1日，香港联想公司开始营业。

1988年6月23日，是黄道吉日，我们在香港怡东大酒店举行开业典礼。当时香港电脑界、金融界和新闻界的朋友纷纷赶来祝贺，中国科学院院长周光召先生亲临香港为我们剪彩并发表贺词。当时仪式隆重，气氛热烈，我感到梦寐以求的事业从此起步了，内心十分激动。

（二）合作中的启示和体会

创办合资公司之前，柳传志董事长就和我们反复分析海外产品动向，分析我们的优势和劣势，商议如何才能比较顺利地走进海外市场。我们根据自己的特点，设计了海外发展战略三步曲。

第一步，首先在香港成立一个贸易公司，作为向欧美市场深入发展的桥头堡。它的任务是积累资金，摸索经验，寻找开发海外产品的突破口。这就是香港联想公司的使命，现在它的发展已经超出了当初的预计。

第二步，要成立一个有研究开发中心，有生产工厂，有国际销售网点的跨国公司。在香港主要搞研究开发、销售和中间型工厂，在内地大批量生产，在欧美建立销售分公司，形成立体型产业结构，现在这一步已经走完了大半。

1988年8月，就是在香港联想公司成立仅四个月之后，我们在香港又买下一家电脑工厂，名字叫 Quantum，以它为基础，迈出了第二步。

第三步，香港联想公司要办成本地资产中第一流的电脑企业，形成规模经济。

第三步预计五年内完成，即从 1988 年至 1993 年。现在我们正在迅速而扎实地实现着自己的计划。第二步已经胜利在握。

此外，柳传志董事长总结出一套灵活的海外发展策略，比如说"瞎子背瘸子"式的产业发展策略、"田忌赛马"式的研究开发策略、"二锅头与茅台酒"式的海外销售策略，等等。柳传志董事长关于研究海外战略和策略的文章很有见地，已经在香港《文汇报》和内地的一些报刊登载过，这里就不详细介绍了。

今天，我重点谈谈内地和香港企业合作中所谓"瞎子背瘸子"方式其中的一层含义。"瞎子背瘸子"，出自一个典故，我们取它优势互补之意。我们为什么合作得比较好？就是因为我们比别的合资公司更深刻地领会了"瞎子背瘸子"的道理。

内地有很多科研成果，很多高技术人才，但长期形不成商品，不能拿到国际市场上去竞争。为什么，除了管理方式之外，就是因为内地在高技术成果商品化的过程中缺少一个重要的环节，那就是市场导向，或者叫市场刺激，尤其是内地企业缺少国际市场的刺激，很难走向海外。而我们却有条件长期活跃于中国香港地区和欧美之间，信息灵敏，商业渠道畅通。但我们缺少技术力量，尤其是近几年香港移民增多，二流的工作三流的人才，使许多企业处于困境。大陆科技企业技术力量雄厚，好比一个身强力壮的瞎子，香港企业好比一个耳聪目明的瘸子，技术上是短腿。"瞎子背瘸子"就能扬长避短，共同走向海外。

1988 年 10 月，北京联想集团请倪光南总工程师到香港开发自己设计的 286 主机板。

1989 年春季在德国汉诺威和美国举办的世界计算机展览会上拿回大量订单。当时我们的 286 计算机主机板是按照一种称为 SIM 的 RAM 芯片设计的，因为价格便宜，很受用户欢迎。但等我们投入生产时，海外市场风云突变，一种用 DIP 的 RAM 芯片设计的主板大受欢迎，使我们设计的主板销不出去。信息传来，确实给了我们很大打击，幸亏公司有倪光南这样一支过硬的技术队伍托底，他们重新设计、改线、做 CAD，然后由生产样板到小批量测试、大批量生产。仅仅用了一个多月的时间，就生产出 DIP 芯片的主机板，使我们渡过了一次小小的难关。

一个新技术、新工艺，从美国市场传到中国台湾地区、香港地区，可能需要有半年的时间，而再传到内地则很难说多长时间了。海外电子产品更新换代频繁，因此，内地企业很难有国际竞争能力。而我们的合资公司能把市场信息和开发、生产紧密结合起来，我们在经销中能够比较快、比较准确地掌握市场动向及时接受从市场，从销售方面得到的新情报开展工作。由于联想集团的技术开发人员功底深厚，改进产品的速度很快，使企业具有很强的应变能力。

合作中我们深刻感受到，内地和香港合资企业不仅是共同利益的结合，而且从某种意义上说，是科研与市场的结合，是国内科研与海外市场的结合。由合资公司将科研、生产、销售在海内外连成一体，实现了循环往复的整个流程，解决了内地和香港都难以独立完成的科技与经济的良性循环问题，因此，这是更有意义的合作，是"瞎子背瘸子"更深层的含义。

下面我要讲，双方有了合作的需要，或者有了牢固的合作基础之后，并不一定就能真正合作得好。成就一番事业更需要人与人之间的精诚团结。

虽说我们公司的发展方向，战略和策略都计划周密，有条有理，但在海外市场竞争，毕竟比不得在棋盘上对弈。棋子是死的，而市场则变幻莫测。两年来，我们风雨同舟，经历了几起几落的考验。

经营香港联想公司这个贸易性公司时还比较顺利，但创办 Quantum 公司，转到生产领域的时候，就出现了种种危机。在办产业的初期阶段，一般需要很多投资，不能马上收回本钱。另外风险大，企业必须根据市场变化灵活地进退伸缩，有很强的应变能力。否则，一不小心，就可能船沉海底。

Quantum 公司初办时由于缺乏经验，产品质量不好，致使资金积压，军心动摇。Quantum 是被联想买下来的公司，它原来的老板拥有股份，同时也在 Quantum 公司管理层任职，此时对公司的前途大感怀疑，所以公司处于岌岌可危的境地。

1989 年 6 月 5 日，柳传志董事长从北京赶来，改组了董事会，调整了管理层，任命我担任 Quantum 公司总经理。为了表示破釜沉舟的决心，我愿以全部家产做抵押，进行贷款，由于柳传志董事长和我们齐心协力地狠抓产品质量，加强管理，建立制度，很快使生产走上了正轨，产品一次合格率由 30％提高到 95％。

对我个人来讲，这第二次投资确实是一步险棋。第一次投资是我们几个同伴解散导远公司，完全并入联想公司，当时真是毫不犹豫。但这一次就不同了。香港联想公司有固定的收入，经营前景很好，财源不断，而 Quantum 公司是办产业，有很大的风险。我从香港联想公司转入 Quantum 公司，很明显地在经济上要受到很大损失。对我和我的几个伙伴来讲，原来的家底并不十分富裕，眼看就要到手的几百万港币的利润分成确实有极大的诱惑力。但是当我们回顾起当初创办公司时的初衷，便再一次坚定了信念，决心以身家性命担保，一定要办实业，办产业，有风险和柳传志董事长同舟共济，"手榴弹"绑在一起。

这里我要插上一句。柳传志董事长与我们都要干一番事业，但区别在于如果成功了，柳董事长所得到的个人利益无法和我们相比。万一失败了，我们香港地区人员已经把全部财产连同身家性命都投入到企业中去了，要承担更大的风险，因此，我们对合资公司的命运格外捏着一把汗。国内的改革开放政策与香港企业有着极其密切的联系，我对于国内政府是否真心支持我们，对内地的政策变化也同样极其关注。

1989 年 10 月，当我们紧随市场变化，经历了几次紧张的产品改型之后，准备大批量投产，又一次扩大了厂房。当时我们还专门拜了一次神，拜神时大家每人祝愿一句，有人祝公司兴旺发达，有人愿订单像雪片似地飞来。当我望着新买下来的 1000 平方米的大库房，充满喜悦地憧憬着一项大的事业即将在我们手上运转的时候，没料到前面等待我们的又是一场厄运。

如果说 1989 年的汉诺威展览会给我们企业带来了生机的话，1990年的汉诺威却是一次打击。因为一批早期产品质量问题，几家用户前来投诉。一家原来与我们十分友好的大用户对我大发脾气，他说我们的产品砸了他们的牌子，言语十分刺激，使我感到无地自容。回到香港，正好听到有两家电脑企业因质量问题而倒闭的消息，使我更加垂头丧气。

回想少年时我在香港做苦工攒了点钱，加上妈妈和哥哥一共给我凑了大概有 100 英镑，我登船奔往伦敦，在那里刷盘子，当跑堂儿，无活不干，吃尽了辛苦，终于考上了大学。上学时，我一面埋头苦读，一面留心计算机市场，搜集资料信息。利用放假机会，我跑到美国，边干苦力挣钱，边参加计算机展览会。十几年的努力都是在为今天做准备。而当真动手办实业的时候，却想不到这样坎坷艰难。

当时我给在北京的柳传志董事长发去了一份传真。他立刻打来电话，和我一起分析市场，找出产品质量问题的原因。经分析后我们确认，市场确实是有的，我们技术力量也确实很强，产品一时出现质量问题，一方面是因为反馈回来的是早期产品，另一方面也是我们当时人手不够，北京的技术力量一时调不到香港造成的。困难是暂时的，优势是根本的，摔了跟头我们是可以爬起来的。

当时我们采取了两点措施：一是请倪光南总工赶来，很快做了调整，解决了质量问题；二是总结经验，在生产销售流程中又加了一道小批量产品用户试用的环节。与此同时，由于北京力量一时过不去香港，又在北京成立了一个产品质量检测中心，从几道环节上加强了产品质量的可靠性。

后来，北京联想又办下来 11 名科技人员的赴港签证。这 11 名技术人员都是中国名牌大学里的拔尖人才，有倪总带出来的研究生，也有研究所老资格的研究人员。他们一到，公司形势立刻大变，我们不但加强了产品测试评价，而且在短短三个月之内，连续开发出联想 386、386 SX 和 486 等一系列新产品。这几项产品现在经过美国、德国、法国和新加坡四个国家的八个用户测试评价，认为质量上乘，提供了非常详细的测试数据和报告。

现在，香港联想公司的开发能力已经引起同行企业的特殊注意。眼下正在销售的 286 计算机主板质量已经稳定，销量明显回升，每月可达8000 块微机主板的海外销量；返回的订单超过我们现有的生产能力。

北京联想集团的科技人员在香港的工作精神确实令人钦佩。他们不仅功底很深，而且能吃苦，有恒劲。倪光南总工手下一名叫杨建祖的工程师，为赶制一项产品，连续在工厂熬了五天五夜。当他半夜蓬头垢面地从公司返回宿舍时，竟被香港警察怀疑为偷渡者而查问了三次。公司的管理人员也为人表率，张祖祥副总经理长期与太太子女分居，带病在公司坚持紧张的工作。柳传志董事长尊重香港企业管理方式，善于处理矛盾，有问题摆在桌面上，有错误对香港地区人员敢于严格批评，对内地人员也从不袒护，办事公正，双方职工都很服气，同时也树立起公司内部的良好风气。遇到危机时，他头脑冷静，善于对策、善于分析，有能力挽救险情，扭转败局。我们感到，我们之间已经不仅仅是经济上的合作，而已经发展到事业上的合作，甚至是思想上、感情上的合作了。我们有困难有问题愿意找他们商量，交谈时能够做到推心置腹。合作使企业增强了竞争能力，使我们在向海外市场进军中，风雨同舟，不屈不挠地到达目的地。总而言之，我想告诉诸位的是：团结合作是香港联想公司成功的奥秘。

（三）合作的前景与问题

今天，如果提到成绩，我并不认为仅仅是我们生产和销售出去多少万块主机板，也不在于眼前创造了几亿港币的产值，值得高兴的是，两年来我们终于蹚出了一条路，锻炼了队伍，摸索了经验，我们憧憬多年的大事业已经开始运转，一个稳固的技、工、贸结合的产业结构即将在眼前出现。

柳传志董事长说："中国科学院的领导寄希望于我们办成像日本松下公司或索尼公司那样的大企业。"我十分荣幸！我和我们的合作者们确实都有这样的抱负和雄心，加上领导的支持，加上机遇。尽管现在香港联想公司在合资电脑企业中可以说名列前茅，但现在我们说要与中国台湾地区的宏碁公司比比高低的话，很多朋友可能会哑然失笑。但是我们敢说，假如内地开放改革的政策不变，给我们几年稳定发展的时间，我们这个优势互补的合资企业将很快形成产业，将会在海外市场占有一定的份额。到那时我们有可能和台湾地区的宏碁公司在一个数量级上了。

但是，我们实现这个蓝图确实有个重要的前提条件，那就是内地的政策不要多变，我想，作为香港实业界的一名成员，身上流的也是中国人的血，我也与柳传志董事长他们同样，希望中国富强起来，在世界市场上有强大的竞争能力。但是假如我们不按经济规律办事，则很难在世界市场上找到共同点；假如不参与海外竞争，中国可能难以强大起来。我希望在座的领导和专家学者以及新闻界的朋友，能够支持我们这种共同走向世界的合资企业，为我们公司的迅速发展提供方便条件，制定特殊政策，创造舆论环境。

尽管我们的合作取得了成绩，但实际运转中仍然有许多难题。内地领导参观香港联想时一致表示赞同和支持我们，像国家科委、中国科学院、中国银行和北京市新技术产业试验区的领导都来香港联想公司参观过，中国银行还给我们提供贷款，然而一些具体问题却不能得到解决。比如说，内地科技人才是个优势，但在办赴港签证时却极为困难，假如科技人才不能及时过来，内地与香港合资优势便不能充分发挥。现在香港联想公司急速发展，合适的人才不能到位，给公司发展拖了后腿。假如技术服务力量能够加强，我们在香港的售后维修服务能做得像内地联想集团那样周到、及时、漂亮的话，香港联想公司的销售量将会大大增加；假如我们加强测试评价力量，产品质量就不至于出现几次风波；假如上次11名工程师不能赶到香港，不能继续开发出新产品的话，很可能在今年汉诺威展览会后，公司就一蹶不振了。

合作中我感到最糟糕的莫过于，项目立了，课题开了，研制途中，技术人员的签证到期必须返回去，可却又一时半会儿不能很快回来，企业这里急得火烧眉毛，可是由于制度规定，大家都爱莫能助。这样最误事儿了。公司已经发生过两三起这样的事，柳传志董事长也感到十分头疼。

最后，我祝愿内地与香港企业团结起来，为创办一个成功地走向世界的电脑产业而共同奋斗！谢谢各位！③

参考资料：

①来自《中科院科技开发工作会议交流材料》，该资料由齐忠收藏。

②来自《中科院科技开发工作会议交流材料》，该资料由齐忠收藏。

③来自 1990 年 7 月 17 日，在人民大会堂举行的"联想走向世界"报告会，联想公司向新闻记者提供的新闻稿，该资料由齐忠收藏。

1991 年 3 月 6 日——国务院关于批准国家高新技术产业开发区和有关政策法规的通知

1991 年 3 月 6 日，为了在全国推动新技术产业的发展，国务院发出国发〔1991〕12 号文件，设立天津、沈阳、合肥等 26 个国家级高新技术产业开发区。在 26 个开发区中的民营科技企业可以按国家规定享受到各项税收等优惠政策，国务院这项通知推动了我国民营科技企业的发展。

关于批准国家高新技术产业开发区和有关政策法规的通知
国发〔1991〕12 号

各省、自治区、直辖市人民政府，国务院各部委、各直属机构：

根据《中共中央关于科学技术体制改革的决定》，近几年，许多地方在一些知识、技术密集的大中城市和沿海地区相继建立起一些高新技术产业开发区，促进了我国高新技术产业的发展。为了贯彻《中共中央关于制定国民经济和社会发展十年规划和"八五"计划的建议》中关于"继续推进'火炬'计划的实施，办好高新技术开发区"的精神，加快高新技术产业的发展，国务院决定，继 1988 年批准北京市新技术产业开发试验区之后，在各地已建立的高新技术产业开发区中，再选定一批开发区作为国家高新技术产业开发区，并给予相应的优惠政策。现通知如下：

一、国务院批准经国家科委审定的下列 21 个高新技术产业开发区为国家高新技术产业开发区：武汉东湖新技术开发区、南京浦口高新技术外向型开发区、沈阳市南湖科技开发区、天津新技术产业园区、西安市新技术产业开发区、成都高新技术产业开发区、威海火炬高技术产业开发区、中山火炬高技术产业开发区、长春南湖——南岭新技术工业园区、哈尔滨高技术开发区、长沙科技开发试验区、福州市科技园区、广州天河高新技术产业开发区、合肥科技工业园、重庆高新技术产业开发区、杭州高新技术产业开发区、桂林新技术产业开发区、郑州高技术开发区、兰州宁卧庄新技术产业开发试验区、石家庄高新技术产业开发区、济南市高技术产业开发区。

二、上海漕河泾新兴技术开发区、大连市高新技术产业园区、深圳科技工业园、厦门火炬高技术产业开发区、海南国际科技工业园分别设在经济技术开发、经济特区内，也确定为国家高新技术产业开发区。

三、国务院授权国家科委负责审定各国家高新技术产业开发区的区域范围、面积，并进行归口管理和具体指导。

四、国务院批准国家科委制定的《国家高新技术产业开发区高新技术企业认定条件和办法》（附件一）、《国家高新技术产业开发区若干政策的暂行法规》（附件二）和国家税务局制定的《国家高新技术产业开发区税收政策的法规》（附件三），请遵照执行。

五、北京市新技术产业开发试验区，除固定资产投资规模管理、出口创汇留成按现行法规执行外，其余仍按《北京市新技术产业开发试验区暂行条例》执行。

依靠我国自己的科技力量，促进高技术成果的商品化、产业化，对于调整产业结构，推动传统产业的改造、提高劳动生产率、增强国际竞争能力，具有重要意义。各地区、各有关部门对高新技术产业开发区要加强领导，大力扶持，按照国家的有关政策法规，促进我国高新技术产业健康发展。

附件：

一、国家高新技术产业开发区高新技术企业认定条件和办法（略）

二、国家高新技术产业开发区若干政策的暂行法规（略）

三、国家高新技术产业开发区税收政策的法规

抄送：党中央各部门，中央军委办公厅、各总部、各军兵种。

人大常委会办公厅，全国政协办公厅，高法院，高检院。

附件三：

国家高新技术产业开发区税收政策的法规
（国家税务局　1991 年 3 月）

第一条　为促进我国高新技术产业的健康发展，进一步推动高新技术产业开发区建设，制定本法规。

第二条　本法规的适用范围，限于经国务院批准设立的高新技术产业开发区（以下简称开发区）内被认定的高新技术企业（以下简称开发区企业）。

第三条　开发区和开发区企业的认定条件和标准，高新技术及其产品的范围，按国家科委制定的统一法规执行。

第四条　开发区企业从被认定之日起，减按 15％的税率征收所得税。

第五条　开发区企业出口产品的产值达到当年总产值 70％以上的，经税务机关核定，减按 10％的税率征收所得税。

第六条　新办的开发区企业，经企业申请，税务机关批准，从投产年度起，二年内免征所得税。

对新办的中外合资经营的开发区企业，合营期在十年以上的，经企业申请税务机关批准，可从开始获利年度起，头二年免征所得税。

在经济特区和经济技术开发地域范围内的开发区企业，是外商投

资企业的，仍执行特区或经济技术开发区的各项税收政策，不受前两项法规的限制。

免税期满后，纳税确有困难的，经批准在一定期限内给予适当减免税照顾。

第七条　对内资办的开发区企业，其进行技术转让以及在技术转让过程中发生的与技术转让有关的技术咨询、技术服务、技术培训的所得，年净收入在30万元以下的，可暂免征收所得税；超过30万元的部分，按适用税率征收所得税。对其属于"火炬"计划开发范围的高新技术产品，凡符合新产品减免税条件并按法规减免产品税、增值税的税款，可专项用于技术开发，不计征所得税。

第八条　对内资办的开发区企业减征或免征的税款统一作为国家扶持基金、单独核算，由有关部门监督专项用于高新技术及产品的开发。

第九条　开发区企业属联营企业的，其分给投资方的利润、应按投资方企业的财务体制，扣除开发区缴纳的税款后，补缴所得税或上缴利润。

第十条　内资办的开发区企业，一律按照国家现行法规缴纳奖金税。但属下列单项奖励金，可不征收奖金税:（一）从其留用的技术转让、技术咨询、技术服务、技术培训净收入中提取的奖金，不超过15%的部分;（二）高新技术产品出口企业，按国家法规从出口奖励金中发放给职工的奖金，不超过一点五个月标准工资的部分;（三）符合国家法规的其他免税单项奖。

上述（一）（二）两项合并计算的全年人均免税奖金额，不足二点五个月标准工资的，按二点五个月标准工资扣除计税；超出二点五个月标准工资的，按实际免税奖金扣除计税。

第十一条　内资办的开发区企业，以自筹资金新建技术开发和生产经营用房，按国家产业政策确定征免建筑税（或投资方向调节税）。

第十二条　开发区企业的贷款，一律在征收所得税后归还。

第十三条　开发区内的非开发区企业，按国家现行税收政策法规执行，不执行本法规。原认定的开发区企业情况发生变化，已不符合开发区企业条件和标准的，也不再执行本法规。

第十四条　过去凡与本法规有抵触的税收政策，一律废止，改按本法规执行。

第十五条　本法规由国家税务局负责解释。

第十六条　本法规自国务院批准之日起执行。

1991 年 3 月 15 日——试验区公布 1990 年技、工、贸三项指标排名前十企业

1991 年 3 月 15 日，试验区公布新技术企业 1990 年技、工、贸总收入、企业经营利润、企业工业产值三项指标排在前十名的企业名单。技、工、贸总收入进入前十名的有民营科技企业和"国有民营"科技企业共八家，它们是四通集团公司、联想集团公司、科海集团公司、北京大学新技术公司（北大方正公司前身）、京海集团公司、信通集团公司、

四通集团推出的"四通 MS 系列中英文打字机"，齐忠摄影。

中科院希望高级电脑公司、中科院大恒公司。四通集团公司技、工、贸总收入为75193万元，占试验区技、工、贸总收入其他九家企业50%左右。从下面这个排名表不难看出民营科技企业旺盛的生命力。

1991 年 3 月 15 日，试验区公布新技术企业 1990 年三项指标排在前十名企业[①]

（一）企业技、工、贸总收入排列　　　　单位：万元

1. 四通集团公司　　　　　　　　　　　75193
2. 中科院联想集团公司　　　　　　　　23175
3. 科海集团公司　　　　　　　　　　　15193
4. 北京大学新技术公司　　　　　　　　9993
5. 京海集团公司　　　　　　　　　　　8101
6. 信通集团公司　　　　　　　　　　　7883
7. 北京隆源电子科技有限公司　　　　　6899
8. 太极计算机公司　　　　　　　　　　6430
9. 中科院希望高级电脑公司　　　　　　4721
10. 中科院大恒公司　　　　　　　　　　4473

（二）企业经营利润排列

1. 四通集团公司　　　　　　　　　　　4235
2. 中科院联想集团公司　　　　　　　　1595
3. 北京大学新技术公司　　　　　　　　1580
4. 太极计算机公司　　　　　　　　　　1170
5. 北京隆源电子科技有限公司　　　　　1123
6. 科海集团公司　　　　　　　　　　　550
7. 桑普技术公司　　　　　　　　　　　390
8. 中科院电气高公司　　　　　　　　　377

9. 华讯通信技术公司   322

10. 中科院希望高级电脑公司   276

（三）企业工业产值排列

1. 四通集团公司   22115

2. 太极计算机公司   9174

3. 北京大学新技术公司   7400

4. 北京隆源电子科技有限公司   6899

5. 中科院联想集团公司   3372

6. 中科院希望高级电脑公司   3300

7. 信通集团公司   2880

8. 华科通信新技术公司   2025

9. 中科院计算所服务公司   1659

10. 康拓公司   1300

参考资料：

①来自四通公司出版的《四通人》第114期，该资料由齐忠收藏。

1991年3月28日——北京民协召开"北京民办科技实业理论发展研讨会"及各项活动推动北京民营科技企业的发展

　　导读：1991年，诸多原因使北京及中关村民营科技企业进入低潮时期，很多人对民营科技企业姓"社"、姓"资"产生疑问，民营科技企业家对企业如何发展也产生彷徨和观望的态度，甚至对当年"民办科技实业"这个名称也产生怀疑，希望更名改姓。因为有人指出"民办"有跟"官办"对着干的意思。也有不少人认为，"民办科技实业"这个名称应更名为"非公有制企业"。这个提议遭到北京著名民营科技企业家老红军徐可倬的反对，他认为："非公有制企业这个名称更为不妥，因为非公即私，更会遭人误解。"

北京民协为了帮助北京及中关村民营科技企业走出低潮，展开大规模有关北京及中关村民营科技企业发展的理论探讨及各项活动，为北京及中关村民营科技企业争取到良好的生存环境，也为北京及中关村民营科技企业的发展作出巨大贡献。

1991年3月28—29日，在北京民办科技实业家协会会长纪世瀛的提议和主持下（以下简称"北京民协"），北京民协在中国农科院召开大型理论研讨会，题目为"北京民办科技实业理论发展研讨会"。该研讨会主要对北京及中关村民营科技企业出现的萎缩、消减、倒退现象及问题进行理论性的研讨，以指导和推动北京及中关村民营科技企业走出困境。

参加这次研讨会的有国家科委办公厅、政策法规司、研发中心、中共中央党校、中国民协、北京市科委、北京市科协、试验区、海淀区科委、丰台区科委、四通公司、京海公司、科海公司、信通公司、时代公

1991年3月28日，北京民协在北京召开大型理论研讨会，题目为"北京民办科技实业理论发展研讨会"。齐忠摄影。

司、龙兴公司、海华公司、京科公司、天安公司、信远公司、京燕公司等负责人。

参加这次研讨会的还有新华社、科技日报社、北京日报社、科技之光报社等多家新闻媒体记者。

研讨会就北京及中关村民营科技企业面临的生存困境、亟须解决的问题、发展方向等多方面进行理论指导性探讨。

北京民协会长纪世瀛在研讨会上，对民营科技企业做出高度评价，也对民营科技企业当前的生存环境感到不安，他说："民办科技实业在解放生产力上做了两件很了不起的大事，它在中国科技界乃至整个改革大潮中引起了一场核聚变。社会主义的根本任务是发展生产力。生产力有两要素：一个是有一定生产经验与科学技能的劳动者，掌握科技才能的从事科技产业的实业家们是其中的优秀者；另一个是由劳动者所使用的劳动资料，主要是生产工具佼佼者是高新技术产品和装备。我理解这就是为什么邓小平同志讲'科学技术是第一生产力'。民办科技实业十年来主要贡献是，一、解放科技人员，把他们从深宅大院里活化出来。二、把科技转化为直接的生产力，转化为高技术设备和生产工具。民办运行机制更为重要，它包括以市场为导向的经营机制，独立自主的决策机制，择优汰劣的人才机制，多劳多得的分配机制，自我发展自我约束的行为机制。民办运行机制既吸收了世界先进国家的经验又结合了中国的特点。现今没有任何机制与民办运行机制相匹配，是建设有中国特色社会主义的一大法宝。当今，民办运行机制正逐步向各行各业渗透和扩散，为人们所接受。我认为，要对民办事业有一个充分的理解，凡是搞'两不、四自'采用民办运行机制的以科技人员为主体的企业都应吸收到我们的队伍中来。民办科技实业关键不在所有制的问题上，是谁来办、怎么办的问题。民办科技实业是不要国家投资，国家编制的科技实体，是能够推动中国历史前进的群众运动。许多人对待民办科技实业总是犹抱琵琶半遮面，不肯承认这一事实。"

国家科委政策法规司副司长段瑞春在研讨会发言时指出："从我个人

的体会来说，我们党一直主张相信群众、依靠群众、尊重群众的首创精神，支持和鼓励人民群众兴办各种社会主义事业。民办科技实业是其中的一个。这几年来民办科技机构有了很大的发展，已经从最开始的小规模状态形成了一支相当可观的队伍，有一些民办科技机构已经有很大的科研和生产规模，确实存在如何总结经验使民办科技更快更好地发展这样一个问题。前一段时间国务院曾经讨论过一个'民办科技机构条例'，会上有些同志对民办科技机构名称叫什么，从法律上来说用'民办'这个词是否恰当提出了一些意见。国务院认为民办科技这件事是件好事，这叫科技人员办企业，'民办'这个提法在政策，在报告里都可以再使用，至于在法律上是否叫'民办'这个问题我们再商量，现在'民办科技机构条例'已起草稿，在征求工商局的意见仍在研究中。我们想通过进一步地协调各方面的意见，特别是希望从我们这个会上听到一些有益的经验，共同解决好这个问题。我历来很欣赏前全国人大常委会委员长彭真同志一句话，他说'法律和实际，谁是母亲谁是子女？实践是母亲，法律和政策是她的子女。'法律和政策看来是在常务会上，在立法机关的举手表决当中诞生的，但实际上它的规范是源于实践、高于实践、指导实践的，真正的民办科技的立法者是十年来奋力开拓这个事业并且积累了丰富经验的同志们！"

北京民协副会长、四通集团公司副总裁田志强在研讨会发言时指出："民办科技实业的出现，是对旧的经济体制的一种冲击，向'大锅饭，铁饭碗'体制的一种挑战。我认为，关于民办科技实业所有制的问题，是私营、集体、全民等等，都不是核心，'二不、四自'运行机制只是民办企业的精髓，而民办企业真正的含义是按经济规律办事，大家去办。不是按照长官意识去办。我访问过芬兰，这个国家，国营企业占60％。但它不是官办，是'国有民办'。我认为，中国的企业家们要不断地自我突破，自我更新，要有团队意识。中国的企业包括台湾地区、香港地区大型企业很少，不像日本人有较强的团队奋斗精神，所以，如何团结起来做成一件大事，每一个企业家都应该认真地思考！"

信通集团公司公关部部长俞卓立，在发言时肯定了民营科技企业的股份制改造过程，他说："信通公司成立时，公司章程规定实行股份制，由三家投资单位，全民所有制的中国科学院计算技术研究所和中国科学院科学仪器厂，集体所有制的海淀区新型产业联合总公司，作为股东共同分享红利并承担亏损。1988年8月，公司董事会又讨论通过了新的章程，在原有投资单位国有股和集体股每家100万元共300万元的基础上，增加了公司内部的个人股份200万元占总额的40%。公司正式职工以及董事和顾问，每人限购30股每股100元。章程规定：个人出资购买的股份可领取股息和红利；单位投资的国有股和集体股不计股息，只参加分红。股息和红利皆按公司经营盈亏进行增减。股息率上限可高于银行利率，下限可不付股息；红利的上限按政府的有关规定，下限可不分红。年度红利和股息总额不得超过纯利分配中红利部分所占比例。个人股份可以内部转让，可以赠予，可以继承，调动工作时其股份可继续持有。为增加一定的灵活性，规定在购股5年后也可转让给公司，由公司按相互协议价格收购。新章程还规定，公司税后纯利中，发展基金的20%可以配予股方式分配给对公司创建和发展有突出贡献的职工以及对公司有特殊贡献的社会人士。配予股实际上是一种'影子'股，它只计红利，不计股息，不得转让和继承。配予股份期限股和终职股两种，前者有效期为3年，后者退休后仍可持有，直到终身。离职职工及持有配予股的社会人士同公司脱离直接工作关系3年后，公司收回配予股。从实行内部个人股份和发放配予股的实践来看，至少有以下几点好处：使公司广大持股职工和公司各级经理一起共同承担公司的经营风险，'公司是我自己的'这种观念日益加深；以总裁为首的公司各级经理感到肩上的责任比过去更重，更加努力地为公司共创经济效益；公司内部股份是以集团的名义发行的，各子公司、分公司的职工购买集团的股票，使职工不仅关心本部门的经济效益，同时也注视着整个集团的经济效益，使集团、本部门、个人的利益有机地结合起来；配予股的发放，有利于集团骨干队伍的稳定，有利于企业在优秀人才的竞争中处于有利地位。"

　　四通集团公司集团办公室主任李小列，对当前民营科技企业中的企业文化的滞后性，做出了深刻的分析。他说："民办科技企业应从个人管理转向职能化管理到进一步迈向集团化管理。在每一步变革和调整中，对个人来讲也要在观念上进行调整。改革的阻力在很大程度上来自于改革者本身。传统形成的东西对新模式、新体制的建立，有时起着相当大的阻力作用。在机构调整的过程中，我们本身不进行观念调整，这种改革和调整都将是一句空话，徒有其表。职能化管理就是民办科技企业针对发展中暴露的问题，建立相应的机构和制度，便于企业集中管理，便如针对最容易出问题的采购环节，四通成立了采购部，并规定了程序，由一个经理拍板的事，改为采购、物资、销售三个环节，相互制约，实施中发现'制约'是很有必要的。民办科技企业应科学管理，形成各项工作的规范化、程序化。在企业的规范和条例面前人人平等。'用能人不用完人'这句口号，是对'人要完人，金要足赤'这个中国传统观念的一个冲击。在这个口号下，民办科技企业确实吸引了很多人才，但它也有消极的一面，所以我们民办科技实业应着重强调道德标准，即'做一个诚实、正直的人'。干部就是要廉洁。在我们的头脑中应树立起，民办科技实业是改革的事业，是中国知识分子一代人的理想和追求，绝不是为金钱。'你有多大能力，给你铺多大垫子'，这个口号强调个人活力，有点像'布朗运动'。可是布朗运动终归形成不了整体优势。在新形势下，民办科技企业应强调在统一磁场的作用下进行整体运动，形成'激光束'。应当看到，我们的企业里，相当一部分中层干部包括高层领导习惯于旧的管理模式，个人说了算。因此对企业的发展势必会形成障碍。企业成为'个体户'的大联合，形不成团队优势。所以，我们民办科技企业，宁可牺牲一些效益，也要把企业向未来发展的基础，这样一个大垫子铺好，这是我们当前观念调整中最重要的一步。"

　　京燕技术开发公司总经理田惠玲（女），对当前民营科技企业面临的问题在研讨会上进行了发言，她说："我认为，民办科技企业急需明确和解决以下几个问题：第一，资产所有权问题。现有民办科技实业大多数是集体所有制，但不同于过去的大集体，乡镇集体企业和全民所有制单位主办的集体企业。是由一些有技术专长的人自由结合，创办起来的。主办单位只给予政策上的支持，并无任何财产关系。开办资金是由贷款、若干人入股或创办者的技术收入得来的。创办后再由全体职工劳动继续积累。但这些创办者和职工都捧的是泥饭碗。按劳动部门的规定，都是临时工。他们如何行使其对企业的所有权？第二，与主管单位和部门的关系问题。主管单位和部门应主要按照国家规定政策对民办科技企业进行检查和监督，并在其正常发展方面给予扶持和帮助，不应干预其合法的自主权。第三，与科技管理部门的关系。应将民办科技企业纳入科委的业务指导系统和主办单位的技术管理系统。在承担科研课题、评定技术职称、成果奖励、免税优惠、参加国内外技术交流等方面，给予和全民科研单位同样的待遇和机遇。在各级科委内设立一个专管民办科技企业的部门，协助工商部门对民办科技企业的开业、关停并转等进行审批，对管辖范围的民办科技企业的业务活动进行统计、调查、总结、指导和协调。研究处理民办科技企业遇到的特殊问题，并协助立法部门制定有关民办科技企业的政策和法规。"

1991 年，关于北京及中关村"民办科技实业"这个名称是否更改，以顺应时代潮流，躲避社会上有些人对民营科技企业姓"社"、姓"资"的指责，也成为这次研讨会争论的焦点问题。有人认为"民办科技实业"这个名称应更改为"非公有制企业"，有人坚决反对，认为"非公即私"，"民办科技实业"更名为"非公有制企业"后，会更加处于困境。

北京市科委主办的科技发展与改革杂志社总编李慰饴，对这个问题进行了深刻的论述，成为这次研讨会上对民营科技企业发展理论上探讨与研究的精品之作。三十多年后的今天，重新解读这篇论述，仍然有许多新意，以下论文是李慰饴在"民办科技实业理论研讨会"上的发言整理而成，是珍贵的历史文献。

一、历史资料——李慰饴在"民办科技实业理论研讨会"上的发言

名正言顺：关于民办科技实业的名称及其他的断想

科技发展与改革杂志社总编　李慰饴

1. "民办科技实业"这个名称到底要不要，改不改的问题

十年来社会各界、包括民办科技界内部，一直有着所谓"正名"的议论。"抽刀断水水更流"，十年过去了，我们发现议论双方还是站在原来的起点上。这是一种值得人们思考的"正名循环"现象。不管是否赞成这个名称，人们还是不得不继续使用它。这说明，这个名称与它的内涵、指向、观念、社会关系，以及历史的心理的砝码，是独特和真实的，并且彼此是紧密地联系在一起的。当看这些客观存在未能消失的时候，作为集合的概念的称谓就很难被取代或抛弃。试图用它的表面与局部符号来代替整体，或是由于它的局部与其他事物的联系，而供用别的符号，都会在实际上失去原有包容的丰富和准确。

2. 我们所说的民办科技实业，是把它视为一个既定的发展着的社会存在的整体

民办科技并不简单地等于"民办＋科技"。这就是说，不是在一般的科技组织、机构、形式之上附着或是注入一种所谓"民办"的关系，也不是在一般的民办体质框架下填入科技的内容。为什么乡镇企业、示范工厂、个体户、私营企业、合资企业等，都没有发生过名称的困扰？实际上，这是因为民办科技的名称涉及和超出经济范畴的规定性，然而它又以一般经济范畴的命题出现，才会引起误解。

于是，我们不得不回过头来面对这样一个似乎简单的问题：什么是民办科技实业？除了一般的经济属性外，是什么使它成为无可逃避的现实？当我们转向科学技术自身的规律性时，会发现当代科学技术的发展，不但极大地改变了自然、社会和人类的面貌，也使科学技术自身发生着深刻的结构性变化。科学技术已从"少数科学家—独立研究—系统传播"的模式，迅速成为"群体势力—交叉协调—广泛辐射"的社会化

事业。因而，除了那些超大型的、不直接受市场制约和经济效益机制驱动的长远性的、基础性的、收益性的工作和项目外，高度灵活地反映市场并作用于市场的、受利益机制驱动的社会化的科技组织，就成为（或**必将成为**）科技工作的基本组织形成。科技研究和科技转化、经营的分离已难以继续。同时，现代科技人员的自主意识、经营追求等等已成为知识的一部分。正是在上述种种前提下，民办科技实业的产生是不可避免的。与其说民办科技是改革的产物，不如说是科技发展的规律所要求的，而改革为它在中国的出现打开了大门。民办科技是指科技人员自主进行科技事业的历史要求而不只是所有制问题，它不应是权宜之计。讨论它的问题时，应该与社会主义初级阶段允许私营企业、个体户等问题在出发点上有所不同。科学技术的发展，将要求民办科技事业的长期发展，这是毫无疑义的。

3. 民办科技实业的本质

民办科技实业的法律主体不是一般的经济法人，它是独立自主地承担经济，科技风险责任的、直接面向市场的科技智力劳动者群体。它的行为首先是科技性的，然后才是经济性的。这样一种主体特性，使它更符合科学技术向生产力转化，被市场驱动的客观要求。

民办科技实业具有以下基本特征：

（1）科技活动与经济法动的统一

（2）风险责任与经济利益的统一

（3）按劳分配与市场原则的统一

（4）行为激励机制与自我约束机制的统一

（5）"两不"原则与"四自"机制的统一

从民办科技实业的本质我们进一步看到民办科技实业既是对科技生产力的解放，也是科技生产力的直接实现。

4. 民办科技实业具有特定、无可代替的作用

（1）民办科技实业明确地把主体性表现出来，即与国家办的科技单位明确区分开来。

（2）民办科技实业可以将科技人员自发趋向予以规范和引导另一种明确的积极的形式。

（3）从社会舆论上便于保护与约束从事自主开发的科技人员。

（4）从长远看，它便于作为一种方向标志。

我们不妨想得更远些。既然民办科技实业不是一个单纯的所有制问题，既然它除了经济的内容外更重要的是符合科学技术运行的规律，既然从本身上是科学技术发展的必然要求，也许迄今为止我们对民办科技实业的历史意义估计依然不足。

5. 民办科技实业与科技体制改革的创新

（1）科技体制改革中出现了许多新的东西，但细想，许多措施、政策、组织形成，都是在原来基础上的延伸有了许多新的内容和作用。如果说有什么过去从未有过的"新"事物，那就是产生了民办科技实业。这是科技体制改革的成果，反过来推动科技体制改革全面的深化和发展。

（2）我国的民办科技实业是"一无先例、二无外例"的独特创造。正如前边提到的，民办科技不是"民办＋科技"，不是简单的所有制与科技组合问题。它不是乡镇企业，它是一种新的科技组织模式，或者说它是一种新的科技模式，这就是它没有先例的理由。它也没有外例，不是把资本主义国家的民间科技企业搬到中国来，虽然不无借鉴之处。西方的民间科技即私营科技，是与我们根本不同的，作为资本主义经济结构的一部分，科技人员在这类企业中也并不是自主的。它只是实现了企业的自主性或企业所有者的自主性。中国的民办科技具有社会主义性质，它是所有制在科技组织中的实现。在这类企业中，真正实现了"两极"统一，即：企业所有权与企业经营权的统一。同时，也在实际上实现了技术所有权与技术转化权的统一。我们看到，我国现有乡镇企业、全民所属集体企业，以及街道工厂，等等，其集体所有制的内涵与民办科技是不同的。上述企业是实行有限风险责任（**即以行政授予责任为前提**）、按就业原则和地域、民办科技中两权统一的基础不只是体现为财产归属（这个问题远未解决），经营责任和利益机制。在民办科技中，最重要的是具有智力形态、物质形态、信息形态的科学技术知识的所有权、转化权、经营权和再生权的高度统一。

（3）民办科技实业尽管远不能算是一个强大的成熟的产业，尽管内部和外部还存在许多问题、缺陷和困难，我们仍然可以发现，它也许正包含着未来社会的萌芽。一方面，它具有所有制性质，另一方面，它具有初级的自治体的性质。这当然是遥远未来的事情，但为什么我们不能从现实中去发现哪怕一些希望呢？科技劳动者即所有者，按"四自"原则组织起来，实行所有制的管理和分配，极大地推动科技与经济的结合，到底是不是一件很好的事情呢？这样一种所有制，较之那种"大锅饭"的所有制为什么不是一种进步？离开我们那些美好的目标，哪一种更贴近呢？[1]

二、珍贵历史文献——中关村早期宣传刊物创刊号

1.《科技之光报》

1990 年 6 月 1 日，北京民办科技实业家协会（以下简称"北京民协"），在协会会长纪世瀛先生提议下，创办协会内刊《科技之光报》。该报负责人为纪世瀛先生，齐忠负责该报所有的工作。（注：该协会现更名为"中关村科技企业家协会"）

1990 年 12 月 1 日，由于办报资金太多，对于北京民协是个沉重的负担。再有，该报没有"内部刊物准印证"是非法出版物。北京民协决定停办《科技之光报》，在协会会长纪世瀛先生反对下，齐忠提出向北京民协借款一万元人民币，北京民协不再提供办报用房、资金、人员等办报方案，北京民协同意。

1994 年，《科技之光报》发行量达到 15 万份，成为中关村、北京民营科技企业、中国民营科技企业、中国民办科技商会最大的宣传媒体，为推动中关村、北京民营科技企业、中国民营科技企业的发展作出巨大贡献。

《科技之光报》创刊号，齐忠摄影并收藏。

1995年夏，《科技之光报》并入北京科技报社，成为该社周一刊，更名为《北京科技报·民营科技企业》，仍由北京民协主管，齐忠任主编。

2003年3月1日，北京市科协决定，北京科技报社由北京青年报社代管，《北京科技报·民营科技企业》周刊也因此停刊。

2. 《北京试验区报》

1990年10月30日，试验区创办内部刊物——《北京试验区报》，该报由试验区主管，并提供办报用房、资金、人员等。

2008年，《北京试验区报》并入有正式出版刊号的《海淀报》，成为该报的一部分。

3. 《中国民办科技实业》

1988年3月19日，中国民办科技实业家协会（以下简称"中国民协"）创办《中国民办科技实业》杂志，并具有正式出版刊号。该杂志由协会主管，具体工作由山东济南快报集团社长鲍克负责，提供该杂志用房、资金、人员等（该协会现更名为"中国民营科技实业家协会"）。

《中国民办科技实业》创刊号，齐忠摄影并收藏。

2001年，协会从鲍克手中收回该杂志管理权，具体工作由中国民协主管。

《中国民办科技实业》杂志，现更名为《中国民商》杂志。

4.《四通人》

1986年6月9日，四通公司创办内部刊物《四通人》，这是中国及北京和中关村电子一条街首家民营科技企业内部刊物。《四通人》为宣传和推动四通公司的发展作出了巨大贡献，在全国民营科技界有着巨大影响。

中信集团拥有的，有正式出版号的《中信人》名称，就是受到《四通人》的影响。

2015年，《四通人》停办。

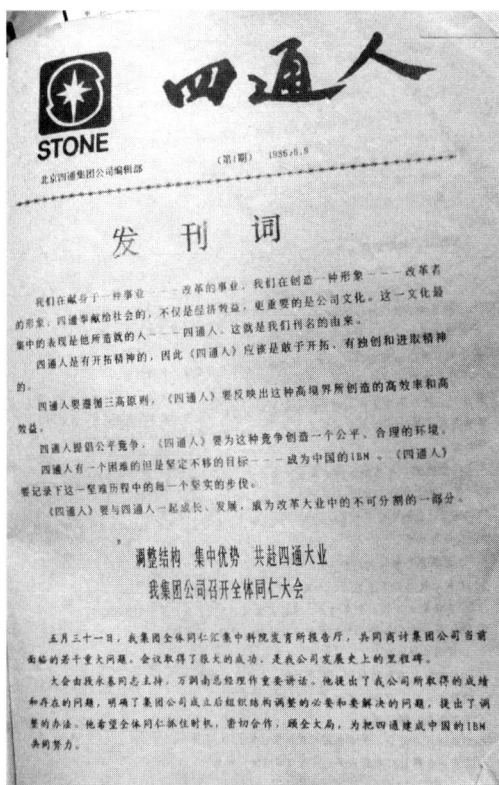

《四通人》创刊号，齐忠摄影并收藏。

参考资料：

①来自北京民协内刊《科技之光报》1991年5月20日第7期，该资料由齐忠收藏。

1991年4月15日——王殿儒的钛金公司成功为天安门广场国旗杆帽顶镀上钛金

1991年4月15日，北京天安门广场国旗杆进行新中国成立以来第一次置换，新国旗杆金光灿烂的钛金帽顶，就是中关村民营科技企业——

2020 年，年近九旬的王殿儒教授在工作中。齐忠摄影。

王殿儒教授创办的长城钛金公司制造的。钛金，学名为"等离子体加速法离子镀膜技术"，是当时世界先进技术之一。

1985 年 10 月 28 日，中科院电工所科研人员、留苏学生王殿儒，辞去公职自筹资金创办长城钛金公司，从此开创了我国钛金技术工业。王殿儒教授只用数年时间，使长城钛金公司与美国的多弧公司、瑞士的巴尔来斯公司齐名，成为世界三大钛金公司。

1990 年 9 月 22 日，在北京举办的第 11 届亚运会会场中的"11"标志，中关村 DNA 标志，均为长城钛金公司制造。

1989 年，长城钛金公司研制的钛金设备出口到美国，不仅引起世界的注目，还成为一段佳话。我国经贸部访美代表团，在洛杉矶机场遇见两位中国工程师，得知中国工程师是长城钛金公司派到美国，去培训美国操作人员使用长城钛金公司制造的机器的，经贸部的同志感慨道："祝贺你们！"

1991年5月6日——北京民协考察云南民营科技企业并写出调查报告

　　1991年5月6日至16日，为了推动北京民营科技企业的发展，由北京市政协常务副主席、北京民协名誉理事长封明为，北京民协会长纪世瀛等人率领的北京民协考察组，对云南民办科技实业做出了详细的考察。北京民协还写出云南民办科技企业与北京民办科技企业的对比、给北京民办科技企业启示的考察报告，以及1991年北京乡镇企业与北京民营科技企业悬殊的对比，是珍贵的历史文献。北京民协将该报告全文刊登在北京民协内刊《科技之光报》，对推动北京民营科技企业的发展起到了重大作用。

1991年5月5日，北京民协考察云南民营科技企业。右一：北京政协常务副主席、北京民协名誉理事长封明为（已故），右二：北京民协会长纪世瀛。图片由纪世瀛提供。

一、珍贵历史文献：云南民办科技企业与北京民办科技企业对比

云南民办科技企业与北京民办科技企业对比和启示考察报告

1991 年 5 月 6 日至 16 日，北京民协应云南省民办科技机构管委会、云南民办科技实业家分会的邀请，北京市政协常务副主席、北京民协名誉理事长封明为、北京民协会长纪世瀛等人率领的北京民协考察组对云南民办科技实业作了考察。

在考察期间，云南省政协、省科委、民办科技实业界予以热情友好地接待。通过参观考察，使我们感受到，民办科技在云南大有前途，很有特色，值得我们认真学习。

云南民办科技企业有以下特点值得北京有关部门与北京民办科技企业学习与借鉴。

（一）云南省领导高度重视民办科技企业

云南省委书记普朝柱曾明确指出："民办科技是公有制的一种形式，有其自身的优势，应予以扶持，促进其发展，要做到政治上一视同仁，经济上平等对待，政策上给予支持。"

为支持民办科技实业的发展，云南省委书记普朝柱在一年内先后七次为云南民办科技企业路达公司作批示。短短的几年内，路达公司就建成了我国第一座最大规模的钛矿基地。

云南省第一家民办科技机构也是在云南省省长和志强支持下成立的。和志强认为："把科技成果直接用于生产、办实业、发展产业是一件大好事。应该大胆支持，帮助解决难题。"

在考察期间，封明为对云南省科委主任张敉罗同志说："云南气魄很大，依靠民办科技走出一条开发资源产业的新路。"

据北京民协考察组调查，1985 年，云南民办科技机构仅有 70 家。1988 年则发展到 489 家，产值 3.5 亿元。1989 年 500 余家，产值 5 亿元。1990 年超过 1000 家，产值 6.3 亿元。虽然云南民办机构数量不及北

京，但其机构数量和经济效益仍名列全国第二。

云南民办科技机构累计取得科研成果 1759 项，其中 24 项获国际奖，83 项获国家专利，19 项填补国家空白。云南省民办科技机构管理委员会直接管理的 44 家民办科技机构平均每年投入的经济技术开发资金 1 亿元以上，超过全省全民科研院所经费投资总额 5 倍多。这 44 家民办科技机构自 1988 年以来累计创造的社会经济效益达 20 多亿元。民办科技机构不要国家一分钱，却通过税收向国家提供了新的资金积累渠道。近几年云南科技电力实业总公司完成产值 1.04 亿元，创利税 831 万元；云南计算机技术服务公司产值 5000 多万元，向国家纳税 157 万元。24 个民办科技机构去年向国家共纳税额 39.9 万元。

（二）智力资源开发与自然资源开发相结合形成云南民办科技企业的鲜明特色

智力资源开发与自然资源开发相结合，形成云南民办科技企业的鲜明特色。云南省拥有各类专业技术人才 60 万人，其中自然科学技术人才占三分之一，这是一笔宝贵的人才资源，但在僵化的旧体制下他们的作用未得到充分发挥。与此同时云南自然资源丰富，素有"动物王国""植物王国""有色金属王国"之称，丰饶的宝藏亟待开发。智力优势只有和资源优势有机地结合起来，科技进入经济，才能形成经济优势。比如，大理州祥云县蕴藏丰富的铜矿资源。早在 1958 年，国家拟在此办一个铜选矿，但一直未能做到。30 年后，1988 年，民办科技实业——南疆矿业公司采用新技术，仅 4 个月就建成一个日处理 75 吨铜矿石的选矿厂。目前民办科技实业兴办的天然精细化工产品实验厂、钛精矿选矿厂、硅藻土过滤剂工厂、活性氧化锌厂等都是立足于产业、智力资源与自然资源相结合的很有发展前途的科技企业。

在云南，矿业可用于民办，相信民办、依靠民办，而不是由国家"统死"创造了"国有民办"模式，是一大突破，表明了云南省政府的胆识与气魄。

云南省民办科技实业以高新技术为依托，初步形成了新材料、电子信息、机电一体化等主要领域，包括矿业、冶金、热作、轻工等几十个专业和学科的具有地方特色的开发体系。云南科技电力实业总公司应用高新技术，成功地开发出低压自动控制电容器补偿屏、高压电力计等，在国内具有领先水平，已投入生产，被能源部门定为唯一的生产厂家。我们考察了这家民办科技实业，在与其创办人、民办科技实业家陈先根座谈时，深为民办科技实业家的献身精神所感动。陈先根靠科技咨询二角三分钱起家，八年来为全省培训了大批的电力工程师，几乎每县每乡都有他们培训过的技术工人，至今公司已有 400 多万元的资产，但是陈先根绝大部分用于开发，建成了高达十层的民办科技大厦。对此陈先根很坦荡："将来我这个人没了，但事业还在。"陈先根至今每月拿不到三百元的工资。

云南民办科技实业与科技扶贫、乡镇企业结合。云南众多的县是穷乡僻壤，在 127 个县中有 102 个县靠财政补贴过日子，而 41 个贫困县更亟待脱贫改变面貌。国家的财政支持固然重要，但是守着丰富的资源"端着金饭碗要饭吃"绝不是个长计。在国家无力多投入的情况下只有一靠科技，二靠政策。用大科技支援大农业，在宽裕的政策环境下走科技扶贫的道路，民办科技率先地承担起这个历史使命。民办科技把扶贫和扶植乡镇企业的发展作为自己的发展目标之一，先后承担了 100 多个重大扶贫项目。

云南科技实业集团公司先后在 8 个县建立了扶贫点，充分利用当地资源，带动了该地区经济发展。云南技术经济开发公司为帮助农村脱贫致富，建起了澄江磷铁科技实验厂，利用回收的磷铁渣，提炼离析出金、银、镍、钴等贵金属。与此同时建起了澄江天然精细产品试验厂，其生产香精香水的原料，全部来自当地。经科技实业家考证，该地区具备多层次立体化的地理气候条件，具有热带、温带气候和海拔 1200 米至 2800 米的梯度地理环境。当地农民因地制宜，种植月季花、兰香草等香精原料达 2000 亩至 5000 亩，收益较高，改变了当地农村经济结构。路达公司在昆明市西山区苗族聚居的厂口乡建立了全国最大的钛选矿厂，每年向乡里交几十万元，使乡财政收入增加 1 倍。民办科技实业吸收了 300 多名当地农民就业，人均月收入超过了 200 元人民币，超过以前全年的收入。

云南民办科技实业发展与乡镇企业结合，与科技扶贫结合，这为北京民办科技的发展提供了可贵的启示。

（三）云南民办科技企业与北京民办科技企业的对比

北京作为祖国首都，是政治中心、文化中心、国际交流中心，科学技术密集，文化发达。在 20 世纪 80 年代初伴随改革大潮，北京民办科技率先在全国崛起，其地位与作用逐渐为人们所理解，受到世人关注。但是，云南省作为一个经济文化不发达的边陲内陆省份，1989 年人均国民产值排在全国倒数第三位。而云南省民办科技机构为什么能在较短的时间迅速发展？我们在考察之后认为这与云南省委、省政府重视民办科技企业至关重要。

云南省委、省政府明确地提出"教育为本，科技兴滇""动员全党全社会把丰富的自然资源与先进的科学技术结合起来，把经济开发与智力开发结合起来，坚定不移地走依靠教育和科技进步进行经济建设的道路"。

民办科技的生存与发展必须要有政府的直接支持和良好的政策、社会环境。特别是在国家改革开放大环境确定之后，造就良好的地方政策环境（或称中环境、小环境）十分必要、重要。云南省委、省政府领导同志多次主动到民办科技实业中去调查研究，帮助解决实际问题，将民办科技纳入国家宏观管理轨道，在全省形成一个关心、支持民办科技发展的政策环境。

（四）云南民办科技企业对北京民办科技企业的启示

北京民办科技企业在全国地位举足轻重，成果项目最多，年开发项目 3000 余项；成果转化产品率最高，占 50％；机构数量最多，占全国 14％。其中以集体所有制为主体的公有制占 90％，个体、私营占 10％，科技人员占 10％；技工贸总收入占全国的 30％，但是以下几个方面仍有不足。

1. 北京市除海淀试验区被认定为新技术企业的民办科技企业外，北京其他地区对于民办科技企业缺乏明确的优惠政策，缺乏全市性的统一法规和长远统一规划，也没有专门的统一的管理机构。

1986 年和 1988 年北京市政府下发的政策规定有的条款未能实行，有的条款则已不甚适合发展需要。为促进北京民办科技企业在"八五"期间跃上新台阶，制定北京民办科技企业机构管理条例的时机似已成熟。建议北京市政府组织力量着手此项工作。试验区和全市的民办科技工作应放在同等重要的位置，二者不可能互相替代。

2. 更新观念，真正确立"第一生产力"意识。民办科技十年蓬勃发展，廓清了不少人心中的非议和疑虑。那种认为民办科技姓"资"不姓"社"的调子越来越少。但是，在一些人中间，甚至有些政府职能部门中，仍然认为民办科技企业"不名正言顺""不合法律语言""不宜过多宣传""试验区出现以后民办科技企业的历史使命已经完成，只要抓好试验区就行了"等认识上的误区，民办科技企业的生存环境"外松内紧"。

我国社会主义事业是人民的事业，没有人民群众的参与，哪有成功？科学技术是第一生产力，也只有当化为以科技人员为主体的人民大众所掌握的科技意识、科技实践之时，才得以实现。民办科技企业是在改革中涌现的新事物，是党的群众路线在科技工作、经济工作中完整的体现。建议北京市政府表彰、嘉奖对振兴首都经济、推动改革做出重大贡献的优秀的民办科技实业和优秀的民办科技实业家，年内召开民办科技经验交流和表彰大会。云南省委、省政府决定隆重召开表彰大会，此举将对北京有启迪。最近国家科委主任宋健同志语重心长、十分深刻地讲道："九十年代，我们应该采取更有力的措施，保护和支持民办科技实业的进一步发展。这应该成为一项重要科技政策，也是一项对社会主义制度有重大影响的经济政策。我们不能视而不见"。

宋健同志还建议："大力表扬成功的民办机构，选出 10—20 家，给予最高荣誉，全国劳模，评科技进步头奖。"

3. 加强规划与指导，完善管理体系。北京民办科技企业发展到一定规模，但目前情况缺乏向云南省那样系统地规划，特别是从全市角度如何通盘考虑欠缺。云南省政府在"八五"期间对民办科技机构提出四项任务，重点实现三个突破：一是在发展高新技术产业、加快科技进入经济方面有所突破，规定了具体指标。二是在探索发展有中国特色的社会主义民办科技理论研究与实践方面有所突破，如研究民办科技产权问题，探索发展内在机制、加强财务资金管理、引导向集体所有制方向发展。三是在"西下南亚、东联沿海"参与竞争方面有所突破。建议北京市政府、市科委召开相适应的会议，动员首都民办科技实业界为实现国家十年规划和"八五"计划纲要群策群力，共同努力奋斗。全市上上下下把民办科技实业纳入整体规划之中，予以高度的重视，并逐项落实。

4. 从云南的经验看，民办科技实业和乡镇企业在建立和发展具有中国特色的社会主义经济结构中是两个重要的层次，两者有很多共同的特点，各自都有极大优势，需要互为补偿。二者的密切结合和综合管理将会对北京的国民经济产生重大影响，北京乡镇企业18000家，从业人员90万人，产值171亿元。北京民办科技企业全市达2184家，从业人员4万人，技、工、贸总收入在40亿元左右，并有很大的经济技术潜力，二者组合占北京国民经济总收入35%以上，二者的结合将可能不是一加一等于二，而会产生一加一等于四的效应。为推动二者的结合，加强综合管理，促其健康发展，我们建议成立北京市民办科技与乡镇企业领导小组，以及常设办事机构，不要国家经费和编制。由北京市政协常务副主席、北京民办科技实业家协会名誉理事长封明为同志任领导小组组长，由北京市科委副主任刘培温，北京市乡镇企业局常务副局长程友，北京民办科技实业家协会理事长、北京市自然应用科学设计研究院院长纪世瀛，北京市计划委员会、工商局、税务局、经贸委等部门有关负责同志组成领导小组。在乡镇企业局设立专用办公室，配备专用电话，由北京民办科技实业家协会、乡镇企业局抽调专职人员，负责全市民办科技与乡镇企业经济技术协作，沟通渠道，创造物质条件，争取信贷支持，组织出口创汇、人才培训交流，定期不定期地举行科技成果交流会、需求信息发布会。把综合管理协调寓于全方位的服务之中，以实现对民办科技企业和乡镇企业的宏观调控，促使乡镇企业科技化，民办科技实业规模化，创造高科技、高效益、高产值，争取"九五"期间二者的综合产值占北京国民经济总收入的 45％到 50％，建设一支具有科技活力的产业大军。

5. 在条件成熟时，建立北京市科技产业管理办公室，从云南的经验和北京的实际情况看，有三点十分重要。

（1）该办公室应单独列编，可以采取改革编制或只批极少的经费和人员编制，其他自筹，赋予其部分政府职能，不附属于某个专业部门，使其能在高层次进行协调领导，实现对民办科技实业的宏观调控，而又不限于部门管理的局限。

（2）该办公室主要领导的人选和组成十分重要。从云南的经验看，他们必须是对民办科技实业充分理解、感情深厚、精力充沛，肯于全身心投入，又懂得民办科技特点和经济规律的人。能像云南民办科技管理委员会主任刘广善那样愿意把推动民办科技实业作为自己的终生凤愿，对民办科技实业家动真情、办真事、下真功夫，肯于每天十几个小时风里来雨里去，与科技实业家共同战斗在第一线。实际上北京也有不少向刘广善一样的干部，如高原、王钢锋、赵绮秋（女）、胡定淮、孙景伦、李艳萍（女）等，他们长期深入地参与民办科技实业，情况明、感情深、决心大、干劲足，都是管理办公室很好的人选。如果成立该办公室条件不甚成熟，匆忙建立起来可能会产生形同虚设的效果，甚至出现管理不当，影响北京民办科技企业的健康发展。

（3）必须把它纳入北京市的整体规划之中。希望市领导对于该办公室的建立予以重视和关注，争取建立一个比云南管委会更具活力的北京民办科技产业管理办公室，以推动"第六路科技大军"的健康发展。

6. 发挥群众团体纽带桥梁作用，建立活动窗口北京民办科技实业家协会是民办科技实业群众团体组织。近年来积极开展各项活动，推动民办科技发展。

1990年，开展"科技之光"奖活动，今年又积极参与联合国组织中国筹办的主题为"科技与环境"的国际科学与和平活动周，北京民办科技实业家协会作为该活动的主办单位之一，负责筹办"科技之光成果展览会"。在庆祝北京民办科技实业创建十周年大会上，邹祖烨同志指出："支持北京民办科技实业家协会开展工作充分发挥其纽带桥梁作用。目前北京民办科技实业缺乏开发基地与对外活动的窗口，这在一定程度上将制约民办科技在20世纪90年代的发展。为此，北京民办科技实业家协会拟筹建民办科技之光产业大厦，即采取市批民办的方式，希望市政府列入计划，各部门给予支持。"

总之，北京民办科技企业必须在现有的基础上尽快地上规模、上水平，在20世纪90年代有一个跃迁式的发展。否则，长江后浪追前浪，各地民办科技蓬勃发展的势头将会"后来者居上"。北京民办科技企业不应当落伍，而应该在"八五"期间和迎接2000年到来中作出更大贡献。①

二、珍贵历史文献——北京民协会长纪世瀛论开创民办科技实业新局面

开创民办科技实业新局面

北京民办科技实业家协会会长　纪世瀛

1990年10月20日

十年前，在北京的中关村，燃起了一颗小小的火种，后来竟然发展成了燎原之火。1980年10月23日，在中科院物理所破旧仓库的一个角落里，聚集着七八个研究员、工程师，在陈春先教授的主持下描绘着新技术扩散区的设想，畅谈硅谷一条街的尝试……这里正酝酿着一场变革，要冲出深宅大院，把科学技术扩散出去，走向国民经济主战场，北

京第一个民办科技机构——"北京等离子体学会先进技术发展服务部"就在这里诞生了。自此，这个科技界的"幽灵"就回荡在中关村，在北京、在全国，乃至在国际上引起强烈的反响。今天展现在我们面前的是闻名中外的电子一条街，是蓬勃发展的新技术试验区。

从一家小小的服务部，七八个人，五百元起家，到今天，北京民办科技实业数以千计（2100 余家），从业人员数以万计（40000 多人），产值数以亿计（18 亿元）。十年，短暂的十年，这是个惊天动地的变化，十年创业，十年辩论，十年发展，十年风雨，这是中国科技界一部可歌可泣的创业史！

由于民办科技实业的出现和发展，在经济技术领域激起了一系列的连锁反应，在几个科技人员比较集中的地区，它以不可忽视的因素改变了地区的经济结构和产业结构。不难预料，在未来的十年里，随着新技术试验区的发展，科技产业大军的不断扩大，改革的不断深入，它对中国的国民经济建设将产生更加深远的影响。

对于民办科技实业界到底应该有一个什么样的评价？它在中国社会主义建设中的地位和作用究竟如何？为什么发展如此之快？

进一步的发展将会产生什么样的影响？在它出现了之后，我们应当从理论上、实践上进行认真的总结。

我作为北京民办科技实业家协会的会长和最早的创业者之一，奋斗了十年，也思考了十年，我深深地感到这是一个了不起的事业。不管道路多么曲折，民办科技实业的发展壮大是不可阻挡的。可以断言：不管有多少创业者失败了，多少企业倒闭了，将会有更多的人继往开来，民办科技实业绝不会垮，因为它的出现和发展顺应了历史的潮流，适合中国国情，适应中国社会主义建设的需要。

社会主义的根本任务是什么？就是发展生产力。生产力有两个要素：一个是有一定生产经验与劳动技能的劳动者，掌握科技才能的从事科技产业的实业家们是其中的优秀者；另一个是由劳动者所使用的劳动资料，主要是生产工具，使用的是高新技术产品和装备。我理解这就是为什么小平同志讲：科学技术是第一生产力。民办科技实业十年来干了什么？无非两件事，第一件是解放科技人员，把他们从深宅大院里活化出来。就是1987年，党和国家领导人接见我们时，万里同志讲的"把关在马厩里的千里马统统放出来"。我在当了北京民协会长以后，严济慈副委员长给我题了一个大条幅——"一马当先，万马奔腾"。我想都是一个意思，这就是解放生产力的第一个要素。第二件是把知识物化的过程，通常叫作科技成果转化为直接的生产力，转化为高技术设备和生产工具。民办科技实业在解放生产力上做了两件很了不起的事，它在科技与生产、技术与经济的结合点上做了一篇很好的文章。这个结合点正是中国国民经济发展最需要的，也是历来最薄弱的环节。如果说科学是原子核能的话，民办科技实业家们就是轰击核裂变的中子流，民办科技实业界就是原子能反应堆。叫希望的火光也好，叫科技之光也好，总之是把科技的能量物化为生产力，在社会主义建设中发光发热。

我们既要重视科学研究，也要重视物化的过程、转化的过程；科学家重要，科技企业家也极重要。中国要想兴旺发达，必须加强这个物化过程，造就千千万万的科技企业家、实业家。

在生产、分配、交换、消费这几个生产关系的重要环节上，民办科技实业在创造着一条新路子，这就是所谓民办运行机制，即以市场为导向的经营机制，独立自主的决策机制，择优汰劣的人才机制，多劳多得的分配机制，自我发展、自我约束的行为机制。这就是"两不、四自、一结合"。"不要国家投资、不要国家编制，自筹资金、自由组合、自主经营、自负盈亏，科学与生产实际相结合"，以科技人员为主体这一整套的机制，是社会主义条件下有生气的、能调动人的积极性的、激励人奋斗不息的机制。

在庆祝北京民办科技实业创业十周年的活动中，由北京市科委、北京市科协、新技术试验区和北京民办科技实业家协会四家首次在北京民办科技企业中评选了52家"科技之光"优秀企业和122项"科技之光"优秀产品，不管是从企业管理上、科技成果水平上、产品的质量上、在北京国民经济总产值中的比例上都充分显示了民办科技实业的雄厚实力、巨大潜力。

过去的十年是创业的十年，下一个十年将是民办科技实业大发展的十年，科技产业的腾飞、科技产业特区与经济特区相辅相成、民办科技实业与乡镇企业的密切结合、民办科技实业的运行机制在各行各业中的扩展、民办科技产业的国际化，都将在九十年代产生深远影响。民办科技实业将踏着时代的步伐，承担起自己的历史责任，让我们站在新的历史高度上，迎接民办科技实业的新春天，开创民办科技实业的新局面。②

参考资料：

①来自北京民协内刊《科技之光报》，1991 年 6 月 30 日第 8—9 期合刊，该资料由齐忠收藏。

②来自 1990 年 10 月 20 日《科技日报》，该资料由齐忠收藏。

1991 年 5 月 11 日——北京市举办"庆祝北京市新技术产业开发区试验区成立三周年及工作会议"，中顾委副主任薄一波、国务委员宋健作重要讲话

1991 年 5 月 11 日，北京市举办"庆祝北京市新技术产业开发区试验区成立三周年及工作会议"，中顾委副主任薄一波、国务委员宋健、北京市等领导出席大会。薄一波、宋健、北京市领导等作重要讲话。

一、薄一波在"庆祝北京市新技术产业开发区试验区成立三周年及工作会议"上的讲话

同志们，你们好：

今天是北京市新技术产业开发试验区成立三周年纪念日。我首先向

同志们表示热烈的祝贺。你们开发区从中关村电子一条街起步，在国家基本没有投资的情况下，依靠广大科技人员的社会主义积极性和聪明才智，依靠中央给北京市的十八条优惠政策，建成了今天这样一个规模，应该说这是大家付出了辛勤劳动才获得的。成绩来之不易！我再次向在新技术产业开发中作出有益贡献的同志们表示衷心的感谢。近两年，在全国市场一般疲软的大环境里，新技术产业开发区的高新技术产品颇有成效，再次说明"科学技术是第一生产力"，说明中央关于兴办新技术产业开发区的决策是正确的。

八十年代以来，高科技产业在工业发达国家中已经成为经济发展的主要动力，起着主导型的作用，而且这种作用必将越来越大。九十年代，将是各国在高科技领域展开最最激烈竞争的年代，其结果将对各国的综合国力和在下一个世纪的发展速度产生决定性的影响。因此，今后的十年在我国社会主义现代化建设进程中同样是非常关键的十年。必须清醒地看到，我们面临的形势是十分严峻的：在高新技术发展方面，我国与世界先进国家相比，已经存在着很大的差距。如果不全力以赴，奋起直追，差距还将扩大。是努力冲上去呢？还是坐观人家前进，我们甘居落后呢？我想我们大家都会做出否定的回答。

邓小平同志曾多次指出，社会主义的优越性就在于能够集中力量办几件大事。这就是说，要集中优势兵力，打歼灭战么！发展、开拓高新技术产业，在今天事情很多的情况下，摆在第一位是不算错误的。新中国成立以来，我们发挥社会主义制度的优越性，集中力量，联合攻关，造出了"两弹一星"，并在人造地球卫星的回收、正负电子对撞机的研制、超导材料的理论研究等领域跨入了世界先进行列。今天我们要像当年抓"两弹一星"那样，统一规划，团结协作，脚踏实地，艰苦奋斗，把我国的高新技术产业搞上去，力争做到在九十年代差距不再扩大，并尽可能地争取在某些领域接近或达到世界先进水平。现在讲怕生产过热，我看高新技术产业发展热一点没有关系，热得还不够。在这个领域热一点，在其他地方冷静一点，通过发展高新技术产业，带动国民经济向前发展，实现第二步战略目标，并为二十一世纪我国经济起飞奠定一个比较好的基础。

现在，我向同志们提四点希望：

1. 要加快高科技产业化的步伐。邓小平同志最近提出"发展高科技，实现产业化"的号召，为我国的高科技事业指明了发展方向。高科技如果不与经济建设相结合，不实现产业化，你干你的，我干我的，不是拧成一股绳，而是两码事，那高科技就不能变成现实的生产力，就发挥不了作用。我们要进一步深化改革，建立有利于高科技成果商品化、产业化的新体制和新机制，探索一条有中国特色的高科技产业发展的道路。

2. 要认真贯彻国家有关新技术开发区的各项政策。国务院给了北京市开发区十八条优惠政策，这是对你们的极大支持，希望把这些政策全面落实好。北京市是全国科技实力最雄厚的地区，应该在发展高科技产业方面起带头作用。为此，要相应地集中力量，像抓亚运会那样尽快地把北京市新技术产业开发区抓上去，为北京市和全国的经济建设做出应有的贡献。

3. 要进一步解放思想，扩大对外开放，利用外资发展高科技产业。要充分发挥开发区在科技产品、科技人才等方面的优势，积极吸引外资来参加开发和建设。但是要注意加快管理指导，避免盲目引进，给国家造成损失。要紧紧盯住国际高科技的前沿，认真解决我们和他们的"接轨"问题。要创造条件尽快向高起点高效益的外向型产业转轨。

4. 要采取措施，把我国科技人员的积极性充分调动起来。人才是生产力中决定性的因素。高科技的竞争归根到底是人才的竞争。新中国成立以来，我们培养了一支宏大的科技队伍，遗憾的是，由于体制等方面的原因，很多科技人员的才能远远没有发挥出来。须知人才的浪费是最大的浪费。十年来，邓小平同志多次强调要尊重知识，尊重人才，但我们一直没有落实好。这个问题再不解决，建设有中国特色的社会主义现代化强国就有可能成为一句空话。希望各级领导关心科技人员，为他们创造良好的工作、生活、学习条件，使他们能一心一意地投身于发展中国高科技产业的伟大事业之中。

同志们，办好高科技产业开发区是中国社会主义现代化事业的迫切需要，是历史赋予你们的光荣使命，任重而道远，希望大家齐心协力，坚持不懈，把这一具有历史意义的工作做好，为社会主义事业的繁荣昌盛，为我们国家的长治久安多做贡献。

二、宋健在"庆祝北京市新技术产业开发区试验区成立三周年及工作会议"上的讲话

宋健在讲话中指出："中央批准建立高新技术开发区和发展高新技术产业的决定是一项重大决策。"他要求开发区内的企业要树立打大仗的决心，克服"小老板"思想，每个企业都要有占领国内外高新技术产业市场的魄力和勇气，为发展我国高新技术产业贡献力量。[1]

参考资料：

[1] 来自 1991 年 5 月 13 日《科技日报》，该资料由齐忠收藏。

1991 年 5 月 24 日——万里委员长视察四通公司、联想公司并讲话

1991 年 5 月 24 日，全国人大常委会委员长万里，在北京市领导、北京新技术产业开发试验区有关领导陪同下，视察了位于中关村白石桥的北京科技贸易中心大楼，参观了该贸易中心大楼里的四通公司、联想公司等（位于中关村白石桥的北京科技贸易中心大楼现已拆除，改建为国家图书馆）。

万里委员长在视察中指出："北京试验区的发展，证明了科学技术确实是第一生产力。"

1991 年 5 月 24 日，全国人大常委会委员长万里视察四通公司，前排：全国人大常委会委员长万里，后排右一：时任四通公司第一副总裁段永基。齐忠摄影。

万里委员长听取了试验区工作汇报后说："政策是生命，我们国家从政策上研究潜力很大。一样的地方，一样的条件，政策不同，就大不一样。试验区的做法是一箭四雕，一、使大院大所沉睡的科研成果变成了生产力。二、把创造的利润返回到科研所，大专院校，支持了国家的科研事业。三、为国家增加了新税源。四、证明了科技是第一生产力。这给全国做了个典范。"①

参考资料：

①来自 1991 年 6 月 15 日四通公司出版的第 117 期《四通人》，联想公司白皮版的《联想之路》第 474 页，该资料由齐忠收藏。

1991 年 6 月 13 日——北京市朝阳区民办科技实业联合会选出新领导班子

1991年6月13日，北京市朝阳区民办科技实业联合会选出新领导班子。朝阳区科委主任张新华为理事长，北京著名民营科技企业家、北京未来科学研究所所长、老红军徐可倬为副理事长，李秀英任秘书长，龙彩凤任副秘书长。

1991 年 6 月 14 日——中关村爆发中国最大的走私案：信通公司走私案

1991年6月14日，中关村爆发中国最大的走私案——信通公司走私案。三十年来，中关村有关部门、企业家、专家、学者以及有关人士撰写的回忆录等，对信通公司走私案的描述十分模糊，众说纷纭。本文用真实的历史资料、数据、人物、地点、时间等，还原当年信通公司走私案从爆发到结束的整个过程，以及信通公司走私案对中关村科技企业群体带来的灾难。

一、信通公司员工举报引爆走私案

对于信通公司走私案的引爆，1991年8月至1992年，在中关村流传不少的版本，有的说"是涉及偷运枪支引起公安部的注意，导致被查处"。有的说"涉及毒品，导致被查处"。一些正式出版的回忆录也众说纷纭。其实是信通公司员工刘力民（女）的举报，信通公司走私案才被引爆。（注：为保护当事人用的是化名）

1990年底，研究生学历的刘力民到信通公司应聘工作，当她踏进位于海淀黄庄信通公司总部时，被悬挂在大厅的近2米高大照片吸引，那是信通公司总裁金燕静与某领导人的合影。当她看到信通公司强大的经济实力后，决心放弃到手的"铁饭碗"，到信通公司干一番事业。刘力民能下这个决心，说明她是个敢想、敢干、有创新思维的年轻人，因为当年的研究生是不发愁在政府部门、各大研究所找到好工作的。刘力民进入信通公司后很不顺利，发现工作和职位都没有达到预期设想，最让刘力民不能容忍的是，公司让员工半夜到圆明园附近某小学搬货。在那里海关铅封的集装箱被私自打开，员工们把里面的美国康柏、IBM、AST计算机、日本兄弟牌打印机搬出来，再把打印机机壳装进去。在刘力民的心中，海关铅封是国家法律的象征，是神圣不可侵犯的，公司是在明目张胆地走私。刘力民向海关部门举报信通公司走私，海关部门方面得知这件事后非常重视，安排大批人员进行调查，为使铁证如山还安排摄

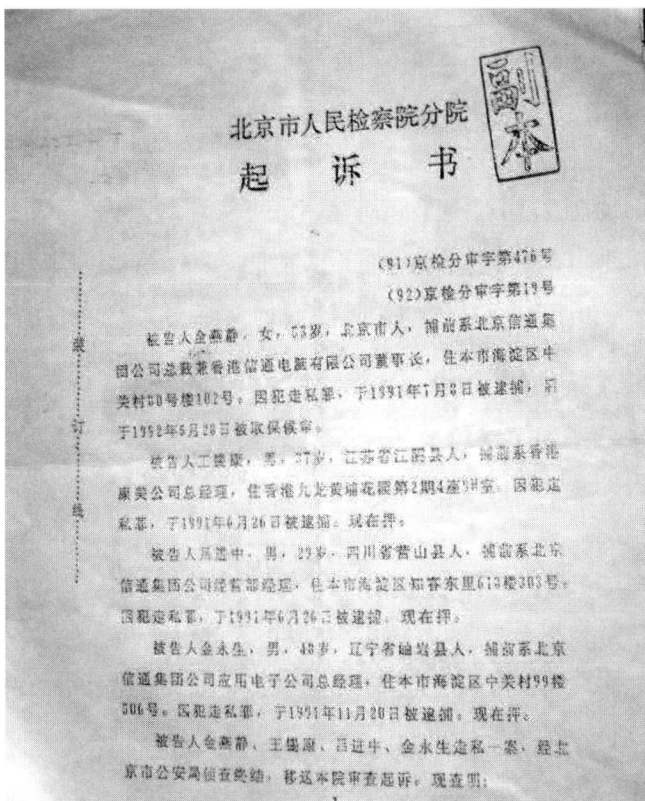

北京市人民检察院分院对信通公司走私案起诉书。齐忠摄影并收藏。

像机，张开大网等着信通上钩。信通公司走私案爆发后，刘力民去了深圳工作。

信通公司员工王大兴，回忆信通公司走私案时说："1990年下半年，公司会组织一些年轻人下班后，去圆明园附近某小学加班搬东西，公司在那个小学租下不少房子当库房。半夜集装箱的车来了，我们就把车上的东西搬下来，再把库房的东西搬进集装箱。当年我很年轻，公司只要让我去，我就去。"（注：为保护当事人，王大兴为化名。）

1991年6月14日晚上，拉着巨大集装箱的拖车驶进圆明园附近某小学，当随车的某海关人员打开集装箱的铅封后，信通公司员工迅速登上集装箱往外搬运货物。埋伏多时的国家海关工作人员冲入该小学，把院里的人员控制住，并用摄像机录下价值2843.3万余元的走私货物。

二、金燕静与高剑宇在香港得知走私败露

在香港坐镇指挥这次走私行动的信通公司副总裁、信通公司香港分公司经理高剑宇，是第一个知道走私败露的信通公司高管。高剑宇马上向也在香港的信通公司总裁、信通公司香港分公司董事长金燕静报告此事，金燕静决定马上返回北京处理该事，高剑宇则从香港逃往奥地利。

1959年，高剑宇毕业于福州大学物理系。曾任中科院计算所课题组组长、研究室副主任等职。1984年，加入信通公司任经营部经理、信通公司副总裁、信通公司香港分公司经理。信通公司走私案爆发后，他被检方认定为走私案的2号人物。高剑宇先后出走到奥地利、澳大利亚居住。

金燕静回到北京后先后找中科院、海淀区、试验区有关领导，谈信通公司走私事件。她回忆说："我到中科院、海淀区、试验区找领导谈话，我说在这次事件中自己倒与不倒没关系，信通公司应该保住不能倒，否则后患无穷。"

2007年6月20日，在中国民协组织的中关村创业历史回忆录丛书座谈会上，某公司总裁谈到当年信通公司走私案，他感慨地说："当年信通

公司走私事件，对中关村公司影响很大，一批公司受到牵连，虽然这些公司没有直接走私，但是我们公司与多家公司从信通公司购买过大批计算机和电子产品。海关明文规定'明知走私货物购买和贩卖也视为走私，也要受到处罚'。我们公司与多家公司因为信通公司走私案差点翻船。"

1990年，我国对进口的计算机和电子产品实行高关税，征收300%的税率，所以走私的计算机和电子产品价格，比正常进口的价格低很多。中关村等多家公司自然会从信通公司购买低价格的计算机和电子产品，然后再加价售出赚取利润。信通公司与中关村多家公司，对这些计算机和电子产品自然是"心知肚明"，知道是"水货"，当年中关村各公司对走私的电子产品叫"水货"。海关部门依据"明知走私货物购买和贩卖也视为走私，也要受到处罚"这条规定对中关村等多家公司给予重罚是必然的。

1991年7月6日，《北京青年报》首先报道了信通公司走私案，以《中国最大的走私案信通公司》为题，用整版的篇幅报道该案。北京及全国各报刊也纷纷报道该事。有关部门领导对信通走私案给予严厉的批示，主管部门领导、北京市领导亲自过问该案。国家海关总署组成工作组进驻中关村，海淀区、试验区的领导也纷纷表示，严厉清查信通公司走私案，试验区撤销信通公司"新技术企业"称号。

海淀区、试验区成立信通公司走私案处理小组，成员有海淀区委副书记、试验区书记李狄生，试验区主任胡昭广，试验区纪委书记曹永训，中科院科技开发局局长张宏。

曹永训回忆说："我在海淀纪委、试验区工作时，处理过不少中关村公司走私的事情，但是都没有像金燕静这样大规模、大张旗鼓地走私。信通公司走私案不仅是偷逃税款获得暴利的问题，而是侵犯国家外贸权的大是大非的问题，必须严肃处理。"

当年对信通公司走私案也有不同的看法，海淀区原负责人某某某回忆说："不少人说电子一条街科技企业多数有走私行为，我认为结论不准确，如果说多数企业有'国内买断'行为是不为过。所谓'国内买断'

是在境内购买别人已进口的零部件或其他机电产品，把外贸转为内贸。严格说来这种行为也是违规的，但科技企业基本是计划外企业，无进出口自营权，无进出口许可证，无外汇额度，企业没有选择。"

信通公司出现走私问题后，海关在新技术企业中调查走私问题，把"国内买断"列为走私范围，这在试验区内企业中引起波动。

1991年11月，试验区企业的营业额下降20%，部分原计划在上地信息产业基地投资的企业变得犹豫不决，一些大企业的经理私下聚会商议外迁事宜。海淀区委领导担心出现"多米诺骨牌效应"，决定迅速查清情况向市委汇报。

三、北京市人民检察院分院对信通公司走私案的认定

在正式出版的《铁骨柔情李天裕》一书中对信通公司走私案是这样记述的："检察官李天裕是被副检察长紧急抽调，来办金燕静走私案的。信通公司走私案发后金燕静、王锡康等人落网，高剑宇在逃。金燕静把所有的责任都推给高剑宇，声称对走私的事一无所知。如果搞不到金燕静参与走私的确凿证据，她是可以挺直腰板走出看守所大门的。李天裕终于在笔录中发现员工的证言提到，在卸货时似乎看到金燕静远远地站在角落里。李天裕经过调查取证后，掌握金燕静不仅在幕后策划走私，而且还到现场指挥的可靠证据。开庭审理信通走私案时，金燕静痛责自己对不起公司全体员工，对高剑宇的严重走私活动居然丝毫没有觉察，因为自己渎职害了企业害了部下。李天裕当场用证据，证实金燕静不仅是走私活动的幕后策划者，而且还亲临走私现场直接指挥过。"

四、信通公司走私案起诉书

北京市人民检察院分院起诉书

（91）京检分审字第476号，（92）京检分审字第19号

被告人金燕静，女，53岁，捕前系北京信通集团公司总裁兼香港信

通电脑有限公司董事长，因犯走私罪，1991 年 7 月 6 日被逮捕。

被告人王锡康，男，37 岁，捕前系香港康美公司总经理，因犯走私罪，1991 年 6 月 26 日被逮捕。

被告人吕进中，男，29 岁，捕前系北京信通集团公司经营部经理，因犯走私罪，1991 年 6 月 26 日被逮捕。

被告人金永生，男，48 岁，捕前系北京信通集团公司应用电子公司总经理，因犯走私罪，1991 年 11 月 20 日被逮捕。

被告人金燕静和高剑宇（男，54 岁，北京信通集团公司副总裁、香港信通电脑有限公司经理，另案处理）伙同被告人王锡康，于 1990 年 9 月至 1991 年 6 月间，利用香港康美公司为内蒙古呼和浩特市电子设备厂进口打印机壳的批文，乘北京海关、天津海关向内蒙古二连浩特海关转关之机，先后将国家限制进口或应缴关税的微机整机、B 超整机、打印机整机等大量货物从香港入境，后由被告人吕进中、金永生等人将货物运到北京信通集团公司租用的仓库等地，私自拆箱取走货物，重新包装后运往内蒙古呼和浩特市电子设备厂等处，应付海关查验，逃避海关监管。被告吕进中还用伪造的"深圳宏光实业公司"印章和发票做假账，办理假入库手续，掩盖走私货物的销售。北京信通集团公司伙同香港康美公司进行走私活动共 12 次，走私货物价额共计 7269.5 万余元。1991 年 6 月，上述被告人在进行走私犯罪活动时被查获，起获走私货物价值人民币 2843.3 万余元。①

吕进中之事是关键问题，如果信通公司是用"国内买断"的办法，在深圳用人民币向宏光公司购买这批货物，从法律上自然很难认定为走私，因为信通公司没有动用外汇。但是信通公司为加快走私速度，不惜用外汇向宏光公司支付货款。

1991 年，信通公司以开发研制计算机小型机的名义，在中国银行申请 100 万美元巨额贷款，让中国银行把 100 万美元直接打到宏光公司，这个事实让信通公司无法自圆其说。

五、信通公司走私案给中关村带来的灾难

信通公司走私案给中关村企业带来两大灾难：

（1）海关部门规定"明知走私货物购买和贩卖也视为走私，也要受到处罚"，中关村许多向信通公司购买计算机与电子产品的企业要遭到海关处罚。

（2）给信通公司提供银行贷款担保的中关村众多公司，以及信通公司为其他公司银行贷款的担保。信通公司走私案爆发后，银行界向这些有关的企业追要银行贷款，引发中关村企业的金融危机。有关部门对信通公司走私案处理的结局是平和的，这对中关村的企业来说也是一种保护，如果深查下去，中关村的大企业会消失60%以上。

六、信通公司走私案给中关村各公司带来的贩私查处

为了不让中关村多家公司，在信通公司走私案爆发后受到贩私的查处，有关方面作出相关决定："清查信通公司走私案的问题时，不涉及中关村其他企业，要把信通公司与中关村企业分开。"

1992年1月10日，北京市委书记李锡铭主持召开第39次法纪联席会议。听取海淀区委领导情况汇报后，李锡铭认为："试验区的工作带有试验性质，是改革的试验，也是法规的试验。不能用管理特区的办法，不加区别地完全照搬到试验区。对试验区的创新不能不管，但也不能管得太死，检查要适度。要研究新的办法，既促进高新技术产业发展，又保证它沿着社会主义方向发展。对当前试验区出现的'国内买断'等问题，要具体分析，划清界限。对国内配套无法解决、需要购置进口关键零部件，用于开发企业自己的高科技产品，采取'国内买断'的做法，不能作为违规问题对待。对有意购买走私物品直接用于倒卖的，要按照国家有关政策规定严肃查处。"

该会议结束不久，海关部门撤出在中关村调查人员，海淀区委作出决定，认真贯彻市委第39次法纪联席会议的决定，使中关村联想等多家公司平安度过危机。②

七、信通公司走私案给中关村各大公司带来的金融危机

1985—1991 年，中关村各大公司的银行贷款都是以"互保"的形式进行，这种贷款方式是中关村的一大发明。

例如，信通公司贷款时由科海公司担保，科海公司贷款时再由信通公司担保，甲公司贷款时由乙公司担保，乙公司贷款时由甲公司担保。这种"互保"贷款资金链条如果断裂，"互保"贷款的各大公司如同多米诺骨牌一个接一个地倒闭。

1990 年至 1991 年 6 月，科海公司为信通公司在工商银行担保 400 万元贷款，在某银行为信通公司担保 100 万美元贷款，折合人民币 800 万元左右。还有其他大公司为信通公司担保的贷款有 2000 多万元，信通公司贷款总额高达 3000 多万元，信通公司还面临海关方面上亿元的处罚。信通公司走私案爆发后，信通公司账户虽然有 1000 多万元，但是账号被封无力归还贷款。更可怕的是在工商银行紧追下，科海公司"出血"400 万元为信通公司还上银行贷款，面对某银行的追讨，科海公司无钱可还。某银行把科海公司告上法庭，科海公司发现某银行在发放贷款时，应该把钱打到信通公司账户，却应信通公司的要求打到"深圳宏光实业公司"账户，科海公司以银行丧失监管责任为由打赢这场官司，使公司免于倒闭之灾，某银行白白损失 100 万美元。

科海公司是中科院在中关村成立最早、实力雄厚的公司，还难以渡过信通公司"互保"贷款难关。其他为信通"互保"贷款的大公司，只能让银行"封杀"账号划走资金"等死"倒闭。由于信通公司走私数额巨大，是中国走私第一案，信通公司倒闭已成定局。信通公司在银行界丧失"互保"贷款资格，那些由信通公司担保的中关村大公司获得的贷款，就成为"不良贷款"，是银行追债的主要目标，银行要求这些公司立即归还贷款，否则将封杀公司账号划走资金。中关村大公司面对突发的信通公司走私事件，没有能力归还大笔贷款，只有等待倒闭。一个金融危机的幽灵，一个"多米诺骨牌式"的金融危机幽灵，在中关村游荡，所引发的金融风暴，将使中关村电子一条街 60% 以上的大公司

消失。

1992年1月10日，由信通公司董事会、试验区、中国科学院高技术企业局三方商定，即日起信通公司由科海公司"代管"。使信通公司平稳地运行一段时间，为避免中关村大公司一连串的倒闭。[③]

海淀区委、区政府、试验区的领导，还向各银行的负责人做了大量工作，使信通公司欠银行的贷款，以及信通公司为其他大公司担保的贷款以缓还、挂账付息等多种方式解决。当年试验区纪工委书记曹永训和试验区副主任王晓龙负责银行的协调工作，使中关村大企业度过金融危机免于倒闭。

八、信通公司走私案没赚钱之谜

1990年9月至1991年6月14日，信通公司在10个月之内共走私12次，走私总金额为7269.5万元。

1991年6月14日，信通公司走私时被查获，起获走私货物价值人民币2843.3万余元。信通公司走私总金额为7269.5万元，扣除1991年6月14日信通公司被查获的走私金额2843.3万元，信通公司11次成功走私的金额为4426.2万元，以300%的利润计算，11次走私成功的利润应为13278.6万元。

1991年4月，信通公司向外宣布，该公司1990年利润只有360多万元。

1991年6月，信通公司走私案爆发后，公司账户只有1000多万元，其中包括信通公司股份制改造后，公司员工购买公司股份的100万元。

1991年，信通公司贷款总额高达3000多万元，扣除公司账上的1000多万元，信通公司负债高达2000多万元。也就是说信通公司走私没有赚到钱，还赔了2000多万元。

信通公司走私赚的钱去哪儿了，是新的"哥德巴赫猜想"。当年任试验区纪委书记的曹永训谈到这个问题时说："当年信通公司用'体外循环'做账，走私得到的利润大家发现不了。"也有人说："在深入调查

1991 年 2 月 7 日，位于黄庄路口的信通公司，现已拆除改为家乐福超市东门。齐忠摄影。

中发现，信通公司利用在深圳开设的'宏光公司'走账，把利润留在那里，由于跨省办案无法查。"还有人说："高剑宇时任北京信通集团公司副总裁、香港信通电脑有限公司经理，信通公司走私赚的钱，留在了香港信通电脑有限公司。信通公司走私案爆发后，高剑宇从香港走了至今没有回来，信通公司走私赚的钱也带走了。"高剑宇的出走，使信通公司走私获得的利润在哪里，谁也说不清，信通公司走私获得多少利润可能永远是个谜。

九、信通公司的解体与消失

试验区为了解决信通公司职工的工作问题，把信通公司重新注册四个独立法人的公司：信通修理公司、信通化工公司、信通通讯公司、信通珠宝公司，信通公司职工的工作也就全部安排下去了。

1993年，信通珠宝公司又卖给了某部后更名，今天成为中国珠宝界知名品牌。④

十、信通公司走私物品的拍卖处置

1992年8月28日，有关部门协商后，为了减少损失决定由创业公司拍卖出售信通公司的走私物品。

十一、2003年信通公司正式宣布破产

2003年5月20日，北京信通集团公司股东会成立北京信通集团公司清算组，对北京信通集团公司进行清算。北京信通集团公司清算组工作总结中确认："北京信通集团公司欠债19129956.62元人民币，折合4489273.45美元。因北京信通集团公司处于'五无'，即无公司档案、无办公地点、无会计账册、无办公人员、无资产，只有申请破产。"

2003年9月29日，北京信通集团公司清算组，决定于2003年10月26日前，向法院申请破产。⑤

参考资料：

①来自北京市人民检察院分院对信通公司走私案的起诉书，（91）京检分审字第476号，（92）京检分审字第19号，该资料由齐忠收藏。

②来自《中关村创新发展40年大事选编》第42页，该资料由齐忠收藏。

③来自《中关村30年大事记》第74页，该资料由齐忠收藏。

④来自海淀区工商局档案。

⑤来自2003年9月29日北京信通集团公司清算组工作总结，该资料由齐忠收藏。

1991 年 6 月 28 日——四通公司段永基首次推出中关村及中国民营科技企业二次创业理论，即股份化、集团化、产业化、国际化

1991 年 6 月 28 日，四通公司第一副总裁段永基首次推出中关村及中国民营科技企业二次创业理论，即股份化、集团化、产业化、国际化。并且从理论上阐述了民营科技企业从创业阶段的"两不、四自"原则，向发展阶段二次创业股份化、集团化、产业化、国际化的历史必然发展方向。

四通公司段永基提出的民营科技企业二次创业理论，为中关村及中国民营科技企业顺利地进入发展阶段指明了方向，为中关村及中国民营

1991 年，四通公司董事会成员。齐忠摄影。

民营科技企业的发展作出巨大贡献。（注：段永基在1991年10月11日正式出任四通公司总裁）①

1991年6月28日，四通公司在纪念建党七十年大会上，四通公司第一副总裁段永基在大会上发言时说，四通公司在二次创业过程中要不断充实完善企业文化，加强思想政治工作，主要是克服四个问题。

1. 克服猜忌心理，倡导宽容和信任。猜忌是封闭社会的一种落后观念。

2. 克服斗争性过强，倡导协调意识。"外交就是妥协"，协调也是妥协。任何争论都没有胜方。要善于听取别人的意见，修正自己的意见。

3. 克服离散性意识，倡导整体观念。所谓整体就是任何个人的权利都是不完整的，要互相制约、制衡。

4. 克服个人主义，倡导组织观念。四通公司不能每个人都是联合国常任理事国，都享有否决权，要把"布朗运动"变为有规则的运动。

段永基在大会上还指出：企业文化对企业发展的意义。

1. 企业文化是企业形成凝聚力的一种黏结剂。1984年，当我们骑着平板三轮车在一个卖菜的旁边，刚刚办起一个电脑公司的时候，就提出了要成为中国的IBM，如此之贫瘠和落后，然而目标又如此之高远，这种强烈的反差就是一种文化，是我们共同事业的基础，是我们追求的基础，产生了强大的凝聚力。

2. 企业文化是激励剂。在任何化学反应里面，参加反应的离子的浓度不是最主要的，主要的是活度。个人的活力靠什么来激励和激发？就是靠企业文化。

3. 企业文化是一种润滑剂，是降低内耗系数的润滑剂，减少内耗，才能形成整体作战能力。②

1994年4月13日，段永基在总结四通公司在二次创业过程中的经验时，他说："四通'第一次创业'的核心就是'四自'原则，并凭借'四自'原则和一代知识分子充满理性色彩的探索与实践，才获得了比大多数企业更快更高的发展速度。四通公司是一个真正意义上的企业。我想中国企业制度的改革，其核心也恰恰可以归结为这句话。企业改革的最终目的，就是要建立一大批真正意义上的企业。如果说四通公司在这方面自觉或不自觉地给中国的民营企业乃至国有企业发展提供了一些可供借鉴的经验。四通公司所创造的财富，将绝对不是拿经济数字所能衡量的，四通公司探索所得到的社会回报，也将是不可估量的。"

段永基指出："尽管四通公司是一个真正意义上的企业，但是与世界一流企业相比，我们仍然存在明显的差异。我们仍是一个初级阶段的公司，距离现代公司的要求，无论从规范意识、规模意识、金融意识等诸多方面还有很大差距。从1991年起，公司领导层开始意识到这些问题。即使大家公认四通公司是一个有文化、有探索意识的企业，但由于诞生于计划经济占据主导地位的年代，也不可避免地要打上许多保守、狭隘的意识痕迹。中国几千年封建意识造成的小农经济思想、个体作坊式的经营，在四通公司也都或多或少有所体现，公司内部也曾多次出现分裂，管理出现混乱。虽然这些都属于公司发展过程中不必大惊小怪的正常现象，但毕竟给四通公司向大规模、多元化和产业化方向发展造成了严重的障碍。我们在总结中国农村改革和企业改革经验得失，并借鉴学习国外先进企业长处之后，反思四通的发展历程，得出这样一个结论，四通公司要发展，必须要有规模经济意识和现代化的组织管理结构。四通公司真正成为一个现代公司，必须对现行体制进行改革，这就是我们提出公司二次创业的直接动因。"

段永基还指出，四通公司的二次创业，就是公司实行股份化、集团化、产业化、国际化。

1. 在股份化方面，公司的目标是，做到全体员工持股，现在还未做到。目前我们只有三分之二的员工持股。职工个人入股与总股数的比例，根据国务院有关规定，集体所有制企业中，职工持股比例至少可以达到49%，其余的51%是共有资产，不可分割。但四通目前职工持股实际比例只有2.5%。但这已不是实质问题，关键是我们四通已实现了零的突破。

2. 集团化建设方面，随着中国改革成果的壮大，特别是党的十四大以后，随着市场经济体制的建立和重返关贸总协定时机的临近，中国市场正在成为世界市场的一部分。我们面临的竞争对手，已不再是被计划经济体制捆绑了几十年的国有企业、在政治上还翻不过身来的私营企业、被层层关税壁垒和非关税壁垒所限制进入的外国企业，而是一批具有雄厚的资金实力、丰富的商业经验、广泛的国际援助的外国超级大公司和松开手脚的国有大公司，以及政治上完全得到承认和鼓励的非公有制企业。在这种情况下，市场经济在气势上已经成为一股汹涌澎湃的浪潮，我们若再搞人自为战、村自为战式的"人民战争"是绝对不行的，所以要加强四通公司的集团化建设。所谓集团化建设，是指四通公司作为一个上市公司的整体，在资金调配、员工分配、经营决策、人事制度这四个方面形成统一的运作规范，在公司内部营造符合国际规范又适应中国国情的现代公司管理结构，否则不可能形成"拳头"，也就不可能在这种市场经济汹涌澎湃的大潮中不断地取胜。

3. 产业化建设方面，我们始终坚持一个标准，即四通公司的营业收入应该有50%以上是公司自有产品。

4. 国际化问题，我曾经思考了很久。一个企业，是不是卖外国东西就是国际化？一个企业的产品主要用于出口，是不是也叫国际化？显然不是。我认为，国际化实际是一种资格的认定，它以企业获得在国际金融市场、国际商务活动中平等地位和其他企业进行合作和交流的资格为标志。换而言之，国际化实质上是一个企业获取了在国际实现资源有效配置的权利。例如，上市企业的所有内部的法律关系，是经过有资格的律师行审核的，这实际上是一种资格的认证。再如，上市公司在国外贷款是不要担保的，未上市公司却不具有这样的资格。四通公司股票在香港的上市，使我们取得了这方面的资格，应当说，这是一个良好的开端。③

名词解释："布朗运动"

"布朗运动"是指悬浮在液体中的固体微粒永不停息的无规则运动。段永基在这里是指四通公司在创业阶段时，公司推出的"你有多大本事，公司就给你搭多大舞台""你能翻多大跟头，公司就给你铺多大垫子"等公司以个人为主的经营状况要结束，要求公司上下统一行动。

参考资料：

①来自四通公司出版的《四通人》第 122 期，该资料由齐忠收藏。

②来自四通公司出版的《四通人》第 122 期，该资料由齐忠收藏。

③来自 1994 年 4 月 13 日《工商时报》，该资料由齐忠收藏。

1991 年 7 月 16 日——北京民营科技企业支援安徽等省抗洪救灾

1991 年 7 月，北京民营科技企业为支援安徽等省抗洪救灾，踊跃捐款捐物近 600 万元人民币，其中丰台天安研究所捐款 150 万元，捐物价值 150 万元，四通公司捐款 128 万元，京海公司捐款 25 万元，捐物价值 26 万元，科海公司捐款 35 万元，北京市自然应用科学设计研究院捐款 30 万元，龙兴公司捐款 29 万元，四海所捐款 10 万元，时代公司捐款 3 万元。用友公司、得思公司、顺义节能研究所等也纷纷捐款捐物。[1]

参考资料：

①来自北京民协出版的《科技之光报》1991 年 11 月 11 日第 12、13 期合刊，该资料由齐忠收藏。

1991 年 8 月 15 日——北京民协会长纪世瀛、副会长老红军徐可倬前往会员单位信通公司、中国科学院下属的东方仪器设备公司看望职工，调解纠纷

1991 年 8 月 3 日至 8 日，北京民协会长纪世瀛、副会长老红军徐可倬前往会员单位信通公司、中科院下属的东方仪器设备公司看望信通公司职工，调解东方仪器设备公司纠纷。

纪世瀛会长对信通公司负责人和职工说："大家很关心信通公司的情况，'两通、两海'是北京民办科技企业的旗帜，信通公司的问题是个别人的问题，个别人和公司整体要分开，信通公司在改革中是有贡献的，有成绩的，是在全体信通公司职工努力下做出来的。希望全体信通公司职工以大局为重把信通公司搞好，希望北京民协全体会员帮助信通公司渡过难关。"

中科院下属的东方仪器设备公司总裁为中科院半导体所科研人员张伦。公司因租赁房屋与房主海淀某地单位发生水电费纠纷，被房主停水、停电两个多月，使公司无法正常经营，东方仪器设备公司向北京民协反映这个情况。

1991 年 8 月 8 日，北京民协会长纪世瀛、副会长老红军徐可倬前往东方仪器设备公司现场了解情况后，纪世瀛对东方仪器设备公司全体职工说："东方仪器设备公司是北京民协会员单位，北京民协会有权利保护协会会员单位正当权益不受侵犯，会逐级向上反映情况。"

不久，在海淀区政府和北京民协有关方面的调解下，东方仪器设备公司停水、停电问题得以解决。①

参考资料：

①来自北京民协出版的《科技之光报》1991 年 11 月 18 日第 10、11 期合刊，该资料由齐忠收藏。

1991 年 9 月 9 日——四通公司、科海公司、海华公司向北京师范大学实验中学捐款

1991 年 9 月 9 日是教师节。中关村民营科技企业四通公司、科海公司、海华公司向北京师范大学实验中学捐款、捐计算机等，向老师们表示节日的祝贺。

1991 年 9 月 13 日——科海公司制订二次创业方案

1991 年 9 月 13—14 日，科海公司召开大会，制订公司二次创业新方案。试验区主任、科海公司管委会主任胡昭广，中科院高企局局长、科海公司管委会副主任张宏同志参加了会议。

科海公司总裁陈庆振在会上发言时说："在风云变幻的世界形势下，企业遇到严重的挑战。国内经济虽摆脱了一度出现的工业速度回落过猛、市场疲软的局面，但企业仍然困扰。所以，科海公司必须进行二次创业，开发新的产品，使企业重新积聚力量，再度辉煌。"

1991 年 9 月 21 日——时代公司发行企业债券，成为北京首家发行企业债券的民营科技企业

1991 年 9 月 21—31 日，北京时代机电新技术公司委托北京国际信托投资公司，代理发行 500 万元人民币，限期 9 个月的短期企业融资债券，使时代公司成为北京首家发行企业债券的民营科技企业。[①]

参考资料：

①来自北京民协出版的《科技之光报》1991 年 11 月 11 日第 12、13

期合刊，该资料由齐忠收藏。

1991年10月6日——全国人大常委会副委员长严济慈发表著名文章《科技之星是人类的福星》

1991年10月6日，全国人大常委会副委员长、我国物理学泰斗严济慈发表著名文章《科技之星是人类的福星》，该文章是北京民协会长纪世瀛受《北京日报》宣传科学著名专栏"科技之星"编辑杨立君先生委托，邀请老师严济慈所写，并刊登在《北京日报》与《科技之光报》上。严济慈先贤的这篇文章，今天仍是我们生活准则与座右铭，以下是该文章全文。

科技之星是人类的福星

严济慈

以往我们从报纸上、电视广播里看到和听到的大都是歌星、影星、舞星、笑星，这是说明他们有成就并被人们所认识，给人们带来了快乐和幸福。而给人类带来希望之光、幸福之光的还有另外一种更加不朽的星，那就是科技之星。她不耀眼，但她给人类带来光明和幸福。她不绚丽，却给人间带来温暖和生机。她那执着的追求、无私的胸怀、默默的奉献精神，永远在人们的心目中闪闪发光。这是一些更加实在、更加灿烂的星。

在中国的科技史上，可谓群星灿烂。是这些科技之星，不仅使中国的四大发明闻名于世，而且造就了当今卫星上天，氢弹成功，把中国的社会主义推向物质文明和精神文明。随着社会的发展，科技越来越成为推动社会前进的动力，这种力量被马克思称为"最高意义上的革命力量"。从某种意义上来说，谁掌握了科学谁拥有明天，因为科技是第一生产力。

国家的富强、民族的振兴、人民的幸福，有赖于科学技术的发

1991 年 1 月 19 日，纪世瀛制作"桃李满天下"的横匾，祝贺老师严济慈九十大寿的合影，左一为严济慈，左二为纪世瀛。图片为纪世瀛先生提供。

展，中国需要一批"科技之星"，科技群星将给中国带来最光辉灿烂的未来。①

参考资料：

①来自北京民协出版的《科技之光报》1991 年 11 月 11 日第 12、13 期合刊，该资料由齐忠收藏。

1991 年 10 月 18 日——27 岁的用友公司董事长王文京发表文章阐述用友公司历史使命

1991 年 10 月 18 日，27 岁的用友公司董事长王文京发表文章《用友的自豪感·危机感·历史感》，该文章不仅阐述了用友公司的历史使命与责任感，也反映出一位年轻的民营科技企业家在北京、在中关村电子一条街的创业情怀。弹指一挥间，30年后的今天，读起这篇文章，仍然掷地有声，激励后人！

用友的自豪感·危机感·历史感

用友公司董事长兼总经理　王文京

1991 年 10 月 18 日

"用友"自 1988 年 12 月 6 日，在北京市海淀区双榆树南路一间斗室里降生，现在已 2 岁半了。2 岁半是一个怎样的年龄？用友已经长成怎样？将会长成怎样？我们是创造了奇迹，还是交了一次好运？我们将继续作为电子财会技术的开拓者，还是要在群雄竞起中拱手礼让？是中关村的后起之秀，还是中关村电子一条街的小不点？是名副其实，还是名实难副？是勇往直前，还是暮气沉沉？我们是否得了新企业青春期综合征，还是在积蓄能量准备新一轮的冲刺？……我关切，同仁们关切，社会也在关注。

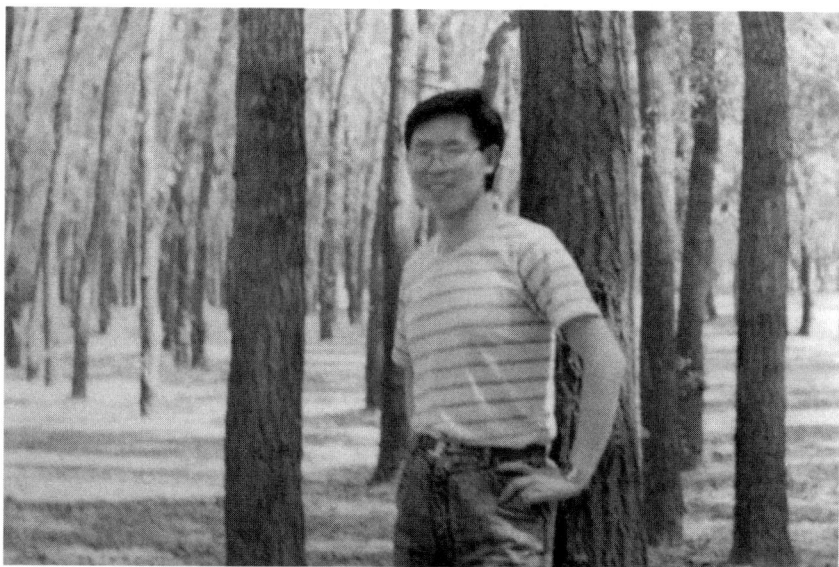

用友公司创业初期的王文京，照片由王文京先生提供并授予版权。

　　"用友"从创立到发展，从服务社到有限公司，我首先要说："我们成功了！"我们期求的市场被打开了，我们的客户增多了，我们的营业额以数倍的速度在增长，我们的技术发展了。我们的产品通过了国家级评审，我们对社会已有了不小的贡献，我们在财务领域已有了相当的知名度，我们的企业壮大了，我们经历了初始创业后现已进入发展阶段。所有的这一切归于三点：首先，是国家的改革开放政策，给了"用友"一个创办和发展的社会机会与环境。其次，是我们选择了一个相当不错的领域并且没有错过这个行业的机会。第三，也是最基本的、最重要的，我们聚集了一批年轻、优秀的专业人才！我相信公司的发展并不是因为我们的运气，众多用友同仁的共同努力与奋斗才使我们顺应了社会，抓住了机会，才使"用友"有了今天。为此，我们要骄傲、要自豪，因为我们用自己的勇气和智慧创造了"用友"，发展了"用友"，用自己的产品和服务，使我国数百家单位的财会工作摆脱了延续几千年的算盘账簿，实现了现代化。用自己的实践和探索证明了一代年轻人的追求和价值——这是我们享有的自豪感。

　　我相信我们的自豪是理智的，不是盲目的。自豪的同时，我们必须冷静地分析处境，必须清醒地意识到："用友"面临的行业形势是严峻的。财务软件领域群雄并起，竞争日趋剧烈。竞争中能否保持我们的优势，等待我们的结果只有两个：要么勇往直前，雄风再展。要么吃尽老本，被他人赶超。我们已经名声在外，但是否真正做到名副其实了？我们的经营还很单一，专业化的同时使我们承受了巨大的风险。我们的企业还很年轻，我们自己也还年轻，还缺乏足够的阅历和经验，我们的管理还不成熟，企业青春期综合征的威胁不是耸人听闻。我们要学的东西太多太多，相对于我们的目标，还离得很远。"用友"还是个小公司，还不够强大，没有摆脱脆弱——为此，我们必须警醒，必须树立危机感。

　　伴随自豪和危机，有一种更深层的感觉经常在我们内心萦回激荡，那就是"用友"与历史的关系，我们所有的一切都是历史的，都是具有历史价值的。我们目前从事的软件产业，它是世界范围内的朝阳产业，而且是跨世纪的产业，它给了中国和生在中国的"用友"一个历史性的产业机会。我国的软件产业正在形成之中，我们必须抓住这一机会，在中国乃至世界软件产业界打响"用友"的牌子，这将是我们对中国的贡献，对新世纪的敬礼。我们一直致力并将继续致力的会计电算化事业，它从财会工作方式的变更，财会人员的解放，财务管理水平的提高等多重角度对我国财会工作产生革命性的意义。可以预见，伴随我们的继续努力和贡献，我们"用友"的功绩，作为新中国新一代民营企业，我们的探索和实践对中国民间经济的发展也将做出有益的贡献。我们每个人现阶段正值青春年华，正是成就事业的黄金年龄，这个阶段对我们自己也是历史性的，按照既定目标，从专业公司到实业集团，最终走向世界——这就是我们历史使命。①

参考资料：

①来自北京民协出版的《科技之光报》1991年11月11日第12、13期合刊，该资料由齐忠收藏。

1991年11月11日——第三届"国际科学与和平周"暨"科技之光"成果展览会在北京举行

1991年11月11—17日，第三届"国际科学与和平周"暨"科技之光"成果展览会在北京展览馆举行，"国际科学与和平周"中国组委会任命北京民办科技实业家协会会长纪世瀛为组委会常务副会长。

1988年12月，第43届联合国大会通过一项决议，宣布每年11月11日所属的一周为"国际科学与和平周"，要求各成员国开展相应的活动。为积极响应联合国号召，同时表达我国人民热爱和平、发展科学、造福人类的心愿。1991年，由中国科协、中国人民争取和平与裁军协会、中央电视台、科技日报社、北京民办科技实业家协会等25家单位决定联合举办第三届"国际科学与和平周"大型系列宣传活动。

党和国家领导人十分重视这次活动，江泽民、杨尚昆、李鹏、李先念、薄一波、聂荣臻、严济慈、宋健等领导同为这次活动题词。

这次活动主办单位之一的北京民协，为了搞好这项工作，会长纪世瀛亲自挂帅。他说："北京民协要把这项活动当作头等大事来抓，搞好这项工作不但向全世界人民显示出我国人民热爱和平，发展科学技术，造福人类的心愿，也反映出我国安定团结、繁荣富强的大好局面。对宣传促进北京民办科技实业发展也起到了推动作用。所以协会要不惜一切代价全力支持。"

第三届"国际科学与和平周"中国组委会、北京市科委、市科协、新技术试验区、海淀区有关领导，首都新闻单位，称赞北京民协有实力、有胆量，为弘扬科学技术，为和平又做了一件大好事。[1]

参考资料：

①来自北京民协出版的《科技之光报》1991 年 11 月 11 日第 12、13 期合刊，该资料由齐忠收藏。

1991 年 11 月 11 日——北京民协会长纪世瀛当选北京市科协常委

1991 年 11 月 11 日，北京民协会长纪世瀛在北京市科协第四届换届大会上，当选北京市科协第四届委员会常委。

1991 年 11 月 19 日——王选教授当选为中国科学院院士

1991 年 11 月 19 日，在中国科学院举行的中国科学院学部委员增选

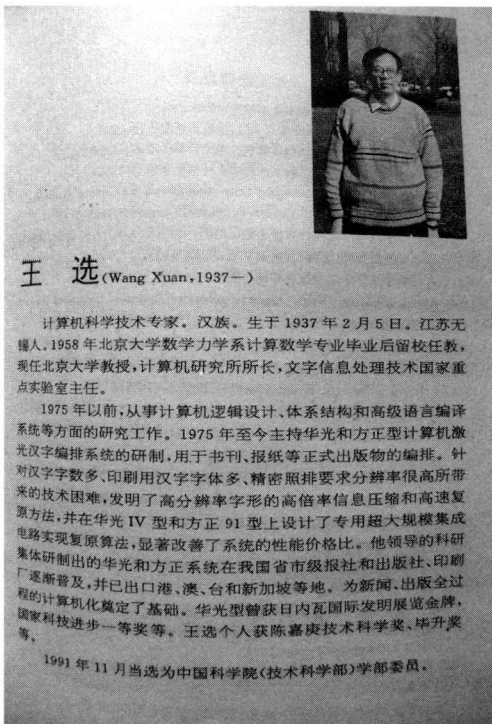

王　选（Wang Xuan，1937—）

计算机科学技术专家。汉族。生于1937年2月5日。江苏无锡人。1958年北京大学数学力学系计算数学专业毕业后留校任教，现任北京大学教授，计算机研究所所长，文字信息处理技术国家重点实验室主任。

1975年以前，从事计算机逻辑设计、体系结构和高级语言编译系统等方面的研究工作。1975年至今主持华光和方正型计算机激光汉字编排系统的研制，用于书刊、报纸等正式出版物的编排。针对汉字字数多、印刷用汉字字体多、精密照排要求分辨率很高所带来的技术困难，发明了高分辨率字形的高倍率信息压缩和高速复原方法，并在华光IV型和方正91型上设计了专用超大规模集成电路实现复原算法，显著改善了系统的性能价格比。他领导的科研集体研制出的华光和方正系统在我国省市级报社和出版社、印刷厂逐渐普及，并已出口港、澳、台和新加坡等地。为新闻、出版全过程的计算机化奠定了基础。华光型曾获日内瓦国际发明展览会金牌、国家科技进步一等奖等。王选个人获陈嘉庚技术科学奖、毕升奖等。

1991年11月当选为中国科学院（技术科学部）学部委员。

1991年11月19日，王选教授当选为中科院（技术科学部）学部委员简介。齐忠摄影。

中，北京大学教授、北京大学计算机科学技术研究所所长王选，当选为中科院（技术科学部）学部委员。[1]（注：1993年10月19日，中华人民共和国国务院第十一次常务会议决定，将中国科学院学部委员改称中国科学院院士。）

1993年，王选教授当选第三世界科学院院士。

1994年，王选教授当选中国工程院院士。

参考资料：

[1]来自《1991中科院学部委员》第285页，该资料由齐忠收藏。

1991 年 12 月 26 日——京海公司召开年度总结大会，实现年总产值达 3.6 亿元

1991 年 12 月 26—29 日，京海公司召开 1991 年工作总结大会。京海公司总裁王洪德在大会上指出："1991 年是京海大发展的一年，技、工、贸总产值已超过 3.6 亿元，实现利润 1500 万元，产值增长 80%，利润增长 100%。"

1992 年

北 京 · 中 关 村 民 营 科 技 大 事 记（中 卷）1991—1997

1992年——北京及中关村民营科技企业概况

一、邓小平同志南方谈话将改革开放推向新的高潮

1992年1月18日—2月21日，邓小平同志视察武昌、深圳、珠海、上海等地并发表谈话，明确回答长期困扰和束缚人们思想的许多重大认识问题。邓小平同志指出，坚持党的十一届三中全会以来的路线、方针、政策，关键是坚持"一个中心、两个基本点"，基本路线要管一百年；判断姓"社"姓"资"的标准，应该主要看是否利于发展社会主义社会的生产力，是否有利于增强社会主义国家的综合国力，是否有利于

1987年，中关村黄庄路口最初的DNA标志，用白色铝板制成呈白色。由中国科学院与海淀区政府共同出资建成。因长期风吹雨淋，铝板制的DNA标志渐渐生锈不雅观。1992年，海淀区政府和王殿儒创办的民营科技企业长城钛金公司，共同将其改造成金黄色的钛金DNA标志。照片来自《中国国情丛书——百县市经济社会调查海淀卷》。齐忠收藏。

提高人民的生活水平；要抓住时机，发展自己，发展才是硬道理。特别强调，计划多一点还是市场多一点，不是社会主义与资本主义的本质区别。社会主义的本质，是解放生产力，发展生产力，消灭剥削，消除两极分化，最终达到共同富裕。这次谈话是把改革开放和现代化建设推进到新阶段的又一个解放思想、实事求是的宣言书。①

1992 年 3 月 26 日，《深圳特区报》在一版头条位置发表文章《东方风来满眼春》，该文章真实记录了邓小平同志在深圳视察时所做的重要谈话。北京及中关村民营科技家和企业员工，纷纷寻找和观看《深圳特区报》这篇文章，刊登这篇文章的《深圳特区报》，在北京民营科技企业界是"洛阳纸贵"。

1992 年 3 月 30 日，新华社向全国全文播发了这篇文章。

邓小平同志南方谈话，解放了人们的思想束缚，把中国改革开放推向新的高潮。在北京对民营科技姓"社"、姓"资"的质疑消失了，"发展才是硬道理"成为人们的共识。

二、北京及中关村掀起第二次创办公司大潮

在邓小平同志南方谈话的指导下，北京及中关村掀起第二次创办公司大潮。北京工商、税务等机构也简化对公司的审批手续，几乎是申请一家批准一家。

1992—1993 年，北京拥有的公司数量达到 15000 家左右，占我国公司总数的 10% 以上。

三、北京及中关村民营科技企业发展迅猛

1992 年，试验区新技术企业为 3769 家，外商投资、合资企业 700 家。试验区企业技、工、贸总收入 100 亿元，上缴税费 3.6 亿元，创外汇 1.12 亿美元。②

1992 年，北京及中关村民营科技企业发展迅猛，北京民营科技企业发展到 6000 多家，其中新技术企业 3000 家，分布在北京 18 个郊区县，

从业人员7万多人，其中科技人员5.6万人。技、工、贸总收入70亿元人民币，上缴税金2亿多元人民币，出口创汇6000万美元。

1992年底，北京民营科技企业技、工、贸总收入超过1000万元的有96家，超过亿元的有10家；产值超过1000万元的有40家，超过亿元的有5家。涌现出四通公司、联想公司、京海公司、科海公司、北大方正公司等一大批优秀科技企业与企业家。③

四、1992年北京及中关村民营科技企业因产权不清产生"老板危机年"现象

1992年，北京及中关村民营科技企业虽然发展迅猛，但是从传统的计划经济体制向社会主义市场经济体制转变过程中，北京及中关村民营科技企业内部在新旧体制交替的运行中，必然产生碰撞和摩擦，产生"老板危机年"现象。

1992年，北京及中关村民营科技企业面临的主要问题是企业产权问题，因为99.9%的北京及中关村民营科技企业，所有制是"集体所有制""全民所有制"，造成企业产权是模糊的。

"集体所有制"是指企业的全部资产归企业全体员工所有，例如四通公司、科海公司、京海公司等。企业任何员工都可以说企业资产是自己的，可以拿走或者去另立公司，甚至可以罢免企业领导人。

"全民所有制"是指企业的全部资产归国家所有，例如北大方正公司、联想公司、中自公司等。企业的上级机关可以随意划走企业的资产、资金，更换企业领导人。

北京及中关村民营科技企业中，只有张大中先生开办的大中电器公司、王文京先生开办的用友公司、郑建国先生开办的利国公司等，企业所有制为"私营"，企业产权是清晰的，企业全部资产是企业家所有。

1980—1992年，北京及中关村民营科技企业仅用12年的时间，就快速地积累了巨额资产，四通公司、联想公司、科海公司、京海公司、北

大方正公司、中自公司资产已经达到数亿元人民币，相当于2021年上千亿元人民币。

面对这笔巨额资产，"集体所有制"的民营科技企业家，要说企业大部分资产是自己的，肯定会遭到大部分员工的反对。

面对这笔巨额资产，"全民所有制"的"国有民营"科技企业家，要说企业大部分资产是企业的、企业家和企业员工的，企业的上级机关不可以随意划走企业的资产、资金，肯定会遭到上级机关的反对。

北京及中关村民营科技企业还有一种独特的现象，就是戴"红帽子"企业。这种企业原本是私人出资创办的，因为试验区在1988—1992年，规定"私营"企业不得评定新技术企业，这种原本是私人出资创办的企业，就转变为"集体所有制"企业，获得试验区新技术企业资格享受国家给予新技术企业的税收优惠待遇，这种实为私营，名为"集体所有制"企业，被称为戴"红帽子"企业。

我国传统的计划经济体制向社会主义市场经济体制转变过程，如同历史前进的两个互相啮合转动的"齿轮"。

1992年，北京及中关村民营科技企业因产权不清产生老板危机年现象，正是这两个"齿轮"中的"润滑剂"，使历史的车轮滚滚向前。

参考资料：

①来自中共中央党史和文献研究院出版的《改革开放四十年大事记》第35页，该资料由齐忠收藏。

②来自《中关村园区创新发展30年大事记》第94页，该资料由齐忠收藏。

③来自国家科委体改司出版的《崛起的民营科技》第107页，该资料由齐忠收藏。

1992年1月21日——北京民协所属科技之光报社与四通公司联合举办"'四通杯'中国民办科技实业发展阶段理论研讨征文"，北京民协会长科技之光报社总编纪世瀛亲笔撰写序言

一、"'四通杯'中国民办科技实业发展阶段理论研讨征文"对推动民营科技企业的发展作出巨大贡献

1992年1月21日，北京民协所属科技之光报社与四通公司联合举办"'四通杯'中国民办科技实业发展阶段理论研讨征文"活动（以下简称"四通杯理论研讨活动"）。北京民协理事长、科技之光报社总编纪世瀛为"四通杯理论研讨活动"亲笔写下序言《新里程的思考》。

1992年，举办的"四通杯理论研讨活动"，在2003年3月1日结束。12年来共发表622篇有关民营科技理论研讨性文章，共300多万字。

12年来，在"四通杯理论研讨活动"发表过文章的有，中国著名经济学家、新中国企业股份制倡导者、北京大学厉以宁教授，我国著名民

四通公司总裁段永基在"'四通杯'中国民办科技实业发展阶段理论研讨征文"发表文章。齐忠摄影并收藏。

营科技企业理论专家、中共中央办公厅调研室主任于维栋，北京及中关村民营科技企业家、四通公司总裁段永基，联想公司总裁柳传志，北京市朝阳区未来科学研究所所长、老红军徐可倬，京海公司董事长王洪德，时代公司董事长彭伟民、总裁王小兰，科海公司总裁陈庆振，用友公司董事长王文京，北京市丰台区东升热处理工业炉公司总裁赵东升，天安所总裁吕克健，亚都公司总裁何鲁敏等。陕西民协、山东民协、甘肃民协、湖北民协等，近二十个省、自治区、直辖市有关的民营科技企业家、民协组织负责人，有关方面的理论学者，在"四通杯理论研讨活动"中有关中国民营科技企业从原始资本积累向发展阶段转化的过程中企业文化的变革，从私营、集体所有制向股份制转化的必要性，企业经理人持股制的探索等诸多理论性文章，是中国民营科技企业最长、最大的在各个时期如何发展的理论探讨，为推动中国民营科技企业的发展作出了巨大贡献。

12年来，四通公司为"四通杯理论研讨活动"赞助20多万元人民币，为中国民营科技企业理论研究作出了巨大贡献。

二、"四通杯理论研讨活动"成为民营科技企业家对试验区新技术企业股份制改造草案发表不同意见的平台

1992年，北京市有关部门推出《海淀新技术企业股份制改造草案》（以下简称"草案"），要求试验区各新技术公司的股份制改造要按草案进行。草案关于新技术公司股份制改造的模式，引发试验区各新技术公司负责人，特别是民营科技企业家的不满，他们纷纷利用"四通杯理论研讨活动"这个平台，阐述自己的不同观点。

1. 草案的来源

1992年3月14日，国家科委、国家体制改革委员会印发《关于北京市新技术产业开发试验区进行以产权制度改革为基础的综合配套改革点的复函》（〔1992〕国科发改字171号），决定将北京市新技术产业开发试验区作为综合改革试点单位，并原则同意《北京市新技术产业开发试

验区关于以产权制度改革为基础的综合配套改革试点方案》（以下简称"综合配套改革试点方案"）。

1992年5月26日，国家科委印发的《1992—1993年科技体制改革要点》提出：对民办科技机构要理顺资产关系和责权关系，引导民办科技机构沿着法制轨道发展。股份制试点开始有较好的大环境。

1992年6月，经市政府批准试验区成立股份制改革工作领导小组，陆宇澄、王宝森任组长。邹祖烨、贺阳、张耀宗、卢学勇、胡昭广任副组长，王晓龙任办公室主任。改革领导小组制定了试验区股份制试点暂行办法和综合配套改革第一批试点方案。

"综合配套改革试点方案"提出，按照股份有限公司形式改造新技术企业，妥善处理原企业存量资产。按照企业初始投资来源的不同，处置存量资产的方式可按"有根"企业和"无根"企业分为两大类型（"有根"企业是指初始投资者十分明确且无争议的企业，"无根"企业是指无明确的初始投资者的企业）。"有根"企业存量资产可划分为国有产股、初始投资股、创业集团资产股、职工个人股、职工公益金结存5部分，其中前4部分设置为股权。"无根"企业存量资产可划分为国有资产股、原企业员工共有资产股、职工个人股、职工公益金结存4部分，其中前3部分设置为股权。该方案中，关于国有资产股，设想将《试验区暂行条例》中所规定的由减免所得税形成的"国家扶植基金"转化为国有资产股，即按新技术企业现行的所得税税率将自企业成立以来历年所减免的得税额划为国有资产股，其所有者为国家。关于创业集团资产股，设想从存量资产中划出一定比例奖励给创业集团，属创业者集体共有，以避开"将公有财产量化到个人"的嫌疑。关于职工个人股，与此同时可以限定：这部分股份在规定期限内，只有分红权，而无转让、继承、交易权。"综合配套改革试点方案"还对向社会公开发行股票筹集企业增量资产、围绕产权制度改革进行综合配套改革等提出了具体意见（由于宏观法制条件的限制，以及许多企业对把免税基金转化为国有资产股视为"强行投资"而不予接受，该方案未能实施）。该方案虽然没有实施，但其根据高新技术企业发展规律提出的"创业者有其股"的理念，为后来破解新技术企业存量资产问题提供了启示（"综合配套改革试点方案"后来又称为"海淀新技术企业股份制改造草案"）。[①]

2. 中关村民营科技企业家对草案的不同意见

试验区草案的颁布，引发民营科技企业家对草案的众多不同意见。例如：1987年3月13日，海淀区政府组织的调查组对四通公司调查结果显示，1987年，四通公司有形资产在7000万—8000万元，这个数字与海淀区政府历年来给四通公司减免税的数字差不多。[②]

如果按照草案中规定："四通公司属于'无根'企业，'无根'企业存量资产可划分为国有资产股，设想将《试验区暂行条例》中所规定的由减免所得税形成的'国家扶植基金'转化为国有资产股，即按新技术企业现行的所得税税率将自企业成立以来历年所减免的得税额划为国有资产股，其所有者为国家。"这样一来，四通公司即将成为国有控股99%的民营科技企业。

1992年6月—1993年7月，北京中关村民营科技企业家，在《科技之光报》上的"四通杯理论研讨活动"专栏发表文章，对试验区新技术企业股份制改造草案提出不同意见。

民营科技企业家在文章中指出："目前在我国有很多外资企业与三资企业，国家为鼓励外商投资，宣布这些企业享受'三免、三减'的税收政策，能把这些外资企业所享受的'三免、三减'积累的资金说成是国家股吗？如果不能，为什么要把民营科技企业所享受的'三免、三减'积累的资金说成是国家股呢？"

民营企业家们还以读者来信的形式，在"四通杯理论研讨活动"专栏发表文章。他们在文章中指出："民营科技企业自筹资金而生，国家没有投资一分钱，为什么会有国家股？企业的积累资金是企业全体员工省吃俭用留下的，草案中对民营企业国家股的规定，是变相地鼓励民营科技企业分光、吃光，是鞭打快牛，因为民营企业的自有资产越大，国有股也就越大。"

《科技之光报》公开发表评论员文章《外资企业行，中国企业为何不行？》，该文章得到科海公司总裁陈庆振等一大批中关村科技企业家的好评。在北京及中关村科技企业家的反对声中，该草案无疾而终。

三、历史名词解释：外资企业、三资企业及所享受的"三免、三减"税收优惠政策

1. 外资企业是指国外公司在我国投资建立的独资企业，例如美国微软公司驻中国公司。

2. 三资企业是指我国与国外公司，在我国建立的合资企业；内地公司与香港公司，在内地建立的合资企业；大陆公司与台湾公司，在大陆建立的合资企业。

3.《外商投资企业和外国企业所得税法》第八条规定："对生产性外商投资企业，经营期在十年以上的，从开始获利的年度起，第一年和第二年免征企业所得税，第三年至第五年减半征收企业所得税。"

四、纪世瀛撰写的"四通杯理论研讨活动"序言

新里程的思考

北京民办科技实业家协会会长、科技之光报社总编　纪世瀛

1992 年 1 月 21 日

新中国成立以来，中国的科技界发生了一系列的变革，认真地回顾这一段历史，真正带有实质性、开创性、意义最深远的变革就是出现了民办科技实业，她的出现打破了传统的、古板的格局，一下子使科技界哗然骤变，震撼了从国家到地方的科研机构、大专院校。每个科技人员都跃跃欲试，要改、要变、要干！中国的科技界变成火热的、沸腾的地带，那种一统天下，沉默的局面被一种万紫千红、争妍斗艳的局面取而代之，"民办科技"创造了"两不""四自"几大法宝，为建设有中国特色的社会主义增添了实际内容。她无疑是社会主义的，不是资本主

的，但却把先进发达国家的调动社会积极性的精华吸收消化。某些人曾经以怀疑的眼光审视过这一新事物，而她终究以勃勃生机、累累硕果、铁的事实征服这些人的心，民办科技终于被誉为"科技界的第六路大军"，十年风雨、十年拼搏。

1990 年，宣告了民办科技实业的创业阶段胜利结束。

1991 年开始，民办科技实业将进入新的发展阶段。"民办科技"是个了不起的事业，她之所以了不起，并不在于她造就了四通、京海、科海公司等若干个大企业集团，也不在于出现了电子一条街，甚至不在于她率先带动了全国二十七个开发区的建立。其真正的价值在于她为中国人民展示了有中国特色的社会主义新的典范机制。在牟动社会前进的关键链条中活化了最重要的生产力的两大要素，在生产关系的生产、消费、交换、分配的环节中，创造了生机勃勃的一套机制。这种活化要素和新机制在各领域的渗透和扩展将会对中国社会产生不可估量的影响，勾画出具有鲜明的中国特色。

只是在目前没有被人们在理论上加以深刻认识。"民办科技"是科技之光，是中国的希望之光。说这是言过其实的人大抵是没有经过认真地思考。

民办科技进入了发展阶段，她将面临更重要的历史使命，同时也面临着新的考验，因此也就需要对新里程思考。

首先要面临的思考就是"民办科技"运行机制如何进一步完善。在生产力、生产关系的一系列社会链条中，都要创新的灵活实用（不尚空谈）的关节，仅仅"两不""四自"那只能停留在所谓"打土豪、分田地"的初始阶段，在创造适合中国特点的社会主义机制上还仅是第一步。如何在社会主义公有制的前提下，最大限度地调动人们的积极性？马克思的基本理论认为，利益原则是永恒的原则。如何把劳动群众的利益寓于创造性的群众劳动中？所谓民办，民就是劳动大众，办就是创造，她们会创造多种形式的公有制，包括创造落实到每个集体的成员的真正的集体所有制，和有明确成员的其他公有制，用一条条有形的实线把每个公众联系在一个个集体里，并使每条线都是载有"利益流"的线，这就是所谓的有机的公有制。股份制也好，合作制也好，劳动分配制也好，在政府法律之下，为我们的国家承担利税义务。我们应当鼓励人们去创造多种多样灵活实用的集体所有制以适应新的发展。

第二个思考的问题就是如何使民办科技及其关联企业在作为社会主义主体经济的公有制经络中发挥更大的作用。民办科技就全国来讲她只占国有经济总产值的1%，把科技转化为直接的第一生产力，这是民办科技的重要任务，全世界121个国家，中国的科技水平起码在20名以前，而人均国民收入排在100位，即倒数21位，这种科技与经济倒序的古怪现象，给我们提出一个要把"转化"放在第一位的任务，不能空谈科技是第一生产力，只有"转化""物化"才能实现第一生产力。我们把转化前的科技叫作潜在的第一生产力，转化后的才是直接的生产力。如何"转化"是个大课题，首先要把载体"活化"激活知识分子群体，其次要把科技项目"物化"，民办科技的使命就要在"活化""物化"知识分子群体，再次要在科技项目"物化"上下功夫，民办科技是"转化"的排头兵、马前卒、先遣队。民办科技在国民经济产值中应该在今后十年中发展到占比10%以上，这是个硬指标，否则怎么证实我们民办科技的活力？

第三个值得思考的问题，"民办科技"的主要目标应瞄准大中型企业，才能使民办科技造就一番惊天动地的事业，只有把自己置身于全民族、全中国的大事业中，"民办科技"才能大显神通，民办科技要全方位为国营大中型企业服务，把先进的科技以最灵活的机制输入国营大中型企业，同时，把民办的运行机制向国营大中型企业渗透。在搞活国营大中型企业中搞活自己，并同时合建民办的大中型企业，使之融为一体，成为社会主义公有制的重要组成部分。

粗浅的思考溢于笔纸之间，只是为引起更广泛的深刻的讨论与思考。最后，祝《科技之光报》"四通杯中国民办科技实业发展阶段理论研讨"搞得生机勃勃，以民办科技实业家的气魄，讨论出真知灼见。

参考资料：

①来自《中关村创新发展四十年》第 135 页，该资料由齐忠收藏。

②来自《北京·中关村民营科技大事记（上卷）》第 130 页，该资料由齐忠收藏。

1992 年 2 月 20 日——亚都公司向社会公开发放 500 万元债券

1992 年 2 月 20 日，亚都公司宣布，向社会公开发放 500 万元债券，该债券利率高于银行同期利率 20%，兑付期限为 9 个月。这是继时代公司后，北京及中关村民营科技企业第二家向社会公开发放债券的企业。①

参考资料：

①来自《科技之光报》第 17 期，该资料由齐忠收藏。

1992 年 2 月 25 日——《科技之光报》独家发表著名经济学家厉以宁教授访谈文章《民办科技企业产权界定与股份制问题》

1992 年 2 月 25 日，北京民协所属内刊《科技之光报》独家发表我国著名经济学家、新中国企业股份制倡导者、全国人大常委会委员、北京大学厉以宁教授的访谈文章《民办科技企业产权界定与股份制问题》。不久，《科技之光报》还在短期内，发表厉以宁教授有关民办科技企业与股份制改造的数万字系列文章。这些文章不仅是厉以宁教授在他的学术生涯中，对中国民营科技企业，这个改革开放新生事物的企业产权的界定、如何进行股份制改造，进行的独特研究，也为中国民营科技企业在股份制改造道路上作出巨大贡献。

1992 年，厉以宁教授在家中书屋。齐忠摄影。

厉以宁教授在访谈文章中指出："民办科技企业目前需要产权界定，并以股份制形式组织和经营，是为了扫除民办科技企业发展前途中的障碍。"

1992 年 4 月 27 日，厉以宁教授在《科技之光报》发表题为"民办科技企业向股份制公司的转变"的文章。

厉以宁教授在文章中指出："如果民办科技企业本来没有国家投资，不一定在改制时再加上国家股。"

厉以宁教授在文章中指出："民办科技企业改制为股份制企业、有限责任公司，既是企业经营机制的转变，也是政府在与企业的关系中政府职能的改变。"

1992 年 6 月 15 日，厉以宁教授在《科技之光报》发表题为"中国的股份制姓'社'还是姓'资'"的文章。

厉以宁教授在文章中指出："股份制只是企业经营的一种形式，本身不反映有什么属性。"

1992 年 6 月 15 日，厉以宁教授在《科技之光报》发表题为"走向股份制的途径"的文章。

厉以宁教授在文章中指出："民办科技企业过渡到股份制的途径有几点。1. 企业职工购买企业股票，转为职工内部持股的企业；2. 通过企业合并建立新的股份制企业；3. 企业互相参股或交换股票。"

1992 年 2 月 25 日——《科技之光报》独家连载北京及中关村首家民营科技企业创办回忆录《风云乍起》，引起巨大反响

1991 年 3 月 15 日—1992 年 2 月 25 日，北京民协会长、中关村首家民

1994 年 4 月 19 日，正式出版《风云乍起》。齐忠摄影。

营科技企业创办人之一纪世瀛，以笔名"季然"在《科技之光报》独家连续刊登发表了，北京及中关村首家民营科技企业"北京等离子体先进发展服务部"创办过程回忆录《风云乍起》，在我国民营科技企业中引起巨大反响。

1994年4月19日，《风云乍起》正式出版，这是我国首次对北京及中关村首家民营科技企业创办过程的详细记载，是中国民营科技企业的珍贵历史文献。

1992年2月28日——北京大学新技术公司成功注册"方正标徽＋方正"商标

一、历史名词解释：方正商标与公司宣传口号

1. 方正商标

北京大学新技术公司成功注册的"方正标徽＋方正"商标，是由中央工艺美术学院设计的图形。图形中方框的白色部分为正方形，右上角黑色部分为正方形的阴影通过光线透视为正方体，图形的含义与公司文字商标"方正"一致。[①]

2. 古有毕昇　今有方正

北宋皇祐三年（1051），毕昇发明活字印刷术，成为中国古代四大发明之一。北京大学新技术公司使用王选教授的专利技术，推出的"北大方正电子出版系统"，自喻为新的"毕昇"。

3. 告别铅与火　迎来光与电

在"电子出版系统"产品问世之前，我国的报刊印刷只能用铅字排版印刷，而铅字又是用火把铅融化之后，铅水倒进模具中制成。在北京大学新技术公司推出的"北大方正电子出版系统"产品问世之后，我国的报刊印刷完全抛弃了铅字排版印刷，迎来"告别铅与火，迎来光与电"

1992 年 2 月 28 日，北京大学新技术公司成功注册的"方正标徽＋方正"商标，以及公司宣传口号。齐忠摄影。

的印刷新时代。

1992 年 2 月 28 日，北京大学新技术公司（北大方正公司前身）成功取得第 584771 号"方正标徽＋方正"商标注册。这也是北京大学新技术公司更名为"北大方正公司"的起因。

二、北京大学新技术公司注册"北大方正"商标是无奈之举

1988 年 12 月 15 日，北京大学新技术公司在北京推出"北大华光电子出版系统"后，从此我国激光照排市场上就出现了同样使用北京大学计算机科学技术研究所王选教授专利技术的两大电子激光照排系统。一个是北京大学新技术公司推出的"北大华光电子出版系统"，一个是山东潍坊公司推出的"华光电子出版系统"。

但是，这两种同一"华光"品牌，又在市场上互相竞争的产品是在国家"748 工程"领导小组与王选教授同意下生产的。

1990年9月16日，山东潍坊公司在没与王选协商的情况下，推出"华光 V 型系统"，并在报刊上刊登广告，这个举动标志着"748 工程"统一的局面被打破。

1990年10月12日，为消除分裂、重归统一，国家经委印刷技术装备协调小组组长范慕韩，召集山东潍坊公司、北大计算所、北大新技术公司、昆仑公司等单位开会，王选和楼滨龙参加了该会议。范慕韩在会上要各方不要自定型号、自行主张，要顾全大局、共同协商。但是"748 工程"分裂的局面已无法挽回，山东潍坊公司负责人在会上郑重声明，"华光"是该公司的产品商标，希望得到尊重。言外之意就是警告北大新技术公司，不能再使用"华光"商标。

更改市场上已经被客户熟悉的产品名称，对北京大学新技术公司来讲是痛苦的也是伤心的事情。但是"华光"是山东潍坊公司的注册商标，北京大学新技术公司为避免侵犯山东潍坊公司的商标权，只能忍痛割爱更改产品名称。

三、"北大方正"商标的来源

为了避免侵犯山东潍坊公司"华光"的商标权，北京大学新技术公司总经理楼滨龙迅速召集公司核心领导开会，发动公司和计算所的全部员工，要求大家为产品取个新名称。当时公司办公室的墙上贴满员工为产品起的新名字，但是没有一个让人满意，楼滨龙又请北大中文系的老师帮助起名。

北大党委宣传部赵为民提出"方正"之名，他说："汉字又叫方块字，公司又是从事汉字业务，取名为'方正'怎么样？"大家听后觉得"方正"之名叫起来顺口，与"北大"两字联起来"北大方正"更好听，"北大方正"中文繁、简体书写都是一样的。

从历史典故中查找发现，"方正"最早见于《汉书·晁错传》。书中写道："察身而不敢诬，奉法令不容私，尽心力不敢矜，遭患难不避死，见贤不居其上，受禄不过其量，不以亡能居尊显之位。自行若此，可谓方正之士矣。"

楼滨龙用琥珀字体打出"北大方正"请王选看，王选笑着说："不错、不错，我看可以。"

1991 年 3 月 8 日，王选把"北大方正"给计算所的员工看，也获得大家的好评。

1991 年 3 月 11 日，北京大学新技术公司到海淀工商局办理注册产品名称手续时，发现东北有个方正县，根据《商标法》规定，县以上行政区的地名不得作为商标用。北京大学新技术公司又用文字和图形捆绑在一起的办法，来解决这个问题。

1992 年 2 月 28 日，北京大学新技术公司取得"北大方正"商标注册，并将公司产品命名为"北大方正电子出版系统"。

参考资料：

①来自《北大方正创业回忆录》第 12 页，该资料由齐忠收藏。

1992 年 2 月 28 日——试验区公布 1991 年新技术企业销售榜前五名

1992 年 2 月 28 日，试验区公布 1991 年新技术企业销售榜前五名：

1. 四通公司 18 亿元人民币（注：不包括海外分公司更多销售额）

2. 联想公司 6.8628 亿元人民币

3. 京海公司 2.4683 亿元人民币

4. 科海公司 2.3165 亿元人民币

5. 北京大学新技术公司 2.0567 亿元人民币

1992年4月27日——《科技之光报》发表报告文学《中关村电子一条街的故事》

　　1992年4月27日，《科技之光报》发表报告文学《中关村电子一条街的故事》，作者为齐中（齐忠笔名）。该报告文学在《科技之光报》连续刊登到1992年12月25日结束，共三十多万字，以纪实的形式，图文并茂地介绍了中关村电子一条街的起源、各公司概况、民营科技企业家等，是中国大陆首部宣传中关村的长篇报告文学。

1992年4月27日，《科技之光报》发表报告文学《中关村电子一条街的故事》。齐忠摄影。

1992 年 5 月 1 日——新天地研究所成立，推出王志东的"中文之星"软件

1992 年 5 月 1 日，北京市海淀新天地电子信息技术研究所成立，该研究所为集体所有制（以下简称"新天地研究所"）。[①]

1992 年，随着计算机在中国的普及，美国微软公司的 Windows 软件也给计算机软件带来重大变革机遇。该研究所成立后，抓住这个机遇，推出王志东研制的"中文之星 1.1 版""中文之星 1.2 版""中文之星 1.3 版"。解决了人们早期在使用英文视窗系统时的汉字问题，对推动中国计算机的普及与软件的发展功不可没，也为该研究所带来巨大经济效益。北京大学新技术公司的贺文任新天地研究所总经理，北京大学新技术公司的科研人员王志东任新天地研究所副总经理兼总工程师。该研究所属于北京大学新技术公司，资金也来自该公司。

1996 年 7 月，贺文出任北大方正公司总裁（1992 年 12 月 12 日，北京大学新技术公司更名为"北大方正集团公司"）。

中文之星软件宣传展台，齐忠摄影。

参考资料：

①来自"爱企查"。

1992 年 5 月 12 日——亚都公司要求兼并其他企业，500 家企业报名请求兼并

1992年5月12—13日，中关村民营科技企业亚都公司，在《北京青年报》《北京晚报》刊登兼并启示广告，标题为"亚都人工环境科技公司兼并启示"。该启示称："因现有技术力量和经济实力受场地和人力限制，无法适应亚都事业迅猛发展的需要。我公司诚愿兼并在竞争中迫切需要引进新机制、新活力和新产品的国营或集体企业及个体企业"。

1992年，亚都公司因"亚都加湿器"产品走俏市场后，由于生产场地和其他原因严重地阻碍了亚都公司的发展，所以亚都公司想用兼并其

亚都公司最初生产的加湿器，齐忠摄影。

他企业解决这个问题。

没有想到，仅仅一个月，亚都公司收到500多封请求兼并或联营的信函。甚至有些省市领导走后门到报社，请新闻记者协助出面游说亚都公司，希望兼并一两家企业。

在500封来信中，除10家赢利较好的企业，是为求锦上添花而谋求与亚都合作外，其余都是经济状况不够理想或陷入危机的。亚都公司对其中的248家初步分类统计，国有企业102家，占比41.6%，集体企业124家，占比49.6%，其他企业22家，占比8.8%，其中有三家合资企业，两家个体企业。

令人感叹的是，固定资产在1000万元以上，职工在1000人以上的大中型国有企业竟有32家，科研院所有8家。要求兼并的企业涉及电子、机械、食品、服务、商业等诸多行业。这些来信反映出我国经济结构和宏观调控上的深刻问题。①

一家民营科技企业亚都公司，要求兼并其他企业，没有想到会有这么多的企业家，愿意把自己的企业命运交给亚都公司，这种奇特的现象引起新闻界的注意。

北京民协内刊《科技之光报》主编齐忠，新华社北京分社记者黄威（女），《经济参考报》记者范明，对亚都公司刊登兼并启示后，发生的这种现象进行了详细的采访调查。

1992年5月31日，《科技之光报》在一版的重要位置发表《亚都兼并启事刊登以后》文章，在中关村及北京市引起很大轰动。

新华社北京分社记者黄威也把相关文章作为新华社通稿向全国播发。新华社通稿是新华社向全世界和全国各报刊播发的通用新闻稿，往往会被其他报刊转载，具有很大的影响力。《经济参考报》记者范明，也在《经济参考报》发表了相关文章。

亚都公司登报要兼并其他企业这件事，也为亚都公司扩大了知名度。这事过后还有一个小插曲，亚都公司为了扩大产品生产，租借不少国有企业员工到亚都公司工作。其中有一位国有企业的工人还写了一首打油诗，抒发心中的感叹。内容大意是："原来是国有企业主人翁，今天到私营来打工，盼望有企业早康复，回去再当企业主人翁。"亚都公司内刊《亚都物语》全文刊登了这首诗。这首打油诗折射出1992年那个年代，人们对国有企业"大锅饭""铁饭碗"的怀念（《亚都物语》中"物语"一词来自日本，中文的意思是"故事"）。

参考资料：

①来自《亚都物语》第123页，该资料由齐忠收藏。

1992年5月15日——中共中央总书记江泽民，国务院总理李鹏视察北京市新技术产业开发试验区

1992年5月15日下午，中共中央总书记江泽民，国务院总理李鹏，视察北京市新技术产业开发试验区（以下简称试验区）。江泽民强调："要贯彻落实邓小平同志的重要谈话精神，加快改革开放的步伐，尽快使我国经济迈上新台阶，必须充分依靠科学技术的进步。我国有一支优秀的科技队伍，每年都有相当水平的科研成果问世。现在的一个重要任务是要加快科技成果向产业化的转化。"

江泽民给试验区题词："发挥中国知识分子的聪明才智，发展高科技产业，迈向21世纪。"李鹏题词："以市场为导向，以科技为依托，走技工贸相结合的道路。"①

中共中央总书记江泽民，国务院总理李鹏还在海淀区区长胡昭广的陪同下，到位于白石桥的试验区科贸中心参观了四通公司、联想公司、北京大学新技术公司、王码电脑公司展台与产品等。接见了企业代表四通公司总裁段永基、联想公司总裁柳传志、北京大学新技术公司总裁楼滨龙等，并在四通公司签名簿上签名留念。②

参考资料：

①来自《中关村 30 年大事记》第 77 页，该资料由齐忠收藏。

②来自《四通人》第 135 期，该资料由齐忠收藏。

1992 年 5 月 15 日——四通公司正式推出企业标识（CI）系统

1992 年 5 月 15 日，四通公司正式推出企业标识（CI）系统，标志四通公司"二次创业"中为国际化带动产业化，产业化带动商品化，树立了公司的整体形象。这是我国民营科技企业首家推出标准企业标识（CI）系统。

四通公司导入企业标识系统分两步进行。第一步以现有标识为基

四通公司中文、英文及标徽的标准化，齐忠摄影。

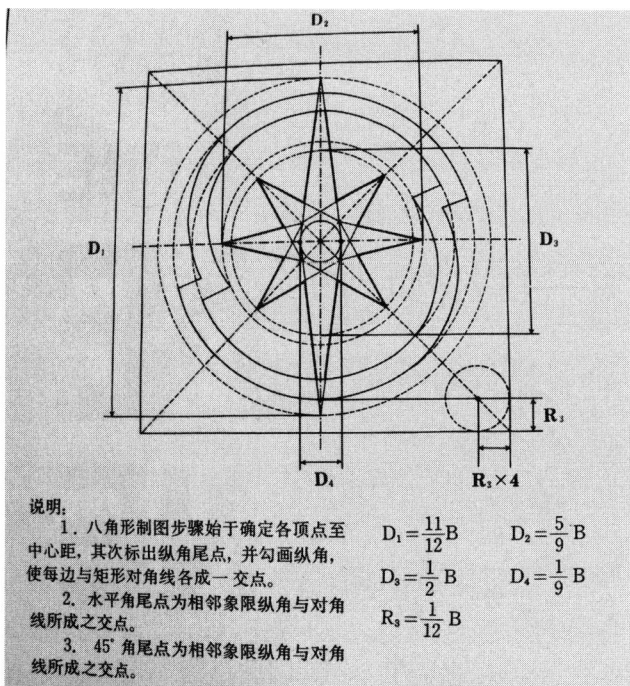

说明：

1．八角形制图步骤始于确定各顶点至中心距，其次标出纵角尾点，并勾画纵角，使每边与矩形对角线各成一交点。

2．水平角尾点为相邻象限纵角与对角线所成之交点。

3．45°角尾点为相邻象限纵角与对角线所成之交点。

$$D_1 = \frac{11}{12} B \qquad D_2 = \frac{5}{9} B$$

$$D_3 = \frac{1}{2} B \qquad D_4 = \frac{1}{9} B$$

$$R_3 = \frac{1}{12} B$$

四通公司标徽的设计，齐忠摄影。

础，进行规范、补充和扩展，将通过一系列分册逐步推出企业标识设计，包括基本要素，基本组合方式，在不同场合、不同环境中使用的方式等。第二步根据公司发展情况，逐步导入新的标识系统。第一步工作计划到1993年内完成。

四通公司企业标识（CI）系统设计总则和第一分册已经完成，第一分册内容为四通集团企业标识的基本要素，包括标徽、标准字、标准色、专用字体四部分，并对使用规划作了规定。[1]

参考资料：

[1]来自《四通集团企业标识手册1》，该资料由四通公司原副总裁李军先生提供，齐忠收藏。

1992 年 6 月 10 日——顺义节能所技术转让合同纠纷遭遇"北裁南判",五年后终获胜诉

一、顺义节能所技术转让合同纠纷起因

1992 年 6 月 10 日,安徽省铜陵县城关砖瓦厂(以下简称"铜陵砖瓦厂"),经山东省临沂市中科技术服务部中介,与北京顺义区著名民营科技企业"北京市顺义节能耐火材料应用技术研究所"(以下简称"顺义节能所"),洽谈特种节能耐火可塑料技术转让事宜。

1992 年 7 月 4 日,铜陵砖瓦厂与顺义节能研究所签订了 JE－L9 型特种耐火可塑料非专利《技术转让合同书》。

1992 年 7 月 21 日,双方又签订了联营的《补充条款》。该合同履行近一年后,双方当事人为试产品由谁检验而发生纠纷,遂后发生了顺义

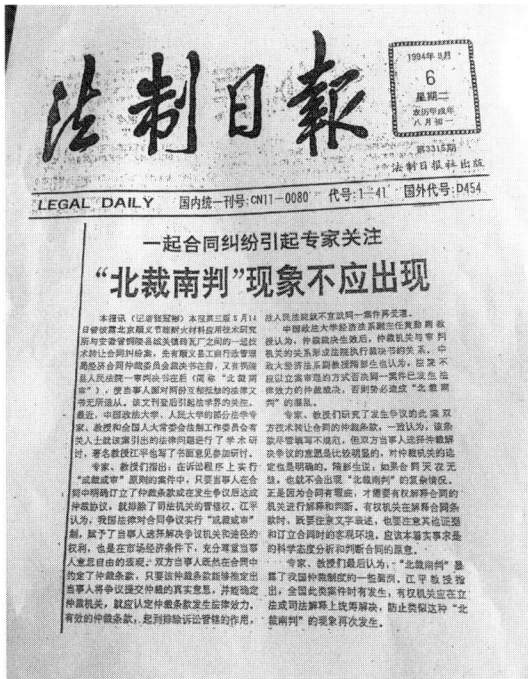

1994 年 9 月 6 日,《法制日报》对"北裁南判"的报道,齐忠摄影。

节能研究所申请仲裁，铜陵砖瓦厂向人民法院起诉，造成同一技术转让合同纠纷形成"北裁南判"的情况。

顺义节能研究所在五年的时间内，经过仲裁胜诉，法院一审、二审败诉，最后向最高法院申诉才获得胜诉。

二、顺义节能所仲裁胜诉，法院一审、二审败诉，造成"北裁南判"，引发各方面关注

1993年8月13日，顺义节能所法人代表、所长张征，依据技术转让合同中约定的仲裁条款，以铜陵砖瓦厂违约为由，向北京市顺义县工商行政管理局经济合同仲裁委员会（以下简称"顺义仲裁委员会"）申请仲裁。

1993年11月8日，顺义仲裁委员会1993年（裁）字第4号裁决书裁决：该合同有效，铜陵砖瓦厂违约，补交使用费、支付违约金共计27.28万元。铜陵砖瓦厂没在法定期限内申请复议。顺义节能所于1993年12月30日，向北京市顺义县人民法院申请执行。

1993年8月18日，铜陵砖瓦厂以顺义节能所违约，以非专利技术转让合同纠纷为案由，向安徽省铜陵县人民法院起诉。顺义节能所提出管辖权异议后被驳回。

1994年3月4日，安徽省铜陵县人民法院做出一审判决：双方当事人所订合同有效，顺义节能所违约，应退还技术入门费、赔偿损失共计28.04万元。

1994年3月26日，顺义节能所向安徽省铜陵市中级人民法院提起上诉。

1994年8月4日，安徽省铜陵市中级人民法院做出二审判决：驳回上诉，维持原判。

顺义节能所仲裁胜诉，法院一审、二审败诉，造成"北裁南判"现象，引发各方面关注。

1994年，《法制日报》《科技日报》《中国技术市场报》都对"北裁南判"的现象进行评述和报道。

三、安徽省高级人民法院判决顺义节能所胜诉

1994 年 9 月 9 日，顺义节能所向最高人民法院申诉。

1995 年 3 月，最高人民法院告诉申诉审判庭接到申诉，经研究并派员调查、了解本案的有关情况。

1995 年 6 月 3 日，最高人民法院告诉申诉审判庭发函转请安徽省高级人民法院查处。

1997 年 8 月 4 日，安徽省高级人民法院经再审认为：铜陵砖瓦厂与顺义节能所在合同中明确约定了仲裁条款，本案不属人民法院管辖。依照《中华人民共和国民事诉讼法》第一百七十九条第一款第四项和《最高人民法院关于适用〈中华人民共和国民事诉讼法〉若干问题的意见》第二百一十条第一款第一项之规定，裁定撤销一审、二审判决，驳回铜陵砖瓦厂的起诉。[①]

参考资料：

① 来自《安徽省高级人民法院民事裁定书》（1997）经监字 22 号。

1992 年 6 月 11 日——四通公司发生"6 · 11"重大人事变动与"新四通公司"事件

导读：1992 年 6 月 14—20 日，中关村电子一条街各大公司传真机都收到两份有关四通公司的传真，一份是四通公司创始人之一王安时，宣布辞去公司副董事长、高级副总裁等四通公司一切职务；另一份是四通公司董事会，建议免去段永基公司总裁职务，任命王缉志为公司总裁。这两份传真件，使四通公司成为中关村、试验区、北京民营科技企业关注的焦点事件。

1992 年 8 月，四通打字机发明人、公司董事、副总裁王缉志等人，

离开四通公司，创办"新四通公司"。

现任四通公司董事长段永基先生、四通公司原副总裁王缉志先生、四通公司原副总裁李玉琢先生等都对该事件撰写了相关回忆录。

一、1992年6月11日，四通公司发生"6·11"重大人事变动与"新四通公司"事件的起因

1992年6月11日，四通公司副董事长、高级副总裁、四通公司香港分公司总裁王安时，从香港用传真机向四通公司总部办公室发送辞职书，全文如下：

致董事会、党委、总裁委员会：

各位同仁，经过一个多月来痛苦的思索，终于大彻大悟，得到解脱，心情恢复了平静愉快，终于解开了缠绕不开的四通情结。现在我正式、慎重地向你们提出全面辞呈。自即日起，我辞去：

北京四通集团公司副董事长、高级副总裁、经营领导小组副组长及四通集团成员全部职务，并逐步办妥法律手续，辞去香港四通集团所属各公司的一切职务，把权力逐步完全移交给在港的段永基、张月明、王玉钤等四通代表人士。永远结束某人所指的夫妻老婆店历史，以便引进四通引为自豪的 SOTEC 式的管理模式，更规范化、职业化、国际化、一元化，四通公司才能更健康地发展。

自即日起我不再参加北京四通集团领导层的任何会议了。

自即日起我开始安排我离开四通后的出路。

自即日起我仍会按照我的人格，妥善处理好香港四通的各方面业务，逐步妥善平稳的移交，不造成任何损失。时间自即日起，以3个月为限，到9月10日移交完毕。

对我在四通八年、香港四通五年期间，我要求有关方面，对我进行全面、彻底的政治上、经济上、财务上、人格品行上的审查、审计。我没有做过一件对不起四通人的事，我也没有任何见不得阳光、不可告人

的事，一切都可以公开。

我实在太累了，任何挽留和拖延，只会增加我的痛苦，丝毫不解决问题。有些力量是顽强、执着、耐久而不可战胜的，与其将来早晚有一天我落得"那么多人"的下场，不如趁我还有点时间，及早醒悟，一了百了。这一点上我是对不起很多人的，自私的，因为他们早几年就一直提醒我，警告我。如今我反而第一个舍大家而走，对此我内心实有歉意。但我永远不会忘记大家对我的友情和信任的，我会永远缅怀在四通这八年风风雨雨的时日。将来我出版回忆录时，一定会都表达出来的。

我离开香港四通，对于我应得的分红和出让股权，我会合理要求的，不会贪得无厌和过分。我会依照香港法律合理处理。必要时，请我的律师和香港税务局来解决，请大家放心。

我想我这次行动，是我最后一次对四通的贡献。彻底地、一劳永逸地、真正地解决了香港四通问题，真正理顺了关系，否则老是一个"大问题"，一个"心病"，令人日夜不安，耿耿于怀。这样区里、市里也可放心了。我想这也是一个贡献吧！大家应对我表示敬意才是！

王安时

1992.6.11[①]

二、四通公司董事会建议免去段永基总裁职务的决议

1992年6月18日上午，在沈国钧的主持下，四通公司董事会在西直门外的中苑宾馆形成了一个决议，决议共四点：1. 不批准王安时辞职；2. 建议免去段永基的总裁职务；3. 建议王缉志任四通总裁；4. 四通的董事会成员不得兼任下属公司的总经理。[①]

三、1992年初四通公司董事会成员

1992年初，四通公司董事会由七名成员组成。他们是：

1. 四通公司董事会董事长沈国钧。

2. 四通公司总裁、董事会副董事长段永基。

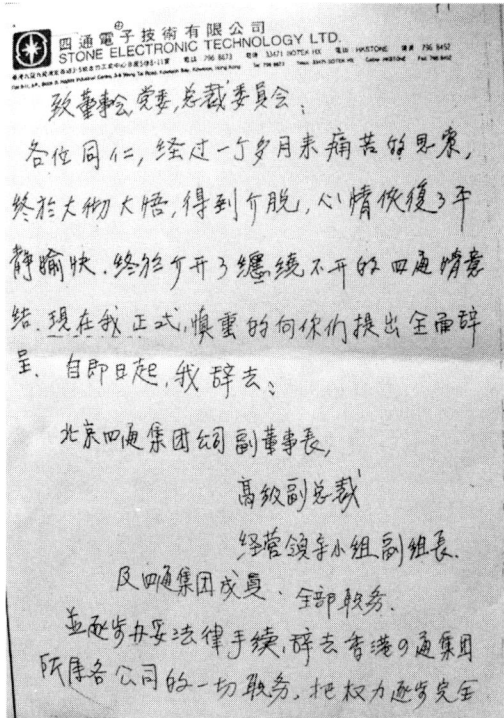

1992 年 6 月 11 日，王安时先生辞职传真件。该图片由王缉志先生提供并授予版权。

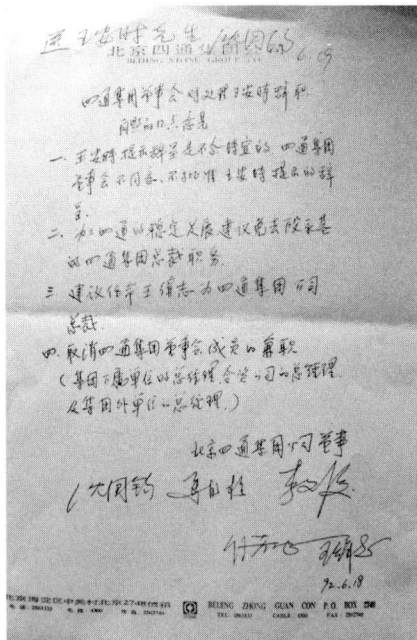

1992 年 6 月 18 日，四通公司董事会的决议文件发给王安时先生传真件。该图片由王缉志先生提供并授予版权。

3. 四通公司董事会第一副董事长、第一副总裁、公司党委书记马明柱，1989 年 10 月，由某部门派遣到四通公司任职。[②]

4. 四通公司董事会副董事长、高级副总裁王安时。

5. 四通公司董事会副董事长、执行副总裁李文俊。

6. 四通公司董事会董事、执行副总裁储忠，他是原四通公司负责人某某某的亲弟弟，后来过继到储家，所以叫储忠。

7. 四通公司董事会董事、执行副总裁、总工程师王缉志，他是四通打字机发明人。[③]

四、四通公司董事会如何看待王安时先生辞职及免去段永基先生公司总裁一职，任命王缉志先生为公司总裁

对于四通集团董事会成员，是如何看待王安时先生辞职，以及免去段永基先生公司总裁一职，任命王缉志先生为公司总裁的呢？

王缉志先生在他的回忆录中写道："1992 年 6 月 11 日，王安时从香港向四通集团发了一份传真，传真是发到四通集团办公室的，其实，对于一些应该保密的事情，通常四通高层领导并不使用这个传真号码，因此他是要故意想让大家都知道传真的内容。王安时的这一纸传真，立刻在四通内部引起强烈影响。接下来，董事会授权我给王安时打长途电话，劝他不要激动，请他回来商议。但是王安时态度很坚决，一口咬定他已经不是四通的领导人了，不再参加任何会议。"

王缉志先生在他的回忆录中写道："这份传真，实际上是对段永基的一次挑战。王安时在辞职信里面说的'夫妻老婆店'等，是指段永基在很多场合对王安时的批评，引进 SOTEC 式的管理等话。"（注："SOTEC"是指四通公司与日本三井公司合资的"索泰克公司"，段永基任该公司的总经理。）

王缉志在回忆录中指出："王安时就是以讽刺的口吻说反话，言外之意是，你段永基不是善于管理吗？你不是想夺我香港公司总裁的权力吗，我让给你好了！发这份传真的时候，段永基刚好陪同当时任北京

市副市长的胡昭广出国访问，所以段永基不在公司。王安时选择这个时机发难，是否考虑过什么因素不得而知。总之，王安时这一招，是公司领导层没有预料到的，大家一时不知所措，不过有一点大家看得很清楚，就是王安时向段永基摊牌了。当时，段永基是四通的总裁，董事长是沈国钧。这次王安时发难，究竟如何收场？北京方面向王安时发了几次传真，并通了几次电话，他就是待在香港坚持不肯回来，段永基又不在，我们董事会剩下的五个人只好开会紧急磋商。会上，大家一方面认为要挽留王安时，另一方面，决定把段永基的总裁位置拿掉。但是，当时公司除了段永基以外，可以说没有一个人能担负起总裁的重任。怎么办？当时沈国钧和王安时的关系也是比较紧张，他俩已经有很长时间没有联系了。如果要把王安时劝回来，唯有找一个与王关系比较好一点的人接任老段的位置，于是最后大家推举我当总裁。其实，就领导才能来说，我根本没有能力把握四通这个大企业。所以我当即表示我没有能力，不能胜任。这时，几乎每个人都劝我，他们说，你没有经验没关系，遇到问题大家都会帮你的。我们其他人都不合适，只有你了。"

王缉志先生在他的回忆录中写道："这样，董事会在6月18日上午，在沈国钧的主持下，在西直门外的中苑宾馆形成了一个决议，决议共四点：1. 不批准王安时辞职；2. 建议免去段永基的总裁职务；3. 建议王缉志任四通总裁；4. 四通的董事会成员不得兼任下属公司的总经理。为什么决议是'建议'任免呢？因为从1989年底，海淀区党委规定，四通公司的总裁、副总裁这一级的领导未经批准，不得擅自变更。这就是说，四通公司如果要更换领导人，必须上报区委，批准之后才能生效。关于决议的第四点，实际上是针对段永基的，大家都认为SOTEC是段永基的独立王国，规定不能兼职，就是想限制段永基的权力，把段永基的SOTEC总经理的职位免掉。"

王缉志先生在他的回忆录中写道："在大家形成决议并签字之后，沈国钧就给海淀区委书记沈仁道打电话，向他汇报了我们的这个决定。沈仁道立刻约见我们五名董事。于是我们在宾馆吃完午饭后，1点钟就出发去海淀区委。五名董事五辆汽车浩浩荡荡开进区委，沈仁道接见了我们。沈仁道看了我们的决议，显然有点意外。他问道：'你们考虑好了吗？为什么你们要罢免段永基？能不能给我解释一下？我希望你们每个人都发言。'于是，由沈国钧开始，我们每个人都讲了约20分钟，各自从自己的体会说明为什么段永基不再适合做四通的总裁。我们的发言，都是举了一些事实，大家发言的中心思想，就是段这个人不好合作，我们对他失望了。沈仁道听完我们的发言之后，他说，段永基在国外还没有回来，你们背着他开会把他撤掉，这是缺席裁判啊！你们今天在我这里说了很多对他不满的话，这些话，当着他的面你们敢说吗？他知道你们对他有这些意见吗？我建议，你们还是等他回来，然后和他一起开会，你们要当着他的面，把今天对我说的意见都说出来。这样，可能他听了你们的意见并接受了，而且改正了，你们原谅了他，那他还可以继续当总裁。如果他听不进你们的意见，也改不了，大权在你们的手里，那时候你们想撤他，还不是很容易吗？"

王缉志先生在他的回忆录中写道："这次汇报，我们想说的都对区委书记说了，他建议我们等段永基回来再决策，大家听了也觉得有理。第二天，我们把董事会的决议传真了一份给王安时，也把沈仁道的意见向他传达了，并建议他赶快回北京，好召开一个所有7名董事都出席的董事会。王安时一方面坚持说他不再是董事了，但是另一方面，在是否回京的问题上口气有所松动。在北京的5名董事里面算我和他的关系最好，我和他时常通电话，而其他董事平时和他的联系比较少。所以大家希望我能说服他回来。其实，除我之外，公司也有一些中层干部给老王打电话要求他回来。几天后，段永基陪胡昭广出国的任务完成回到了北京，同时，在北京众多同事的要求下，王安时也终于回京了，和他夫人一起住进了燕山大酒店。"[1]

五、李玉琢先生回忆该事件对四通公司的震荡

四通公司原副总裁李玉琢先生回忆该事件时，他写道：1992年6月的一天，我正在深通公司上班，四通集团产业委员会正在上水苑酒家办培训班的两名工作人员王学旺、常洁（女），急匆匆地找到我。他们说："李总，集团那边出事了，6个董事王安时、沈国钧、李文俊、王缉志、储忠、马明柱，联名要把老段打倒。如果老段倒了的话，老田估计也好不了，你看咋办？"（注："老田"指的是四通公司副总裁、四通集团产业委员主任田志强先生，李玉琢先生任该委员会副主任。）

我一愣之后，平静地对他们说："老段倒不倒，现在还很难说。现在情况未明不可惊慌失措。"很快我接到了四通集团董事长办公室的电话，要求我速回北京参加紧急会议。看来那边真的出事了。

李玉琢在回忆录中写道："我从南方赶回到北京下了飞机就被直接带到了龙泉宾馆的一个会议室。参加会议的有四十来人，四通公司的所有的董事、副总裁、公司的职能部门部长都到场了。会议由董事长沈国钧主持，开了一天多的时间。尽管不让记录，但我还是悄悄记了一部分。那一天，王安时首先开炮，长达两个多小时，全部是段永基的事情。王安时讲完之后，突然指着我说：'李玉琢，你发言。'王安时指名道姓让我发言，无非是因为在他眼中我是一门'大炮'，认为我的讲话一向有煽动性。我心想：段永基倒与不倒，并不取决于我的发言，如果他该倒，我再投一块石头便是落井下石、不仗义。如他不该倒，我投一块石头又有何用反而让人耻笑。我冷静地说道，对不起，我保留发言的权利。第二天晚上，四通公司'倒段派'在北京图书馆对面的奥林匹克饭店又开过一个会，有人通知我参加，我借故推辞了。"[④]

六、段永基先生回忆录还原事件起源真相

段永基先生在回忆录中写道："1989年以后，有关部门负责人要求必须把香港四通公司收回来，担心香港四通公司在资金上支持某某人，有关部门负责人对我说，你要采取什么措施，先给我报告。我写了报告，

提出几条，第一，派一个财务主管过去；第二，改组香港四通公司董事会，不由王安时一个人说了算；第三，当时香港四通公司给内地供货，是由王安时控制。我要建立新的进货渠道，卖的东西我收钱，就把财务控制住了。王安时是香港四通公司的总经理，我是要把他的权力收回来。这个报告给了有关部门，不清楚怎么被王安时知道了，王安时和我闹矛盾。"⑤

七、四通公司"6·11"事件重大人事变动的结束

四通公司王缉志先生，对四通公司"6·11"事件重大人事变动进行了详细的记载，对于四通公司"6·11"事件重大人事变动的结束，他在回忆录中写道："1992年6月27日上午，马明柱被海淀区委找去汇报，他是民营四通公司内唯一被上级派来的干部。1989年，有关部门为了'保证四通公司的社会主义方向'，便派了马明柱来四通公司任党委书记，同时兼任四通第一副董事长。"

王缉志先生在回忆录中写道："1992年6月27日的上午，王安时和公司的一些干部座谈，我也参加了。他谈了未来对公司干部调整的一些设想，王安时提了一个建议，要让我当SOTEC的总经理。我知道，王安时是把我看成他的亲信，公司里多数干部也是这样认为的。但是，王安时在谈这个设想的时候，还顺便说了一下对SOTEC干部的安排，某某当开发部长，某某当生产部长，某某负责贸易……。总之，除了给我封总经理的官之外，把我未来的部下任命都确定好了。我当时一听，马上心里就很反感，我心想，我哪里是总经理呢，分明王安时是总经理了，我充其量是一个傀儡而已。因此，当会议中王安时要我表态的时候，我表示坚决反对不干。实际上，他事先没有和我讨论过这个问题，我对他在这次会议上把他的想法直接强加给我很不高兴，所以对于大家都认为是一个特别好的岗位，想不到我会不接。"

王缉志先生在回忆录中写道："1992年6月27日的晚上，王安时在燕山大酒店召开四通公司中层干部晚餐会，沈国钧、李文俊、储忠、马明

柱没有参加。王安时的心情很好，在餐桌上大发议论。王安时在餐桌上讲话的内容，有点出乎我的意料。他说，四通集团以后要以香港那里为中心，他将出任四通的CEO。但是他还说，在他主管四通业务之后，他仍将启用段永基，让段永基管北京这边的事情，因为虽然有缺点，但是除了段永基以外没有别人能胜任。这就是说，他是最高领导，在他之下是段永基。然后又说，A某人从长远看不适合做公司的领导，过几年可以安排他退休，让位给能干的人。B某人的能力也不行，将来应该陆续调整公司的上层干部，对C某人好像也说了一些批评的话。在这顿饭上，王安时口无遮拦地说了很多。正是他的这番话，把整个事情的结果颠倒了过来。尽管吃饭的人只是中层干部，但是其中不少人和A某人、B某人、C某人的关系都很好的。饭后王安时的话自然都传到了他们的耳朵里，他们心里会怎么想？"

王缉志先生在回忆录中写道："1992年6月27日后，我们再开董事会的时候，情况发生了显著的变化，马书记不再提要段永基下台了。李文俊和储忠则也不支持王安时了，想要段永基下台的，只剩下了我和沈国钧，'倒段运动'失败了。我想，这里有几个导致失败的必然原因。

1. 整个活动是没有组织的，沈国钧不是组织者，他没有安排谁该怎样行动，整个过程是随机、顺其自然进行的。

2. 王安时虽然是发难者，但是他和段永基之间还是有很深的利益关系，他实际上不希望打倒段永基，而只是想借打段永基的活动，达到确立他在公司的领导地位。

3. 王安时不是政治家，他没有结成统一战线，尽量孤立对手，团结一切可以团结的力量来达到自己的目的。相反，自己还没有上台，就急忙发表就职演说，并且把同盟者推到了对方的阵营里面。同样地，他也没有进行有组织的活动，只是自己躲起来，很多想法也没有和我这样的'亲信'事先沟通。应该说，在这次事件前，王安时写的'6·11'传真，只是一种威胁的姿态，他并没有想真正离开四通。但是这次事件之后，他已经没有了退路。同样，我也从内心对段永基的不满，变成了公开对抗，因此也无法再在四通待下去了，我相信以后不会有我的好日子。所以，不久之后，王安时、我、张齐春和王玉海四位副总裁一起离开了四通。"

八、有关领导部门对该事件的态度是，四通公司应该平稳

不久，在有关领导部门的主持下，在深圳召开"四通公司董事会扩大会议"。参加会议的有四通公司董事会全体成员，及四通公司有关公司人员。有关领导部门负责人在会议上，对该事件表明态度，认为四通公司运行应该平稳，有什么问题解决什么问题，高层领导应该减少震荡。

九、新四通公司的创办与消失

1992 年 7 月 15 日，四通董事会成员王安时、王缉志，四通公司副总

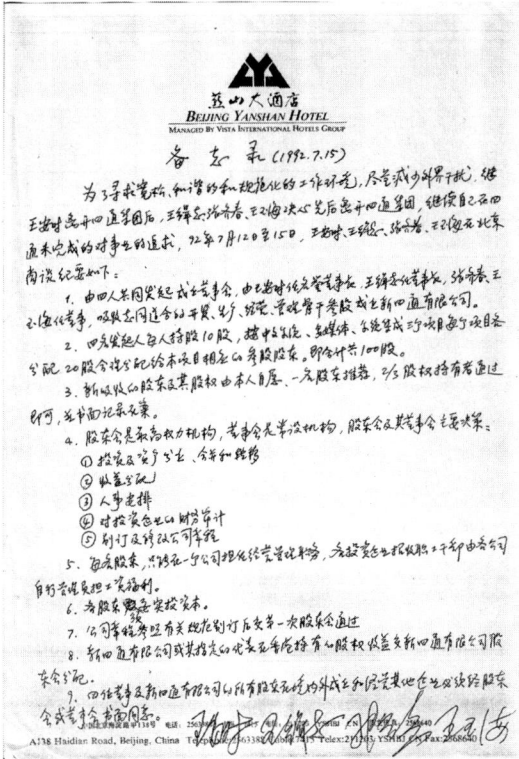

1992 年 7 月 15 日，四通董事会成员王安时、王缉志、四通公司副总裁张齐春、王玉海四人签名并达成创办新四通公司备忘录。该图片由王缉志先生提供并授予版权。

位于北京市丰台区东大街东里 15 号楼的新四通公司，齐忠摄影。

裁张齐春、王玉海四人签名并达成备忘录，成立新四通公司。王安时、王缉志、张齐春（女）、王玉海为公司董事会董事。

1992年8月18日，"北京丰台高科技园区新四通公司"（以下简称"新四通公司"）在北京市丰台工商局注册成立。公司地址为北京市丰台区东大街东里15号楼。公司法人代表为王缉志。经济性质为集体所有制。注册资金为100万元人民币。新四通公司还有四通公司原中层干部：倪某、邹某、陈某、王某等人。

1992年9月2日晚，新四通公司在北京香格里拉饭店召开成立庆祝大会，王缉志在大会上讲话，美国微软公司驻中国办事处等公司到场祝贺并赠送花篮。

因"新四通公司"这个名称，引起四通公司不满，时任四通公司副总裁田志强指出"新四通公司"的名称侵犯了四通公司的名称权，四通公司将向有关部门投诉。此外，王安时、王玉海退出新四通公司，张齐春（女）又另开办一家公司，使新四通公司在成立后不久就消失了。

参考资料：

①来自王缉志先生的新浪博客《四通 6·11 事件》。

②来自《中关村改革风云纪事》第 306 页，该资料由齐忠收藏。

③来自 1992 年四通公司宣传手册，该资料由齐忠收藏。

④来自《我与商业领袖的合作与冲突》第 57 页，该资料由齐忠收藏。

⑤来自《中关村创业史话》第 135 页，该资料由齐忠收藏。

1992 年 6 月 15 日——中关村民营科技企业家东方公司总裁张伦无辜被下属殴打

1992 年 6 月 15 日，中关村爆发中关村电子一条街开拓者之一、北京

2001 年 1 月 22 日，张伦先生追悼会遗照。齐忠摄影。

民协会员常务理事、海淀区政协委员、北京东方仪器设备总公司总裁张伦，被下属在公司公开暴力殴打受伤住院事件，引发中关村企业家们的震惊。1992年，在中关村发生的这些重大事件，被人们称为"1992年是中关村老板的危机年"。

一、张伦无辜被下属殴打事件的起因

1984年9月11日，中科院电工所科研人员张伦，在中关村创办"中国科学院北京东方仪器设备公司"，后更名为"北京东方仪器设备总公司"（以下简称"东方公司"），张伦出任总经理。

1984年12月26日，张伦在中关村创办"中国科学院（京区）工程师协会"（注：以转化中国科学院科研成果为主），张伦出任该协会主持日常工作的秘书长。

1992年，张伦的东方公司规模很大，公司总部在四环路附近的一座四层楼办公，公司下属数家分公司，在中关村大恒公司对面还有一家很大的门市。公司下属公司中有一家钢结构分公司，该公司以翻译钢结构大厦的英文图纸为主要业务。

1990—1992年，北京钢结构大厦兴起，翻译钢结构大厦英文图纸业务很多，所以东方公司下属钢结构分公司业务最好、利润很大。

1992年，东方公司下属钢结构分公司负责人张某要把钢结构分公司从东方公司分裂出去，另立"山头"开新公司，引起张伦的反对，并将张某除名。张某原为首钢技术人员，进入东方公司后因工作能力强，深受张伦信任。不久张某出任钢结构分公司负责人，又把钢结构分公司变为独立法人的公司，独立于东方公司之外招揽生意截留利润，引发张伦的不满，可惜张某的钢结构分公司已经是尾大不掉。张伦不仅无法控制张某，连钢结构分公司的员工也指挥不动。在张伦把张某除名后，张某与钢结构分公司仍在东方公司大楼中办公，最后终于引发暴力殴打张伦先生事件。

二、北京民协全力保护会员张伦合法权益的过程

1992年6月15日下午，张伦被该公司下属钢结构分公司经理张某带人殴打后，张伦打电话向北京民协反映情况，北京民协会长纪世瀛马上让北京民协副秘书长、《科技之光报》主编齐忠代表北京民协火速赶往东方公司处理该事。

齐忠赶到东方公司后，发现东方公司一片混乱，多处门窗的玻璃被砸碎，张某带着七八个人站在二楼楼梯口，与张伦先生和他的儿子在二楼楼梯中央对峙。

张伦先生满身是伤，情绪失控，不断大声呼喊救命。他的儿子是在北航读书的大学生，年轻气盛，手执一把三棱军用刺刀，要与张某等人拼命。

齐忠因经常去东方公司与张某也很熟悉，见到这种情况马上站在双方中间，让张某和他带来的七八个人回到二楼的办公室。

齐忠说："我是受北京民协会长纪世瀛全权委托前来处理这件事情，请你们先回到办公室，避免发生意外事件。"

张某也怕发生人命事件，带着人回到二楼办公室。齐忠又把张伦先生和他的儿子带到三楼一间办公室，好言劝慰并拿过张伦儿子手中的三棱军用刺刀。没想到张某报警，声称有人手执三棱军用刺刀行凶。警方迅速赶来，收缴了三棱军用刺刀，张某还向警方出示胳膊上的一道伤口，指证是张伦儿子所伤。在这种情况下警方要带走张伦的儿子，张伦的情绪又激动起来，不让警方带走他的儿子。

齐忠向警方说明身份后，向警方解释说："张某带人也殴打了张伦，从另一个角度讲是公司内讧争斗不是打架斗殴，不要单独带走张伦的儿子。"

齐忠又通知海淀区政协，海淀区政协有关负责人马上赶到现场，听完齐忠的介绍后，也同意齐忠的观点，向警方提出这是公司内讧争斗。警方知道真相后，同意不带走张伦的儿子，只是没收了三棱军用刺刀。

海淀区政协、警方、张伦的儿子、张某和他带的七八个人走后，天已经黑了，东方公司只有齐忠与张伦先生。这时的张伦先生已经处于崩

溃状态，再加上浑身是伤，已经无法行走，齐忠背起张伦先生送到海淀医院抢救室。

医生在检查中发现，张伦先生胸口有被打击伤痕，造成心脏受损，马上让张伦住院治疗。齐忠安置好张伦先生后，向北京民协会长纪世瀛汇报，纪世瀛马上赶到医院看望张伦先生。

第二天，北京民协会长纪世瀛向中科院及海淀区委、区政府、区政协、试验区等各方面反映张伦先生被打相关情况，海淀区区委书记沈仁道、海淀区政协副主席周佩良等人闻讯后赶来看望了张伦先生。

中科院在该事件发生后，免去张伦先生东方公司总裁职务。后在各方面的质疑下，中科院在11月16日，又恢复张伦先生东方公司总裁职务。

有关方面对张伦事件处理结果是，将张某与张伦先生的儿子各拘留十五天。这个结果对张伦打击很大，不久他就半身瘫痪，最后病重卧床不能行动。

2000年11月18日晚上8点，北京民协会长纪世瀛、协会副秘书长毕文华、齐忠去张伦先生家中看望。纪世瀛对张伦先生说了些安慰的话，此时张伦先生已经不能说话，只有右手还能动，他与纪世瀛握手后，又用右手指指齐忠，做了个抽烟的姿势。想起1990年时，张伦先生高大的身材十分强壮，待人处世总是笑容可掬，几年后的这个场景让人悲叹。

三、北京民协召开追悼会送别张伦先生

2001年1月21日，张伦先生在家中病逝。北京民协会长纪世瀛委托北京民协副秘书长、《北京科技报·中关村园区》主编齐忠，代表北京民协召开追悼会并致悼词。

2001年1月22日，张伦先生的追悼会在中科院电工所家属院举行。因为张伦先生是民盟成员，民盟还送来花圈。那天北京下起罕见的鹅毛大雪，张伦先生的灵堂前摆放着花圈，张伦先生的夫人、儿子、女儿及

几十名亲朋好友站在大雪中为张伦送行。

　　齐忠站在大雪中，在张伦先生灵柩前致悼词，他说："尊敬的张伦先生的亲属，尊敬的各位来宾，我代表北京民营实业家协会会长纪世瀛，北京民协全体会员，沉痛悼念北京民协常务理事、民盟成员张伦先生。张伦先生是中关村电子一条街开拓者之一，为中关村科技企业的建设、中科院科技体制改革作出巨大贡献……"①

参考资料：

①来自《科技之光报》第 24 期，该资料由齐忠收藏。

1992 年 6 月 15 日——四通公司成为试验区首家获得软件版权登记证书的高新技术企业

　　1992年6月15日，机械电子工业部计算机软件著作权登记办公室举行我国首次软件著作权登记证书颁发仪式，向北京四通公司等10家首批受理完毕的软件著作权人或法定代表颁发证书。北京四通集团公司获中国第一个软件著作权登记证书，登记号为20001。登记档案的记载为：该软件于1991年7月4日，在北京市向社会公开，开始享著作权。北京四通集团公司成为试验区首家获得版权登记证书的高新技术企业。①

参考资料：

①来自《四通人》第 137 期，该资料由齐忠收藏。

1992 年 6 月 29 日——全国青年民办科技实业家座谈会在北京闭幕

1992年6月29日，由国家科委、中国科协、全国工商联、全国青联联合举办的"全国青年民办科技实业家座谈会"在北京闭幕，北京民协会员、青年民营科技企业家王文京、何鲁敏、魏克明、马松江等人参加了会议。

四通公司总裁段永基在大会上作了发言，他说："我国民办科技实业家的队伍不断扩大，还涌现出一大批青年民办科技实业家，这支充满朝气的队伍，对科技和经济体制改革提供了许多新思路，使我国民办科技实业跃上一个新台阶，民办科技实业年经营额将达到1000亿元。"①

参考资料:

①来自《科技之光报》第22期，该资料由齐忠收藏。

1992 年 7 月 1 日——北大新技术公司总裁楼滨龙被免职

1992年7月1日，北京大学副校长某某某，到北京大学新技术公司宣布，"任命该公司原总裁楼滨龙为'校办产业办公室'副主任，免去公司总裁职务，公司原副总裁晏懋洵为公司总裁"。此举遭到楼滨龙的反对，他当场愤怒地声称"这是一个阴谋"。

1985年10月15日，楼滨龙出任"北大新技术总公司"总经理。他仅用7年的时间，把一家仅有三个人的公司，发展成为中国最大的校办企业，是中关村优秀的科技企业家。楼滨龙的下台，震惊了中关村科技企业界，从此也拉开了该公司无休止的内讧与争斗的大幕。

楼滨龙对这件事情解释说："我与北京大学校方领导的矛盾与主要分歧，在于如何管理。例如公司在1991年经营非常好，赚了很多的钱，

楼滨龙留影（已故），齐忠摄影。

账上自有资金达到 1.8 亿至 2 亿元人民币。如何使用这笔资金，北京大学校方领导认为，公司是校办企业，学校有权无偿调拨公司的资金。"楼滨龙认为："公司是独立的经营实体，学校无权无偿调拨公司的资金，公司的资金是为今后发展做准备的。北京大学可以向公司要钱，但是要有正规的名目，否则就是借钱，要向公司出具抵押物，例如北京大学的某座楼。"

楼滨龙的观点是中关村科技公司从混沌走向正规化的一条必由之路。但是遭到校方领导的反对，因北京大学新技术公司是北京大学校办企业，北京大学有权撤销楼滨龙的职务。

楼滨龙被撤职后，从此也被北京大学新技术公司、北大方正公司"雪藏"，公司所有的公开出版物、宣传品都抹去楼滨龙的"痕迹"，似乎就没有这么个人。

楼滨龙下台后不久，被珠海巨人集团史玉柱请去，出任巨人集团总裁。[1]

参考资料：

[1]来自《中关村的故事》第 259、309 页，该资料由齐忠收藏。

1992 年 7 月 13 日——四通公司被试验区批准为第一家股份制改造试点企业

1992 年 7 月 13 日，北京试验区股份制改革领导小组发出《关于对四通集团公司进行股份制改造试点的通知》（以下简称《通知》）。

《通知》指出："经北京试验区股份制改革领导小组办公室研究决定，北京四通集团公司为北京市新技术产业开发试验区股份制试点企业。同意北京四通集团公司，将其下属企业北京四通新技术产业股份有限公司，作为股份制改造主体和对四通集团下属企业实行资产重组的方案。要求四通公司认真做好内部产权调整和资产评估工作，尽快拿出具体方案。"

该《通知》使四通公司成为试验区新技术企业中第一家股份制试点企业。[1]

参考资料：

[1]来自《四通人》第 139 期，该资料由齐忠收藏。

1992 年 7 月 18 日——海淀区委重奖王缉志、倪光南、王选、张承佐、王文玲

1992年7月18日，北京市海淀区委、区政府决定重奖做出突出贡献的科技人员，他们是四通公司总工程师、四通打字机发明人王缉志，中科院院士、北京大学教授、北京大学计算机科学技术研究所所长、激光照排技术发明人王选，联想公司总工程师、联想汉卡发明人倪光南，张承佐，王文玲，北京市海淀区委奖励每人一万元人民币。[①]

参考资料：

①来自《中关村30年大事记》第79页，该资料由齐忠收藏。

1992 年 7 月 19 日——广东惠州陆洲公司成立，京海公司总裁王洪德任董事长

1992年7月19日，中关村京海公司、四通公司、科海公司、北京大学新技术公司、金特公司共同出资，在广东惠州成立"陆洲高科技企业集团公司"（以下简称"陆洲公司"），并购买下惠州150亩地。该公司注册资金5000万元，投资1亿元。京海公司占30%的股份是最大股东，京海公司总裁王洪德任公司董事长。陆洲公司将在广东惠州进行高科技企业项目的建设，以及惠州江北26号小区的综合开发项目。[①]

2002年12月22日，王洪德先生宣布京海公司董事会决议，他辞去京海公司职务，由章燕伟任京海公司法人代表，王小红任总裁。（注：两人为王洪德的女婿与女儿）

王洪德先生正式进军广东惠州，开展陆洲公司工作。王洪德先生经过一系列的商业运作后，拥有了其他公司在陆洲公司的股份，使陆洲公司成为产权清晰的私营股份公司。

京海公司总裁王洪德，齐忠摄影。

2005年12月13日，陆洲公司投资的"惠州义乌小商品批发城"正式落成并举行开业典礼。不久，陆洲公司又进行二期投资建设占地15多万平方米，成为粤东地区最大的商业"航母"。

2013年1月1日，陆洲公司投资的占地面积22万平方米"江门义乌小商品批发城"正式落成并举行开业典礼，命名为"2013江门义乌购物嘉年华暨义乌美食节"。贾春旺、胡昭广、范伯元、张景安等北京市和江门市有关领导参加了开业典礼。中关村企业家四通公司董事长段永基、康拓公司原总裁秦革等也参加了开业典礼。

不久，陆洲公司又投资占地面积10万平方米的"河源市义乌小商品批发城"成功开业。

这些优异的成绩也标志着68岁的王洪德先生二次创业成功。[2]

参考资料：

①来自《科技之光报》第 25 页，该资料由齐忠收藏。

②来自王洪德先生回忆录《励炼人生》第 95、106 页。

1992 年 8 月 3 日——在中科院研究所改革方案推动下，自动化所率先推出把该所发展成为高新技术经济实体

1992年2月26日，中科院自动化研究所（以下简称"自动化所"）常务副所长吴峰风主持召开1992年第五次自动化所所务会议，一致认为要积极贯彻中央2号文件精神，解放思想，加快改革步伐。一致认为自动化所改革方向应是把所和公司更紧密地结合成一个有机的经济技术实体，建立市场导向、纵深布置、严格管理、良性发展的运行机制和管理体制。自动化所按上述要求制定了"总体改革方案"（以下简称"改革

海淀知春路口的中科院自动化研究所，旧楼为 1956 年 10 月所建。新楼为自动化所新的办公大楼。齐忠摄影。

汇报提纲"）。

1992年6月29日，中科院又以（92）科发人字［0858］号文批准自动化所列入人事部，批准的中科院50个人事、工资配套改革试点单位，同意自动化所实行工资总额包干措施：事业部分人员工资＝档案工资＋工资总额包干性浮动工资，企业部分人员工资＝档案工资＋企业浮动工资。

1992年8月3日，经中科院研究所改革试点小组审议，同意自动化所按此方案实施改革计划。改革汇报提纲中提出：自动化所拟在1993年至2000年的8年间，把事业型研究所改革发展为更适合于促进科技进步和商品经济发展的高新技术经济实体和具有较强科技创新能力和国际竞争能力的国家级研究开发中心，同时使用"中国科学院自动化研究所"和"北京中自科技集团公司"两块牌子（以下简称"中自公司"）。改革汇报提纲包括改革要点、发展目标和所需的政策条件三部分。

1. 其中在结构调整中提出优选100人左右队伍，保留精干的应用基础研究外，主要面向国内外市场从事创新技术的研究开发，按事业机制运行。

2. 其余人员组成集团公司，自主经营、自负盈亏，按照企业机制运行。在结构调整的基础上，按两种运行机制实行财务分流，增强研究与开发工作的经费强度，其余大部分实现经费自理。

3. 此外，还对运行机制、管理体制、编制分流、党群工作等方面列出了计划。在所需政策条件中提出了不再削减院拨事业费，实施工资总额包干等数项要求。

1992年10月19日，成立自动化所中自公司综合事务部，由吴峰风兼任主任，刘小延、胡海涛兼任副主任，成立办公室，由郭平生负责。综合事务部进入中自公司，实行企业化管理。保留行政处、保卫处、技术条件处、图书馆、学会办公室、《自动化学报》编辑部、《自动化博览》编辑部等的职能及对外称号。下列部门和机关工作人员进入中自公司：第四开发部、卢国纲课题组、汪云课题组、公共机房等部门，所有进入公司的正式职工，保留原自动化所正式职工身份。

1992 年，自动化所有员工 600 人左右，机关二级人员 80 多人，这次调整后缩编到 26 人。①

1956 年 10 月，自动化所成立，是我国最早成立的自动化研究机构和最早开展类脑智能研究的研究机构。②

在自动化所这次改革探索过程中，吴峰风出任中自公司董事长兼总裁。

1996 年，吴峰风卸任自动化所所长一职后，自动化所这次改革探索部分措施停止。

2007 年 11 月 28 日，中国民协《中关村改革回忆录丛书》编辑部，在自动化所大楼会议室举办的"中科院在京研究所退休负责人座谈会"上，吴峰风回忆自动化所这次改革时，他说："1992 年，自动化所这次的改革，有些制定的目标是达不到的，例如中自公司不可能把自动化所所有的科研成果转化。"③

1995 年 1 月 16 日，联想公司总裁柳传志出任计算所所长。

1998 年 10 月，柳传志卸任计算所所长职务。④

2020 年底，计算所共有在职职工 1062 人。其中研究员及正高级工程技术人员 113 人、副研究员及高级工程技术人员 287 人。共有中国科学院院士 2 人，发展中国家科学院院士 1 人。⑤

有关记者采访柳传志问其任联想公司总裁和计算所所长有什么不同的感觉时，柳传志幽默地回答："当联想公司总裁总想着怎么赚钱，当计算所所长时，不用想着赚钱。"

联想公司是计算所投资创办的公司，等于计算所生的"儿子"，这事自然引发各方面的关注，柳传志任计算所所长职务后，等于"儿子管老子"，不少新闻媒体都用"儿子吞并老子"为题目报道此事。

参考资料：

①来自《科技之光报》第 25 期、第 44 期，该资料由齐忠收藏。

②来自中国科学院自动化研究所官网《1991 年—1995 年大事记》。

③来自中国民协"中科院在京研究所退休负责人座谈会"会议记录，该资料由齐忠收藏。

④来自中科院计算所官网《历任领导》。

⑤来自中科院计算所官网《计算所简介》。

1992 年 8 月 11 日——中国民协失误为张学良将军在中关村开办三通公司

1992年8月11日，中国民办科技实业家协会（注：该协会现更名为"中国民营科技实业家协会"，以下简称"中国民协"）在人民大会堂，举办著名张学良将军投资3000万元创办的"三通公司"开业典礼。有关机关、全国各地的民协组织、著名民营企业家、北京市、中关村的民营老板们纷纷发贺电、送花篮或到会祝贺。中国民协理事长陈绳武主持大会，秘书长华贻芳在大会上，宣布三通公司成立，并拿出营业执照向众人展示。

《中国青年报》在一版重要位置报道此事，《中华工商时报》等北京各大报刊纷纷报道此事。

1991年5月25日至6月11日，以中国民协理事长陈绳武为团长的，由全国各地著名民营老板34人组成的"中国民办科技实业家代表团"，赴美国纽约参加美国国际发明家协会主办的"第14届世界发明家博览会"。

在这个代表团中有位东北民营企业家某某某，他是中国民协理事。在美国期间，他告诉陈绳武，他秘密地见到过东北少帅张学良将军。张学良将军表示要造福乡里，初期投资是3000万元人民币开办公司为国家做贡献。张学良将军同意授权中国民协办这件事。中国民协听到这些消息后，还组成专业班子促成这件事。公司的名字为"三通公司"，"三通"的意思就是中国台湾地区与大陆实现通航、通邮、通商的国家政策。

因为张学良将军的正式身份是台胞，他在大陆投资的公司算是"三资"企业，按当年的国家规定"'三资'企业可以先注册营业执照，在拿到营业执照六个月后资金必须到位"。

中国民协为张学良将军的"三通公司"办下了营业执照，可是中国民协在半年之内并没拿到张学良将军的3000万元投资，连一分钱也没见到，只好把"三通公司"营业执照又送回有关部门。[1]

参考资料：

①中国民协 1987—1988 年《会讯》合订本、1991 年《会讯》合订本，该资料由齐忠收藏。1992 年 8 月《中国青年报》《中华工商时报》。

1992 年 9 月 1 日——试验区决定取消沈太福的长城公司新技术企业资格，限期转出试验区

1992年9月1日，试验区决定取消民营企业家沈太福创办的"长城机电公司"新技术企业资格，限期转出试验区。[1]

参考资料：

①来自《中关村 30 年大事记》第 79 页，该资料由齐忠收藏。

1992 年 11 月 27 日——我国及中关村首例软件侵权案在海淀法院立案

1992年11月27日，我国及中关村首例软件侵权案在海淀法院立案。原告为中关村民营科技企业"北京微宏软件研究所"（以下简称"微宏所"），

被告为"中科院远望技术公司黑马软件部"（以下简称"黑马软件部"）。

1993年2月23日，海淀法院判决黑马软件部败诉，赔偿微宏所4.6万元，罚款1万元。

该案是我国首例软件侵权案。[1]

参考资料：

[1]来自《科技之光报》第32期，《中关村的故事》第684页，该资料由齐忠收藏。

1992年12月14日——第三届全国科技实业家创业奖揭晓，中关村多名民营科技企业家获奖

1992年12月14日，第三届全国科技实业家创业奖在北京揭晓，中关村多名民营科技企业家荣获金奖、银奖。

中关村民营科技企业家荣获全国科技实业家创业奖金奖的有：四通公司总裁段永基，科海公司总裁陈庆振。

荣获全国科技实业家创业奖银奖的有：时代公司总裁彭伟民，亚都公司总裁何鲁敏。[1]

参考资料：

[1]来自《科技之光报》第34期，该资料由齐忠收藏。

1992年12月19日——联想公司总工程师倪光南获中科院重奖：四居室住房一套

1992年12月19日，中科院重奖联想公司总工程师倪光南，奖品为

1992 年 12 月 19 日，中科院院长周光召重奖联想公司总工程师倪光南的大红包，奖品为四居室住房一套。齐忠摄影。

四居室住房一套。

倪光南研制开发的"联想汉卡"，为联想公司的发展作出巨大贡献。截止到 1992 年底，"联想汉卡"销售额近两亿元。

1988 年，"联想汉卡"荣获国家科技进步一等奖。[①]

参考资料：

①来自《科技之光报》第 35 期，该资料由齐忠收藏。

1992 年 12 月 28 日——四通公司与日本松下公司合资成立北京四通松下电工有限公司，成为我国最大家用照明电器生产厂家

1992 年 12 月 28 日，四通公司、日本松下电工株式会社、三井物产株式会社合资成立"北京四通松下电工有限公司"新闻发布会在人民大会堂举行，该公司第一期投资 4800 万美元。

1993年6月18日，该公司举行了奠基仪式。1994年2月18日投产，1996年，该公司产值达到6亿元人民币，1997年9亿元，1998年20亿元，2000年50亿元，成为我国最大家用照明电器生产厂家。

四通公司为该公司购买了11万平方米的地产，建设厂房5万平方米。^①

1992年12月28日，四通公司、日本松下电工株式会社、三井物产株式会社合资成立"北京四通松下电工有限公司"新闻发布会。齐忠摄于四通公司宣传资料。

参考资料：

①来自《科技之光报》1994年5月2日第88期，四通公司总裁段永基"论四通集团二次创业（二）"，该资料由齐忠收藏。

1993 年

北京·中关村民营科技大事记（中卷）1991—1997

1993 年——北京及中关村民营科技企业概况

一、四通公司成为中国内地首家在香港上市的民营科技企业

1993年，北京民营科技企业再次成为中国各省、自治区、直辖市民营科技企业中最强大的民营科技企业集群。

1993年，北京民营科技企业技、工、贸总收入占中国民营科技企业的30%。北京民营科技企业有6000多家，其中被认定为新技术企业的有3000多家，从业人员7万多人，科技人员5.6万人。技、工、贸总收入70亿元，上缴税金2亿多元，出口创汇6000多万美元。有96家北京民营科技企业年收入超过1000万元，有10家收入超过亿元。年产值超过1000万元的有40家，年产值超过亿元的有10家。[①]

1993年，四通公司以技、工、贸总收入30亿元，名列中国民营科技企业榜首。[①]

1993年，随着改革开放的进一步深化，营造出我国民营科技企业良

1993年7月30日，北京民营科技企业四通公司在香港证券交易所上市前，四通公司领导在香港的记者见面会。右起：刘蕴仪女士、段永基、沈国钧、李文俊、储忠。齐忠摄于《四通廿年》。

好的生存与发展氛围。北京及中关村街民营科技企业紧紧抓住这个机遇，通过企业股份制改造，向企业现代化管理方向进军，成功地占领了我国打字机市场、激光照排市场、家用电器销售市场、家用计算机市场、财务软件市场、增值税防伪系统市场等，防止了跨国公司对这些市场的占领与垄断，北京及中关村民营科技企业功莫大焉！

1993 年 8 月 16 日，中关村民营科技企业四通公司率先在香港证券交易所上市。四通公司是内地首家在香港证券交易所上市的民营科技企业，为北京及中关村电子一条街民营科技企业探索出一条企业股份制改造的新路，对联想公司、北大方正公司在 1994 年香港证券交易所上市提供了宝贵的经验。

二、张大中打造大中电器公司，成功阻止了国外跨国公司对我国家用电器销售市场的进入

1993 年，北京及中关村私营民营科技企业也形成快速发展的趋势。北京著名的私营民营科技企业家张大中，通过一系列的经营手段，在北京成立"大中电器连锁店"，大中电器公司与国美电器、苏宁电器形成我国家用电器零售市场的三大寡头企业，成功阻止了国外跨国公司对我国家用电器销售市场的进入。

三、用友公司成为我国首家认证的"新技术企业"私营民营科技企业

1993 年，北京著名的私营民营科技企业家王文京，领导用友财务软件公司创造出惊人的业绩，成为电子财务软件市场两大寡头企业之一，也成为我国首家认证的"新技术企业"私营民营科技企业。

1993 年，在互联网大潮的推动下，四通公司创办的"四通利方公司"衍生为"新浪网"，成为我国最大的互联网门户网站。

1993 年，北京及中关村民营科技企业、各省市民营科技企业，创办了我国首家最大的商会"泰山会"，成功地组建了中国民生银行。

1993年，随着改革开放不断地深入，中国引入外资的大门敞开，全球跨国公司也看到了这个机遇。

IBM中国有限公司董事长周伟焜先生对外声称："中国是世界贸易的最后一站。"

AST公司总裁黄飞鸿先生对外指出："中国是全球未来的最大计算机市场。"

1993年，IBM公司、康柏公司（Compaq）、惠普公司（HP）、微软公司、莲花公司、奥多比公司（Adobe）、美国数字设备公司（美国DEC公司）、AST公司、摩托罗拉公司、诺基亚公司、飞利浦公司、爱立信公司、日本松下公司等国外跨国公司，凭借着雄厚的资本，进入我国计算机、计算机软件、计算机辅助、打印机、无线通信等市场。不仅成为北京及中关村民营科技企业新的市场竞争对手，还形成对北京及中关村民营科技企业"围剿"趋势。

1993年是北京及中关村民营科技企业面临机遇与危机并存的一年。但是北京及中关村民营科技企业采用"站在巨人肩上"的营销策略，利用代理合资等手段迎接这一挑战。

参考资料：

①来自国家科委体改司出版的《崛起的民营科技》第107页，《科技之光报》第72期，该资料由齐忠收藏。

1993年1月4日——科海公司在中关村举办高技术成果与产品展览会及庆祝科海公司创办十周年

一、科海公司举办高技术成果与产品展览会

1993年1月4日，科海公司在中关村新落成的北京新技术产业开发试验区办公大楼举办的高技术成果与产品展览会闭幕，该展览会自

科海公司总裁陈庆振在展览会上向人民日报社记者蒋涵臻（女）等介绍该公司高技术成果与产品，右二为科海公司总裁陈庆振。齐忠摄影。

1992年12月23日启动。（注：北京新技术产业开发试验区办公大楼已经拆除，现为海龙大厦。）

在这次展览会上，科海公司展示了该公司拥有的国家科技进步奖、火炬项目、试验区拳头产品等。

二、科海公司举办庆祝公司创办十周年大会

1993年5月4日，科海公司在人民大会堂举办庆祝公司创办十周年大会，中科院院长周光召、北京市副市长胡昭广为大会题词。

1983年5月4日，科海公司成立。10年来科海公司经营总额达到12亿元，创利累积1亿元，上交中科院和海淀区327万元，赞助社会公益事业256万元。[1]

参考资料：

①来自《科技之光报》第42期，该资料由齐忠收藏。

1993年2月1日——北京民协组织会员出资10万元重奖澳星发射功臣

1993年2月1日，北京民协组织协会会员出资10万元重奖澳星发射功臣，奖励大会在国家航天部演示楼举行。

1992年12月21日，在中国西昌卫星发射中心，"澳普图斯B2卫星"（以下简称"澳星–B2"）由中国运载火箭技术研究院（以下简称"火箭院"）研制的"长征二号E"火箭发射升空，火箭起飞后约48秒"澳星–B2"爆炸。

为了鼓励"澳星–B2"发射有关科技人员，北京民协组织协会会员出资10万元重奖"澳星–B2"发射功臣。

出席大会的有全国人大常委会副委员长严济慈、北京民协名誉会长封明为、北京市科委主任邹祖烨、北京民协会长纪世瀛及北京民协会员。

1993年2月1日，北京民协组织会员出资10万元重奖澳星发射功臣，北京民协会长纪世瀛在奖励大会上讲话（前排右二）。齐忠摄影。

中国运载火箭技术研究院有关负责人、"澳星–B2"发射有关科技人员也参加了大会。

"澳星–B2"发射有关科技人员在大会上讲话时指出："澳星–B2"爆炸后，"长征二号E"火箭仍然按照原计划，继续进入轨道。

1993年8月14日，美国休斯空间通信公司（以下简称"休斯公司"）和中国长城工业总公司及火箭院发布故障调查联合声明。声明中指出，根据对火箭遥测数据的分析，对整流罩残骸的检验和专门试验，中国长城工业总公司和火箭院确定，火箭或整流罩在设计、制造和装配上没有导致此次故障的缺陷。休斯公司接受了这一结论。

根据对火箭遥测数据的分析，对卫星残骸的检验和专门试验，休斯公司确定，没有找到卫星在设计和制造上有导致此次故障的缺陷。中国长城工业总公司及火箭院接受这一结论。

中国长城工业总公司及火箭院与休斯空间通信公司同意结束"澳普图斯B2卫星"故障调查工作，并尽最大努力在1994年上半年发射另一颗澳普图斯卫星。[①]

参考资料：

①来自中国运载火箭技术研究院，"1992年12月21日，'长征二号E'火箭发射'澳星–B2'失败"。

1993年2月12日——北京民协会长纪世瀛发表文章《应当把大力促进民办科技实业发展提到重要议事日程》，该文章受到国家科委主任宋健高度评价

1993年2月12日，《科技之光报》第37期发表了北京市政协委员、北京民协会长纪世瀛，在北京市政协第八届委员会第一次会议发言：《应当把大力促进民办科技实业发展提到重要议事日程》。该文章发表

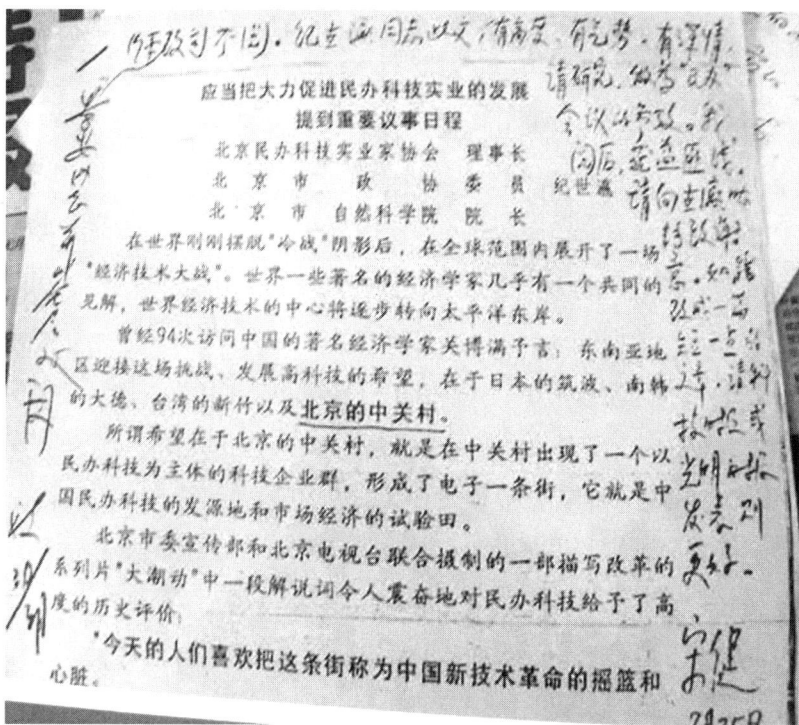

国务委员、国家科委主任宋健给纪世瀛的信。照片由纪世瀛先生提供。

后，国务委员、国家科委主任宋健给予高度评价。

1993年3月25日，宋健在给纪世瀛的信中指出："世瀛同志此文有高度，有气势，有深度，请研究，作为'民办'会议的参考。我阅后获益匪浅。请向世瀛同志转致谢意。"

该文章作为全国民营科技型工作郑州会议交流材料印发。

以下为文章全文：

应当把大力促进民办科技实业发展提到重要议事日程

北京民协会长、北京政协委员　纪世瀛

1993 年 2 月 12 日

在世界刚刚摆脱"冷战"阴影后，在全球范围内展开了一场"经济技术大战"。世界一些著名的经济学家几乎有一个共同的见解，世界经济技术的中心将逐步转向太平洋东岸。

曾经 94 次访问中国的著名经济学家关博满预言：东南亚地区迎接这场挑战、发展高科技的希望，在于日本的筑波、韩国的大德、中国台湾的新竹以及北京的中关村。

所谓希望在于北京的中关村，就是在中关村出现了一个以民办科技为主体的科技企业群，形成了电子一条街，它就是中国民办科技的发源地和市场经济的试验田。

北京市委宣传部和北京电视台联合摄制的一部描写改革的系列片——《大潮动》中一段解说词令人振奋地对民办科技给予了高度的历史评价："今天的人们喜欢把这条街称为中国新技术革命的摇篮和心脏。"

无论称作什么，我们相信，这条街所发生的一切，对中国的现代化进程关系巨大。这条街的创造观念、模式以及文化，将直接或间接地影响中国 21 世纪的历史进程。

1980 年 10 月 23 日，这一天注定要成为一个历史的日子。就在这一天，中科院物理所陈春先和纪世瀛等 7 人，在中关村挂出了首家民间科研机构的牌子——北京等离子体学会先进技术发展服务部。继陈春先之后，一批批锁在深宅大院里的科技人员，纷纷"下海"弄潮。一个个高新技术公司，在中关村破土扎根。中国科学城——中国最大的人才金字塔出现了裂变。

有理由这样相信，沿着这条街走下去，义无反顾地走下去，未来的历史，注定会留下一部中华民族的惊世伟绩！这一中肯的评价充分说明了民办科技的重要性。

一、民办科技的出现和发展是历史的必然

新中国成立以来，中国的科技界发生了一系列的变革，认真地回顾这一段历史，真正带有实质性、开创性、意义最深远的变革就是出现了民办科技实业。所谓民办科技实业是指以科技人员为主体，不要国家人事编制，不要政策财政拨款，按照自筹资金、自愿组合、自主经营、自负盈亏的原则成立的，从事技、工、贸，技、农、贸一体化经营的科技机构和科技先导型企业。以往的科研都是国家拨款，在大院里面从事实验室的研究工作，虽然提了多年的和生产实际相结合，但并未从根本上改变科研和经济"两张皮"的问题，一批科技工作者，走出深宅大院，投身到生产实际，投入到市场中去，他们既是科技成果的持有者，又是科技商品的经营者，又是企业的管理者，他们从诞生之日起，就在社会市场的直接制约下，从选题、投资、投产、出售都是按市场要求办事，他们不要国家的资金，不要国家的编制，把风险和利益都加在自己的肩上。随着科技人员的投入，同时也把科技抛向了市场，使科技与生产浑然一体，科技体制改革从这里打开了一个缺口，打破了传统的、经院式的、古板的格局，一下子使科技界哗然骤变，震撼了从中央到地方的科研机构、大专院校。每个科研人员都跃跃欲试，要改、要干、要变，中国的科技界变成火热的沸腾的地带，那种一统天下，沉默的局面被一种万紫千红、争奇斗艳的局面取而代之了。

1980年10月23日，在中关村，在陈春先教授的办公室里，在物理所破旧仓库的角落里，聚集着七八个研究员、工程师，陈教授在描绘着新技术扩散区的设想。这里正酝酿着一场变革，要冲破深宅大院，把科学技术扩散出去，为四化建设服务，成立了第一个民办科技机构。自此，在北京，在全国，乃至在国际上引起了强烈的反响。陈春先等人的举动招来种种非议。世俗的观念、怀疑的目光，使第一个民办科技机构面临着一场严峻的考验。在最困难的情况下，党中央、国务院旗帜鲜明地支持了民办科技事业。中央领导同志明确指出："陈春先同志的做法是完全对头的，应予鼓励。""陈春先同志带头开创新局面，可能走出一条新路子，一方面较快地把科技成果转化为直接生产力，另一方面多了一条渠道，使科技人员为四化做贡献，一些确有贡献的科技人员可以先富起来，打破'铁饭碗、大锅饭'，当然还要研究必要的管理办法及制定政策，此事可委托科协大力支持。如何定，请耀邦酌示。"耀邦同志当天就作了批示"可请科技领导小组研究出方针政策来"。两年过去了，大量的创业实践印证了中央领导预见的深刻性。从七八个人的科技扩散队伍发展成为一支"千红万紫进军来"的科技产业大军,即所谓"第六路大军"。

从 1983 年起,北京民办科技机构如雨后春笋般地生长起来,科海、京海、四通、海华等一批民办科技机构应运而生,后来,联成"中关村电子一条街"。

1984 年秋、1985 年春,中央关于经济体制改革决定相继发布,民办科技机构伴随改革大潮蓬勃发展,民办科技机构数量达到 703 家。

1986 年,国务院发布《进一步推进科技体制改革若干规定》,中央领导同志在中南海接见全国民办科技实业家座谈会代表,民办科技出现转机,机构数量日益增大,达 552 家。

1988 年 5 月,党中央、国务院充分肯定了中央联合调查组的《中关村电子一条街调查报告》,决定批准我国第一个高新技术产业开发试验区。民办科技迎来第二次创业高潮。北京民办科技机构飞速增长,达 1828 家。

1989 年,民办科技机构经受了治理整顿和经济"滑坡"的挑战。

1990 年,这支科技产业生力军在优化组合中成长,民办科技机构达 2184 家。

1992 年,小平同志南巡,在视察包括民办科技企业后,发表了一系列重要讲话和重要观点,全国出现了空前的创办民办科技热潮。据粗略统计,北京 14 个区县的民办科技机构首次突破 3000 家,其中集体科技机构 2597 家,个体 220 家,私营 105 家,合资 287 家。从业人员 4.5 万人,其中科技人员 2 万多人。12 年来累计开发科技成果约 4000 项,其中 50%以上形成产品。去年技工贸总收入超过 60 亿元,约占全国民办科技实业总值的三分之一,成为我国民办科技实业的主力军。目前在北京地区,有 3209 家民办科技机构,还有被认定为新技术企业的 2748 家机构,总计约 6000 家科技企业,10 万从业人员,全市开始呈现出千帆竞进、百舸争流、科技产业蓬勃发展的新局面。

为什么民办科技实业发展如此惊人？为什么风寒雨雪、严寒酷暑，都没有阻挡住它的发展壮大？原因有很多，最根本的一条就是：民办科技实业的出现和发展，顺应了历史的潮流，符合客观发展的规律，适应中国的国情，是历史的必然。

二、民办科技的社会历史作用

民办科技是个了不起的事业，它之所以了不起，并不在于它造就了四通、京海、科海等若干个大企业集团，也不在于出现了电子一条街，甚至不仅在于它率先带动了全国二十七个开发试验区的建立。其真正的价值在于它为中国人民展示了有中国特色的社会主义新的典范机制和培育市场经济的萌芽，在牵动社会前进的关键链条中活化了最重要的生产力的两大要素。社会主义的根本任务是什么？就是发展生产力。生产力的两个要素：一个是有一定生产经验与劳动技能的劳动者，那么最优秀者就是掌握科技才能的走向科技产业的实业家们；另一个要素是由劳动者所使用的劳动资料，主要是生产工具。佼佼者就是高新技术产品和装备嘛，是物化了的知识。我理解这就是为什么小平同志讲"科学技术是第一生产力"。因为生产力的两要素中它都占有最重要的地位。民办科技实业十几年来干了什么，无非是两件事：一个是解放科技人员，把他们从深宅大院里活化出来；第二件是把知识物化的过程，通常叫作科技转化为直接的生产力，转化为高技术设备和生产工具。民办科技实业在解放生产力上做了两件了不起的事，它在科技与生产、技术与经济的结合点上开了一炮。

在生产方式的另一方面，人们的社会生产关系上，民办科技实业正在社会主义条件下探索适合中国国情的、极有生命力的生产关系。只要仔细地想一想就可看出在生产、分配、交换、消费这几个生产关系的重要环节上，民办科技实业都在创造着前所未有的新路子，这就是所谓民办运行机制，即以市场为导向的经营机制，独立自主的决策机制，择优汰劣的人才机制，多劳多得的分配机制，自我发展自我约束的行为机制；这就是"两不、四自、一结合"（注："两不、四自、一结合"，即不要国家投资、不要国家编制，自筹资金、自由组合、自主经营、自负盈亏，科学与生产实际相结合），以科技人员为主体这一整套的机制，是社会主义条件下最有生气、最能调动人的积极性，激励人奋斗不息的机制，也就是所谓中国市场经济机制的缩影。

民办科技发展到今天其历史社会作用早已超出科技的范畴。同时也不仅仅是自身发展的问题，民办科技实业所创造的运行机制十分深远地影响了整个社会的发展，推进了改革的全面展开。首先促进了国家科技体制的改革，国家科研机构，大专院校，纷纷采用民办运行机制，鼓励科技人员分流，走向转化的主战场，实行"一院两制，一所两制"，如虎添翼，出现了生机勃勃的局面；国营大中型企业的改革也广泛地吸收了民办科技的经验。北京所制定的国营大中型企业上八条"船"，大部分是吸收了民办科技"两不、四自"的原则。

民办科技还推进了乡镇企业的科技化，在科技界里，最接近乡镇企业的就是民办科技，不但在技术的使用上使它们有很强的吸引力，从它们的运行机制上也有着天然的共同点。这两个方面的结合一方面加强了民办科技自身，使其在人力、资金、场地上得到补充，同时使乡镇企业的科技含量大大提高，这对于促进中国国民经济的发展有不可估量的意义；民办科技发展的直接结果之一是首先在北京出现了新技术产业开发试验区，继而在全国出现了几十个科技开发区，这对全国的经济发展起到很大的作用。试验区试验什么，我看是试验运行机制，因为如果搞科学试验，在现有的科研院所就可以了，集中一点，就是试验科技转化为直接的生产力，也就是在新的运行机制下，促进科技企业化、商品化、规模化。正如北京市胡昭广副市长所讲："从民办科技企业到电子一条街，以至于新技术产业开发试验区，这是一个推动我国改革开放前进的力量。其开拓者是民办企业，起源于民办企业，并在全国形成一个洪流。"显然在新的形势下，民办科技的进一步发展将会十分深远地影响着 21 世纪中国改革的进程，它必然要创造出新的经验，将会牵动整个改革的链条，所以大力促进民办科技的发展将是推进改革中的一个重要环节。

三、"转化"是实现"科学技术是第一生产力"的关键

大家都在谈"科学技术是第一生产力"。而实际上，转化前的科技只是潜在的第一生产力，只有"转化"后才能实现直接的第一生产力。中国的科技水平在国际上起码在20名以前，而人均国民收入排到100位。科学技术的进步并不直接等于经济的繁荣，这中间有一个十分重要而艰巨的过程，中国这种科、经倒序的现象，给我们提出一个要把"转化"放在第一位的任务，不能空谈科技是第一生产力，只有"转化""物化"才能实现第一生产力。对于现在的中国来讲，不但需要千百万搞基础科学的科学家，也需要大量的应用技术科学家，更需要千千万万个科技企业家，他们把科学的价值显现于社会，实现于市场，变成巨大的财富，这个过程对于现在的中国经济发展实在是太重要了。因此我们在发展基础科学，培养更多更好的科学家的同时，必须造就千千万万个既懂科学、又懂经营、又懂管理的科技企业家，可以说这是我们国家能否兴旺、民族能否振兴的关键之一。

科研面向生产，科技人员面向实际一类的口号喊了十几年，而始终没有找到一条"路"。自从民办科技实业出现之后才开出了一条路，掘开了一段堤坝，科技人员蜂拥而出，一个"活化"科技人员沸沸扬扬的局面出现了。

显然科技"转化"、知识"物化"就是目前科技改革的关键，而这只能通过科技知识的持有者的"活化"来实现。因此，"活化"科技人才的任务就是至关重要的。

据相当可靠的估计，应该并可以加入"转化"的科技人员仅仅走出来5%，这是一个相当令人深思的数字，是什么阻碍了那95%的人呢？现在科研院所的大门是敞开了，怎么才能使他们从大门走出来，这是一个十分重要的问题。

四、在市场经济体制下大力促进民办科技实业的发展

（一）民办科技是市场经济的"探索者""排头兵""先遣队"

围绕电子一条街的十几年的大争论，说穿了就是围绕市场经济和计

划经济的争论的缩影。党的十四大在我党历史上第一次确立了社会主义市场经济理论，为民办科技的大发展奠定了理论基础。北京民办科技奋斗了十二年，今天这样的大好局面和丰硕成果来之不易。十二年来，我们就是在探索社会主义市场经济的理论和实践经验，创造了"两不""四自"的运行机制，推动了各行各业改革进程。市场经济有两个先遣兵：一个是乡镇企业，一个是民办科技。但乡镇企业在某种程度上是自发的经济意识在推动，而民办科技则从比较自觉的层次开始，具有较强的社会意识和理论基础，所包含的自觉成分多于前者。使它能系统地总结一套社会主义条件下的良好的运行机制：这两支同盟军不但是我国社会经济的重要两翼，而且是社会主义市场经济的萌芽，为社会主义市场经济理论的逐步确立提供宝贵的经验。有理由认为十四大上这一理论的确立从根本上肯定了民办科技事业。

（二）市场经济理论的确立并不意味着经济繁荣

同时，我们必须清醒地看到，社会主义市场经济理论的确立并不就意味着经济市场的繁荣，世界上搞市场经济的国家占 90％。而市场繁荣的国家仅占 10％左右，更何况我们是刚刚从计划经济体制中走出来，观念、政策法规、习惯势力、运行机制几乎每个社会细胞都渗透着计划经济的烙印，如何处理市场经济中的宏观调控、竞争与垄断、产权关系等都是当前面临的课题。我们绝不能躺在"两不""四自"上居功自傲，停滞不前。前不久，我带领民办科技考察团去德国、中国的香港地区考察后，感觉到"两不""四自"根本算不上什么创造，只不过是改革的 ABC。而我们为这个 ABC 奋斗了十二年。同样市场经济也不是什么世界创举，要使我国真正发展起来还要经过艰苦的历程。尤其要我们去创造、去探索，继续以开拓者、铺路石的精神探索新的经验。

（三）民办科技在市场经济中的新任务

民办科技在社会主义市场经济中大发展，有很大的优势。身体力行十二年，有丰富的经验，而没有固守计划经济体制的惰性，有灵活的决策机制，有良好的运行机制，思想概念体系最易接受十四大提出的理论，我们应该在新形势下求得大发展的同时，继续站在改革的潮头，肩负起探索完善企业在市场经济中的最佳运行机制。

社会主义市场经济理论的确立，为民办科技实业的发展，不但奠定了理论基础，明确了发展方向，提供了大发展的外部环境，同时对民办科技界也提出了新的任务。

民办科技是市场经济的萌芽，为其理论的确立提供了宝贵的实践经验，以民办科技为主体建立了试验区，继而在全国出现几十个、几百个科技开发区，民办科技是不是完成了历史使命，可以被试验区、开发区取而代之了呢？回答是否定的。民办科技在 21 世纪的改革进程中将会发挥很大的作用。

民办科技在市场经济的创立中建立起来的企业模式具有强大的生命力。很显然，在推动这种新型产业的发展中探索新的经验，比改造计划经济模式的老企业要有利得多，可从中摸索出一整套新型企业的运行机制。

我们在转换国营大中型企业机制的同时，务必不要忘记从本来就具有市场经济属性的企业中摸索新的经验，其实对于任何企业来讲，运行机制都有共同性，有普遍性，国营大中型企业也好，民办企业也好，它们都是企业，最终遇到的问题必将是共同的问题。后面我要谈到，关键并不在于所有制，而在于运行机制。进一步推动在民办科技的发展，指导其探索、完善市场经济体制的新经验，具有普遍的指导意义。所以说民办科技的历史使命不但没有完成，它具有更重要的存在和大发展的价值，它具有任何其他的形式无法替代的历史作用。

五、勇于探索、自强不息、不断创业仍然是民办科技实业发展的关键

《国际歌》唱得好，"从来就没有神仙皇帝，只有靠自己救自己"。任何外因只能通过内因起作用，民办科技是在市场经济中诞生和成长的，创造了"两不、四自"等一套运行机制，但必须看到这只是改革的 ABC，决不能停留在 ABC 上裹足不前，我们所建立起来的民办科技企业，只不过是市场经济中新型企业的雏形，远远还不能适应未来的新形式，比如：

（一）产权关系问题

民办企业的诞生形式是千差万别的，资金的来源、项目来源、集资方式、合伙的形式、分配的形式，五花八门。尤其在环境还比较恶劣的情况下，克服各种困难和阻挠，挣扎着诞生的企业，难免从诞生那天起就不健全甚至是畸形儿，产权问题当然没有规范化，自身没有规范化，国家现有法规又没有规范化的目标，所以也就会处在产权问题的困惑之中。现在市场经济理论确立了，大方向理顺了，应当共同理顺这个关系。一是政府部门要积极制定规范目标，我觉得更重要的是鼓励、指导、支持群众去创造。不要一天一个指示，今天大力推行、明天纠偏整顿，弄得群众无所适从。道理很简单，制定法规的人，也是长期以来在计划经济体制下成长，不可能靠到国外考察几次，看一看国外企业的有关著作，听一听汇报就能制定出适合中国国情的产权关系的法规。中国有中国的特点，不要说中国的社会制度不同于国外，中国的国情、民情、历史、习惯、环境、人的素质、企业的基础都有中国的特点，所以指望马上有一个完整的法规来解决问题，那是不现实的。怎么办？一是积极试点、摸索经验；二是鼓励群众在实践中创造，不断总结，不断完善。

（二）民办科技自身的问题之二就是规模化的问题

首先应当肯定而且最重要的是民办科技实业为中国人民创造了一种新的运行机制，这是不可否认的。但是如果要使民办科技在新的历史条件下真正发挥更大的作用，必须要上两个规模化。第一个是每个企业要向规模化发展，一个企业只停留在几万、几十万甚至几千万元的产值，经验就有局限性，你说你的企业管理经验好，人家说，我们遇到的问题你还没遇到，人家不服你。四通说话为什么能服人，他几十个亿的产值规模，说话就硬气了。我讲不但要有国营大中型企业，还要有民办大中型企业，这是新形势下发展的必然，我们要努力去创造民办大中型企业，我们断定，一大批民办大中型企业到来的日子不会太远。二是数量上规模。没有这个数量规模就没有总体效应，如果对社会经济的贡献比重很小，就不能说明你的优越性，对社会经济体制改革的影响就很有限，你现在的总产值才占国民经济总产值的1%的量级，怎么能进一步在经济体制改革中起到推动的作用？

（三）民办科技企业自身素质的提高是个很重要的问题

在改革开放的大潮中，科技人员纷纷投身改革，或者叫作"下海弄潮"，但大多数都是从未涉足经济的科技人员，有的连税收是怎么回事还搞得不十分清楚。勇敢地投入，最无保守性惰性，但确实缺乏经验，业务素质、管理素质都还很差，佼佼者毕竟是少数，对大多数来说急需提高素质，包括业务、管理、道德、文化素质。

民办科技自身所面临的问题还有不少，这里不能一一展开。

六、必须为民办科技的发展创造一个比较良好的外部环境

随着民办科技的迅速发展和新的经济理论的确立，新型企业的发展和现存外部环境发生了严重的矛盾，这种矛盾从本质上说仍然是市场经济理论与计划经济理论的矛盾。新型产业（包括民办科技企业）的发展与改革进程受到现行的人事、金融、财政、规划、税收、法规的严重制约，改善这种外部环境的呼声很高。当然出现这些矛盾是毫不奇怪的，因为我们刚刚从计划经济体制下走出来，原有的政策、管理法规，读的书、听的党课，培训的人都是在计划经济的前提下，长年以来，忠实地习惯于计划经济那一套，社会的每一个细胞里都渗透着计划经济体制观念。一下子搞起市场经济来，很难转过来。如果一开始就没有这种矛盾，那就奇怪了，就不用改革了。我们提出这些问题不是要抱怨什么，鲁迅讲的一句名言非常好："与其诅咒黑暗，不如点燃一盏明灯。"既不怨天也不尤人，大家都刚刚开始，我们应当积极探索。用什么办法来代替老的一套，以造成一个适应改革的新环境？就这个问题我谈几点看法：

（一）建立新的管理观念和管理模式

改革了，新的企业模式出现了，你怎么管他？这就是最重要的问题：如何宏观调控、微观放活？过去对于企业主要的出发点就是管，管得很细、很严，该管的管，不该管的也管。计划经济嘛，钱是"我"给的，任务是我下的，计划是我定的，人是我包的，货是我销的，我不管你怎么叫计划经济。把企业束缚得没有生命力。管的习惯于那种管法，被管的也习惯于那样被管法。今天不同了，市场经济了，该管什么，怎么管，一下闹不清楚了。但旧的管理概念根深蒂固，我们用不着统计部门去统计，粗略一想，我们周围管理机关林立，到处都是管理机关，一个企业面对的是一个管理群。每一个管理部门，每一个管理部门的人，手中都有一份权力，他们都在忠实履行自己的权力，他们的管理基点仍然是管，一个企业的领导每天所面对的是一个个审批、审查管理程序，他们办件事就像100米跨栏跑那样要跨过每个栏才能达到目的，而那些栏不像是体育比赛中那样跨不过，还是可以踢一下，自己疼一点还是能过，而这些栏都是钢铁栏，那些企业家办一点本来不大的事就搞得筋疲力尽，怎么能改革。现在又在新形势下增加了管理新层次，把权力商品化，用市场化的权力来管，来开源。工商局有办理执照的咨询中心，要办照，先到咨询中心交钱领表，交咨询费，计委也有咨询中心，要建设项目，可行性报告非要交钱由附设的咨询中心写，否则你就难以通过，人事局有人才中心，本来党和政府管知识分子档案是理所当然的，现在民办企业必须每年每人交240元钱才能存档，才能接收大学生，才能出国审查，一问就是说劳动人事部有文件，几乎所有的企业管理的权力机构都有类似的组织，企业如何受得了，事情怎能办得快，这样下去怎么得了。怎么办！首要的问题就是简化管理。一是要简化管理目标；二是要简化管理层次；三是要简化管理机构；四是要简化管理审批程序。

先谈第一个问题：简化管理目标。政府对企业管理什么，除了要求所有单位遵纪守法，一是要求企业依法纳税；二是国有资产要最大效率、最大效益投入运转，保证国有资产的保值增值；三是在现有条件下，不能一下子向社会甩包袱，增加社会负担。我看大体上就够了。第二是简化管理层次。管理企业，就是一级政府一级管理部门说了算，不要让人家层层请示汇报，那些只管、定不了事的层次干脆撤销。第三是简化管理机构，一个机构能够办的事不要设两个机构，多一个庙就多一个菩萨，扯皮的事就多。不要认为分得越细就管得越好，实际上皮球踢来踢去谁也管不好！第四是要简化管理审批程序。比如企业要建个车间，要计委批、土地局审、环保局、交通队、市容、绿化，反反复复不知多少次，跑多少地方，花多少时间才能批下来，盖个几十平方米的房子也是如此，不知哪个关节不高兴了，就拖个把月太正常了，能不能建房就到一个地方批，管理机构设联合办公室，批了就盖，不批就驳回。可能说你不懂，这个复杂极了，其实我看有些事情是人为地复杂化了。

另外是建立管理就是服务的观念。良好服务才能实现真正的管理。这个口号我们提了多少年，仍没有彻底改观。原因是如何强化这个概念，没有具体措施。先不说服务的态度，管理的风气。对于管理的效果就没有考核，只有不服管受罚，很少有管得不当，耽误了时机受罚的，我们习惯于在管理审批程序上卡壳是正常的，实际上很多不正常的管理，不但没有服务，还给企业造成很大的损失。

一个民办研究所申请一部汽车申请了一年，最后还是因为是科研用车而不是生产用车给否了。钱是企业自己出，一个有数十名高中级科技人员的民办所需要一部车，一个控办就把你搞得急不得也恼不得，还是没买成。这种管理实在不是服务，人家要花多少钱租车，一个搞科研的所就永远不许买车了？所以观念不转变不可能管好，几乎所有管理机关的人都是从计划经济管理模式中走出来的，要全换人是不可能的，换上来的人也是同样环境下长起来的，但是要换观念，要制定措施，强化这种转换。

（二）新技术企业试验区应当是探索新的企业管理体制的先锋

我之所以要谈这个问题，是因为试验区和民办科技管理关系重大。试验区成立五年来，取得了很大的成绩，我们应当热烈祝贺。在这里就不展开谈了。

民办科技对试验区寄予很大的希望，因为希望试验区成为民办科技发展最良好的环境，成为民办科技企业的依托。具体希望就是探索新的企业管理机制和管理模式。

民办企业从 1980 年就开始了，到了 1983 年、1984 年就小有规模了，华夏、四通、京海、科海、海华、海通、热通、未来、北方、希望、科理高、信通都已成立了。

1987 年，已经有 552 家民办企业，电子一条街上就已出现 148 家。

1988 年，成立了试验区，国务院给了十八条政策，作为试验区来讲，任务是艰巨的、光荣的，成绩是辉煌的。

但必须看到，原来计划经济中对企业管理模式的弊病，必然会影响到试验区，大家希望他探索建立一个符合市场经济的管理模式，对企业的管，应当不是原来意义上的管，应当不是增加了一级政府管理层次和权力机构，应该是以服务为主的管理模式。尽管试验区做了很大的努力，仍然不能满足大家的高期望值，要求把试验区的管理工作在市场经济体制下，创造更好的管理模式。强烈的呼声代表了广大民办企业对试验区的希望。大家希望试验区"把管理和服务联系得紧密一点""把管理和权力离得稍远一点""把管理和试验区的效益分开一点"。仅仅履行政府管理职能，并不是建立试验区的初衷。希望试验区在全市率先摸索出一个对企业管理的一套新模式来。

（三）谈一谈强化民办运行机制，淡化民办企业所有制的问题

在民办科技的发展史上，一个争论不休、让人困惑的问题就是所有制问题，像姓"社"、姓"资"问题的争论一样，达到了庸人自扰的程度。人为地把一些抽象的主观概念强加在民办企业身上。在民办集体这个概念花了不少笔墨，有人说民办集体就是私营；有人说某些私营企业打着集体的旗号；民办集体是假集体；假集体必须清理；等等，从理论界、工商界、法律界，直到政界都花费很多精力。甚至采取行政措施，不但从概念上造成了不必要的混乱，而且在实际发展中起到了阻碍和限制的作用。国有企业暂且不谈，就民办企业而言，应当大大地淡化所有制、简化所有制，甚至模糊所有制，极而言之可以在民办企业的营业执照中取消所有制一项。

有人说民办是个非规范的非法律概念，而我认为，"民办"二字恰恰是最科学地概括了一种确切的企业模式。实际上就所有制讲只有两种企业，一种是国有企业，另一种就是民办企业。民办企业概念非常清楚，那就是不要国家的资产，"大家"出钱出人办企业，为新型企业的发展提供了广阔的自由度。

民办并不是所有制的概念。它是一种企业形态，以"两不、四自"为核心的经营机制，是民办企业的内涵。凡是采用"两不、四自"的原则组建并运营的企业都可通称民办企业，同时，一个企业能否发展，是否有生命力，根本不在于所有制，而关键在于运行机制。

淡化所有制有利于民办企业的大发展，也有利于各种不同经济形式的大联合，所谓淡化所有制，是淡化老的所有制概念，创造新的所有制概念；所谓模糊所有制，确切地说是人们本来对企业所有制概念就是模糊的，所有制本身在某种范围也不像豆腐块那样简单规整，所以模糊所有制是为了还原其本来面目和创造出清晰所有制概念。

在改革开放中，劳动群众从生产资料的占有、劳动的参与、生产、消费、交换、分配，对社会承担的责任都会创造出各种各样的形式，不要动不动就问"姓"什么，不要见了一个事物就企图贴上标签。人们正在探索和创造一条适合中国发展的有中国特色的社会主义道路，这种标签主义不利于改革开放。事实上，资金的来源、组合的方式、分配的机制，千差万别，不可能用简单的所有制划定其内部的形式。从宏观上看，一个企业的产权关系、分配方式、运营机制、人事关系都是企业内部的事。企业内部的事应当通过民主程序以企业内部有效的法律文件（合作协议、投资协议、用工合同、企业章程等）确定下来，从社会管理的角度，对企业不应当用企业的所有制分类（随着社会经济的发展，各种所有制错综交叉，也已无法确切分类，以至当前在"所有制"一栏填写得不伦不类。如：全民与个体联营、集体与全民联营、私营全民联合、大集体、新集体、民办集体等，根本没有表示出一个企业的性质）而主要的要看企业对社会所承担的责任（如股份有限公司、有限责任公司、独资公司等）和它对社会所做的贡献（如税收、公益责任等）。

国家管企业，管什么？一是管依法上税；二是管企业中所含有的国有资产最大效率、最大效益的投入运转并不断增值；三是目前没有实行全社会的劳动保险制度的时候，不要把员工轻易推向社会，给国家造成负担，至于企业内部的事只要不危害国家的利益就不必干预。

经济发展是有其本身的内在规律的，外部的因素虽然会影响其发展，但是固有的规律是不以人们的意志为转移的，在现有的划定的（虽然不尽合理）各种所有制企业中，国营大中型企业也好，民办企业也好，乡镇企业也好，私营企业也好，不要以所有制为标准向它们搞倾斜政策。未来中国的支柱企业是什么，我看未必说得准，20年后也许民办企业（包括乡镇企业、私营企业、各种集体企业、合资、合营、联营）将会是我的支柱企业。不但有国营大中型企业，还会有民办大中型企业。

概括地说，对于企业的发展，关键的问题不在于所有制，而在于运行机制（当然运行机制里也包括产权问题），对于企业的分类，应以其对社会承担的责任分类，不必介意企业内部的事情。在企业发展中，我们应当尊重自然规律，尊重群众的创造性。对于民办企业同样不必要去研究其内部所有制，重要的是对于多年来民办企业所创造的灵活的、有生命力的运行机制应当不断强化和完善，这不但是民办科技实业的生命，也关系到整个经济体制改革的进程。

（四）需要制定必要的配套措施，几个值得注意的问题

第一是科技人员劳动保险社会化的问题。这个问题带有普遍性，是阻碍国营大中型企业机制转换的重要症结所在，这个问题不解决，人不能成为自由劳动力，决不能开除、解雇、辞退职工，弄不好就要给社会增加负担，甚至成为社会不稳定因素。如此，人才怎么流动，厂长怎么有真正的人事权，如何把生产力最活跃的因素——人，投向市场。但是，现在劳保、医疗等等，企业同样必须支付，如果社会化了，企业同样支付同样的钱，不但负担减轻了，国家、企业、个人都增加了自由度。目前，全盘做起来可能还有困难，大范围的保险社会化还要有个过程。历来的改革成功与否，其重要标志之一就是群众投入的规模。这场科技体制改革的深入和成功，必须动员大批科技人员走向改革第一线，形成浩浩荡荡的"转化"队伍，由他们承担起科技转化工作的重任。如何使他们走出来？这里确实是不尚空谈，必须制定一系列的配套政策。勇敢分子历来都是少数，大多数人的问题是最重要的，现在他们瞻前顾后，不敢出来。

现在的情况是，走出国家科研单位，就要把档案高价存放在人才中心，每年要交240元的档案保管费，如此才能保留你所谓"全民"身份。其实如果搞不好失了业，分文工资和劳保费都不会有你的，甚至"扶贫"救济金也不会有。科技人员只要看一看，大都畏首畏尾，因为还有老婆孩子！此险未必冒得。

在中国的科技队伍里，走向"转化"领域的应是其中的开拓者，是科技队伍的重要组成部分，他们也是党的知识分子，知识分子的档案我们的政府应当理所当然地管起来，怎么会还让他们交那么多的保管费呢？他们的工资、劳保、退休金，至少是社会保险金制度应当建立起来，大多数中老年科技人员为我们党工作了多年，为科技事业做出了贡献，现在受改革形势的鼓舞，要投身于"转化""大军"，应当在经济上和政策上充分尊重他们以前的劳动，不要一出来就以为他们是去为个人赚钱。他们大多数确实是有强烈的时代责任感，时间的紧迫感，怀着强烈的事业心，投入民办科技事业的。很多有胆识的科技人员，清楚地看到，如果不改革，中国的科技就没有希望，中国的经济振兴就没有希望，因此勇敢地投入了。应当看到投身于"转化"工作，是有很大风险的，尤其过去从未涉及经济的科技工作者，风险更大一些，实际情况已经证明了这一点。据我所知，很多改革之初投身于民办科技的勇敢分子，已经搞得一贫如洗、四处奔波的大有人在。虽然几个很有成就的电子一条街的老板好像风光，实际上，风险同样威胁着他们。如果想使大多数人投入，就要解决风险适度的问题，如果不是特殊的情况，不要让他们万一搞不好就会失去生活的基本能力，使他们为党工作前半辈子的功劳化为乌有。我们过去提倡要打破"铁饭碗"，现在又提出要解决科技人员的"无米之炊"的风险，看起来似乎有些矛盾，实际上是辩证法中的一个问题的两个方面。前一个是解决开创的方向，第二个是解决大多数问题。

所以应当取消高价存档制度，代替它的应该是建立科技人员的社会劳动保险金制度，搞不下去了，可解无米之炊。大多数科技人员才敢于走出大门，这是给科技人员走出来创造的第一步的宽松环境。

第二是科技人员走出来的域值（门槛）太高。一个科技人员走出来要办个执照需要具备什么条件？第一要有钱，少则几万，多则十几万、几十万元，这是一个普通科技人员做不到的，要有资产，又要有担保单位，一下子把真正的科技人员难倒了，胆小的吓"死"了，因为他们全部家当卖了也值不得几个钱，胆大的只好向社会上的"经纪人"求援。于是乎，即使敢于出来的也大多是处于被雇佣的地位。在国外几十元、几百元就可以登记执照。

我看科技人员办研制、开发、咨询执照，有个 500 元多则 3000 元就可以办个照。至于地点有个宿舍也就行了。

从另外一方面讲，科技活动是一种特殊的社会活动，不同于一般的工商活动，在一些国外法律上，科研单位被列为一种特种法人，既不是企业法人也不是事业法人，现在把科研开发、咨询、研究、中试、转让，通通地归入工商活动，都要办理营业执照，其实我们要从事的活动并不是工商活动。而工商、税务、环保、交通、公安、保卫等等会把一个科技人员搞得昏头涨脑。做法未必是妥当的，在某种程度上影响了科技人员走出大门。我看科技人员从事的科技开发、咨询、研制、转让、中试，科委有个批件就行了。让他在技术合同法范围内放开手脚地干，待发展到企业化、商业化的程度再正式办理工商执照。

北京市陆宇澄副市长和市科委大胆地支持了我们北京市自然科学院作为试点，批准我院成立一些集体所有制的科研事业单位，不必办工商执照，几年来，吸引并培育了一批科技企业家，在国家没有投入一分钱的情况下，出了一批具有国际水平的类似"黑匣子"破译系统（1992年9月3日朱镕基副总理亲自作了重要批示）等高科技成果。这一现象应当引起相当的重视。

第三是为民办科技的规模化建立中试基地。民办科技的规模化所遇到的问题除了金融支持外，另一个重要问题就是高价房地产对他们的制约，中关村电子一条街和一些繁华的地带，房地产的价格已经高到令人难以接受的程度。一些技术人员的辛勤劳动，大部分被房租、地租所盘剥，有的受不了这种压力而束手倒闭，一些新出来的人看看房价，大都吓得张口结舌而不敢涉足。几年来北京市政府在这方面做了很大努力，专门为科技企业建了一批营业用楼，但仍不能解决问题。尤其一些中试工厂需要较大生产用地用房的企业，根本发展不起来。为缓解这一困难，在北京市政府、市科委的支持下，北京民办科技实业家协会与昌平合作建立了一个民办科技中试基地（**北京民办科技园**）。并且采取更加适合市场经济的运行机制，这个民办科技中试基地，从建设之初就采取民办民营，共建共享的民间形式。我们相信一定会得到各方面的支持，并且会在推动科技企业规模化上起到重要的作用。

第四是金融支持。科技和金融的结合才能使科技商品化、企业规模化。我们国家对科研一直很重视，每年要拿出几千个亿投在科研上。但是资金投入的结构应当在新形势下进行调整。科学研究重要，"物化"的过程、"转化"的过程同样重要，中国要想兴旺发达，必须加强这个物化过程，这是我国振兴经济的关键环节，必须不惜付出大的代价来解决这个十分重要的问题，没有金融的支持，科技的转化就是一个空谈，以北京为例，科技成果和科技人才非常集中，人均成果持有率全世界都是第一位。但是所面临的两个问题使成果转化工作陷入困境。

一是持有的成果大部分需要中间试验，要使其进入市场、进入工厂、进入商场，还有相当长一段距离，这些成果没有工艺化，没有标准化，所以不能达到实用的程度，阻塞了科技向实际应用转化的过程。国家已经投入了大量的钱，完成了第一阶段，不少投资者也愿意投资于第三阶段，即投产出商品，而唯独第二阶段即中试阶段，没有人愿意投资，而这部分却是十分重要的，人们没有充分估计到这阶段的重要性，也没有认真了解这部分的商品价值，所以人们估价科技成果转让时，只是拿实验室成果作为成本估算的依据，造成技术不值钱的客观后果。而作为国家的领导部门，务必充分重视这个投资，而这个投资对于国家来讲是可以产生千百倍效益的，是七个烧饼和一个烧饼的关系。

二是科技产品的规模化的资金短缺，一般的经营投资者都是提出所谓短、平、快。这对于推进乡镇企业的发展起了很大作用，但是有些需要规模的科技产品往往在国民经济中占有重要位置，却没有足够的资金支持。

总之，只有科技和金融的密切结合才能使转化工作顺利进行，才能实现科技是第一生产力的巨大威力。

目前北京民办科技遇到的最棘手的就是贷款问题。本来民办科技实业贷款已十分困难，自信通公司问题出现后，牵连了"科海"等一批为其贷款担保的单位，使得贷款和担保问题显得十分严峻，所以应当建立北京民办科技专业金融机构和贷款担保基金会，国家直接投入一笔非营利的风险基金，而保证不落到拿到这笔钱又去为自己赚钱的组织手里。

第五是要立科技改革保护法。要改革必须有一批改革者、改革家。因为只有他们敢于开拓、敢于探索、敢于牺牲、敢于奉献，改革才能得以实现。但是涉足改革的人都会熟悉一句名言："改革者历来没有好下场。"因为改革就是要打破陈规旧律，探索新的途径。改革就是新的实践，历史上总是先有实践而后有新政策及新法规的，历史上的保守派总是用旧的法来扼杀改革者。有的改革行为可以是推一推就犯旧法，依法治罪，治得名正言顺；拉一拉又可算非违法，而是改革有功。有人常常利用陈规旧律给改革者治罪，并美其名曰"严格执法"。支持改革的领导竟然眼看改革者受害而束手无策，支持改革只有政策精神而没有法律依据。

改革能够救中国，那么改革者出了问题，谁来救？改革需要法律保护，改革者更需要法律保护，所以要改革就要立改革保护法。保护改革的法应该是一部大法，因为这个法保护了改革，就是保护我们国家和人民的根本利益。目前在全国立法条件尚未成熟时，建议北京市先通过市人大立一部地方法——《科技改革保护法》，以保护改革的顺利进行。

七、结束语

总之，民办科技的问题是社会主义市场经济体制下发展我国经济的重大课题，对于总结一套适合中国国情的发展经济、企业管理模式具有典范意义，是摸索市场经济新经验最好的试验田，是培植新型大中型企业最好的苗圃。民办科技的大发展必然会引起一系列的连锁反应，势必会影响中国21世纪政治体制、经济体制的改革进程。所以，应当把大力促进民办科技实业的发展提到重要议事日程。

1993年2月18日——北大新技术公司更名北京北大方正集团公司

1993年2月18日，北京大学在北京香格里拉饭店召开"北京北大方正集团公司"正式成立大会，"北京大学新技术公司"从此更名为"北京北大方正集团公司"。

1992年12月21日，经北京市政府批准，北京市工商行政管理局核准注册"北京北大方正集团公司"（以下简称"北大方正"），注册资金为5015万元，注册地址为中关园3区。[①]

一、北大方正的起源

北大方正集团公司官方网站上，介绍它的前身为"北京理科新技术公司"，1986年8月21日，在海淀工商局正式注册。

其实北大方正的前身为"北京大学新技术开发总公司"。

1985年10月15日，北大正式发文成立北京大学新技术总公司（以下简称"北大总公司"），任命北大无线电系老师楼滨龙为总经理，数学系老师黄绿萍、黄晚菊为副总经理，这三个人是北大方正初期创办时的全部员工。公司办公的地方在北京大学健斋110室，与开发部合用一间办公室，没有启动资金，只有学校财务处给公司开的财务户头，北大总公司虽然没有正式到工商局注册，但是它是北大方正的"鼻祖"。[②]

1986年8月21日，北京理科新技术公司（以下简称"理科公司"）注册成立，该公司为全民所有制，企业法人代表为楼滨龙，注册地址为北京大学健斋109室、110室。

理科公司是北京大学为和日本佳能公司合资而建立的，因为佳能打印机是佳能公司为美国惠普公司生产的贴牌产品，不能在中国销售，只能

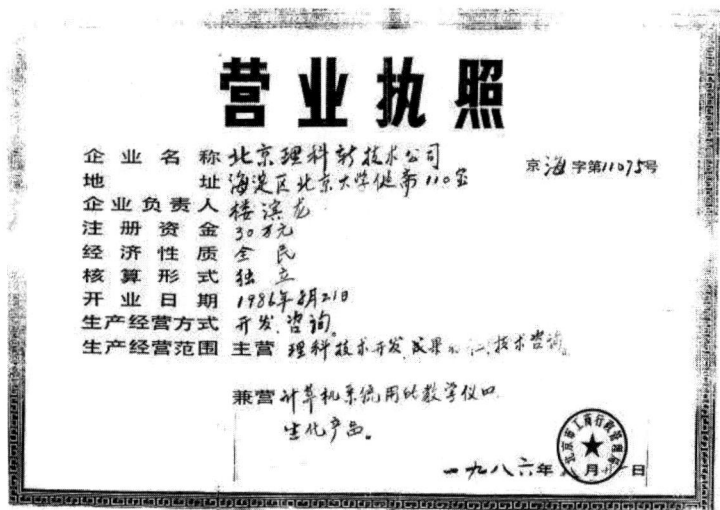

1986年8月21日，"北京理科新技术公司"营业执照复印件。齐忠摄影。

用高价向惠普公司购买。合资后可以用40%的便宜价格购买佳能打印机，佳能打印机保证了王选教授的"激光排版系统"的低成本高质量性。

1988年5月21日，中日合资的"北佳信息技术有限公司"（以下简称"北佳公司"）批准成立。"北佳"之名是各取北京大学和佳能公司的第一个字，公司注册资本为70万美元。

中方为"北京理科新技术公司"，中方占合资公司50%的股份，以35万美元折合130万元人民币的现金投入。

北佳公司董事会中方由时任北大副校长陈佳洱、花文廷、王选、楼滨龙，日方佳能公司的山路敬三、北村乔，乐思公司的仁谷正明7人组成。陈佳洱任董事长，佳能公司社长山路敬三任副董事长，楼滨龙兼任公司总经理，不久由唐晓阳担任公司总经理。

1988年，楼滨龙向工商部门申请，把"北京理科新技术公司"更名为"北京大学新技术公司"。

1988年5月6日，海淀工商局正式批准，将"北京理科新技术公司"更名为"北京大学新技术公司"（以下简称"北大新技术公司"），终于使公司获得北京大学巨大的无形资源。③

二、"748工程"

1974年4月8日，国家计委以"汉字计算机信息处理重大工程"报请国务院，经周恩来总理批准正式成立。该工程简称为"748工程"，该工程分为3个系统的研究。

1. 汉字精密照排系统，供印刷出版业使用。

2. 汉字情报检索系统，供信息查询和检索使用。

3. 汉字通信系统，供远距离信息查询和检索使用。④

三、王选教授进入"748工程" 开发"激光排版系统"

北京大学计算机科学技术研究所官方网站的记载：

1975年，王选获悉"748工程"项目，对其中的"汉字精密照排系统"项目产生了浓厚兴趣，开始调研、设计该项目方案，并提出了汉字字形信息压缩及快速复原的技术方案——数字存储、字形的轮廓和参数描述，既保证了文字的再现质量，还使字形信息量下降几百倍。

1976年，北京大学成立"748工程会战组"，由当时任教务部主任（后任校长）的张龙翔任组长，王选与他的夫人陈堃銶成为会战组技术骨干。

王选、陈堃銶等会战组成员完成了字形信息压缩及快速复原技术的研究，并试验成功，使北京大学获得"748工程"中的汉字精密照排系统研制任务，王选负责该系统的总体设计和研制工作。[⑤]（注：陈堃銶教授是王选教授的夫人。北京大学计算机科学技术研究所现更名为"北京大学王选计算机研究所"。）

1979年7月27日，我国第一张用"汉字精密照排系统"排版输出的《汉字信息处理》报的大样，在北京大学王选教授研究所诞生。

我国第一本用"汉字精密照排系统"排版输出的中文图书《伍豪之剑》，齐忠摄影并收藏。

1980年7月15日，我国第一本用"汉字精密照排系统"排版输出的中文图书《伍豪之剑》，终于成功。

四、王选教授予北大新技术公司的合作

1988年1月11日，王选与夫人陈堃銶向沈忠康汇报有关激光照排的事情，介绍了潍坊公司产品的质量问题。

沈忠康听完后说："独家生产不一定好，有两家生产也好，同意北大新技术公司生产激光照排产品，但技术要统一。"[6]（注：1982年至1988年，沈忠康在国家经委机电局工作期间，根据组织安排，负责新组建的国家经委印刷技术装备协调小组日常组织协调工作，1985年起担任协调小组副组长兼办公室主任。）

1988年12月15日，北大新技术公司在未名山庄举行"北大华光电子出版系统汇报推广会"。原北大校长丁石孙，副校长陈佳洱、谢青，科技开发部主任花文廷，副主任陆永基、楼滨龙，以及几十家报社社长参加了会议。国家重大装备办公室负责人到会讲话，王选在会上介绍北大华光激光照排系统的技术，北大新技术公司在3天的会议期间拿到

北大新技术公司最早推出的"北大华光电子出版系统"，齐忠摄影。

1800 万元订单。

1990 年，北大新技术公司的激光照排系统销售额为 9966 万元。1991 年为 2 亿元，公司净资产超过亿元。[⑦]

五、北大方正公司年略

1. 北京大学科技开发总公司

1985 年 10 月 15 日，北京大学发文宣布成立"北京大学科技开发总公司"，聘任楼滨龙为总经理，黄绿萍、黄晚菊为副总经理。（注：见北京大学文件，文号为：校发〔85〕185 号）

2. 理科公司

1986 年 8 月 21 日，经海淀区工商局批准，"北京理科新技术公司"正式成立。

3. 北京大学新技术公司

1988 年 5 月 6 日，经海淀区工商局批准，"北京理科新技术公司"更名为"北京大学新技术公司"。（注：见海淀工商局档案）

4. 北佳公司

1988 年 5 月 21 日，经国家工商局批准，"北佳信息技术有限公司"正式成立。（注：见国家工商局档案）

5. 北达服务部

1987 年 7 月 21 日，经海淀区工商局批准，"北京市海淀区北达科技服务部"正式成立。（注：见海淀工商局档案）

6. 北大方正商标注册

1992 年 2 月 28 日，海淀区工商局批准，"方正标徽 + 方正"的标识，正式注册成立。（注：见中国商标注册号 584771）

7. 北大方正成立

1992 年 12 月 12 日，经北京市政府批准，北京市工商行政管理局核准登记注册"北京北大方正集团公司"，注册资本为 5015 万元，注册地址为中关园 3 区。（注：见北京市工商行政管理局档案）

8. 北大方正香港上市

1995年12月21日，方正控股有限公司在香港证交所上市，发行股票1.63亿股，每股发行价1.98港币，募集资金3.22亿港币。（注：见1995年12月21日，方正控股有限公司在香港证交所上市，招股说明书。）

9. 北大方正破产重组

2020年2月18日，北大方正被北京银行申请重整。（注：见2020年2月19日"新浪财经"）

参考资料：

①来自《中关村30年大事记》第82页，《中关村的故事》第322页，该资料由齐忠收藏。

②来自1985年10月15日北京大学下发文件，文件号为"校发〔85〕184号"，该文件内容为：宣布成立"北京大学科技开发总公司"，聘任楼滨龙为总经理，黄绿萍、黄晚菊为副总经理。

③来自北京市海淀工商局档案。

④来自《中关村的故事》第280页，该资料由齐忠收藏。

⑤来自《中关村的故事》第276页，该资料由齐忠收藏。

⑥来自《中关村的故事》第288页，该资料由齐忠收藏。

⑦来自《中关村的故事》第294页，该资料由齐忠收藏。

1993年2月25日——原永民在中关村私人造飞机

导读：中关村私营民营科技企业家原永民，在改革开放的大潮推动下，1993年，敢于私人造飞机。经过28年艰难困苦的创业历程，原永民不仅造出飞机、拥有飞机生产厂，还拥有北京市六环以内唯一的飞机场"海淀机场"，成为第一家向美国和欧盟出口飞机的中国生产制造商，第一家拿到民航总局生产许可证的私营民营科技企业。这一切都说明改革开放大潮东去浪淘尽，千古风流人物！

一、原永民的第一桶金

1956年，原永民出生。1974年，他插队回来被分配到海淀饮食服务公司下属的中关村糕点铺当学徒，学习制作糕点。

1986年11月13日，北京市政府举办国有亏损小型企业拍卖会，海淀区有两家企业被拍卖，一家是位于中科院家属区内的中关村面馆，另一家是理发店。

中关村面馆起拍价为8万元人民币，经过7轮竞拍，原永民以14.2万元中标。这笔钱在当年是笔巨款，原永民自然是拿不出来，他向银行贷款10万元，又向亲朋好友借款4万元才凑齐。

原永民将中关村面馆更名为"科源餐厅"，经过几年的细心经营，又扩建为拥有2700多平方米的"科源酒家"，他终于淘到第一桶金。

二、原永民制造飞机之路

1993年5月，原永民在海淀工商局申请注册"北京科源轻型飞机实业有限公司"（以下简称"科源公司"）。企业所有制为私营，原永民任公司法人代表、公司董事长兼总裁。

原永民因为是私人申请成立飞机制造公司，国内没有先例，这个申请使海淀工商局不敢拍板，只好层层申报。

1992年，在邓小平同志南方谈话的推动下，全国正处在改革开放新一轮的高潮，对改革开放出现新生事物持欢迎的态势。不久，国家工商局正式批准成立。

1993年5月16日，原永民拿到了"北京科源轻型飞机实业有限公司"经营执照，这是新中国成立以来首家私营民营科技企业飞机制造公司。

1993年初，原永民经人介绍了解到，南京航空航天大学老师设计的

1987年，经营"科源餐厅"的原永民。该照片为原永民先生提供并授予版权。

"AD200轻型飞机"可行性报告。

1993年，原永民将"科源酒家"抵押给中关村信用社，贷出500万元。

1993年3月，原永民以340万元的价格买回"AD200轻型飞机"专利技术。

1995年5月8日，原永民制造生产的"AD200轻型多用途飞机"首次试飞成功，填补了我国航空制造业的一项空白。

从此，原永民与张大中、王文京、郑建国等人成为北京及中关村著名私营民营科技企业家。

1996年1月26日，中国民航总局在人民大会堂为科源公司颁发蓝鹰AD200轻型飞机的型号设计批准证书"NO.TDA004"和生产许可证"NO.PC0010A"。

1996年4月23日，空军有关部门正式批复科源公司直径6千米的

1995 年 1 月 23 日，在中关村科源酒家门口展示的 AD200 轻型飞机模型，当年成为中关村的一大奇观。该照片为原永民先生提供并授予版权。

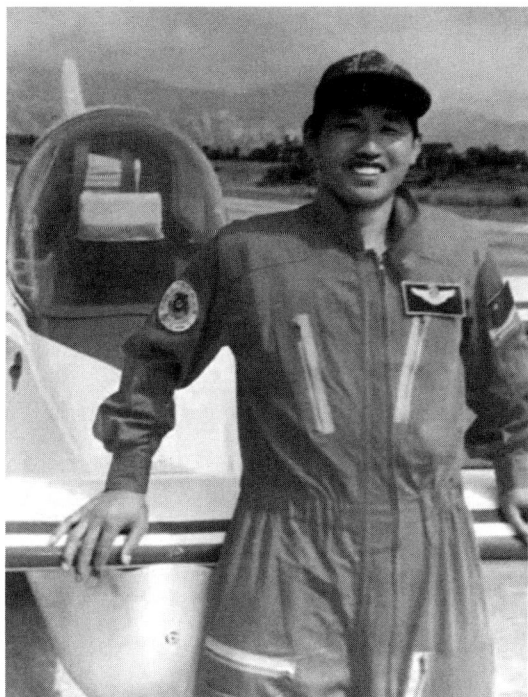

原永民先生与他制造的飞机。图片为原永民先生提供并授予版权。

500米低空使用权。

2001年12月，科源公司制造的蓝鹰AD200轻型飞机被收入中国航空博物馆。

2004年2月，科源公司制造的蓝鹰AD200轻型飞机出口美国。

2006年11月，科源公司制造的两架蓝鹰AD200轻型飞机和一艘"中华号"热气飞艇出口欧盟国家。

2007年5月，科源公司被《中国百年航空史》收编入册。

2015年，原永民拥有的海淀区苏家坨镇北安河乡阳台山路临时起飞点，获得批准成为"海淀机场"，这也是北京城六区内唯一通航机场，成为北京私人飞机驾驶培训等多方面的服务基地。

1993年3月2日——中科院高能所开通中国进入互联网第一根专线

1993年3月2日，中国科学院高能物理研究所租用美国电话电报公司（AT＆T）的国际卫星信道，接入美国斯坦福线性加速器中心（SLAC）的64K专线正式开通，成为中国进入国际互联网的第一根专线。[①]

1987年9月14日21时07分，五机部计算机站钱天白教授向联邦德国卡尔斯鲁厄大学发出我国第一封电子邮件，内容为"Across the Great Wall, we can reach every corner in the world"。中文的意思为："越过长城，通向世界任何地方"。当时这封邮件由于网络交换技术还不成熟，本应数秒就达到的电子邮件，却用了整整将近6天的时间。

1987年9月20日，联邦德国卡尔斯鲁厄大学在收到这封邮件后，立即回复一封邮件，内容为："祝贺！"从此开启了中国使用互联网（Internet）的历史。（注：五机部现在更名为"中国兵器工业集团公司"）

互联网（Internet），最早来源于美国国防部高级研究计划局的前身——

中国第一台"CN"域名服务器绘图，齐忠摄影。

美国国防部高级研究计划署建立的阿帕网（ARPAnet）。

1969年，阿帕网建成投入使用，阿帕网的早期用途主要是收发电子邮件和在特定网络区间分享文字信息。

1990年11月28日，钱天白教授代表中国，正式在美国国防信息系统局将网络信息中心注册登记我国的顶级域名"CN"。[注：美国国防信息系统局将网络信息中心，英文缩写为"DDN-NIC"，现更名为"国际互联网络信息中心"（Internet Network Information Center），是在国际域名与数字分配机构（ICANN）下的一个组织。]

1994年5月21日，钱天白教授在中科院计算机网络信息中心完成了中国国家域名"CN"服务器的设置，改变了中国的"CN"域名服务器一直放在国外的历史。[2]

钱天白简历

钱天白教授对互联网（Internet）在我国的起步和发展作出了巨大

贡献，也是中国互联网（Internet）的先驱者之一。

1945 年，钱天白教授出生于江苏省无锡市。

1963 年，钱天白教授以 6 门功课平均 93 分的优异成绩考入清华大学无线电系无线电技术专业。

1969 年，因为家庭成分不好，钱天白教授被分配到了东北辽阳一家小工厂，他所学的知识没法施展，但他没有怨天怨地，仍然不忘勤奋学习，困知勉行，独善其身。

1979 年，34 岁的钱天白教授因为工作能力突出，被调到了北京五机部计算站，也是中国兵器工业计算所的前身。

1998 年 5 月，钱天白教授因心脏病突发逝世，享年 53 岁。

参考资料：

①来自《中关村 30 年大事记》第 83 页，该资料由齐忠收藏。

②来自 2014 年 4 月 20 日央视网"中国互联网之父：钱天白"。

1993 年 3 月 4 日——段永基上书国家科委主任宋健，洋电脑"围剿"中关村企业，中关村面临生死之战

1993 年 3 月 4 日，四通公司总裁段永基上书国务委员、国家科委主任宋健，段永基在信中写道："国际电脑公司利用资金优势和技术实力，围剿中关村企业以达到全面占领中国市场的目的。"

1993 年 3 月 7 日，国务委员、国家科委主任宋健对四通公司总裁段永基的来信做出回复，宋健在回复中指出："如何加大对四通公司这类大中型企业的支持是一个战略问题，特别是资金。一是请经贸委列入大中型企业 1700 亿元贷款之内。二是从科技贷款中拿出一部分重点扶持大型骨干企业。"宋健并将回复转发给北京市副市长胡昭广，北京市科委主任邹祖烨。

1993 年 4 月 7 日，北京市科委主任邹祖烨指出："中国复关以后，高科技企业面临着生存的问题，生与死的选择。"

1993 年，中国大陆所有的制造计算机生产厂家，全年总产量还没有国外一家二流制造计算机生产厂家的年产量多。

1993 年，在中关村出售的计算机，美国康柏公司（Compaq）、IBM公司、AST公司、惠普公司（HP）等厂家市场占有率为88%，其他为日本和中国台湾计算机生产厂家，中国大陆厂家生产的计算机市场占有率只有1%。[①]

参考资料：

①来自《科技之光报》第 41 期，该资料由齐忠收藏。

1993 年 3 月 22 日——王思红（女）出任试验区办公室主任

1993 年 2 月 5 日，北京市新技术产业开发试验区主任胡昭广当选北京市副市长，经北京市委常委会讨论，免去胡昭广试验区主任职务。任命王思红（女）出任试验区办公室主任。[①]

1993 年 3 月 22 日，王思红出任试验区办公室主任。

王思红曾任试验区办公室副主任、实创公司总经理。

参考资料：

①来自《中关村创新发展 40 年大事记选编》第 49 页，该资料由齐忠收藏。

1993年4月6日——民营科技企业比特股份公司成立

1993年4月6日，中关村民营科技企业"北京比特实业股份有限公司"（以下简称"比特股份公司"）成立[①]。

比特股份公司的前身为"北京市比特电子公司"。

1987年9月，北京市比特电子公司成立。

1992年6月，北京市比特电子公司向北京市经济体制改革办公室提出了设立北京比特实业股份有限公司的申请。

1992年12月14日，北京市经济体制改革办公室京体改办字（192）第27号文批准设立北京比特实业股份有限公司。设立时，公司总股份为5000万股，其中发起人2850万股，向其他法人和内部职工定向募集2150万股。

1993年5月25日，比特股份公司获准注册，总经理为刘戈建。[②]

1996年11月5日，比特股份公司以"比特科技控股股份有限公司"

北京比特实业股份有限公司创立大会，齐忠摄影。

名字在深圳上市，股票代码为000621。

2004年9月27日，"比特科技控股股份有限公司"终止上市。[3]

参考资料：

①来自《中关村园区创新发展30年大事记》第90页，该资料由齐忠收藏。

②来自《科技之光报》第40期，该资料由齐忠收藏。"天眼查""比特科技控股股份有限公司"。

③来自网易财经"ST比特"。

1993年4月17日——四通公司举行员工是打工仔还是主人翁辩论大会，表明企业文化的重大改变

1993年4月17日，四通公司在海淀区文化宫举行"四通公司员工是打工仔还是主人翁"辩论大会。四通公司的这次辩论大会，显示出北京及中关村民营科技企业进行股份制改造前后，企业文化与企业职工身份的重大改变。

民营科技企业股份制改造前，企业文化是"你有多大能力给你搭建多大舞台"，企业职工是企业的"主人翁"，忠于企业，做企业人。

民营科技企业股份制改造后，企业文化改变为"因事设人"，全体企业职工是企业股东的"打工者"。

四通公司这次辩论大会分为A、B两大辩论队，A辩论队认为，四通公司初创时期带有合伙人的色彩，在公司股份制后无论是管理者还是员工，全是公司股东的打工者，不再是公司的主人翁，所以要有"打工意识"。参加A辩论队的有，四通公司副总裁朱希铎（注：朱希铎后来出任四通公司总裁）、四通公司总裁助理杨宏儒（注：杨宏儒后来出任四通投资公司总裁）等人。

1993年4月17日，四通公司副总裁朱希铎在辩论大会发言（右一），右二为四通公司副总裁李玉琢。齐忠摄影。

B辩论队认为，全体四通公司员工是公司主人翁，不是打工仔。

参加B辩论队的有四通公司副总裁李玉琢、甄衡祥等人。

在这次辩论大会上，四通公司员工在台下打出"要当主人翁不当打工仔"的横幅。①

2006年4月2日，四通公司副总裁李玉琢离开四通公司多年后，在他的回忆录《我与商业领袖的合作与冲突》一书中，还认为把"全体四通公司员工，看成公司股东的打工者是错误的"。②

参考资料：

①来自《科技之光报》第42期，该资料由齐忠收藏。

②来自《我与商业领袖的合作与冲突》第70页，该资料由齐忠收藏。

1993 年 4 月 22 日——三友大厦在昌平科技园区举行开工奠基仪式

1993 年 4 月 22 日，中关村民营科技企业北京三友镭射科技有限公司，在昌平科技园区举行三友大厦开工奠基仪式。三友大厦建筑面积为 16500 平方米，是首家民营科技企业在昌平科技园区建立的综合大楼，也是当年我国最大的激光图像产业基地。

北京三友镭射科技有限公司董事长李强（女），北京市、昌平科技园区有关负责人出席了奠基仪式。

北京三友镭射科技有限公司是由北京三友激光图像公司与香港鸿乔公司共同投资的合资企业。[1]

参考资料：

[1]来自《科技之光报》第 41 期，该资料由齐忠收藏。

1993 年 4 月 23 日——试验区公布 1992 年技、工、贸总收入前五十名企业排行榜

1993 年 4 月 23 日，试验区公布 1992 年技、工、贸总收入前五十名企业排行榜。前五名企业为：四通公司、联想公司、北大方正公司、京海公司、科海公司。

1991 年，北大方正公司位居试验区技、工、贸总收入第五名。民营科技企业亚都公司、时代公司、王码公司分别位居第 13、第 14、第 18 名。[1]

参考资料：

[1]来自《科技之光报》第 41 期，该资料由齐忠收藏。

1993年6月12日——国家科委发布《关于大力发展民营科技型企业若干问题的决定》，民办科技实业名称更名为民营科技企业

1993年6月12日，国家科委、国家体改委"关于发布《关于大力发展民营科技型企业若干问题的决定》的通知"（以下简称"决定"），推动了我国民办科技的发展，该决定首次将"民办科技企业"称为"民营科技型企业"。

国家科委、国家体改委发布的决定中，肯定了民营科技的"自筹资金、自愿组合、自主经营、自负盈亏"是新型企业运行机制，打破了科技系统长期沿袭的单一国有国营模式。

国家科委、国家体改委发布的决定中指出"国有民营经济、集体经济、合作经济是社会主义公有制的有机组成部分和重要实现形式。有利于形成国家、集体、个人共同发展科学技术事业的兴旺局面"。[①]

历史名词解释："民办科技实业"的名称来源

1984年4月30日，北京市科委召开的民办科技企业家座谈会上，纪世瀛先生介绍华夏所的经验时说："我们是民办的研究所。"从此有了"民办"这个全新的名词。

1987年2月10日，国家科委在北京召开"全国民办科技实业家座谈会"，国务委员、国科委主任宋健为该会题词"贵在民办"。不久，全国各省、自治区、直辖市成立的有关民营科技企业协会都统称"民办科技实业家协会"，例如，"北京民办科技实业家协会"。"实业家"是公司老板的另一个名称，当年很多人对辞职开公司和"老板"这个名称抱着歧视的态度，认为"老板"是剥削者，所以用"实业家"代替"老板"。

在今天看来"民办科技实业家"几字很普通，在当年却有十分深远的意义。巧妙地区分与其他公司的不同，为民营科技企业营造出良好的

生存氛围，成为我国知识分了开公司的"保护伞"。②

参考资料：

①来自国家科委体改司出版的《崛起的民营科技》第 59 页，（93）国科发改字 348 号，该资料由齐忠收藏。

②来自《北京·中关村民营科技大事记（上卷）》第 10 页，该资料由齐忠收藏。

1993 年 6 月 19 日——天安股份有限公司成立，成为北京市制药行业首家股份制企业

1993 年 6 月 19 日，经北京市政府体制改革委员会等 18 家国家职能部门批准，北京市丰台区民营科技企业——北京天安制药股份有限公司（以下简称"天安公司"）正式成立，吕克健任董事长，该公司成为北京市制药行业首家股份制企业。

北京市委委员段柄仁、北京市纪委书记李永安、丰台区委书记兼区长李英威出席天安公司首届董事会。

北京高效益技术研究所占天安公司 80% 的股份，20% 的股份属于该所及天安制药厂职工。

1993 年 6 月 21 日——亚都公司推出十大新产品，引发北京及中关村鱼脑精商战

1993 年 6 月 21 日，亚都公司对外宣布，为打破公司单一产品"亚都加湿器"这种现象，推出自行研制的十大新产品，从此引发北京及中关村鱼脑精商战。

一、亚都公司十大新产品

亚都公司对外宣布的十大新产品有家用卫星电视接收系统、亚都天机、医用超声波雾治疗仪、亚都恒温换气机、十条鱼系列保健饮品、亚都通用净水器、亚都光波加湿器、亚都冷房机（又称"大北房新概念"）、超声波加湿器通机芯、亚都超净矿泉壶。①

亚都公司推出的十大新产品中，成功进入市场的有十条鱼系列保健饮品、亚都光波加湿器、亚都超净矿泉壶等，亚都冷房机（"大北房新概念"）是一种替代空调的新产品，这个产品没有成功。

最有名的十条鱼系列保健饮品，是我国最早的鱼油产品，也是亚都公司知名度最高，投入资金最多的产品，并引发北京及中关村鱼脑精商战。

1993年，亚都公司总裁何鲁敏在介绍十条鱼系列保健饮品时说："在深水寒带鱼类中富含有一种叫'二十二碳六烯酸'，简称DHA的物质，这种物质通过大量的研究，已被证明具有软化血管，治疗和抑制心血管疾病，改善心血管功能和提高智力的特效。我们生产的这种生物制品，每服用一支相当于吸收一条鱼体内所有有效物质，一盒产品共十支，因此，称为十条鱼。"②

没想到亚都公司推出的十条鱼系列保健饮品是"螳螂捕蝉"，多灵多公司总裁朱幼农是"黄雀在后"，上演了一场经典商业案例。

多灵多公司总裁朱幼农原是亚都公司副总裁，朱幼农是军人出身，当过团级干部，精通商业推广和营销。他带领亚都公司开拓天津、东北三省的加湿器市场。朱幼农离开亚都公司后，在北京市海淀区注册自己的公司，名为多灵多公司，主打产品就是亚都公司十大发展项目之一的"十条鱼系列保健饮品"。朱幼农重新给它起个名字叫"鱼脑精"，但是朱幼农并没有立即把产品推向市场，他在等待着时机。

二、北京及中关村鱼脑精商战

1993年底，亚都公司正式启动"亚都十条鱼"项目，不久在北京投放上市，取名为"亚都鱼机灵 DHA"，每盒售价 23 元。亚都公司为使"亚都鱼机灵 DHA"一炮走红，投下巨资在北京建立几十家亚都连锁店，还在《北京晚报》等多家媒体连篇累牍地大做"亚都鱼机灵 DHA"广告，亚都公司为使大众尽快尝试该产品在广告中注明凡是执此广告者，可到亚都连锁店免费领取一盒鱼机灵。以《北京晚报》当年的发行量 60 万份计算，亚都公司要为这次活动免费送出近 60 万份鱼机灵。

亚都公司的"亚都鱼机灵 DHA"宣传广告词为："吃了鱼机灵，不吃鱼，机灵！"

亚都公司这项举措起到轰动效应，亚都各连锁店挤满手执广告换鱼机灵的消费者。亚都连锁店有的门玻璃都被消费者挤碎。有的消费者甚至拿出绝活，用一根竹竿上面挂着个塑料袋，里面装满剪下来的广告，递到亚都公司职员面前要求接票取货。有些场面由于太混乱，警察也出面维持制序。这种火爆的局面让亚都公司狂喜，公司上下全都认为鱼机灵的营销计划是成功的，第二个加湿器的神话会再次实现。亚都公司内部刊物《亚都物语》用大量篇幅报道有关鱼机灵的新闻，似乎大量的金钱正要流入亚都公司的钱袋。没想到亚都公司是"螳螂捕蝉"，朱幼农是"黄雀在后"。他的鱼脑精用跟踪营销术打败"亚都鱼机灵 DHA"占领了北京 50% 左右的市场。

朱幼农用营销学的跟踪战术，利用亚都公司花巨资打广告，向人们掰开、揉碎讲清什么是"亚都鱼机灵 DHA"的时候，他推出同类产品"多灵多鱼脑精"。朱幼农详细地研究亚都公司鱼机灵之后，找出"亚都鱼机灵 DHA"在宣传营销中的缺陷。

亚都公司推出的"亚都鱼机灵 DHA"表面上是告诉消费者，吃了这种鱼油，会变得聪明、机灵。可也暗含着谁不聪明、不机灵才买这种鱼油。哪个消费者会承认自己笨、不聪明、不机灵！所以亚都公司"亚都鱼机灵 DHA"被消费者抛弃。

朱幼农的"多灵多鱼脑精"定位在帮助消费者增强大脑记忆功能，补充大脑所需要的养分，消费群偏重学生，受到消费者的喜爱。朱幼农还去电视台、广播电台、学校、街道、社区面对学生家长们演讲，告诉人们小学生考中学、中学生考高中、高中生考大学是很费脑子的，多灵多鱼脑精有补脑功能，还能够增强大脑记忆功能，他利用北京报纸、杂志刊登一些软广告，也就是刊登文章方式宣传"多灵多鱼脑精"。

朱幼农针对北京的鱼油热，还在电视台、报刊等媒体做有关鱼油的科普宣传，向广大消费者解释食用鱼油的好处，最后转到"多灵多鱼脑精"为什么有鱼腥味，他说："'多灵多鱼脑精'是从鱼脑里提炼的所以有鱼腥味。"言外之意没有鱼腥味的是假货。朱幼农的市场定位准确，"多灵多鱼脑精"销售额在短时间内就超过亚都公司"亚都鱼机灵DHA"。

从营销学的角度来看，朱幼农是借亚都公司宣传之势推出自己的产品，"多灵多鱼脑精"是一步高棋。朱幼农这种营销学的跟踪战术十分成功，面对多灵多公司的攻势，亚都公司花费数百万元的广告费，产品的销售额还不如多灵多的一半！

三、史玉柱巨人脑黄金产品的出现

亚都公司与多灵多公司争夺北京保健品市场时，珠海的巨人集团总裁史玉柱也进入保健品市场，推出巨人脑黄金，史玉柱在进行大规模市场调研后，把巨人脑黄金的消费者定位在上千万的学生身上。他还抛弃平面媒体，下大力气在电视上投放广告，在全国各地的电视台播放巨人脑黄金的广告，广告的画面是一架标有巨人脑黄金的大飞机从天上飞过，下面是一大群仰首注目的学生，电视的广告词是"让几亿儿童聪明起来"，也成为巨人脑黄金主要宣传宗旨。史玉柱看得准，宣传攻势猛，很快便占领了中国南方市场，又打入北京市场。巨人脑黄金成为学生的主要保健品，在考大学的学生中间掀起一股使用巨人脑黄金的热潮，也在短时间内成为当时鱼油市场同类产品的佼佼者。

巨人集团总裁史玉柱回忆脑黄金火爆的销售情况时说："巨人脑黄金当年的销售额十分惊人。巨人集团下属的一家分公司，曾经有个月向

当年史玉柱推出的"巨人脑黄金",齐忠摄影。

巨人集团总部上交500万元的销售额款项,成为集团销售脑黄金业绩最差的,让我狠狠地批评了一顿。"由此可见,巨人集团的脑黄金销量是多么巨大。

史玉柱推出的脑黄金,还躲开北京及中关村鱼油厂家的宣传谎言——"从美国阿拉斯加捕捞深海鱼,再从鱼脑中提炼出DHA制成的鱼油产品。"

四、北京中关村爆发内讧,揭开深海鱼油真实的谎言

1998年夏,北京及中关村地区生产鱼油的各公司爆发内讧,宣告鱼油市场的末日来临。起因是北京及中关村十几家生产鱼油的公司在《中国青年报》刊登半版广告,标题为《严正声明》,内容为指责朱幼农的多灵多公司。

朱幼农的多灵多公司马上在第二天的《中国青年报》也刊登半版广

告，标题是《并非严正声明》。大意是："多灵多公司生产的鱼脑精是唯一通过某权威检测的。"多灵多公司这样做是变相地告诉消费者，买鱼油只能买多灵多公司生产的鱼脑精，其他公司的鱼油不能买。

在两个声明刊登后，北京及中关村生产鱼油的公司开始内讧，多灵多公司和亚都公司开始互相攻击。

2003年10月16日，一位参加过生产鱼油的中关村某公司老板谈起当年这场论战时，他说："北京鱼油的内讧是互相揭老底，自毁企业形象，结局是两败俱伤。"

更可怕的是一些在混战中败北的生产鱼油小公司，拿出在保健品市场上仍然活跃的生产鱼油的某些公司购买白洋淀鱼的发票，向外界透露该公司生产的鱼油不是从美国阿拉斯加深海鱼中提炼的，是用白洋淀鱼提炼的，这是最致命的一击。当时中国保健品市场上的全部鱼油产品都不是从美国阿拉斯加深海鱼中提炼的。随着我国保健品市场的规范化，鱼油这种"从美国阿拉斯加深海鱼中提炼"的"真实的谎言"终被戳穿。

这种致命的内讧和揭老底，使消费者对北京市场上的各种鱼油产品产生厌恶和不信任，各种鱼油产品生产厂家销售一落千丈，只得退出市场。

北京及中关村鱼油产品的兴衰历史与史玉柱脑黄金向人们显示出，把鱼油这个最普通的东西炒作成为一个大市场的过程，可以说是一个经典的商业案例。③

参考资料：

①来自《科技之光报》第46期，该资料由齐忠收藏。

②来自亚都公司总裁何鲁敏所著《亚都物语》第151页，该资料由齐忠收藏。

③来自《中关村的故事》第541—549页，该资料由齐忠收藏。

1993 年 6 月 29 日——首家私营科技企业用友公司被试验区认定为新技术企业

一、我国首家私营企业用友公司被试验区认定为新技术企业

1993 年 6 月 29 日，北京市用友公司电子财务技术有限公司（以下简称"用友公司"）被北京市新技术产业开发试验区（以下简称"试验区"）认定为新技术企业，这是我国首家私营科技企业被认定的新技术企业。

1993 年 7 月 11 日，用友公司在中关村奥林匹克饭店召开"私营科技企业座谈会"，海淀区区长王纪平，海淀区副区长、试验区主任王思红（女），试验区副主任赵凤桐，试验区企管部部长邵欣平，海淀区科委负责人孙景仑，北京民协会长纪世瀛，北京民协常务理事著名私营科技企业家张大中、原永民等人参加了座谈会。

海淀区副区长、试验区主任王思红，在会上将"SY0001"认定用友公司为新技术企业证书，颁发给用友公司董事长王文京。

海淀区区长王纪平在座谈会上指出："用友公司加入试验区是海淀

1993 年 7 月 11 日，用友公司董事长王文京在私营科技企业座谈会上讲话。齐忠摄影。

区的一件大事,试验区又一次显示它的试验功能。用友公司进入试验区后,将会享受国务院颁发的18条优惠政策,今后试验区对私营高科技企业成熟一批发展一批。"

北京民协会长纪世瀛在座谈会上指出:"用友公司被认定为新技术企业,标志着政策和观念的重要转变,是中国民营科技史上的重要事件。高科技企业的发展关键在于运行机制不在于所有制,应该淡化所有制问题。"

用友公司董事长王文京在座谈会上指出:"在高科技产业中私营企业大有作为,用友公司作为北京市第一家私营企业批准进入试验区,感到十分荣幸和高兴,是对用友公司的鼓励,对全市私营企业的鼓励。用友公司成为新技术企业后,不仅在税收方面能够享受到优惠政策,更重要的是,它表明私营企业被拦在国家高新技术产业优惠政策大门之外的状况已经被打破,试验区里国营、集体、私营、'三资'各类企业公平竞争的局面已经形成。"

用友公司董事长王文京在座谈会上还指出:"私营企业产权关系明确,劳资关系清晰,企业行为规范,企业内部机制灵活,已经在高新技术领域显示独特的优势。1991年,用友公司销售额突破1000万元,1990—1992年,向国家累计缴税176万多元,在北京市私营企业中名列第二。私营企业科技企业必须上规模、上档次,走产品规模化国际化的道路。否则,我们会停滞不前,最终将被竞争所淘汰。"[①]

二、珍贵历史文献:王文京谈在科技产业中私营企业大有作为

在高科技产业中私营企业大有作为

北京用友电子财务技术有限公司董事长 王文京

1993年7月11日

一、用友公司的创办

1988年12月,由我和苏启强先生合伙创办用友公司,企业前身为

个体性质的财务软件服务社。

1990 年 3 月，转为私营有限责任公司。两个小伙子、5 万元借款、9 平方米租房就是我们当初的起点。

企业创立后，我们一直围绕财经管理的电子化，致力于计算机财务软件的开发与推广。经过四年多的努力，企业现已发展成为我国财务软件行业里最大的一家专业公司。公司现有员工 120 人。四年共研制开发出了 3 个系列 17 个品种的财务软件。并建立起全国性的营销服务网，产品销往全国各地，全国近万家单位由于采用了我公司用友系列财务软件，财会工作甩掉了沿袭千年的算盘账簿，实现了工作方式的现代化。

1989 年，公司产品全年销售额为 40 万元。

1991 年，公司产品全年销售额突破 1000 万元。

1993 年，公司产品全年销售额预计将达到 2000 万元。

1990 年至 1992 年，三年累计向国家交税 170 多万元。在北京市私营企业中名列第二。公司先后被市、区评选为"科技之光"优秀企业和优秀私营企业。

二、用友公司的企业实践与体会

（一）改革开放政策为私营科技企业提供了最好的创业机遇

改革开放给中国社会发展带来了历史性的转折，推动了我国各项建设事业的飞跃发展。正是由于改革开放的政策，才使得我国第一个高新技术产业园区在北京西部诞生，才使得民办科技企业如雨后春笋般创立。正是由于改革开放的政策，才使得"私营企业"四个字写进了共和国的宪法，使得一批又一批立志发展实业的人走向民营科技的创业之路。

1988 年 5 月 10 日，国务院批准在北京设立"北京市新技术产业开发试验区"。

1988 年 8 月 6 日，北京市新技术产业开发试验区在北展剧场召开"北京市新技术产业开发试验区条例"宣讲大会，我们参加了该会。会上宣讲的一系列鼓励科技人员创办科技实业和扶持科技企业发展的政策，当时我们听了激动万分，备受鼓舞。就在这一政策感召下，我们最后下定决心，从国家机关辞职下海，创办了公司的前身"用友软件服务部"。

几年来的经历，我们切身体会到，没有国家改革开放政策，没有北京市、海淀区政府宏观上的政策扶持，我们用友公司作为一个私营企业，特别是在首都北京，不可能创立，更不可能有今天这样的发展。我们自己经常说，我们这一代人是最幸运的，时代提供给我们的创业机会，在我们前几代人身上没有过，我们后几代人也不会有这样的机遇，这个机遇是历史性的。

（二）私营企业能够在高新技术产业里大有作为

私营企业能不能搞高科技？直到现在，社会上仍有一种偏见，认为高新技术只有国家科研机构、大专院校，至少是集体单位才能搞，个体、私营企业规模小、层次低，只能搞便民服务，拾遗补缺，私营企业即使搞了高科技，也成不了大气候。

不可否认，在我国私营经济发展的初级阶段，特别是像我们这样一批作为新中国第一代私营企业，确实存在起点低、基础差的现实，但是由于私营企业产权关系明确、劳资关系清晰、企业行为规范，再加之企业内部机制灵活，随着它的发展，已在高新技术领域显现出特有的优势。就拿我们海淀区几家私企来说，利国电子公司的主导产品卫星通信，无论在国际还是国内都是高、精、尖。科源公司已在原来的科源酒家基础上发展成为我国第一家从事民用轻型飞机制造的私营企业。我公司开发的用友系列财务软件，产品的总体技术水平属国内领先地位，先后三次通过国家财政部评审，国家科委发文向全国推广。其中被誉为"中国第一表"的UFO电子报表软件，经中科院和电子部专家评测，认为是国内同类产品中唯一达到国际先进水平的产品。他们惊叹这样一个与国际同类产品相比毫不逊色的软件产品居然是由一家当时只有二十几个小伙子的私营公司开发出来的。

还拿财务软件这个领域来说，用友公司在这一领域取得初步成功后，后来办的很多这个行业的公司都选择了私营企业的形式，私营企业已在全国商品化财务软件市场中占了 80% 的份额，整个市场已由前几年的几十万、几百万，达到了现在上亿元的年销售额，而且还在保持一个较高速度的增长。

（三）北京发展科技产业最具条件

搞乡镇企业，我们北京不如江浙；搞"三来一补"，我们不如广东；房地产开发也落后于深圳、海南。但搞科技我们就敢说，谁也比不上北京条件好；无论是深圳、珠海，还是上海、南京，这一点已被几年来的实践所证明。

搞高科技北京最大的条件就是人才丰富，而且水平高。在我公司一百多名员工里，大学以上学历占 85%，硕士研究生以上占 15%，很多年轻的科技人员都有很高的学识水平和务实能力。

但条件毕竟只是条件，是一种潜力，不去利用和发掘它，就不能变成优势，不能转变为现实生产力，珠海在大奖有贡献科技人员，深圳最近也在大抓民办科技，更多的地方高薪到北京挖人才，这一点已经引起北京市、海淀区政府部门的警觉，我们作为私营科技企业也很关注这个问题，如果优秀人才给挖了，我们在北京发展科技产业就失去了基础。

（四）私营科技企业期求公平的竞争环境

私营企业像各类民办企业一样，从它诞生的第一天起，就面向市场、面向竞争，私营企业只有在激烈竞争的环境下锤炼成长，才会有真正的生命力。但竞争必须是公平的，否则就会扼杀很多有发展前景的企业。作为一个私营科技企业，我们一直期望诸如新技术企业的优惠政策，作为国家扶持高新技术产业发展的产业政策，不应该区分所有制形式，只要是产业范围内的，都应予以扶持。

我公司这次能作为北京市第一家私营科技企业批准进入试验区，我们感到十分荣幸和高兴，这不仅是对我们用友一家公司的鼓励，更是对全市私营科技企业的鼓励，不仅使我们企业今后在税收方面等能够享受到优惠的政策，更重要的是，它表明私营科技企业被拦在国家高新技术产业优惠政策大门之外的状况已经被打破，各类北京新技术产业开发试验区里国营、集体、私营、"三资"各类企业公平竞争的局面已经形成。

（五）私营科技企业的发展必须上规模、上档次，走产业化、国际化道路

立足科技，发展实业，我们体会要经历5个阶段，或者说5次飞跃，就是："技术、产品、商品、企业、产业、实业"。我们现在的私营科技企业大都顺利完成了前三个飞跃，面临的是难度更大的后两个飞跃，就是要朝产业化、实业化方向发展，要实现这两个飞跃，必须在经济投入上上规模、技术开发上上水平、内部管理上上水准，只有这样，我们才能有更强大的实业基础，才能对社会做出更大的贡献，社会才会给予更大的关注和支持，否则，我们就会停滞不前，最终将被竞争所淘汰。[2]（注：本文来自用友公司董事长王文京在1993年7月11日"私营科技企业发展座谈会"上的发言，齐忠整理编辑。）

三、历史名词解释："三来一补"

1978年7月15日，国务院颁布《开展对外加工装配业务试行办法》，允许广东、福建等地试行"三来一补"，即"来料加工、来样加工、来件装配、补偿贸易"，广东将东莞确定为五个试行县之一。

1978年9月15日，广东东莞太平手袋厂获得国家工商总局颁发的第一个营业执照，编号为"粤字001"，成为全国首家"三来一补"的企业。

"三来一补"是改革开放初期，我国广东、福建等沿海地区吸引外资，为国家赚取宝贵外汇的重大探索。

1. **来料加工**

外商提供全部或部分原材料、辅助材料和包装物料等，必要时提供设备和技术，国内企业则按照合同规定的规格、式样、质量进行加工，产品制造完成后交给外商，收取加工费以外汇形式结算。

2. **来样加工**

国内企业按照外商提供样品的样式、规格和质量要求进行加工，产品制造完成后交给外商后，收取材料费和加工费以外汇形式结算。

3. **来件装配**

由外商提供材料、提供技术或设备，按照外商要求进行装配，产品完成后交给外商后，向其收取装配费以外汇形式结算。

4. **补偿贸易**

由外商向国内企业提供产品技术、设备、专利技术等作为产品项目投资，在产品项目制造完成后，以投资项目产品或其他产品分期偿还投资的本息。在这种形式下，可以引进一些较先进的技术设备，且可增加就业，无须筹措还本付息外汇。

参考资料：

①来自《科技之光报》第 49 期、53 期，该资料由齐忠收藏。

②来自《科技之光报》第 53 期，该资料由齐忠收藏。

1993 年 7 月 2 日——经国务院批准，全国首次民营科技型企业工作会议在郑州召开

一、全国首次民营科技型企业工作会议

1993 年 7 月 2—4 日，经国务院批准，国家科委和国家体改委联合召开的全国首次"民营科技型企业工作会议"在河南省郑州市召开。

全国政协副主席孙孚凌，国务委员、国家科委主任宋健，国家科委副主任惠永，国家体改委副主任王仕元，河南省省长马忠臣，北京市副市长胡昭广，云南省副省长王广宪，山东省政府副秘书长马士俊，中国民协理事长陈绳武，北京民协会长纪世瀛及全国各省、自治区、直辖市民协负责人等领导到会并讲话。

北京民协会长纪世瀛及全国各省、自治区、直辖市民协负责人，北京民营科技企业四通公司总裁段永基、联想公司总裁柳传志、时代公司

第一副总裁王小兰（女）、北大方正公司代表，全国各省、自治区、直辖市的民营科技企业家也在大会上作了发言。

国务委员、国家科委主任宋健在大会讲话，他指出："民营科技事业是我国科技界的一个创举，民营科技企业必须在深化改革中发展壮大，要努力为民营科技企业发展创造环境和条件。"

北京市副市长胡昭广在大会发言中指出："北京民营科技企业是在改革开放的大潮中诞生的，已经成为北京市一支重要的科技经济力量，要抓住机遇，不失时机地发展民营科技企业。"

四通公司总裁段永基在大会发言时说："民营科技企业的实践推动了中国市场经济的进程，成为市场经济体系的基础，民营科技企业还要继续努力，实现'二次创业'的成功。"

联想公司总裁柳传志在大会发言时说："国际化经营和产业化发展，是新技术企业的必由之路。灵活的运行机制，是企业生存与发展的根本保证。"

时代公司第一副总裁王小兰（女）在大会发言时说："时代公司立足于不断创新，成功地运用高新技术产品行销方式，独特的时代公司企业文化，保证了时代公司的高速发展。"①

二、珍贵历史文献：方正公司代表谈国有民营机制意义重大

国有民营机制意义重大

北大方正集团公司

1993 年 7 月 2 日

北大方正集团公司（以下简称"方正公司"）日前拥有核心公司 2 家，子公司 15 家，中外合资企业 4 家。

1992 年，方正公司年销售额 4 亿元人民币。在短短的时间里，公司能够有如此迅速的发展，得益于多年来建立和完善起来的国有民营性质的技、工、贸一体化的管理机制和运行机制。公司能够建立起这样一种

机制，是由我们企业的特点决定的。

方正公司是由北京大学投资创办的高新技术企业，从产权关系来讲，属于国有企业。然而，自企业创建之始，就没有靠行政命令运作，不是以行政手段获取"垄断利润"，而是完全以技术为依托，以市场为导向，遵循市场规律，自主经营、自负盈亏、自我发展、自我约束，这从根本上决定了我们具有民营企业的性质。

经过几年的实践，我们对"国有民营"这一模式有了比较深刻的认识，这一机制本身也在实践中得到逐步完善。我们认识，企业运行机制本身不存在姓"资"姓"社"问题，采用何种机制，要看它是否能够真正解放和发展生产力，要看在这种机制下成长起来的企业是否处理好了国家、集体和职工个人的利益关系。

我们认为"国有民营"和"国有国营"企业都是公有制企业，所有制性质是一样的，但其运行机制却有不同，不管采取何种经费管理模式，只有兼顾国家、集体和职工个人的利益，才是好的、成功的企业。

国有民营的运行机制摒弃了国有国营企业管理中普遍存在的种种弊端，能够充分发挥职工的积极性。在公司发展过程中，我们遵循以人为本、尊重知识、尊重人才的管理哲学，逐步形成一种科学的管理体制和运行机制。与大多数国有国营大中型企业相比，我们所实行的这种管理模式，重视职工的自身价值的体现，年轻人有施展才能的机会，又有效地将每个职工的切身利益与企业整体效益联系在一起，打破了国有国营企业普遍存在的"大锅饭"，最大限度地发掘出员工的工作积极性和工作潜力。这是我们企业在短短几年内高速发展的一个重要因素。

方正公司的国有民营机制成功的运行实践，对于转换国营企业的经营机制，提高企业的整体管理质量，具有重要意义，我们希望在向各兄弟企业学习优秀管理经验的情况下，不断完善国有民营企业的运行机制，坚持产业化、国际化、集团化的方向，使企业更快更好地发展，为国家多做贡献。[2]（注：本文是方正公司的代表在 1993 年 7 月 2 日"全国首次民营科技型企业工作会议"上的发言。齐忠编辑整理。）

参考资料:

① 来自国家科委体改司出版的《崛起的民营科技》第 3 页、107 页、172 页、166 页、212 页，该资料由齐忠收藏。

② 来自《科技之光报》第 53 期，该资料由齐忠收藏。

1993 年 7 月 9 日——四通公司与美国康柏电脑公司在中国合资建厂签字仪式在北京举行，实现四通与巨人同行的产业化二次创业规划

1993 年 7 月 9 日，四通公司与全球第二大计算机制造厂商——美国康柏电脑公司，该公司英文名称为 Compaq（以下简称"康柏公司"）——在北京王府饭店举行在中国合资建厂签字仪式。这是康柏公司在全球唯一的计算机制造合资工厂。

国家计委副主任曾培炎、电子部副部长曲维枝、电子部计算机司司长杨天行、康柏公司副总裁林顺福、康柏公司总部企业营运部副总裁莫克尔、康柏公司亚太地区副总裁林发升，时任四通公司董事长沈国钧、总裁段永基及 60 多名来宾与新闻记者参加了签字仪式。[①]

康柏公司是位居全球第二的计算机生产公司，1994 年，全球计算机生产总量为 2800 万台，康柏公司计算机生产总量为 500 万台，占全球计算机生产总量的六分之一。

四通公司与康柏公司合资过程也是一个激烈竞争的过程，电子工业部最初给康柏公司推荐了 7 家企业，没有四通公司。康柏公司与 7 家企业谈了一年半一家也没谈妥。

康柏公司委托了两个顾问公司，都是世界最大的咨询公司。最后两家公司都推荐四通公司。康柏和四通公司只谈了一个月就谈妥了。

康柏公司认为，四通公司的商业理念与康柏公司相同。

1993 年 7 月 9 日，四通公司与美国康柏电脑公司在北京王府饭店举行在中国合资建厂签字仪式。齐忠摄于四通公司宣传资料，该资料由齐忠收藏。

　　四通公司认为，公司与康柏公司合资是"站在巨人肩上"，快速实现公司产业化。

　　四通公司与康柏公司合资建立我国最大的计算机生产工厂，正式在深圳注册成立。该合资厂占地 12 万平方米，员工近 500 人。

　　1995 年，该合资厂月生产个人计算机 4.8 万台，产值 1.5 亿美元。

　　1995 年，产量达到 70 万台。[2]

参考资料：

　　①来自《四通廿年》第 68 页，该资料由齐忠收藏。

　　②来自《科技之光报》1994 年 4 月 4 日第 85 期，四通公司总裁段永基"论四通集团二次创业（一）"，该资料由齐忠收藏。

1993年7月15日——张大中创办大中音响城，从此创造出中国电器市场

　　导读：张大中先生创办了北京第二家民营科技企业——大中电器公司，该公司与国美电器公司、江苏的苏宁电器公司、上海的永乐电器公司一起，形成了中国自有的家用电器销售市场，击败了全球最大的家用电器和电子产品的零售和分销及服务集团——美国百思买公司。这是我国改革开放中最光辉的篇章之一。

　　2011年2月22日，百思买中国官方网站正式对外发布公告，结束在中国10年的经营，关闭在中国大陆的9家百思买门店，同时关闭其在上海的零售总部。

　　1993年7月15日，北京著名民营科技企业家张大中先生，在北京海淀区玉泉路51号创办的"大中音响器材城"（以下简称"大中音响城"）正式举行开业典礼。

1993年7月，大中音响城对外宣传画。齐忠摄影。

我国著名摄影家、《中国青年报》摄影记者刘占坤等众多音响爱好者参加了开业典礼，大中音响城营业面积2000多平方米，后来扩大到4000多平方米，汇集了全球各种著名音响器材，当年是我国经营专业音响器材最大的实体店。

一、大中音响城创办过程及对贸、技、工的探索

1982年夏，张大中先生偶然得知，朋友的单位积压了一批电子器件。他本人是个无线电爱好者，发现这些电子器件质量和性能恰好能满足制作音响放大器的需要，就买了几个零件，自行装配一件样品送到商店，没有想到试卖成功。马上又买回100套元器件，把家里的住房腾出来，饭桌改成工作台，一个月后加工完成，一个月内全部销售一空。张大中先生马上又买回200套电子器件开始生产，他兼技术员、操作技工、销售员于一身，从照相制版、电子器件焊接、产品检测等工序全部是一个人干，每天干十几个小时。

为了降低成本，张大中先生用8元钱买来匈牙利信号发射器，改成检测工具。为了买到质优价廉的电子元器件，骑着自行车跑遍了北京所有的电子元器件厂。

1989年1月18日，因业务量增加和国家允许注册私营公司，张大中先生把"张记电器加工铺"重新注册为"北京大中音响有限公司"（以下简称"大中音响公司"），企业所有制为"私营"。在北京西单租下一间仅有10平方米的门市，主要销售音响元器件。公司的成立改变了经营方式，从单纯的生产加工产品，利用批发与零售的差价获得少量的利润，成为向生产与贸易综合性发展，也就是用贸、技、工加速了资金的积累。

1990年，大中音响公司参加北京亚运会工程招标，公司凭借销售、制造、施工、服务等优势，一举中标，成为北京亚运会工程中规模最小的公司，并赢得良好的社会声誉。

1992年，大中音响公司年营业额突破1000万元，是北京西四电器一

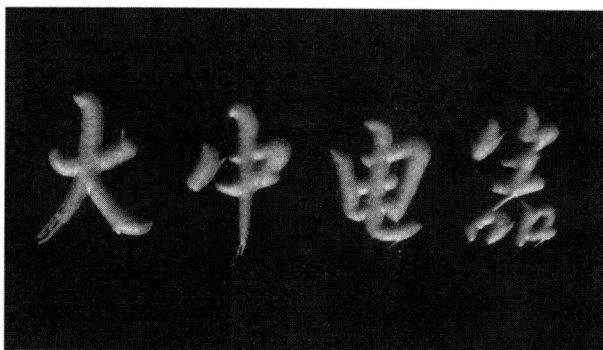

1982 年 4 月 5 日，张大中先生创办的"张记电器加工铺"第一块牌匾。
齐忠摄影。[1]

张大中先生亲手制作的"15W/50W 高保真扩音板"，齐忠摄影并收藏。

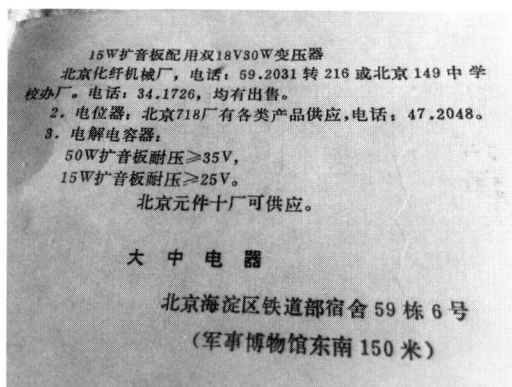

"15W/50W 高保真扩音板"说明书，地址为张大中先生的家。
齐忠摄影并收藏。

条街上的知名企业。

二、大中音响城向电器市场的转变

大中音响城开业以后，由于主要顾客是玩音响的"发烧友"，市场购买人群单一，店内的员工比顾客还多，有时一天的营业额只有几千元。

张大中先生经过反复的考察，决定重新调整大中音响城的市场定位。人们生活水平提高后，对家用电器产品需求量越来越大，家用电器市场会有极大的发展空间。这种经营产品多样化的调整，收到良好的效果。

1992年5月15日，"北京市大中电器有限公司"（以下简称"大中电器公司"）正式在北京工商局登记注册，公司注册资本70万元，企业所有制为"私营"，法人代表为张大中，注册地址为北京市海淀区羊坊店铁道部宿舍59栋6号。[②]

1998年6月，大中电器公司销售额首次突破亿元。并迅速在北京马

位于海淀马甸桥的大中电器市场，齐忠摄影。

甸桥、中央电视塔、西坝河等地开办大中电器公司连锁店。

2000年，开办6家大中电器公司连锁店。

2001年，开办12家大中电器公司连锁店，员工有1200人。

2002年，大中电器公司连锁店营业额达到30亿元。

2003年，开办32家大中电器公司连锁店，占有北京电器销售市场50%的份额，成为北京市最为强势的商业品牌。

2004年，在全国开办68家大中电器公司连锁店，营业额达到64亿元。

2005年，在全国开办近百家大中电器公司连锁店，年销售额超过100亿元，为16000人提供了就业机会。[③]

三、大中电器公司经营理念："顾客永远是对的"

张大中先生在回忆录中写道："每一名员工在入职培训时都会倾听

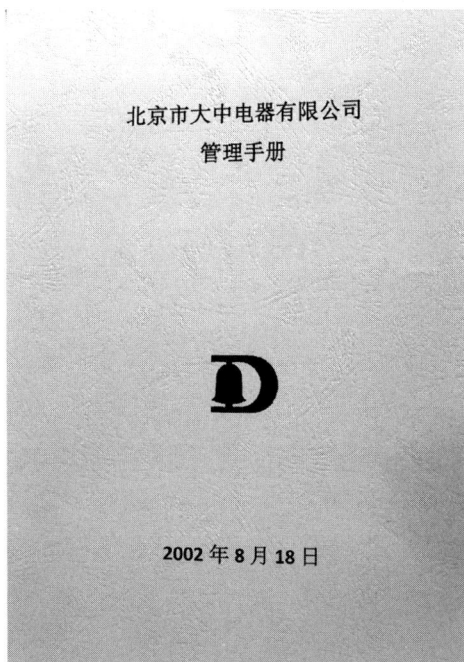

北京市大中电器有限公司
管理手册

D

2002 年 8 月 18 日

大中电器公司管理手册，齐忠摄影并收藏。

一个故事。国外某商店进来一位顾客，拿着汽车轮胎要求退货。虽然这家商店没有经营过轮胎，但是老板还是答应了顾客的要求。老板把这个轮胎挂在店内墙上，指着轮胎告诉员工，这就叫'顾客永远是对的'。"这个故事以生动的方式讲述了大中电器公司的经营理念，让每个员工牢记"顾客永远是对的"。

大中电器公司还推出公司特色"四为主原则"作为经营宗旨，即"售出产品可换可不换的以换为主、可修可不修的以修为主、可退可不退的以退为主、责任分不清的以我为主"。为大中电器公司赢得了良好的声誉。

2002年，大中电器公司所有的连锁店，从董事长张大中先生到普通员工都统一穿着宽大的蓝色马甲，在蓝色马甲后面印有"为您服务我最佳"醒目的字样，代表着大中电器公司的核心服务理念。

四、大中电器公司科学的管理制度

大中电器公司在健康发展的道路上，与公司科学的管理制度分不开。大中电器公司在企业内部推出"北京市大中电器有限公司管理手册"（以下简称"管理手册"）。管理手册有21000多字，分为企业文化、组织结构职能、部门岗位职能、业务流程等部分。对公司各职能部门的责任、财务管理、人力资源管理、销售产品的物流管理等每一项工作都制定出严格的规章制度，使庞大的公司业务人员，上到公司董事会成员，下到公司保安人员都有章可循。[4]

五、大中电器公司年略

2008年12月15日，张大中先生在撰写纪念改革开放三十周年回忆录时写道："30年前，我同所有心怀憧憬的年轻人一样，精力充沛。我渴望生活充实，能对社会有所作为。国家改革开放的政策为个人理想的实现提供了良好的机遇。在周围的人们还在处于犹豫和观望之时，我在自家厨房亲手制作了60台落地灯，换回160元启动资金，从此

2020年10月23日，张大中先生在"庆祝北京·中关村民营科技创办四十周年大会"上讲话。齐忠摄影。

义无反顾地踏上创业之路，我青年时的梦想也在数次的人生飞跃中顺利实现。"⑤

1982年4月5日，北京及中关村著名民营科技企业家张大中先生，用母亲王佩英平反昭雪的抚恤金500元开办了"张记电器加工铺"，企业所有制为"个体工商户"，注册地址为：北京市海淀区羊坊店铁道部宿舍59栋6号。

1989年1月18日，"北京大中音响有限公司"成立，公司法人代表兼董事长为张大中先生，企业所有制为私营公司，注册地址为：北京市海淀区羊坊店铁道部宿舍59栋6号。

1992年5月15日，"北京市大中电器有限公司"正式在北京工商局登记注册，公司注册资本70万元，企业所有制为"私营"，公司法人代表兼董事长为张大中先生，注册地址为：北京市海淀区羊坊店铁道部宿舍 59 栋 6 号。⑥

2002 年，大中电器公司连续 10 年被北京市工商部门评为"重合同守信誉"单位。

2005 年，大中电器公司在全国连锁店总量达近百家，荣获"北京十大商业品牌"称号。

2006 年 6 月 16 日，张大中先生创办"北京大中投资公司"，注册资金 1000 万元，张大中先生任公司法人。⑦

2007 年 12 月 15 日，张大中先生为了进军投资和金融业务，进行资本转换，以 36.5 亿元人民币的价格将大中电器公司全部股份出售给国美电器公司。⑧

2008 年 5 月 28 日，张大中先生纳税 7.2 亿元，其中一次性交个人所得税 5.6 亿元，这项纪录至今无人打破，是我国、北京及中关村民营科技企业的骄傲。⑨

参考资料：

①来自《大中电器》2005 年第 6 期第 6 页，该资料由齐忠收藏。
②来自大中电器公司官方网站。
③来自《大中电器》2005 年第 6 期第 7 页，该资料由齐忠收藏。
④来自《北京市大中电器有限公司管理手册》，该资料由齐忠收藏。
⑤来自《历史的回声时代的见证》第 40 页，《张大中回忆录》。
⑥来自大中电器公司官方网站。
⑦来自"北京市企业信用网"。
⑧来自 2007 年 12 月 14 日国美在香港联合交易所发布的公告。
⑨来自 2008 年 5 月 29 日《京华时报》。

1993年8月8日——京海公司在人民大会堂举办庆祝公司成立十周年大会并举行广源大厦奠基仪式

1993年8月8日晚，北京及中关村著名民营科技企业京海公司，在北京人民大会堂举办庆祝公司成立十周年大会。国家科委、北京市、海淀区、试验区各部门，北京及中关村民营科技企业家，新闻界人士共600多人参加了庆祝大会。

京海公司董事长兼总裁王洪德在大会上发言时指出："京海公司从创建中国第一家民营科技企业的计算机机房公司，经过十年的风雨历程，建起了空调制冷工程、计算机应用工程、生物工程、光学工程、建筑设计装潢装饰工程五大产业，已经成为跨行业、跨地区的多元化高新技术企业集团。"

王洪德在大会上发言中还指出："京海公司完成一次创业目标后，不畏风险，向二次创业的目标，即房地产业、第三产业、金融业拓展，使企业完成产业化、规模化、国际化、股份化，以雄厚的实力迈向二十一

京海公司董事长兼总裁王洪德在大会上发言，齐忠摄影。

1993年8月8日上午9点，京海公司举行"北京职业教育实习大厦"奠基仪式，国家科委副主任李绪鄂（右一）、北京市副市长胡昭广（右二）等人参加奠基仪式。齐忠摄影。

世纪。"①

1993年8月8日上午9点，京海公司在北京西三环中路东侧紫竹院立交桥东北角，海淀区广源闸五号，举行"北京职业教育实习大厦"奠基仪式，国家科委副主任李绪鄂，北京市副市长胡昭广，海淀区委、区政府试验区等部门负责人，京海公司董事长兼总裁王洪德出席了奠基仪式。②（注："北京职业教育实习大厦"现更名为"广源大厦"。该大厦建筑面积55000平方米，占地面积1000平方米。）

1993年9月30日，京海公司与有关方面签订"北京职业教育实习大厦"20年的经营合同。③

1999年9月9日，广源大厦峻工。③

参考资料：

①来自《科技之光报》第52期，该资料由齐忠收藏。

②来自《科技之光报》第 55 期，该资料由齐忠收藏。

③来自王洪德先生回忆录《励炼人生》第 219 页、第 49 页，该资料由齐忠收藏。

1993年8月16日——四通公司股票正式在香港挂牌交易

1993 年 8 月 16 日，四通集团公司（以下简称"四通公司"）下属子公司"四通电子技术有限公司"（以下简称"四通电子公司"）在香港证券交易所正式挂牌交易。这是首家在香港上市的内地民营科技企业，为北京及中关村民营科技企业、国有民营科技企业股份制改造、二次创业探索出一条新路。

一、四通电子公司香港上市集资 1.89 亿港币

1993 年 7 月 30 日—8 月 4 日，四通电子公司向公众招售股票 1.5 亿

1993 年 7 月 30 日，四通公司董事长沈国钧（左一）、总裁段永基（左二），香港联合交易所理事梁定邦（左三）合影。齐忠摄于《四通廿年》。

股，每股作价 1.26 港币，1.5 亿股总计为 1.89 亿港币，其中 10% 是由公司内部职工购买，即 1890 万港币。四通电子公司总股数是 6 亿股，每 5 股送一个认股权证。

1993 年 8 月 4 日，四通电子公司新股认购申请截止时，接到有效申请 2721 份，认购新股数目等于公开发售新股的 42 倍，冻结市场资金 71.07282 港币。

1993 年 8 月 16 日，四通电子公司在首日挂牌交易中，每股收报价为 2.65 港币，比招股价格 1.26 港币上升 120%。

四通电子公司对公司内部职工的分配方法是，上市公司中 1992 年 12 月 31 日以前进入四通公司的正式职工都要分配。

四通公司非上市部门及公司员工不进行全员分配，只对主要干部和骨干进行分配，但股权认证实行全员分配。[①]

四通公司购买股票只要缴纳 10% 的现金，余下的 90% 用公司历年来积累的职工福利基金支付。[②]

二、四通公司探索企业股份制改造的历史

1. 四通公司初期的股份制改造

1984 年 5 月 11 日，"北京市四通新兴产业开发公司"在海淀工商局正式注册成立。当年以印甫盛、某某某、沈国钧、段永基等人为公司筹办人员，最初就有把公司按股份比例分配到每个创办人的设想，但是初创的四通公司财产只有借款两万元启动资金，当时的形式又不允许这样做，所以只能在心里想。

1985 年 1 月 4 日，海淀区政府发布文件，"关于建立北京四通总公司的批复"（以下简称"大四通公司"）。

1985 年，大四通公司成立了"四通同仁基金会"。

1985 年 6 月 5 日，大四通公司重新成立了四通董事会，某某某出任董事长，董事会成员有沈国钧、王安时、万邦达（注：某某某之父）、李文俊（注：四季青乡乡长李文元之弟）。

1988年初，又增加段永基、崔铭山、诸忠（注：某某某之弟）、殷克，不久又增加了王缉志。

1986年5月10日，北京四通集团公司（以下简称"四通公司"）成立，注册资金1亿元。

1986年6月21日，四通公司召开全体员工大会，公司总裁某某某在这次大会上首次宣布，四通集团开始集资入股。他说："要在所有制上有所创造、有所创新，对于企业发展至关重要，并在6月底完成这项工作。"

1986年6月25日，某某某对集资入股这项举措的解释为："在全公司发行股票，其意义决不仅仅在解决公司的资金来源和内部结构问题，而是在所有制改革问题上的一次重大尝试，积极而有益的探索。"

1986年6月25日，四通公司推出有关四通股票的管理规定，并指定四通公司股票由"四通同仁基金会"管理。

2. 1987年四通公司初期企业股份制改造停止

四通公司正在兴致勃勃地探索企业所有制改革问题时，突然遭受重创，四通公司的全部资产被宣布是国家的。

1987年3月13日，海淀区委、区政府派出20多人的工作组，对四通公司相关资产进行调查，调查结论为"从1984年5月成立截至1987年3月，四通公司全部固定资产达到8000万元人民币左右，而历年来四通集团享受的国家税收优惠减免待遇正好为8000万元人民币左右，所以四通公司是集体企业，不是私营企业"。

海淀区委、区政府这个调查结论，虽然否定了四通公司是私营企业，却给四通公司全部固定资产打上"享受国家税收优惠减免待遇"而来的标签。

1987年，四通公司初期股份制的进程停顿，因为四通集团的全部资产被宣布是集体的，私分集体资产是违法的。

3. 吴敬琏提出的四通公司资产白送人的股份制方案

1988年，随着中国改革开放进程的深入，企业股份制成为新的探索，国家体改委把四通公司列入四大股份制改造企业试点之一。

1988 年 4 月 1 日，四通公司再次发行内部股票，发行股票额为 4000 股，每股 100 元共 40 万元人民币。规定股票为记名股票，首次发行股票时没有参加公司的新职工，每人限购 2000 元，老职工已购股票者不超过 2000 元的可以补购到 2000 元。

1988 年 5 月，国家体改委大名鼎鼎的经济学者吴敬琏组成课题组，课题组成员还有中国社会科学院工业经济研究所的刘纪鹏、刘妍、李海建三人，课题组的成员还有周小川、楼继伟等人，后来又吸收了刚从国外回来的钱颖一，课题组主要课题是解决四通公司作为民营企业的股份制改造，帮助设计股份制改造方案。课题组提出了四通公司股份制改造的两大方案。

第一个方案是吴敬琏提出的，主要内容是把四通公司 60%—70% 的资产赠予北大、清华、中科院、海淀区政府，余下的资产量化到四通公司经营者身上。

这个方案现在来看，有悖于企业股份制的原则。可是在当年政治、经济的氛围下是无奈之举。用大量的资产赠予政府和大学，求得政府与社会对四通公司股份制改造的认可，让四通公司经营者也得实惠。

刘纪鹏在《回忆那个激情澎湃的时代》一文中写道："吴敬琏认为企业家在乎的是控制权而不是股份，主张把四通的股份都分掉，给北大、清华一部分，给自己留一部分。"

当时海淀区负责人对这个方案的评价是："按现在的政策将股份分给北大、清华，私人企业家别说分 30%，就是分 1% 他也做不了主，因为这是一个全国性的问题。"

某某某也不同意这个方案，他在乎股份，觉得自己辛苦创办的企业结果就留 30% 非常不公平。

海淀区负责人回忆该事时，他说："任何人对四通公司的财产，赠予政府和大学多少不感兴趣，对四通公司的财产分给个人这件事感兴趣。在当年的政治背景下，哪怕是把四通公司 99% 的财产赠予政府，1% 的财产分给个人，任何政府的领导人对这件事都不会同意的。说白了就是把四通公司的财产留一块钱分给个人，也会引起人们的关注，那一块钱装进了谁的口袋。"

四通公司的领导也认为"进行股份制改造初衷，是将庞大又说不清的企业财产，通过股份制的办法清晰化，绝不是白给任何组织和个人"。所以，海淀区政府与四通公司的领导否决了吴敬琏的方案。

4. 刘纪鹏提出的购买四通公司的股份制方案

刘纪鹏提出新的股份制改造方案，就是老四通公司产权不变，在下面重新构造一个股份公司的子公司，叫"四通新技术产业股份有限公司"。这个新四通公司的股权是清晰的，老四通公司带着它的"儿子"共同出资，再引进外资，组成新四通公司。这个方案是绕着走的，对这个方案课题组其他人也有过很多争论，但最后某某某接受了。在改造老四通公司的时候，四通公司又请来了周其仁，老四通公司的股份制改造也顺利完成了。后来四通公司在香港顺利上市。

5. 四通公司自身的股份制方案

四通公司自身也提出一个企业股份制方案，中心是某某某占四通公司全部股份的50%，这个方案遭到四通公司高层人员的强烈反对。

现任四通公司董事长段永基回忆当年的情景时说："某某某的父亲万邦达、弟弟储忠、他的夫人都在四通公司工作，都是公司董事会成员。如果某某某占公司50%的股份，再加上他的父亲和弟弟、夫人的股份，四通公司的70%的股份都要为万氏家族所占有，这种情况自然会遭到大家的反对。"

四通公司其他有关人员回忆当年股份制改造时说："1988年，某某某的股份制改造方案，实际上是分封诸侯，四通集团大分家前期的财产清算方案。因为某某某已经不能全权掌控四通公司，只好用股份制把公司资产清晰化后，把四通公司分为北京、索泰克、深圳等几大块，由几个人来掌握。"

1989年初，由于四通公司董事会不能如期召开，公司成立了"良性分割"小组。

刘纪鹏在回忆当年情景时说:"这个方案遭到有关部门的反对,某某人是四通公司的股份制改造方案最大的阻力。"他所说的某某人是指原海淀区负责人。

原海淀区负责人回忆当年四通股份制改造时说:"1988年,四通公司某某某和中国社会科学院刘纪鹏等学者,搞公司股份制改造。很多人在写这段回忆录时,总说某某人是四通公司股份制改造最大的阻力,这个某某人就是我。晚上我在食堂请他们吃饺子,我对这些专家学者们说'你们找到一个敏感的公司、做了一个敏感的事情,还是在一个敏感的时期,所以我不能同意四通公司股份制改造方案'。刘纪鹏很有头脑想了半天,他说,'能不能注册一个新公司,用新公司的钱把老公司也就是四通公司给买下来?'我说,'这是个好办法。'"

6. 海威公司事件使四通公司股份制改造再次停止

1989年初,中关村发生海威公司股份制改造事件,使四通公司股份制改造再次停止。

1986年1月12日,科研人员杨传智在中关村创办"海威科学技术服务部",后称为海威公司。该企业为集体所有制企业,注册资金20万元,实际到账只有3万元。这笔钱来自海威公司的上级主管单位北京通用技术研究所。上级主管单位也叫挂靠单位,当年工商局规定开办公司必须有上级主管单位,否则不予注册。海威公司当年的办公地点在魏公村中央民族大学附近。

1987年,当海威公司资产达到66.1万元时,杨传智推出公司股份制改造方案,向上级主管单位通用研究所提出申请,通用研究所又向它的上级北京市信息公司汇报该事,得到上级的批准。

杨传智的股份制改造方案的框架为,把国家历年来给企业减免税的优惠32.3万元,从66.1万元中扣除,保留在公司财务账上不动。余下的33.8万元折成股份分给公司全体职工。公司总经理为12万元股份,副总经理为8万元股份,职工分到1.5万元到几千元的股份。杨传智把公司的产权股份量化到个人后，更名为"海威电气股份有限公司"，正式向工商局申请变更企业名称。

1987年到1988年，杨传智从公司账上提取8万多元现金作为红利分配给公司持股人。8万元在当年是笔巨款，当时科级干部的月工资也就80多元，工人的月工资为60多元。海威公司的股份制模式，虽然是中关村股份制改造的萌芽，但是引起中关村公司老板的关注，他们也按照海威模式进行股份制改造，海淀区委调研室也对海威公司进行过调研，没有提出过什么意见。

新华社北京分社负责财经的记者夏俊生，把海威公司股份制改造事件写成新华社内参。

夏俊生在回忆录中写道："1988年3月29日，总社发了我就中关村出现的第一家私人股份公司——海威电气股份公司的成立情况写的内参。后来听说因为当时的国务院领导对我写的内参有批示，国家体改委派人到海威公司进行了调查。但国家体改委的调查是否是由领导批示了我的内参引起的，领导对我写的内参是怎样批示的，到现在我也不清楚。"③

1989年初，国务院发展战略研究中心的赵林如，根据国务院有关领导人的批示，到北京市海淀区做海威公司股份制改造事件的实地调研工作。

不久，赵林如完成股份制改造事件调研报告，把这份调研报告上报某部门、某有关部门。

时任某部门负责人批示是"可以试验一下"。

时任有关某部门负责人批示是"坚决制止这种私分集体财产的行为"。

海淀区委、区政府领导决定按有关某部门负责人的指示办理，停止海淀区集体企业的资产，折股到职工个人名下的股份制改造，要求杨传智和海威公司职工退回分红所得，四通公司股份制改造再次停止。④

三、四通公司在香港上市的启动与过程

1991年初，毕马威公司老板何潮辉，找到四通公司总裁段永基，建议四通公司在香港上市，段永基坚决支持并做出部署，成功地使四通公司在香港上市。

1991年4月，北京四通集团公司开始构思公司上市工作。

1992年7月，全面展开四通公司上市工作，以北京四通公司下属子公司"四通电子技术有限公司"（以下简称"四通电子公司"）为主，四通公司在内地的三家下属企业资产装入四通电子公司在香港上市。

四通公司聘请香港百富勤投资公司，香港胡、关、李、罗律师行，毕马威会计师行等7家上市相关企业，为四通公司在香港上市的司法、会计、审计等工作服务。以香港百富勤公司最为著名，四通聘请这些公司的费用高达数千万元。

1988年9月，香港百富勤公司诞生，筹建人是梁伯韬、杜威廉。

1993年，百富勤公司拥有240亿港币资产。梁伯韬以协助内地企业到香港上市而闻名，被称为香港"红筹股之父"。（注：香港将内地企业在香港上市的股票称为"红筹股"）

1995年，是百富勤公司鼎盛时期，该公司租下北京京广中心大厦顶层一整层作为驻京办事处办公场地。梁伯韬曾在该地举办有关内地企业到香港上市的讲座，内地上百名企业家参加。

1997年7月，百富勤破产。法国巴黎银行随即入主百富勤，梁伯韬和员工都进入了新公司。

毕马威会计师行是全球三大会计事务所之一，当年驻京办事处办公场地也在北京京广中心大厦。

1991年初，四通公司开始筹备这次上市工作，仅用两年多的时间完成在香港上市，这个速度可称为神速。因为当年社会上对企业姓"资"、姓"社"的观念盛行，民营科技企业的生存环境不是太好，在这种情况下四通能够在香港上市，其过程是艰难的。

1993年，在我国深圳、上海两地上市公司绝大多数都是国有企业，

各省、市对上市名额争夺的相当厉害，被称为国有企业的"救济粮票"，当时北京上市的企业只有天桥百货公司。

为得到国家证监会的批准，段永基请时任北京市市长李其炎出面与国家证监会负责人商谈，会议地点在北京饭店贵宾楼10楼，段永基不好出面只能在1楼等待消息。李其炎市长得到国家证监会负责人的首肯后，通知段永基上来参加会谈，国家证监会负责人幽默地说："今天的事情，老段是主谋。"双方听后大笑不止。

1993年7月30日，是四通电子在香港上市招股书发布的日期。

1993年7月29日晚8点，段永基突然接到相关律师电话，告诉他四通与日本三井公司之间有一份协议必须在30日上午11点之前签署完成，否则上市计划不能通过香港证券交易所的批准。

这时的日本是晚上9点30分，段永基拨通日本三井公司相关负责人的电话，请他帮助解决。负责人回答："公司董事们目前有的在外应酬，有的已经回家可能都睡觉了，这件事99.9%办不成。"

段永基心急如焚，他仍抓住这0.1%的希望给对方做工作，奇迹发生了。

1993年7月30日早晨，日本三井董事会同意三井公司在中国香港的代表签署这份协议。

四通电子公司在香港上市，首先要通过全球三大会计事务所之一的毕马威会计师事务所财务审计。毕马威两男一女三个会计师，到北京大学附属中学的四通仪器公司审计。查看该公司的库存时，女会计师手拿账本一项一项大声念，两名男会计师就在库房一项项的清查，当念到公司库存某元器件900个，两名男会计师在货架上一个个数，最后报数860个，女会计师马上更改公司账上的数字。

段永基回忆四通电子在香港上市过程时，他苦笑着说："四通公司在四季青乡北坞建立的索泰克合资工厂有处房产，面积有几千平方米，这是四季青乡卖给索泰克合资工厂的土地。毕马威的会计师在清查索泰克资产时，不仅亲手用皮尺量，还问我有什么证明这块土地四季青乡有权卖给索泰克合资工厂，后来查到 1954 年《宪法》，才有了合法的依据。"

四、四通公司在香港上市给北京及中关村民营科技的启迪

时任四通董事长沈国钧，对四通电子在香港上市的评价为："四通电子公司在香港上市后，公司市值在 16 亿元人民币左右，使四通公司成为中国内地最大的民营科技企业。"

时任四通公司总裁段永基，对四通电子在香港上市的评价为："四通电子在香港上市，最重要的是打开与国际资本联系的通道，开创了中国内地民营科技企业用'纸'赚钱的先河。"

股份制是现代企业必由之路，四通公司在计划经济体制下，勇敢地追求和探索企业股份制改造的举措，是中国改革开放、民营科技企业股份制改造大道上永恒的铺路石。⑤

参考资料：

①来自《四通人》第 163 期、第 164 期，该资料由齐忠收藏。

②来自《科技之光报》第 53 期，该资料由齐忠收藏。

③夏俊生回忆录《新华社内参及中央领导的批示对中关村改革的推动》。

④来自刘纪鹏回忆录《回忆那个激情澎湃的时代》。1986—1988 年《四通人》合刊、《中关村的故事》第 212—219 页，该资料由齐忠收藏。

⑤来自《中关村的故事》第 220—224 页，该资料由齐忠收藏。

1993 年 9 月 6 日——第二届"科技之光"奖评奖活动启幕

1993 年 9 月 6 日，由北京市科委、北京市科协、试验区、北京民协联合举办的第二届"科技之光"评奖活动启幕，本次评奖活动为推动北京及中关村民营科技企业的发展作出巨大贡献。

这次评奖活动在第一届"科技之光"优秀企业、"科技之光"优秀科技产品的基础上，又增加了"科技之光"优秀科技企业家奖。[①]

1994年9月28日，第二届"科技之光"奖颁奖大会在国际会议中心举行。北京市政协常务副主席、北京民协名誉会长封明为，北京市副市长胡昭广，北京市科委主任邹祖烨，北京市科协副主席张大力，试验区主任王思红，北京民协会长纪世瀛等人出席颁奖大会并作了重要发言。

第二届"科技之光"奖评选出"优秀科技企业"118家，有四通公司、联想公司、京海公司、三友激光图像公司、时代公司、利国电子公司、海威公司、顺义节能研究所等北京试验区及14个郊区县民营科技企业。

第二届"科技之光"评选出"优秀科技企业家"102人，有四通公

1994年9月28日，第二届"科技之光"奖颁奖大会。齐忠摄影。

司总裁段永基、联想公司总裁柳传志等。

第二届"科技之光"评选出优秀科技产品202项，有四通高级排版系统、联想1+1家庭教育电脑等。[②]

参考资料:

①来自《科技之光报》第 57 期，该资料由齐忠收藏。

②来自《北京市第二届"科技之光"优秀奖汇编》，该资料由齐忠收藏。

1993 年 10 月 18 日——理化所成功破译俄制军用飞机"黑匣子"密码，该所科研人员嵇光、徐小宁因破译中受辐射献出宝贵生命

1993年10月18日，中关村民营科技企业——北京市理化应用技术研究所（以下简称"理化所"）科研人员，自行研制开发的"FMC-91飞行数据地面系统黑匣子译码机"（以下简称"黑匣子"译码机），成功破译俄罗斯制军用飞机的"黑匣子"。这也是我国首次破译俄罗斯制军用飞机的"黑匣子"。

1986年，理化所为填补国家这项空白，组织科研人员进行攻关，经过6年终于研制成功英、美制，俄罗斯制匣子译码机。该所科研人员嵇光、徐小宁因在研制工作中受到辐射，英年早逝，献出了宝贵生命。

理化所"黑匣子"译码机的研制成功后，经国家有关部门测试中心检测合格，正式在我国空军定编列装。

多家厂商也在关注"黑匣子"译码机，纷纷提出要购买该技术，中国的台湾厂商出资500万美元，要购买英、美制，俄罗斯制匣子译码机的全部技术。为此国家有关部门负责人作出指示，支持理化所"黑匣子"译码机产品批量化，北京市科委也做出了相应的经济贷款措施。

不久，理化所的上级单位"北京市自然科学院"与解放军空军装备

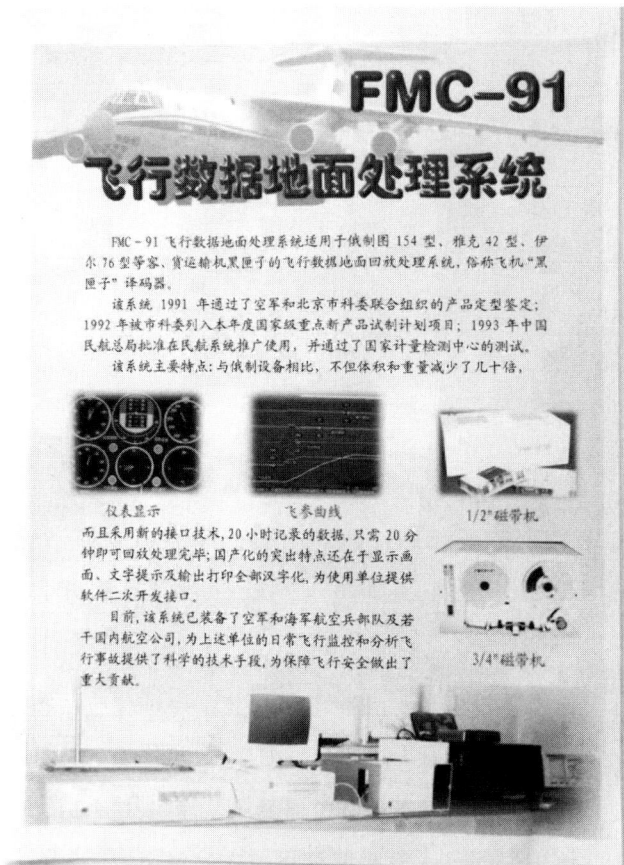

北京市理化应用技术研究所生产的"飞行数据地面处理系统"。照片由纪世瀛先生提供。

技术部举行订货签字仪式，解放军空军装备技术部田绍奇、刘太迟，北京市政协常务副主席封明为，国家科委政改司副司长张景安，北京民协会长、北京市自然科学院院长纪世瀛，理化所试验厂厂长嵇光，总工程师徐小宁出席签字仪式。①

参考资料：

①来自《科技之光报》第66期，该资料由齐忠收藏。

联想 586 微机，齐忠摄影。

1993 年 11 月 4 日——联想推出国内首台 586 微机

　　1993 年 11 月 4 日，联想公司在"1993 联想集团第 16 届技术交流会"，推出该公司自行研制的国内首台 586 微机。该微机配置美国英特尔公司奔腾（Pentium）64 位微处理器，具有工作站超级小型机功能，并且与 386 微机、486 微机完全兼容，比 486 微机速度快 3 倍。联想 586 微机的问世，显示出联想公司向生产计算机领域发展的技术力量与决心。[①]

参考资料:

①来自《科技之光报》第 68 期，该资料由齐忠收藏。

历史名词解释: 微机，286、386、486、586 微机

1. 微机

　　20 世纪 80 年代至 90 年代中期，在我国对个人计算机的称谓十分混乱，因为当年"计算机"重量达到几百千克甚至上吨并且体型巨大，所以人们将重量轻、体型小的个人计算机称为"微型计算机""微机""微型电脑""个人电脑"，或者用英文："个人计算机"（Personal Computer ）的简称"PC机"。20世纪90年代中期以后，随着个人计算机的普及，在我国"计算机"渐渐成为通用名词。

2. 286、386、486、586微机

A. 286微机

1982年2月1日，美国英特尔（Intel）公司推出计算机中央处理器（CPU）"IAPX 286"，又称"80286"，被美国IBM公司广泛用于该公司制造的个人计算机，装有这种计算机中央处理器（CPU）的这种个人计算机被称为"286微机"。

B. 386微机

1985年10月17日，美国英特尔（Intel）公司推出计算机中央处理器（CPU）"80386DX"，装有这种计算机中央处理器（CPU）的个人计算机被称为"386微机"。

C. 486微机

1990年初，美国英特尔（Intel）公司推出计算机中央处理器（CPU）"80486"，装有这种计算机中央处理器（CPU ）的个人计算机被称为"486微机"。

D. 586微机

1991年，美国英特尔（Intel）公司推出新的计算机中央处理器（CPU），并命名为"奔腾"（Pentium）。装有这种计算机中央处理器（CPU）的个人计算机被称为"586微机"。

1993年11月28日——泰山会成立过程及成员和管理架构

导读：泰山会是拥有中国及北京、中关村著名民营科技企业家最多、名人聚集的商会，也是成立最早、最神秘的商会。二十多年来，对泰山会各种臆造、戏说、幻想的有关报道及各种文章层出不穷。《北

京·中关村民营科技大事记》一书，用泰山会珍贵的历史资料，还原泰山会的起源与历史原貌，显示中国民营科技企业家多个领域探索进军的过程。泰山会最伟大的创举，是创办中国民生银行，是"中国民生银行之父"。本文还原中国民生银行创办的历程，展现中国民营科技企业家勇于探索的精神。

一、泰山会的起源与最初的名称泰山产业集团

1993 年 8 月 16 日，中关村四通公司在香港证券交易所正式上市，成为中国最大的民营科技企业。

1993 年 10 月 6 日，四通集团总裁段永基为推动我国民营科技企业的快速发展，提议在全国范围内建立一个上规模，企业资产超过亿元的企业家组成的大型企业集团"泰山产业集团"（以下简称"泰山会"）。如同日本的大型企业会社，为我国民营科技企业在迈向国际化与巨型跨国公司谈判时，创造出一个有利的条件。因为在当年中国的民营高科技企业与资产数百亿美元、年利润上百亿美元的巨型跨国公司相比实在是太渺小。

"泰山"一词就是指资产在 1 亿元以上的民营科技企业家，泰山会就是由这些企业家组成的组织。

参加首届泰山会成立大会暨首届会议成员合影。左起：汤东宁、华贻芳（已故）、胡德平、秦革（已故）、王洪德、陈庆振、汪思远、郑跃文、卢志强、吴明瑜等。照片来自《齐忠中关村电子一条街公司资料库》，版权归齐忠所有。

2021年，在我国资产过亿元的民营科技企业家数不胜数，在1993年，却是凤毛麟角。

二、参加泰山会成立大会暨首届会议成员

1993年11月28—30日，在山东省潍坊市科技大厅505会议室召开"泰山产业集团"成立大会暨首届会议。

四通公司总裁段永基因飞机延误，没有参加会议。段永基是泰山会的发起者，任泰山产业集团董事长等职。

参加泰山会成立大会暨首届会议的成员有：

王洪德，中关村京海公司创始人、董事长兼总裁，后为泰山会成员，泰山产业集团执行副董事长兼总裁。2000年退出泰山会。

陈庆振，中关村科海公司创始人、首任总裁，泰山会成员，后为第二任泰山会秘书长。

秦革，中关村康拓公司创始人、首任总裁，为泰山会成员，泰山研究院副理事长。1998年，康拓公司退出泰山会。2020年1月5日，秦革在北京病逝，享年80岁。

华贻芳，原中国民协秘书长，后为泰山会成员，第一任泰山会秘书长。2005年9月8日，华贻芳在北京病逝，享年74岁。

汪思远，河南思达高科集团董事长，后为泰山会成员。

郑跃文，原江西科瑞公司创始人、董事长兼总裁，现任全国工商联副主席、科瑞集团董事局主席，后为泰山会成员。

吴明瑜，曾任国家科委副主任、国务院发展研究中心副主任等。时任科瑞公司高级顾问，后为泰山会成员、泰山会高级顾问。

胡德平，北京大学历史系党史专业毕业，大学学历。历任中共中央统战部副部长，中华全国工商业联合会第一副主席、党组书记。后为泰山会成员，泰山会领导之一。

卢志强，山东通达经济技术集团公司创始人、董事长兼总裁。现任中国民生银行副董事长，泛海集团有限公司及中国泛海控股集团有限公

司董事长兼总裁。后为泰山会成员，泰山会"光彩集团"领导之一，联想公司第三大股东。

汤东宁，《科技日报》国内部主任。

四通公司总裁段永基的代表，四通公司办公室副主任吴琼（女）。

钱沈钢，浙江通普无线有限公司创始人、董事长兼总裁，因工作原因，在杭州用电话形式参加了会议。

还有其他人士出席"泰山产业集团"成立大会暨首届会议，该会议所有费用由卢志强承担。[①]

三、泰山会初期成员与注册地点及管理架构

1994年4月2日，第二届泰山会年会在珠海举行，参加这次会议的有陈庆振、王洪德、郑跃文、汪思远、胡德平、吴明瑜、华贻芳、段永基、卢志强、秦革、巨人投资有限公司董事长史玉柱、横店集团董事长徐文荣、万源新世纪集团总裁张晓崧、信远控股集团有限公司董事长林荣强等。在这次会议上决定成立泰山会常设机构，在珠海民政局以"泰山产业集团"的名称用社团形式注册，这次年会的所有费用由史玉柱承担。

1994年8月1日，泰山会在北京中苑宾馆听雨轩召开第一次董事会。四通公司总裁段永基在会议上宣布："泰山产业集团今天正式成立。"所以"泰山产业集团"，是泰山会最初的名称。

泰山会有关文件显示：泰山会最初是"中华工商业联合会"，也就是全国工商联批准成立，依法注册的事业单位。在泰山产业集团章程上注明，"本集团自筹资金、自由结合、自主经营、自负盈亏，集团财产归集团成员等额拥有。"

1. 泰山会首批会员

泰山会首批会员有15家企业，并成为董事单位，这15家分别是：

（1）泰山会董事长，四通公司总裁段永基。

（2）泰山会执行副董事长兼总裁，京海公司总裁王洪德。

（注：2000年，王洪德退出泰山会。）

（3）泰山会副董事长，科海公司总裁陈庆振。

（注：1995年，陈庆振被免去科海公司总裁职务，科海公司退出泰山会。2005年，华贻芳去世后，陈庆振出任泰山会秘书长。2009年，陈庆振不再担任泰山会秘书长。）

（4）泰山会副董事长，联想公司总裁柳传志。

（5）泰山会副董事长，横店集团总裁徐文荣。

（注：不久，横店集团总裁徐文荣退出泰山会。）

（6）泰山会副董事长，执行副总裁，山东通达集团总裁卢志强。

（注：山东通达集团现更名为泛海集团，总裁仍为卢志强。）

（7）泰山会副董事长，杭州通普公司总裁钱沈钢。

（8）泰山会副董事长，河南思达集团总裁汪思远。

（9）泰山会副董事长、副总裁，康拓集团总裁秦革。

（注：1998年，秦革退休后，康拓集团退出泰山会。）

（10）泰山会副董事长、执行副总裁，珠海巨人集团董事长史玉柱。

（11）泰山会副董事长、执行副总裁，江西科瑞集团总裁郑跃文。

（注：江西科瑞集团现更名为"北京科瑞集团"，总裁仍为郑跃文。）

（12）泰山会执行副董事长，上海中远公司总裁林荣强。

（13）泰山会副董事长，中发公司总裁陈建。

（注：不久，中发公司总裁陈建退出泰山会。）

（14）泰山会副董事长、执行副总裁，蓝通公司总裁陈志方。

（注：不久，蓝通公司总裁陈志方退出泰山会。）

（15）泰山会副董事长、副总裁，山东三原公司总裁张晓崧。

（注：以上没有注明地域的公司，均为北京公司。）

2. 泰山会顾问

（1）胡德平，时任中共中央统战部副部长。

（2）吴明瑜，原国家科委副主任。

（注：吴明瑜还兼任江西科瑞集团顾问。）

3. 泰山会秘书长

泰山会执行董事兼秘书长为华贻芳。

4. 泰山会初期办公地址

泰山会初期办公地点在蓝通公司总部，北京海淀区中关村大慧寺路19 号二层乙 306。

5. 泰山会初期启动资金

泰山会初期启动资金由各会员单位共同出资 25 万元，作为泰山会办公经费，泰山会各会员单位每年还要上交 3 万元会费。

6. 泰山会初期的管理架构

泰山会在初期的管理架构对新成员的加入不太严格，泰山会在发展起来后对新成员的加入十分严格。

泰山会规定"新成员的加入必须有 2 名泰山会会员介绍，全体成员一致投票通过才能成为泰山会预备成员，1 年后转为正式会员"。

有一次，柳传志介绍我国著名民营企业家、重庆力帆公司尹明善加入泰山会，因有人投反对票尹明善没能加入泰山会，让柳传志很尴尬，他说："我和尹明善都说好了，入会申请表也让人家填了，这个结果让我很难交代。"

有人写道："泰山会入会资格非常严格，每年只批准一家企业入会。"其实这是在写"故事"。

2001 年 9 月 24 日，泰山会正式接纳沈阳和光集团董事长吴力、哈尔滨红太阳集团董事长冯玉良为会员。

泰山会每月出一期内部刊物《泰山通讯》，2008 年，《泰山通讯》停刊。[①]

7. 泰山会年会费用及规定

泰山会的会议分为两种，一种是年会，一种是一般会议。年会每年一次，费用是会员轮流做庄买单。后更改为年会每次由两名会员承担费用。

8. 泰山会的年会

泰山会年会每年只开一次，泰山会初期年会费用是由一名会员承担，会员轮流做庄买单。会议地点在国内名胜旅游地区，康拓公司承办的安徽黄山第七届泰山会会议费用近20万元。

泰山会的中期年会，因在海外著名旅游地区举行，会议费用在40万元左右，每次由两名会员承担费用，会员轮流做庄买单。

2007年，泰山会在塞班岛召开的年会，是由四通公司、联想公司两家公司做庄。

泰山会年会是解决泰山会重大事情的确定，如泰山会新机构的设立，会员之间重大合作等问题。

例如，泰山产业集团的建立，泰山产业研究院的设立，筹办中国民生银行，创办光彩公司，同意对新会员的加入投票等。

泰山会一般会议是解决会员的某种问题，召开的对策会与研讨会，每年以情况而定，大约有3—6次，费用是用会员上交的会费。

2007年6月8日，泰山会在塞班岛召开年会，段永基主持会议（图中）。右为卢志强。照片来自《齐忠中关村电子一条街公司资料库》，版权归齐忠所有。

泰山会规定，会员两次不交会费，两次不参加年会，两次不做庄支付年会费用视为退会。一次不参加年会，交纳一万元罚款。

2007年，史玉柱因筹办公司在美国纳斯达克上市的事，无法参加泰山会年会，他派人送来1万元请假费。

四、泰山会的更名

1999年底，泰山会按照珠海民政局的要求，将原名"泰山产业集团"更名为"泰山产业研究院"（以下简称"泰山会"）。

2000年初，泰山会也对原来的领导架构与成员进行重新认定，以下是重组后的领导架构与成员名单：

1. 泰山会成员名单

泰山产业研究院理事长、四通集团董事长段永基。

泰山产业研究院院长、常务副理事长、联想集团总裁柳传志。

泰山产业研究院常务副理事长、中国泛海集团董事长卢志强。

泰山产业研究院常务副理事长、思奇公司总裁汪远思。

泰山产业研究院副理事长、巨人集团董事长史玉柱。

泰山产业研究院副理事长、天衡集团董事长沈宁晨。

泰山产业研究院副理事长、科瑞集团执行总裁郑跃文。

泰山产业研究院副理事长、康拓集团名誉董事长秦革。

泰山产业研究院副理事长、中远公司总经理林荣强。

泰山产业研究院副理事长、万通集团董事局主席冯仑。

泰山产业研究院副院长、紫光集团总裁张本正。

（注：2005年，张本正退休后，紫光集团退出泰山会。）

泰山产业研究院副院长、万源公司总经理张晓崧。

泰山产业研究院副院长、步步高公司总经理段永平。

（注：步步高公司后来退出泰山会。）

泰山产业研究院副院长、北京万通实业股份有限公司董事长冯仑。

2. 泰山会顾问

泰山产业研究院首席顾问：吴敬琏。

泰山产业研究院顾问：胡德平。

泰山产业研究院顾问：刘吉。

3. 泰山会特邀研究员

光华战略俱乐部副理事长吴明瑜。

全国工商联副主席保育均。

中国民协秘书长陈庆振。

4. 泰山会秘书长

中国科协华贻芳。

五、2007年泰山会企业家成员名单

2007年，泰山会企业家成员名单又有所改变，他们是：

四通集团董事长段永基

联想集团总裁柳传志

巨人集团董事长史玉柱

思奇公司总裁汪远思

科瑞集团执行总裁郑跃文

中国泛海集团董事长卢志强

万通集团董事局主席冯仑

万源公司总经理张晓崧

远大集团公司总裁张跃

信远控股集团有限公司董事长林荣强

复星集团公司副董事长兼首席执行官梁信军

新奥集团公司董事局主席王玉锁

红太阳集团董事长兼总裁冯玉良

天衡集团董事长沈宁晨

泰山会秘书长为原科海公司总裁、中国民协秘书长陈庆振。

以上这份名单，有许多首届泰山会成员没有出现。例如，泰山会执行副董事长兼总裁、京海公司总裁王洪德，泰山会副董事长、横店集团总裁徐文荣，泰山会副董事长、中发公司总裁陈建，泰山会副董事长执行副总裁、蓝通公司总裁陈志方，因为这些人退出了泰山会。[①]

六、泰山会是"中国民生银行之父"

1. 泰山会筹办中国民生银行

1993年11月28日，在首届泰山会议上，许多企业家在发言中对企业的发展充满信心，但是对企业资金的来源十分头痛。因为银行贷款对国有企业很大方，对民营企业用戒备的心态来对待，使民营企业很难得到贷款。大家认为应该创办一家民营科技企业自己的银行，解决企业发展资金短缺的问题，委托江西科瑞公司总裁郑跃文主要负责筹办这件事。

郑跃文，男，1962年1月出生于福建省罗源。1985年，毕业于江西财经大学工业经济管理专业，金融学博士。曾任第十三届全国政协常

1994 年 11 月 25 日，科瑞公司董事局主席郑跃文留影。照片来自《齐忠中关村电子一条街公司资料库》，版权归齐忠所有。

委、委员，全国工商联副主席。郑跃文为人谦和，熟知企业经营之道。

1992年7月，郑跃文、任晓剑、彭中天、郭梓林和吴志江等创办民营企业——南昌科瑞公司。历经20多年的发展，科瑞公司已成为一家具有相当规模、拥有出色的战略投资管理团队，以国际化战略为导向的专业性投资集团公司，投资领域涉及制造业、矿产、地产和金融等行业。科瑞集团公司总部位于北京，在上海、江西、江苏、辽宁、吉林和香港等地设有机构。

1994年至1995年，郑跃文出任中国民生银行筹备组副组长。

1993年12月28日，郑跃文负责起草的申报组建银行的相关文件全部完成，送交全国工商联。该文件的主要内容为："民营高科技企业及民营企业已成为国民经济重要的组成力量，但是急需发展资金。应该成立一家专门为民营企业提供发展资金和贷款的民营银行，国家如果批准成立民营银行，所需要的全部资金由民营企业家提供。"

2. 中国民生银行批准建立的过程

1994年初，在国务院举办的新春联谊会上，全国工商联主席经叔平，将该文件正式递交给国务院副总理、主管金融工作的朱镕基。当年我国已经进入清理企业"三角债"的金融紧缩阶段，国家是否能够批准，谁心里都没有底。没想到这件事得到朱镕基副总理的大力支持，他亲笔批示"可以试一下"。

3. 筹办中国民生银行的资金来源

1994年1月12日，全国工商联在北京竹园宾馆召开银行筹备会议。在这次会议上，全国工商联筹集到300万元筹办中国民生银行的启动资金。这300万元启动资金是以12个企业股，每股25万元筹集的，泰山会成员占8股按时如数到位。它们是四通公司、京海公司、科海公司、康拓公司、通达公司、科瑞公司、中远公司、巨人公司。

4. 中国民生银行12家发起单位

1994年7月，郑跃文再次向泰山会成员提交创办中国民生银行策划方案。该策划方案名为《中国泰山产业投资有限公司筹备文件》。策划方案主要内容为"中国民生银行发起人为谋办人，除牵头人'中华全国工商业联合会'（以下简称'全国工商联'）外，还有以下12家单位"。

（1）北京京海集团公司

（2）北京科海高技术（集团）公司

（3）山东通达经济技术集团公司

（注：后来该公司更名为泛海集团公司）

（4）珠海巨人高科技集团公司

（5）北京中远经济技术发展公司

（6）河南思达科技（集团）股份有限公司

（7）南昌科瑞集团公司

（注：后来该公司更名为北京科瑞集团公司）

（8）杭州通普电器公司

（9）深圳市总商会

（10）昆明市总商会

（11）四川新希望集团公司

（12）香港新世界股份有限公司

［注：（1）—（8）单位，为泰山会成员］

郑跃文的策划方案中还规定"泰山会创办'中国泰山产业投资有限公司'，注册资金为2亿元人民币。将公司50%注册资金向中国民生银行投资参股，占中国民生银行5%的股份"。

5. 泰山会成员最终入股民生银行状况

泰山会成员最终入股民生银行状况，是一个"万花筒"般的状况，让人眼花缭乱。造成这种结局，有以下原因：

A. 对民营企业家不愿当小股东

全国工商联规定"民营企业家入股中国民生银行，每家不得超过1000万元"，使民营企业家在中国民生银行成为小股东，引发许多民营企业家不满，退出对中国民生银行的入股，科瑞集团公司就是一例。

B. 泰山会成员资金不足

1995年，有些泰山会成员因面临企业亏损资金不足等原因，无法入股中国民生银行。例如，1995年，联想公司因企业亏损，京海公司、科海公司也因自身原因无力入股中国民生银行。

C. 入股中国民生银行遭到上级主管反对

对入股中国民生银行这件事，有的企业上级主管强烈反对。例如，泰山会成员康拓公司在当年经营状况很好，公司总裁秦革赞成入股中国民生银行，遭到康拓公司上级主管502所领导极力反对。

秦革回忆当年的情景时说："502所领导为反对企业入股中国民生银行，召开一个由党、政、工、青、妇、财务、审记等502所领导全部参加的会议，参会的有20人，19个人对我一个人'开炮'，表示反对入股。我再三表示，1000万元入股资金由康拓集团出，赔了是康拓公司的，赚钱是502所里的。他们就是不听，还说风凉话，什么所里有的是钱，这世界骗子多。我浑身是嘴也说不过19个人。2000年12月19日，中国民生银行上市了，开盘价为20元一股。当年要是以1000万元入股中国民生银行，就是有1000万股，价值2亿元人民币，康拓公司多后悔。"

1996年1月12日，中国民生银行正式成立。

2000年12月19日，中国民生银行A股在上海证券交易所公开上市。

2009年11月26日，中国民生银行的H股在香港证券交易所挂牌上市。

2018年，中国民生银行名列《财富》世界500强排行榜第251名。

2019年，在中国民生银行官网，公布的董事名单中有中国民生银行副董事长卢志强、董事史玉柱两名泰山会成员。

泰山会创办中国民生银行的光辉业绩，是中国民营科技企业家在改革开放中永载史册的重要探索篇章！

七、泰山会创办中国泰山产业投资有限公司与光彩投资公司

1996年9月27日，上午10点至下午3点，"泰山产业投资有限公司"

首届股东会议，在北京四通大厦十一楼会议室举行。为引入中国光彩事业促进会的投资，创造更好的经营氛围，"泰山产业投资有限公司"更名为"光彩事业投资管理有限公司"（以下简称"光彩公司"）。

光彩公司是泰山会成立的重要公司之一，公司初期注册资金为1亿元人民币，最初的办公地点在北京饭店8层。

光彩公司最初的原始股东，出资情况为：

1. 山东泛海集团公司出资5500万元，占光彩公司55%的股份。

2. 中国光彩事业促进会出资1500万元，占光彩公司15%的股份。

3. 深圳海商投资发展有限公司出资1000万元，占光彩公司10%的股份。

4. 北京中远经济技术开发公司出资500万元，占光彩公司5%的股份。

5. 南昌科瑞集团公司出资500万元，占光彩公司5%的股份。

6. 中国乡镇企业投资开发有限公司出资500万元，占光彩公司5%的股份。

7. 四通集团公司出资100万元，占光彩公司1%的股份。

8. 联想集团公司出资100万元，占光彩公司1%的股份。

9. 北京京海集团公司出资100万元，占光彩公司1%的股份。

10. 北京康拓集团公司出资100万元，占光彩公司1%的股份。

（注：后退出）

11. 珠海巨人高科技集团公司出资100万元，占光彩公司1%的股份。

光彩公司领导架构为：

泛海集团公司董事长卢志强，任光彩公司法人代表董事长兼总裁。

四通集团公司总裁段永基，任光彩公司名誉董事长。

时任全国工商联党组副书记、副主席，中国光彩事业促进会常务副会长，后来出任中共中央统战部副部长、中华全国工商业联合会党组书记的胡德平，任光彩公司监事会监事长。

时任深圳市政协副主席、秘书长，中国光彩事业促进会深圳分会执行会长廖军文，任光彩公司监事会副监事长。

光彩公司聚集财富的速度惊人，据21世纪网、金融界网站报道，"1998年，光彩公司通过增资扩股，注册资金增至5亿元人民币，净资产达10亿元人民币，同时更名为'光彩事业投资集团有限公司'（以下简称"光彩事业"）"。

1998年底，通过股权置换，光彩事业取代深圳南油集团，成为上市公司南油物业第一大股东。

1999年7月，深圳南油集团更名为"光彩建设"。

光彩建设在北京投资12亿元，开发的光彩国际公寓，总面积约16万平方米，作为京城售价最高的公寓之一。

泰山会为会员建造了良好的生存、发展环境。外人无法得知泰山会这种操作机密。但是，从泰山会会员"泛海集团"发展历程就可以看出这种纽带的作用。

1994年，泛海集团前身只是山东通达集团，不到20年的时间内，摇身成为涉及北京地产、投资等多项领域的巨型公司泛海集团。

2009年9月8日，泛海集团出资27.55亿元人民币，收购联想控股29%股权，成为联想公司第三大股东。

八、泰山会年略

1993年11月28日，在山东省潍坊市科技大厅505会议室召开"泰山产业集团"成立大会暨首届会议。

1993年12月28日，泰山会委托会员郑跃文负责起草的申报组建银行的相关文件全部完成，送交全国工商联。

1994年至1995年，郑跃文出任中国民生银行筹备组副组长。

1994年初，在国务院举办的新春联谊会上，时任全国工商联主席经叔平，将创办中国民生银行文件正式递交给国务院副总理、主管金融工作的朱镕基。

1994年1月12日，全国工商联在北京竹园宾馆召开银行筹备会议。

泰山会相关历史资料，齐忠摄影并收藏。

在这次会议上，全国工商联筹集到300万元筹办中国民生银行的启动资金。这300万元启动资金是以12个企业股，每股25万元筹集的，泰山会成员占8股按时如数到位，它们是四通、京海、科海、康拓、通达、科瑞、中远、巨人公司。

1994年4月2日，泰山会在珠海民政局以"泰山产业集团"的名称用社团形式注册。

1994年7月，郑跃文再次向泰山会成员提交创办中国民生银行策划方案。该策划方案名为《中国泰山产业投资有限公司筹备文件》。策划方案主要内容为"中国民生银行发起人为谋办人，除牵头人'中华全国工商业联合会'外，还有以下12家单位"。

1994年8月1日，泰山会在北京中苑宾馆听雨轩，召开第一次董事会。

1996年9月27日，"泰山产业投资有限公司"首届股东会议，在北京四通大厦十一楼会议室举行。为引入中国光彩事业促进会的投资，创造更好的经营氛围，"泰山产业投资有限公司"更名为"光彩事业投资管理有限公司"。

1999年12月，泰山会按照珠海民政局的要求，将原名"泰山产业集团"更名为"泰山产业研究院"，这个名字一直沿用至泰山会解散。

2003年11月28日，泰山会出版"泰山会十周年纪念册"。

2017年初，泰山会创始人、四通集团公司董事长段永基退出泰山会。四通集团公司董事长段永基此举引发泰山会的解散。

九、珍贵历史文献:《泰山会成员公约》

泰山会成员公约

2006 年 8 月

一、总则

本会名称：泰山会

中国改革开放造就了一大批民营企业的精英。他们具有大视野、高境界、新思路，通过艰苦创业，打造出独具风格的大型、特大型企业。民营企业的发展，推进了改革开放，成为中国经济发展的中坚力量。泰山会就是为这样一群志同道合、情趣相投的民营企业家提供联谊、交友、休闲、娱乐的平台。

十多年的成长发展证实：泰山是高度，泰山是气魄，泰山是境界。泰山在切磋民营企业管理与发展，推进成员企业成长壮大等诸多方面，发挥了积极的作用。

泰山会秉承"敬业、爱国、守法"的根本原则。

泰山会的主管单位是中国民营科技实业家协会。

二、宗旨

泰山会的宗旨：联谊、自省、互助、共进。

泰山会主张每个成员关心国家大事但不越位；经营上交流互助但不强求合作；理念上百花齐放而不强求统一 。

三、结构

泰山会成员称会员，会员大会推选会长。

交纳会费的会员为理事，理事会推选理事长。

理事会聘任秘书长，由秘书长组建精干的办事机构。

理事会选聘国内有影响的热心泰山事业的人士担任顾问。会长、理事长、顾问、秘书长每三年调整一次。

四、成员

（1）入会条件：有一定规模实力，省级以上知名度；诚信从业，本人和企业无明显不良记录；成员间和谐相处。每年接纳人数不超过1人（退出不补额）。

（2）入会手续：申请人须递交本人签报并有两位会员推举介绍的书面申请书，由会长或理事长面谈，经理事会审查讨论通过，方能成为预备成员，预备期为一年。预备成员当年即开始交年费3万元，并列席泰山各项活动。

（3）会费：正式成员和预备成员每年需在当年6月30日前交纳本年度会费3万元，在此日期前，办公室将提前通知到本人2次。特殊情况会员（且有10年以上会龄），可由本人提出申请，经泰山会讨论同意，象征性交纳会费1000元，继续保留其会员资格。

（4）请假：正式活动（由理事长、会长、秘书长共同确认的活动和会议）如不能参加，需交请假费1万元；能参加活动但临时受阻不能准时到会的成员，应在活动开始前通知办公室，否则需交纳1000元罚金。请假费和罚金专款专用。

（5）退会：本人申请提出退出泰山会，由秘书长通告全体会员后即可履行退会手续；无故2次不参加正式活动即视为自动退会；无故2年内不交纳会费即视为自动退会。

（6）除名：经全体会员一致要求，除名；触犯党纪国法被审查，即时停止其会员资格。

五、活动

泰山会活动分：泰山全会（泰山会）、泰山理事会、泰山专题会等。泰山全会参加人员广泛，以联谊、娱乐为主；理事会参加人员为泰山理事，以研究内部事务；专题会为形势报告等，参加人员根据情况确定。

理事会会议由常设主席（理事长、会长）和轮值主席（承办者）共同主持；由两位企业家成员共同承办（按照成员姓氏拼音排序），总经费预算 40 万元，每位成员各出 20 万元（特殊情况时另行商定）；由办公室协助办理活动安排。

秘书长提前将活动方案提交每位会员征求意见，活动方案确定后提前 2 个月向各位会员发出通知，特殊情况需要变动时间或地点时，应及时告知。一旦确定，不得随意变更活动时间和地点。

六、经费

经费来源：理事会费。

开支：本着精简节约的原则，用于本会活动，购置必要的设备、资料，办事人员工资，通讯、差旅和其他日常费用。

理事会负责经费收支的监督与审计。本会的财产归全体成员共同所有。

七、附则

表决规则：每次表决会须有 2/3 以上理事到会，每次表决须 2/3 以上到会理事（或未到会由书面委托）表示赞成视为表决通过。

《泰山通讯》作为泰山同仁内部沟通的桥梁，每周一期，交流信息，通报情况，发表见解，推介新书好文或在"中国民营科技网"网站设立理事交流平台。

说明：

1. 名称：从"泰山会"始，经"泰山产业集团""泰山产业研究院"，回到"泰山会"，返璞归真。

2. 宗旨：八字方针"联谊、自省、互助、共进"，作为前进的方略，与其完全表述明确，不如简单。既可各得其解，又可以无限扩展。

3. 泰山会结构从简，讲求时效。过去的章程因为考虑上级审批，而不得已套用规定格式。

参考资料：

①来自泰山会出版的《泰山会十周年纪念册》、《泰山产业集团简介》、《泰山产业研究院简介》、《中国泰山产业投资有限公司筹备文件》、《泰山会成员公约》、《泰山会国外工作会议做东时间表》、《泰山产业研究院成员名单》、京海公司创始人王洪德回忆录《励炼人生》第234页、康拓公司秦革回忆录《创业中国硅谷》第144页，该资料由齐忠收藏。

1993 年 12 月 18 日——四通利方公司成立与演变为新浪网的过程，及刘菊芬女士回忆录：四通利方公司与新浪网创办历程

导读：四通利方公司的创办与演变为新浪网的过程，是我国民营科技企业首次进入互联网领域成功的商业案例，四通公司在这个过程中起到了决定性的作用。本文用珍贵的历史文献，呈现出当年真实的历史画卷，向人们展示出我国民营科技企业勇于探索、敢于创新的伟大创举。

一、四通利方公司成立的日期

1993年12月18日，北京四通利方信息技术有限公司（以下简称四通利方公司）在北京市工商局正式注册成立。

四通利方公司注册资金为500万港币。（注：1993年，港币与人民币的官方兑换价格为：1港币兑换1.2元人民币，黑市兑换价格为：1港币兑换1.4元人民币。）

四通利方公司董事长为四通公司总裁段永基，公司董事为四通公司董事长沈国钧、四通公司副总裁刘菊芬（女）。刘菊芬代表股东方面负责指导和协调四通利方公司的各项工作。公司法人代表兼总经理为王志东。公司总工程师为严援朝。公司副总经理为王杰。[①]

王志东等技术人员持有该公司30%的股份，王志东个人持有该公司13%的股份。[②]企业经济性质为有限责任公司，台、港、澳与大陆合资企

1999 年 11 月 5 日，左起：美国英特尔公司总裁戴瑞尔·贝瑞特、四通公司董事长段永基、新浪网总裁王志东在 1999 年《财富》论坛上畅谈。齐忠摄于《四通廿年》。

业。公司注册地址为中关村南一街 4 号中关村第一小学院内。③（注：1993 年，中关村地区的中小学，如北大附中及中关村第一小学、第二小学、第三小学等有大量的空闲房屋，许多公司租赁下来开办公司。）

二、四通利方公司创办过程

1993 年 1 月 14 日，四通公司创始人之一刘菊芬（女）出任四通公司副总裁、技术开发委员会主任。④

刘菊芬上任后，召集开发部、技术管理部的干部和技术骨干们，分析了国内与国外技术、经济、市场、人才诸方面的悬殊差距，最后确立了三个方面项目：

1. 软件：重点是中文技术和应用软件。

2. 一体化专用计算机：面向国民经济信息化市场，重点是一体化

2020 年 10 月 23 日，刘菊芬（女）在庆祝北京·中关村民营科技企业创办
40 周年大会上留影。齐忠摄影。

收款机、计税机、票据处理机。

3. 电子技术与廉价劳力相结合为特色的机电一体化产品，如电子
镇流器、节能灯、控制用电机等。

刘菊芬把第一突破口定为中文技术软件，此后又围绕中文软件讨论
了若干次。大家集思广益，提出了不少大胆的新思路，归纳起来有以下
几点：

1.主攻方向：Windows 中文平台，因当时 Windows 操作系统尚无中文
汉化版本，我们又有中文汉化技术，正是机会窗口。

2.软件产业的特点是产品只有做到业内排行第一才能赚到大钱，我们四通要敢于做中文Windows全中国第一品牌的软件开发和供应商。

3.软件开发不同于一般工程开发，要承认个人天才，有如体育明星之于体育队，文艺明星之于文艺团体。第一品牌的中文平台软件必须由全中国顶尖级的软件专家来开发。那么中国影响最大的DOS中文平台——CCDOS的开发者是严援朝，中国影响最大的Windows中文平台——中文之星的开发者是王志东。我们要做全中国最好的中文平台就要决心把他们请到四通公司来。

刘菊芬在回忆此事时写道："我和开发部、技术管理部，当时主要是王杰、尹绵柏等同志花费了三个月的时间，先找严援朝，后找王志东，先动员他们本人同意，又逐个解决其人事关系、经济关系、法律关系各方面的复杂问题，直到1993年7月，才基本谈定他们能到四通公司来。"

1993年7月，根据和王志东、严援朝商量的方案，刘菊芬（女）正式找四通公司董事长沈国钧、总裁段永基建议成立以Windows中文软件为核心业务的软件公司，并提出要给严援朝、王志东为首的技术人员个人股份。

四通公司董事长沈国钧、总裁段永基得知严援朝、王志东同意来四通公司开发中文平台软件时，非常兴奋，当即同意拨款500万港币成立新的公司。因为当时在内地办公司不能给职工个人股，就决定由刚上市的香港四通电子公司在香港注册一个公司，在香港给个人股，再由香港注册的这个公司与北京四通公司在北京注册成立合资公司，把个人股带到合资公司来。四通电子公司很快在香港买到一家小公司——利方公司（Rich Sight），由香港四通电子注资利方公司，再由香港利方公司与北京四通公司在北京合资注册"北京四通利方信息技术有限公司"。[①]

1992年5月21日，时任方正集团新天地软件公司副总经理兼总工程师的王志东，推出"中文之星1.1版"后，成为计算机软件界的名人。[⑤]

1992年8月，王志东因与方正集团新天地软件公司经营理念不同辞职。

1993年12月18日，王志东进入北京四通利方信息技术有限公司工作。

1983年8月，严援朝研制出DOS中文平台"CCDOS"。"CCDOS"名称来自我国第一台个人计算机"长城计算机"的汉语拼音"Chang Cheng"的两个字首"CC"，合成为"CCDOS"名称。[6]

DOS是早期个人计算机上的一类操作系统，名为磁盘操作系统，英文为Disk Operating System，简称为DOS。

1988年9月，严援朝任保利电子技术公司副总经理兼总工程师。

1992年1月，严援朝任集成电子技术公司董事长兼总工程师。

1993年1月18日，进入北京四通利方信息技术有限公司工作。

王杰，北京大学光华管理学院MBA博士，1993年1月14日，进入四通公司技术开发委员会。1993年12月18日，进入北京四通利方信息技术有限公司工作。

在四通利方公司筹备期间，王志东、严援朝因为自身是科研人员出

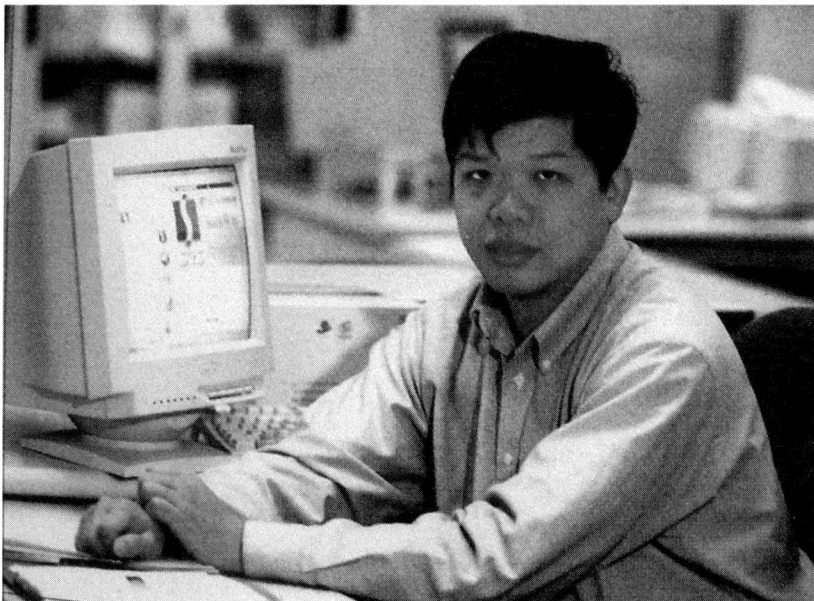

1994年的王志东。齐忠摄于新浪网出版的早期宣传册，该资料由齐忠收藏。

1994 年的严援朝。齐忠摄于新浪网出版的早期宣传册，该资料由齐忠收藏。

1994 年的王杰。齐忠摄于新浪网出版的
早期宣传册，该资料由齐忠收藏。

身，不适合当公司总裁，想请四通打字机发明人，原四通公司副总裁兼总工程师王缉志先生出任公司总裁，并登门相请。

王缉志先生在他的回忆录中写道："由于我已经离开了四通公司，不适合去四通利方公司工作，并请他们参观日本公司送给我的一座人体塑像，告诉他们这座塑像中只画了一只眼睛，是代表我的人生中做出一件大事，再做出第二件大事后，再画上第二只眼睛。"

王志东在他的回忆录中也记载了这件事，他写道："在邀请王缉志先生无果后，我与严援朝商量，干脆自己出任公司总裁。"

四通公司对于投资500万港币，创办四通利方公司并且给王志东等人公司股份这件事，操作过程中也是十分慎重，对王志东等人的性格、爱好、弱点等方面进行深入调研。

三、四通利方公司早期的产品与效益及公司状况

1994年3月26日，四通利方公司在新世纪饭店召开"利方多元系统

1994年3月26日，四通利方公司召开"利方多元系统支撑环境（Windows）技术交流会暨测试版发布会"。这是四通利方公司推出的第一个产品。齐忠摄于《四通廿年》。

支撑环境（Windows）技术交流会暨测试版发布会"。这是四通利方公司推出的第一个产品。[⑦]

1996年，四通利方公司重点产品为"Rich Win"计算机软件产品，1996年该产品销售额为481万元，出口创汇19万美元。

1996年，四通利方公司技、工、贸总收入为481万元，工业销售产值143万元，技术服务收入203万元，税费10万元，出口创汇160万元。

1998年，公司力争实现产值1.05亿元，税费60万元，税后利润960万元，创汇1200万元。

1996年，四通利方职工人数为50人，管理人员10人，技术人员28人，营销人员12人。[⑧]

四、四通利方公司首次获得国际风险投资的过程

1. 四通利方公司首次获得国际风险投资数额

1997年10月5日，四通利方公司首次签订了引进国外风险投资合同。美国华登公司投资300万美元，美国艾芬豪公司投资200万美元，

新浪网董事会成员，左起：四通公司董事长段永基、华登投资公司董事长陈立武、趋势公司总裁姜丰年。齐忠摄于新浪网出版的早期宣传册，该资料由齐忠收藏。

美国 RSC 公司投资 150 万美元，共计 650 万美元，增强了四通利方公司研发与市场竞争力。

2. 1996 年四通利方公司资金短缺的煎熬

刘菊芬回忆四通利方公司在 1996—1997 年因资金短缺倍受煎熬时，她写道："四通利方公司由一个不知名的小公司逐步成长为拥有知名品牌软件和网站的国内著名 IT 企业。随之而来的是由于产品开发和市场开拓，造成公司资金方面越来越紧缺，当时申请了火炬计划贷款 600 万元，技术改造计划贷款 2000 万元，虽得到科委、经委批准，但银行一听说是软件、网站业务，都怕风险不愿贷款。我和当时四通利方公司经理班子讨论起这个问题时，大家都是忧心忡忡，怎么办？我记得严援朝开会每每只说一个字——'熬'吧。"

3. 四通利方公司首次获得国际风险投资的过程

刘菊芬回忆四通利方公司首次引进国外风险投资时写道："1995 年 11 月初，我在国家科委工作时的老领导吴明瑜同志给我打电话，说有个项目找我谈谈，能否与四通公司合作，实际上这项目是他一个好朋友的儿子冯波的项目。就这样我认识了冯波先生。"

1995 年 11 月下旬，我到美国拉斯维加斯计算机展览会（Comdex）看了他的项目，发现这个项目并没有实用性，但通过这件事却了解到冯波所在的公司是美国投资银行（"Robertson，Stephens & Company"）（以下简称"RSC 投资银行"），也是美国硅谷地区著名的投资公司，专门为新生的技术创新型公司进行融资服务，当时他们已为 60 多家公司融了资，他让我看的项目也是 RSC 投资银行投的。我立即与冯波从拉斯维加斯计算机展览会（Comdex）赶到旧金山访问了 RSC 投资银行董事长罗伯森（Robertson）先生，向他讲述了四通公司与四通利方公司的故事，罗伯森先生热情地把我请到他家里，他说就喜欢这种有故事的公司，虽然他没做过中国项目，他会派冯波带人到四通公司去看看有没有可做的事情。

随后冯波先生就带着 RSC 投资银行的投融资专家麦克·何先生和

马克先生（Mark Fagen）去四通公司考察，马克先生后来成为新浪网的CFO也就是财务总监。他们来到四通公司后，段永基总裁表示热烈欢迎。经过一番调查、接触，他们很快认定四通利方公司是一个非常典型的技术创新型小公司，愿意为其进行融资服务，并与之签订了国际融资服务合同。

1996—1997年，对于四通利方公司是不平凡的，公司一方面继续进行技术开发和市场拓展，备受资金困难的煎熬，另一方面接受RSC投资银行专家们咨询服务，实际上是在他们指导下对公司进行脱胎换骨的改造。

首先是经营理念的改变，RSC投资银行的专家指导和协助四通利方公司调整和规划未来三年商业发展计划、产品技术发展计划、产品和市场竞争策略。在这个过程中四通利方公司的管理层与RSC投资银行的专家产生过激烈的理念冲突，RSC投资银行专家认为公司的商业发展计划和产品技术发展计划要有强烈的聚焦点，我们则强调在中国生存就应该什么都能干，不但平台软件、应用软件能干，而且系统集成，甚至硬件销售也都能干。

双方争论激烈到谈不下去了，四通利方公司负责人去找段永基总裁讨论，段永基总裁说："你们不是要融美国人的钱吗？那就先按美国人说的办吧！"四通利方公司负责人一边按RSC投资银行专家的意见分析制订商业发展计划和产品技术发展计划，一边慢慢理解和接受了他们的理念。

更大的考验是调整公司的组织结构，使之适应未来规范化的较大规模的发展。当时四通利方公司很小，才30多人，技术、销售、财务、人事都是总经理王志东一个人管，RSC投资银行专家认为这些事应该由主管副总和总监管，总经理应负责管理副总和总监。调整公司结构说起来容易，做起来难。公司把市场、人事、财务交出去就够不放心了，尤其要把整套"Rich Win"软件的源代码交出去，对于技术出身的王志东来讲比要命还难。经过相当激烈的思想斗争，王志东才同意了这一番调整。

四通利方公司融资推介书的编写也费尽了周折。RSC 投资银行把当年红极一时的美国网景通信公司（Netscape）的上市招股书作为模板，交给我们"仿造"。看上去很简单的事情，可是翻来覆去，写完改、改完又改，前前后后五六个版，冯波还是不满意。在电话会议中，双方发生激烈的争执。后来冯波要求我们把推介书中所有的"最""非常""大量""深受""喜爱"之类的虚词，用翔实的数字代替，量化不了的就干脆取消。更甚的是，他强迫我们把四通利方公司的弱点、面临的竞争和行业的风险不打丝毫折扣地详详细细地描述出来，向美国网景通信公司（Netscape）的招股书那样，放在了推介书的最前面。这是四通利方公司在诚信方面上的第一课。

在 RSC 投资银行专家指导下又进行了下述工作：

（1）制定吸引人才和激励人才机制，编制 Option（期权）计划，制定有关服务协议、保密和不竞争协议。

（2）编制国际融资推介书和路演提纲。

由 RSC 投资银行专家带领四通利方公司管理层与有意向投资的国际投资机构进行了融资路演，到美国、中国香港二十多家投资机构发放推介书，根据路演提纲推介四通利方公司和表明融资意向。

（3）设计国际融资的投资结构和法律结构。

（4）由 RSC 投资银行组织四通利方公司管理层及股东会与有意向投资的国际投资机构进行融资谈判，聘请律师起草融资合同，组织各方律师共同洽商，最后使各方达成协议。

1997 年 10 月 5 日，最终签订了融资合同。

以上各项事宜今天看起来都是天经地义的，但是在 1996 年、1997 年，四通利方公司作为国内第一家国际融资的高科技公司，全都是吃第一只"螃蟹"的事，困难重重，但是四通利方公司得到了各方面的很多援助之手，尤其是 RSC 投资银行。四通利方公司路演过程中，最担心的是美国公司对中国不了解不敢投。RSC 投资银行董事长罗伯森先生首先决定从董事会特别基金中拿出 30 万美元带头投资四通利方公司，又指示

RSC投资银行的投资部研究投资四通利方公司，RSC投资银行是个投资顾问公司，他们的主要任务并不是投资，但为了促成此事，董事长自己带头投资。冯波先生和马克先生更是自始至终在第一线运筹操作，作出了巨大努力。冯波还动员他哥哥冯涛所在的艾芬豪公司做了投资人。

RSC投资银行不仅给四通利方公司找来继续发展的宝贵资金，更重要的是把国际高科技公司行之有效的管理办法、激励机制、发展模式、经营理念教给了四通利方公司，对四通利方公司进行了一次国际化的改造，为四通利方公司的发展奠定了良好的基础。

国际融资最困难的是"退出机制"，当时外国资本进入中国后因法人股不能流通和外汇不能自由进出等问题，使资本运作的效益机制不能实现，即使公司赚了钱汇出国外也很麻烦。北京四通集团公司及香港上市公司四通电子公司，提供了香港利方投资公司作为融资平台解决了这个问题。

因为当年只有美国纳斯达克股市懂得高科技股的价值，新浪网只有在那里才能股价较高，为了给投资各方及创始人创造更大效益，融资时就考虑到将来要去美国纳斯达克上市，设计好了将来上市的公司结构，选择了开曼群岛做上市平台。香港四通电子公司为此协助在英属维尔京群岛（The British Virgin Islands）、开曼群岛先后注册了两家公司。可以说没有四通集团及其在香港的上市公司这个依托平台，四通利方公司的国际融资将会麻烦很多。[①]

五、新浪网的成立

1998年12月1日，四通利方公司与华渊资讯公司在北京凯宾斯基饭店召开新闻发布会，宣布两家公司合并创建全球最大的互联网中文网站——新浪网（Sina.com.cn）。

华渊资讯公司董事长姜丰年任新浪网董事长，王志东任新浪网董事兼总裁。原美国网景公司资深副总裁沙正治任新浪网首席执行官（CEO），华登国际投资公司集团高级副总裁茅道临任新浪网首席运营官（COO），

1998 年 12 月 1 日，四通利方公司与华渊资讯公司在北京凯宾斯基饭店召开新闻发布会，宣布两家公司合并创建全球最大的互联网中文网站——新浪网。齐忠摄影。

严援朝任新浪网总工程师（CTO），RSC 投资公司的马克任新浪网财务总监（CFO），汪延任新浪网中国地区总经理，王杰任新浪网中国地区执行副总经理。⑨⑪

姜丰年简介

1957 年，姜丰年，男，出生于中国台湾。

1984—1986 年，姜丰年在美国达拉斯得克萨斯大学学习，获得政治经济学硕士学位。

1990 年，姜丰年创立趋势科技公司，任该公司总裁，趋势科技是一家为大公司提供服务器杀毒软件的国际公司。

1996 年 6 月，成为华渊网的首席执行官。

1999 年 9 月，姜丰年任新浪网联席董事长。

2006 年 3 月，姜丰年辞去新浪董事长一职，任新传集团董事长。

茅道临。齐忠摄于新浪网出版的早期宣传册，该资料由齐忠收藏。

茅道临简介

1985 年，茅道临毕业于上海交通大学计算机系。

1987 年，茅道临获美国斯坦福大学工程经济系硕士。

1993 年，茅道临加入华登国际投资集团，负责华登集团在中国和美国的投资业务，后任华登国际投资集团副总裁。

1998 年，茅道临全力推动四通利方公司与华渊公司的合并，创办了新浪网。

1999 年，茅道临出任新浪网首席营运官（COO）。

2001 年 6 月，茅道临被任命为新浪首席执行长（CEO）。

2003 年 5 月，茅道临辞去新浪首席执行长一职。

沙正治简介

沙正治，男，1950 年出生于中国台湾。毕业于美国加州大学伯克利分校电机工程学，硕士学历。

1997 年底，沙正治出任美国网景公司资深副总裁。

1999 年，沙正治任新浪网首席执行官（CEO）。

1999 年 9 月，沙正治辞去新浪网首席执行官（CEO）职务。

汪延简介

汪延，男，1972 年 5 月出生于北京海淀区中关村 13 号楼，其祖父是我国声学奠基人、中科院院士、中科院声学研究所所长汪德昭。

1996 年，法学学士毕业于法国巴黎大学。

1996 年 4 月，汪延加盟四通利方公司，任国际网络部部长。

1996 年 6 月，汪延参与创办利方在线网站。

1998 年，利方在线成为中国地区最受欢迎、访问量最高的中文网站之一。

1999 年，汪延出任新浪网中国地区总经理。

2003 年 5 月，汪延任新浪首席执行长、董事兼总裁。

汪延。齐忠摄于新浪网出版的早期宣传册，该资料由齐忠收藏。

六、新浪网名称来源

四通公司总裁段永基在回忆"新浪"这个名称来源时写道："四通利方公司与台湾人创办的公司Sina合并后，对方要求名字还要用'Sina'，中文怎么翻译呢？一位同事说：唉，新浪吧。我们听这名字挺好，新浪就这么诞生了。"[10]

七、新浪网创办过程

1997年至1998年初，四通利方公司主营业务又遇到了新问题。美国微软公司为了快速占领中国平台软件市场，招聘了200多名中文软件程序员，以新加坡为基地，对即将推出的计算机平台软件进行繁体、简体中文全面汉化，做到同步推出。

1998年，美国微软公司推出的计算机平台软件视窗98（Windows 98），操作系统就具有中文能力。对四通利方公司外挂式中文平台产品"Rich Win"提出了严峻的挑战，甚至预示着这种中文平台软件的历史使命将要结束。

2000 年，位于北京海淀区万泉庄甲一号的新浪网办公地址。齐忠摄影。

1998 年，四通利方公司网站"利方在线"的异军突起，使四通利方公司看到新的目标，抓住互联网这个新生事物，创办了新浪网。

1996 年，曾在法国留学的汪延找到王志东，商谈以互联网这个新生事物为基础，利用 1998 年将在法国举行的世界杯足球赛为切入点，成立四通利方公司的"利方在线"，不失时机地对世界杯外围赛亚洲区预选赛进行了翔实和快速的报道，让全球华人了解到了中国队的表现。王志东采纳了这个建议，成立了以汪延为首的四通利方公司国际网络部，并引进了汪延、李松波、邓海麟、霍亮等一批较早敏锐看到互联网的重要意义，并立志互联网事业发展的关键人才。

1998 年，中国的网民大约有 100 万人，但他们几乎都是在大型企业或政府部门掌管 IT 网络的二三十岁的男性青年。在那段时间里，这个群体的共同语言莫过于法国举行的世界杯足球赛。

1998 年 6 月 10 日至 7 月 1 日，法国世界杯期间"利方在线"推出了"98 法国世界杯风暴"专栏。"利方在线"与中央电视台、《足球报》、《体坛周报》、新华社等大量传统强势媒体合作，一时间成为互联网上中文信息的集散地。因互联网这种新型的媒体，以它的报纸和电视都不具备的快捷性、互动性、无地域疆界性和海量信息，立即吸引了大量全球华人球迷上网，"利方在线"的服务器一度因访问者太多被挤爆，"利方在线"的点击次数也迅速增加，一些国际国内公司也开始在"利方在线"做广告。法国世界杯为"利方在线"带来了 18 万元人民币的广告收入。

互联网的出现给四通利方公司一个千载难逢的新机遇。能抓住这个机遇创造新的奇迹，除四通利方公司自己的努力，还很大程度上得益于高科技风险投资者。

美国华登公司是一家高科技风险投资公司，是四通利方公司国际融资的领头投资者，作为风险投资基金的管理者和风险投资家，他们一方面凭其学识和经验选择项目做出投资决定，另一方面还负有对所投项目的指导和扶植责任。

美国华登公司派出优秀的管理专家茅道临先生，参加四通利方公司董事会，时刻关心和监督公司的财务状况和业务发展。他特别督促公司对"利方在线"网站项目加大投入，使"利方在线"网站成为中国最大的中文网站，四通利方公司产生了全新的发展机会。

1998年8月，茅道临亲自带着王志东总经理到美国硅谷去寻找新的战略合作伙伴。经茅道临介绍王志东认识了美国华渊公司，该公司也有美国华登公司的投资，是美国最大的中文网站。当时正想向中国发展，为发展网站业务正在进行1500万美元的融资谈判。

在茅道临的促进下，决定中止原来的融资谈判，美国华渊公司与四通利方公司在很短的时间内谈妥了合并条件，还在美国华登公司的帮助下，在合并同时促成新的2500万美元融资，并得到四通公司支持。

1999年4月，合并协议签订，新公司名称为"北京新浪信息技术有限公司"（以下简称新浪网），注册资金为3000万美元。[③]

新浪网从诞生的那天起，就再也没有出现过资金困难，合并后更为重大的举措是为新浪网引进了一支世界级水平的管理团队。

原美国网景公司资深副总裁沙正治，出任新浪网首席执行官（CEO）。茅道临出任新浪网首席营运官（COO），姜丰年出任新浪网董事长，王志东任新浪网总裁，马克任新浪网财务总监（CFO），严援朝任新浪网总工程师（CTO）。这个管理团队完全可以立于世界IT业管理团队之林毫不逊色，为下一步新浪网在美国纳斯达克上市准备了条件。

八、新浪网在纳斯达克上市

2000年4月13日，新浪网在美国纳斯达克挂牌上市，新浪网上市当天每股牌价为17美元。新浪网的上市，为新浪网、四通公司带来巨大的社会效益与经济效益。

四通利方公司以500万港币起家，第一次融资成功后，公司总价值提升到1500万美元，升值23倍。

1999年4月，与美国华渊公司合并后，第二次融资2500万美元，四通利方公司总价值达6963.5万美元，继续升值4.6倍，总计升值106.77倍，新浪网上市前又进行了第三次融资6380万美元。

公司由于有了充足的资金支撑网站业务发展，才使新浪网成为中国乃至全球最大的中文门户网站。

四通公司当初投资500万港币也随之升值到1089.4万美元，提升了16.8倍，此时四通系统几个公司总计在新浪网占股也稀释到15.64%。

因新浪网的七名董事中四通公司只能保留一个名额，所以四通公司总裁段永基出任董事，刘菊芬即辞去董事职务。[11]

九、四通公司为新浪网上市起到决定性作用

从1999年4月，四通利方公司与美国华渊公司完成合并，到2000年4月13日，新浪网在美国纳斯达克挂牌上市，仅仅用了一年的时间。四通公司在这期间为新浪网上市起到决定性作用。

现任四通公司董事长段永基，回忆当年新浪网在美国纳斯达克上市情况时说："当年媒体对我还有一个'中国互联网之父'的叫法，原因是新浪网上市。根据现有的规定与政策，门户网站是不许有外资的，当然不能在国外上市。可是新浪网当时亏损，中国互联网都亏损，中国投资人又不认这种亏损的公司，所以必须到美国上市。到美国上市我们相关政策又不允许，但是新浪创造了一个模型，成功上市了。这个模型是当时的信息产业部电信管理局副局长，后来的联通董事长常小兵帮我们设计的。方案设计完了，报到信息产业部吴基传部长。"

段永基说："我给吴基传部长打电话问我们新浪网上市的事儿行吗？"

吴部长说："不行，不符合政策。"

我说："我们现在找到了一种方案，完全符合国家政策。"

他说："不可能。"

我说："是真的，你就看我的方式行不行吧。吴基传部长看完以后当天就批了，同意上市。"

段永基说："信息产业部同意新浪网上市我们很高兴，结果证监会不同意。在多次努力下证监会终于批准新浪网在美国上市，后来的网易、搜狐、阿里巴巴，他们在美国上市都是用新浪网这个模型。当时中国互联网企业都亏损，如果不到美国上市早就死掉了。" ⑫

十、王志东离开新浪网的原因与过程

1. 新浪网董事会免去王志东总裁职务及给予的待遇

2001年6月1日，新浪网在美国加州帕洛阿图市的威斯汀酒店召开董事会，参加该会议的有新浪网董事长姜丰年，董事段永基、陈立武、曹德风、茅道临，独立董事陈丕宏，新浪网董事兼总裁王志东。

在这次董事会上决定免去王志东新浪网董事兼总裁职务，由茅道临出任新浪网总裁。

这次董事会上还决定，免去王志东因购买新浪网股票欠下新浪网49万美元左右的债务，并继续发给王志东一年的总裁薪资约30万美元，王志东仍拥有新浪网6.22%的股份，王志东担任新浪网首席顾问。

2001年6月4日，新浪网对外发出王志东辞职的消息。

2001年6月16日，新浪网董事会再次开会，表决解除王志东新浪网董事兼总裁的职务，结果是零票反对。新浪网董事会将两个免职决议用传真方式发给了王志东。

2. 王志东被免去新浪网总裁职务的原因

2000年4月13日，新浪网在美国纳斯达克挂牌上市后，每股股价升至20美元，后来曾达到每股股价升至50美元左右。

2000年5月，新浪网每股股价开始下跌。

2001年5月31日，新浪网每股股价为1.60美元，甚至跌到新浪网市值为8000万美元，而新浪网拥有的现金则为1亿美元，说明新浪网的投资人对公司的期望已经为负数，新浪网董事会决定解除王志东新浪网董事兼总裁职务。

3. 王志东对被免去新浪网总裁职务后的反应与结局

当年仅33岁的王志东对被免去新浪网董事兼总裁职务自然是不满意的，认为要用"游戏规则"解决这个问题，聘请美国美迈斯律师事务所（O'Melveny & Myers LLP）驻北京代表处的律师来处理这件事。

2001年6月25日上午9点，王志东到北京海淀区万泉庄甲一号新浪网总部上班。

2001年6月25日下午2点，王志东在律师的陪同下，在京都信苑饭店召开新闻发布会，北京新闻界几十名记者与四通公司的有关负责人参加了该会。

王志东在会上公开表示，他没有主动辞职，对新浪网董事会解除自己新浪网董事兼总裁职务的合法性表示质疑。[13]

最后在新浪网董事会与王志东多次协商下，王志东离开新浪网。

2001年12月3日，王志东创办"北京点击科技有限公司"，王志东任该公司董事长兼总裁。

十一、新浪网年略

1993年12月18日，北京四通利方信息技术有限公司在北京市工商局正式注册成立。段永基任董事长，刘菊芬任董事，王志东任董事兼总裁。

1997年10月5日，四通利方公司首次引进国外风险投资，美国华登公司投资300万美元，美国艾芬豪公司投资200万美元，美国RSC投资银行投资150万美元，共计650万美元。

1998年12月1日，四通利方公司与华渊资讯公司在北京凯宾斯基饭店召开新闻发布会，宣布两家公司合并创建全球最大的互联网中文门户网站"新浪网"（sina.com.cn）。姜丰年任董事长，王志东任董事兼总裁。

1999年，北京四通利方信息技术有限公司更名为"北京新浪信息技术有限公司"。注册地址：北京市海淀区北四环西路58号理想国际大厦1511室。注册资金：3000万美元。现已经注销。

2001年6月1日，新浪网董事会决定免去王志东新浪网董事兼总裁职务，由茅道临出任新浪网总裁。

2003年5月，茅道临辞去新浪网总裁一职。

2003年5月，汪延出任新浪网总裁。

2012年9月3日，曹国伟出任新浪网董事长兼总裁、微博董事长。

曹国伟简介

曹国伟，男，1965年11月出生于上海，毕业于上海复旦大学新闻系，获得美国俄克拉荷马大学新闻学硕士、得州奥斯汀大学商业管理学院财务专业硕士。

1999年9月，加入新浪网，先后任主管财务的副总裁、首席财务官、首席运营官、总裁等职。

2012年8月，担任新浪网董事长，成为新浪历史上第一位董事长兼总

曹国伟。齐忠摄于新浪网出版的早期宣传册，该资料由齐忠收藏。

裁。曹国伟在将新浪网打造成中国领先的互联网媒体和网络广告平台方面发挥了关键作用。

2009 年 8 月，曹国伟主导推出新浪微博，此后，新浪微博迅速成为风靡全国的互联网产品。

2014 年 12 月，新浪微博注册用户超过 6 亿，月活跃用户 1.8 亿。

2014 年 4 月，曹国伟带领新浪微博在美国纳斯达克上市。

十二、新浪网珍贵历史文献

2004 年 5 月 16 日，四通公司出版庆祝公司创办二十周年纪念宣传册《四通廿年》，该纪念册刊登四通公司创始人之一、副董事长、副总裁、四通利方公司创始人之一、该公司董事刘菊芬女士撰写的回忆录《四通利方公司与新浪网创办历程》，这是至今发现的唯一详细记载，四通利方公司与新浪网创办过程的珍贵历史文献，弥足珍贵。

《北京·中关村民营科技大事记》一书的执笔人齐忠，对刘菊芬女士撰写的回忆录《四通利方公司与新浪网创办历程》进行了文字编辑和整理。

四通利方公司与新浪网创办历程

四通公司副总裁、四通利方公司董事　刘菊芬

一、四通利方公司的诞生

1993 年 1 月 14 日，我被聘为四通集团副总裁，主管开发部和技术管理部。当时正值四通公司紧锣密鼓计划在香港上市，并提出进行第二次创业，而第一次创业时期四通打字机的技术创业辉煌仍光芒不减。

关于技术创新的作用，当时我曾和四通公司段永基总裁有过一次探讨，一致认为在四通公司的综合发展中，技术创新应该有一种"四两拨千斤"的作用，四通公司开发部的任务就是要给公司做几个这种"四两拨千斤"的产品和项目，要向四通打字机那样。

我上任后召集开发部、技术管理部的干部和技术骨干们围绕这个主

题讨论多次，分析了国内、国外技术、经济、市场、人才诸方面的悬殊差距，确立了我们的方针只能是找到局部"敌弱我强"的薄弱环节出奇制胜。按此原则在电子行业、计算机行业反复搜索，最后确立了三个方面项目：

1．软件

重点是中文技术和应用软件。

2．一体化专用计算机

面向国民经济信息化市场，重点是一体化收款机、计税机、票据处理机。

3．电子技术与廉价劳力相结合为特色的机电一体化产品

如电子镇流器、节能灯、控制用电机等。

我们把第一突破口定为中文技术软件，此后又围绕中文软件讨论了若干次。大家集思广益，提出了不少大胆的新思路，归纳起来有如下几点：

1．主攻方向为美国微软公司的视窗（Windows）中文平台操作系统，因当时视窗（Windows）中文平台操作系统软件是英文界面，没有中文界面，我们又有软件汉化的中文技术正是机会。

2．软件产业的特点是，产品只有做到业内排行第一才能赚到大钱，我们四通公司要敢于做视窗（Windows）中文平台操作系统中国第一品牌的软件开发和供应商。

3．软件开发不同于一般工程开发，要承认个人天才，有如体育明星之于体育队，文艺明星之于文艺团体。

第一品牌的中文平台软件必须由全中国顶尖级的软件专家来开发。那么中国影响最大的个人电脑操作系统（DOS）中文平台软件——"CCDOS"软件的开发者是严援朝。中国影响最大的视窗（Windows）中文平台软件——"中文之星"软件的开发者是王志东。我们要做全中国最好的中文平台就要决心把他们请到四通公司。

此后我和开发部、技术管理部，当时主要是王杰、尹绵柏等同志花

费了三个月的时间，先找严援朝，后找王志东，先动员他们本人同意，又逐个解决其人事关系、经济关系、法律关系各方面的复杂问题。

1993 年 7 月，严援朝和王志东基本同意到四通公司工作后，我正式找四通公司董事长沈国钧、总裁段永基建议成立以视窗（Windows）中文软件为核心业务的软件公司，根据我和王志东、严援朝商量的方案，并提出要给以严援朝、王志东为首的技术人员个人股份。当董事长沈国钧、总裁段永基听说严援朝、王志东同意来四通公司开发中文平台时非常兴奋，当即同意拨款 500 万港币成立公司。

因为当时内地的公司不能给公司职工个人股份，就决定由刚刚上市的香港四通电子公司在香港注册一个公司，在香港给个人股，再由香港注册的这个公司与北京四通公司在北京成立合资公司，把个人股带到合资公司来。当时主管香港四通电子公司的张进副总裁很快在香港买了一个小公司"利方公司"（Rich Sight），由香港四通电子注资利方公司，再由香港利方公司与四通公司在北京合资注册"北京四通利方信息技术有限公司"（*以下简称"四通利方公司"*）。

1993 年 12 月 18 日，四通利方公司在北京正式注册成立，王志东任总经理，严援朝任公司总工程师，王杰任公司副总经理。

四通公司总裁段永基任四通利方公司董事长，我和四通公司董事长沈国钧任董事，由我代表股东方面负责指导和协调四通利方公司的各项工作。

1993—1996 年，在四通公司的扶持下，在王志东、严援朝、王杰等公司领导的带领下，四通利方公司开发出了全新的中文平台"Rich Win""Warp Mate"等软件产品，引起了国内外计算机界的重视。"Rich Win"当时被国内外著名厂商美国的 IBM 公司、惠普公司（HP）、AST 公司，中国的长城公司、联想公司选为个人计算机的定牌生产和贴牌生产（OEM）软件，也被美国英特尔公司（Intel）选为奔腾中央处理器（CPU）芯片的定牌生产和贴牌生产（OEM）软件。

被个人计算机技术公司的先驱，美国 Hayes 公司选为调制解调器俗称"猫"（Modem）的定牌生产和贴牌生产（OEM）软件，被摩托罗拉公司（Motorola）选为慧笔手写识别系统的定牌生产和贴牌生产（OEM）软件，还为美国康柏电脑公司（Compaq）、数字公司（DEC）、IBM、摩托罗拉公司（Motorola）等大型跨国公司选为内部工作平台。美国微软公司（Microsoft）在其部分产品上也与四通利方公司的"Rich Win"达成定牌生产和贴牌生产（OEM）软件协议。

四通利方公司开发的"Rich Win for Internet"当时被公认为网上最好的中文平台软件。

1995—1996年，一个划时代意义的新兴事物——互联网在中国开始被人们认识。四通利方公司反应迅速，引进了汪延、李松波、邓海麟、霍亮等一批较早敏锐看到互联网的重要意义，并立志互联网事业发展的关键人才。

1996年4月，四通利方公司创办的网站利方在线（SRSnet.com）建立，并逐渐发展成国内最大的门户网站之一。

四通利方公司由一个不知名的小公司逐步成长为拥有知名品牌软件和网站的国内著名IT企业。随之而来的是由于产品开发和市场开拓，造成公司资金方面越来越紧缺，当时四通利方公司申请了火炬计划贷款600万元，技术改造计划贷款2000万元，虽得到科委、经委批准，但银行一听说是软件、网站业务，都怕风险不愿贷款。

四通公司总裁段永基想给四通利方公司增资或借点款，由于四通公司内部领导层，对此两项业务能否给四通公司创造效益有很大争议也办不成。我和当时四通利方公司经理班子讨论起这个问题时，大家都是忧心忡忡，怎么办？我记得严援朝每每只说一个字——"熬"。

二、四通利方公司第一次国际融资

1995年11月初，我在国家科委工作时的老领导吴明瑜同志打电话来，说有个项目四通公司总裁段永基让他找我谈谈，能否与四通公司合作，实际上这项目是他一个好朋友的儿子冯波的项目。就这样我认识了冯波先生。

1995 年 11 月下旬，我到美国拉斯维加斯计算机展览会（Comdex）看了他的项目，发现这个项目并没有实用性，但通过这件事却了解到冯波所在的公司是美国投资银行（Robertson, Stephens & Company）（以下简称"RSC 投资银行"），也是美国硅谷地区著名的投资银行，专门为新生的技术创新型公司进行融资服务的，当时他们已为 60 多家公司融了资，他让我看的项目也是 RSC 投资银行投的。真是如鱼得水，我立即与冯波从美国拉斯维加斯（Comdex）计算机展览会赶到旧金山访问了 RSC 投资银行董事长罗伯森（Robertson）先生，向他讲述了四通公司和四通利方公司的故事。董事长罗伯森先生热情地把我和同行的郑连东请到他家里，说他就喜欢这种有故事的公司，虽然他没做过中国项目，但有冯波先生，他会派冯波带人到四通去看看有没有可做的事情。

随后冯波先生就带着 RSC 投资银行的投融资专家麦克·何先生和马克先生（Mark Fagen）（他后来成为新浪网的财务总监）一起来到四通公司，记得来时正赶上四通集团 1996 年工作会议，四通公司总裁段永基在会议餐厅请他们吃的便饭，并表示热烈欢迎。经过一番调查、接触，他们很快认定四通利方公司是一个非常典型的技术创新型小公司，愿意为其进行融资服务，并签订了国际融资服务合同。

1996 年、1997 年两年，对于四通利方公司是不平凡的，公司一方面继续进行技术开发和市场拓展，备受资金困难的煎熬，另一方面接受 RSC 投资银行专家咨询服务，实际上是在他们指导下对公司进行脱胎换骨的改造。

首先是经营理念的改变，RSC 投资银行专家指导和协助四通利方调整和规划未来三年商业发展计划、产品技术发展计划、产品和市场竞争策略。在这个过程中四通利方的管理层与 RSC 投资银行专家产生过激烈的理念冲突。RSC 投资银行专家认为公司的商业发展计划和产品技术发展计划要有强烈的聚焦点（Focus），我们则强调在中国生存就应该什么都能干，不但平台软件、应用软件能干，而且系统集成，甚至硬件销售也都能干。

争论激烈到谈不下去了，我们去找四通公司总裁段永基讨论，他说："你们不是要融美国人的钱吗？那就先按美国人说的办吧！"我们是一边按 RSC 投资银行专家的意见分析制订商业发展计划和产品技术发展计划，一边慢慢理解和接受了他们的理念。

更大的考验是调整公司的组织结构，使之适应未来规范化的较大规模的发展。当时公司很小，才 30 多人，技术、销售、财务、人事都是总经理王志东一个人管，RSC 投资银行专家认为这些事应该由主管副总和总监管，总经理应负责管理副总和总监。调整说起来容易，把市场、人事、财务交出去就够不放心了，尤其要把整套 Rich Win 软件的源代码交出去，对于技术出身的王志东来讲比要命还难。经过相当激烈的思想斗争，王志东才同意了这一番调整。

融资推介书的编写也费尽了周折。RSC 投资银行把当年红极一时的美国网景通信公司（Netscape）的上市招股书作为模板，交给我们"仿造"。看上去很简单的事情，可是翻来覆去，写完改，改完又改，前前后后五六个版本，冯波还是不满意。在电话会议中，双方发生激烈的争执。后来冯波硬是要求我们把推介书中所有"像是""最""非常""大量""深受喜爱"之类的虚词用翔实的数字代替，量化不了的就干脆取消。他还强迫我们把四通利方公司的弱点、面临的竞争和行业的风险不打丝毫折扣地详详细细地描述出来，向美国网景通信公司（Netscape）招股书那样，放在了推介书的最前面。这是四通利方公司在诚信方面上的第一课。

其他在 RSC 投资银行专家指导下又进行了下述工作：

1. 制定吸引人才和激励人才机制

编制期权（Option）计划、制定有关服务协议、保密和不正当竞争协议。

2. 编制国际融资推介书和路演提纲

由 RSC 投资银行专家带领四通利方公司管理层，同有意向投资的国际投资机构进行了融资路演，到美国、中国的香港地区二十多家投资机构发放推介书，根据路演提纲推介四通利方公司和表明融资意向。

3. 设计国际融资的投资结构和法律结构

4. 由 RSC 投资银行专家组织四通利方公司管理层及股东会

同有意向投资的国际投资机构进行融资谈判，聘请律师起草融资合同，组织各方律师共同洽商，最后使各方达成协议。

1997 年 10 月，四通利方公司与国际投资机构，最终签订了融资合同。本次融资结果是美国华登公司投资 300 万美元（领头投资人），艾芬豪公司投资 200 万美元，RSC 投资银行投资 150 万美元，共计 650 万美元。

以上的各项事情，在今天看起来都是天经地义的。但在 1996 年、1997 年，我们作为国内第一家国际融资的高科技公司，全都是吃第一只"螃蟹"的事，困难重重，我们得到了各方面很多援助之手，尤其是 RSC 投资银行。我们路演过程中，最担心的是美国公司对中国公司不了解不敢投，RSC 投资银行董事长罗伯森先生首先决定从董事会特别基金中拿出 30 万美元带头投资四通利方公司，又指示 RSC 投资银行的投资部研究投资四通利方公司，RSC 投资银行是个投资顾问公司，他们的主要任务并不是投资，但为了促成此事，董事长自己带头投资，十分令人感动。冯波先生和马克先生更是自始至终在第一线运筹操作，付出了巨大努力。冯波还动员他哥哥冯涛所在的艾芬豪公司做了投资人，马克干脆决定融资成功后到四通利方公司当财务总监（CFO）。

RSC 投资银行，不仅仅给四通利方找来继续发展的宝贵资金，更重要的是把国际高科技公司行之有效的管理办法、激励机制、发展模式、经营理念教给了我们，对四通利方公司进行了一次国际化的改造，为四通利方公司的发展奠定了良好的基础。

国际融资最困难的是"退出机制"，当时外国资本进入中国后因法人股不能流通和外汇不能自由进出等问题，使资本运作的效益机制不能实现，即使公司赚了钱汇出国外也很麻烦。四通公司及其香港上市公司提供了香港利方投资公司作为融资平台解决了问题。

因为只有美国纳斯达克股市懂得高科技股的价值，新浪网只有在那里才能股价较高，为了给投资各方及创始人创造更大效益，融资时就考虑到将来要去纳斯达克上市，为了设计好将来上市的公司结构，选择了开曼群岛做上市平台。香港四通电子公司为此协助在英属维尔京群岛（The British Virgin Islands）和开曼群岛先后注册了两家公司。可以说没有四通公司及其在香港上市的四通电子公司这个依托平台，四通利方公司的国际融资将会麻烦很多。

三、新浪网的诞生

融资后四通利方公司的业务快速发展，但是又遇到了新问题。

1998年，美国微软公司新的计算机平台软件视窗软件——"Windows 98"公布了，该软件操作系统具备中文能力，对四通利方公司外挂式中文平台Rich Win提出了严峻的挑战，它甚至预示着这种中文平台的历史使命将要结束。

但是四通利方公司的网站——"利方在线"异军突起，给公司又带来新的机遇。当年汪延所带领的国际网络部虽然只有八名正式员工，但他们抓住了中国互联网产业发展的脉搏。

1998年，中国的网民有100多万人，但他们几乎都是在大型企业或政府部门掌管IT网络的二三十岁的男性青年，在那段时间里，这个群体的共同语言莫过于1998年法国世界杯足球赛！

1997年，"利方在线"抓住时机对1998年世界杯外围赛亚洲区预选赛进行了翔实和快速的报道，让全球华人了解到了中国队的表现。

1998年，法国世界杯足球赛期间，"利方在线"推出了"98法国世界杯风暴"专栏，与中央电视台、《足球报》、《体坛周报》、新华社等大量的传统强势媒体合作，一时间成为互联网上法国世界杯足球赛中文信息的集散地。而互联网这种类型的媒体以其报纸和电视都不具备的快捷性、互动性、无地域性、无国界性和海量信息，立即吸引了大量的全球华人球迷上网，"利方在线"的服务器多次被访问者挤爆，"利方在线"的点击次数迅速提升，一些国际、国内公司也开始在"利方在线"做广告。

1998 年，法国世界杯足球赛为"利方在线"带来了 18 万元人民币的广告收入。

1999 年，"利方在线"的广告收入就超过了四通利方公司的软件产品收入。

四通利方公司原来的主业中文平台发展遇到了问题，而互联网却带给四通利方公司一个千载难逢的新机遇。能抓住这个机遇创造新的奇迹，除了我们自己的努力，还很大程度上得益于高科技风险投资者。

美国华登公司是一家高科技风险投资公司，是四通利方公司国际融资的领头投资者，作为风险投资基金的管理者和风险投资家，他们一方面凭其学识和经验选择项目做出投资决定，另一方面还负有对所投项目的指导和扶植责任。

美国华登公司派出优秀的管理专家茅道临先生参加四通利方公司董事会，时刻关心和监督公司的财务状况和业务发展。他特别督促公司对"利方在线"网站项目加大投入，当"利方在线"网站已成为中国最大的中文网站，四通利方公司产生了全新的发展机会。

1998 年 8 月，茅道临先生亲自带着王志东总经理到美国硅谷去寻找新的战略合作伙伴。经茅道临先生介绍王志东认识了美国华渊资讯公司，该公司也有美国华登公司的投资，是美国最大的中文网站，当时正想向中国国内发展，为发展网站业务正在进行 1500 万美元的融资谈判。

在茅道临先生的促进下，决定中止原来的融资谈判，与四通利方公司在很短的时间内谈妥了两家公司合并条件，还在美国华登公司的帮助下，在两家合并同时促成新的 2500 万美元融资。此次合并得到四通公司支持。

1999 年 4 月，两家企业合并协议签订，合并后成立的新公司为"北京新浪信息技术有限公司"（以下简称"新浪网"）。

1998 年 12 月 1 日，四通利方公司与华渊资讯公司在北京凯宾斯基饭店召开新闻发布会，宣布两家公司合并创建全球最大的互联网中文网站——"新浪网"（sina.com.cn）。

新浪网从诞生的那天起，就再也没有缺过钱。想想当年为钱发愁的日子，真是莫大欣慰。两公司合并后更为重大的举措是为公司引进了一支世界级水平的管理团队。

美国华渊资讯公司董事长姜丰年任新浪网董事长；王志东任新浪网董事兼总裁；原美国网景公司资深副总裁沙正治任新浪网首席执行官（CEO）；华登国际投资公司集团高级副总裁茅道临任新浪网首席运营官（COO）；严援朝任新浪网总工程师（CTO）；RSC投资银行的马克任新浪网财务总监（CFO）。这个管理团队完全可以立于世界IT业管理团队之林毫不逊色，为下一步新浪网在美国纳斯达克上市准备了条件。

从四通利方公司500万元港币起家，第一次融资成功后，公司总价值提升到1500万美元，升值23倍。

1999年4月，四通利方公司与美国华渊公司合并，又获得第二次国际融资2500万美元，公司总价值达6963.5万美元，继续升值4.6倍，总计升值106.77倍。公司掌握充足的现金支撑网站业务发展，才使新浪网有可能成为中国乃至全球最大的中文门户网站。

这期间四通公司当初投资的500万港币，也随之升值到1089.4万美元，提升了16.8倍，此时四通公司系统的几个公司总计在新浪网所占有股份也稀释到15.64%。

新浪网成立后，因为在新浪网七名董事中四通公司只能保留一个名额，所以四通公司段永基总裁出任新浪网董事，我随后即辞去新浪网董事职务。

两公司合并及第二次融资后，新浪网的每股价值为4.2美元，我们当然不满足，新浪网上市前又进行了第三次融资6380万美元，公司运作规模越来越大了，因此合并完成后立即着手运作在美国纳斯达克上市。

1999年4月，两公司合并完成到2000年4月13日，在美国纳斯达克挂牌上市，仅仅一年的时间。新浪网上市当天每股价格为17美元。

新浪网上市运作的主体是新浪网国际化的管理团队，他们是在国际、国内大牌证券商、律师事务所、会计师事务所的通力合作下拼搏出来的，我有幸参与和见证了这个过程，受益匪浅。

我们开始创办四通利方公司时，是从开发经营软件产品着眼的。从四通利方公司到新浪网，再到纳斯达克上市的过程中，我们从只知道经营产品，逐步懂得了如何经营公司为四通公司创造更大利益，由执着于一种软件产品经营，到逐步懂得了在大的形势转变时要不失时机地抓住新的机遇，转变经营方向，因而才有了新浪网。

是国际投资银行和风险投资家们，教会我们逐步懂得了什么是风险投资，如何利用风险投资发展高科技产业。在创办四通利方公司和新浪网的过程中，四通公司不但在经济上受益，管理理念和水平也得到了提高。

刘菊芬简历

1967 年，刘菊芬女士毕业于清华大学自控系计算机专业。曾在国家科委新技术局、国家科委软件工程中心工作，是中共中央书记处原书记刘宁一的女儿。

1984 年 6 月 11 日，刘菊芬女士与丈夫印甫胜和其他人，向四季青乡政府借款两万元人民币，创办"北京市四通新兴产业开发公司"，刘菊芬女士任公司副董事长。

1993 年 1 月 14 日，刘菊芬女士出任四通公司副总裁、技术开发委员会主任。

1993 年 12 月 18 日，北京四通利方信息技术有限公司成立，刘菊芬女士是创始人之一，任该公司董事会董事。

1998 年 12 月 1 日，全球最大的互联网中文网站——新浪网（sina.com.cn）成立，刘菊芬女士是新浪网创始人之一，曾任新浪网技术总监。

参考资料：

①来自《四通廿年》刘菊芬回忆录"四通利方—新浪网创办回忆

录"，该资料由齐忠收藏。

②来自《中国网事："新浪之父"王志东被迫弃子》。

③来自"天眼查"。

④来自1993年2月10日四通公司出版的《四通人》增刊第一期，该资料由齐忠收藏。

⑤来自《知识英雄》第505页，该资料由齐忠收藏。

⑥来自《知识英雄》第515页，该资料由齐忠收藏。

⑦来自1994年4月15日四通公司出版的《四通人》第177期，该资料由齐忠收藏。

⑧来自1997年12月，北京市科学技术委员会出版的《剖析现状 营造未来》"重点高新技术企业与科研院所调研报告"第72页，该资料由齐忠收藏。

⑨来自1999年新浪网出版的"新浪网"宣传册，该资料由齐忠收藏。

⑩来自《中关村创业史话》第141页，该资料由齐忠收藏。

⑪来自《四通廿年》第79页，"四通利方—新浪网的创办"，该资料由齐忠收藏。

⑫来自《中关村创业史话》第143页，该资料由齐忠收藏。

⑬来自2001年7月《财经》杂志第18页，《王志东的沉没》一文，该资料由齐忠收藏。

1993年12月24日——中国知识产权第一案：王永民五笔字型知识产权案一审胜诉，终审败诉

1993年12月24日，北京市中级人民法院知识产权庭一审判决王永民胜诉。

1997年7月18日，北京市高级人民法院二审判决王永民败诉。该案

从一审到二审，用了3年多的时间，共计1287天。时间之长，案情反转之大，为中国如何对侵犯计算机软件知识产权的认定，对计算机软件知识产权的保护，产生巨大的影响！

一、北京市中级人民法院知识产权庭一审判决王永民胜诉

1993年12月24日上午9点30分，北京市中级人民法院（以下简称"北京市中院"）知识产权庭庭长宿迟宣布开庭，他宣布一审判决："本院一审判决，被告东南公司支付给原告王码公司24万元。被告东南公司今后继续使用五笔字型第4版技术，应当与原告王码公司协商，支付合理的费用。"

1993年12月24日上午8点30分，王永民走进北京市中级人民法院（前排一）。齐忠摄影。

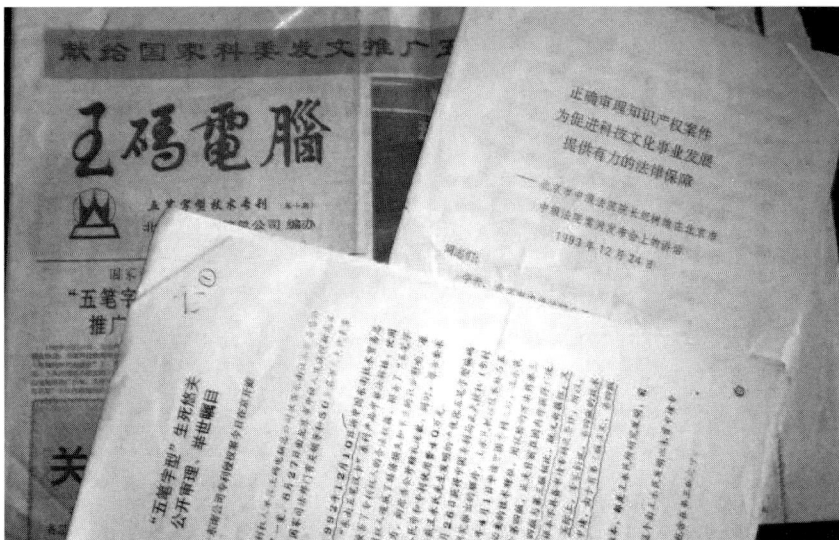

1993年12月24日，北京市中级人民法院有关五笔字型知识产权案审判情况介绍资料，王码公司的有关五笔字型知识产权案审判情况介绍。齐忠摄影并收藏该资料。

宣判结束后宿迟庭长接受记者采访时说："在中国的软件业，目前只有五笔字型拥有自主的知识产权，能够与跨国公司如微软、莲花等公司的软件抗衡，这样的软件不受保护还保护什么？"

北京市中院领导对这个案子也非常重视，在宣判结束后召开新闻发布会，北京市中院院长纪树翰亲自在新闻发布会上向新闻记者和有关人士介绍了北京市中院知识产权庭审理的六大案件。

二、五笔字型第3版专利权是否覆盖五笔字型第4版之争

20世纪80年代中期，我国对计算机软件知识产权的保护还处于探索阶段。计算机软件知识产权的保护只限于专利的形式，申请专利程序十分混乱又复杂。王永民只对五笔字型输入码第3版申请了专利，没有对五笔字型第4版申请专利。而五笔字型输入码第4版在我国却是使用最为广泛的，四通打字机、北大方正公司的激光照排产品、国内计算机生产制造商、跨国公司在我国销售的计算机、我国众多汉卡制造商都在使用五笔字型第4版。

这种现象的出现，完全是我国法律体系对计算机软件这个新生事物的知识产权保护滞后所造成的，没有考虑到计算机软件这个新生事物每年、每月甚至每天在结构上改变的特点。如果让计算机软件版本的每次升级，就要申请一个专利，无疑是对计算机软件产业的打击和扼杀。

王永民认为五笔字型第3版的专利权覆盖五笔字型第4版，所有涉及五笔字型输入码第4版的产品，应该向王码公司缴纳知识产权费用。

在我国有的计算机生产厂商，计算机汉卡生产制造商承认五笔字型第3版的专利权覆盖五笔字型第4版，向王永民的王码公司缴纳专利使用费。也有众多计算机生产厂商，计算机汉卡生产制造商不承认五笔字型第3版的专利权覆盖五笔字型第4版，拒绝向王码公司缴纳知识产权费用。

三、计算机相关制造厂商的态度

1. 承认五笔字型第3版的专利权覆盖五笔字型第4版

计算机一些制造厂商承认五笔字型第3版的专利权覆盖五笔字型第4版，向王码公司缴纳专利使用费。

1987年5月12日，由中国技术进出口总公司在北京宣布，王永民发明的"五笔字型计算机汉字输入技术"获得美国发明专利权，并首次出口美国，并与美国数字设备公司（即DEC公司）签订了技术转让合同。

1987年12月6日，河南省科委在人民大会堂召开"我国首次电脑专利出口研讨会"，总结这件有意义的工作。全国人大常委会副委员长严济慈、全国政协副主席方毅到会并表示热烈的祝贺。

严济慈副委员长说："我国是一个智力资源十分丰富的国家。中国人既聪明又勤奋，在电脑技术领域中有许多发明创造。电脑的软件产业，应当成为我国的优势产业，在这里是大有用武之地的。'五笔字型''五笔画输入法'出口美国，不但为国家争得了荣誉，而且在高技术走向世界方面也走出了一条新路，树立了一个榜样。"[①]

美国数字设备公司（即DEC公司），向王码公司支付了20万美元的专利使用费。

1993年，五笔字型电脑汉字输入技术出口日本。日本卡西欧公司经过对中国中文电脑技术的考察，确认要在中文电脑市场占据一块领地，就必须使用五笔字型技术。②

1994年，世界知名电脑公司IBM与王永民的王码电脑公司正式签约，购买五笔字型电脑汉字输入技术的专利使用权。那时候，五笔字型已成为外国电脑公司打开中国市场的钥匙，装配五笔字型的中文处理机已在90%以上，并在联合国、东南亚地区广泛应用。③

中关村民营科技公司四通公司起家的产品为"四通MS中英文打字机"。该打字机预装五笔字型输入法，四通公司为此向王永民支付专利使用费。

2008年9月，"四通MS中英文打字机"发明人王缉志回忆说："四通公司与王永民的合作协议，是我去北京府右街地下室与王永民签订的。我说，四通公司打字机预装五笔字型的纯利润30%给你怎么样？王永民也没讨价还价就同意了。从这点上看，王永民并不是斤斤计较的人。因为这里面打了个小埋伏，纯利润是多少王永民是不知道的，四通公司说多少就是多少，四通公司支付五笔字型专利使用费在300万元左右。"

1988年6月5日，王选院士和北大方正公司的前身——北京大学新技术公司首任总裁楼滨龙，在北京市海淀区北太平庄远望楼宾馆与王永民洽谈"华光激光照排系统"使用五笔字型专利问题。王永民的市场意识非常灵敏，因为王永民看到了"华光激光照排系统"可以给他带来数百万使用五笔字型的用户。

王永民很快与王选院士签订协议。王永民在协议中承诺"北大新技术公司无偿使用五笔字型和今后的新版本，不受时间限制"。

北大新技术公司在协议中承诺"在该公司出售的'华光激光汉字照排系统'只预装五笔字型输入法，今后'激光汉字照排系统'相关产品的资料、说明书、宣传广告中全部注明该产品使用的是五笔字型输入法"。

这次合作使北大方正公司节省了300万元左右的专利使用费，也使五笔字型快速地进入我国各大报社、杂志社、出版印刷行业，确立了五笔字型在我国新闻出版业计算机输入法的垄断地位。

2008年3月，楼滨龙回忆这件事时说："我们认为王永民发明的五笔字型与其他输入码相比，技术开发工作做得比较完善，输入汉字重码少。虽然在学习掌握方面较复杂，但是报社的专业文字录入员学会后，能够每分钟录入200多字，抢新闻、抢时效的新闻报社愿意使用五笔字型，对推广公司的激光照排系统非常有利。"

1988—1994年，我国出版业迅猛发展，公开出版的报纸有12000多家，杂志有20000家。全国各大报社、杂志社纷纷购买北大方正公司的"激光汉字照排系统"。

1990年，《中国青年报》在录入室有30名左右的文字录入人员。以每家报纸平均有20名文字录入人员，每家杂志有5名文字录入人员计算，全国的新闻单位就有40多万的人使用五笔字型。再加上这些报纸、杂志的记者、编辑人员，全国新闻界有100多万人使用五笔字型。

2. 不承认五笔字型第3版的专利权覆盖五笔字型第4版计算机厂商的理由

这些不承认五笔字型第3版的专利权覆盖五笔字型第4版计算机生产厂商的理由是：我们使用的是张道政的第8版，不存在使用五笔

1993年12月24日，北京市中级人民法院有关五笔字型知识产权案审判时，作为被告的张道政（右一）。齐忠摄影。

字型第3版的问题，因为在1990年，张道政的五笔字型第8版获得专利授权，故不存在王永民向这些计算机生产厂商收取专利费用的问题。

但是，1993年12月24日，北京市中院的一审判决，不仅宣布五笔字型第3版专利权覆盖五笔字型第4版，还宣布使用张道政的五笔字型第8版的计算机生产厂商，也需要向王码公司缴纳专利使用费。

四、王永民状告联想公司侵权索赔840万元

1994年6月6日，王永民向北京市中院状告联想公司非法使用五笔字型，要求联想公司赔偿840万元人民币，创下中国大陆知识产权案诉讼标的额最高纪录。

1994年9月6日下午2点，联想公司公关部在中关村奥林匹克饭店召开"五笔字型"专利纠纷案情况通报会，联想公司公关部向记者们散发王码公司状告联想公司的起诉书等相关材料。新华社、《人民日报》《中国青年报》《计算机世界》《经济日报》等上百家媒体记者参加了这次通报会。

联想公司总裁柳传志、总工程师倪光南坐在通报会的主席台上。

1994年9月6日，联想公司中关村奥林匹克饭店召开的"五笔字型"专利纠纷案情况通报会上的柳传志（左一）、倪光南（左二）。齐忠摄影。

倪光南首先向记者介绍了联想公司与王码公司"五笔字型"专利纠纷情况。倪光南说:"联想公司的产品联想汉卡,从没有使用过有受专利权保护的五笔字型第3版,只使用没有申请专利的五笔字型第4版。"

王永民状告联想公司的诉讼案,北京市中院最终没有开庭审理。因为东南公司对北京市中院一审判决不服,向北京市高级人民法院提出上诉,北京市高级人民法院的判决是终审判决,这个终审判决会影响到有关五笔字型的所有诉讼。所以海淀区法院、北京市中院有关五笔字型案件的审理都处于停滞状态,等待北京市高级人民法院做出终审判决后,按照终审判决结果,再对有关五笔字型案件进行处理。

五、北京市高级人民法院二审王永民败诉

1994年1月6日,东南公司不服北京市中院一审判决,向北京市高级人民法院提出上诉。

1997年7月18日,北京市高级人民法院对中国东南公司与北京市王码公司专利侵权纠纷案民事判决如下:

一审判决脱离了判断专利侵权的基本原则,未以专利的权利要求为依据界定专利的保护范围,未明确"优化五笔字型"专利技术保护范围,仅将其独立权利要求中的区别特征作为"主要技术特征"与侵权物进行对比,对前述部分涉及的公知技术部分未作比较,比较对象错误,扩大了专利保护范围;认定"五笔字型第3版技术选用的字根为220个,而第4版技术选用了其中的199个字根"与事实不符;将五笔字型第4版技术与"优化五笔字型"专利的关系认定为"一种依存关系或称从属关系",无事实和法律依据。依存关系或从属关系是针对两个相关专利而言的,前者是基本专利,后者是从属专利,若实施从属专利则必须要实施基本专利,离开前者不能实施后者。"优化五笔字型"专利并非基本专利,第4版技术完全可以独立实施,因此,两者之间不存在从属关系;认定"优化五笔字型"的专利权人在使用第4版技术的人愿意

支付合理费用的情况下，不应拒绝该人使用第4版技术，于法无据。一审法院在未明确东南公司是否侵权的情况下，做出由东南公司向王码公司支付24万元技术使用费的判决，属适用法律错误。

综上所述，东南公司虽然在东南汉卡中使用了五笔字型第4版技术，但"优化五笔字型"专利技术与五笔字型第4版技术是两个计算机汉字输入方案，二者不存在覆盖和依存关系，因此不构成对"优化五笔字型"专利权的侵犯，其上诉理由成立，本院予以支持；原审法院判决在认定事实、适用法律上均有错误，应予纠正。依照《中华人民共和国专利法》第五十九条、《中华人民共和国民事诉讼法》第一百五十三条第（二）、（三）款之规定，判决如下：

一、撤销原北京市中级人民法院（1993）中经初字第180号民事判决；

二、驳回北京市王码电脑总公司的诉讼请求。

一审诉讼费12025元，其他诉讼费用5400元，由北京市王码电脑总公司负担（已交纳）；二审诉讼费12025元，其他诉讼费用9562.6元，由北京市王码电脑总公司负担（于本判决生效后7日内交纳）。本判决为终审判决。

北京市高级人民法院判决中最关键的内容是：五笔字型的第3版专利权不覆盖第4版。也就是说使用五笔字型第4版，不用给钱。

六、五笔字型诉讼案年略

1. 王码公司致函北京航天大学及北京航天大学科技开发公司

1990年7月4日，王码公司致函北京航天大学及北京航天大学科技开发公司，声明要求北京航天大学科技开发公司推出的"最新简繁五笔汉字输入系统"停止展示和销售。

（注：见《齐忠中关村电子一条街历史档案库》，1990年7月4日，王码公司致函北京航天大学及北京航天大学科技开发公司的声明。）

2. 王码公司对外声明

1992年7月21日，王码公司对外发表声明，指责"张道政欺世盗名，东南汉卡、2.13汉字系统为假冒五笔字型技术"。

（注：见《齐忠中关村电子一条街历史档案库》，1992年7月21日，王码公司对外发表声明。）

1992年8月6日，王码公司在《科技日报》发表声明，指责"东南汉卡"非法侵权。

（注：见1992年8月6日《科技日报》）

3. 东南公司状告王永民

1992年12月19日，海淀法院公开审理东南公司状告王永民诉讼案。

（注：见《齐忠中关村电子一条街历史档案库》，张道政在北京市中院的讲话稿。）

4. 北京市中院对五笔字型一审宣判

1993年12月24日，北京市中院宣判王码公司在优化五笔字型专利侵权案中胜诉。

（注：见《齐忠中关村电子一条街历史档案库》，北京市中院院长纪树翰讲话稿。）

5. 王码公司状告联想公司

1994年，王码公司状告联想公司侵权，索赔840万元。

（注：见1994年9月10日《中国青年报》）

6. 联想公司新闻发布会

1994年9月6日，联想公司在北京向新闻界举行"五笔字型专利纠纷案情况"通报会。

（注：见1994年9月10日《中国青年报》）

7. 北京市高级人民法院二审判决王永民败诉

1997年7月18日，北京市高级人民法院终审判决王永民败诉。

（注：见北京市高级人民法院"1994"高经知终字第30号）

七、珍贵历史文献：五笔字型的版本与研发历程

五笔字型版本	时间	字型数	字根数	繁体字
第1版	1983年	4	235	无
第2版	1984年	4	220	无
第3版	1985年	4	220	无
第4版	1986年	3	199	无
第5版	1987年	2	196	有
第6版	1988年	1	196	有
第7版	1989年	0	187	有
第8版	1990年	0	187	有

在以上五笔字型八个版本中，1—4版开发者为王永民，5—8版主要开发者为张道政。其中五笔字型第3版和五笔字型第8版获得中国专利，五笔字型第3版专利人为王永民，五笔字型第8版专利人为张道政。

1986年至1999年，在我国计算机中文输入软件中广泛使用的是五笔字型第4版，约占我国计算机中文输入软件市场90%以上。[④]

参考资料：

①来自新华社北京12月6日电"我国首次向美国出口电脑专利"。

②来自1993年9月27日《北京日报》第3版，"我国电脑专利技术首次出口日本"。

③来自1994年1月29日《北京日报》第3版，"IBM购买'五笔字型'"。

④来自1994年4月6日《科技之光报》第94期，该资料由齐忠收藏。

1993 年 12 月 30 日——亚都股份公司成立

1993 年 12 月 30 日，中关村民营科技企业——北京亚都科技股份有限公司（以下简称"亚都股份公司"）正式注册成立，注册资金为 17424 万元，企业法人代表为何鲁敏。[1]

亚都股份公司是由北京市经济体制改革委员会批准成立的，该公司最初计划股本总额为 1 亿元人民币，占股本总额的 40%，由 4 家发起人认购，其中为控股公司的亚都人工环境科技公司认购 36.4%，北京实创公司认购 2%，共 200 万元人民币。北京三友激光图像公司认购 0.6%，共 80 万元人民币。天津蓟县物资总公司 1%，共 100 万元人民币。股本总额的 60% 即 6000 万元人民币为定向的募集法人股，定向的募集法人股将以 1：1.6 的价格募集。亚都股份公司在上地产业基地建设亚都大厦，投资 4100 万元人民币，建筑面积 16700 平方米。[2]

1998 年 10 月，亚都股份公司上市失败。[3]

位于上地产业基地的亚都大厦，亚都股份公司上市失败后，将亚都大厦卖给清华同方公司。齐忠摄影。

参考资料：

①来自"爱企查"。

②来自《科技之光报》第 55 期，该资料由齐忠收藏。

③来自《中关村的故事》第 687 页，该资料由齐忠收藏。

1994 年

北 京 · 中 关 村 民 营 科 技 大 事 记 (中 卷) 1991—1997

1994年——北京及中关村民营科技企业概况

1994年，北京及中关村民营科技企业达到1万多家，从业人员16万人左右，技、工、贸总收入突破100亿元人民币。

1994年，北京及中关村民营科技企业在1993年北京市经济百强评选中有9家企业入选，它们是四通公司、联想公司、京海公司、科海公司、北大方正公司、华讯公司、大恒公司、王码电脑公司、百龙公司。

1994年，北京及中关村民营科技企业有206家技、工、贸总收入超过1000万元人民币。

1994年，北京及中关村民营科技企业有19家技、工、贸总收入超过1亿元人民币。

1994年，北京及中关村民营科技企业成为北京市科技企业纳税大户。[①]

1994年，四通公司技、工、贸总收入突破45亿元人民币，再次成为中国最大的民营科技企业。[②]

1994年，北京市新技术产业开发试验区（以下简称"试验区"），共有高新技术企业4229家，其中有外商投资企业700家。试验区技、工、贸总收入155亿元人民币，向国家上缴税费5.29亿元人民币，出口创汇1.32亿元人民币。[③]

1994年，北京及中关村民营科技企业成为中国发展高科技，推动科研成果转化为商品进入市场成为生产力的主力军，也再一次成为中国各省、自治区、直辖市民营科技企业中最强大的民营科技企业集群。

总体而言，1994年，北京及中关村民营科技企业呈现以下特点：

一、1994年，民营科技企业掀起二次创业高潮

1991年6月28日，四通公司第一副总裁段永基首次推出中国民营科技企业二次创业的理论及"四化"目标——股份化、集团化、产业化、国际化后，在北京及中关村民营科技企业，试验区形成共识。

1994 年，试验区提出区内高新技术企业二次创业发展的"四化"战略目标，即"资本股份化、产业规模化、技术创新化、经济国际化"。

二次创业的理念，从理论上为民营科技企业在明晰产权关系、推进企业股份制改造、提高企业科学化管理、吸引国外资本与跨国公司合作、与市场经济接轨指明了方向。

二次创业的理念，不仅对北京及中关村民营科技企业的建设和发展起到激励与引导作用，对试验区和中国高科技开发区的发展、高科技产业的发展也起到推动作用。

二、民营科技企业与跨国公司合作迈向国际化

1994 年，北京民营科技企业中有外商投资的企业达到 900 多家，占北京市外商投资总额的 10%。给北京民营科技企业投资的有日本的三井公司、松下公司、日电公司、住友公司，美国的惠普公司、微软公司、康柏公司、英特尔公司，瑞士的通用公证行（SGS）等。[1]

三、1994 年，民营科技企业股份制改造发展迅猛

1994 年，北京及中关村民营科技企业股份制改造迅猛，仅试验区新建的股份制企业已有 270 家，有限责任公司 74 家，股份合作制公司 184 家。[1]

四、1994 年，"国有民营"科技企业在香港上市

1994 年，北京"国有民营"科技企业，中科院院管公司，原中国科学院计算技术研究所创办的"国有民营"科技企业联想公司，在香港证券交易所成功上市，并且在联想公司内部实现个人持股。这是我国国有民营科技企业迈向产权清晰化，"国有民营"企业实施股份制最成功的范例与重大突破。

五、1994年，民营科技企业家政治地位提高

1994年，北京民协会长纪世瀛，四通公司董事长沈国钧、总裁段永基，京海公司总裁王洪德，北京周林频谱科技有限公司董事长周林，晓清环保公司董事长韩小清、王云飞等北京民营科技企业家被选为全国和北京市人大代表或政协委员参政议政。①

六、1994年，民营科技企业面对知识产权的探索与思考

1994年，随着我国法律体系的不断完善，北京及中关村民营科技企业不仅要面对保护自身的知识产权合法权益不受侵犯，还要面对知识产权的纠纷等诸多问题，在王永民的"五笔字型案""美国微软等跨国公司状告中关村五公司侵犯知识产权案"过程中，北京及中关村民营科技企业进行了宝贵的探索与思考。④

七、1994年，北京私营民营科技企业发展迅猛

1993年，北京私营企业缴纳税金1288.9万元人民币。

1994年，北京私营企业发展势头迅猛，据有关方面统计，北京私营企业有6464家，从业人员81969人，注册资金22.88亿元人民币。其中有限责任公司有3233家，企业注册资金上百万元的有367家。

1994年，北京私营民营科技企业，以王文京创办的用友财务软件公司，科源酒家董事长原永民造飞机，美国普渡大学博士后周晋峰创办的中西公司成绩最为突出。

北京私营民营科技企业"光洁机械有限公司"发明的"复合液体抛光技术"运用到国家重点工程项目"长征二号"运载火箭等项目上，为国家节约了大量外汇。⑤

参考资料:

①来自1994年9月28日，北京市科委主任邹祖烨在北京市第二届"科技之光奖"颁奖大会题为《站在改革开放的前列为科学技术的新解放和大发展而奋斗》的报告，该资料由齐忠收藏。

②来自 1995 年 2 月 25 日四通公司出版的《四通人》第 196 期，该资料由齐忠收藏。

③来自《中关村 30 年大事记》第 95 页，该资料由齐忠收藏。

④来自《科技之光报》第 123 期，该资料由齐忠收藏。

⑤来自《科技之光报》第 122 期，该资料由齐忠收藏。

1994 年 1 月 27 日——用友公司创始人之一苏启强出售用友公司股份，创办北京连邦软件发展公司

1994 年 1 月 27 日，用友公司创始人之一苏启强出售所持有的用友公司全部股份，创办"北京连邦软件发展公司"（以下简称"连邦软件公司"）。

连邦软件公司在海淀工商局注册，苏启强出任公司法人代表，该公司注册资金为 500 万元人民币，企业性质为集体所有制，注册地址为北京市海淀区中关村路 24 号。该公司以代理承销正版软件为主，并成为中国正版软件流通主渠道。①

2001 年 1 月 9 日，连邦软件公司更名为"北京连邦软件股份有限公司"，法人代表为梁秋月，注册资金 5517.6177 万元人民币。注册地址为海淀区上地信息路 2 号（北京实创高科技发展总公司 2-2 号 D 栋 1-8 层）4 层 410B 室，连邦软件公司后来注销。①

用友公司由于是私营民营科技企业，公司产权明晰。公司董事长王文京用数百万元现金收购苏启强所持有的用友公司全部股份。

参考资料：
①来自"爱企查"。

1994年1月31日——京海公司启动股份制改造

1994年1月31日，京海公司决定启动公司股份制改造，京海公司将成立"京海高技术实业股份有限公司"。京海公司股份制改造任务由京海公司执行副总裁董世良、王志和负责，并聘请律师事务所、会计事务所、审计事务所和国家有关证券机构配合公司股份制改造。

京海公司股份制改造将吸收2亿元人民币的资金，用于京海JDC空调的产业化，发展房地产及其他高技术产品。[1]

参考资料：

①来自《科技之光报》第78期，该资料由齐忠收藏。

1994年2月14日——香港联想公司在香港挂牌上市

导读：联想公司最伟大之处在于打造出中国自有国有品牌的个人计算机市场，联想计算机的出现，改变了20世纪80年代到90年代跨国公司垄断中国个人计算机市场的局面。

四通公司总裁段永基评价联想公司时说道："四通公司能把无变成有，联想公司能把有变成无限大。"

1984年11月9日，联想公司以20万元人民币起家，几十年来发展成为跨行业、跨地域中国最大的国有民营高科技公司，成为中国国有民营高科技公司在商业领域的奇迹。本文用珍贵的历史文献，相关历史记载，展现出联想公司发展历程。

一、香港联想公司在香港证券交易所挂牌上市

1994年2月14日，联想集团公司（以下简称"联想公司"）控股的香港联想电脑有限公司在香港证券交易所挂牌上市，股票代号：0992，总共发行6.75亿股，每股价额为1.33港币。[1]

　　香港联想公司以当日溢价发行每股2港币计算，香港联想公司当日获得13.5亿港币资金。

　　1994年，港币对人民币的汇率为1∶1.1，香港联想公司获得的资金折合人民币为14.85亿元。

　　1999年，香港联想公司每股价额为14港币，市盈率超过70倍，公司市值为260亿港币，在香港股市排名第25名。[2]

参考资料：

①来自《中关村30年大事记》第89页，该资料由齐忠收藏。

②来自《联想成立十五周年纪念册》，该资料由齐忠收藏。

二、联想公司的起源

　　关于联想公司的起源与成立日期，有不少专家、学者写文章论述

1994 年 2 月 14 日，香港联想公司在香港证券交易所上市，每股为 1.33 港币，联想公司总裁柳传志（右三）等人在香港证券交易所合影留念。齐忠摄于联想公司宣传册。

过，联想公司公关部对外界也提供了不少相关资料，但是极其模糊。人们面对"计算所公司""新技术发展公司""北京联想""香港联想""联想集团（控股）公司"一大堆名称，看的是眼花缭乱，本部分首次向人们清晰地描绘出联想公司的起源与公司名称变化的过程。

1. 联想公司的前身

1979年，中国科学院计算技术研究所开办该所首家公司"中科院计算所技术服务公司"，这是联想公司的前身。[①]

20世纪80年代，在中关村有很多公司是先干起来，再去工商局正式注册，例如科海公司是在1983年5月成立的，在1984年才到海淀工商局正式注册。

1984年11月9日，"中国科学院计算所计算机技术公司"在海淀工商局正式注册，这是联想公司最初的名字。中科院计算所为主管单位，时任中科院计算所所长曾茂朝任公司董事长，中科院计算所科技处处长王

1988年4月1日，香港联想电脑有限公司成立，6月23日，该公司在香港举行开业庆典，右二为柳传志、右三为吕谭平。齐忠摄于联想公司宣传册。

树和任计算所公司总经理，柳传志、张祖祥任副总经理。①

1986年，王树和升任中科院计算所所长助理，42岁的柳传志出任该公司总经理。

1988年6月30日，"中科院计算所技术服务公司"，被海淀区批准改为"中国科学院计算所计算机技术公司"（以下简称"计算所公司"）。①

1989年1月，北京市新技术产业开发试验区办公室认定计算所公司为新技术企业。

计算所公司是中科院计算所与北京市海淀区供销合作社签订联营协议成立的。注册资本100万元，中科院计算所实际投资20万元，公司拥有员工11人，公司办公用房两间，公司性质为"全民所有制"也就是国有企业。①

中科院计算所与北京市海淀区供销合作社合作，使计算所公司获得北京市海淀区供销合作社经营用地，也获得"知青社"税收优惠待遇。（注："知青社"见相关历史名词解释）

1987年，"中国科学院计算所公司开创外向型高科技产业大会"上，计算所公司总经理柳传志的讲话也证实了这一点，他说："我们中科院计算所公司开办三年来，第三年也就是1987年营业额达到7014万元。"②

1989年3月，在新华出版社出版的《北京市新技术产业开发试验区科技企业介绍》中，也记载"中国科学院计算所计算机技术公司"成立于1984年11月。③

1994年2月14日，香港联想公司在上市公告也承认，联想公司最初成立于1984年11月9日。

1989年3月，在新华出版社出版的《北京市新技术产业开发试验区科技企业介绍》中，北京市新技术产业开发试验区（以下简称"试验区"）办公室认定的三批新技术企业名单中有"中国科学院计算所计算机技术公司"（以下简称"计算所新技术发展公司"）。④

2. 计算所新技术发展公司

1987年夏，计算所新技术发展公司成立，该公司是为创办"香港联想电脑有限公司"，中国科学院计算所注册的新公司。

香港导远公司负责人吕谭平写道："1986年，我与北京联想集团前身，中国科学院计算所公司接触。1987年，春节大年初四，柳传志从北京给我打电话要求我们把香港导远公司合并到香港联想公司。1987年夏，我与柳传志接触频繁，谋合办企业。"⑤

3. 联想公司的成立

1988年4月1日，由计算所新技术发展公司、香港导远公司、中国技术转让公司香港分公司（以下简称"中技香港分公司"）各投资30万港币共90万港币，在香港注册成立内地与香港的合资公司"香港联想电脑有限公司"（以下简称"香港联想公司"），英文名字为"LEGEND"。三家公司各占香港联想公司33%的股份，公司的名称"联想"二字来自"联想汉卡"。

柳传志出任香港联想公司董事局主席，香港导远公司吕谭平任香港联想公司总经理，他后来还任北京联想计算机集团公司副总裁。计算所新技术发展公司副总经理张祖祥任香港联想公司副总经理，中技香港分公司出一人任香港联想公司副总经理。⑤

中技香港分公司总经理柳谷书先生，任香港联想公司董事。

柳谷书先生是柳传志之父，柳谷书先生退休后成立"柳·李律师事务所"。曾为美国迪士尼公司代理与上海"大白兔"奶糖知识产权案。柳谷书先生不仅是我国知识产权法律界开拓者之一，还在我国法律界、知识产权界、律师界颇有声望。

1988年6月23日，香港联想公司在香港怡东大酒店举行开业典礼，中科院院长周光召亲临大会。

1994年2月14日，香港联想公司挂牌上市，总共发行6.75亿股，其中原"计算所新技术发展公司"更名为"北京联想计算机集团公司"，得到2.618亿股，香港导远电脑系统有限公司吕谭平等四人得到2.08亿股，中国新技术进出口公司驻香港分公司因在香港联想公司扩股时没有参加，所以仅得香港联想公司0.15亿股。

1989年11月14日，"中国科学院计算技术研究所新技术发展公司"正式更名为"北京联想计算机集团公司"，并在北京召开成立大会。全国人大常委会副委员长严济慈、中科院院长周光召、试验区办公室主任胡昭广参加了成立大会并讲话。

中国科学院计算技术研究所所长曾茂朝，任公司董事长，柳传志任公司副董事长兼总裁，倪光南任公司董事兼总工程师，吕谭平任公司副总裁兼香港公司总裁。即日起，原中国科学院计算所公司，计算所新技术发展公司全部冠名"联想"字头。

1991年12月4日，中国科学院同意将"北京联想计算机集团公司"，由原来的中国科学院计算技术研究所管理的公司改变成为中国科学院院管公司。（注："中国科学院院管公司"见相关历史名词解释）[6]

4. 中国科学院计算所公司更名为北京联想公司

1989年8月，计算所公司更名为"北京联想计算机集团公司"。

1994年11月，更名为"联想集团公司"（以下简称"北京联想公司"）。

1994年5月5日，中科院高企局同意北京联想公司变更企业性质为"全民"所有制。

1997年4月29日，中科院计算所与北京市海淀区供销合作社达成终止联营协议。

1998年，经国家工商局核准，北京联想公司更名为"联想（北京）有限公司"。企业性质变更为"香港联想公司（上市公司）在内地投资的独资企业"。[1]

中科院计算所所长曾茂朝任北京联想公司董事长，李勤为北京联想公司副总裁负责经营。

5. 计算所新技术发展公司更名为联想集团（控股）公司

1998年6月，计算所新技术发展公司更名为"联想集团（控股）公司"，该公司按中科院65%、公司35%划分股权比例，联想集团（控股）公司成为香港联想公司最大的股东。中科院计算所所长曾茂朝担任联想集团（控股）公司董事长。

1999年9月9日，曾茂朝不再担任联想集团（控股）公司董事长，柳传志出任联想集团（控股）公司董事长。

6. 北京联想公司与联想集团（控股）公司整合与更名

1995年，香港联想公司亏损1.5亿港币，面临破产倒闭。

联想集团（控股）公司为了挽回香港联想公司破产的局面，准备整合北京联想公司与香港联想公司的业务，将北京联想公司的优质资产与香港联想公司的股权进行置换，北京联想公司的其他资产由联想集团（控股）公司接管。

联想集团（控股）公司，整合北京联想与香港联想业务实质内容为，"将中科院计算所在中关村寸土寸金地皮纳入香港联想公司，换取香港联想公司的股份"，这也是倪光南状告柳传志的原因之一。

1998年6月，整合完毕。北京联想公司成为香港联想公司的子公司，联想集团（控股）公司成为香港联想的控股股东。[①]

今天联想集团（控股）公司下属的融科智地公司，就是在中科院计算所的中关村地皮基础上成立的。

三、历史名词解释：中国科学院院管公司、知青社

1. 中国科学院院管公司

中国科学院院管公司是由中科院负责管理，并指定负责人，公司的注册资金多，负责人享受副司局级待遇，公司可以自行评定副高级职称。所办公司是由中科院研究所创办，研究所负责管理，并指定负责人，以及公司注册资金的多少。

2. 知青社

知青社是指1980年左右，大批插队下乡的知识青年返回城市后没有工作。国家为了鼓励企业招收知识青年，推出税收优惠政策，凡是企

业招收知识青年占有企业 50% 的名额，企业可三年免缴"企业营业所得税"。当年企业的"企业营业所得税"，是企业上缴的最大税种，占企业全年盈利的 30%。人们简称这种企业为"知青社"。

参考资料：

①来自国务院发展中心企业研究所出版的《联想发展专题报告汇编》第 58 页。《中国科学院计算技术研究所 45 周年》第 119 页、203 页，该资料由齐忠收藏。

②来自 1990 年人民日报出版社出版的蓝皮版的《联想之路》第 23 页，该资料由齐忠收藏。

③来自新华出版社出版的《北京市新技术产业开发试验区科技企业介绍》第 24 页，该资料由齐忠收藏。

④来自新华出版社出版的《北京市新技术产业开发试验区科技企业介绍》第 122 页，该资料由齐忠收藏。

⑤来自 1990 年人民日报出版社出版的白皮版的《联想之路》第 216 页、217 页，该资料由齐忠收藏。

⑥来自《中国科学院高技术产业发展大事记》第 89 页，该资料由齐忠收藏。

四、联想汉卡的起源

1. 联想汉卡的名称与作用

1985 年初，联想汉卡初期产品投放市场式销售，全称为"联想式汉字微型机系统 LR-PC"，又称"联想式汉卡"。该卡的中文软件与硬件捆绑销售，以提高汉字处理性能为主，可以对 386 型号以下的个人计算机，把英文个人计算机变成中文个人计算机，显示出该卡中英文软件的高度兼容。[①]

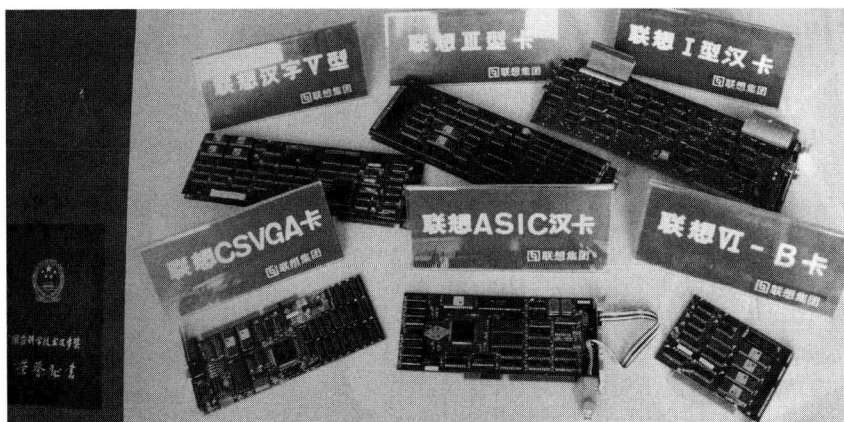

各种型号的联想汉卡，以及联想汉卡荣获"国家科学技术进步一等奖"的证书，齐忠摄于联想公司宣传资料。

　　该卡还提供汉字的联想功能，利用汉字的上下文关联性，方便了用户的使用。例如，计算机操作人员打出一个"记"字后，屏幕会自动闪现出记者、记录、记分牌等一连串联想出的词组。这样的功能在现在来看并不算什么，在当年却是非常先进的技术。所以称该卡为"联想汉卡"。联想公司之名就来自联想汉卡，联想汉卡因技术的先进性，成为我国汉卡市场的榜首，为联想公司带来了巨大利润与社会效益。

　　1984—1995年，个人计算机的内存和硬盘比较小，无法存储海量的中文字库，也就无法处理中文。汉卡的出现解了这个问题，汉卡自身带有简体、繁体中文等8000个汉字左右的字库芯片，把这种卡插在计算机的主机板上，个人计算机就能处理中文文件，还可通过打印机打印出来。

　　1985—1993年，一台北京雪花冰箱在市场零售价格在1300元左右。只有15厘米宽，30多厘米大小的汉卡，零售价格在3000—4000多元，而成本只有1000多元，使汉卡成为科技公司热销来钱快的电子产品。

　　当年在中关村有史玉柱巨人公司的巨人汉卡、北大方正公司前身"北大新技术公司"的金山汉卡、晓军公司的晓军汉卡、四通公司的四通汉卡、东南公司的东南汉卡等。

北大新技术公司首任总裁楼滨龙回忆金山汉卡时说："金山汉卡为公司带来上千万元的利润。"

2. 联想汉卡的发明及获奖过程

1984年6月30日，中科院计算技术研究所所长兼信通公司董事长曾茂朝与信通公司总裁金燕静（女）、中国航空技术进出口公司深圳工贸中心（以下简称"中航深圳工贸中心"）负责人协商。由两家公司负责投资6万元及其计算机设备，由中科院计算技术研究所科研人员倪光南负责研制开发联想汉卡。②

1985年初，倪光南先生研制成功，并命名为"联想式汉卡"，并制作出的100块"联想汉卡"小规模投放市场，由信通公司和新成立的中国科学院计算所计算机技术公司（以下简称"计算所公司"）负责在市场上销售。

倪光南回忆该事时写道："当年中科院进口了500台IBM计算机，由计算所公司负责质量检验等技术服务。所以信通公司让计算所公司利用这个机会，将中科院这500台微机全都配有联想汉卡。"

倪光南所写的情况非常真实。初期投放市场的100块联想汉卡销售中，拥有强大销售能力，员工众多的信通公司仅销售6块联想汉卡。刚刚成立不久，才有11名员工的计算所公司，却销售了94块联想汉卡。计算所公司如果手中没有中科院500台IBM计算机大单，短时间是卖不出94块联想汉卡的。因为当年一台进口计算机的价格在人民币3万元左右，再加上为计算机配备的专门防静电与停电CPU的计算机室，任何单位配备一台计算机要投资七八万元，这在1984年是一笔巨款。

1987年，联想汉卡以"联想汉字系统"荣获"中国科学院科技进步一等奖"。

1988年，联想汉卡以"联想汉字系统"荣获"国家科技进步一等奖"。③

3. 联想汉卡归属于计算所公司的过程

信通公司与计算所公司，在100块联想汉卡利润的分配上发生争执，信通公司以投入开发为理由，要拿走利润的50%。计算所公司不干，要以销售数额分利润，虽然利润分配的结果还是以信通公司为准。联想汉卡丰厚的销售利润，巨大的市场前景，让计算所公司起了挖"墙脚"之心。

计算所公司总经理王树和多次游说倪光南加盟计算所公司，许诺负责开发并销售倪光南所有的科研产品。倪光南也看中计算所公司的销售能力，决心与信通公司和中航深圳工贸中心分手。

当年的计算所公司是中科院计算所创办的企业，信通公司则是中科院计算所、中科院科仪厂、海淀农工商公司三家投资的股份制企业。中科院计算所自然要独享联想汉卡。

当年中科计算所所长曾茂朝兼任信通公司董事长，计算所公司总经理王树和又兼任计算所科技处处长、信通公司董事。联想汉卡主要研发人员倪光南又是计算所科研人员，他以后评职称、分房子、涨工资全靠计算所，倪光南自然也愿意投奔计算所公司。在这种情况下，信通公司总经理金燕静（女）只好交出联想汉卡所有权。

1984年11月，计算所所长曾茂朝出面协调，倪光南结束与信通公司和中航深圳工贸中心的合作关系，加盟计算所公司。计算所公司拿出6万元人民币给信通公司和中航深圳工贸中心作为补偿。

原中科院科技咨询部负责人钟琪女士回忆此事时说："当年计算所公司和信通公司对联想汉卡争夺很厉害，就是在王树和与曾茂朝的坚持下'联想汉卡'才落户计算所公司，成为公司的起家产品，倪光南也进入计算所公司工作。"

1984年12月，倪光南先生出任计算所公司总工程师，联想汉卡的全部技术也带入计算所公司，给计算所公司带来飞跃性的变化。①

计算所公司也承诺在联想汉卡的销售额中，给倪光南先生2.5%—3%的利润提成。④

4. 联想汉卡给联想公司带来巨大的利润

1985年初，一型联想汉卡投放市场，1995年，联想汉卡结束销售退出市场。联想公司在10年内共出售16万套联想汉卡，利税逾亿元。[①]

倪光南先生在回忆录中写道："一型联想汉卡售价4000多元，成本只有1000多元，联想汉卡销售量最大的七型联想汉卡，售价2500多元，成本只有1260元。"[⑤]

2016年1月30日，北京中金浩资评估有限责任公司，受中关村历史课题组的委托，对联想式汉卡的经济价值评估为人民币11007.02万元。[⑥]

参考资料：

①来自中科院计算技术研究所出版的《中国科学院计算技术研究所45周年》第86页，倪光南先生撰写的"计算所与联想汉卡"，该资料由齐忠收藏。

②来自北京中金浩资评估有限责任公司《"联想式汉卡"知识产权评估报告书》附件8："计算所与中航深圳工贸中心签订的合作开发联想式汉卡协议"，该资料由齐忠收藏。

③来自人民日报出版社出版的白皮版《联想之路》第475页，该资料由齐忠收藏。

④来自人民日报出版社出版的白皮版《联想之路》第309页，北京日报社记者杨立君撰写的《在"联想世界"中遨游——倪光南总工程师二三事》，该资料由齐忠收藏。

⑤来自中科院计算技术研究所出版的《中国科学院计算技术研究所45周年》第88页，倪光南先生撰写的"计算所与联想汉卡"，该资料由齐忠收藏。

⑥来自北京中金浩资评估有限责任公司《"联想式汉卡"知识产权评估报告书》第3页，该资料由齐忠收藏。

五、柳传志的心志与打造中国品牌联想计算机市场

1. 柳传志的创业心志

柳传志身高1.76米，国字脸，戴着一副眼镜，衣装得体，说话文质彬彬，举止间充满书卷气，颇像一位教书的老师，很难想象公司在他的手上有什么变化。其实柳传志是一位意志坚如磐石的人，商场的经营之神。

1961年，柳传志从位于北京市东城区灯市口的二十五中高中毕业，那年他17岁。在毕业那年曾发生过一件事，让他终生难忘。

柳传志回忆这件事时写道："高中毕业那年，军队在学校里挑选飞行员，条件十分苛刻，身体、学习、品行等各方面都必须优秀。我被选上了心里非常高兴。谁知道到最后因政审不合格我被淘汰了。政审不合格的原因是，我有个舅舅是右派。"

虽然柳传志最后被保送到中国人民解放军军事电信工程学院（现为西安电子科技大学）学习，但是因"政审不合格"失去当飞行员事件，对他的人生影响是巨大的。柳传志大学毕业后被分配到中科院计算所工作。

对于计算所的工作，柳传志在回忆录中写道："当时，我在科学院计算所磁记录研究室做磁带线路研究，活不多，十几个人挤在那儿做，做完了以后又怎样了呢？就写论文。写好了论文，为名字的排序摆上半天。写论文是为了评职称，评职称可以涨工资。评上助理研究员可以涨9块钱，当时已算是不小的数目了。研究的成果呢？只能放在一边。然后，再接着做下一个。"

柳传志在回忆当年中科院年轻的科研人员经济状况时，他写道："年轻的科技人员经济窘迫，平均月薪六十元，三代同居斗室。当年，我想买一条棉毛裤都要掂量掂量。"

柳传志在叙述为什么要到公司工作时，他在《联想初创时期的回忆》中写道："1984年，形势发生了很大的变化。科学院这头，周光召院长倡导'一院两制'，鼓励大家为科技改革做贡献，计算所面临着五

年之后科研经费皇粮全断的局面，也开始考虑如何杀出一条生路。而外面，几家先冲出去的民营公司已在中关村逐渐火起来了，提起'两通、两海'已经是无人不知。当时曾经有民办公司承包计算所的说法。在内外夹击之下，计算所被迫逼上梁山，要办公司，成了必然选择。我心里那些压抑已久的、要做点事情的强烈冲动，也被点燃了。知道风声，我态度坚决，又想方设法回到了计算所，一心要抓住这个难得的机会。那时候，对办公司并没有很清晰的概念。就是想试试自己的能力，想能放开手脚做点事情，做得好的话还可以改善一下生活。这些事凑在一块儿，构成了一条长长的引桥。我就这么着，走到了创办公司的桥上。"①

（注：1986年6月10日，四通公司与中科院计算中心签订承包中科院计算中心所属的鹭岛公司，所以当年中关村曾经流传"四通公司还要承包科学院某所"。1984年11月，四通公司刚刚成立6个月，是个小公司不可能承包计算所。柳传志所写的"民办公司承包计算所"在时间上有误。）

柳传志这篇夹叙夹议的回忆文章，以优美的笔法刻画出他当年离开科研岗位，去创办公司时的心理动态，是迄今为止中关村早期创业者回忆录中最为直白、纯朴、不可多得的优秀回忆文章。

如果用简单的几笔，再次刻画柳传志当年为什么要去创办公司，那就是：柳传志厌倦了计划经济体制下永无结果的科研工作，要到公司这个只承认胜利与失败的"战场"，发挥自己本领，彻底改变穷困面貌。有柳传志这样的领军人物，自然会给联想公司带来翻天覆地的变化。

2. 打造中国国产品牌联想计算机市场的历程

（1）联想公司制造计算机的起步阶段

1989年3月9日，香港联想公司在联邦德国汉诺威举办的计算机博览会上推出由该公司总工程师倪光南等人研制的"联想Q286微机"样机，这是联想公司制造的第一台计算机。"联想Q286微机"在博览会获得国外厂商4500台左右的订单，以及联想"286微机"主机板的订单。（注："微机"见相关历史名词解释）②

香港联想公司制造的"联想 Q286 微机"，齐忠摄于联想公司宣传资料。

1990年1月26日，联想系列微机通过国家"火炬计划"验收。（注："火炬计划"见相关历史名词解释）③

1990年3月，联想公司开发的联想286微机获得国家生产许可证，允许该公司第一年生产5000台。④

联想公司随后又推出联想386微机、联想486微机。

1993年11月4日，联想公司在"1993联想集团第16届技术交流会"推出该公司自行研制的国内首台联想586微机。该微机配置美国英特尔公司奔腾（Pentium）64位微处理器，具有工作站超级小型机功能。并且与386微机、486微机完全兼容，比486微机速度快3倍。

但是在联想汉卡、联想计算机板卡巨大利润的对比下，在1994年联想公司上市前，联想计算机没有成为该公司的主要产品去大规模投资。

（2）联想公司进入制造计算机领域的原因

1994年2月14日，联想公司控股的香港联想电脑有限公司在香港证券交易所挂牌上市后，联想公司面临着两大问题。

首先是为上市公司带来巨大利润的联想汉卡，在计算机性能不断更新下，计算机软件逐步代替了计算机硬件"汉卡"，联想汉卡市场不断萎缩，渐渐地要退出市场。所以联想公司要推出新的产品，为公司赚取利润。

其次，在跨国集团进入计算机板卡市场后，计算机板卡的价格从几十美元跌落到十几美元。联想计算机板卡这个产品，从赚钱的产品变成赔钱的产品。

1995 年，香港联想公司曝出 1.95 亿港元巨大亏损，等于香港联想公司三年的利润。⑤

联想公司面临重大的选择，要生产制造一个新的产品快速赢得利润，使公司渡过亏损和倒闭难关，柳传志和联想公司选择了计算机。

（3）联想公司打造联想计算机的发展过程

1994 年 3 月 19 日，联想公司成立联想公司微机事业部，任命 26 岁的杨元庆为总经理。柳传志承认这是"拼命赌上一把""背水一战"，⑥从柳传志的话中不难看出当年联想公司所处的困境。

1990—1993 年，联想公司销售的联想计算机为 5.6 万台。

1994 年，在杨元庆的领导下，联想公司销售的联想计算机为 4.6 万台。

1995 年，联想公司销售的联想计算机为 10.5 万台。

1996 年，联想公司销售的联想计算机为 78 万台。

1998 年 5 月 6 日，联想公司总裁柳传志，在北京市海淀区新世纪饭店召开的新闻发布会上宣布，联想计算机第 100 万台正式下线。原中科院院长、全国人大常委会副委员长周光召，美国英特尔公司董事长葛鲁夫等人参加了大会，联想公司成为我国国产计算机最大的生产厂家。⑦

2000 年，联想计算机首次获亚太地区（不含日本）市场份额首位。⑧

（4）联想公司打造高端计算机的过程

1998 年，中科院计算所计算机专家祝明发出任联想公司首席科学家，并组建联想公司高性能计算机服务器事业部。

祝明发主持研制的"曙光 1000"是我国研制的一台大规模并行机系

统，也是超级计算机系统，该机达到当时国内最高运算速度，实际速度超过每秒10亿次浮点运算，达到每秒15.8亿次。

1997年，"曙光1000"荣获"国家科技进步奖一等奖"。

2002年7月，在祝明发的带领下，联想公司推出我国首台超级计算机"深腾1800"，该机每秒运算一万亿次。被新华社评为2002年"中国十大新闻"。联想公司不久又推出"深腾7000""深腾X8800"等超级计算机。

2019年6月，国际TOP 500组织公布该年的超算全球 Top 500台中，其中有173台来自联想公司，联想公司成功地占领了我国高端计算机市场。[9]（注："国际TOP500组织"见相关历史名词解释）

（5）联想公司收购IBM个人计算机业务，结束外商对中国个人计算机市场的垄断

2004年12月8日，联想公司对外宣布，联想公司与美国IBM公司签署了收购IBM公司全部个人计算机业务，收购价格为12.5亿美元，折合人民币104亿元左右。

联想公司这次收购，使该公司与美国戴尔公司和惠普公司（HP）成为全球三大个人计算机生产厂商。

联想公司这次收购，也结束1980—2000年跨国公司在中国个人计算机市场的垄断行为，中国个人计算机市场成为以联想计算机为首的国产品牌市场。

（6）联想计算机营销与资本运作过程

1994年3月19日，联想公司决定成立联想公司微机事业部，正式进军个人计算机市场。联想公司在市场上要与美国IBM公司、康柏公司（Compaq）、AST公司、美国数字公司（DEC）、惠普公司（HP）、苹果公司等跨国公司竞争，还要与国内最大的计算机生产厂商长城电脑公司竞争。这种残酷的市场竞争中，联想公司必须有过人的营销策略才能在个人计算机市场上胜出。

1995年，香港联想公司在上市年报中公示1.95亿港币巨大亏损，使香港联想公司陷入破产倒闭的困境。柳传志与联想公司不仅要挽回香港联想公司破产倒闭的命运，还要有巨额资金让联想个人计算机形成批量化、规模化生产，以降低成本，在个人计算机市场上竞争中胜出。

1993年9月13日，柳传志向电子工业部部长胡启立，副部长张今强、曲维枝等汇报有关联想个人计算机发展计划时说："去年微机营业额为2亿元，用了1.2亿元贷款，今年营业额为3亿元人民币，贷款是6000万元。"[⑩]

从以上柳传志的话中不难看出，联想公司生产个人计算机需要庞大的资金。

（1）低价的联想家用电脑是联想公司打开市场的利器

联想公司推出过联想286微机、联想386微机、联想486微机、联想586微机、联想奔月电脑、联想天禧互联网电脑等多种品牌的个人计算机，但是让人们记忆最深的是联想家用电脑。

1993年，联想公司推出第一代联想家用电脑，正式名称为"联想1+1家用电脑"。这个名称的意思为"1家有一台电脑"，开辟了一块没有竞争对手的营销领域，使其他计算机制造厂商只有跟进。该电脑没有硬盘，使用的是黑白显示器，从运行计算机软件和学习电脑知识来讲，满足了我国家庭对孩子电脑学习的需求，对外零售价格为每台3000元左右。[⑪]

1993—1994年，在我国康柏公司（Compaq）386计算机，对外零售价格为每台10000—13000元左右。联想家用电脑低廉的价格成为吸引我国个人消费者的主要原因，因为1993—1994年，北京的工人月薪只有300—400元左右。

1994年5月10日，联想公司在北京召开新闻发布会，宣布推出第二代联想家用电脑，对外零售价格为10000元以下，30天内联想公司出售联想家用电脑5500台。

联想公司推出的联想家用电脑，是我国经典的商业案例，联想家用电脑用模糊的名称，代替了其他个人计算机生产制造公司各种不同名称与种类，进入了我国最大的个人计算机消费市场家庭市场。

（2）联想1+1家用电脑专卖店在全国的设立

1994年8月29日，联想公司在北京、上海、广州开设了6家联想1+1家用电脑专卖店，不久，联想1+1家用电脑专卖店遍及全国主要城市，为了促进联想1+1家用电脑专卖店的销售额，联想公司让出大部分利润给联想1+1家用电脑专卖店。

这些专卖店还兼任着对消费者计算机硬件及软件知识的普及，还承担售后技术维修等工作，是促进联想家用电脑与联想其他计算机销售的关键。

（3）联想个人计算机的资本运作

联想公司在生产个人计算机过程中，庞大的资本运作，以及外汇来源是其成功的关键，因为计算机中央处理器美国英特尔公司生产的奔腾芯片、计算机硬盘等关键零部件需要进口。

联想公司在生产个人计算机过程中，在中国香港与北京向银行贷款总数量已超过10亿元，次数达到数百次。[12]

1998年5月，联想公司与中国银行签订银企协议，联想公司向中国银行申请贷款总额度为10亿元人民币，该协议解决了联想公司对外汇的需求。[13]

六、历史名词解释：微机、"火炬计划"、国际TOP 500组织

1. 微机

1980—1998年，个人计算机是新生事物，有许多名称，例如微机、桌上电脑、PC机、个人计算机等。1998年，随着个人计算机的普及，统一称为计算机。

2. "火炬计划"

1988年，我国国家科委（现更名为"科技部"）制定出"火炬计划"，是为促进我国高技术、新技术研究成果商品化，推动高技术、新技术产业形成和发展的部署和安排。

3. 国际 TOP 500 组织

国际 TOP500 组织是一个为高性能计算机提供统计的组织。TOP 500 榜单始于 1993 年，由国际组织 TOP 500 每半年发布一次，是给全球已安装的超级计算机排座次的知名榜单。美国田纳西大学电气工程和计算机科学系教授杰克·唐加拉是该排行榜主要编撰人。

2019 年 11 月 18 日，新一期全球超级计算机 500 强榜单面世，美国超级计算机"顶点"蝉联冠军，中国蝉联上榜数量第一。

参考资料：

①来自 2007 年 3 月 18 日柳传志亲笔撰写的回忆录《联想初创回忆录》，该资料由齐忠收藏。

②来自白皮版《联想风云》第 403 页，该资料由齐忠收藏。

③来自《联想 15 年》第 393 页，该资料由齐忠收藏。

④来自《联想风云》第 111 页，该资料由齐忠收藏。

⑤来自联想控股公司官方网站"发展历史"。

⑥来自《联想风云》第 178 页、179 页，该资料由齐忠收藏。

⑦来自《联想 15 年》第 143 页、143 页，该资料由齐忠收藏。

⑧来自联想控股公司官方网站"发展历史"。

⑨来自《联想超算的三张面孔》，该资料由齐忠收藏。

⑩来自《联想风云》第 200 页，该资料由齐忠收藏。

⑪来自《联想 15 年》第 180 页，该资料由齐忠收藏。

⑫来自《联想 15 年》第 398 页，该资料由齐忠收藏。

⑬来自国务院发展研究中心企业研究所《联想发展研究专题报告汇编》第 42 页，该资料由齐忠收藏。

七、联想公司的股份制改造

1. 联想公司股份制改造的起动——联想控股职工持股会与分红权

1993 年 12 月 31 日，联想公司董事会决定，联想公司股权分红比例为：中科院占20%，计算所占45%，联想公司职工占35%，并成立相应的"联想控股职工持股会"（以下简称"职工持股会"），1995年正式实施。[①]

联想公司董事会的这项决定，得到中科院的批准。

职工持股会利用联想公司股权分红所得到的钱，购买联想公司的股票，再把股票分配给个人。职工执股会为员工实施产权激励创造了有利的条件，也为员工购买联想股份创造了有利的渠道。

联想公司总裁柳传志这个想法是怎么来的呢？

1985—1988年，社会的大环境对中关村高科技企业的生存不是太好，特别是对奖金发放上卡得特别紧。规定企业发给职工全年的奖金，不能超过职工两个月的工资，如果超过要上交300%的奖金税。当年国企职工的月工资也就是50—60元，可是中关村电子一条街的公司职工年终奖金达上千元，中层干部达上万元左右。公司如果不发奖金很难调动员工和干部的积极性，发放奖金又交不起奖金税。

1985年底，联想公司业绩不错，柳传志为了兑现年初的承诺，悄悄地为职工发放奖金，后来被人举报到中科院，中科院领导给了柳传志一个处分。

海淀有关同志对柳传志说："今后不要发奖金，可把要发的奖金记在企业账上，等有新政策再说。"

柳传志听后，用这些单记账的奖金成立了公司职工持股会。

柳传志推出的这种国有企业，产权公私共有的公司职工持股会模式为：

（1）在联想公司，创业者们和骨干员工在职工持股会占有很大的比例。

（2）联想公司每年提出部分利润，用分红的方式分给公司的创业者和骨干员工，但是这些分红的钱由职工持股会保存。

（3）职工持股会用这笔分红钱，购买上市的香港联想公司35%的股权。

（4）职工持股会再把35%的股权分配给创业者和骨干员工，以及持股会里其他联想公司员工。

2001年，柳传志对外界介绍公司创业者和骨干员工持有公司股份比例时说："持股会中的公司创业者和骨干员工有36名，每人持有公司0.5%的股份。我原来也一样，也持有公司0.5%的股份。中科院的领导给我提了一下，成为持有公司1%的股份。"

按当年联想公司上市的公报计算，柳传志当年持有1%联想公司的股份，8000多万股上市股票。

据了解，在有关方面批准了联想公司的"认股权"方案中显示，柳传志占有联想公司1026.6万股，购股权672万股；曾茂朝408万股，购股权460万股；马雪征1907万股，购股权400万股。这里所讲的"购股权"是指认股凭证，持有此证者可以预定价格购买公司新发行的股票。（注：一般低于当时市价。）

例如，联想公司发行新股时，市场发行价为每股20元，持"购股权"者可以用1元或者用低于发行价买入，转手就会获得巨额收益。认股凭证，也可以在香港证券交易所交易。

原联想公司高级副总裁兼财务总监马雪征女士，在回忆持股会在员工持股这个问题时说："1997年，在完成对北京联想的整合后，香港联想的股票有了一个非常好的上涨趋势。在这个时候，我向柳传志提出，香港的股市上有一种方式叫'员工持股权'，联想是否也可以实施？柳传志的热情超出我的意料，他非常支持这个计划。后来，我就按照当时国际通行的做法，做了第一版计划，能拥有持股权的范围大概有几百人。而当我把这个计划交给柳传志之后，他很不满意。他说，雪征，我要的是全员持股。当时我和柳传志发生了辩论。我的理由是，按照国际通行惯例，员工持股权给的都是对公司业绩有直接影响的中高层管理人员，而那个时候，包括一些工厂的工人在内，联想大概有几千人的规模，如果全员持股，又涉及内地和香港，后续的执行会面临极大难度。柳传志还是很坚持。他说，联想将是第一个施行员工持股权的中国公司，要让大家都感觉到自己是公司的主人，哪怕一人一手（2000股）都得给。公司里的空气湿润很重要。"

联想公司持股会这种全员执股，提高了联想公司员工的士气。

2. 柳传志公司股份制改造的三步走战略

柳传志对联想公司的股份制改造，称为"三步走战略"，他说："第一步是小环境适合，往小环境上靠。第二步是中环境适合有利，往中环境上靠。第三步是大环境适合有利，往大环境上靠。大环境、中环境、小环境都不利于公司股份制改造的时候，站在原地不动等待时机，条件成熟再启动。"

联想公司成立职工持股会，这就是"第一步是小环境适合，往小环境上靠。"

中科院院长周光召大力推行"一院两制"时，柳传志把联想公司从计算所管理的公司运作成为中科院管理的公司，使公司的股份制改造进入良好的环境。

这就是柳传志所说的"中环境适合有利往中环境上靠"。

1992年底，邓小平同志的南方谈话，如同春风吹遍祖国大地。中关村又掀起第二次开公司的创业高潮，人们纷纷在海淀工商局申办注册公司。

1993年初，海淀工商局每月批准开业的公司达到700多家。聚集在海淀和中关村新技术产业试验区的公司有10000多家，占全国公司总数的1/10，为公司股份制改造创造了良好的氛围。

柳传志就在这个时期，策划联想公司在香港上市，作为股份制改造重要的一步。

这也就是柳传志所说的"大环境适合有利，往大环境上靠"。

柳传志回忆联想公司股份制改造的过程时说："中关村国有高科技企业的股份制改造，是企业负责人的事情，并不是这些企业主管领导，主管领导的领导事情。因为这些企业的领导们无论思想观念多开明、开放，他们都不会想到企业股份制改造这件事情，只有企业负责人不断推动企业的股份制改造，向这些领导们不断地陈述、介绍企业股份制改造的好处后，这些领导们才会帮助和支持企业的股份制改造。"

参考资料：

①来自《中关村 30 年大事记》第 86 页，该资料由齐忠收藏。

八、柳传志与倪光南的纠纷

1. 柳传志与倪光南纠纷的起因

1994 年 1 月 15 日，香港联想公司在上市招股书说明："1992 年 10 月 15 日，北京联想公司通过其全资子公司南明公司增资扩股 9890 万港币（合 1270 万美元），香港联想公司股本金增至 1.1 亿港币。"

香港联想公司通过增资扩股，使新技术公司也就是北京联想公司占香港联想公司股份从 33.3% 上升到 53.3%。香港导远公司香港人吕谭平等四人占 43.3%。由于中国新技术进出口公司驻香港分公司，没有参加香港联想公司的增资扩股，该公司从占有香港联想公司 33.3% 的股份变为占有 3.3% 的股份。①

但是香港导远公司香港人吕谭平等四人没有钱增资扩股，是柳传志借钱给他们的。时任联想公司董事、总工程师倪光南，认为柳传志这种做法是不对的，因此与柳传志发生纠纷，并向中国科学院及有关部门反映这件事。

2. 中国科学院的结论

2000 年 9 月 12 日，中国科学院科提函字〔2000〕06 "对九届全国人大代表第 6027 号建议的答复"中写道："港方股东的增资借款共 552 万美元。北京联想（南明有限公司）和香港'导远电脑系统有限公司'1992 年 10 月 15 日签有借款合同，双方借贷关系清楚。4 名负债港方股东吕谭平、吴礼益、张立基、郑国立的借款金额如下：吕谭平，2154062.5 美元。吴礼益，2154062.4 美元。张立基，774593.2 美元。郑国立，443083.07 美元。当年为公司的发展，给港方合作者一定利益，调动他们的积极性是可以理解的。"②

参考资料:

①来自 2000 年 9 月 12 日，中国科学院科提函字〔2000〕06"对九届全国人大代表第 6027 号建议的答复"第 2 页，该资料由齐忠收藏。

②来自 2000 年 9 月 12 日，中国科学院科提函字〔2000〕06"对九届全国人大代表第 6027 号建议的答复"第 3 页、第 4 页，该资料由齐忠收藏。

九、联想公司年略

1984 年 11 月 9 日，"中国科学院计算所计算机技术公司"在海淀工商局正式注册，这是联想公司最初的名字。中国科学院计算技术研究所科技处处长王树和出任该公司总经理，柳传志、张祖祥任公司副总经理。

1985 年初，中国科学院计算所科研人员倪光南携带联想汉卡及全部技术加入中国科学院计算所计算机技术公司，并出任该公司总工程师。

1999 年 10 月，联想集团控股公司执委会成员，前排左起：曾茂朝、柳传志、李勤。后排左起：马雪征（女、已故）、杨元庆、郭为。齐忠摄于联想公司宣传资料。

1986年，王树和调任中国科学院计算所所长助理，柳传志任公司总经理。

1988年4月1日，由计算所新技术发展公司、香港导远公司、中国技术转让公司香港分公司各投资30万港币，共90万港币，在香港注册成立内地与香港的合资公司"香港联想电脑有限公司"，英文名字为"LEGEND"。三家公司各占香港联想公司33%的股份，公司的名称"联想"二字来自"联想汉卡"。

柳传志出任香港联想公司董事局主席，香港导远公司吕谭平任香港联想公司总经理。

1988年，联想汉卡以"联想汉字系统"荣获"国家科技进步奖"一等奖。

1989年3月9日，香港联想公司在联邦德国汉诺威举办的计算机博览会上推出，由该公司总工程师倪光南等人研制的"联想Q286微机"样机，这是联想公司制造的第一台计算机。

1989年11月14日，"中国科学院计算技术研究所新技术发展公司"，正式更名为"北京联想计算机集团公司"。

1994年2月14日，联想集团公司控股的香港联想电脑有限公司在香港证券交易所挂牌上市，股票代号为0992，总共发行6.75亿股，每股价额为1.33港币。香港联想公司以当日溢价发行每股2港币计算，香港联想公司当日获得13.5亿港币。

1994年，联想公司总工程师倪光南当选为中国工程院首批院士。

1994年11月14日，柳传志出任中国科学院计算技术研究所所长。

1995年，联想汉卡结束销售退出市场。

1996年，联想品牌的个人计算机，获得中国个人计算机市场占有率第一名。

1997年，联想公司提出贸、技、工发展模式。

1998年10月，柳传志不再担任中国科学院计算技术研究所所长。

1999年9月1日，联想公司解聘倪光南在该公司所有职务。

1999年9月9日，原中国科学院计算技术研究所所长曾茂朝不再担任联想集团控股公司董事长，柳传志出任董事长。

2002年，柳传志任联想控股公司总裁。

2018年12月，党中央、国务院授予柳传志"改革先锋"称号，颁发改革先锋奖章。

2019年12月18日，联想控股发公告宣布董事长柳传志退休，由宁旻接任联想控股董事长。

1994年2月16日——国务委员、国家科委主任宋健视察民营科技企业时代集团，指出民营科技企业将占半壁江山

1994年2月16日，国务委员、国家科委主任宋健视察中关村民营科技企业时代集团公司，他指出，新型的民营科技企业在若干年后，就会像现在的乡镇企业一样，占半壁江山。他强调：党中央、国务院，包括主要国家机关对民营科技企业采取坚定不移的支持方针，坚定不移支持民营科技企业的建立、发展和壮大，寄希望于民营科技企业能够在国际市场上拓开局面，成为中国出口创汇的重要基地。

宋健主任在视察中，对新技术企业的税收政策、职工收入、住房、保险、组织机构等问题进行询问。

时代集团公司总裁彭伟民、副总裁王小兰（女）向宋健逐一汇报，并告诉宋健主任，民营科技企业在发展中最大的困难是资金问题与外部合作中运作的困难，而其他困难企业都能自行解决。

宋健主任给予时代集团公司高度评价，他说：1993年了解到时代公司，读了该公司的文章很受感动，觉得讲得很好，特别是时代公司的管理制度和公司文化方面。时代公司及其开发区的新兴科技公司，对于发展高科技产业起到重要的推动作用，如果这些企业的第二个十年能够达到产业规模化后，可能是一支中国高新技术产业的决定性力量。

宋健主任在视察时代集团公司，左一为时代集团公司总裁彭伟民，左二为时代集团公司第一副总裁王小兰（女），左四为国家科委火炬办主任张景安，左五为国家科委宋健主任，左六为试验区副主任邵欣平，左七为试验区主任王思红（女），左十为北京市副市长胡昭广。齐忠摄影。

  陪同宋健主任视察的有国家科委体改司司长段瑞春、试验区主任王思红（女）、副主任邵欣平等。①

  参考资料：

  ①来自 1994 年 2 月 28 日《科技之光报》第 78 期，该资料由齐忠收藏。

1994 年 2 月 16 日——IBM 购买五笔字型专利

  1994 年 2 月 16 日，美国 IBM 公司与中关村民营科技企业北京王码电脑公司签约，向该公司支付 10 万美元购买"五笔字型"专利，IBM 公司计算机获得"五笔字型"专利使用权。

  1994 年，北京王码电脑公司总裁王永民发明的计算机输入法"五笔字型"，成为中国在全球计算机软件领域中最有竞争力的国产软件，也是唯一跨国计算机公司购买的软件专利，并已经获得中国、美国、英国专利，还成为跨国公司生产的计算机打开中国市场的"钥匙"，没有装有"五笔字型"输入法的计算机，无法在中国市场销售。

美国数字公司（DEC）、日本卡西欧公司已经与北京王码电脑公司签约，向该公司买"五笔字型"专利，获得"五笔字型"专利使用权。[①]

参考资料：

① 来自 1994 年 2 月 28 日《科技之光报》第 78 期，该资料由齐忠收藏。

1994 年 3 月 7 日——北京第二届"科技之光"奖评选结束，为推动北京民营科技发展作出巨大贡献

1994 年 3 月 7 日，由北京市科学技术委员会、北京市科学技术协会、北京市新技术产业开发试验区、北京民营科技实业家协会联合举办的第二届"科技之光"奖评选结束。

1994 年 9 月 28 日，在北京国际会议中心隆重举行第二届"科技之光"奖颁奖大会。

为了表彰北京民营科技企业家与新技术企业家的贡献，第二届"科技之光"奖评选出 118 家"科技之光"优秀科技企业。包括四通公司、京海公司、联想公司、科海公司、长城钛金公司、北大方正公司、时代公司、希望公司、三友激光公司、康拓公司、科电高公司、大恒公司、亚都公司、新奥特公司、利国电子公司、王码电脑公司、瑞星公司、朝阳区未来科学研究所、顺义区顺义节能应用技术研究所、丰台区天安制药公司、通县新技术研究所等企业。

在第二届"科技之光"奖颁奖大会上还评选出 102 名"科技之光"

1994 年 9 月 28 日，在北京国际会议中心隆重举行第二届"科技之光"奖颁奖大会会场。齐忠摄影。

优秀科技企业家，其中有北京市朝阳区民营科技企业家老红军徐可倬和段永基、王洪德、柳传志、纪世瀛、陈庆振、王殿儒、倪振伟、晏懋洵、郑允强、秦革、何鲁敏、郑福双、戴焕忠、张征、石羽章、孙寅贵等。

在102名"科技之光"优秀科技企业家中，还有王小兰等五名女优秀科技企业家。

在第二届"科技之光"奖颁奖大会上，还评选出202项"科技之光"优秀科技产品奖。

北京市副市长胡昭广、北京市科委主任邹祖烨、北京市科协副主席张大力、北京市新技术产业开发试验区主任王思红（女）及副主任邵欣平、北京民营科技实业家协会会长纪世瀛等出席了大会。

北京市副市长胡昭广在大会上作了重要讲话，北京市科委主任邹祖烨作了题为"站在改革开放的前列，为科学技术的新解放和大发展而奋斗"的报告。①

参考资料:

①来自 1994 年 3 月 7 日《科技之光报》第 80 期《北京市第二届"科技之光"优秀奖汇编》，该资料由齐忠收藏。

1994 年 4 月 4 日——北大方正公司首任总裁楼滨龙出任史玉柱的巨人公司总裁

1994 年 4 月 1 日，中关村著名"国有民营"科技企业家、北大方正公司创始人、首任总裁楼滨龙，出任史玉柱创办的珠海巨人公司总裁。

刚刚 31 岁的史玉柱认为，聘请楼滨龙为巨人公司总裁，因为自己是搞技术出身没有做过管理工作，为了公司的工作和发展才采取这个措施，用总裁负责制来管理公司。

楼滨龙认为，"巨人公司是个年轻的企业，员工平均年龄只有 23 岁，充满朝气，体制上也是民营科技企业。1993 年，巨人公司销售额为 3.5 亿元人民币，在珠海各级政府的支持下巨人公司是一个很有发展的企业。我出任巨人公司总裁后，拥有财务、人事各方面的权力。今后巨人公司要向北京发展，目前已经投资 100 万元在中关村最繁华的地段开设巨人公司门市。"①

参考资料:

①来自 1994 年 4 月 4 日《科技之光报》第 83 期，4 月 25 日《科技之光报》第 87 期。该资料由齐忠收藏。

1994 年 4 月 20 日——纪世瀛再次当选为北京民协会长

1994 年 4 月 20 日，北京民营科技实业家协会举行换届选举，原北京市副市长封明为再次当选为协会名誉理事长，纪世瀛再次当选为协会会长。

北京朝阳区著名民营科技企业家——未来科学研究所所长老红军徐可倬、中关村科海公司创始人首任总裁陈庆振、北京海淀区利国公司创始人董事长郑建国、北京丰台区著名民营科技企业家东升公司董事长赵东升、试验区副主任邵新平、四通公司副总裁田志强、华讯公司创始人首任总裁戴焕忠、北京东城区光明中医烧伤创疡研究所所长徐荣祥出任协会副会长。[①]

参考资料：

①来自 1994 年 5 月 2 日《科技之光报》第 88 期，该资料由齐忠收藏。

1994 年 5 月 12 日——美国微软公司、莲花公司、欧特克公司三家跨国计算机软件公司首次在中国打击盗版并起诉中关村五公司

1994 年 5 月 12 日，美国微软公司、莲花公司（Lotus Development Corporation）、欧特克公司（Autodesk）三家跨国计算机软件公司向北京市中级人民法院知识产权庭起诉中关村巨人北京分公司、高立软件公司、三华电子控制工程公司、北京海四达公司、北京民安投资咨询公司五家公司，侵犯微软公司、莲花公司、欧特克公司三家公司计算机软件著作权，并盗版出售。这是跨国计算机软件公司在中国进行的首次打击盗版活动。微软公司、莲花公司、欧特克公司聘请"路·T·白·比·包·蔡律师事务所"驻中国办事处的美国人包恒律师，对中关村五家公司进行盗版软件调查和反盗版诉讼。

包恒律师在起诉书中指控，中关村五家公司有侵权行为，共9起案例。

三家美国公司状告的理由是，依据"1992年中美知识产权备忘录，美国软件在中国不需注册，即受到中国法律保护的条例起诉"的规定，

要求五被告赔偿原告1万元至3万元的损失费及诉讼费、律师费。

高立软件公司向美国微软公司、莲花公司、欧特克公司三家跨国计算机软件公司提出庭外和解，高立软件公司向美国微软公司、莲花公司、欧特克公司三家公司赔偿损失费及诉讼费、律师费。美国微软公司、莲花公司、欧特克公司三家跨国计算机软件公司同意撤诉。

1994年8月20日，北京民协副秘书长、《科技之光报》主编、大事记执笔人齐忠，受巨人公司总裁楼滨龙先生委托，到位于北京国贸大厦A座的"路·T·白·比·包·蔡律师事务所"驻中国办事处，会见包恒律师，表示巨人公司愿意庭外和解。

包恒律师表示欢迎，并说庭外和解的赔偿费在4万美元左右。

包恒律师代理美国微软公司、莲花公司、欧特克公司状告中关村五公司侵犯计算机软件著作权，进行盗版出售的取证调查工作十分顺利。

包恒律师在公证处公证人员的陪同下，对位于中关村黄庄路口（现为家乐福超市北门）的高立公司表示，要用2700元购买美国三家公司研制的软件，高立公司在没有软件代理权的情况下，不仅向包恒律师出售了复制软件，并在发票上写明原告的软件名称。

包恒律师在公证处公证人员的陪同下，在位于中关村黄庄加油站北侧的巨人北京分公司，购买一台上万元的个人计算机，要求在购买的个人计算机中拷入原告软件，巨人北京分公司按原告的要求做了。

三华电子控制工程公司是合资企业，因其他原因在1993年底停止营业。1994年3月，包恒律师在公证处公证人员的陪同下，向三华电子控制工程公司的某工作人员购买到装有侵权软件的个人计算机。这台个人计算机虽然是某工作人员在其他公司购买的，是某工作人员个人行为，与三华电子控制工程公司没有关系。但是，原告要求法院对三华电子控制工程公司进行证据保全时，在三华电子控制工程公司的计算机中调出了原告研制的软件，三华电子控制工程公司又拿不出购买正版软件的证明，自然也成为非法复制和使用侵权软件的证据。

1999年2月，北京海四达公司败诉，判决赔偿美国微软公司54万元人民币。北京民安投资咨询公司败诉，判决赔偿美国微软公司25.344万元人民币，并被指定在报刊上公开道歉。

北京民安投资咨询公司一审败诉后，在规定的期限内没有上诉，但是该公司也没有赔偿美国微软公司25.344万元人民币，所以，北京市第一中级人民法院查封该公司财产并进行公开拍卖。[①]

美国微软公司、莲花公司、欧特克公司三家公司，在这次起诉中全部胜诉。[②]

参考资料：

①来自 1994 年 7 月 11 日《科技之光报》第 98 期，1997 年 1 月 20 日《北京科技报·民营产业》，该资料由齐忠收藏。

②来自 1999 年 8 月 16 日《北京科技报·民营产业》，该资料由齐忠收藏。

1994 年 5 月 30 日——四通公司投巨资与北京大学合作培养企业内部员工成为 MBA 研究生

1994 年 5 月 30 日，四通公司投巨资筹备与北京大学光华工商管理学院、上海复旦大学合作，开设工商管理（MBA）硕士培训班，培养四通公司内部员工。这是我国首家民营科技企业为培养内部员工开设的 MBA 硕士培训班。

1994 年 10 月 14 日，北京大学光华工商管理学院首期四通公司 MBA 硕士培训班正式开学。

四通公司开设的 MBA 硕士培训班，首期在北京大学光华工商管理学院开设两个班，每班有学员45名共90人，学习期限为三年，每年四通公司为每个学员支付学费1万元。学习的课程有西方财务会计、国际贸易与国际金融、微观经济学、企业再造、公司法、企业竞争、企业管理

1997年1月30日，北京大学教授予首期四通公司MBA硕士培训班全体毕业生合影。前排右七：北京大学光华工商管理学院院长厉以宁教授，前排右八：四通公司总裁段永基、四通公司董事长沈国钧。本书执笔人齐忠也是该班毕业生（最后一排左二）。齐忠摄于《四通廿年》。

等课程。

北京大学光华工商管理学院非常重视四通公司开设的MBA硕士培训班，授课的老师全为该学院顶级教授。其中有北京大学光华工商管理学院院长，"中国股份制之父"厉以宁教授，教授股份制课程。

北京大学光华工商管理学院副院长、中国微观经济学开拓者朱善利教授，教授微观经济学课程。

北京大学光华工商管理学院副院长、王其文教授，教授企业再造课程。

北京大学图书馆副馆长、我国驻欧盟财务代表、外国语大学英语教授、北京大学主讲西方财务会计的蒋彦振教授，教授西方财务会计课程，该课程授课时间长达一年。

北京大学王俊宜教授（女），教授国际贸易与国际金融课程。

北京大学光华工商管理学院刘力教授、蔡曙涛教授（女）、武亚军教授等也参与了四通公司开设的MBA硕士培训班教授课程。

首期四通公司MBA硕士培训班，对学员的要求十分严格，一门功课不及格就会被淘汰，不发给毕业证书。

首期四通公司MBA硕士培训班，90名学员只有50名学员获得毕业证书。

1997年1月30日，北京大学光华工商管理学院首期四通公司MBA

硕士培训班学生毕业。

《北京·中关村民营科技大事记》执笔人齐忠，经四通公司总裁段永基先生的批准，经考试通过参加了首期四通公司 MBA 硕士培训班，并作为优秀毕业生在毕业典礼上发言。①

参考资料：

①来自 1994 年 5 月 30 日《科技之光报》第 92 页，《四通廿年》第 127 页，该资料由齐忠收藏。

1994 年 6 月 27 日——我国非全民所有制职工已达 1.2 亿，与全民所有制职工总数持平

1994 年 6 月 27 日，我国非全民所有制职工已达 1.2 亿，与全民所有制职工总数持平。

据有关部门统计，我国乡镇企业已达到 2000 万家，职工人数 1.12 亿人。"三资"企业达到 17 万家，职工人数约 2000 万人。民营科技企业约 7 万家，职工人数约 200 万人。私营企业约 4 万家，职工人数约 100 万人。再加上全民所有制企业中的"打工妹""打工仔"这些非全民所有制的合同工，我国非全民所有制职工已达 1.2 亿，与全民所有制职工总数基本持平，已是旗鼓相当。

非全民企业在短短的十几年迅速兴起，是改革开放的硕果。①

参考资料：

①来自 1994 年 5 月《半月谈》杂志，1994 年 6 月 27 日《科技之光报》第 96 期，该资料由齐忠收藏。

1994 年 7 月 25 日——《科技之光报》出版 100 期，北京民协会长、《科技之光报》总编纪世瀛发表纪念文章《前进中的呐喊》

导读：1990 年 6 月 1 日，北京民办科技实业家协会（以下简称"北京民协"）出版协会内刊《科技之光报》。后来借款给北京民协副秘书长齐忠 1 万元，由其负责《科技之光报》全部业务。在北京民协会长纪世瀛及四通公司等北京民营科技企业家的大力支持下，《科技之光报》得到迅猛发展。

1994 年，《科技之光报》发行量达到 15 万份，发行遍布全国各省、自治区、直辖市民营协会及民营科技企业，还成为我国许多图书馆的收藏报刊之一。《科技之光报》不仅成为北京及中关村民营科技企业的喉舌，也成为我国宣传民营科技企业最大的报刊，以及国外和我国各阶层人士了解民营科技企业重的"窗口"。在中关村各类志、大事记、有关中关村历史书籍中都记录有《科技之光报》，《科技之光报》为推动北京及中关村民营科技企业作出巨大贡献。

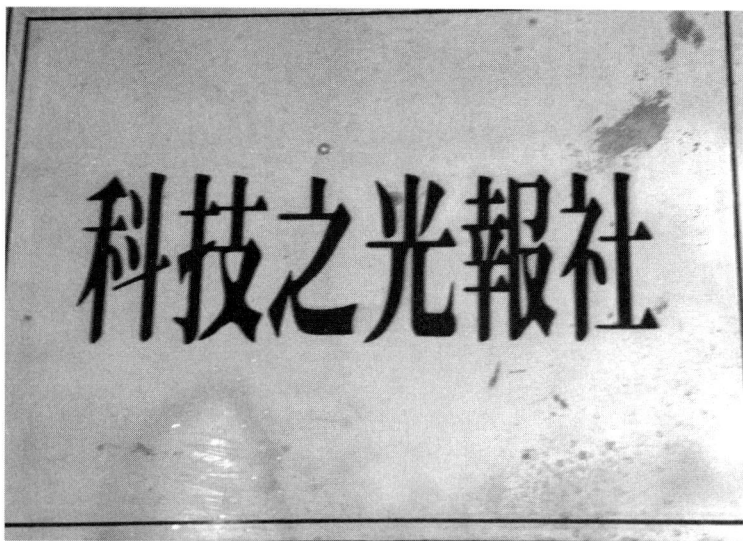

原科技之光报社标牌，齐忠摄影及收藏。

纪世瀛纪念《科技之光报》出版百期文章

前进中的呐喊——纪念《科技之光报》出版百期

中国民协副理事长、北京民协会长、《科技之光报》总编　纪世瀛

任何新事物的诞生必然伴随着呐喊，任何冲锋陷阵的队伍必然大声呐喊。民营科技大军从痛苦的诞生到蓬勃发展，无不伴随着声声呐喊。

刚出生想要大声呐喊，向人们宣告我们的存在；危机时想要大声疾呼，祈望有人相救；含冤受屈想要喊冤叫屈，以求法律的公正；取得了成果想要大声呼喊，以求推广，造福世人；成功了想要大声欢呼，感谢党和人民的支持。

1980 年，民营科技创业之初，我就梦想有给呐喊的工具。别的方式都不敢想，只梦想有一张民营科技的报纸，虽是无声的呐喊，毕竟能表达民办科技实业家的心声，盼了 10 年。

1990 年 4 月 20 日，我担任北京民协会长的第一天，就"蛮不讲理"地要求 15 天内出一张报纸。第二天，我登门拜访了我的老师严济慈，请严老亲笔题写了 4 个大字"科技之光"，以此为报名，把章程和第二届全体理事会上各位领导的讲话加上换届照片登在上面。这就是第一期《科技之光报》。这张报简陋得不像一张报纸，但是她毕竟在呐喊中诞生了。民办企业家们想要说的话通过无声的呐喊，传给数以万计的读者。

每当提起这张报纸，我是如此的欣慰，如此的自豪。倒不是因为我是该报的总编，也不是因为我用了强行催产术使她诞生、出世，实在是因为实现了诸多民营科技实业家的梦想，民办科技有了自己的宣传工具。

这张报纸连同她的编辑部是如此的可爱，独具特色和魅力。这里不去说各位领导和各企业家的支持，一个不起眼的年轻人齐忠，只给他一万元起动资金（以后还要返还），就火火地把一张《科技之光报》办起来了。到今天整整出了 100 期，这在北京报界恐怕也是个奇迹。

是谁创造了这个奇迹？是各位领导，是广大民营科技企业家，是极有责任心的编辑部，但首先是用民营精神办民营的报纸。

见了我的人，包括我们协会的顾问，中科院原副院长裴丽生都说："你们的报纸办得不错！"在骄傲之余我又感到几分惭愧，我对这张报的贡献实在太小了。

这张报的影响完全出乎我的意料，一些有分量的文章竟然得到有关领导、著名经济学家的青睐。我到云南考察时，竟然有人捧着这份报纸向我叙说他的感慨。

这张报是北京全体民营科技实业家的报，我们应当像爱护自己眼睛一样爱护这张报。没有大家的厚爱，没有大家的推崇，没有大家支撑，她就会失去根基。没有了这张报纸将会使我们失去很多很多的东西。

我们不但要办报——无声的呐喊，我们还要办民营科技的电台——有声的呐喊。让我们在前进中呐喊，在呐喊中前进！①

参考资料：

①来自 1994 年 7 月 25 日《科技之光报》第 100 期，该资料由齐忠收藏。

1994 年 8 月 1 日——在北京民协多方努力下中关村电子一条街创始人陈春先教授平安返京

1994 年 6 月 21 日上午 11 点，中关村电子一条街创始人陈春先教授，被江苏省溧阳市某机关以"涉嫌诈骗"从华夏公司办公处带走。陈春先教授在北京火车站给其夫人毕慰萱发来传真，内容为找北京民协及其他中关村企业家筹款到溧阳市协商。

1994 年 6 月 22 日清晨，北京民营科技实业家协会（以下简称"北京民协"）会长纪世瀛，接到毕慰萱求助电话后，立即通知北京民协副秘书长齐忠，到海淀区黄庄陈春先教授家里了解情况和取得有关材料。北京民协会长纪世瀛经过与协会副会长陈庆振、协会常务理事海华公司董事长倪振伟教授等协会领导协商后，认为保护民营科技企业家合法权益不受侵犯是北京民协的责任与义务，陈春先教授年纪已大且体弱多病，北京民协不惜一切代价要使陈春先教授平安返回北京。

北京民协向全国工商联、统战部、北京市政府、北京市政协、海淀区政府、试验区负责人、中国民协等单位发出公函反映该事。

北京民协会长纪世瀛还向他的老师，原全国人大常委会副委员长严济慈反映该事，严济慈问询后就此事致函全国人大常委会。

北京市副市长胡昭广，中国科协书记处书记、中国民协理事长王兆国，海淀区政府、试验区负责人得知后，都曾指示有关部门了解情况妥善处理。

北京民协常务理事海华公司董事长倪振伟教授，也为陈春先教授的事情多处奔走，付出极大的努力和心血。

1994年7月22日，在多方的努力下，陈春先教授平安返京。为此，

2003 年 11 月 23 日，陈春先教授（右）与北京民协会长纪世瀛观看中关村首家公司"北京等离子体学会先进技术服务部"办公地点照片。齐忠摄影。

陈春先教授的夫人毕慰萱向北京民协表示感谢。

北京民协会长纪世瀛表示，为会员排忧解难，保护会员合法权益不受侵犯，是北京民协的责任之一。[1]

参考资料：

[1]来自1994年8月1日《科技之光报》第101期，该资料由齐忠收藏。

1994年8月8日——北京民营企业工业产值首次超过国有企业工业产值

1994年8月8日，北京市统计局公布的统计公报显示，1994年上半年全市非公有制企业工业产值，首次超过国有企业工业产值。

北京市统计局公布的统计公报指出，1994年1—6月，北京市完成工业总产值为589.4亿元人民币，其中非公有制企业工业产值占总产值的50.2%。集体所有制企业占总产值的31.9%，外资、合资企业占总产值的15.7%，私有企业占总产值的2.6%。北京国有企业工业1994年上半年，工业产值增长平缓，增长率只有1.3%，并且北京国有企业亏损有继续增加的趋势。[1]

参考资料：

[1]来自1994年8月8日《科技之光报》第102期，该资料由齐忠收藏。

1994年8月22日——京海公司举办工程展庆祝公司成立11周年

1994年8月22日，北京著名民营科技企业中关村京海公司，在友谊宾馆贵宾楼举办京海公司工程展览会暨庆祝京海公司成立 11 周年招待会。

京海公司董事长兼总裁王洪德在招待会上发言中指出，京海公司从一家计算机机房工程公司起家，今天已经发展成拥有 JDC 空调、工控机等多种高科技产品的企业，在全国有 40 多家分公司，创造产值近 30 亿元，上缴利税 5 亿元。

北京市、海淀区有关领导、中关村科技企业家近 200 多人参加了招待会。①

参考资料：

①来自 1994 年 8 月 22 日《科技之光报》第 104 期，该资料由齐忠收藏。

1994 年 10 月 10 日——新奥特公司承包英东游泳馆数月转亏为盈

1994 年 5 月 17 日，中关村民营科技企业北京新奥特电子技术公司（以下简称"新奥特公司"）与国家奥林匹克体育中心达成协议。国家奥林匹克体育中心所属的英东游泳馆，改由新奥特公司租赁经营，租期从 1994 年 6 月 1 日至 2006 年 12 月 31 日，新奥特公司每年支付 150 万元的租金，并且每年递增 10%。

英东游泳馆是为第 11 届北京亚运会修建的，香港著名企业家霍英东为此捐助全部修建费用 1 亿港币，是世界一流的游泳馆。但是该游泳馆长期经营亏损，需要国家长期财政补贴，1993 年亏损达 200 万元。

1994 年 6 月 1 日，新奥特公司租赁英东游泳馆后，当月收入 40 万元，7 月收入 97 万元，相当于英东游泳馆 1993 年全年的营业额。

1994 年 9 月，英东游泳馆承接了远南运动会游泳比赛项目，使英东游泳馆转亏为盈。①

参考资料：

①来自 1994 年 10 月 17 日《科技之光报》第 112 期，该资料由齐忠收藏。

1994 年 10 月 31 日——北京试验区新技术企业九个月技、工、贸总收入首次突破百亿元

1994 年 10 月 31 日，北京市新技术产业开发试验区（以下简称"试验区"）宣布，1994 年 1 月至 9 月，试验区新技术企业技、工、贸总收入已经达到 102 亿元，首次突破百亿元。

试验区 20 强、50 优新技术企业，完成技、工、贸总收入 50.1 亿元。

四通公司技、工、贸总收入及工业产值，比上年同期分别增长 22.5% 和 45.5%。

1994 年 4 月至 9 月，联想公司出售联想个人计算机 17000 台，在国内个人计算机占有量已经排名在 IBM、苹果个人计算机之前，成为中国最有影响的计算机公司之一。[①]

参考资料：

①来自 1994 年 10 月 31 日《科技之光报》第 114 期，该资料由齐忠收藏。

1994 年 11 月 14 日——中科院决定联想公司管理中科院计算所，柳传志出任计算所所长，成为唯一出任中科院研究所所长的中关村科技企业家

1994 年 11 月 14 日，中科院决定委托联想公司管理中国科学院计

算技术研究所（以下简称"计算所"），并在计算所进行企业化管理的试点。①

1995年1月，联想公司总裁柳传志兼任计算所所长，成为唯一出任中科院研究所所长的中关村科技企业家。

1998年10月，柳传志卸任计算所所长一职。②

1995年6月，柳传志在接受记者采访，回答当联想公司总裁与计算所所长有何不同时说："当联想公司总裁要考虑如何赚钱，当计算所所长不用考虑如何赚钱。"

1956年8月，中科院计算所成立，是国家二级研究所，首任所长由著名数学家华罗庚兼任。③

2021年9月9日，中国科学院计算技术研究所办公大楼。齐忠摄影。

1995年，中科院计算所有科研人员与职工2000人左右，其中有退休人员600人左右。

联想公司总裁柳传志出任计算所所长，在中科院、中关村科技企业中引起关注。

参考资料：

①来自《中关村30年大事记》第93页，该资料由齐忠收藏。

②来自《中国科学院计算技术研究所45周年》第191页，该资料由齐忠收藏。

③来自《中国科学院计算技术研究所45周年》第190页，该资料由齐忠收藏。

1994年11月19日——北大青鸟公司成立

1994年11月19日，北京北大青鸟有限责任公司，在北京市工商局注册成立，注册资金1000万元，注册地址为北京市海淀区海淀路5号燕园三区北大青鸟楼三层，北京大学中科院院士杨芙清（女）任北京北大青鸟有限责任公司董事长。杨芙清院士（女）的丈夫北京大学中科院院士王阳元任公司总顾问。[1]

参考资料：

①来自北大青鸟官方网站，2002年3月19日《中国青年报》数字青年《北大青鸟董事长杨芙清》，北京市工商局档案。

1995 年

北京·中关村民营科技大事记(中卷) 1991—1997

1995 年——北京及中关村民营科技企业概况

1995年，我国民营科技企业已10多万家，从业人员200万人左右，技、工、贸总收入达到1564亿元人民币。[①]

1995年，北京及中关村民营科技企业达到1.1万多家，从业人员30万人左右，技、工、贸总收入突破210亿元人民币，向国家上缴利税38亿元。[②]

1995年，北京及中关村民营科技企业呈现以下特点：

一、1995年，中共中央、国务院作出《关于加速科学技术进步的决定》，提出科教兴国的战略，并明确指出："民营科技企业是发展我国高技术产业的一支有生力量，要继续鼓励和引导其健康发展。"为我国民营科技企业营造了良好的生存环境，极大地推动了我国民营科技企业的发展。

1995年5月6日，中共中央、国务院作出《关于加速科学技术进步的决定》，提出科教兴国的战略。该决定在第四章中指出："民营科技企业是发展我国高技术产业的一支有生力量，要继续鼓励和引导其健康发展。"[③]

这是中共中央、国务院首次在正式文件中高度评价民营科技企业，并将民营科技企业列入"科教兴国"重大战略之中。

该决定为我国民营科技企业营造了良好的生存环境，极大地推动了我国民营科技企业的发展。

该决定对北京及中关村民营科技企业是极大的鼓舞！

二、北京民营科技企业向产业化发展

1995年，北京及中关村民营科技企业大力向产业化发展。四通公司与全球三大计算机生产厂商之一的美国康柏公司（Compaq）合资，在深圳创办四通康柏合资生产计算机工厂。该工厂成为我国技术最先进、规

1995 年 10 月 23 日，中关村电子一条街开拓者，举行纪念中关村电子一条街首家公司"服务部"创办十五周年座谈会。前排左起：中关村首家公司"服务部"创办者之一纪世瀛，陈春先（已故），赵绮秋（女），北京市等离子学会秘书长、中关村第一代企业家钛金公司创办者王殿儒。后排左起：中关村首家公司"服务部"创办者之一、北京市科协代表管理小组组长陈庆国，北京市等离子学会副秘书长汪诗金，海淀区科委副主任孙景仑（已故），华夏硅谷公司副总裁梁瑞森、赵海源。齐忠摄影。

模最大的计算机工厂之一。

京海公司与日本三菱合作，在北京海淀创办的京海 JDC 空调生产工厂是北京地区最大的空调生产工厂。

三、"国有民营科"技企业向股份化发展北大方正公司上市

1995 年，北京及中关村"国有民营"科技企业向股份化发展，北京大学创办的我国最大的校办企业北大方正公司，在香港证券交易所正式上市，推动了中关村其他校办企业，清华大学创办的同方公司、紫光公司上市的步伐。

四、美国微软公司推出视窗 95（Windows 95）计算机平台软件，美国康柏公司（Compaq）推出"康柏 95 中国"，给北京及中关村民营科技计算机软件制造企业和计算机生产企业带来了挑战

1995 年，美国微软公司推出视窗 95（Windows 95）计算机平台软件，

垄断了全球计算机平台软件市场，给北京及中关村民营科技计算机软件制造企业带了新的挑战。

1995年，美国康柏公司（Compaq）推出"康柏95中国"活动，对中国计算机市场带来极大的冲击，也给北京及中关村民营科技计算机制造企业带了新的挑战。

五、北京部分民营科技企业家摘掉假集体企业"红帽子"，还原私营企业性质

1995年，北京部分民营科技企业家向有关部门申请，摘掉假集体企业"红帽子"，还原私营企业性质。

由于历史原因，有关部门规定开办企业必须有国有局级单位作为主管单位才给注册，北京有不少民营科技企业在创办初期只好挂靠在某国有局级单位下，成为头戴"红帽子"假集体、真私营的民营科技企业。

1995年，在北京市民营科技企业，大规模实行企业股份制改造过程中，北京市及中关村部分头戴"红帽子"假集体、真私营的民营科技企业，纷纷还原企业私有制产权真面目。[④]

参考资料：

[①]来自 1996 年 1 月 8 日《北京科技报·民营产业》，该资料由齐忠收藏。

[②]来自 1995 年 12 月 4 日《北京科技报·民营产业》，该资料由齐忠收藏。

[③]来自 1995 年 5 月 6 日，中共中央、国务院《关于加速科学技术进步的决定》。

[④]来自 1995 年 12 月 18 日《北京科技报·民营科技》，该资料由齐忠收藏。

1995 年 1 月 9 日——第四届科技园世界大会筹备工作顺利完成

1995 年 1 月 9 日，由北京市新技术产业开发试验区（以下简称"试验区"）在中关村电子一条街举办的"科技工业与研究园第四届世界大会"筹备工作顺利完成。会议时间为 1995 年 9 月 26 日至 28 日。

该会议有 5 个议题：

1. 工业化国家的科技工作与研究园

2. 发展中国家的科技工作与研究园

3. 中国的科技工业园

4. 科技工业园内外的网络建设

5. 新技术革命与经济的发展[①]

1995 年 9 月 26 日，"科技工业与研究园第四届世界大会"在北京海淀友谊宾馆贵宾楼召开。中科院院长周光召、国家科委副主任徐冠华、北京市副市长胡昭广、北京市科委主任邹祖烨、试验区主任王思红（女）等中外来宾 200 多人参加了会议。

国家科委副主任徐冠华在大会上对高科技产业的走向进行了演讲。

试验区主任王思红（女）在大会上演讲时指出，高科技园区具有推动中国新技术产业发展和促进国民经济等战略作用。[②]

参考资料：

①来自 1995 年 1 月 18 日《科技之光报》第 124 期，该资料由齐忠收藏。

②来自 1995 年 10 月 9 日《北京科技报·民营产业》，该资料由齐忠收藏。

1995年2月11日——中国软件联盟在北京成立

1995年2月11日，中国软件行业协会知识产权保护联盟（CSA）（以下简称"中国软件联盟"）在北京成立，中国软件联盟首要任务是打击盗版等侵权行为。

中国软件联盟为非营利公益组织，发起单位有四通公司、联想公司、希望公司、用友公司、北大方正公司、中国计算机软件与服务总公司等12家公司。

中国计算机软件与服务总公司黄晓明任中国软件联盟理事长，四通公司副总裁刘菊芬（女）、联想公司总工程师倪光南任副理事长。[1]

参考资料：

[1] 来自1995年4月3日《北京科技报·民营科技》，该资料由齐忠收藏。

1995年2月13日——北京用友软件（集团）有限公司成为我国首家财务软件集团

1995年2月13日，北京用友软件（集团）有限公司成立，成为我国首家财务软件集团，王文京任公司董事长兼总裁。

1988年10月15日，王文京与苏启强借款5万元，创办私营"北京市海淀区双榆树用友软件服务部"，经过几年的努力用友公司得到迅猛的发展。

1994年，用友公司年销售额达到3.5亿元，用户近3万家，用友财务软件占有我国软件市场的30%以上。

北京用友软件（集团）有限公司的成立，标志用友公司向产业化、规模化进军。[1]

参考资料：

①来自 1995 年 4 月 10 日《北京科技报·民营科技》，该资料由齐忠收藏。

1995 年 2 月 15 日——"95 中国电子百强"揭晓，中关村四家企业榜上有名

1995 年 2 月 15 日，"95 中国电子百强"揭晓。

1994 年，上海广电股份公司以销售收入 53.4673 亿元位列第 1 名。

1994 年，中关村联想公司以销售收入 47.5 亿元位列第 4 名，北大方正公司以销售收入 16 亿元位列第 16 名，希望公司以销售收入 3.86 亿元位列第 58 名，科海公司以销售收入 2.4 亿元位列第 98 名。

中关村最大的民营科技企业四通公司因退出评比，没有入选。①

参考资料：

①来自 1995 年 4 月 3 日《北京科技报·民营科技》，该资料由齐忠收藏。

1995 年 2 月 17 日——韩国三星公司收购美国鸿志（AST）电脑公司

1995 年 2 月 17 日，美国鸿志（AST）电脑公司被韩国三星公司以 3.78 亿美元收购 40% 的股份，韩国三星公司成为美国鸿志（AST）电脑公司最大的股东。

美国鸿志（AST）电脑公司制造的 AST 个人计算机是中关村最为畅销的个人计算机之一，联想公司曾是 AST 个人计算机中国大陆总代

理商。①

参考资料：

①来自1995年4月17日《北京科技报·民营科技》，该资料由齐忠收藏。

1995年3月22日——中国及中关村电子一条街第一家电子产品销售市场四海市场成立十周年

1995年3月22日，从中国首家蔬菜超市到中关村电子一条街第一家电子产品市场——"四海市场"成立十周年。

一、四海市场的来源

20世纪70年代末80年代初，北京市海淀区被定为北京市蔬菜供应基地，供应北京市城区市民的吃菜需求。由于海淀区农业种地转为蔬菜种地需要补贴，蔬菜运输供应需要补贴，长期以来北京市财政不堪重负，北京市有关部门与海淀区政府协商，提出让海淀区各公社等直接进城卖菜，把财政补贴降下来。海淀区政府把这项任务交给海淀区最有名气的四季青人民公社。由于当年四季青人民公社处于农村，开办新型蔬菜商店没有人去，四季青人民公社只好用自己的12亩地置换海淀人民公社的六亩地，现在位于中关村四环路红绿灯西北。

1983年，四季青人民公社在该地开办中国首家蔬菜超市"四季青蔬菜自选市场"，市场面积为300多平方米，还盖有300多平方米的房子作为办公与库房使用，由四季青人民公社服务公司负责经营，负责人为四季青人民公社服务公司副总经理张德江。

1983—1994年，四海市场因经营不当，蔬菜市场亏损23多万元。后来又经营一些服装、小家电等生意，但仍然效益不好。

1992 年，原四海市场大门。齐忠摄影。

二、四海市场从蔬菜市场向电子产品市场的转变

1985年，中关村电子一条街各公司如同雨后春笋般涌现，需要大量的办公用房和门市，在中关村的四海市场是公司的理想经营之地。

1985年3月24日，张德江代表四季青人民公社服务公司签订下第一份对外租赁合同，出租方为"四季青人民公社服务公司自选市场"，承租方为"中国科学院北京市海淀区新技术开发中心电脑系统公司"。从此中国及中关村第一家电子产品销售市场四海市场开业，四海市场中"四海"之名取自"五湖四海"。

2021 年 12 月 12 日，四海市场原址。齐忠摄影

三、四海市场当年的规模

四海市场成立不久，就有100多家租户。四季青人民公社服务公司又在市场的后院盖了两座小楼，因自选市场的一层空间较高又改为二层。四通公司、科海公司都是四海市场的租户，科海公司租赁最多为356平方米。四海市场路边的部分被四通公司租赁下改造为门市，这也是四通公司成立后的第一个门市。四通公司还租赁下四海市场后院的一座小楼，成为该公司中午职工就餐的食堂。四通公司的OA本部也设立在此。[1]

1985—1995年，四海市场每日人流量在10万人左右，日贸易额在100万元左右，是当时中国最大的电子产品销售贸易市场，也是奠定中关村电子一条街最早、最大、最坚硬的基石。

参考资料：

①来自鲁瑞清先生所著《解读中关村一号 IT 卖场秘密》第 28 页，

该资料由齐忠收藏。

1995 年 4 月 1 日——国家 "863 计划" 在中科院设立，与摩托罗拉公司组建人机通信技术实验室，这是国家 "863 计划" 走向世界的重大探索

1995 年 4 月 1 日，国家 "863 计划" 在中科院设立的 "国家智能计算机研究开发中心"，与美国摩托罗拉公司共同组建 "先进人机通讯技术联合实验室"。

1996 年，该实验室首期投资为 1000 万元人民币，这是国家 "863 计划" 走向世界的重大探索。该实验室计算机主题专家组有中科院院士李国杰及李未、王鼎兴、高文 4 位专家。

美国摩托罗拉公司向该实验室提供本公司的先进技术。

国家科委副主任朱丽兰（女）指出：这项合作是我国 "863 计划" 走向世界探索的一条新路，合作层次很高，具有世界水平。[1]

参考资料：

①来自 1995 年 4 月 8 日《北京科技报·民营科技》。该资料由齐忠收藏。

1995 年 4 月 3 日——北京民协内刊《科技之光报》更名为《北京科技报·民营科技》

1995 年 4 月 3 日，因北京民营科技实业家协会（以下简称 "北京民协"）内刊《科技之光报》没有刊登商业广告的资格，失去办报的经济来源，使《科技之光报》陷于关闭。

为了保留北京民协这份内刊，经过北京民协会长纪世瀛的努力，北京市科协同意把《科技之光报》并入北京市科协所属的《北京科技报》，作为《北京科技报》周一版《北京科技报·民营科技》出版发行，使北京及中关村民营科技企业保持自有的宣传媒体。

1995年4月3日，《北京科技报·民营科技》正式发行。

1995 年 4 月 8 日——中关村白石桥形成会计软件公司一条街

1995年4月8日，财政部下属的安易公司落户中关村白石桥48号，在中关村白石桥形成会计软件公司一条街。

在中关村白石桥会计软件公司有用友公司、金蜘蛛公司、北京万能公司、珠海远方公司、北京伟图公司、北京先锋公司、安易公司等会计软件公司，这些会计软件公司产品占有我国会计软件市场50%左右。[①]

参考资料：

①来自1995年4月8日《北京科技报·民营科技》，该资料由齐忠收藏。

1995 年 5 月 5 日——北京大学推倒南墙建造商业街竣工

1995年5月5日，在海淀路北京大学南门东侧的北京大学南墙长达600多米的商业街建成，向中关村科技企业提供大量的门市用房。[①]

1995年初，北京大学决定推倒北京大学南门东侧的南墙，建造大量的二层小楼式的门市用房，一方面为中关村科技企业提供大量的门市用房，另一方面为北京大学带来可观的收入。

北京市各大新闻媒体、电视台纷纷用"北京大学推倒南墙"为题报道此事，称赞北京大学此举。

随着北京大学形势的不断变化，北京大学目前又重新建起南墙，关闭了所建造的门市用房。

参考资料：

①来自《中关村科技园区创新发展 30 年大事记》第 100 页，该资料由齐忠收藏。

1995 年 5 月 6 日——中共中央、国务院作出《关于加速科学技术进步的决定》，提出科教兴国的战略，并明确指出"民营科技企业是发展我国高技术产业的一支有生力量，要继续鼓励和引导其健康发展。"

1995 年 5 月 6 日，中共中央、国务院颁布《关于加速科学技术进步的决定》。

该决定指出："大中型企业要与科研院所、高等学校密切结合，共同开发市场前景广阔的高技术产品。鼓励科研院所、高等学校创办各种形式的高技术企业。民营科技企业是发展我国高技术产业的一支有生力量，要继续鼓励和引导其健康发展。"

这是中共中央、国务院首次在正式文件中高度评价民营科技企业，并将民营科技企业列入"科教兴国"重大战略之中。

该决定为我国民营科技企业营造了良好的生存环境，极大地推动了我国民营科技企业的发展。该决定对北京及中关村民营科技企业是极大的鼓舞！①

参考资料：

①来自 1995 年 5 月 6 日，中共中央、国务院颁布的《关于加速科学技术进步的决定》。

1995年5月8日——时代公司获ISO9000认证

1995年5月8日，中关村民营科技企业时代公司通过ISO9000质量体系认证并获得证书，成为中关村民营科技企业首家获得ISO9000质量体系认证的企业，也是我国焊机业界、试验机行业第一家通过ISO9000质量体系认证的企业。标志着我国民营科技企业在产业化道路上进入新的发展阶段。

ISO9000质量体系是国际上唯一获得公认的有关质量管理方面的标准，具有不可替代的权威性。通过ISO9000质量体系，被普遍认为拿到产品进入国际市场的"金钥匙"。[①]

参考资料：

①来自1995年5月8日《北京科技报·民营科技》，该资料由齐忠收藏。

1995年5月9日——试验区评出经济20强企业

1995年5月9日，北京市新技术产业开发试验区，评选出1994年度经济20强企业。

1. 四通公司（注：民营科技公司）

2. 北大方正公司（注：北京大学下属校办企业，"国有民营"科技公司）

3. 联想公司（注：中科院院管公司，"国有民营"科技公司）

4. 京海公司（注：民营科技公司）

5. 亚都公司（注：民营科技公司）

6. 北京六所华胜公司（注：电子部电子六所所有国营公司）

7. 北京周林频谱公司（注：民营科技公司）

8. 北京新型建筑材料公司（注：民营科技公司）

9. 北京惠普公司〔注：美国惠普公司（HP）驻中国大陆公司，外资企业〕

10. 北京华讯公司（注：北京市所属公司，国有科技公司）

11. 北京桑普公司（注：北京市太阳能研究所所属公司，国有科技公司）

12. 中国大恒公司（注：中科院院管公司，"国有民营"科技公司）

13. 北京蓝通公司（注：民营科技公司）

14. 科海公司（注：中科院与海淀区政府合办公司，"国有民营"科技公司）

15. 北京四环制药厂（注：国有科技公司）

16. 北京航卫医疗公司（注：民营科技公司）

17. 清华紫光公司（注：清华大学下属校办企业，"国有民营"科技公司）

18. 希望电脑公司（注：中科院院管公司，"国有民营"科技公司）

19. 北京北新施工技术研究所（注：民营科技公司）

20. 时代公司（注：民营科技公司）

中国大恒公司是在历年来北京市新技术开发试验区评选年度经济20强企业中，唯一连续被评选为年度经济20强的企业。[1]

参考资料：

①来自 1995 年 5 月 22 日《北京科技报·民营科技》，该资料由齐忠收藏。

1995 年 5 月 12 日——IBM 巨资收购莲花公司

1995 年 5 月 12 日，美国 IBM 公司以 35.5 亿美元收购美国莲花软件公司（Lotus）。

1994年，美国莲花软件公司曾与美国微软公司状告中关村五公司侵犯软件知识产权。

美国莲花软件公司是全球三大计算机软件公司，在美国证券市场发行5500万股，美国IBM公司以每股60美元收购，以加强在个人计算机市场的竞争力。[1]

参考资料：

[1]来自1995年6月19日《北京科技报·民营科技》，该资料由齐忠收藏。

1995年5月15日——瀛海威公司成立并打出我国第一块互联网广告牌

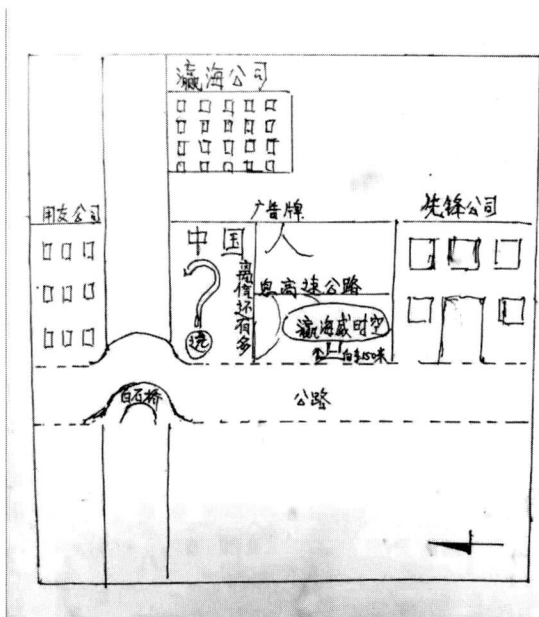

1995年，北京瀛海威科技有限公司在海淀白石桥东侧位置及广告牌内容的绘图。齐忠摄影。

1995 年 5 月 15 日，北京瀛海威科技有限公司（以下简称"瀛海威公司"）在海淀白石桥东侧成立，公司创始人为张树新（女）等，注册资金 700 万元。①

该公司在海淀白石桥东侧竖立起一块广告牌，上面写道："中国人离信息高速公路还有多远？向东 150 米。"因为向东 150 米就是瀛海威公司。这也是我国第一块互联网广告牌。

历史名词解释：信息高速公路、因特网、互联网

1. 信息高速公路

互联网初期，在美国把计算机相互连接起来的做法称为大型工程，如同在美国各州之间建造的高速公路网，所以称为"信息高速公路"。

2. 因特网

因特网的中文名称来自"Internet"的英文音译，因特网起源于美国的国防部五角大楼。

20 世纪 50 年代末，美国军方为了自己的计算机网络在受到袭击时，即使部分网络被摧毁，其余部分仍能保持通信联系，便由美国国防部的高级研究计划局（ARPA）建设了一个军用网，叫作"阿帕网"（ARPAnet）。

1969 年，阿帕网正式启用，当时仅连接了 4 台计算机，供科学家进行计算机联网实验用，这就是因特网，也是互联网的前身。

3. 互联网

互联网的中文名称也来自"Internet"的英文音译，又称全球网络，各国的计算机网络形成庞大统一的网络，并以通用的协议相连。1993 年 3 月 2 日，中科院高能所开通中国进入互联网的第一根专线。互联网进入中国，但是对互联网的称谓没有统一，"信息高速公路"、因特网、互联网三种名称并行，最后才统一称为互联网。

参考资料：

①来自《中关村科技园区创新发展 30 年大事记》第 100 页，该资料由齐忠收藏。

1995 年 6 月 28 日——四通大厦在中关村竣工

1995 年 6 月 28 日，四通公司在海淀黄庄建造的办公大厦——四通大厦举办竣工典礼，四通公司常务副总裁李文俊主持典礼仪式。

原海淀区委书记、中共新疆维吾尔自治区区委副书记兼秘书长、自治区党校校长张福森，原海淀区区长、北京市副市长胡昭广，原中共海淀区委副书记、中共北京市委秘书长段柄仁为四通大厦揭幕。

社科院副院长刘吉，原海淀区委书记、北京市政协副主席沈仁道，原海淀区区长、北京市人大常委史定潮（女），海淀区区长张茅，中共海淀区委副书记胡桂芝（女）等参加了竣工典礼。

1995 年 6 月 28 日，四通大厦竣工典礼仪式合影。齐忠摄影。

四通大厦总建筑面积9558.53平方米，高51.45米，地上十二层，地下一层。[1]

四通大厦是北京民营科技企业第一家在中关村电子一条街建造的自有办公大厦。

参考资料：

①来自四通公司内刊《四通人》第 201 期。

1995 年 7 月 12 日——北大方正技术研究院成立，王选院士正式进入北大方正公司出任董事局主席

1995年7月12日，北大方正集团公司成立国家认定的企业技术中心，北京北大方正技术研究院（以下简称"北大方正研究院"）王选院士出任院长。[1]

北大方正研究院，是由王选院士领导的北京大学计算机科学技术研究所（以下简称"北大计算机所"）与北大方正公司联合成立的。

北大方正研究院的成立，改变了北大方正公司向王选院士领导的北大计算机所购买激光照排专利技术单一合作方式。

王选院士正式进入北大方正公司，领导北大方正公司在激光照排领域的发展方向。

1995年，王选院士还出任北大方正公司董事局主席。

北大计算机所全体人员也进入北大方正公司，在北大方正研究院工作，享受北大方正公司优厚的福利待遇。彻底改变了"北大计算所发明专利，北大方正公司赚钱"的局面。

2002年3月20日，北大方正技术研究院更名为"北京北大方正技术研究院有限公司"，地址在中关村方正大厦4层。[2]

1975年，北京大学成立"748工程项目"，这是北大计算机所的起源。

1978年，北京大学计算机研究所成立，王选院士任所长。

2019年10月25日，北京大学决定北京大学计算机研究所更名为"北京大学王选计算机研究所"。[3]

参考资料：

①来自北大方正集团公司官网"1995年集团概况"。

②来自"爱企查"。

③来自北京大学王选计算机研究所官网。

1995年8月24日——美国微软公司正式推出"视窗95"个人计算机平台软件，给中关村软件公司带来挑战

1996年1月23日，美国微软公司视窗95（Windows 95）中文版五人小组在中关村北京美国微软公司留影，左二为张湘辉博士。齐忠摄影。

1995年8月24日，在美国西雅图市区的微软公司花费两亿美元举行盛大新闻发布会，在会上滚石乐队演唱《从我开始后》这首歌曲后，微软公司的创办者比尔·盖茨对外宣布，微软公司推出"视窗95"（Windows 95）个人计算机平台软件（以下简称"视窗95软件"）。该软件使美国微软公司成功地垄断了个人计算机平台软件市场。

1995年8月30日，美国微软公司宣布"视窗95"个人计算机平台软件已经售出100万套。[①]

"视窗95"是由美国微软公司科研人员Williqms、Chris、Wassef、Haroun、Danny、Miller、Andy、Nicholson等人研制成功的。[②]

1995年底，美国微软公司还以最快的速度推出视窗95中文版测试版，给中关村软件公司带来挑战与机遇。

美国微软公司发布的视窗95有中文版，使中关村以做外挂式中文平台为主的软件公司，例如四通利方公司等完成了历史使命，必须另寻发展目标。

因为视窗95软件抛弃了对前一代16位×8个人计算机中央处理器（CPU）的支持，使用英特尔公司32位80386个人计算机处理器（CPU），给个人计算机带来了新的更加实用的图形界面。

视窗95软件这种功能，迫使中关村作个人计算机应用软件的公司，例如财会应用软件、个人计算机杀毒软件的公司，也要放弃16位×8个人计算机中央处理器（CPU）上的应用功能，修改软件系统，使公司制作的个人计算机应用软件，在视窗95软件上使用。

视窗95中文版由是由美国微软公司科研人员张湘辉博士（注：视窗95中文版项目负责人）、解明阳、庞军、李津、邓昀（女）等负责完成的。[③]

计算机名词解释：计算机软件

计算机软件分为个人计算机平台软件、计算机应用软件、计算机软件开发软件、计算机巨型软件四种。

413

1. 个人计算机平台软件

个人计算机平台软件是指在个人计算机上使用的一种平台，也就是一种计算机应用软件专用的"舞台"，在中国，求伯君先生研制的WPS软件也是一种个人计算机平台软件。

2. 计算机应用软件

计算机应用软件，是指应用于某种用途的软件。例如，用友财务软件、江民杀毒软件。

3. 计算机软件开发软件

计算机软件开发软件，是指1995年5月美国James、Gosling等几位工程师推出的一种可以编写跨平台应用软件、完全面向对象的程序设计语言，也称为"Java软件开发"。

4. 计算机巨型软件

计算机巨型软件，是指为某些特殊物体设计的软件，例如航空母舰使用的整体管理软件。

参考资料：

①来自1995年9月18日《北京科技报·民营科技》，该资料由齐忠收藏。

②来自1995年10月23日《北京科技报·民营科技》，该资料由齐忠收藏。

③来自1996年1月29日《北京科技报·民营科技》，该资料由齐忠收藏。

1995年9月4日——北京丰台天安所从商品运行向资本运营转变

1995年9月4日，北京市丰台区最大的民营科技企业——北京天安高效益技术研究所宣布，该所将由商品运行向资本运营转变，该所将拿出自有产品与其他企业合资。

1996 年，该所争取在证券交易所上市，引进外部资金。[1]

参考资料：

①来自 1995 年 9 月 4 日《北京科技报·民营科技》，该资料由齐忠收藏。

1995 年 9 月 19 日——美国康柏公司 95 康柏电脑世界在北京举行

1995 年 9 月 19—20 日，美国康柏公司 95 康柏电脑世界在北京举行。美国康柏公司制造的康柏电脑即康柏个人计算机，是我国及中关村电子一条街最热销的个人计算机。

1993 年，美国康柏公司在我国设立办事处以来，已经和四通公司合资在深圳开办了个人计算机生产工厂，在全国设立了几十家办事处和维修中心。

在这次活动中美国康柏公司总裁埃克·菲弗尔带领由个人计算机硬件、软件专家组成的代表团访问中国。[1]

2001 年 9 月 4 日，美国惠普公司（HP）通过换股，以 250 亿美元的价格收购美国康柏公司，此次交易被称为 IT 业有史以来最大的一笔交易。

参考资料：

①来自 1995 年 8 月 14 日《北京科技报·民营科技》，该资料由齐忠收藏。

1995年10月16日——北京朝阳区未来科学研究所所长、老红军徐可倬二次创业取得成功

1995年10月16日，北京朝阳区未来科学技术研究所所长、老红军徐可倬二次创业取得成功。

1993年初，老红军徐可倬创办的北京朝阳区未来科学技术研究所，因占地问题必须搬迁。已经77岁的老红军徐可倬，拒绝了有关企业几百万元收购该研究所的建议。

1995年，老红军徐可倬在北京郊区七棵树重新租赁土地，建起了纺织车间、印刷车间等，终于二次创业成功。[1]

参考资料：

[1]来自1995年10月16日《北京科技报·民营科技》，该资料由齐忠收藏。

1995年11月10日——长城钛金公司为国家创外汇一千万美元

中关村民营科技企业——北京长城钛金公司创办10年以来，在公司董事长王殿儒教授的带领下，成为世界三大钛金公司之一。

北京长城钛金公司研制的TC-20型离子镀膜机得到国内外客商的高度赞扬。

北京长城钛金公司10年来，出口创汇1000万美元，向国家缴税2711.20万元人民币。[1]

参考资料：

[1]来自1995年11月20日《北京科技报·民营科技》，该资料由齐忠收藏。

1995 年 11 月 16 日——希望公司汉字平台软件占我国汉字平台软件市场 40% 以上

1985 年 1 月 8 日，由中科院计算所科研人员周明陶带领 18 名研究生，在中关村创办的希望公司，经过 10 年艰苦奋斗，希望公司自行研制的汉字平台软件"UCDOS5.0 双平台版"，被国家经贸委和国家重点工程"金企工程"选为中文操作系统。希望公司汉字平台软件占我国汉字平台软件市场 40% 以上，希望公司汉字平台软件在我国个人计算机装机量达到 70%。[1]

参考资料：

[1] 来自 1995 年 11 月 20 日《北京科技报·民营科技》，该资料由齐忠收藏。

1995 年 11 月 20 日——南德公司投资的卫星发射成功

1995 年 11 月 20 日，由北京民营科技企业南德公司投资制造的卫星"航向—I"，在哈萨克斯坦共和国境内的俄罗斯拜努尔发射中心发射成功，该卫星所有转发器全部租赁给国外一家卫星公司。

1995 年 1 月，南德公司曾购买第一颗卫星之后，又购买第二颗卫星，南德公司将两颗卫星供电视直播使用，进军传播行业。[1]

参考资料：

[1] 来自 1995 年 11 月 27 日《北京科技报·民营科技》，该资料由齐忠收藏。

1995年11月23日——北京市科委、北京市科协、试验区、北京民协四家联合隆重举办纪念北京民营科技创办15周年暨表彰民营科技企业家大会

1995年11月23日，北京市科委、北京市科协、试验区、北京民协四家联合，在中关村四通大厦隆重举办纪念北京民营科技创办15周年暨表彰民营科技企业家大会。

北京市副市长胡昭广，北京市科委主任邹祖烨，北京市科协副主席、党组书记刘培温，试验区主任王思红，北京民协会长纪世瀛，中国民协理事长王治国等相关领导，四通公司总裁段永基、联想公司总裁柳传志、北大方正公司总裁张玉峰等北京民营科技企业家，近500多人参加了会议。

北京市科委主任邹祖烨在大会上发言中指出："北京民营科技企业

1995年11月23日，参加纪念北京民营科技创办15周年暨表彰民营科技企业家大会上，北京民协会长纪世瀛（左一）与四通公司总裁段永基（左二）。齐忠摄影。

已经形成燎原之势，1995年，北京民营科技企业已经有11000余家，30万从业人员，技、工、贸总收入预计将突破210亿元，上缴利税将达到38亿元。"①

大会还向四通公司总裁段永基、联想公司总裁柳传志、北大方正公司总裁张玉峰等100多名北京民营科技企业家颁发了"北京民营科技企业创业奖"。

参考资料：

①来自1995年11月20日、12月4日《北京科技报·民营科技》，该资料由齐忠收藏。

1995年12月18日——北京朝阳区民营科技企业家何金玲摘掉集体企业"红帽子"还原私营

1995年12月18日，"中航实用技术开发公司"创办人，北京朝阳区民营科技企业家何金玲，向有关部门申请，将该公司原来的集体所有制企业改变为私营所有制企业。何金玲的申请获得有关部门的同意。

中航实用技术开发公司是由"中航技术研究所"发展起来的。该研究所筹建初期，因有规定开办企业必须有局级国有单位作为主管单位才能注册，所以该研究所挂靠在北京市朝阳区科协，并注明由北京市朝阳区科协出资5万元作为开办费，由何金玲负责管理。实际上5万元开办费全部由何金玲筹集，使中航实用技术开发公司成为头戴"红帽子"假集体、真私营的民营科技企业。由于历史原因，在北京市及中关村有许多这样头戴"红帽子"的假集体、真私营的民营科技企业。

1995年，在北京市民营科技企业大规模实行企业股份制改造过程中，北京市及中关村头戴"红帽子"假集体、真私营的民营科技企业，纷纷还原企业私有制产权真面目。

何金玲在谈到为什么改制为私营企业时说："我国从计划经济向市场经济转变后，只要企业生产的产品质量好，适应市场和消费者的需求，企业就会在社会上生存，企业属于什么所有制不在重要。我国实行税收体制改革后，对任何企业都采取统一的增值税，使国有、集体、私营站在同一起跑线上竞争，企业所有制性质不再重要。在以上两种条件的推动下，中航实用技术开发公司摘掉假集体所有制的'红帽子'，还原成私营企业。"[1]

参考资料：

[1] 来自 1995 年 12 月 18 日《北京科技报·民营科技》，该资料由齐忠收藏。

1995 年 12 月 21 日——北大方正公司在香港证券交易所上市

1995 年 12 月 21 日，我国最大的校办企业，北京大学下属的北大方正公司，以"方正控股有限公司"在香港证券交易所上市，发行股票 1.63 亿股，每股发行价 1.98 港币，共募集资金 3.22 亿港币。

方正控股有限公司公司董事局成员有：王选（董事局主席）、吴树青（董事）、任彦申（董事）、张兆东（执行董事、高级副总裁）、肖建国（执行董事、研究院副院长）、张旋龙（执行董事、总裁）、赵威（执行董事、副总裁）、胡鸿烈（独立董事）、李发中（独立董事）。

吴树青为北京大学校长，任彦申为北京大学党委书记。

北大方正公司总裁张玉峰没有进入董事局。[1]

参考资料：

[1] 来自 1995 年 12 月 3 日方正控股有限公司上市公告。

1995 年 12 月 22 日——北京中关村海关正式开关办公

　　1995年12月22日，位于北京市海淀区知春里的北京中关村海关正式开关办公，并举行盛大的开关仪式。[①]

　　这也是落实1988年5月10日国务院批准的《北京市新技术产业开发试验区暂行条例》十八条规定中第七条"试验区内可以设立海关"的重大举措。

　　国家海关总署有关领导，北京市有关领导，海淀区有关领导，试验区主任王思红及各部门领导，四通公司、联想公司、京海公司、北大方正公司、清华紫光公司等试验区新技术企业负责人参加了开关仪式，并参观了中关村海关办公大楼。

位于北京市海淀区知春里的北京中关村海关。齐忠摄影

中关村海关办公大楼面积为15700平方米，"科教兴国"四个大字镶嵌在中关村海关办公大楼办公大厅墙壁上。

试验区主任王思红在开关仪式上指出："在北京市政府、北京市海关、海淀区政府、试验区共同努力下，中关村海关终于在试验区成立7年后建成。使试验区新技术企业，在家门口就能得到方便快捷的服务。"②

参考资料：

①来自《中国海关》1996年第1期。

②来自1996年1月1日《北京科技报·民营科技》，该资料由齐忠收藏。

1996 年

1996年——北京及中关村民营科技企业概况

1995—1996年，由于我国实行宏观经济调控金融紧缩政策，银行大规模压缩贷款规模，再加上1995年，我国外汇汇率发生人民币大幅度贬值，被称为"汇率"风暴。

1995—1996年，美元与人民币的汇率在北京黑市上1美元兑换12元人民币左右，国外厂商对我国出口的电子产品也大幅度提高价格。在中关村一台日本松下传真机的零售价格在5000元左右，给进口计算机芯片与电子元器件为主的北京及中关村计算机生产厂商带来巨大压力。以上原因导致我国企业进入倒闭大潮，呈现负增长的下滑状态，很多"皮包"公司消失。

1995—1996年，我国乡镇企业数目也大为减少，净减24.6万家，下降1.28%，这是20世纪80年代以来，我国乡镇企业在异军突起的情况下，首次出现净减现象。①

1996年1月15日，据北京市海淀试验区统计，1995年，北京市海淀试验区企业增长率是负数，这是北京市海淀试验区成立以来第一次出现企业增长率负数现象。②

但是，北京及中关村民营科技企业凭借研发的科技产品优势，仍保持旺盛的发展趋势。

1996年，北京民营科技企业已经达到118470家，遍布北京市18个郊区、县，技、工、贸总收入325.2亿元，工业生产总值达到168.2亿元，占北京市工业生产总值的10%。

1996年，海淀试验区有4506家新技术企业，国有企业占27.5%，集体企业占28%，"三资"企业占19.1%，股份制企业占18.1%，私营企业占1%。

1996年，北京民营科技企业还形成了一批骨干企业和企业集团。试验区的民营科技企业总产值超过1000万元的有120家，超过1亿元的有21家，利税超过千万元的有40家，10家进入北京市经济百强。四通公司、联想公司、北大方正公司、华讯公司、时代公司、亚都公司、桑普公司等企业集团已经成为海淀试验区的骨干企业，联想公司、北大方正公司进入全国企业500强。③

1996年，北京民营科技企业呈现以下特点：

一、1996年，北京民营科技企业的科技产品成为市场的垄断产品

1996年，我国最大的北京民营科技企业四通公司，采用与"巨人同行"的国际化发展规划，四通公司与日本三菱公司、三井公司共同投资20亿美元，在北京海淀区上地产业基地创办计算机芯片制造厂。

1997年，该工厂正式投产后，生产的0.3微米（相当于300纳米）的电子芯片不仅垄断我国0.3微米的电子芯片市场，还要走出国门进入国际市场。日本OKI公司票据打印机，是全球一流票据打印机产品。四通公司对日本OKI公司票据打印机进行二次开发，加入中文打印功能后，使该票据打印机迅速垄断了我国银行业票据打印机市场，其销售收入也首次超过四通打字机。

1996年，四通公司销售总额达到60亿元，再次雄踞我国民营科技企业榜首。

1996年，中科院计算所创办的"国有民营"企业，联想公司以"联想1+1电脑"为主，成功地使联想公司生产的个人计算机，成为我国最著名的国产个人计算机，也成为我国对抗跨国公司生产的个人计算机在中国市场上的利器。

1996年，北京大学创办的我国最大的"国有民营"校办企业——北大方正公司自行研制生产的科技产品"方正激光照排"，垄断了我国新闻媒体业的"激光照排"市场，使跨国公司无法进入。

1996年，我国最大的"军转民"企业，航天五院502所创办的"国有民营"企业，康拓公司自行研制生产的科技产品"增值税防伪卡"，垄断了我国增值税防伪税控市场，使跨国集团无法进入。该公司自行研制生产的科技产品"康拓红外测轴仪"，占领了我国铁路"红外测轴

仪"60%的市场，将跨国公司"红外测轴仪"挤出中国市场。

二、1996年，北京民营科技企业的科技产品成为市场的主流产品

1996年，中关村私营民营科技企业用友公司在研发的"用友财务软件"的基础上，成为我国财务软件市场最大的供应商。

1996年，中科院下属的"国有民营"企业希望公司在研发的"希望中文平台软件"的基础上，成为我国最大的"中文平台软件"供应商。

1996年，中关村民营科技企业以王江民创办的江民科技公司研发的"KV00""KV200""KV300"系列计算机杀毒软件为首，以及瑞星公司的计算机杀毒软件、金山公司的计算机杀毒软件，成功地阻止了跨国公司对我国价值千亿元计算机杀毒软件市场大规模进入。

参考资料：

①来自1996年3月11日《北京科技报·民营产业》，该资料由齐忠收藏。

②来自1996年1月15日《北京科技报·民营产业》，该资料由齐忠收藏。

③来自1997年4月7日《北京科技报·民营产业》，该资料由齐忠收藏。

1996年1月1日——国家税务总局决定从该日起取消增值税百万元以上手工发票，全部改用电脑版发票

1996年1月1日，国家税务总局决定从该日起，取消增值税百万元以上手工发票，全部改用电脑版发票，使用中关村大院大所公司、"军转民"企业、"国有民营"康拓公司研制的"增值税防伪税控系统"。

康拓公司研制的"增值税防伪税控系统"，是北京及中关村民营科

技企业研制开发的科技产品中技术含量最高、市场普及率最高、为国家税收贡献最大、产品生命周期最长的"军转民"产品，也是中国改革开放事业中"军转民"最光辉的篇章之一。

该系统在全国大面额增值税专用发票的使用企业中试行后，运行情况基本正常，防伪功能开始发挥作用，全国再没有发现百万元以上的假增值税发票。

2003年，康拓公司研制"增值税防伪税控系统"进入全国120万家企业。

2007年，增值税防伪税控系统已经普及所有使用增值税发票的企业，我国的税收近数万亿元，其中增值税在2.5万亿元左右，由于增值税的

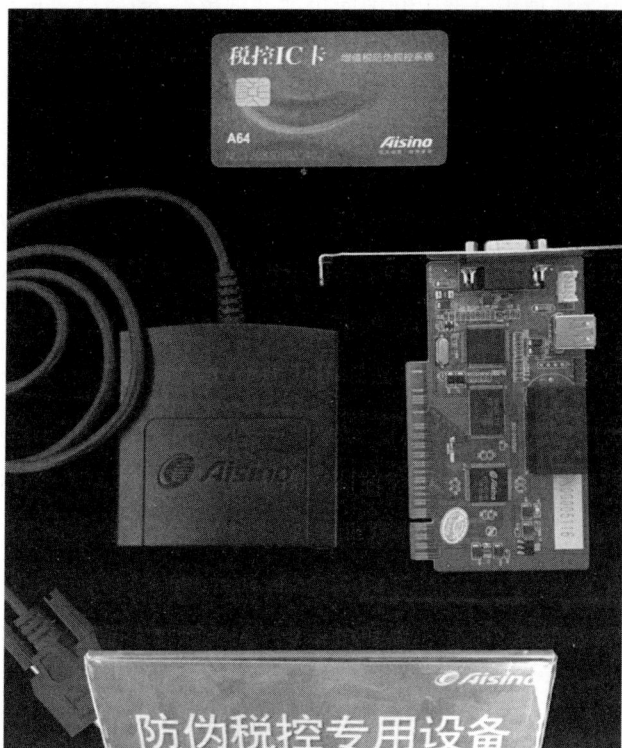

1996年1月1日，国家税务总局决定在全国使用中关村"军转民"企业——航天部航天五院502所创办的康拓公司生产的科技产品"增值税防伪卡"。照片为魏庆福先生提供并授予版权。

税收工作全部使用防伪税控系统，十几年来为国民经济至少堵住300多亿元的偷税漏税，相当于广东省全年上交中央的税收。也就是说国家不用增加一分钱投入，就换来丰厚的回报。

一、康拓公司增值税发票防伪税控系统研制的起源

1993年，在世界信息高速公路大潮的推动下，我国启动国民经济信息化工程"三金工程"。即海关电子报关的"金关工程"、银行信用卡的"金卡工程"、税收电子系统的"金税工程"。

1994年初，我国进行税制改革推出新的税种增值税，规定每年销售额达到180万元的公司、企业、工厂，都可以申请为一般纳税人使用增值税发票，从此增值税成为我国第一大税，占我国全年税收的60%以上。因为增值税全部上交国库也称"国税"。增值税也自然成为"金税工程"的天字第一号工程。增值税实行的是抵扣制交税，交纳方法很简单，以产品增值部分的17%为交税金额。

例如生产计算机的公司，向税收机关拿出零部件供应产商提供的增值税发票，证明制造一台笔记本电脑的生产成本为10000万元，这部分不用交增值税，业内行话叫作抵扣。该笔记本电脑每台销售价格为11000元，1000元就是增值部分，缴纳17%的增值税，即170元。

还是这家生产计算机的公司，向税收机关拿出零部件供产商提供的增值税发票，证明生产一台笔记本电脑的生产成本为10900元，销售价格为11000元，100元是增值部分，交纳17元的增值税。同一家公司一上一下，国家在一台笔记本电脑就可能少收153元的增值税。当年不少公司以假增值税发票提高产品的成本，达到少交税的目的。

国家规定进口汽车、电子等产品必须交纳增值税，进口价值1亿元的汽车，国家要收1700万元的增值税。经营这些进口汽车的企业，凭借进口时上交的增值税发票作为抵扣，如果企业用假增值税发票，国家就要损失1700万元税款。

还有一些企业用"仙人跳"的方法偷漏国家增值税。例如北京某经

营进口汽车的企业，在深圳开设一家公司，表面上与它毫无关系。然后让深圳公司为自己开出真的增值税发票，向税收机关出示该增值税发票，作为抵扣增值税证明。如果这家企业进口汽车上百亿元，就会偷漏国家增值税上亿元。"仙人跳"方法很可怕，因为该企业用的是真增值税发票，北京的税收机关无法查出，深圳的税收机关又没收到税，当发现这个问题后，深圳的这家公司已经关门逃之夭夭，北京的企业会完全推掉责任。

还有一种是用"大头小尾"的办法偷漏增值税，值增税发票有七联票证，有给对方单位的、有给本单位做账用的、有给税收机关的。例如某企业给对方单位开出的增值税那联发票为10万元，交给税务机关的那联发票为1万元。应交1.7万元的增值税变成1700元。

还有一种偷税的方法是购买增值税发票。例如某大型超市在3月份进货1100万元，该超市在供货商手中拿到是1100万元的增值税发票。由于超市货品的主要购买者是个人消费，他们不需要超市的增值税发票，该超市在3月份销售1100万元货物的过程中，只开出100万元的增值税发票。在报税时该超市向税务机关上报增值利润为100万元，交纳100万元物品的增值税17万元。然后该超市在4月份再购进1100万元的货物，再从供货商手中拿到1100万元的增值税发票。两个月内超市多出一张面额1000万元的增值税发票，可抵扣价值170元的增值税，超市就可以50万—70万元的价格卖掉这张增值税票给某企业作为抵扣。某企业用这张增值税票证明本企业的1000万元利润是成本，使国家损失170万元的增值税。

人民币最大面值只有100元，而增值税发票面额达上亿元，一张亿元增值税发票就价值1700万元，在不法分子眼中是座金库，他们纷纷绞尽脑汁用假发票、"仙人跳"、"大头小尾"、购买增值税发票等办法偷漏增值税。

1994年，我国税收总额为15165.5亿元，增值税在7500亿至8000亿元。有关部门估算，1994年偷漏增值税高达几十亿元左右。这个数字很吓人，增值税的问题如果不解决，不仅是偷漏税，还会导致我国税收改革的失败。

二、康拓公司研制增值税发票防伪税控系统的过程

在康拓公司首任总裁秦革的组织领导下，康拓公司总工程师魏庆福带领的研制开发小组研制"增值税票防伪税控系统"的过程，采用的是加密、解密技术，主要是防止增值税的假发票和"大头小尾"票等偷税、漏税问题。

1994年，在我国南方增值税假发票很多，虽然增值税发票是中国人民银行印钞总公司印制，跟印钞票似的有水纹、防伪标志、荧光等防伪措施，但是不法分子的增值税发票造假手段越来越高，普通人用肉眼已经无法辨别，只能用高科技手段辨别真假税票。

康拓公司的"增值税发票防伪税控系统"把增值税发票的七大主要数字，即购买方的增值税发票税号、销售方的增值税发票税号、增值税发票的十位代码、八位流水号、年月日、金额、税额生成密码，打在增值税发票上，税务机关可以把这套密码还原，查看与发票上面打印的购、销双方识别号、金额、数额、流水号、开票日期是不是一致，如果一致增值税发票是真的，如果不一致就是假的，用这种办法解决了增值税假发票的问题。

为什么把这些数据定为主要数据？因为购买方的税号是税收机关发给公司的纳税人登记号，对公司来讲是终身不变的，如同人的身份证号。销售方的税号是税收机关销售增值税发票的号码。制造和贩卖假发票的人很难取得购、销双方的真实税号，是识别增值税发票真假的利器。

增值税发票的十位代码，用以识别增值税发票的种类。增值税发票有十万元票、百万元票等，增值税发票是七联一份，八位流水号就是识别七联发票中每一张发票的号码。年、月、日是指发票开出的日期。金额是指发票开出的金额。税额是指开出发票后应交的税额。

"增值税发票防伪税控系统"还有税控技术，税控就是防止虚开，

把使用增值税发票的纳税金额控制起来。增值税发票是用计算机开的，计算机会把这张发票金额及全部信息记录到计算机中的硬卡中，硬卡是由税务机关配置的，任何人不能随意打开或更改里面的信息。公司负责纳税的人，每个月要把硬卡里面的信息下载到信用卡大小的专用计税卡上，交到税务机关去报税，这个企业应该交多少税，税务机关一目了然。

"增值税发票防伪税控系统"的体系是加密的，这个密码如果被不法分子破译，他们就会制造出假增值税发票，所以这套密码安全性要求非常高。康拓研制的这套密码，跟一般的发票、保密、通信、电台的密码都不一样，是组织国内很多顶级专家共同研制不断完善做成的。金税工程刚起步时，很多人叫喊破解这套密码，直到今天这些人还是停留在嘴上。防伪税控系统的制造也使用许多军工航天技术，税控卡是由航天部某军工厂制造的，这个厂是负责导弹总装的，质量非常过硬。"增值税发票防伪税控系统"的中央芯片，是康拓公司派出5名科技人员到全球首家芯片制造商美国英特尔公司委托制造出来的，给这块芯片起名为"康拓一号"。

三、康拓公司研制增值税发票防伪税控系统，没有改革的决心无法在我国推广

当年康拓公司遇到最大的困难是推广"增值税发票防伪税控系统"。税务机关和使用这套系统的公司开始都不愿接受这套系统。税务机关具体的基层操作人员愿意到公司实施人工查税，大家都知道公司对查税人员的态度和招待是一流的，备好饭、好菜、好酒、好烟来招待是家常便饭。税务机关负责人更是多一事不如少一事。到某地区推广时，当地税务局局长从来都不见，有个副局长见到康拓公司工作人员时，他说："我很忙，就给你们十分钟时间。"公司的人更是反对，人家本来用手工开发票开得好好的，非要叫人家掏钱来买这套系统。

随着观念的转变，税务机关也开始认识到，这套系统不仅能解决增

值税发票防伪、识伪的问题，同时能提高税务机关计算机现代化管理水平、信息化水平。对公司来讲也是这样，通过计算机管理提高整个企业管理水平。

1994—1995年，公司用计算机管理的很少，南方一些公司在用计算机开增值税发票后，给客户正规、比较有实力的感觉，生意从此好做。

1994年6月30日，在康拓公司"增值税票防伪税控系统"的基础上，航天总公司筹措资金五千万元成立"北京航天金穗高技术公司"。

2000年11月1日，该公司经过股份化改制后，更名为"航天信息股份有限公司"。

2003年7月11日，航天信息股份有限公司在上海证券交易所上市。[1]

参考资料：

[1]来自《创业中国硅谷·我与康拓公司的军转民之路》第115页，该资料由齐忠收藏。

1996年1月8日——试验区确定1996年发展目标

1996年1月8日，北京市新技术产业开发试验区推出1996年发展目标。力争试验区技、工、贸总收入达到240亿元，工业总产值95亿元，上缴税费7.5亿元，各项指标增长25%以上。[1]

参考资料：

[1]来自1996年1月8日《北京科技报·民营产业》，该资料由齐忠收藏。

1996 年 1 月 12 日——中关村泰山会策划创办的中国民生银行成立，这是我国首家由民营企业投资的股份制银行

1996 年 1 月 12 日，由中关村泰山会策划创办的中国民生银行成立，这是我国首家由民营企业投资的股份制银行。

时任中华全国工商业联合会主席经叔平任中国民生银行董事长，四川民营科技企业家、希望公司董事长刘永好任中国民生银行副董事长。（注：中华全国工商业联合会以下简称"全国工商联"）

中国民生银行募集股本金 13.6 亿元人民币，80% 以上来自民营科技企业，59 个股东来自全国工商联会员企业。

中国民生银行的建立，不仅为民营企业提供了良好的融资渠道，也为民营企业家进入金融界提供了一个舞台。[①]

中国民生银行的成立，是中关村泰山会全体会员、北京及中关村民营科技企业家、全国民营科技企业家用心血结出的硕果，也是我国改革开放最光辉的篇章之一。

●**谋办发起人**：指民生银行谋办发起人，除牵头人中华全国工商业联合会外，还包括 12 家单位，他们是：

北京京海集团公司
北京科海高技术（集团）公司
山东通达经济技术集团公司
珠海巨人高科技集团公司
北京中远经济技术发展公司
河南思达科技（集团）股份有限公司
南昌科瑞集团公司
杭州通普电器公司
深圳市总商会
昆明市总商会
四川希望集团公司
香港新世界股份有限公司
其中前 8 家为泰山产业集团成员单位。

1994 年 7 月 18 日，中关村泰山会筹备成立"中国泰山产业投资有限公司"文件中，谋办成立民生银行的企业名单。齐忠摄影并收藏该资料。

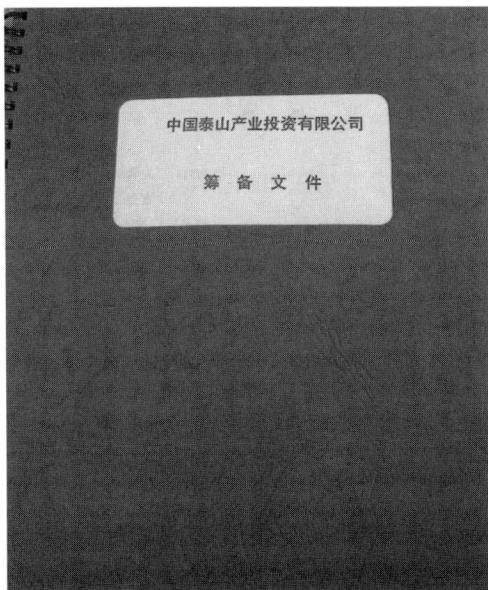

1994年7月18日，中关村泰山会"中国泰山产业投资有限公司"筹备文件，齐忠摄影并收藏该资料。

1994年7月18日，中关村泰山会筹备成立"中国泰山产业投资有限公司"，并谋办成立民生银行。"中国泰山产业投资有限公司"筹备文件由南昌科瑞公司创始人兼董事长郑跃文先生起草。该文件显示，谋办成立民生银行除牵头人全国工商联外，还有12家单位。

1. 京海公司

2. 科海公司

3. 山东通达公司

4. 珠海巨人公司

5. 北京中远公司

6. 河南思达公司

7. 南昌科瑞公司

8. 杭州通普公司

9. 深圳市总商会

10. 昆明市总商会

11. 四川希望公司

12. 香港新世界股份有限公司

1—8 单位，全是中关村泰山会成员。②

参考资料：

①来自 1996 年 1 月 29 日《北京科技报·民营产业》，该资料由齐忠收藏。

②来自 1994 年 7 月 18 日《"中国泰山产业投资有限公司"筹备文件》第 5 页，该资料由齐忠收藏。

1996 年 1 月 22 日——华颖公司收购东北旺药厂，开启北京民营科技企业收购国有大中型企业先河

1996 年 1 月 22 日，中关村民营科技企业，北京华颖实业集团公司（以下简称"华颖公司"）以 5000 万元人民币价格，收购了北京东北旺农场所属的东北旺药厂，开启了北京民营科技企业收购国有大中型企业先河。

华颖公司拥有超临界流体化选萃取技术，公司成立两年多以来，经济效益持续增长，拥有了雄厚的经济实力。东北旺药厂地理环境十分优越，东边与上地产业基地接壤，西部紧临农业大学。

原东北旺药厂负责人说："把自己养的'孩子'卖出去，从某种角度说是我们在管理上的失败。但是通过这次收购，我们还清了国家贷款，活化了资本。"①

华颖公司收购的东北旺药厂，现为上地产业基地软件园。

参考资料：

①来自 1996 年 1 月 22 日《北京科技报·民营产业》，该资料由齐忠收藏。

1996 年 1 月 29 日——北京市房山区私营企业发展迅速，11 家企业投资规模上百万元

1996年1月29日，北京市房山区私营企业发展迅速，已经有11家企业投资规模在百万元以上。

1995年，房山区共有私营企业562家，注册资金9777万元，从业人员5861人。北京利民物资有限公司是房山区最大的私营企业，注册资金500万元，提供就业机会近百个，销售收入920万元，上缴税收15万元。

1995年，房山区已经有3家私营企业与外商合资，引进资金500万元。房山区盛氏提琴制作公司以其精湛的技艺、高质量的产品成为我国仅有的四家高档提琴制作厂家之一。

1992年，盛氏提琴制作公司与日本中泽弦乐器株式会社合资兴办"盛氏中泽乐器制作有限公司"后，产品打入国际市场，每年创外汇19万元。[1]

参考资料：

[1]来自 1996 年 1 月 29 日《北京科技报·民营产业》，该资料由齐忠收藏。

1996 年 2 月 18 日——用友公司投巨资建立知识产权保护网，打击盗版用友财务软件

1996年2月18日，用友公司投巨资建立知识产权保护网和一支保护知识产权队伍，用立体式的方式打击盗版用友财务软件。

用友公司这种措施遏制盗版者对用友财务软件猖獗的盗版活动，用友公司还将一家侵犯用友公司知识产权的公司告上法庭，获赔偿金10多万元。

用友公司还在公司内部制定《职工知识产权与保密协议》《职工发明结果奖励办法》《知识产权制度建立方案》《用友集团知识产权与保密协议》《用友集团商业秘密管理制度》等一系列知识产权保护制度。

1996年，用友公司研制的用友财务软件，占我国40%的财物软件市场，年经营额近亿元。[1]

参考资料：

[1]来自 1996 年 2 月 26 日《北京科技报·民营产业》，该资料由齐忠收藏。

1996 年 2 月 26 日——北京市海淀区私营企业达到 4600 家，位居全市各区之首并出资兴建希望小学

1996年2月26日，北京市海淀私企协会公布，海淀区共有私营企业4600多家，位居全市各区之首。海淀区私营企业还向希望工程捐款21万元人民币，兴建龙居村希望小学。[1]

参考资料：

[1]来自 1996 年 2 月 26 日、1996 年 3 月 25 日《北京科技报·民营产业》，该资料由齐忠收藏。

1996 年 3 月 3 日——四通公司总裁段永基在召开的全国政协八届四次会议上当选全国政协委员，这是北京及中关村民营科技企业家首次当选全国政协委员

1996年3月3日，全国政协八届四次会议在北京召开，在这次会议

上，我国最大的民营科技企业、四通公司总裁段永基当选全国政协委员。这也是北京及中关村民营科技创业15年来，第一位走进全国政协参政、议政的民营科技创业代表，引起北京及中关村民营科技界的广泛关注。

四通公司总裁段永基表示："作为一名民营科技企业的管理者，能够当选全国政协委员参政、议政，表明党和政府，对民营科技企业15年来在国民经济做出的成绩的肯定，是全体民营科技企业人士共同努力的结果。我会向各级主管部门反映民营科技企业发展中存在的困难，并向各级政府部门提出支持和帮助民营科技企业健康发展的建议。"①

参考资料：

①来自1996年3月18日《北京科技报・民营产业》，该资料由齐忠收藏。

1996年3月18日——我国民营科技企业最大引进外资项目，四通公司与日本三菱公司、三井公司合资建立三菱四通集成电路有限公司签字仪式在北京举行

1996年3月18日，我国民营科技企业最大引进外资项目，四通公司与日本三菱公司、三井公司合资建立"三菱四通集成电路有限公司"（以下简称"三菱四通公司"）签字仪式在北京人民大会堂举行。北京市市长李其炎，副市长金人庆、胡昭广，四通公司董事长沈国钧，总裁段永基，日本三菱公司负责人伊原总三郎，三井公司负责人中野惠正等出席了签字仪式。

三菱四通公司投资15亿美元，一期工程投资1亿美元，以生产0.3微米（相当于300纳米）集成电路芯片，成为三菱公司在亚洲的主要半导体生产基地。

1996 年 8 月 8 日，三菱四通公司在北京市海淀区上地产业基地举行奠基典礼。左二为四通公司总裁段永基，左四为四通公司董事长沈国钧。齐忠摄于四通公司宣传手册。

三菱四通公司企业股权中三菱公司占60%、四通公司占30%、三井公司占10%。

1996 年 8 月 8 日，三菱四通公司在北京市海淀区上地产业基地举行奠基典礼，三菱四通公司总经理吉泽秀幸、四通公司总裁段永基等人出席奠基典礼并讲话。[1]

参考资料：

[1] 来自 1996 年 3 月 25 日《北京科技报·民营产业》，《四通廿年》第 68 页。该资料由齐忠收藏。

1996 年 3 月 18 日——北京市大兴区民营科技园区发展势头迅猛

1996 年 3 月 18 日，北京市大兴区民营科技园区发展势头迅猛。该园区占地1000亩，已有47家大型民营科技企业入园，其中有4家合资企业。[1]

参考资料：

①来自 1996 年 3 月 18 日《北京科技报・民营产业》，该资料由齐忠收藏。

1996 年 4 月 29 日——京海公司捐资兴建西藏光彩小学

1996 年 4 月 29 日，北京市民营科技企业京海公司向中国光彩事业委员会捐资 30 万元人民币，在西藏山南地区琼结县拉玉乡兴建光彩小学。

京海公司总裁王洪德在捐资仪式讲话中指出，京海公司历年来为我国教育事业共捐款 3000 万元，这次又用 30 万元资助贫困地区的教育事业回馈社会。①

参考资料：

①来自 1996 年 4 月 29 日《北京科技报・民营产业》，该资料由齐忠收藏。

1996 年 5 月 6 日——中关村民营科技企业家、晓军电脑公司创始人吴晓军辞去公司一切职务

1996 年 5 月 6 日，中关村民营科技企业家、晓军电脑公司创始人吴晓军，因公司经营状况不善，处于亏损状态，决定辞去公司法人代表兼董事长一切职务离开公司，雷虹出任晓军电脑公司法人代表兼董事长。①

1990 年 10 月 31 日，工人出身自学计算机知识成才的吴晓军，与雷虹等在北京海淀区工商局注册成立北京市晓军电脑公司（以下简称"晓军电脑公司"）。

1996 年的吴晓军，齐忠摄影。

当年位于中关村加油站附近的晓军电脑公司，齐忠摄影。

1992年，晓军电脑公司搬入海淀路74号颐宾楼肯德基店楼上乙三层，四层是长城钛金公司。

1992年，晓军电脑公司推出"晓军汉卡"，营业额1800多万元，纯利500多万元。[①]

1993年，在汉卡市场萎缩后，晓军电脑公司的吴晓军又推出新的产品，我国首台"晓军中文速录机"。该产品具有快速录制即转成中文电子文本的功能，可以广泛地应用于会议和法庭记录市场。但是该产品需要特殊的键盘和经过培训的人才能操作。

1994—1995年，晓军电脑公司出巨资对"晓军中文速录机"在全国进行大规模推广和巡展但收效甚微，使公司陷入经营困境，促使吴晓军退出公司。

1998—2015年，由于通信技术的发展与电子文本需求市场不断扩大，中文速录机市场终于形成，学习中文速录机打字技术的人越来越多，每个会使用中文速录机打字技术的人都会开办成微型公司，以每小时100—200元的价格服务于各种大型会议。

1996年9月21日，中关村民营科技企业北京科利华公司，在海淀友谊宾馆贵宾楼举行新闻发布会，在会上科利华公司总裁宋朝弟宣布，投资600万元收购晓军电脑公司60%的股份。

宋朝弟出任晓军电脑公司董事长，原晓军电脑公司总经理雷虹继续担任晓军电脑公司总经理，原晓军电脑公司董事长吴晓军为晓军电脑公司总工程师。

2000年10月23日，晓军电脑公司被有关部门吊销营业执照。[②]

参考资料：

①来自1996年4月29日《北京科技报·民营产业》，该资料由齐忠收藏。

②来自"北京市企业信用信息网"。

1996 年 5 月 20 日——科利华公司推出 CSC 电脑家庭教师软件销售 6 万套及《学习的革命》一书发行 500 万册推广过程

1996年5月20日，中关村民营科技企业，科利华公司研制开发的电脑家庭教师软件销售6万多套，为公司带来巨大利润。

一、科利华公司起源与原始资本积累过程

1991年12月20日，清华大学激光物理学硕士研究生、30岁的宋朝弟，放弃出国留学的机会，以600元资金创办"北京市海淀区科利华公司"（以下简称"科利华公司"），宋朝弟任公司法人代表、董事长兼总裁。①

不久，科利华公司推出第一个产品"CSC中学校长办公系统1.0版本"软件（注："CSC"是科利华公司汉语拼音缩写）。

1994年12月5日，科利华公司推出以学生为主要消费者的家庭教育

1996 年科利华公司创始人宋朝弟，齐忠摄影。

软件，即"CSC电脑家庭教师软件"，每套2000元，投入市场取得可观的经济效益。

1995年1月10日，科利华公司推出"CSC电脑家庭教师软件"初中版并投入市场。

1995年8—10月，科利华公司推出"CSC电脑家庭教师软件"高中版、小学版并投入市场。

1996年，科利华公司推出"CSC电脑家庭教师软件"系列家用软件，在市场上成功销售6万多套，完成公司资本积累阶段。

二、《学习的革命》销售500万册的推广过程

1997年8月，由香港新雅文化事业有限公司授权，上海三联书店出版，由新西兰作家戈登·德莱顿、美国作家珍妮特·沃斯（女）合著的《学习的革命——通向21世纪的个人护照》一书。中国科学院院士、复旦大学原校长谢希德（女）为该书作序。[②]

该书作者面对未来世界的15种发展趋势，提出了对于学习方式的一些大胆的设想和革新，首次在瑞典问世，受到教育革新者的欢迎。

1998年6月，科利华公司总裁宋朝弟，决定公司全力以赴，向全社会宣传推广《学习的革命》一书。

1998年6月24日，科利华公司与上海三联书店接洽《学习的革命》推广事宜，双方达成共识。

1998年7月1日—12月7日，科利华公司为宣传《学习的革命》，出资举办"007营地""CSC超级营地""CSC赴美夏令营"，学员来自全国14个省、市的中学生，实践体验《学习的革命》教育理论，以及拜访《学习的革命》的作者之一美国作家珍妮特·沃斯（女）。

1998年8月20日，科利华公司举办专家研讨会，研究《学习的革命》。

1998年11月1日，科利华公司邀请《学习的革命》的作者之一新西兰作家戈登·德莱顿来中国，为《学习的革命》研究中心作了大量的演

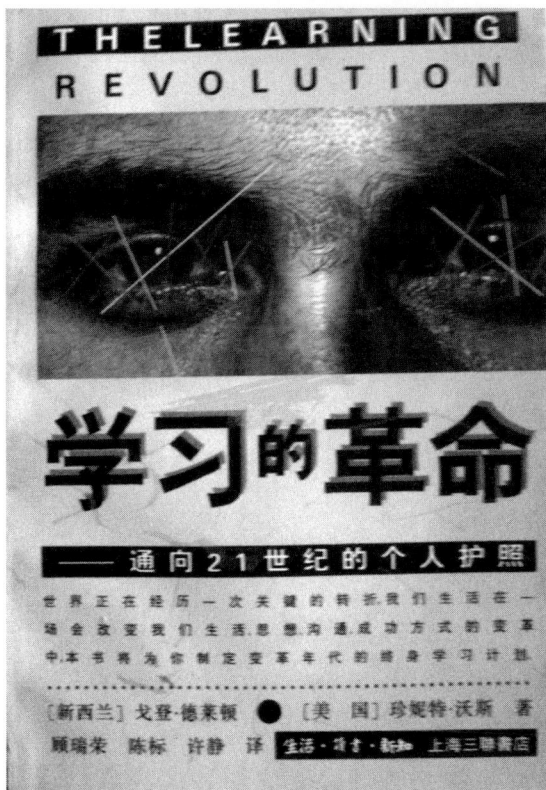

《学习的革命——通向 21 世纪的个人护照》一书。齐忠摄影，该书
由齐忠收藏。

讲，中央电视台《读书时间》栏目也对戈登·德莱顿进行了专访。

1998 年 11 月 2 日，《中国青年报》"冰点"专栏以两个整版，以"梦想与激情""敏感与体验"为题，对《学习的革命》的教育与体验进行长篇报道，在社会各界引发强烈反响。

1998 年 11 月 30 日，《北京晚报》发表年终专稿"98 中国畅销书一瞥"，《学习的革命》榜上有名。

1998 年 12 月 8 日，科利华公司召开《学习的革命》推广动员大会。

1998 年 12 月 8 日，中央电视台播出科利华公司出资 1500 万元，由著名导演谢晋执导《学习的革命》广告片。

1998 年 12 月 9 日，科利华公司召开新闻发布会，宣布推广《学习的革命》一书，目标为1000万册，北京150多家新闻媒体记者参加了新闻发布会。该书价格为24元。

1998年12月11日，中央电视台《读书时间》栏目，播出对戈登·德莱顿、珍妮特·沃斯（女）的专访节目。为此该栏目还赴美国采访了珍妮特·沃斯（女）。

1998年12月13日，《学习的革命》一天内发行251402册。

1998年12月22日，《学习的革命》在全国已经发行1054263册。

1999年3月22日，《学习的革命》在全国已经发行500万册。[③]

1999年3月2日，《学习的革命》的作者戈登·德莱顿来中国访问，对《学习的革命》在中国发行数量表示惊叹，他说："新西兰有200万人口，400万只羊，这两组数字加起来可能还比不上《学习的革命》在中国的发行数量。"

1998年12月9日—1999年6月，北京民营科技企业科利华公司，对于《学习的革命》一书精明的推广过程，以及近800万册的发行数量，在我国20世纪90年代末期是个传奇，至今还没有任何图书的发行数量打破这个纪录。

三、科利华公司跳跃式发展过程

科利华公司完成原始资本积累阶段后，以跳跃式进入公司发展过程。

1995年8月25日，科利华公司收购北京启迪电脑公司。

1996年9月21日，科利华公司投资600万元，收购晓军电脑公司60%的股份。

1997年初，科利华公司组建"科利华软件集团"，该集团由北京科利华教育软件公司、北京科利华电脑有限公司、北京科利华晓军管理软件系统公司等18家科利华分公司组成。[④]

1998年5月18日，科利华软件集团与北京无线电厂共同投资6000万元，合资成立"北京量子益华软件科技有限责任公司"（以下简称"量子益华公司"），该公司业务定位于互联网购物平台，第一个目标是建立我国最大的网上书店。

北京无线电厂厂长、北京益泰电子集团董事长周毓秋（女），任量子益华公司董事长，科利华软件集团总裁宋朝弟任量子益华公司总裁。量子益华公司是我国民营科技企业最早进入互联网购物平台的企业之一。[5]

1999年3月，科利华公司投资1500万元，在上地信息产业基地建造的科利华大厦竣工。该大厦办公总面积28000平方米。[4]

四、科利华公司买壳阿城钢铁上市

1999年4月19日，科利华公司在科利华大厦召开新闻发布会，科利华执行总裁薛建国向北京各大媒体记者宣布："科利华公司以1.34亿元买下黑龙江省上市公司阿城钢铁公司28%的股份，成为阿城钢铁公司最大的股东。"科利华公司此举表明，科利华公司买下阿城钢铁公司的"壳"上市成功。

1999年5月17日，上市公司阿城钢铁（600799）发表公告，阿城钢铁第一大股东黑龙江省阿城钢铁集团公司将其所持有的阿城钢铁法人股64209600股（占阿城钢铁总股本的28%）以每股价格为2.08元一次性转让给北京科利华教育软件技术有限责任公司。[6]

不久，上市公司阿城钢铁更名为科利华、ST龙科。因2002年、2003年、2004年，ST龙科连续三年亏损。2005年5月20日，科利华公司拥有的这家上市公司被暂停上市。

2005年9月7日，科利华公司向上证所提出了股票恢复上市的申请。

2005年12月29日，上证所上市委员会做出科利华公司拥有的这家上市公司股票终止上市的决定。[7]

科利华公司在上地产业基地的科利华大厦也被拍卖。

宋朝弟简介

宋朝弟是北京及中关村著名的民营科技企业家。

1960年10月15日，宋朝弟出生于黑龙江省哈尔滨市。

1978年，考入中国科技大学，毕业后分配到哈尔滨电工学院任教。

1986年，考入清华大学激光物理专业，获硕士学位。

1991年12月20日，宋朝弟以600元资金创办"北京市海淀科利华公司"，任公司法人代表、董事长兼总裁。

1994年，宋朝弟的科利华公司荣登1994年"中国计算机普及教育十件大事"榜首。宋朝弟被誉为"计算机产业十大青年风云人物"。

1996—1998年，宋朝弟创办的科利华公司连续三年被列入国家级"火炬计划"项目。

1997年，宋朝弟被评为第三届"科技之光奖"优秀科技企业家，科利华公司也被评为第三届"科技之光奖"优秀科技企业。

1999年5月，科利华借壳阿城钢铁，进军中国证券市场。

2000年，宋朝弟以拥有2.7亿美元资产，被《福布斯》杂志评为中国大陆个人财富排行榜第10名。

2000年，宋朝弟荣获"紫荆花杯中国杰出企业家成就奖"。

2002年，因借壳阿城钢铁，科利华公司被巨债拖累亏损严重，出现财务危机，被戴上ST的帽子。

2005年12月31日，科利华公司被终止上市，宋朝弟创办的科利华公司从此进入低潮。

参考资料：

①来自科利华公司资料"科利华公司大事记"，该资料由齐忠收藏。

②来自《学习的革命》一书的简介。

③来自科利华公司资料"《学习的革命》大事记"，该资料由齐忠收藏。

④来自科利华公司资料"跳跃式发展的科利华软件集团"，该资料由齐忠收藏。

⑤来自科利华公司资料"科利华软件集团与北京无线电厂，共同

投资 6000 万元，合资成立北京量子益华软件科技有限责任公司联合公报"，该资料由齐忠收藏。

⑥来自上市公司阿城钢铁（600799）公告。

⑦来自上交所公告。

1996 年 6 月 10 日——时代公司内刊《时代之路》创刊 100 期，该内刊是北京民营科技企业优秀的现实性理论刊物

1996 年 6 月 10 日，北京及中关村著名民营科技企业时代公司内刊《时代之路》创刊 100 期，该内刊是北京民营科技企业优秀的现实理论性刊物，是我国民营科技企业早期企业文化的一朵奇葩，并有以下特点：

1. 针对不同时期的外部环境在思想与心理上指导公司员工

时代公司的内刊《时代之路》，几乎每一期的头版头条的文章，都

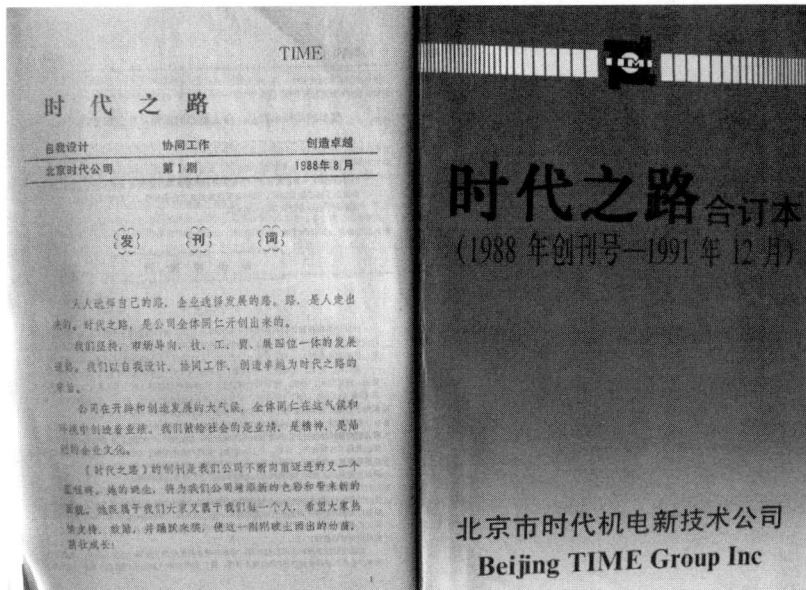

时代公司内刊《时代之路》第 1 期及合订本。齐忠摄影并保存该资料。

左起：时代公司总裁彭伟民与公司第一副总裁王小兰（女）。齐忠摄影。

由时代公司总裁彭伟民与公司第一副总裁王小兰（女）亲笔撰写。这些文章针对不同时期企业内部与外部不同环境的变化，公司员工的思想状态，来分析公司的发展目标。

1993年，由于外部环境的变化，北京及中关村民营科技企业出现"股份制"热。认为民营科技企业实行股份制改造后，企业产权不仅可以清晰化，困扰企业的所有权分配、"诸侯割据"、员工与企业的关系等问题就会迎刃而解。

在这种情况下，彭伟民与王小兰（女）在《时代之路》发表了《股份制不是万灵丹》的文章，该文章列举中外企业所处的不同国情，分析了民营科技企业匆忙实行股份制改造的后果，不仅为股份制头脑发热的人敲了警钟，也对时代公司职工的思想波动起到稳定作用。

1993年，在中关村发生的"老板危机年"的事情，没有波及时代公司。

2. 现实哲理的上下沟通

时代公司内刊《时代之路》发表的文章，不仅对公司企业文化有着巨大指导作用，也在公司研发产品与销售、市场分析方面进行研讨，成为公司上下沟通的桥梁与纽带。

《时代之路》发表的彭伟民与王小兰（女）所写的题为"IGBT逆变焊机的现状与未来"的文章，长达数万言，不仅对时代公司拳头产品"逆变焊机"起到推动作用，也是我国逆变焊机市场分析和营销的精品佳作。[1]

参考资料：

[1]来自1996年6月10日《北京科技报·民营产业》，该资料由齐忠收藏。

1996年6月11日——联想计算机获得ISO9001认证，成为我国计算机行业首家获得国际通行证的企业

1996年6月11日，联想公司生产研制的联想个人计算机获得ISO9001质量体系认证，联想公司成为我国计算机行业首家获得国际通行证。

ISO9000质量体系系列认证，是国际通行的质量体系标准，ISO9001质量体系认证是对产品质量保证体系中最全面的质量保证模式。联想个人计算机荣获ISO9001质量体系认证后，销售量大增。1996年4月至5月，联想个人计算机已经销售3万台左右。[1]

参考资料：

[1]来自1996年6月17日《北京科技报·民营产业》，该资料由齐忠收藏。

1996 年 6 月 15 日——瑞星公司推出全面反计算机病毒产品

1996年6月15日，中关村民营科技企业北京瑞星电脑科技开发公司推出全面反计算机病毒"瑞星防病毒卡""瑞星防病毒软件"系列产品，满足了用户对计算机病毒杀与防的需要。①

参考资料：

①来自 1996 年 6 月 17 日《北京科技报·民营产业》，该资料由齐忠收藏。

1996 年 8 月 21 日——王江民创办江民公司，从此开创中国千亿元计算机杀毒软件市场

1996年8月21日，我国著名自学成才的计算机杀毒软件专家、残障

1998 年 11 月 2 日，王江民在位于人民大学旁边的原大华衬衫厂办公楼的"北京江民新技术公司"前留影。齐忠摄影。

人士王江民，在北京市海淀区工商局注册他的首家公司"北京江民新技术有限责任公司"（以下简称"江民公司"），注册资金50万元，企业为集体所有制，王江民任公司法人代表、公司董事长兼总裁。①

1996年9月，王江民开发出"KV300"杀毒软件，他报出一次性出售"KV300"杀毒软件版权120万元的天价，要求购买方首付80万元，后40万元在卖完"KV300"杀毒软件再付，而且使用期只有一年。在众目睽睽之下，王江民成功地卖了出去，完成企业原始资本积累阶段。②

一、王江民坎坷的人生之路

1951年10月7日，王江民出生于上海。不久，因其父出任烟台检察院检察长，全家搬到烟台。

1954年，刚刚三岁的王江民患上小儿麻痹症造成腿部残疾，人生赋予他的是一条坎坷的路。

1966年，因其父被打倒下台发配劳动改造，王江民又走上一条伤心的痛苦之路。他回忆当年的情景时，他说："父亲被打倒后天天到田里推小车拉土劳动改造，我怕父亲累坏了，就在小车前拴根绳子在前面拉车减轻父亲的负担，有一次下沟没有注意，我的腿又不好连人带车摔到沟里，那个年月不堪回首。"

1971年，王江民初中毕业后，被分配到街道工厂工作，三年学徒期满后，当上了一级工，每月工资32.24元。

因为贫穷又有残疾，王江民31岁才结婚。

生活对于王江民来说是糟透了，但是当上帝关上另一道门时，会同时打开另一道幸运之门，因为上帝是公平的。

二、王江民研发杀毒软件之路

1989年，38岁的王江民因勤奋好学被单位重用，开发工控软件。可是工控软件感染上病毒之后，机器就会失控，人们就会指责王江民的工控软件有问题。王江民重新研究工控软件发现了"果实"与"小洞"两种软件病毒，他就研制杀毒软件，工控软件经过杀毒后又正常工作了。

从此只要发现一种新的软件病毒，王江民就开发一种新的杀毒软件。当他开发了六种杀毒软件时，就把这六种杀毒软件程序装在三寸软盘上，起名为"KV6"。"K"是英文"杀"Kill的头一个字母，"V"是英文"病毒"的Virus头一个字母。

当王江民把杀毒软件开发到"KV100"时，起名为"超级巡警"。

1994年7月5日，王江民在《软件报》首次发布"反病毒公告"，使"KV100"杀毒软件在中国计算机杀毒软件中名声大震。

三、王江民中国"土著"软件病毒库的建立

王江民又使用"广谱过滤法查毒"，把武汉大学寄来的样本计算机变形病毒问题解决。他意识到这是中国特色的"土著"计算机软件病毒，国外计算机软件杀毒厂商因没有这种"土著"病毒源，不能查杀中国计算机软件病毒，无法进入中国市场。王江民开始大量收集中国"土著"软件病毒，建立自己的"毒源"库，使"KV"杀毒系列软件比国外杀毒软件在中国更具有市场竞争力。这也是王江民成功的绝密。

1995年，某著名跨国公司在北京中国分公司的几十台计算机感染病毒无法工作，从美国请来的杀毒软件专家束手无策，从烟台赶来的王江民只用一个多小时就解决了问题，几十台计算机全部正常工作。中关村有关厂商马上看到"KV100"杀毒软件的市场前景，答应在中关村销售该软件。

王江民回忆该事件时说："跨国公司的计算机感染病毒，是一种中国产的变形'土著'软件病毒，这种病毒是当年中国计算机用户大量使用盗版软件造成的，而我国一些正版软件生产厂商为了生存和制止盗版软件，往往会在正版软件中作一些'小手脚'也就是病毒。当客户使用正版软件时，这种'小手脚'不会发作，当客户使用盗版软件时，这种'小手脚'就会定期发作破坏计算机的数据，更可怕的是这种病毒可以通过电子邮件、电子文档大量传播，这种中国'土著'软件病毒，外国

1997 年，"KV300" 杀毒软件。齐忠摄影并收藏。

计算机杀毒软件厂商毫无办法，因为他们没有中国'土著'软件病毒的毒源，也就研制不出相对应的防杀病毒软件。"

王江民是个商业天才，他从这事件中也发现"KV100"杀毒软件巨大的市场前景，还看到了中关村的数千家计算机厂商，在中关村各种电子市场中数万家销售电子产品的小柜台，每天有几十万从全国各地到中关村采购电子产品的人流。

1996 年，王江民决定离开烟台，到中关村开创自己的事业，挖掘计算机杀毒软件这个蕴藏千亿元的"金矿"。

1996 年，中关村计算机杀毒方法大多数还在停留在使用硬件"防病毒卡"，在计算机主板上插上"防病毒卡"才能防止病毒软件的侵入，而王江民"KV100""KV200"杀毒软件的出现，如同春风改变了计算机杀毒市场这个世界，中关村电子市场中上万家小柜台的小老板们，开始疯狂地销售价格只有 100 元左右的"KV100""KV200"杀毒软件，因为卖掉一套"KV100""KV200"杀毒软件可以赚到 20—30 元。王江民开始在中关村制定的"KV"杀毒软件销售体系为：独家代理"KV"杀毒软件代理费用为 20 万元，地区代理费用为 5 万元，普通代理费用为 2 万元。并且规定各批发商在对外批发"KV100"杀毒软件的价格不得低于90元。

王江民回忆说："我来到中关村几天里就盈利150万元，中关村是个创造奇迹的世界。"

1996年9月，王江民又开发出"KV300"杀毒软件，终于使他成为中国计算机杀毒软件领军人物。

四、逻辑炸弹之战使王江民登上杀毒软件王座

1997年7月23日，我国5家反病毒软件公司在北京联合举行新闻发布会，谴责北京江民新技术有限责任公司发布的KV300L++版反病毒软件中含有"逻辑炸弹"，在特定条件下对计算机实施破坏，其结果与计算机病毒的破坏作用相似，这就是著名的"逻辑炸弹"之战！

五、"逻辑炸弹"的起因

1997年，国内软件市场盗版猖獗，江民公司杀毒软件深受其害，新杀毒软件推出的一周内就会被盗版商破解销售。

1997年6月24日，王江民在互联网主页上发布了网络升级包KV300L++（以下简称"KV300+版"），其中加入了"逻辑炸弹"，只要是在盗版盘上运行就会破坏硬盘数据，这种"逻辑炸弹"对盗版商进行了精确打击，对使用正版的用户或使用盗版的普通用户不会造成任何影响。

"逻辑炸弹"的原理是故意插入软件系统的一段代码，当满足指定的条件时就会引发恶意功能。例如，某公司的程序员与老板关系紧张，担心会被炒鱿鱼，于是他偷偷在服务器的后台程序中加了一段代码分析公司每个月的工资单，一旦发现工资单里连续两个月没有自己的名字，就会自动引爆"炸弹"，比如清空公司服务器上的数据库，甚至损坏服务器硬盘。

王江民当年对外公开宣称："如果盗版者想打开计算机就找我来，当

面承认破解江民杀毒软件密码是错误的，我就给你们打开计算机。"

1997年7月23日，我国5家反病毒软件公司（以下简称五厂商）在北京联合举行新闻发布会，谴责北京江民新技术有限责任公司（以下简称"江民新技术公司"）。

在发布会上，五厂商向新闻媒体"联合声明"，称江民新技术公司6月下旬发布的KV300+版（网络下载版）中含有"逻辑炸弹"，"在特定条件下对计算机实施破坏，其结果与某些计算机病毒的破坏作用相似……"

五厂商的真实意思为：江民新技术公司推出的KV300+版杀毒软件是在散播计算机软件病毒，有关方面应该严厉处罚江民新技术公司，让该公司退出计算机软件杀毒市场，把王江民置于死地。

六、"逻辑炸弹"是盗版与反盗版的生死战

从表面上看"逻辑炸弹"之战是王江民与五厂商之争，实际上是盗版与反盗版，王江民与盗版者"毒岛论坛"的生死之战！

"毒岛论坛"是中关村最早出现的计算机黑客组织，他们由计算机软件密码破译高手组成，有的人还是中关村各大学高才生。

1995年，"毒岛论坛"这些人的主机就设置在某大学校园内。

2019年，"毒岛论坛"仍活跃在中关村。

"毒岛论坛"这些人把市场上畅销的应用软件密码破译后，再加工成不加密的盗版软件卖给街头小贩和经销商，获得巨额利润。王江民的KV杀毒软件、瑞星杀毒软件、用友财务软件、金山杀毒软件、求伯君WPS都在他们的破解之列。用友财务软件正版的价格在2000元人民币左右，他们盗版的用友财务软件每张只卖15—20元，对用友公司损害极大。

"毒岛论坛"的计算机黑客们也有失手的时候。

1997年7月，"毒岛论坛"制造出盗版软件"财务软件大全"，以每张15元的价格在中关村抛售，在市场上卖得很火。没想到这个盗版软件带有大量的计算机病毒，在全国各地传播得很快形成灾难，反而让王江

民的杀毒软件火了一把。当年王江民在中关村黄庄街头小贩手中买下一张盗版软件"财务软件大全"，他说："这个盗版软件让我这个月多进账50万元。"

1997年，王江民销售的"KV300杀毒软件"，只由3张3寸软磁盘组成，一张是母盘安装用的，一张是加密盘里面有密码，一张是准备升级用的。用户在计算机安装母盘后，再用加密盘激活才能用。

江民新技术公司给一级代理商的批发价格为70—80元，二级代理商的批发价格为100—120元。而"KV300杀毒软件"市场的零售价为220元左右，因为"KV300杀毒软件"卖得火，利润空间很大。

"毒岛论坛"的黑客们对王江民的"KV300杀毒软件"痛下杀手，王江民刚推出新型的"KV系列杀毒软件"，他们马上破解密码制成盗版软件，以20元左右的价格出售，使王江民的生意从火爆降到冰点。王江民在检查某一级代理商销售的"KV300杀毒软件"时，发现10箱中有7箱是盗版软件。

"毒岛论坛"的黑客们还放出话："王江民推出一个新型的'KV系列杀毒软件'我们就破解一个，直到江民新技术公司倒闭。"

王江民认识到"毒岛论坛"的黑客们不仅是赚钱，还是竞争公司的打手，不把他置于死地是不罢休的。

王江民决心与"毒岛论坛"作场生死较量，利用自己的智慧推出带有新型密码"逻辑炸弹"的KV300+版毒软件，使毒岛论坛的黑客们惨遭屠城之灾。

王江民的"逻辑炸弹"的设计不仅巧妙，还专门对付黑客。"逻辑炸弹"专锁"攒机"不锁品牌机。当年中关村管组装的计算机叫"攒机"也叫"兼容机""杂牌机"。IBM、康柏、AST、联想公司出的计算机叫"品牌机"。"毒岛论坛"黑客们的计算机是他们自己组装配置的"攒机"，硬盘空间大、内存大，可以增加计算机的运行速度。

王江民还亲自向外界讲解"逻辑炸弹"，公开挑战"毒岛论坛"的黑客们。他说："毒岛论坛"的人小心点，"逻辑炸弹"不会被破解，还会锁死你们的计算机。如果你们想打开计算机就找我来，当面承认错误，我就给你们打开计算机。

王江民私下说："'毒岛论坛'的黑客们也是有头有脸的人，他们不可能求我来打开计算机，这下把他们得罪苦了。"

"毒岛论坛"毒岛论坛的黑客们不信邪，在盗版软件暴利的驱动下，他们要大干一场。结果是全部中"弹"计算机被锁死。黑客们怎么也打不开计算机，他们拉不下脸去找王江民承认错误，只好望着如同废品的计算机发愁。只有几个黑客个体户低着头向王江民承认错误后，王江民给这几个人打开了计算机。

当王江民的KV300+杀毒软件越卖越火，金钱向江民新技术公司潮水般涌来时，他的竞争对手们联合向有关部门举报，说王江民的"逻辑炸弹"是在散播计算机病毒，损害消费者的利益，要求国家严惩王江民，关闭江民公司。

任何国家对杀毒软件公司都是密切关注，怕这些公司前面散播计算机病毒，后面再销售杀毒软件获利坑害老百姓，有的杀毒软件公司还真这么干过。所以有关部门得到这些举报后，马上找到江民新技术，王江民面临一场大祸。

1997年9月8日，公安部门认定"KV300L+"事件违反《计算机安全保护条例》第23条，属于故意输入有害数据，危害计算机信息系统安全的行为，对其做出罚款3000元的决定。

中央电视台在《新闻联播》中，还报道了有关部门处理王江民的"逻辑炸弹"事件，使王江民和"KV系列计算机杀毒软件"这个品牌也第一次在《新闻联播》中出现在全国十亿多观众面前。

王江民得知结果后，他高兴地说："衷心感谢'毒岛论坛'的黑客们，衷心感谢江民新技术公司的竞争对手们，你们给我做出巨大的宣传，使我和'KV系列计算机杀毒软件'这个品牌，出现在中央电视台新闻联播上，是花1000万元广告费都得不到的宣传效果。"

在"逻辑炸弹"之战，王江民终于击败了盗版者，此事让王江民名声大噪，王江民的杀毒软件销量也节节攀升，登上中国计算机杀毒软件的王座。

七、CIH病毒爆发日，王江民扭转乾坤

CIH属文件型病毒，杀伤力极强，病毒发作后，计算机硬盘数据全部丢失，甚至主板上BIOS中的原内容也会被彻底破坏，主机无法启动。CIH是一位名叫陈盈豪的台湾大学生所编写的，从中国台湾传入大陆后，造成计算机用户重大损失和恐慌，人们是谈虎色变，在2002年4月26日，CIH病毒爆发日，王江民出手扭转乾坤，用"江民杀毒软件"击溃CIH病毒。

1997年，陈盈豪这位在台湾读大学四年级的学生，制作出CIH病毒，并定每年4月26日为爆发日。在台湾大同工学院毕业前，他因CIH病毒造成学校网络瘫痪而被学校记大过，从此这种病毒在世界各国

2002年4月26日，大批客户涌入江民公司要求修复被CIH病毒破坏的计算机，柜台外排满长队。王江民（右一）亲自指导工作人员修复被CIH病毒破坏的计算机。齐忠摄影。

开始疯狂地流传。

1998年7月26日，CIH病毒在美国大面积传播。

1998年8月26日，CIH病毒全球蔓延。中国公安部发出紧急通知，新华社和《新闻联播》跟进报道。

1999年4月26日，CIH病毒1.2版首次大规模爆发，全球超过六千万台电脑受到不同程度的破坏。

2002年初，在中关村，在北京的计算机业界人士对CIH病毒是谈虎色变，称CIH病毒为"电脑屠夫"。在临进4月26日之前，北京各大公司和外企都在公司的门上和显眼的地方贴上通知，内容为"因CIH病毒爆发日4月26日即将来临，请不要打开陌生人的电子邮件"。

2001年4月26日，在中国大陆各地再次爆发CIH病毒，北京及中关村有许多人在当天打开计算机以后，看到是黑屏随后硬盘数据丢失和死机。

王江民早就意识到爆发CIH病毒的厉害，在爆发日之前数周，就在各大报刊投放KV杀毒软件能够查杀CIH病毒的广告。还在各大报刊投放软广告，告诉消费者江民公司总部设立的求助热线电话，免费帮助消费者修复计算机，中关村其他杀毒软件公司没有做到这一点。

2001年4月26日，当天早上7点江民公司开放数间办公室，让大批工作人员提前上班，王江民也亲自上阵，还通知北京各相关媒体的记者们在10点到公司，观看CIH病毒爆发。

早上8点CIH病毒爆发，北京市各大机关、各大公司的计算机纷纷中招，计算机的黑屏、死机、数据丢失让不少人束手无策、心急如焚。这些人想起江民公司的求助热线电话，免费修复计算机广告，他们抬着主机或手拿硬盘纷纷涌向江民公司，上午9点40分，在江民公司已经排起600—700人的长队，并且排到晚上11点。

一位北京五环路的设计师，他手拿硬盘对王江民说："王老师，这里有北京五环路的设计图，如果不能修复我们单位损失是巨大的，请您一定费心修理好。"

另一位国家机要部门的人，拿出证件给王江民看，并小声地对王江民说着什么。

到江民公司来的人，进来时是愁眉苦脸，出去是喜笑颜开。每人还花近200元购买下KV杀毒软件。北京各大媒体的记者们也认为抓到了好新闻，忙着照相采访消费者和王江民。为多增加新闻点，有些记者又去离江民公司不远的几家杀毒软件公司，没想到这些公司根本没有准备帮助客户的举措，公司四处静悄悄。

第二天北京媒体、电视台报道CIH病毒爆发的新闻，90%以上全是在江民公司采访的，给老百姓一种感觉，认为只有江民公司的杀毒软件能对付CIH病毒。全国各地的经销商只好跟着老百姓的感觉走，纷纷订购KV杀毒软件，王江民再次戴上中国计算机软件杀毒之王的桂冠！

八、王江民达则兼济天下，为中国残疾人事业捐赠巨款

孟子曰："穷则独善其身，达则兼善天下。"王江民做到了这一点，他为中国残疾人事业捐赠了巨款，做出巨大贡献。

王江民说："在大千世界中生存对残疾人来说是相当困难的，从台阶迈步下去，这件在正常人看来是非常普通的事情，对下肢有残疾的人来讲，就是件要小心的事。手要紧握扶手来保证下肢无法支撑全身重量时不会摔倒，抬腿时身体要避免与其他人碰撞而摔倒，这些事做好后才能移动腿和脚走完下台阶这步，任何失误就会让残疾人滚落在地，摔得鼻青脸肿。我是下肢有残疾的人，帮助残疾人在这个世界上快乐地生活，是我的义务！"

王江民向家乡烟台残疾人联合会捐赠了十万元奖励基金，当他听到家乡有位聋哑人开办的木工厂因失火面临倒闭，王江民马上捐赠六万元给这位聋哑人，让他重新创业。

王江民还给著名残疾人张海迪（女）捐赠十万元，帮助她出版小说《登顶》。

2001年10月26日，王江民还向中国残疾人福利基金会捐款一百万

2001 年 10 月 26 日，王江民向中国残疾人协会捐款 100 万元，设立"江民特教园丁奖"，资助那些在聋哑、盲人等残疾学校教书的老师。在首届江民特教园丁奖颁奖仪式上，王江民（前排左二）与原中国残疾人协会理事长邓朴方先生（前排左三）等人合影。齐忠摄影。

元，每年用于相关残疾人学校教师的奖励。

那天出席会议的有原中国残疾人协会理事长邓朴方，他在发言中对王江民评价很高，他说："我要号召大家向王江民同志学习！"

王江民还盛情邀请获奖的残疾人学校教师，到北京参观并在人民大会堂以每桌 5000 元的豪华盛宴招待这些来自全国各地残疾人学校的教师，这些残疾人学校的教师是第一次进入人民大会堂，他们非常激动，纷纷合影留念。

当时有人对王江民说："人民大会堂一桌饭要 5000 多块钱，这顿饭要好几万元，不如请老师们到外面去吃。"

王江民听完摇摇头说："这些老师大多数是偏远山区来的，他们首次到北京来到天安门，来到人民大会堂开会，有的人以后可能再也来不了。我多花点钱请他们在这里顿饭，他们会很开心的，回到家里工作单位他们会说，我在中央领导人开会吃饭的地方，也开过会吃过饭。"

首届获奖的特教老师中有不少自身就是残疾人，他们大多数都是身穿蓝色衣装朴素甚至有些寒酸，这些老师从千里之外赶到北京获奖穿成这样，他们的工资待遇可想而知。他们有的人不停地用手触摸人民大会堂中如同金银耀眼的设施，有的人在不停地照相留影。

吃饭时王江民如同亲人似的，不停为在座的老师们夹菜、添饭、倒酒。当他听老师们说这次到北京，没能去故宫看看皇帝的金銮殿很是失望。王江民马上说："老师们来趟北京不容易多住几天，我让公司的人组织老师们到故宫参观，费用由公司支付。"在座的老师和残协的工作人员听后都很感动。

王江民在会议结束后走出人民大会堂，叫了辆黄色的夏利出租车回到中关村。

张海迪女士是自强不息著名的残疾人，她写了本名为《登顶》的长篇小说，因为她没有钱各大出版社都不给出版。王江民听说后资助她出版，并在人民大会堂给她召开该书的首发仪式，张海迪女士后来接替邓朴方，出任中国残协理事长。

王江民对家乡烟台的残疾人事业特别关心，为烟台市特殊教育事业捐赠30万元。

九、风中之子王江民魂归天国

2010年4月4日早上7点多，王江民来到京西信翔垂钓园5区钓鱼休闲，他和钓友杨先生聊天说："心口发堵，身体不舒服。"杨先生劝他去医院检查一下看看病，王江民说没事。

上午9点左右，王江民钓上条鱼，他把鱼放到鱼袋的过程中，心脏病突发身体便倒在地上滑向鱼池，边上钓鱼的人伸手拉住他。发现王江民先生的呼吸已经停止，脉搏也没有了，大家赶紧叫120急救车把他送到门头沟医院抢救，但是一切都没有用了。

回首往昔，王江民要是变换一下生活方式，他的生命之火就不会在59岁熄灭！

1998年，美国网络联盟公司提出以2500万美元收购江民公司。

2010 年 4 月 4 日上午 9 点，王江民在鲜花之位突发心脏病魂归天国。齐忠摄影。

时过境迁，多年后王江民谈起这次收购时说："当年对股票的认识不够深，认为股票不如现金可靠其实收下股票才对。联盟公司付给我的股票是当日交易价，该公司对外宣布，收购中国大陆最大杀毒软件公司的消息后，公司股票肯定会上涨，那时抛出股票肯定能赚到更多的钱。"

如果王江民退后一步，他的生活可能会有些改变。

2000 年，美国软件某巨头公司，提出以四亿元人民币收购江民公司，王江民拒绝收购。

如果王江民退后一步出售江民公司，他的世界将会轻闲许多。

2005 年，王江民如果换个生活方式，大胆地向前迈出第一步，他的生命可能会再次怒放！

人的生命就像荷叶上晶莹滚动的晨露，在太阳升起的刹那间化为轻烟回归蓝天，投入大自然怀抱。在中关村，在中国大陆杀毒软件这个灰色的世界里，因为有了王江民才变成丰富多样、五彩缤纷的世界。

十、王江民与江民公司年略

王江民，男，1951年10月7日出生于上海。不久，因其父出任山东省烟台市检察院检察长，全家搬到烟台。因幼年患小儿麻痹症，造成右腿残疾。

1971年，进入山东省烟台市"烟台轴承仪器总厂"工作。

1979年9月19日，获共青团中央颁发的首届105名"全国新长征突击手标兵"称号。

1985年，获"烟台市劳动模范"称号。

1985年，获"全国青年自学成才标兵"称号。

1989年，结业于中央电教馆软件专业，并从事个人计算机反病毒研究。

1990年，当选为烟台市政协委员，并连续当选到2010年。

1991年，获"全国自强模范"称号。

1994年7月15日，在《软件报》首次发布了"反病毒公告"，并将"KV100"杀毒软件寄给该报社，从此"KV100"杀毒软件走红。[②]

1996年8月21日，王江民在北京市海淀区工商局注册首家公司"北京江民新技术有限责任公司"（以下简称"江民新技术公司"），注册资金50万元，公司为集体所有制，王江民任公司法人代表、公司董事长兼总裁，地址为北京海淀区海淀路171号北京市大华衬衫厂。

1996年9月，王江民开发出"KV300"杀毒软件，并以120万元出售了"KV300"杀毒软件版权，完成江民新技术公司原始资本积累阶段。

1997年，江民新技术公司，被北京市新技术开发试验区认定为"新技术企业"。

1999年6月16日，王江民在北京市新技术开发试验区注册"北京江民新科技术有限公司"（以下简称"江民新科公司"），该公司被认定为"新技术企业"，注册资金50万元，公司为集体所有制，王江民任公司法人代表、公司董事长兼总裁，地址为北京海淀区海淀路乙39号。[①]

1999年，江民新技术公司注销。

1999 年 12 月 15 日，发表《计算机病毒的发展趋势及 KV3000 的反病毒对策》，这是中国民营科技企业家，从实践到理论得来的唯一的学术论文报告，弥足珍贵。

2000 年，江民新科公司推出王江民研制的"KV3000"系列杀毒软件。

2001 年 10 月 26 日，王江民向中国残疾人福利基金会捐款 100 万元，用于相关残疾人学校教师的奖励。

2002 年，江民新科公司推出王江民研制的"KV3000"系列杀毒王及网络版杀毒软件。

2003 年 1 月，江民新科公司推出王江民研制的"KV2003"杀毒软件。

2003 年 7 月，江民新科公司推出王江民研制的"KV2004"杀毒软件。

王江民还担任烟台市残疾人协会副理长、北京工业大学客座教授、中国光学学会会员、山东激光学会理事、烟台激光学会副理事长等多种社会职务。

2010 年 4 月 4 日，王江民突发心脏病在北京逝世，享年 59 岁。

参考资料：

①来自"爱企查"。

②来自《知识英雄》第 475 页"王江民传奇"。

1996 年 9 月 16 日——京海公司出巨资支援教育事业

1996 年 9 月 16 日，由京海公司出资的第三届"京海杯"中小学、幼儿中师教育基金会在海淀体育场举行。京海公司出资 150 万元对海淀区部分教师给予奖励外，大部分资金还作为海淀区 16 所基础薄弱的中学及

15 所小学进行校舍翻建款项。

京海公司总裁王洪德在大会上说，京海人以"科技报国回馈社会"的信念发展企业，所以京海公司真诚、持续地支持教育事业。[1]

参考资料：

[1] 来自 1996 年 9 月 16 日《北京科技报·民营产业》，该资料由齐忠收藏。

1996 年 10 月 7 日——方正电脑稳步发展年销售额可达 3 万台

1996 年 10 月 7 日，由北大方正公司制造出的方正电脑，年销售额可达 3 万台。方正电脑与联想电脑、金长城形成三足鼎立的模式，形成国有品牌计算机在我国计算机市场与跨国公司计算机对抗的初步阵形。[1]

参考资料：

[1] 来自 1996 年 10 月 7 日《北京科技报·民营产业》，该资料由齐忠收藏。

1996 年 10 月 21 日——北京民协发出扶贫倡议书，号召会员出资扶持北京贫困地区

1996 年 10 月 7 日，北京民营科技实业家协会发出扶贫倡议书，号召会员出资扶持北京贫困地区。

协会在倡议书中指出，会员单位可以联系北京贫困地区的乡镇企业优势互补，也可以为北京贫困地区搞技术培训班、办技术讲座、投资建厂等推进当地的经济的发展。会员单位还可以出资在北京贫困地区的中

小学培养一批学生。①

参考资料：

①来自 1996 年 10 月 21 日《北京科技报·民营产业》，该资料由齐忠收藏。

1996 年 11 月 2 日——中国现代伟大的物理学家之一严济慈逝世，北京民协会长纪世瀛发表怀念文章

1996 年 11 月 2 日，中国现代伟大的物理学家之一严济慈逝世。北京民协全体会员表示深切的悼念，并感谢严老多年来对北京民营科技事业的支持。北京民协会长纪世瀛发表怀念文章。

以下为文章全文：

科技之光　永照中华
怀念我的老师严济慈

北京民营科技实业家协会会长、北京市政协委员　纪世瀛

1996 年 11 月 2 日，我的老师严济慈严老在北京逝世，享年 96 岁。严老的逝世是我国科技界的一颗巨星陨落，一个伟大的科学家、教育家离我们而去，他那慈祥的面容、科学家的风范永远深深地留在我们的心中。翻开历史的篇章，严老的光辉闪闪的四个大字"科技之光"给人间留下了永不褪色的光辉。

对于严老的逝世，北京民营科技实业家协会（以下简称"北京民协"）全体会员表示深切的悼念，感谢严老多年来对北京民营科技事业，对北京民协工作的支持。

严老是中国现代物理学研究的开创人之一，中国光学研究和光学仪器研制工作的奠基人之一、中国研究水晶压电效应第一人。曾任中国科

1990年9月15日，纪世瀛（左）向严老汇报北京民营科技企业工作。照片由纪世瀛先生提供。

学院办公厅主任、院士，中国科学技术大学教授、副校长、研究生院首任院长、第二任校长，全国人大常委会副委员长。

严老是我们中国人的骄傲。他23岁毕业于南京高师和东南大学后，赴法国留学，仅用一年时间就同时考得巴黎大学微积分学、理论力学和普通物理学三张主科文凭，获得数理学硕士学位。一个中国人如此的成就在巴黎引起轰动。

1927年他获得法国国家科学博士学位，旋即回国受聘为大同大学、中国公学、暨南大学和第四中山大学等四所大学的教授，并开始参加中央研究院的筹备工作。

1927年，严老在归国的船上与我国著名画家徐悲鸿相遇，徐悲鸿为他画了一张素描，并用法文在画像上写了四个大字"科学之光"，因为严老的字为"慕光"，徐悲鸿从严老这样一个杰出的科学才子身上看到中国的未来、看到了中国的希望之光。

　　严老一生为科技界、教育界写下了光辉篇章，给中国科技界带来了深深的影响。

　　我如此地怀念严老，不仅仅因为他是我的导师，我还是他在中国科学技术大学执教的最后一批学生，更因为严老这样一个老一代的科学家，以博大精深的思想、高瞻远瞩的眼光真诚地支持科技体制改革。对以中关村电子一条街为象征的北京民营高科技产业，这场科技体制界伟大的革命以诚挚的热情并给予支持。

　　1987 年，严老为他的学生，"五笔字型"发明人、北京民协会员、著名民营科技企业家王永民题词"五笔字型　利国福民"，并六次出席有关"五笔字型"的各项活动。

　　1990 年，严老已经 90 岁高龄，还担任着全国人大常委会副委员长。他得知我担任北京民协会长，并且是中国第一个民营科技企业的创始人之一，他又知道我是他最后一批学生，就亲笔写了一封信转给我，约我

王永民先生在办公室与严老为他题的词"五笔字型　利国福民"。照片由王永民先生提供并授予版权。

到他家去。我向他汇报了中关村电子一条街的起源、发展和现状，汇报了北京民营高科技的发展态势。我真的没有想到严老会对民营高科技企业有如此高的热情和支持。

严老指出："这是科技界多年的努力方向，今天出现了这样生动的局面，我非常高兴。"并欣然提笔为我写下"科技之光"四个大字。这四个光辉闪闪的大字让我激动不已，其中深刻的含义我不敢揣度，但是我明明白白地感到了他对民营高科技热情的支持，对民营高科技未来的肯定，以及对民营高科技产业的殷切期望。我几乎是含着热泪捧着这四个大字，久久地说不出话来。严老90岁的老人，历经新旧中国的更替，对这样一个市场经济中涌现的完全新生的事物给予了如此的热情，不正说明他那高瞻远瞩的科技界老前辈的远大眼光吗！

不久，北京民协以"科技之光"为报头，出版了中国民营科技史上第一张报纸《科技之光报》。严老又为我题了一个大条幅"一马当先，万马奔腾"，这寓意深刻的八个大字，成为鞭策我为推动民营高科技发展工作的巨大动力，成为我团结广大民营科技实业家共同开创民营高科技产业新局面的指路明灯。

当我向严老汇报我在把几个民间的研究所联合起来筹建一个民办的研究院，我被迫离开了自己的核工程专业时，严老意味深长地讲了他的一段往事。

他说："新中国成立前夕，郭沫若等人到东黄城根物理研究所访问严老，要他参加中国科学院的筹建工作。严老当时有些踌躇，他说'一个科学家工作一旦离开实验室，他的科学生命也就从此结束了。'郭老说，这话很对，但是，倘因此而能使成千上万的人走进实验室，岂非更大的好事？"

严老语重心长地对我说："你现在牺牲自己的专业，为更多的人创造科技开发的条件，也是件很好的事情。"

在我筹建北京市自然科学应用设计研究院成立大会时，严老亲自写了一篇很长的贺词，并题写了"坚持科技开发为四化建设服务"，以表示对大会的祝贺，这些使我明白了一个道理，在社会主义的科技园地里，栽一棵树并不难，难的是造就一片森林，我们要为造就一片茂盛的森林而奉献。

让我激动不已、久久铭记在心的不仅是严老的题字，是 90 岁高龄的严老亲自参加北京民营科技界举办的各项活动，支持这场科技体制变革的事迹让我们永远不能忘怀。

北京市第一个民间研究院的汇报会，91 岁高龄的严老一坐就是 5 个小时，不但一字一句亲自听取汇报，而且还和大家讨论，最后作长篇讲话，回忆了旧社会科技工作者的艰难，讲述了他参加创建中央研究院的历史，对积极支持科技转化作了生动的指示。

1990 年 11 月 23 日，在人民大会堂召开"庆祝北京民办科技创业十周年暨科技之光颁奖"大会上，严老亲自参加大会一坐就是半天，亲手为获奖的民营科技企业家颁奖。我们民营科技企业家握着严老的手，一股暖流冲进我们的心中，激动得热泪盈眶，老一代科学家的殷切期望，使我们民营科技企业家立志改革、大胆进取、科技兴国的伟大志向更加坚定。

在严老 94 岁高龄的时候，还亲自参加了中国首届"科技之光新产品博览会"的开幕式。面对科技界在改革中科技转化所取得的丰硕果实，严老会心的微笑给了我们很大的鼓舞。严老不顾年迈体弱，一个一个展台仔细地聆听介绍，他握着民营科技企业家的手意味深长地说："你们搞得很成功，向你们表示祝贺。"科技界的这位伟大的老人就是这样热情地关心和支持科技体制改革，看到这些丰硕成果，表现出科技老前辈的博大胸怀和赤子之心。严老和我们这一代人的心同样的火热。

我们怀念严老这样一个伟大的科学家、教育家，而我更多了一重的沉痛，他是我的至敬、至爱亲人——亲自教育、亲手扶植我长大的老师。

严老这位伟大的前辈走了，但是这位了不起的中国科技巨人永远活在我们的心中，我们将沿着他所开创的科技之路艰苦奋斗，勇于开拓，让科技之光永照中华。[①]

严济慈热心支持北京民营科技事业，参加北京民协举办的活动，前排讲话者为北京民协会长纪世瀛，后排右四为严老。照片由纪世瀛先生提供。

参考资料：

①来自 1996 年 11 月 18 日《北京科技报·民营产业》，该资料由齐忠收藏。

1996 年 12 月 28 日——中共中央政治局委员、北京市委书记尉健行对北京民协会长纪世瀛《关于促进北京民营科技企业发展》的建议及《应当把大力发展民营高科技产业作为实现 2010 年宏伟目标的战略抉择》的报告作出了重要批示，推动了北京民营科技企业的发展

1996 年 12 月 28 日，中共中央政治局委员、北京市委书记尉健行，对北京民协会长纪世瀛《关于促进北京民营科技企业发展》的建议及《应当把大力发展民营高科技产业作为实现 2010 年宏伟目标的战略抉择》的报告作出了重要批示。

尉健行在批示中指出：

昭广同志（北京市副市长），我看了寄来的几份材料，感到发展民营科技事业确实应列入我们的工作议题来研究处理，请你能就此问题提出建议方案。

尉健行　1996 年 12 月 28 日

12月31日，北京市副市长胡昭广，按照北京市委书记尉健行关于促进发展民营科技企业的批示，要求市政府研究室尽快开展调查研究并批示："这是个很重要的题目，理论性强，也很敏感，各方面意见也不一致，请你组织先作个调查研究，我可以大力支持。尽快提出方案，议定后报健行同志。"

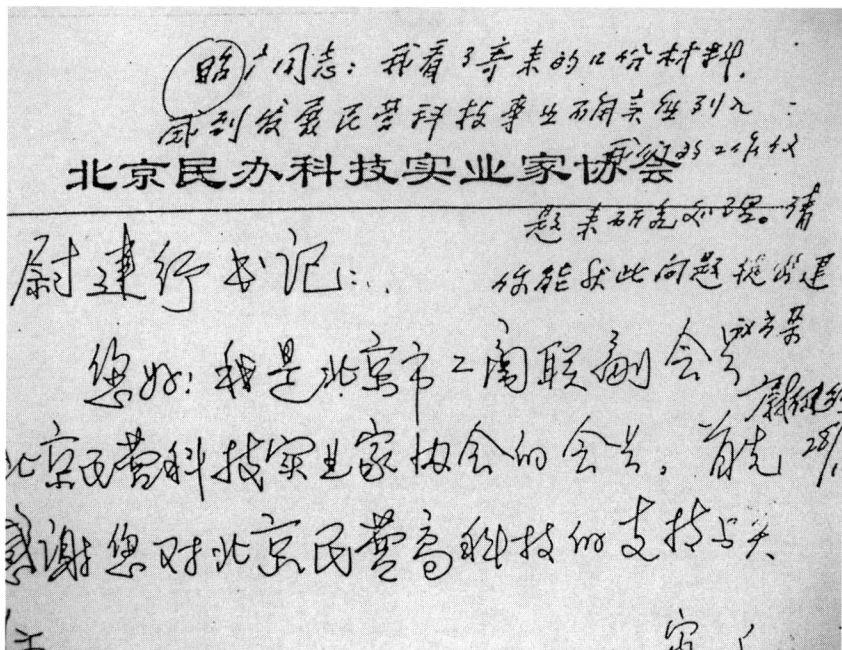

尉健行对北京民协会长纪世瀛《关于促进北京民营科技企业发展》的建议及《应当把大力发展民营高科技产业作为实现 2010 年宏伟目标的战略抉择》的报告作出的重要批示。照片由纪世瀛先生提供。

1997年1月15日，北京市政府研究室、北京市科委，根据北京市委书记尉健行、副市长胡昭广的批示，在中关村四通大厦召开北京市民营科技企业家调研及座谈会。

1997年3月23日，北京市市长贾庆林，对北京市政府研究室《关于民营科技企业发展问题的调查报告》作批示："请政府研究室在此调研报告的基础上，整理出几条鼓励民营科技企业发展的意见，经常务会议研究后实施。"①

珍贵历史文献：《应当把大力发展民营高科技产业作为实现2010年宏伟目标的一项重要的战略决策》

应当把大力发展民营高科技产业作为实现
2010年宏伟目标的一项重要的战略决策

中国民营科技实业家协会副理事长

北京民营科技实业家协会会长　纪世瀛

我们所面临的国际经济技术大战，迫使我们每个中国人必须要考虑一个问题，走什么样的路才能使我们的大中国强大起来。这是整整一代人所思考、探索、实践的大课题。近二十年来，我们的国家经历了一个十分艰巨、十分关键、十分痛苦的抉择过程，经过多年的磨难，我们选择了以经济建设为中心，选择了市场经济，选择了科技是第一生产力，每一次抉择都是伴随着强烈的历史阵痛，正是在这种抉择中再一次体现了我们党的英明，人民的伟大，使我们看到了中国新的希望。

在这些关系到全局的总方针的抉择确定之后，最重要的问题就是这条路怎么走。摆在中国人民面前的并不是前人已开创好的笔直大路，而是一条充满荆棘的、坎坷曲折的路。首要问题就是要形成一个新的经济模式，几个最重要的支撑点在哪里？最重要的生长点在哪里？是我们面临的必须认真思考、必须要做出选择的问题。

一、民营高科技产业的经济战略地位

国有大中型企业是中国的国民经济基础，搞好国有大中型企业是我国经济发展的中心任务。关系到我国的经济命脉，这是毫无疑义的。但是我们必须充分注意到只有一个支撑点不可能形成稳定的发展经济模式，没有新的生长点就不可能有很大的经济增长势头。在互补中才能求得共同发展，才能搞活国有大中型企业，我们必须不断地寻找新的经济支撑点、生长点。其中很重要的一个支撑点和生长点就是民营高科技产业。多少年来很多人不肯相信这一点，但是十五年来的实践和理论，一次又一次地证明民营高科技产业的重要历史作用，有可能成为活化整个经济模式的重要链条和关键环节。中共中央、国务院关于加速科学技术进步的决定中把民营科技企业列为五大全社会科技进步体系之一，是发展我国高技术产业的一支有生力量，从根本上肯定了民营科技企业的历史作用。

1.民营高科技产业突出的实践价值体现。（略）

2.民营高科技产业有很深的内涵。（略）

3.民营高科技产业是科技转化为真正的第一生产力的直通管道。（略）

4.民营高科技产业是市场经济的排头兵，积极的拥护者和探索者。（略）

5.民营高科技产业是实行现代企业制度的试验田。（略）

6.民营高科技产业是新技术开发区的"内核"。（略）

7.民营高科技产业是中国企业走向国际化的桥头堡。（略）

国际上尤其是日本最大的几个企业财团频频选择了以四通、京海、联想、方正为代表的民营高科技产业为合作者，说明了一个重要的道理。民营高科技企业有与国际企业界合作一拍即合的运行机制，因为民营高科技企业最接近现代企业制度，与国际上先进的企业有着很多共性，使其能够创造非常适合的合作机制。所以充分发挥民营高科技企业的优势，把民营高科技企业作为走向国际化的桥头堡，从中摸索经验，

有利于进一步推进国营大中型企业走向国际化。

二、转变观念、大胆决策

观念的转变是改革的关键，很多非常关键而有效的决策不能摆上日程，阻力大多来自旧观念、旧传统的束缚，一方面有些人死守住计划经济和苏联式的社会主义经济模式不肯放弃，把它当作正统和经典的教义而加以保护，不肯正视现实、研究现实、改变传统的现实；另一方面，有些人虽已在内心深处看出了社会主义的真谛，而出于恐惧和自私不敢大胆地支持新生的模式，这正是民营高科技长期以来遇到的最大的障碍。

1. 民营绝不是私有化，民营科技产业是真正的社会主义市场经济的重要组成部分和商品经济运行机制的典范之一。

私有化的道路在中国是走不通的，这是早已被历史证明的真理。中国有中国的特色，私有化不符合中国的国情，不但老红军干部、工人、农民、知识分子不高兴，更重要的是私有化在中国没有出路。

那么在中国走纯国营的道路是否行得通？几十年的实践和国外的实践经验告诉我们，纯国营的模式在中国也是行不通的，虽然在心理和习惯上容易被人们所接受，但是原来意义上的国营模式在现阶段的中国的社会主义阶段里，已经无法调动人民大众的积极性，已经不适合中国国情。

多年来的实践使人们取得了一个共识，多种经济成分共同发展应当是我们长期的经济决策，其中很重要的组成部分就是民营经济。

在国外资本主义国家，生产资料是以私有制为主体的。建立在私有制的基础上的民营就是私营。而我国是以公有制为基础的，是以国有资产作为社会主义基础的，在中国还有大量的以公有、共有为特征的集体经济，这是中国特点，那么在中国讲经营机制和所有制是分离的，所以民营在中国有特定的意义，民营并不等于私营。

民营高科技产业的"民营"讲的是经营机制，而不是所有制，这一点必须搞清楚，才能排解那种支持民营就是鼓吹私营、鼓吹私有化的态度。在某种意义上讲，以高科技为先导的大民营经济是中国经济的重要希望。

经过详细地调查，以北京为例，民营高科技产业是以公有制为主体的，以大量的新的集体所有制的形式而表现出来的。

1995 年，能突破 260 个亿的技、工、贸总收入有 90% 以上是公有制为基础的民营高科技企业创造的，只有少量是属于私营企业的。

我国的集体所有制经济长期以来占有相当重要的地位，但是长期以来集体经济没有一个明确的规范，而是一种模糊的准全民所有制模式，既没有明确的所有者，也没有明确的责任人，权益和风险承担者都是模糊的。当在中国的改革中人们创造了真正的集体所有之后，才有了真正的集体经济，第一次使集体经济有了明确的权益和风险的责任人和受益者，这就是所谓的民有民营、民办民营，而人们不敢正视这种集体经济，把这种经济模模糊糊地认为是私有经济。这种十分有害的错误观念阻碍着民营高科技企业的发展。

正是这种生命力很强的民营高科技企业和市场经济同生同长创造了一种适合企业发展的民营运行机制，所谓"两不""四自"等一系列的经营机制、决策机制、人事机制、分配机制、行为机制、风险机制等现代企业运行机制。这套机制在原来的民营科技企业中诞生、完善，而逐渐地升华、扩散、延伸而成为企业发展民用工业的典范机制。

民营高科技企业是在公有制基础上发展起来的，是以公有制为主体的，而且不管怎么发展，在中国公有制资产的存量始终是占绝大多数的，支持民营高科技产业，绝不是支持私有化，在某种意义上讲是支持具有中国特色的社会主义。

2. 一批民营科技企业家是国家的宝贵财富，是当今最可宝贵的人。

部分对于在改革大潮中涌现出来的一大批民营科技企业家存在着严重的偏见，这种偏见长期以来阻碍着民营科技实业的发展。改革之初，伴随着骗子一条街的议论，创业者就是一批"骗子"，接着就是"暴发户""社会蛀虫""不正之风的源头"，社会舆论导向也制造了一些极不真实的社会形象，使一批致力于改革的科技企业家们内心极不平衡，在诸多环节上遇到不应有的困难。

只要进行过一点认真的调查或者和这批民营科技企业家们"混"上一阵子，马上你就会被他们的热情、执着、正直、奉献深深感动，他们一句句铿锵有力的肺腑之言，他们言行一致的奋斗之路，他们勇于牺牲的风险意识，他们昭然可见的爱国之心都会使你对他们刮目相看。

毫不夸张地讲，这是一批在中国特定的国情、特定的环境、特定的时代、特定的阶层下所诞生的特有的十分宝贵的科技企业家。他们在科技和市场经济的原野上开辟了一条历史的先河，是中国一批宝贵的财富。中国的希望在哪里，在于科技！科技是第一生产力关键在于"转化"，这就是一批科技成果转化大军。社会基础的支撑靠什么？靠企业。企业如果是社会的构成细胞，科技企业家就是细胞核。民营科技企业家是一批真正的新型企业家。

他们绝不是一些急功近利为金钱而奋斗的凡夫俗子。一批典型的民营企业家眼睛盯着的是这个国家的兴旺，是要建立振兴祖国的大型科技企业，是要冲出国门为中国扬眉吐气，是要探索适合中国特色的改革之路。

我之所以如此热忱地歌颂他们，那是因为我了解他们，我就在他们之中，每每和他们接触都给我带来无穷无尽的力量，就会更加去爱他们，为他们服务。

不信你可以问一问那几个著名的民营科技企业家，奋斗了十几年他们个人到底拥有什么，问问年收入几十个亿的四通总裁段永基，问一问有"万贯家财"的京海总裁王洪德，问一问第一个民营科技机构的创始人陈春先，他们所拥有的只是一片事业，而"陈春先们"更是"创痕"累累，至今还在拼搏之中，有的淹没在改革的大潮中做了牺牲品；著名的科海集团的创始人陈庆振是一位众所周知的创业者，兢兢业业地奋斗了十二年，把一个科海集团创建起来，最近因工作需要离开了总裁的位置，可以问一问陈庆振这样一个著名的民营科技企业家他个人拥有什么。形象地说，留在他身上的只有民营科技企业创业十五周年表彰大会上，由市领导挂在他脖子上的一枚创业奖章。

一批优秀的民营科技企业家是我们党和国家的宝贵财富，是最可宝贵的人才。我们应当发自内心地去爱他们，去支持他们。

三、建全组织，采取措施，制定政策，把大力发展民营高科技产业纳入总体战略

对民营科技企业经历了十五年的争论、创业、发展，到今天不能仅仅说一声"好！"也不能流于一般形式地说"支持"，民营高科技企业到底是不是"真好"，在我们的发展战略中是否"真重要"，如果回答是肯定的，那就要动点"真格的"措施。这些措施如果不是下大决心调整是很难做到的。

1. 成立民营高科技产业促进局

在大谈精简机构的时候提出这样一个荒唐的设想似乎是冒昧了一点，但是从实际需要角度看早就应该出现这样一个类似的局。我们到香港去考察，他们有一个生产力促进局，也就是围绕着科技转化和科技企业所建立的局。北京如果要建立这样一个局，还不仅仅是个企业局的问题，包括了科技是第一生产力的问题、民营机制的政策问题、现代企业制度的问题，有一个这样的局综合地对这一关系重大的事物进行总体操作，是十分必要的。

对民营高科技现在有没有人管？有！有很多部门管。科委管、体改委管、试验区管、科协管、工商联管、政协也管，连市委统战部都管。但是没有人专门管一揽子问题，没有人集中研究解决，有的想解决也没有解决的职能。最近光是专题调研的就有几家，民营科技实业家协会不说，还有政协进行了考察，市工商联组织了调研，市委统战部组织调研，科委、科协都在调研，最终谁来解决问题？恐怕最后都要归到科委，科委根本没有能力去通盘解决这个问题，于是就在市长之间转来转去。

说成立这样一个局荒唐，其实也不是，乡镇企业就有个乡镇企业局

嘛！因为各自有其特殊的问题。问题是你看没看到民营科技产业重要到这种程度。说不定这是北京经济腾飞的一个突破口。

2. 打破旧格局，通盘研究一下优惠政策

高科技的问题，也是世界上经济发展中共同的问题。在中国也可以说就是民营高科技产业的问题。

科技产业本来就特殊，科技是第一生产力现在谁都承认，不转化这个生产力是空的，你要中试，要商品化，很艰难，风险很大，你不承认这点是不行的。民营高科技产业发展起来就更难，你不优惠一点它就会被扼杀在摇篮中。

拿税收来说，税制改革的基本目的是促进生产力的发展，才能使税源越来越大。科技在发展转化阶段不是税源，是税本，你把税要给征掉了，就好像把农民的种子当粮食吃了。科技的问题好像就是种子问题。

对于新建的高科技企业全世界都是优惠的，有的国家免税17年，我们只在局部（**试验区**）搞了"三免三减"，还收回了一部分政策。而我们的国情、我们的市场，特别需要以优惠的政策发展高科技产业。对于民营高科技产业要放开一点，本来就没有这一块，是自生、自发，没要你的钱，没要你的人，开了一个口子，它就悄然而生如雨后春笋般发展起来了。刚一冒头你就这也要扣它，那也要卡它，弄得它活不下去，对国家没什么好处。

要解决发展民营高科技企业长期以来解决不了的金融问题。民营企业贷款利息高、贷款期短而且根本搞不到贷款，没有钱怎么搞企业。一说产权清晰，就害怕走资本主义道路，设各种关卡。还有一系列的人事政策、出国办公司、批个规划等一系列的问题。京海集团要在国外办个公司，要赚外国人的钱，要走出国门，申报一年还没有结果，像这样的政策就没有个交代。民营企业在昌平办个科技园，为一个土地证办了一年还没办好，怎么投资建设。所以建议花一点力气对一揽子政策进行一次研究，书记拍板，专门机构执行。

3. 把民营科技企业纳入计划大盘子

民营科技产业不仅是试验区的问题，试验区是民营科技企业发展到一定阶段应运而生的产物。不应当把民营高科技产业纳入一个地域性的试验区去考虑，而反过来应当把试验区纳入高科技产业的总体考虑之中，但只是先在局部地区进行试验。

在全市的计划大本子里，民营高科技企业都是通过每个企业自身的行为，通过公关进入各口的，在总体上缺乏计划，使其不能大规模发展。领导层从观念上转变了，把它纳入总体战略之中，好多问题也就迎刃而解了。

4. 充分发挥民营科技实业家协会的作用

北京民营科技实业家协会是由企业家自发组织起来的，从民营科技企业还在初步发展阶段就成立起来，成为一个凝聚力较强的群众性组织，在协助党和政府支持引导民营科技企业健康发展方面做了大量的工作，团结了一大批民营科技实业家，如四通、京海、科海、时代、华讯、联想、方正、用友、亚都等重要的民营科技企业都是这个协会的会员单位。党和政府各部门应当充分发挥民协的作用，因为对于民营科技企业，协会是他们的朋友和家，对其情况最了解，这是与政府之间一条重要的纽带和桥梁。

四、实施一体两翼优势互补、整体腾飞的发展战略

经过多年的实践，经济学家和政治家普遍认为，只允许单一经济成分存在只能使经济萎缩，国际上的经验也已证明了这一点，朝鲜和古巴就是其中一例。我们必须在这种思想的指导下，探索一个适合中国特点的经济模式。

中国的经济成分原有基础与其他国家不同。根据中国的国情，我们建议实施一体两翼优势互补、整体腾飞的经济模式，以下简称为"一体两翼"模式。

所谓"一体两翼"就是指以国有大中型企业为主体，以乡镇企业和民营科技企业、"三资"企业为两翼经济，多种经济成分有机结合的一

种发展模式。

在这种"一体两翼"的模式中，民营高科技企业起着十分重要的特殊作用。

国有大中型企业是国民经济的主体，这是由我国生产资料所有制的基础和社会主义制度所决定的不能动摇的方针。

国有企业具有庞大的固定资产，人力、物力雄厚，社会基础稳定，而生产结构和经营机制急需改善和调整。民营科技型企业是市场经济的产物，先进的科学技术和运行机制使之迅速发展，但先天不足，缺乏坚实的物产基础。显然，国有大中型企业与民营科技企业有非常明显的互补性。

在民营科技企业的发展过程中，还创造了国有民营的经验和典范，北大的方正集团、中科院的联想集团就是"国有民营"高科技企业的典型代表，在联想创办最初阶段，科学院只拨了20万元的预算外资金，采用民营的运行机制，企业得到了惊人的发展，技工贸总收入达到几十亿元，国有资产增长了几百倍。

在不改变产权归属，原来国有体制不变的前提下，改变经营方式，较全面地采用自担风险、自主经营、自筹资金、自负盈亏的原则，建成符合现代化企业制度的国有民营企业。事实已经说明，适度推行国有民营是一条可取的措施。

国有企业还可以以多种方式与民营高科技企业相结合，如，国有企业可以与民营科技企业采取股份合作、资产重组，建立新企业；或者以收购、转让股权改造老企业；或者实行租赁经营、长期承包、委托经营；或是以合同形式建立经济技术协作，都是十分可取的方式，而简单地提出兼并是不妥当的，应当创造适合现代企业制度的多种联合方式。四通公司正在酝酿购买外省市几个大中型企业的股权，达到联合、改造、发展原有企业的计划，如冀东水泥厂、苏州水泥厂、安徽蚌埠第二制药厂。以冀东水泥厂为例，原厂国有资产存量约3亿元，双方议定估价5亿元，四通公司以高于2.5亿元购买51%的股权，成为大股东，在企业中享有主要经营权，把民营的运行机制引入其中，然后准备在香港上市发行 20 亿股票，对原有设备进行改造可使其生产能力增长一倍以上，如此，使国有资产存量立即增值，活化以后立即增加利润（**以上分析资料未经核准仅供内部参考**）。类似这样的联合，利国利民、优势互补、共同发展。

在北京政协会上，我们曾经以"双发工程"的提案倡导国有与民营的有机结合、优势互补、共同发展。

乡镇企业的蓬勃发展在国民经济中起到了很大的作用，但是乡镇企业自身的特点决定了它发展到一定阶段就遇到了"二次创业"的问题。乡镇企业和民营高科技企业都是在市场经济中诞生的，是天生的同盟军。乡镇企业具有广泛的基础和乡镇后盾，而这正是民营科技企业的缺陷。乡镇企业缺乏的正是科学技术和更高层次的管理经济，而这正是民营科技企业的长处。两个方面军的结合，一方面是加强了民营科技的自身，使其得到人力、物力、资金、场地上的补充；另一方面，使乡镇企业科技含量增大，管理层次提高，这两者的结合将会产生不可估量的经济效果。我们在政协会上曾以"两翼工程"的提案倡议这种结合。

在"三资"企业中，由于民营高科技企业的经济模式特点及科技含量大，占据着世界潮头技术，所以所建立的"三资"企业中与民营高科技企业合资的占有相当大的比例。

以上所谈到的所有经济成分，都不能在社会上孤立地发展，我们必须推动各种经济成分的有机结合，优势互补，共同发展。如以上所谈到的"双发工程""两翼工程"，需由政府有关部门认真组织实施方便达到使国民经济整体腾飞的效果。

综上所述，民营高科技企业的问题不是一个局部的无关紧要的问题。它在新形势下的经济发展模式中起着十分微妙而又十分重要的作用，是社会经济链条中不可缺少的环节。它的诞生发展很可能影响中国二十一世纪的历史进程，在我国经济体制改革中具有典范的意义，在振兴中华、经济腾飞中它是一个十分重要的经济生长点，是一支生力军。

如果抓得紧、抓得好势必会营造出适合多种经济成分共存、互补的良好环境。所以应当把大力发展民营高科技企业作为实现 2010 年宏伟目标的一项重要战略决策。②

参考资料：

①来自《中关村第一村民的创业传奇》第 371 页，该资料由齐忠收藏。

②来自《中关村第一村民的创业传奇》第 362—371 页，该资料由齐忠收藏。

1997 年

北 京 · 中 关 村 民 营 科 技 大 事 记 (中 卷) 1991—1997

1997年——北京及中关村民营科技企业概况

1997年，北京市及中关村民营科技企业达到11842家，其中"国有民营"科技企业占22.5%，集体所有制的民营科技企业占41.74%，私营所有制的民营科技企业占4.87%，股份制民营科技企业占13.87%，外资占10.36%。

1997年，北京市及中关村民营科技企业技、工、贸总收入达到410亿元，工产总产值达到210亿元，为国家创外汇3亿美元，上缴税金14亿元，从业人数达到21.14万人，劳动生产率达到8.34万元／人。

1997年，北京市及中关村民营科技企业与1992年状况相比，企业数量和从业人员数量均翻了一倍，技、工、贸总收入增长6倍，工产总产值增长7倍，上缴国家税金增长4倍。[①]

1997年，北京市及中关村民营科技企业，技、工、贸总收入超过60亿元的有三家，联想公司为120亿元，四通公司为65亿元，北大方正公司为60亿元。[②]

1997年，北京市及中关村民营科技企业占全北京市高新技术企业的90%，成为北京市高新技术产业的主力军。

1997年，北京市及中关村民营科技企业呈现以下特点：

一、1997年北京市委、市政府首次指出"民营科技企业是我国科技知识分子在邓小平理论指引下的伟大创造"

1997年10月23日，北京市委、市政府召开"北京市首届民营科技工作会议暨第三届'科技之光'奖颁奖典礼"大会。北京市副市长胡昭广代表北京市委、北京市政府在大会上讲话，他指出："民营科技企业，是我国科技知识分子在邓小平理论指引下的伟大创造。1980年10月，以中国科学院研究员陈春先为首的7名科技人员跨出了传统的科学殿堂，在中关村创办了第一家民营科技机构，激励了一批又一批科技人员走出科研院所，创建一个又一个民营科技企业，并形成了以推广现代电子信

1997 年 10 月 23 日，北京市委、市政府在人民大会堂召开的"北京市民营科技工作会议暨第三届'科技之光'奖颁奖典礼"大会。齐忠摄影。

息技术与产品为主的中关村电子一条街。在北京以民营科技企业为主导的高新技术产业，已经被确定为北京 5 个新经济增长点的首位。"③

二、1997 年北京市及各区县政府部门推出多项政策促进民营科技企业发展

1997 年，北京市政府及各区县政府部门推出多项政策促进民营科技企业的发展。

1997 年 7 月 26 日，北京市科学技术委员会、北京市国有资产管理局联合颁发了《关于成立北京市集体科技企业国有资产产权界定联合工作委员会的通知》。

1997 年 10 月 9 日，北京市政府颁发《关于鼓励民营科技企业发展的若干规定》，该规定共 18 条，把民营科技企业发展纳入全市经济发展的

总体规划，北京市科委、北京市财政局可利用科技三项费用支持民营科技企业，并且在发行股票、债券、投资等多方面制定出支持民营科技企业措施，被称为支持北京民营科技企业发展的"新18条"。

1997年12月19日，北京市政府颁发《民营科技企业发展的认定办法》。

1997年，北京市西城区政府文件规定，新办民营科技企业经科委认定后，两年内所得税全部返还，第3—5年返还50%。北京市石景山区规定区外民营科技企业、高新技术企业享受区内"三免三减"优惠政策。北京市朝阳区科委正在起草推动民营科技企业发展的文件，其中包括风险基金方案，望京开发区政策。北京市房山区政府出台民营科技企业"三减二免"优惠税收政策。④

1997年，北京市及各区县政府部门推出的多项政策对民营科技企业的优惠政策，推动了北京市民营科技企业的发展。

三、1997年北京市委、市政府召开首届民营科技工作会议

1997年10月23日，北京市委、市政府在人民大会堂召开首届"北京市民营科技工作会议暨第三届'科技之光'奖颁奖典礼"大会。

北京市副市长胡昭广代表北京市委、市政府在大会上作了题为"高举邓小平理论伟大旗帜向新世纪的宏伟目标迈进"的报告。

胡昭广在报告中指出：民营科技企业，是我国科技知识分子在邓小平理论指引下的伟大创造。民营科技企业是我市高科技产业发展的主要依托力量，要把民营科技企业的发展纳入总体战略，为民营科技企业的发展提供良好的环境保障。③

1997年，北京市委、市政府召开的北京市首届民营科技工作会议，极大地推动了北京市民营科技企业的发展。

四、1997年"国有民营"首次出现在北京市科委正式文件中

1997年，"国有民营"这个称号首次出现在北京市科学技术委员会

所编写的《北京科技年鉴1997》中。①

民营科技企业在北京开创17年的过程中，涌现出一大批由国家投资，实行民营科技企业"二不""四自"运行机制的科技企业。例如联想公司、北大方正公司、中国大恒公司、清华紫光公司、502所开办的康拓公司等，这些公司被称为"国有民营"科技企业，但是没有获得有关部门正式的认可。

1997年，北京市科学技术委员会所编写的《北京科技年鉴1997》中，对"国有民营"这个称号首次认可。

参考资料：

①来自北京市科学技术委员会编写的《北京科技年鉴1997》第39页"民营科技企业蓬勃发展"，该资料由齐忠收藏。

②来自北京市科学技术委员会编写的《北京科技年鉴1997》第1页北京市科委主任邹祖烨所写"1997年度北京市科学技术工作概况"，该资料由齐忠收藏。

③来自北京市科学技术委员会编写的《北京科技年鉴1997》第123页"高举邓小平理论伟大旗帜向新世纪的宏伟目标迈进"，该资料由齐忠收藏。

④来自北京市科学技术委员会编写的《北京科技年鉴1997》第39页，及京科新发1997"306"号、京政发1997"35"号、京科新发1997"244"号。

1997 年 1 月 13 日——中关村凯奇公司被海南民源公司兼并接管

1997年1月13日，中关村著名的通信高科技企业之一，"国有民营"企业北京凯奇通讯总公司（以下简称"凯奇公司"）被海南民源现代农业发展股份有限公司兼并接管（以下简称"海南民源公司"），并得到北京市政府的批准。①

1988年，海南民源公司成立。1993年4月，海南民源公司在深圳上市。1997年，海南民源公司总资产达到15亿元，每股价格在20元左右。

1992年5月19日，凯奇公司正式注册成立。②

凯奇公司是北京市科委所属的一家科研院所改制成立的，公司创建初期发展很快，成为中关村几大通信高科技企业之一，年经营额达到上亿元。1996年，由于公司决策失误，导致不良债务，巨大公司发生经营困难。

2006年5月19日，凯奇公司正式被吊销营业执照。③

参考资料：

①来自1997年1月13日《北京科技报·民营产业》，该资料由齐忠收藏。

②来自"爱企查"。

③来自"天眼查"。

1997年1月14日——张朝阳在北京创办爱特信公司，这是搜狐公司的前身

1997年1月14日，从美国留学归国回来的张朝阳，在北京市工商局注册创办"爱特信信息技术（北京）有限公司"（以下简称"爱特信公司"），这是搜狐公司的前身，也是中国第一家以风险投资资金建立的互联网公司。公司注册地址在北京市东城区建国门内大街7号光华长安大厦2座1519室，企业类型为有限责任公司（台港澳法人独资），营业期限为1997年1月14日至2012年1月14日，该公司后来注销。①

2009 年 10 月 21 日，搜狐公司创始人、董事长张朝阳在海淀黄庄中关村标志"DNA"塑像重新竖立原地仪式上讲话。纪世瀛先生摄影。

一、张朝阳募集风险投资创办搜狐公司的过程

1993 年，张朝阳在美国麻省理工学院（英文缩写为"MIT"）获得博士学位，并继续在该学院做博士后研究。

1994 年，张朝阳任麻省理工学院亚太地区（中国）联络负责人。

1995 年底，张朝阳回国任美国 ISI 公司驻中国首席代表。（注：美国 ISI 公司英文为 Images Solutions, Inc. ，英文缩写为"ISI"，中文为"美国科技信息所"）该公司是利用互联网收集发展中国家的经济信息，为纽约华尔街金融机构服务，该公司获得过 100 万美元的风险投资。

张朝阳在北京美国 ISI 公司的工作十分出色，仅用数月就使我国公开披露的十几家有关经济数据出现在美国 ISI 公司的网站上。这次工作经历使他认识到中国的互联网潜力非常大，也萌发了他的创业梦想。

从此张朝阳开始寻找风险投资，他的目标是 200 万美元，最初与

美国ISI公司老板谈自己的想法结果失败了，他又与风险投资家爱德华·罗伯特谈要在中国办新公司的想法，爱德华·罗伯特表示愿意投资5万美元，后来又表示愿意投资7.5万美元。他与麻省理工学院学生邦德商谈在中国办新公司的想法，邦德是风险投资家的后代，他表示也愿意投资7.5万美元。张朝阳与麻省理工学院媒体实验室的创办人兼执行总监尼古拉斯·尼葛洛庞帝教授也谈了在中国办新公司的想法，尼古拉斯·尼葛洛庞帝教授表示愿意先期投资2万美元，后来又追加5.5万美元。

张朝阳找到的这些风险投资，扣除付给律师4万美元的服务费用后，只有18.5万美元，他用这些风险投资在中国开创了搜狐公司。[②]

二、搜狐公司的市场定位

今天搜狐公司的市场定位是媒体网站，是把众多新闻媒体的精华报道分为政治、经济、军事、历史等多个栏目刊登在搜狐网上也就是互联网中的"门户网站"。搜狐公司这个的市场定位，也是张朝阳从互联网在中国的状况探索中得出的结论。

1997年1月，搜狐公司的前身爱特信公司成立以后，公司网站刊登什么内容能够吸引网民，使公司网站的流量快速增长吸引广告投入公司渡过亏损期，是摆在张朝阳面前的一道难题。

1997年1月初，公司网站正式开通，网站刊登的是尼古拉斯·尼葛洛庞帝教授撰写的《数字化生存》一书。网站第二个内容是"赛百空间"，只是对网民关心的热点站的链接，这样的内容使公司网站流量很少，在500人到2万人之间。

1996—1997年，全球互联网"门户网"的兴起，使张朝阳认识到创建"门户网"的重要性，并作为搜狐公司的市场定位。

1998年2月25日，爱特信公司在国内正式推出第一家全中文的网上搜索引擎"搜狐"（sohu.com），"搜狐"品牌由此诞生。[③]并逐渐成为"搜狐网"门户网站，大获成功。张朝阳原来给"搜狐网"起的名字为

位于北京市海淀区科学院南路2号，融科资讯中心的搜狐公司总部大厦——搜狐媒体大厦。齐忠摄影。

"搜乎"，后来公司副总裁陈剑峰认为"搜狐"更为让年轻的网民接受，更加容易流行，张朝阳采纳了这个建议。

1998年10月5日，美国《时代周刊》发表的"全球50位数字化英雄"名单中，张朝阳排名第45位。美国微软公司董事长比尔·盖茨名列首位。

2000年7月12日23：18，搜狐公司（股票代码：SOHU）正式在美国纳斯达克证券交易所上市，每股发行价13美元，共发行4600000股。

2011年4月22日，搜狐网荣获2010—2011年中国最具影响力互联网企业奖。

2011年9月13日，美国《财富》杂志公布2011年全球"100家增长最快的公司"，搜狐网排名第89位。

2003年7月31日，"北京搜狐互联网信息服务有限公司"（以下简称"搜狐公司"）成立，公司注册地点为北京市海淀区科学院南路2号院3号楼11层1101，注册资金为2000万元，公司法定代表人为张朝阳。③

张朝阳简介

张朝阳，男，1964年10月31日出生在陕西西安东郊，父母都是医生。父母对他很宽松，给了他一个自由发展的空间，对他以后的发展影响很大。

1981年夏，考入了清华大学物理系。

1986年，从清华大学物理系毕业后，以全国第39名成绩，考取了李政道赴美留学项目奖学金（注：英文缩写为"CUSPEA"），就读于美国麻省理工学院。

1993年底在美国麻省理工学院（注：英文缩写为"MIT"）获得了博士学位，并在麻省理工学院从事博士后研究。

1997年1月14日，张朝阳用18.5万美元风险投资基金创建了爱特信公司。

1998年2月25日，张朝阳在国内正式推出"搜狐网"门户网站，并将爱特信公司更名为搜狐公司。

2000年7月12日，搜狐公司（股票代码：SOHU）正式在美国纳斯达克证券交易所上市。

2002年7月17日，搜狐网打破中国互联网的僵局，实现盈利。

2003年，张朝阳在上市公司中国科技人物财富排行榜名列第二名。

2003年3月6日，张朝阳当选为中华全国工商业联合会第九届执行委员会委员。

2004年4月23日，张朝阳当选为中国光彩事业促进会常务理事。

参考资料：

①来自"爱企查"。

②来自《搜狐传奇》第 19—23 页。

③来自《中关村 30 年大事记》第 117 页，该资料由齐忠收藏。

1997 年 2 月 17 日——试验区公布《1996 年经济白皮书》

1997 年 2 月 17 日，北京市新技术产业开发试验区（以下简称"试验区"），公布试验区《1996 年经济白皮书》（以下简称"白皮书"）。

白皮书记录了 1996 年试验区的发展动态数据，是试验区珍贵的历史文献。

白皮书指出 1996 年试验区呈现以下特点：

一、试验区新技术企业认定减缓

截至 1996 年 12 月 31 日，试验区全年认定新技术企业 360 家，试验区新技术企业累计共有 4506 家。其中国有企业占 27.5%，集体企业占 28%，"三资"企业占 19.1%，股份制企业占 18.1%，私营企业占 0.1%。

二、试验区新技术企业经济增长平稳

1996 年，试验区新技术企业经济增长平稳，新技术企业工业总产值为 130 亿元，首次占北京市的 10%。

1996 年，试验区新技术企业技、工、贸总收入为 258 亿元，上缴税费 9.2 亿元。

1996 年，试验区新技术企业技、工、贸总收入比例为 3：5：2。

三、试验区对新技术企业资格进行复核

1996 年，试验区对 1992—1994 年进驻的新技术企业进行资格复核，有 309 家新技术企业不符合标准被取消新技术企业资格。

四、试验区新技术企业获北京市表彰

1996年，试验区新技术企业获北京市表彰，试验区有23家新技术企业，获全国高新技术百强企业提名。

清华大学校办企业，清华紫光集团获北京市"双十佳企业"称号。

中科院物理所创办的三环新材料公司总裁王震西获北京市"双十佳厂长、经理"称号。①

参考资料:

①来自1997年2月17日《北京科技报·民营产业》，该资料由齐忠收藏。

1997年3月5日——联想电脑首次成为中国计算机市场销售冠军

1997年3月5日，联想公司对外宣布，联想电脑在1996年以近10%的中国计算机市场占有率，摘取了中国个人计算机市场销售第一名的桂冠，跨国公司的洋电脑垄断中国个人计算机市场已经成为历史。

1992年1月，联想公司总裁柳传志面对几十家新闻媒体宣布"联想公司一定要制造出中国品牌的电脑，振兴民族工业"。

1994年，联想公司推出"1+1家用电脑"，大举进入中国个人计算机市场。

1996年初，联想公司宣布，在全国范围内降低联想电脑价格，第一次在中国个人计算机市场与跨国公司的洋电脑争夺市场份额。联想公司又通过ISO9001国际质量标准体系认证，以及与美国英特尔公司合作在全国主要城市开设联想电脑专卖店等措施，终于使联想电脑成为中国个人计算机市场的主力军。

联想公司总裁柳传志在宣布这个消息后，他高兴地说："我要喝

一杯。"①

参考资料:

①来自 1997 年 3 月 17 日《北京科技报·民营产业》,该资料由齐
忠收藏。

1997 年 3 月 28 日——北京民协在北京举办庆祝协会成立十周年大会,实践证明民营科技是推动我国科技事业的发展动力之一

1997 年 3 月 28 日,北京民办科技实业家协会(以下简称"北京民协")在北京举办庆祝协会成立十周年大会。

1987 年 3 月 28 日,北京民协成立。北京民协是我国最早、最大的地

1997 年 3 月 28 日,北京民协在北京举办庆祝协会成立十周年大会,北京民协会长纪世瀛在大会上发言,前排左起为:北京市委副书记李志坚,北京市政协副主席、北京民协名誉会长封明为,全国工商联副主席、中国民协理事长王治国。照片由纪世瀛先生提供。

区性民营科技企业家商会。

大会由北京民协副会长、四通公司副总裁田志强主持。

全国人大常委会副委员长雷洁琼（女）向大会发来贺信。

参加大会的有北京市委副书记李志坚，北京市副市长胡昭广，北京市政协副主席、北京民协名誉会长封明为，全国工商联副主席、中国民协理事长王治国，北京市人大常委会副主任梅向明，北京市科协书记刘培温，北京市科协原副主席、北京民协首任会长赵绮秋（女），海淀区区长张茅，试验区副主任邵欣平，北京民协副会长、老红军、北京民营科技企业家徐可倬，北京民协原副会长、京海公司总裁王洪德，北京民协会长纪世瀛等人。

北京民协会员单位四通公司、联想公司、京海公司、科海公司、北大方正公司、清华紫光公司等三百多家代表参加了庆祝大会。

天津、江苏等地民协向大会发来贺电。

北京市委副书记李志坚在大会上发言时指出："我国改革开放近二十年的伟大实践证明中国要振兴、要迈向二十一世纪再创中华民族的辉煌，北京作为政治中心和文化中心，其中重要的一个方面就是充分发挥北京科研院所多，科技专家多的优势。所以北京的新闻、舆论要努力为北京民营高科技企业的发展创造更好的舆论环境与政策的支持，推动民营高科技企业的发展。"

北京市副市长胡昭广在大会上发言时指出："北京民营科技企业以科研成果商品化为主要目标，推出不要国家拨款和编制，自筹资金、自由组合、自主经营、自负盈亏'两不''四自'的运行方式。所以民营不表明企业的性质，只是表明企业的运行模式。1980年10月23日，北京成立第一家民营科技企业以来，截至1996年底，北京民营科技企业已经达到11847家，遍布北京市18个郊区县。技、工、贸总收入达到325.2亿元，工业生产总值168.2亿元，占北京市工业生产总值的10%。北京民营科技企业的产生和试验区的产生，为探索符合中国国情的新道路提供了宝贵的实践。"

胡昭广在大会上发言时还指出："实践证明民营科技企业是推动我国科技事业的发展动力之一。认为民营科技企业是私营企业，发展民营科技企业就是发展资本主义私有制度不能鼓励，所以在许多方面，民营企业得不到国家应有的支持，这种认识是错误的。另一种认识以为民营科技企业起不到很大作用，这也是错误的。"

北京市科协原副主席、北京民协首任会长赵绮秋（女），在大会发言时说："北京民协成立 10 年来，在北京广大民营科技企业家的支持下，在开拓民营科技事业发挥了很好的作用。"

北京民协会长纪世瀛在大会发言时说："我代表北京民营科技企业家，对十几年来支持民营科技企业事业的领导们、朋友们表示感谢，北京民协继续努力做好桥梁和纽带的作用，为北京民营科技企业的发展做出新贡献。"

在北京民协举办的庆祝协会成立十周年大会上，北京民协还向百名民营科技企业创业者颁发了"科技之光"奖章。①

参考资料：

①来自 1997 年 4 月 7 日《北京科技报·民营产业》，该资料由齐忠收藏。

1997 年 4 月 4 日——海淀著名私营企业家"点子大王"何阳起诉中国青年报社名誉损害一案开庭

1997 年 4 月 4 日，北京市东城区法院开庭审理海淀私营企业家"点子大王"何阳起诉中国青年报社名誉损害一案。

1996 年 12 月 23 日，《中国青年报》在第 6 版刊登题为"追查'点子大王'"的文章，引发何阳不满状告《中国青年报》。而何阳的出名以及"点子大王"的称号也是来自《中国青年报》。

1997年1月17日，何阳召开新闻发布会，介绍起诉《中国青年报》情况。齐忠摄影。

1992年7月29日，《中国青年报》在一版头条发表了题为"何阳卖主意，赚钱40万"的文章，该文章纷纷被各报转载，使何阳与他创办的"北京和洋民用新技术研究所"在全国一举成名，何阳也成为北京市海淀区著名私营企业家。

1992年，《人民日报》《市场报》《文汇报》等全国各大新闻媒体纷纷用题为"何阳卖'点子'赚了40万""智慧'上市'——'点子'值大钱"的文章报道何阳称他为"点子大王"，中央电视台及其他电视台，全国各省、市纷纷邀请何阳讲课为企业出"点子"，当年何阳的出场费颇高，收入丰厚。①

何阳的创业历程

何阳，1956年4月1日出生于北京，毕业于北京化工学院高分子专业。

《何阳的点子》一书，齐忠摄影并收藏该资料。

1988年，何阳辞职创办企业。

1990年6月9日，创办"北京市和洋民用品新技术研究所"（以下简称"和洋研究所"）。和洋研究所地址在北京市海淀区增光路21号。②

1992年9月1日，《人民日报》头版发表的《何阳卖点子，赚了40万，好点子也是紧俏商品》一稿在全国引起轰动。新华社、中央电视台及《光明日报》《经济日报》《工人日报》《中国青年报》《文汇报》等国内外千余家新闻媒介报道了何阳的种种传奇事迹。

1994年2月9日，中央电视台春节晚会中还以何阳为背景，专门编排了冯巩、牛群表演的相声《点子公司》。从此何阳走红全国。出任中国策划专家委员会委员、中国策划研究院副院长、北京点何咨询公司董事长等职务。

2001年3月28日，何阳被宁夏银川市城区人民法院以犯诈骗罪依法判处有期徒刑12年并处罚金5万元。[3]

2009年6月17日，何阳出狱回到北京。

2012年12月17日，何阳创办"北京点何企业咨询工作室有限公司"，任公司法人代表，公司地址为北京市东城区东直门外大街42号11层1112室。

2020年12月14日，该公司被注销。[4]

参考资料：

①来自1993年7月出版的《何阳的点子》一书，该资料由齐忠收藏。

②来自北京海淀企业网。

③来自2001年3月29日《光明日报》。

④来自"天眼查"。

1997年4月10日——上海全部高校校办产业不敌北京中关村一家北大方正公司

1997年4月10日，上海有关方面公布，1996年上海全部高校校办产业销售营业额为42亿元人民币，而1996年北京高校校办产业中，仅北京大学校办产业北大方正公司的营业额就为44亿元人民币，比上海所有的高校科技产业销售总额还多。

上海《文汇报》还为这种情况发表题为"沪上千余高校产业不敌一家北大方正"的文章，该文章对这种现象描述为"这个对比令人深省，上海高校的龙头企业为什么这样少？"

上海高等教育研究所对上海高校科技产业进行调查后发现，上海高校拥有科研人员近6万名，科研机构396个，科技产业1100余家，但在全国有知名度的企业和产品却不多，只有上海交通大学、同济大学等极少数的校办企业年营业额过亿元。①

参考资料：

①来自 1997 年 4 月 14 日《北京科技报·民营产业》，该资料由齐忠收藏。

1997 年 4 月 14 日——中关村环宇公司与法国施贵宝公司引发中国首起国际互联网域名争议事件

1997年4月11日，中关村"北京环宇和平卫星应用有限公司"（以下简称"环宇公司"）接到法国施贵宝公司的传真信函，指责环宇公司在国际互联网注册的域名中，侵犯了法国施贵宝公司的商标权，要求把域名权移交给国施贵宝公司，这个事件成为中国首起国际互联网域名争议事件。

1995年12月21日，环宇公司成立。该公司是从事国家放开经营的卫星与计算机增值服务的公司。该公司总裁张东旭对这个事件表示："环宇公司在国际互联网注册的域名是公司英文缩写，与法国施贵宝公司相同纯属巧合，更不是恶意抢注。我们依据国际互联网先注册先拥有的规则，将会捍卫自己的权利。"①

参考资料：

①来自 1997 年 4 月 14 日《北京科技报·民营产业》，该资料由齐忠收藏。

1997年5月23日——北京首家民营资本为主的中关村科技投资有限公司成立，显示民间资本开始进入风险投资领域

1997年5月23日，北京首家以民营资本为主的，中关村科技投资有限公司成立，显示北京民间资本开始进入风险投资领域。

该公司注册资金为5000万元，注册地址为北京市顺义区李遂镇佳佳路2号，张澳任公司法人代表。该公司曾用名为"北京华光泰投资有限公司"。①

参考资料：

①来自"爱企查"。

1997年6月16日——国家体改委指出非国有经济工业产值占全国工业总产值的68%

1997年6月16日，国家体改委体制改革研究院副院长曹远征指出：1996年，非国有经济工业产值占全国工业总产值的68%，国有经济只占32%。非国有经济成为经济增长的"发动机"，这种变化直接对政府财政发生重大影响，一些地方政府的财政收入不再主要倚靠国有企业，从非国有企业获得财力支持，为国有企业改革提供了空间。①

参考资料：

①来自1997年6月23日《北京科技报·民营产业》，该资料由齐忠收藏。

1997 年 6 月 26 日——海淀区私营企业近万家

1997 年 6 月 26 日，海淀区私营企业协会对外公布海淀私营企业状况。

1997 年 5 月底，海淀私营企业已达到 9093 家，企业注册资金总额为 51.96 亿元。

1993 年，海淀私营企业只有 300 家，企业注册资金总额为 2.3 亿元。[1]

参考资料：

①来自 1997 年 6 月 23 日《北京科技报·民营产业》，该资料由齐忠收藏。

1997 年 6 月 27 日——清华同方公司在上交所成功上市，这是清华大学首家上市的校办企业

1997 年 6 月 27 日，经中国证监会批准，清华同方股份有限公司（以下简称"清华同方公司"）在上海证券交易所上市，这是清华大学首家上市的校办企业。

清华同方公司的"同方"二字取自清华大学的"同方部"，"同方"二字又源于《礼记·儒行》"儒有合志同方"。[1]

1997 年 6 月 9 日，清华大学常务副校长、企业集团董事长、清华同方公司筹委会主任梁尤能介绍说："清华同方公司是由清华大学企业集团以 1 亿元左右的净资产作为出资，联合其他校属企业发起成立的。"[2]

清华同方公司是由清华大学企业集团所属的同方实业公司、人环公司、信息技术服务公司、设备公司、化工公司五家企业出资，发起成立的。这五家公司全部是高新技术企业，占清华大学校办企业的总营业收

清华同方公司在上地产业基地的产业楼，该楼原为亚都公司所有，后来以 7500 万元卖给清华同方公司。
齐忠摄影。

清华大学的"同方部"，图片来自清华同方公司官方网站。

入的 20%，利润的 33%。

清华同方公司总股本为 11070 万股，发行 4200 万流通股，募资 3.39 亿元。募集的资金极为有效地解决了校办企业科技成果转化与规模化发展的关键瓶颈问题。清华同方公司自上市以来，产业规模与经济效益都得以快速地增长。

2006 年，清华同方公司经营收入达到 121.17 亿元，为 1997 年上市当年的 25 倍。目前清华同方公司继续立足原创性的自主技术，通过构筑信息产业、能源与环境两大核心业务，保持持续快速增长；在数字电视、能源环保等新兴领域抓住产业机遇，积极培育有巨大成长潜力的新的主营业务群；加强与跨国公司在全球范围内的合作，树立国际化品牌。清华同方公司正站在新的起点，向着新的目标，开始新的征程。

2006 年 5 月 30 日，清华同方公司更名为"同方股份有限公司"。

2007 年 12 月 31 日，清华同方公司的总市值达 289 亿元，为全国高校科技产业上市公司之首。③

2019 年 12 月 30 日，中国核工业集团资本控股有限公司通过股权收购，获得清华同方公司股份 21% 的股权，成为清华同方公司股份的控股股东，清华同方公司实际控制人由教育部变更为国务院国资委。

清华同方大型集装箱检测系统开发过程

清华同方公司拳头产品为"清华同方大型集装箱检测系统"（以下简称"同方集装箱检测系统"）。该产品是我国高校利用自有科研力量开发出来的产品，不仅垄断了我国市场还大量出口国外，是北京及中关村高科技企业的骄傲。

20 世纪 80 年代末至 90 年代初，每天从香港进入内地用卡车拉的大型集装箱在三万箱左右，如果用人工检查集装箱的货物，一个集装箱的货物就需要用一个小时左右，一天要面对三万个集装箱，人工是无法检查完的，可是要放弃对集装箱的检查，又会造成大量的走私物品流入，如何解决这个问题是我国海关面对的难题。

1991年，法国戴高乐国际机场，世界上第一台集装箱检测仪器投入使用，集装箱内小如香烟盒的物体在高能X射线的透视扫描下都清晰可辨。清华大学四位教授致信校领导建议注意这一新动向，迅速开展独立研制工作。

1996年1月，清华大学"八五"攻关项目"大型集装箱检测系统"通过国家验收，检查一个集装箱的时间缩短到仅两分钟，而制造成本大大低于国外产品。专家指出，此时全球投入使用的检测系统尚不足10台，只要抓紧将成果转化为产品，我们完全有优势抢占一大块国内外市场。

1997年上半年，刚刚上市的清华同方成立了核技术分公司，专门从事集装箱检测系统的产品化开发和产业化工作。与项目一同进入同方公司的，还有清华工程物理系副主任、41岁的博士生导师康克军等科研骨干。从1997年开始，集装箱检测系统的产业化驶入了良性发展的快车道。

1997年11月20日下午，中共中央政治局常委、国务院副总理李岚清视察清华，参观集装箱检测系统时，他详细询问了系统产业化方面的进展，还特地带领随行的有关部委领导又一次参观了他早已熟悉的扫描大厅。这已是李岚清第三次视察集装箱检测系统。同时，他还为该项目的产业化做过四次专门批示。临上车前，李岚清把清华同方核技术公司的康克军总经理叫到跟前，摊开左手，在上面写了一个"底"字："我要的就是这个字，一定要做到底！"

1998年1月7日，由清华同方公司承担的集装箱检测系统产品化工作通过了国家组织的专家审定。专家委员会认为，该系统已达到可投产制造的程度，清华同方公司具备在海关建造系统工程项目的能力。海关方面则明确表示，将于今年春天启动第一套国产检测系统的示范工程。

同方集装箱检测系统的产业化，是一项极其繁难的系统工程。在当前科研成果转化普遍存在困难的大背景下，清华大学能够坚持下来，靠的是坚定的信念。

清华大学副校长梁尤能说，是李岚清副总理去年11月视察清华时讲话的鼓励。视察过程中，李岚清说，为什么我要抓这个项目，为什么我要四次批示？主要是解决学校的科研方向问题。搞好这个项目，不仅因为它能满足海关反走私斗争的迫切需要，也不仅是为填补国家空白，更重要的是，目前学校科研普遍只满足于写论文、得奖，不注意科研与产业、企业的密切结合，不注意把研究工作进行到底，特别是把科研成果转化为现实生产力，这种状况必须改变。只有这样，我们高校的科研工作才会有后续力量来支持。所以，这件事我是非常关心的，不能打打停停，要一鼓作气搞到底。

现在回过头来看，项目参与者们才感到真正理解了李岚清副总理反复强调要把产业化工作进行到底的深刻含义，对科研成果转化的认识达到了一种新的境界。④

参考资料：

①来自清华同方公司官网。

②来自 1997 年 6 月 16 日《北京科技报·民营产业》，该资料由齐忠收藏。

③来自 2007 年《清华大学创办和发展科技产业的概况》，该资料由齐忠收藏。

④来自 1998 年 2 月 26 日《人民日报》一版。

1997 年 7 月 7 日——北京民营企业家首次进入北京工商联领导班子

1997年7月7日，在北京召开的北京市工商联合会第十届会员代表大会上，北京民营企业家首次进入北京市工商联领导班子。北京民协会长纪世瀛，北京民协理事、用友公司董事长王文京，晋峰公司总裁周晋峰，北京市私企协会会长、光笔公司总经理赵昭亮，当选北京市工商联合会副会长。

在北京市工商联合会区县换届中，民营企业负责人杨世杰当选朝阳区工商联合会会长。光笔公司总经理赵昭亮当选西城区工商联合会会长，丰台区天安研究所董事长吕克健当选丰台区工商联合会会长。

还有11名民营企业负责人入选北京市工商联合会常委会，38名民营企业负责人当选北京市工商联合会各郊区县副会长。①

参考资料：

①来自1997年7月7日《北京科技报·民营产业》，该资料由齐忠收藏。

1997年7月16日——北京市政府召开"推动北京民营科技产业发展"为主题的第十四次科学技术季谈会

1997年7月16日，以"推动北京民营科技产业发展"为主题的北京市第十四次科学技术季谈会在市政府第一会议室召开。北京市市长贾庆林、北京常务副市长金人庆听取了民营科技企业家和专家的发言并发表了重要讲话。会上中共中央书记处办公厅调研室顾问、研究员于维栋，北京民协会长纪世瀛，四通公司副总裁田志强，清华紫光公司总裁张本正，亚都公司总裁何鲁敏，用友财务软件公司董事长王文京，时代公司第一副总裁王小兰（女），大兴县科委主任、科协主席黄维荣，北京市政府研究室副主任郑理等先后发言，他们提出了一系列促进北京市民营科技产业发展的建议和意见。季谈会由北京市政府秘书长范远谋主持，北京市政府办公厅、市委研究室、市政协委员会研究室、市科委、市计委等委办局及市科协的领导出席了会议。

北京民营科技企业家和专家发言中，对北京民营科技企业在北京市经济建设和作用，多途径开辟北京民营科技企业的发展资金、产权关系、有关政策等问题发表了意见和建议。

中共中央书记处办公厅调研室顾问于维栋在发言中说，民营企业和国有企业将长期共存，民营经济和国有经济本身没有"姓氏"，资本主义国家也有国有经济，但是不会姓"社"。社会主义国家也有民营经济，但它也不必然姓"资"。

用友财务软件公司董事长王文京在发言中说，要允许国外风险投资公司投资北京高新技术企业，允许北京高新技术企业在国外上市。财政返还给试验区的税收，要以一定的比例返还给高新技术企业。

时代公司第一副总裁王小兰（女）在发言中说，每年国家科委、北京市财政局对北京市科研开发均有一定的投入，能否打破"出身"界限，按公平竞争的原则对北京民营科技企业给予一定的财政援助。

亚都公司总裁何鲁敏在发言中说，资金短缺是扼制北京高新技术企业的"瓶颈"，使大量北京高新技术企业的产品与产业，诞生在北京成长在东南。由于高新技术企业的高投入、高风险、高收益的特征，使注重安全性、收益性、流动性的银行难以支持高新技术企业的发展。1996年，银行对高新技术企业的贷款几乎没有增长。解决这个问题只有支持高新技术企业在国内上市，目前上海已有6家高新技术企业在国内上市，而北京只有3家高新技术企业在国内上市，所以北京应该大力推动高新技术企业在国内上市。

北京市常务副市长金人庆在会上指出，民营科技产业的发展是时代的需要，民营科技产业的出现为科学技术成果转化为生产力找到了一种好形势。不要让姓"社"、姓"资"束缚了我们的手脚。

北京市市长贾庆林在会上指出，这个季谈会开得很好，加强了市政府与企业的联系，使政府及时了解北京民营科技企业的现状。同志们的发言为推动我市北京民营科技企业的发展起到桥梁作用，我代表市委、市政府表示感谢。用友财务软件公司这种无污染的科技企业正是北京市需要大力发展的企业。今后北京市各级政府将一如既往地鼓励和支持民营科技企业的发展，为民营科技企业的发展在各个方面营造良好的环境。①

参考资料：

①来自《北京市科学技术协会志》第 266 页，1997 年 7 月 21 日《北京科技报·民营产业》，1997 年 8 月 4 日《北京科技报·民营产业》，1997 年 10 月 20 日《北京科技报·民营产业》。该资料由齐忠收藏。

1997 年 10 月 9 日——北京市政府发布关于鼓励民营科技企业发展的若干规定

1997 年 10 月 9 日，北京市政府发布"关于鼓励民营科技企业发展的若干规定"，该规定为推动北京民营科技企业的发展起到重要作用。

珍贵历史文献：《北京市人民政府关于鼓励民营科技企业发展的若干规定》

北京市人民政府关于鼓励民营科技企业发展的若干规定

京政发〔1997〕35 号　　1997-10-09

为贯彻落实党的十五大精神，发展多种所有制形式，继续鼓励和促进北京市民营科技企业的发展，特作如下规定。

一、解放思想，转变观念，放开手脚发展民营科技企业。民营科技企业是我国科技体制和经济体制改革的产物，是广大科技人员致力于解放和发展科技第一生产力所开创的生动范例，也是推动科学技术事业和高新技术产业发展的一支有生力量。北京作为我国的首都，具有很强的科技人才优势。进一步推动民营科技企业的发展，对于完善以公有制为主体、多种所有制经济共同发展的所有制结构，对于探索公有制实现形式，探索股份制，充分发挥首都的科技优势，促进科技成果迅速转化为生产力，推动首都经济发展和社会进步，具有重要的意义。各级领导和政府职能部门要坚持邓小平同志"三个有利于"的标准，进一步破除思想障碍，更新观念，提高对民营科技企业在推进首都现代化建设中的地位和作用的认识，把发展民营科技企业列入重要议事日程，当作一项重要工作来抓。要像对国有企业一样，关心、支持和帮助民营科技企业解决发展过程中的实际困难和问题。继续鼓励科研院所、大专院校、企业事业单位的科技人员兴办各类民营科技企业，以提高民营科技企业的比重，促进全市经济更加富有活力地向前发展。

二、民营科技企业是指由科技人员领办，实行自筹资金、自愿组合、自主经营、自负盈亏、自我发展、自我约束的原则，以科研成果商品化为主要内容，以市场为导向，从事科技研究、技术开发、技术转让、技术咨询、技术服务，进行新产品开发、生产、销售，实行科技、工业、贸易相结合的知识密集型企业。民营科技企业经工商行政管理部门批准注册后，须由市科委或市科委授权的管理部门认定，方可适用本规定。

三、加强政府对民营科技企业的指导。市科委是市政府归口管理民营科技企业的主管部门。对于全市民营科技企业的统筹规划、审查认定，以及服务、协调、监督等工作，属于北京新技术产业开发试验区范围之外的企业由市科委负责，属于北京新技术产业开发试验区范围之内的企业由市科委授权北京新技术产业开发试验区管理委员会负责。要充分发挥民营科技实业家协会的桥梁和纽带作用，积极支持他们协助各级科委做好民营科技企业的服务和自律工作。

四、将民营科技企业发展纳入全市经济发展的总体规划。鼓励民营科技企业按照国家产业政策、技术政策进行研究开发和生产经营。重点扶持一批骨干企业，对具有一定规模、科技含量高、科研成果多的大中型民营科技企业，经市政府有关部门认定后，在贷款、项目、税收等方面，可比照国有大中型企业给予同等的扶优扶强政策。支持并鼓励优秀民营科技企业通过公平竞争，承担市级技术开发和新产品试制项目。市科委、市财政局可利用科技三项费支持民营科技企业进行项目开发，所投入的资金作为国家资本的投入。

五、理顺民营科技企业的产权关系，加快股份制改造工作。产权界定按照国家科委和国家国有资产管理局颁布的《集体科技企业产权界定若干问题的暂行规定》执行。由经审核认定的中介机构进行资产评估（包括无形资产），评估结果须经北京市集体企业国有资产产权界定联合工作委员会审定。

六、完善民营科技企业的投入机制，积极拓宽融资渠道，加速科技成果的转化，扩大产业规模。银行等金融机构要对信誉好、科技含量高、发展速度快的重点企业和项目，优先予以资金支持。对于这类企业，商业银行可比照《主办银行管理暂行办法》与其签订《银企合作协议》，提供优质金融服务，建立较为稳定的合作关系。完善合作担保形式，建立民营科技企业贷款担保机制。

七、完善民营科技企业的分配结构和分配方式，坚持按劳分配为主体、多种分配方式并存的分配制度。允许和鼓励民营科技企业家和科技人员以资本、技术等生产要素参与收益分配。

八、对条件成熟的民营科技企业，在发行股票、债券等方面应予积极安排。鼓励和支持民营科技企业以资本为纽带，以产品为龙头，按照自愿原则出资设立股份制公司上市。

九、从1998年起，对于民营科技企业新增加的企业所得税，各级财政部门按照实际上缴额，集中一定比例用于支持民营科技企业发展。

十、鼓励和支持民营科技生产型企业进行技术创新。其当年直接用于研究开发新产品、新技术、新工艺所发生的费用按照财政部、国家税务总局关于促进企业技术进步有关财政税收问题的规定，实行税前扣除。

十一、民营科技企业投资的固定资产投资项目凡符合国家的产业政策，用于科研、生产的，可适用固定资产投资方向调节税零税率，以鼓励民营科技企业扩大规模。

十二、在北京市新技术产业开发试验区（包括海淀试验区、丰台园区、昌平园区）开办的独立核算的民营科技企业，其不具备法人资格的分支机构，仍在北京行政区域内从事销售区内自产产品的，可以比照享受区内企业的优惠政策。

十三、凡在国家、市政府批准建立的国家、市、区县级开发区内，民营高新技术企业直接以出让方式取得的土地，其出让金按75％征收；需要缴纳的城市基础设施"四源"建设费和市政费，减半征收。

十四、建立本市孵化器网络体系，加强科研成果的转化过程，为民营科技企业提供创业条件。

十五、把民营科技企业人才列入全市人才资源管理与开发规划。市及各区县人事局及其所属人才服务机构要认真做好这些企业存档人员的"人事代理"工作，并采取有效措施，保证民营科技企业发展所需各类专业人才。

十六、民营科技企业的科技人员可以按照国家职称改革的规定，参加本市专业技术职称的申报工作，经评审合格者，可授予相应职称并聘任专业技术职务。

十七、鼓励民营科技企业向乡镇企业扩散技术，发展横向联合；提倡与国有大中型企业在产业和技术上合作，互相促进，形成企业科技进步合力；提倡不同所有制、不同类型企业互相参股、兼并、合并，组成企业集团，发展高新技术产业。

十八、本规定自发布之日起实施，由市科委负责解释。

北京市人民政府

一九九七年十月九日

1997年10月23日——市委、市政府在人民大会堂召开首届 北京市民营科技企业工作会议暨第三届"科技之光"颁奖典礼

1997年10月22日，由北京市委、市政府主办的为期两天的首届"北京市民营科技企业工作会议暨第三届'科技之光'颁奖典礼"在人民大会堂召开。

北京市委书记、市长贾庆林向大会发来贺信，全国政协副主席孙孚凌，中国科协副主席、北大方正公司董事局主席王选院士，全国工商联主席经叔平，北京市委副书记李志坚，副市长胡昭广，北京市科委主任邹祖烨，中国民协理事长王治国，北京民协会长纪世瀛等参加了大会。

1997年10月22日，北京市民营科技企业工作会议暨第三届"科技之光"颁奖典礼大会上向优秀民营科技企业、民营科技企业家颁奖。前排右起为：联想公司总裁柳传志，四通公司副总裁田志强，清华紫光公司总裁张本正。齐忠摄影。

北京市委书记、市长贾庆林在贺信中代表北京市委、市政府向大会表示热烈的祝贺，希望北京市区、县各级领导进一步解放思想，大胆放手地发展民营科技企业。

在这次大会上，北京市副市长胡昭广作了《高举邓小平理论伟大旗帜，向新世纪的宏伟目标迈进》的长篇报告，该报告分为三大部分：

1. 民营科技企业是我国科技知识分子在邓小平理论引导下的伟大创造。

2. 可贵的探索，有益的启示。

3. 在邓小平理论指导下开创民营科技企业发展的新局面。

北京市副市长胡昭广在报告中指出："17年来北京民营科技企业的首创精神，得到党和国家与社会各界的肯定。目前，北京民营科技企业技、工、贸总收入达到325亿元，工业生产总值176.3亿元，上缴税金12.28亿元。1997年，广州春季交易会北京高科技产品成交7549万美元，在全国469个交易团中位居首位。四通公司、联想公司、北大方正公司在香港证券交易所上市成功，开创了内地民营科技企业在香港集资的先河。"

大会还向四通公司、联想公司、北大方正公司、时代公司、希望公司、用友公司等北京160家民营科技企业颁发"科技之光"优秀企业奖。

向四通公司总裁段永基、联想公司总裁柳传志、时代公司第一副总裁王小兰（女）、科电公司总裁郑允强、龙兴公司总裁刘长兴、希望公司总裁周明陶、用友公司总裁王文京、四通利方公司总裁王志东等122名民营科技企业颁发"科技之光"优秀企业家奖。

四通公司的四通打字机、联想公司的联想电脑、北大方正公司的方正电子出版系统、希望公司的希望中文平台、龙兴公司的红外线检测仪、时代公司的时代逆变焊机等，北京205家民营科技企业的优秀科技产品颁发"科技之光"优秀科技产品奖。[①]

参考资料：

① 来自 1997 年度《北京科技年鉴》第 123 页，1997 年 10 月 27 日《北京科技报·民营产业》，该资料由齐忠收藏。

1997 年 11 月 15 日——北京首次大规模公开拍卖国有企业，条件苛刻，民营企业家观而不买

1997 年 11 月 15 日，在北京新大都饭店举行北京首次大规模公开转让 56 家国有企业及乡镇企业产权拍卖活动。这次活动由北京产权交易中

北京首届企业产权转让交易会 企业产权转让目录（一）

企业编号	行业	距市区（公里）	占地面积（平方米）	建筑面积（平方米）
97M A0015	有色金属加工	65	6068	1573
97M A0025	饲料工业	100	15000	4139
97M A0035	机械工业	80	34000	5000
97M A0045	机械工业	70	9800	2600
97M A0055	金属制品	70	7200	2000
97M A0065	汽车制造业	60	20666	6200
97D A0075	仪器仪表制造业	25	9000	5192
97D A0085	化学工业	29	66000	8967
97D A0095	化学工业	28	75900	7000
97C A0105	食品制造业	45	13000	4600
97C A0115	食品制造业	50	14652	2665
97C A0125	食品制造业	25	19200	8200
97M A0135	制鞋业	108	1580	1300
97M A0145	服装制造业	108	2880	1450
97M A0155	服装制造业	108	7500	3010
97M A0165	黑色金属采矿业	106	51400	3254
97M A0175	服装制造业	70	6800	3000

1997 年 11 月 15 日，在北京新大都饭店举行北京首次大规模公开转让 56 家国有企业及乡镇企业产权拍卖转让目录。齐忠摄影。

心、首创集团等单位主办。

外企高诚（中国）有限公司北京代表处的外籍人士魏若彬也参加了这次活动且评价很高，他说："这是北京企业界一个新的突破，虽然与国外的企业产权不同，但是终于为投资者打开了大门。"

该活动门票为 200 元，出售产权的企业详细资料价格为 2000 元，全国各地及北京民营企业家纷纷参加，该活动展厅人员爆满。由于转让的 56 家国有企业及乡镇企业产权拍卖条件苛刻，民营企业家观而不买。

参加该活动的北京汇鹏公司需要购买机械行业的企业，准备投资上千万元一次买断企业产权，但是最后放弃购买。该公司副经理奉国强说："这次活动中没有一个卖方代表，只有中介机构和代理方，也没有向购买方出具据有法律依具的文件，怎能让我们相信投资是物有所值呢？"

参加该活动的三九企业集团的负责人认为："这 56 家企业不可能是没有债权债务，清清白白的。当我们购买企业后债权人会找上门来要债，企业对这种事情最为头疼。所以要公开这 56 家企业的债权债务，如果企业资产为 300 万元，债务为 300 万元，这个企业就是零资产。收购方应该一分不出收购该企业，重新注入资金搞活企业。"[1]

参考资料：

①来自 1997 年 11 月 24 日《北京科技报·民营产业》，1997 年 8 月 4 日《北京科技报·民营产业》，该资料由齐忠收藏。

1997 年 11 月 23 日——柳传志宣布香港联想公司出资 20 亿港币收购北京联想公司，香港联想公司将成为内地最大的计算机生产制造公司

1997 年 11 月 23 日，联想公司在北京召开新闻发布会，宣布香港联

想控股有限公司（以下简称"香港联想公司"），在香港配售及发行8.79亿新股，每股作价2.38港币，集资20.925亿港币，收购北京联想集团公司（以下简称"北京联想公司"）全部注册股本，这项计划于1998年3月31日完成。收购完成以后，香港联想公司成为内地与香港最大的计算机企业，并拥有内地与香港最大的分销网络及最多品牌的分销代理权。

香港联想公司董事局主席柳传志在新闻发布会指出："这次收购加强香港联想公司在内地的业务，跻身于世界信息产业百强之列。"①

1997年9月1日，联想公司向中国科学院请示和报送了"关于联想集团公司与香港联想控股有限公司整合的请示"，科发企字［1997］0390号；"关于报送联想集团公司与香港联想控股有限公司整合方案函"，科发企字［1997］0388号。②

参考资料：

①来自1997年12月1日《北京科技报·民营产业》，该资料由齐忠收藏。

②来自《中国科学院高技术产业发展大事记》第139页，该资料由齐忠收藏。

1997年12月20日——北京市科委推出民营科技企业认定办法

1997年12月20日，北京市科委推出《北京市民营科技企业认定办法》。该认定办法共10条，规定由北京市各区、县认定的民营科技企业，可以享受北京市政府颁布的《关于鼓励民营科技企业发展的若干规定》的政策。北京市科委推出的《北京市民营科技企业认定办法》，为北京市各区、县民营科技企业的发展做出重要的推动作用。①

参考资料：

①来自 1998 年 2 月 9 日《北京科技报·民营产业》，该资料由齐忠收藏。

声　明

　　本书版权及文章图片的版权，全部归属于纪世瀛先生与齐忠先生，文章中注明年、月、日的事件都真实可信，可以引用。欢迎大家把文章转发到朋友圈。公众号转载须授权，不得用于公众号以外平台。没有经过作者的同意，任何形式的转载、抄袭和盗版将受到法律的追究。

　　本书有关全部版权及销售事宜，纪世瀛先生全权委托齐忠先生代理。

　　齐忠电话：13901063290，微信：qizh666
　　电子邮箱：qizh666@hotmail.com

北京·中关村
民营科技大事记
（下卷）

1998—2004

纪世瀛 齐 忠 著

团结出版社

图书在版编目（CIP）数据

北京·中关村民营科技大事记.下卷，1998—2004 /
纪世瀛，齐忠著 . -- 北京：团结出版社，2023.10
ISBN 978-7-5234-0194-1

Ⅰ.①北… Ⅱ.①纪… ②齐… Ⅲ.①民营企业 - 高
技术企业 - 大事记 - 海淀区 - 1998-2004 Ⅳ .
① F279.245

中国国家版本馆 CIP 数据核字（2023）第 180739 号

出　版：团结出版社
　　　　（北京市东城区东皇城根南街 84 号　邮编：100006）
电　话：（010）65228880　65244790（出版社）
网　址：http://www.tjpress.com
E-mail：zb65244790@vip.163.com
经　销：全国新华书店
印　装：三河市东方印刷有限公司

开　本：170mm×240mm　16 开
印　张：66.75
字　数：950 千字
版　次：2023 年 10 月　第 1 版
印　次：2023 年 10 月　第 1 次印刷

书　号：978-7-5234-0194-1
定　价：168.00 元（全两册）
　　　　（版权所属，盗版必究）

本书谨献给

北京·中关村电子一条街民营科技企业创办四十周年

（1980 年 10 月 23 日—2020 年 10 月 23 日）

目　录

2000 年

附录：北京及中关村第一代民营科技企业创业者传记篇

作者：《北京·中关村民营科技大事记》执笔人　齐忠

1998 年

北京·中关村民营科技大事记（下卷）1998—2004

1998年——北京及中关村民营科技企业概况

1998年，北京市海淀试验区内被认定为新技术企业的民营科技企业达到5359家。

1998年，在北京市三个园区和园区外的民营科技企业年收入最大的企业为：海淀试验区的联想公司，为176亿元；丰台园区的北京贝尔通讯制造有限公司，为2.2亿元；昌平园区的北京诺华制药有限公司，为2.2亿元；园区外的民营科技企业，北京科高大北农饲料有限公司，为1.7亿元。

1998年，北京民营科技企业技、工、贸总收入为531.5亿元，实现利税45.1亿元，创汇3.5亿美元。

1998年，北京民营科技企业呈现以下特点：

一、北京民营科技企业中股份制企业迅速发展

1998年，北京民营科技企业中股份制企业迅速发展，北京市已有1000多家股份制北京民营科技企业，其中有10余家企业成为上市公司。四通公司、联想公司、北大方正公司、北大青鸟公司等企业还通过收购股份成为上市公司控股者，为北京民营科技企业经过资本市场进行资本运营和资金筹措拓宽了渠道，北京民营科技企业中有限责任公司也不断扩大，达到1226家，使北京民营科技企业中出现多元化、混合性经济结构。

二、北京民营科技企业科研与开发经费的投入大大高于北京市全社会科研与开发经费的投入

1998年，北京民营科技企业科研与开发经费的投入为17.9亿元，占总收入的3.4%，大大高于北京市全社会科研与开发经费2.6%的投入。

1998年，北京民营科技企业科研开发项目为2300余项。

1998年，园区外北京民营科技企业科研开发项目数，仅为北京市属科研院所的1/3，但园区外北京民营科技企业共获地市级奖202项，超过

1998年度，北京市属科研院所199项获奖总数。可见北京民营科技企业科研水平和项目获奖率明显高于北京市属科研院所。^①

三、北京民营科技企业为解决北京国有企业40万下岗职工再就业做出巨大贡献

1998年，北京市国有企业进行改革，有40万职工下岗待业。^②

1998年，全国及北京民营科技企业固定从业人员达到99万人，仅北京市海淀区私营企业就达到10531家。

1998年，中科院院办"国有民营"企业为社会提供就业机会23784个。^③

1998年，北京民营科技企业、北京民营企业、北京乡镇企业、北京私营个体工商户的迅速发展，为社会提供大量的就业机会。为北京市国有企业体制改革，以及解决40万职工下岗待业再就业问题，作出巨大的、不可替代的贡献。

四、国家与北京市政府推出多项支持民营科技企业政策与措施使民营科技企业进入黄金发展时期

1998年10月1日，中华人民共和国对外贸易经济合作部发出1998第一号令，在第一号令中颁布"关于赋予私营生产企业和科研院所自营进出口权的暂行规定"。^④

1998年11月18日，科技部在深圳召开第二次"全国民营科技企业工作会议"，科技部副部长徐冠华在会议作了"抓住机遇开拓创新　面向21世纪大力发展民营科技企业"的讲话，给予民营科技企业高度评价。

徐冠华在讲话中指出：我国进入"九五"期间后（注："九五"计划是指我国第九个五年计划，时间为1996—2000年中国国民经济和社会发展的计划），部分国有企业困难较多，乡镇企业发展明显放慢，而民营科技企业继续保持高速发展。1997年，统计结果表明民营科技企业的技、工、贸总收入中，工业产值的比重大幅度提高，已达到90%以上。^⑤

1998年，北京市政府相继推出《关于鼓励本市个体私营经济发展若干意见的通知》《关于鼓励民营科技企业发展若干规定实施办法》《关于鼓励兴办民营农业科技服务组织和吸引高新技术的意见》等政策与措施规定，大力推进了北京民营科技企业的发展。⑥

参考资料：

①来自《1998年北京科技企业工作要览》第152页"北京地区民营科技企业发展（98）研究报告"，该资料由齐忠收藏。

②来自《1998年北京科技企业工作要览》第72页，北京市市长贾庆林在首都高新技术产业发展座谈会上的讲话，该资料由齐忠收藏。

③来自《1998年北京科技企业工作要览》第84页，科技部副部长徐冠华在全国民营科技企业工作会议的讲话"抓住机遇开拓创新　面向21世纪大力发展民营科技企业"。1997年12月11日《北京科技报·民营产业》，《中国科学院高技术产业发展大事记》第101页，该资料由齐忠收藏。

④来自《1998年北京科技企业工作要览》第2页，该资料由齐忠收藏。

⑤来自《1998年北京科技企业工作要览》第85页，科技部副部长徐冠华在全国民营科技企业工作会议的讲话"抓住机遇开拓创新　面向21世纪大力发展民营科技企业"。该资料由齐忠收藏。

⑥来自《1998年北京科技企业工作要览》第1—3页，该资料由齐忠收藏。

1998年1月7日——北京市私营经济高速发展，用友公司、科源公司、昌宁公司名列前茅

1998年1月7日，北京市私营经济形成高速发展态势。北京市个体

工商户达到272896户，共创产值7.37亿元，营业额58亿元，社会零售总额45.3亿元。私营企业达到31176家，共创产值15.2亿元，营业额68.7亿元，社会零售总额48.6亿元。

北京市国税局、地税局统计，1997年1—10月，北京市个体、私营企业纳税总额为42670.6万元。

北京市劳动局统计，1997年北京市国有企业下岗职工为17万人。

北京市工商局统计，北京市从事个体、私营企业从业人员近80万人，是北京市国有企业下岗职工的4.7倍，吸纳北京市劳动力6万人，为社会稳定作出巨大贡献。北京市私营企业注册资金上百万元的有1706家，北京市六大私营企业集团注册资本总计为7.1亿元。

北京市工商联统计，北京市私营企业还为北京市贫困地区培训各类人才8000多人，兴办技、工、贸项目43项，总投资1.3亿元。

北京市私营企业还在高科技领域中形成名牌产品。用友公司开发的财务软件行业覆盖率达到90%，被誉为"中国财经第一表"。科源公司从科源酒家发展到成为制造轻型飞机企业，昌宁公司研制的"全自动气压给水设备"拥有国内60%的市场份额，还出口19个国家和地区。[1]

参考资料：

①来自1998年1月12日《北京科技报·民营产业》，该资料由齐忠收藏。

1998年1月10日——中自公司推出"863计划"支持产品中自汉王计算机汉字听写输入系统

1998年1月10日，中科院所属的中自公司，正式向市场推出我国"863计划"支持产品中自汉王计算机汉字听写输入系统。该系统由中自公司与IBM公司合作，把计算机汉字手写输入与汉字语音输入相结合，其中计算机汉字手写输入识别率达到99%，汉字语音输入识别率达到90%，这项技术对计算机汉字输入作出巨大贡献。①

参考资料：

①来自1998年1月19日《北京科技报·民营产业》，该资料由齐忠收藏。

1998年1月11日——北京民营科技企业科利华公司将三百万元物资捐赠河北地震灾区师生

1998年1月11日，北京民营科技企业科利华公司，把三百万元物资捐赠河北地震灾区张北尚义地区在校师生。科利华公司总裁宋朝弟调集二十多辆卡车，亲自将价值三百万元的一万多件羽绒服连夜运送到地震灾区，送给当地学校的师生们。①

参考资料：

①来自1998年1月19日《北京科技报·民营产业》，该资料由齐忠收藏。

1998年1月12日——为内地民营科技企业在香港上市作出很多努力的香港红筹股之父梁伯韬的香港百富勤公司破产

1998年1月12日，为内地公司及北京和中关村民营科技企业在香港上市作出很多努力，被称为"香港红筹股之父"的梁伯韬的香港百富勤公司因亚洲金融危机破产。

1988年，梁伯韬与人合伙创办百富勤投资有限公司，出任总经理。

1992年，梁伯韬安排三家内地中资公司在香港上市，又积极拓展内地业务。

1993年在上海设立百富勤办事处，在北京设立百富勤投资咨询公司。

梁伯韬的百富勤投资有限公司曾为北京和中关村民营科技企业在香港上市提供很多帮助。[1]

百富勤投资有限公司破产后不久，被法国国家巴黎银行收购并组成新的BNP百富勤公司，梁伯韬任公司副总裁。[1]

2013年，俏江南创始人张兰有关俏江南上市与投资"对赌"协议，就是由梁伯韬策划的。

参考资料：

① 来自1998年1月19日、1998年2月16日《北京科技报·民营产业》，该资料由齐忠收藏。

1998年2月17日——北京试验区办公室更名为海淀试验区管理委员会

1998年2月17日，北京市机构编制委员会致函海淀区机构编制委员会，同意将"北京市新技术产业开发试验区办公室"更名为"北京市新技术产业开发试验区海淀试验区管理委员会"，更名后试验区管理机构规格不变。北京市海淀区副区长马林，任北京市新技术产业开发试验区海淀试验区管理委员会主任。[1]

参考资料：

① 来自《中关村科技园区志海淀园资料汇编》第21页，该资料由齐忠收藏。

1998年2月22日——北京市委、市政府召开非公有制经济代表座谈会

1998年2月22日，北京市委、市政府召开非公有制经济代表座谈会，北京市委书记、市长贾庆林，北京市委副书记张福森、李志坚，北京市政府有关领导金人庆、段柄仁、孙安民、刘海燕、张茅、沈仁道等人出席了座谈会。

北京非公有制经济代表——北京民协会长纪世瀛、用友公司董事长王文京等40多人出席了座谈会。

北京市副市长、市政协副主席、市工商联主席孙安民在座谈会上发言，他指出："1997年底，北京个体工商户达到24.7万户，注册资金21.8亿元。私营企业达到4.3万户，注册资金249亿元。个体工商户与私营企业共创产值22.6亿元，商品零售总额96.9亿元，纳税1.1亿元，从业人员近80万人，是北京市下岗职工的4.7倍，为北京市增加税收，吸纳就业发挥积极的作用，成为北京市经济的重要组成部分和新的经济增长点。"

北京市副市长金人庆在座谈会上发言时指出："要把发展非公有制经济与国企改革结合起来，发展国企，抓大放小，国企放小部分可以通过租赁、承包等多种形式转为非公有制经济。"

北京市委书记、市长贾庆林在座谈会上发言，他指出："非公有制经济对首都的建设和发展作出了重要贡献，功不可没。只有大胆解放思想，才能放手发展非公有制经济。"

北京民协会长纪世瀛、用友公司董事长王文京在座谈会上发言时指出："应该对符合条件的北京私营企业安排上市指标，对符合国家产业政策的非公有制企业给予重点支持，发挥非公有制企业在实施再就业工程的积极作用。"

参加座谈会的北京非公有制经济代表还有中西公司董事长周晋峰、纵横公司董事长聂晓东、华普公司董事长翦英海、通产公司董事长崔文成、光翌公司董事长赵昭亮等。①

参考资料：

①来自 1998 年 3 月 2 日《北京科技报·民营产业》，该资料由齐忠收藏。

1998 年 2 月 24 日——北京市召开科技工作会议，联想公司、四通公司、北大方正公司成为全市科技企业前三名

1998 年 2 月 24 日，北京市科技工作会议召开，国家科委副主任李学勇、北京市副市长林文漪、北京市政协副主席朱相远等领导及 600 多名科技界代表参加了会议。

北京市科委主任邹祖烨在大会上作了题为《面向新世纪、把握新机遇、努力开创北京科技工作的新局面》的报告。

邹祖烨在报告中指出："1996 年，北京市经济工作会议把高新技术企业列为五个新经济增长点之首。1997 年，北京市新技术产业开发试验区内技、工、贸总收入超过 60 亿元的企业为联想公司、四通公司、北大方正公司。外商投资企业有 1100 多家。资本股份化、产业规模化、技术创新化、融资多元化、管理科学化、经济国际化成为试验区企业二次创业的目标。在试验区的带动下，试验区外的全市民营科技企业蓬勃发展，已达 6000 多家，1997 年，技、工、贸总收入 30 亿元，成为区县重点扶持的新的经济增长点。"[①]

参考资料：

①来自 1998 年《北京科技年鉴》第 77、178 页，该资料由齐忠收藏。

1998年3月5日——北京市私营科技企业家用友公司董事长王文京作为北京团的全国人大代表出席第九届全国人大一次会议

1998年3月5日，北京市私营科技企业家，34岁的用友公司董事长王文京作为北京团的全国人大代表出席第九届全国人大一次会议，这也是北京市私营科技企业家首次当选全国人大代表。王文京此后当选四届全国人大代表。

王文京首次当选全国人大代表后说："我能当选为全国人大代表，说明党的十五大后在邓小平理论旗帜的指引下，我国改革开放的步伐不仅进一步加快，我国整个大环境都在改变，非公有制经济地位在逐步提高。正像江泽民总书记在十五大所指出'非公有制经济是我国社会主义市场经济的重要组成部分'。我要在对私营企业贷款、上市、股份制等方面进行深层次和广泛的调查为提案做准备，要为私营经济的健康发展献计献策。"

用友公司董事长王文京参加全国人大代表会议，照片由王文京先生提供并授予版权。

1998 年 3 月 28 日——我国非公有制经济比重上升，安置国有企业下岗职工 90 多万人

1998年3月28日，我国非公有制经济比重上升，对我国经济持续稳定发展十分有利。

1997年1—10月，我国个体私营企业税收达到441亿元，集体企业税收1001亿元，涉外企业税收778亿元。

1997年底，我国个体工商户达到2800多万户，从业人员5500多人，注册资金2500多亿元。私营企业达到80多万户，从业人员600多人，注册资金3400多亿元。

1997年，我国个体工商户和私营企业安置国有企业下岗职工90多万人，还有190多万国有企业下岗职工申办了个体工商户和私营企业。[①]

参考资料：

①来自 1998 年 3 月 23 日《北京科技报·民营产业》，该资料由齐忠收藏。

1998 年 3 月 29 日——中关村西区首家建设项目海龙大厦举行奠基仪式，海龙大厦成为中关村最大的电子市场

1998年3月29日，中关村西区首家建设项目海龙大厦举行奠基仪式。

1999年12月8日，海龙大厦建成后成为中关村最大的电子市场。当年联想控股公司旗下的神州数码公司购买下海龙大厦一楼，作为联想计算机营销门市。海龙大厦开业以后，日均客流量在3万—4万人次。

2006年，海龙大厦全年客流量在7000万人次，被人们称为"买电脑去海龙"，海龙大厦成为中关村销售电子产品的"中关村1号"。

中关村海龙大厦奠基仪式，该照片由鲁瑞清先生提供并授予版权。

一、海龙大厦的起源

1998年，中关村西区改造工程启动，原北京市新技术产业开发试验区办公室大楼拆除，在原地址上建造近三万平方米的海龙大厦。该大厦由海龙集团投资建设，海龙集团的前身为"北京市海淀区供销社"。北京市海淀区供销社主任、党委书记鲁瑞清，出任北京海龙资产经营集团有限公司总经理、董事长。

二、海龙大厦对我国及中关村IT产品销售市场的兴起作出巨大贡献

海龙大厦的创建，对我国及中关村IT产品销售市场的兴起作出巨大贡献，以独特的商业模式对全球商业模式作出重大贡献。IT是信息英文"Information"与技术英文"Technology"两个单词的缩写。中关村电子

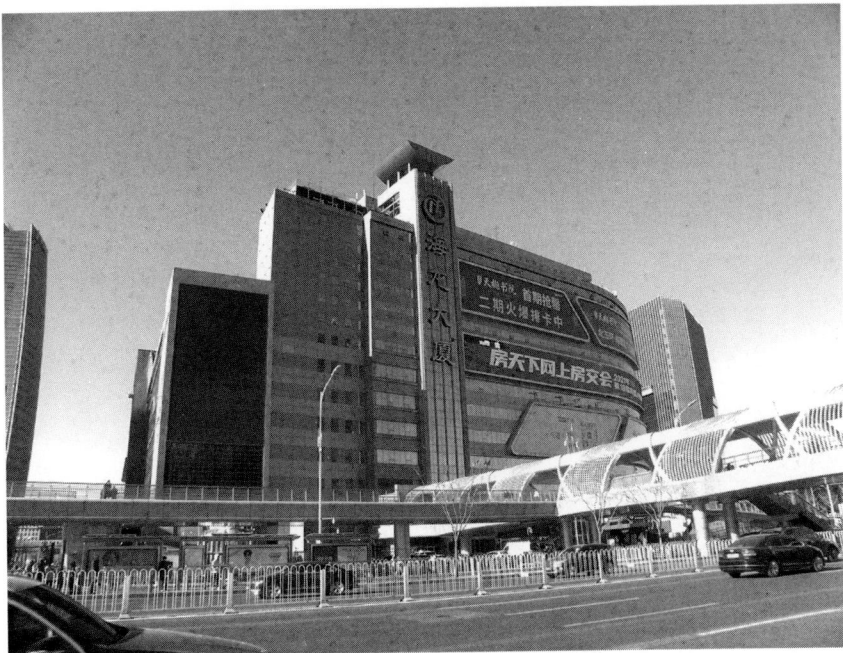

2021 年的中关村海龙大厦，齐忠摄影。

一条街对 IT 产品销售市场规范化、科学化管理，是一个探索与实践的复杂过程。

鲁瑞清先生经过对国内及海外 IT 产品销售市场调研与考察，推出"新业态模式"，该模式有以下十大基本特点：1. 经营技术类产品。2. 产品组合。3. 经销商与卖场开办方是关键力量。4. 地产、商业、IT 产品规律支配。5. 市场经营模式。6. 独特的商圈模式。7. 特定的客户群。8. 卖场规模宏大。9. 服务功能。10. 处于强劲的发展阶段。[①]

鲁瑞清简介

鲁瑞清，男，1953 年 8 月出生，研究生学历，高级经济师。中关村电子一条街第一代科技企业家。

曾担任北京市海淀区供销社主任、党委书记，北京海龙资产经营集团有限公司总经理、董事长、党委书记，中关村电子商会会长，北京电

鲁瑞清先生近照，图片由鲁瑞清先生提供并授予版权。

子商会副会长，中国电子商会副会长。海淀区第14、15届人民代表大会代表，财经委委员等。

现任中国亚洲经济发展协会副会长、中国电子商会专家委员会委员、中关村电子商会名誉会长。

鲁瑞清先生从事企业管理工作40多年时间内，除对海龙集团的发展作出重大贡献外，近年来主要是从事社会组织的工作，积极参与中关村建设和发展；在推动中关村电子卖场行业发展，中国电子卖场行业发展方面作出了重要贡献。

鲁瑞清先生著有《解读中关村一号——IT卖场的秘密》《IT卖场运营手册》等书。

参考资料：

①来自《解读中关村一号——IT卖场的秘密》第1—11页。该资料

由齐忠收藏。

1998 年 3 月 30 日——首都高新技术产业发展座谈会在北京召开，北京市委书记、市长贾庆林发表重要讲话

1998 年 3 月 30 日，北京市委、市政府在北京高技术创业服务中心召开"首都高新技术产业发展座谈会"。北京市委书记、市长贾庆林，副市长林文漪（女），副市长张茅与北京市有关委办局负责人出席座谈会。北京民协会长纪世瀛，四通公司、联想公司、北大方正公司等民营科技企业家代表也参加了座谈会。

会议由副市长林文漪（女）主持。在这次会议上，北京市有关领导听取了与会人士对发展首都高新技术产业的意见和建议。

1998 年 3 月 30 日，北京市委、市政府召开的"首都高新技术产业发展座谈会"。照片来自《1998 年度北京科技企业工作要览》。

贾庆林发表了重要讲话，他指出："1996年底，北京市召开的经济工作会议上，提出北京要发展五个新经济增长点，第一个是高科技产业。北京高科技产业连续几年都是以30%的速度递增，在北京工业的新增产值中占60%，确实是北京新经济增长点，而且有旺盛的生命力。有人说北京的名牌产品一个一个倒下，但是新一代高科技产业的名牌产品在崛起。在座的很多企业就是其中的佼佼者，都是你们手中创造的名牌产品，是北京经济发展的希望。体制创新就要有突破，允许在探讨过程中走弯路，甚至犯错误。北京要为高科技产业创造一个良好环境，什么产权不清晰、企业认股权、资金问题、产品发展问题，是企业内部经营管理问题，需要不断完善。高科技产业的发展不同于一般传统产业，完全用过去传统产业发展的管理方式管理高科技产业是不行的。"[1]

参考资料：

[1]来自《1998年度北京科技企业工作要览》第2、78、79页。该资料由齐忠收藏。

1998年4月13日——中关村民营科技企业瑞星公司推出计算机病毒杀毒软件

1998年4月13日，中关村民营科技企业北京瑞星电脑科技开发公司（以下简称"瑞星公司"）对外宣布，推出瑞星计算机病毒杀毒软件8.0，该软件在查杀计算机宏病毒方面处于国内外领先地位，也使瑞星公司彻底放弃"瑞星防病毒卡"产品。

从此在我国形成江民公司、瑞星公司、金山公司等国内计算机病毒杀毒公司，垄断了我国计算机病毒杀毒软件80%左右。

瑞星公司推出的计算机病毒杀毒软件8.0，是由我国著名计算机反病毒专家之一、瑞星公司总工程师刘旭带领科研人员开发的。[1]

我国著名计算机反病毒专家之一、瑞星公司总工程师刘旭，齐忠摄影。

瑞星公司年略

1991年5月20日，王莘在海淀分局投资注册成立"北京市海淀区瑞星电脑科技开发部"，王莘任法人代表兼总经理。注册地址：北京市海淀区海淀路74号，原中关村颐宾楼办公楼二层，现在为中关村科贸大厦。②

王莘聘请在中科院数学所工作的刘旭，负责开发个人计算机使用的硬件瑞星防病毒卡，该卡是我国早期计算机病毒查杀产品之一，也使瑞星公司完成原始资本积累阶段。

1993年6月12日，"北京市海淀区瑞星电脑科技开发部"更名为"北京瑞星电脑科技开发公司"，注册资金1200万元，为集体所有制，王莘任法人代表兼董事长，刘旭任公司总工程师。③

不久，刘旭出任公司总经理兼总工程师、公司总裁，该公司现已经注销。

1998年1月，瑞星公司改制为"北京瑞星科技股份有限公司"。

2008年6月，"北京瑞星科技股份有限公司"更名为"北京艺进娱辉科技投资股份有限公司"。

参考资料：

①来自1998年4月13日《北京科技报・民营产业》，该资料由齐忠收藏。

②来自北京瑞星电脑科技开发公司官方网站。

③来自"天眼查"。

1998年4月20日——四通利方公司中标"863计划"中的"306"项目，成为北京民营科技企业入选国家"863计划"的首家企业

1998年4月20日，四通利方公司中标"863计划"中的"306"项目，成为北京民营科技企业入选国家"863计划"的首家企业。

"306"项目是"863计划"中最热门的项目，即互联网项目与企业内部网应用平台。四通利方公司能够中标该项目，再一次证明了北京民营科技企业的科研实力。[1]

参考资料：

①来自1998年4月20日《北京科技报・民营产业》，该资料由齐忠收藏。

1998 年 4 月 24 日——北京市科委、北京电视台、北京民协、中国民协联合举办"同创辉煌"晚会，拉开北京民营科技企业创办 18 周年和试验区创办 10 周年纪念活动帷幕

1998 年 4 月 24 日，由北京市科委、北京电视台、北京民协、中国民协联合举办的"同创辉煌"晚会在北京世纪剧院举行，拉开北京民营科技企业创办 18 周年和试验区创办 10 周年纪念活动帷幕。该晚会以反映北京及中关村民营科技企业，以知识报国、科技兴国的爱国情怀，宣传和歌颂了北京及中关村民营科技企业的伟大成就。[①]

全国政协副主席孙孚凌，北京市委常委、市委宣传部部长龙新民，北京市人大常委会副主任陶西平，北京民协名誉理事长、北京市原副市长、北京市政协副主席封明为，北京市科委主任邹祖烨，北京民协会长纪世瀛，中国民协理事长王治国等，以及北京及中关村民营科技企业家参加了晚会。[①]

参考资料：

①来自《中关村创新发展 40 年大事记选编》第 69 页，该资料由齐忠收藏。

1998 年 5 月 4 日——北京将创建私营经济创业园

1998 年 5 月 4 日，全国非公有制企业家商务会馆在北京市朝阳区望京新兴产业开发区动工，这是望京开发区建立私营经济创业园的第一步。

望京开发区负责人称：这里只吸收有规模的私营企业，基本投资总额在 100 万美元或 1000 万元人民币，除租赁和购买厂房外，用地面积不少于 6000 平方米。望京开发区内的科技园将对入园的私营科技企业给予特别优惠政策，包括减免租金、返还部分税收。

目前，以叶青集团为代表的私营企业开始在这里投资。[①]

参考资料:
①来自 1998 年 5 月 4 日《北京科技报·民营产业》，该资料由齐忠收藏。

1998 年 5 月 6 日——联想第 100 万台个人电脑诞生，赠予英特尔公司董事长兼总裁葛鲁夫，联想公司从此成为我国最大的个人计算机生产制造商

1998 年 5 月 6 日晚，联想公司在北京召开新闻发布会，联想公司董事长兼总裁柳传志在大会上宣布，生产制造的第 100 万台联想个人电脑，今天下午一点从联想公司上地计算机生产基地正式诞生，并将该电脑赠

左一：全国人大常委会副委员长、中科院院长周光召，亲手将第 100 万台联想电脑——联想"天琴"电脑作为礼物赠予美国英特尔公司董事长兼总裁安迪·葛鲁夫博士。齐忠摄影。

予联想电脑中央处理芯片"奔腾"芯片最大的供应商，美国英特尔公司董事长兼总裁安迪·葛鲁夫博士。联想公司从此也成为我国最大的个人电脑生产制造商与销售商。

联想公司生产制造的第10万台联想个人电脑，赠予我国著名科学家陈景润先生的夫人由昆。

应邀参加这次大会的有全国人大常委会副委员长、原中科院院长周光召，信息产业部部长吴基传，副部长刘剑锋，全球计算机界传奇人物、美国英特尔公司董事长兼总裁安迪·葛鲁夫博士，首都100多家新闻媒体记者等。

全国人大常委会副委员长周光召、信息产业部长吴基传在会上讲话。他们对联想公司取得的成绩表示祝贺，希望联想公司在新的起点上更上一层楼，努力走出有中国特色的计算机产业发展道路。

柳传志在大会上发言，齐忠摄影。

柳传志在大会上发言说："1993年，是国外跨国公司计算机制造商大举进入中国的一年，因为中国计算机市场庞大、前景好。在跨国公司的冲击下，计划经济下的国有计算机生产厂商处于'幼儿园'和'小学生'时期的民营计算机生产厂商，几乎处于崩溃的边缘。联想公司当年预定全年销售3万台个人电脑，实际完成2.5万台。1997年，经过大家的努力，联想个人电脑成为中国个人电脑销售市场第一名。1998年第一季度，联想个人电脑成为亚太地区销售第五名。"①

美国英特尔公司董事长兼总裁安迪·葛鲁夫博士，在大会上发言说：四年前我首次接触联想公司领导人，没有想到联想公司能在四年后的今天就能生产100万台电脑。今天人们生活在数字化的每一天，计算机的使用更加使人们融入信息化社会，我将把这台电脑带回美国，珍藏在英特尔公司的纪念馆中。

历史资料：安迪·葛鲁夫与奔腾芯片名字的来历

1. 安迪·葛鲁夫

1936年9月2日，美国英特尔公司董事长兼总裁安迪·葛鲁夫博士，出生于匈牙利布达佩斯一个犹太人家庭，是全球计算机业风云人物。

1963年，安迪·葛鲁夫获得美国著名高等学府加利福尼亚大学伯克利分校（UC Berkeley）博士学位。

1968年7月，安迪·葛鲁夫、罗伯特·诺伊斯和戈登·摩尔联合创立了英特尔公司，安迪·葛鲁夫是公司迈向成功的驱动力。

1996年，葛鲁夫出版著作《只有偏执狂才能生存》。

2016年3月21日，安迪·葛鲁夫去世，享年79岁。

2. 奔腾芯片名字的来历

1992年10月，美国英特尔公司（Intel）发布奔腾处理器，是第五代个人计算机中央处理器（CPU），被全球个人计算机制造商广泛使用。

奔腾芯片的名字，是美国加州一家起名公司的专家莱克西肯的杰作。奔腾处理器是美国英特尔公司（Intel）第五代个人计算机中央处理器（CPU），莱克西肯用希腊文的"五"（Pente）作为"奔腾"的字头，用英文力量（Tium）作为"奔腾"的字尾，这个自创的新词被美国英特尔公司（Intel）所采纳，并花重金购买。[②]

参考资料：

①来自 1998 年 5 月 18 日《北京科技报·民营产业》，该资料由齐忠收藏。

②来自 1998 年 3 月 23 日《北京科技报·民营产业》，该资料由齐忠收藏。

1998 年 5 月 8 日——第一届中关村电脑节开幕

1998 年 5 月 8—12 日，"第一届中关村电脑节"在海淀中关村举办，该

1998 年 5 月 8 日，在中关村举办的"第一届中关村电脑节"，四通公司门前欢乐的人群。齐忠摄影。

电脑节由海淀区政府、北京市新技术产业开发试验区管委会共同举办。[1]

参考资料：

①来自1998年5月4日《北京科技报·民营产业》，该资料由齐忠收藏。

1998年5月10日——庆祝北京市新技术产业开发试验区创建十周年座谈会在人民大会堂举行

1998年5月10日，庆祝北京市新技术产业开发试验区（以下简称"试验区"）创建十周年座谈会在人民大会堂举行。该庆祝活动从5月10日开始，5月12日结束。

北京市科技企业家与北京市有关领导在座谈会上合影。左起：四通公司总裁段永基、北京市副市长林文漪（女）、北京市副市长胡昭广、联想公司副总裁李勤、北京市科委主任邹祖烨、清华紫光公司总裁张本正、北大方正公司总裁张玉峰。照片来自《1998北京科技年鉴》。

这次活动由北京市政府、科技部共同举办，中共中央政治局常委、国务院副总理李岚清在座谈会上讲话，北京市委书记、市长贾庆林，中科院院长路甬祥，科技部部长朱丽兰（女），教育部部长陈至立（女），北京市副市长胡昭广、林文漪（女）、张茅等领导，北京民协会长纪世瀛，北京民营科技企业家等出席了试验区创建十周年座谈会。①

李岚清在座谈会发言时指出："十年前，我国第一个国家高新产业开发区——北京市新技术产业开发试验区成立，十年来的实践证明，这种科技园区是一种将科技成果转化为现实生产力的有效方式。当前我国的高科技成果并不算少，转化率太低是我国科技资源的一大浪费，十分可惜。"

李岚清在座谈会发言时还指出："要更好地实现科技成果的产业化，科技部要会同有关部门研究推动科技成果的产业化的有关政策，在支持公有制高新技术企业的同时，怎样支持非公有制高新技术企业的发展？怎样通过建立风险投资机制来促进高新技术企业产业化？怎样加强同港、澳地区的合作，通过优势互补来发展高新技术企业产业化？"②

北京市副市长张茅，在座谈会上介绍了试验区的发展情况。

参考资料：

①来自《1998 北京科技年鉴》第 181 页，该资料由齐忠收藏。

②来自《1998 年度北京科技企业工作要览》第 71 页，该资料由齐忠收藏。

1998 年 5 月 11 日——第一届北京高新技术产业国际周在北京举行

1998 年 5 月 11—15 日，第一届北京高新技术产业国际周在北京农业展览馆举行，北京市委书记、市长贾庆林，王光英，朱光亚，刘淇，林文漪（女），张茅等领导出席了开幕式。

国际周期间，20多个国家的驻华大使及外商和专业代表团到会参观和洽谈，签订以高新技术为主的中外合资合作项目意向或合同32个，协议总投资6.3亿元。[1]

参考资料：

[1]来自1998年5月11日《北京科技报·民营产业》、《1998北京科技年鉴》第182页，该资料由齐忠收藏。

1998年5月11日——我国非公有制经济比重迅速增加

1998年5月11日，国家统计局披露的研究报告显示，非公有制经济在我国生产总值所占的比重，已由改革开放初期的0.9%上升到1997年的24.2%，成为保证整个国民经济持续发展的重要力量。

1997年，非公有制经济在我国农林牧渔业、工业、批发零售贸易餐饮业中分别实现增加值为3760.2亿元、6731.3亿元、3532.3亿元，分别占各行业所实现增加值27.5%、21.1%、53.8%。[1]

参考资料：

[1]来自1998年5月11日《北京科技报·民营产业》，该资料由齐忠收藏。

1998年5月15日——为纪念党的十一届三中全会召开20周年，北京民协、中国民协在京召开民营科技产业高级战略研讨会

1998年5月15日，为纪念党的十一届三中全会召开20周年，我国改

革开放20周年，北京民协、中国民协在北京召开"民营科技产业高级战略研讨会"。

北京市科委主任邹祖烨、北京民协会长纪世瀛、副会长老红军徐可倬、中国民协理事长王治国、天津市科委负责人及北京民营科技企业家参加了该研讨会。

北京市科委主任邹祖烨在研讨会上指出："民营科技企业不仅是党的十一届三中全会以来改革开放的产物，也是顺应时代潮流的产物。民营科技企业要顺应这个潮流，努力把企业做大是当务之急。"

原中共中央办公厅调研局局长于维栋在研讨会上说："民营科技是党的十一届三中全会后改革开放的产物，为改造我国传统工业起到示范作用，民营科技企业家要抓住国有企业重组与改制让出的市场空间，求得更大的发展，并在理论上有所突破。"

北大方正公司董事长张玉峰在研讨会上说："回顾北大方正公司十

1998年5月15日，北京召开"民营科技产业高级战略研讨会"。齐忠摄影。

年的发展历史，我认为科技企业内部要有一个良好的稳定氛围，科技企业家还要有良好的素质给企业带来强大的凝聚力。"

华讯公司总裁戴焕忠在研讨会上说："当前民营科技企业要注重人才培养问题。"①

参考资料：

①来自 1998 年 5 月 25 日《北京科技报·民营产业》，该资料由齐忠收藏。

1998 年 6 月 27 日——中国民营科技创新专题研讨会在北京市大兴县召开

1998 年 6 月 27 日，中国民营科技创新专题研讨会在北京市大兴县召开。该会议由科技部科技司、中国民营科技促进会、北京市大兴县人民政府共同主办，来自全国人大、科技部及全国各地的专家和民营科技企业家出席了会议。①

参考资料：

①来自《1998 年度北京科技工作要览》第 213 页，该资料由齐忠收藏。

1998 年 7 月 7 日——北京市政府正式转发《关于鼓励民营科技企业发展若干规定》的实施办法

1998 年 7 月 7 日，为进一步落实北京市政府 1997 年制定的《关于鼓励民营科技企业发展若干规定》，促进民营科技企业加快发展，北京市科委、市计委、市财政局、市国税局、市地税局、市房屋土地管理局、市人事局、市证监会共同制定了《关于鼓励民营科技企业发展若干规定的实施办法》。①

1998 年 7 月 7 日，经北京市政府同意，以市政办发 "1998" 30 号正式转发。该实施办法规定："凡符合本市扶优条件的民营科技企业，经批准后，享有与国有大中型企业同等的扶优政策，市科委、市财政局可以用科技三项费用支持民营科技企业进行项目开发。符合上市的民营科技企业，可以申请股票上市。"

参考资料：

①来自《北京科技年鉴 1998》第 184 页，该资料由齐忠收藏。

1998 年 8 月 3 日——我国私营企业已达 96 万家，从业人员 1349 万人，每日吸纳下岗工人万余名

1998 年 8 月 3 日，据新华社电，从举办的 "民营企业历史责任与企业素质研讨会" 及全国工商联数据上获悉，1997 年，我国现有注册登记的个体工商户 2850.9 万家，私营企业 96 万家，从业人员 1349 万人，注册资金 5140 亿元，累计产值 8000 多亿元。吸纳就业和国有企业下岗职工 150 多万人，并涌现出一批固定资产在几亿元、十几亿元人民币的私营企业集团。

党的十五大明确指出："非公有制经济是中国社会主义市场经济的重要组成部分，对个体、私营等非公有制经济要继续鼓励、引导使之健康发展。" 此后，我国各省纷纷将加快发展非公有制经济作为新的经济增长点，而且为社会就业开辟了一条重要通道。

1998 年，全国平均有 13000 名国有企业下岗职工进入个体、私营企业就业，使国有企业已下岗职工和新增下岗职工的 50% 实现再就业。①

参考资料：

①来自1998年8月3日、1998年8月24日《北京科技报·民营产业》，该资料由齐忠收藏。

1998年8月12日——联想公司出资7470万元收购金山公司30%的股份，成为金山公司最大控股股东

1998年8月12日，联想公司与金山软件公司在北京召开新闻发布会，联想公司总裁柳传志在会上宣布："联想公司出资7470万元人民币，收购金山软件公司30%的股份，成为金山软件公司最大的控股股东。金山软件公司是目前国内最具有影响力的计算机软件公司之一，将为联想公司的发展起到巨大的作用。"

联想公司出资7470万元收购金山公司，是我国IT界强强合作的首例

1998年8月12日，联想公司与金山软件公司在北京召开新闻发布会上两公司领导合影。左起：杨元庆、柳传志、求伯君、雷军。齐忠摄影。

大兼并。

金山软件公司市值估价为3000万美元，联想公司以现金和商誉方式注资该公司900万美元，其中现金为450万美元，折合人民币7470万元，从而持有金山软件公司30%的股份，为单一最大股东，其余70%由金山软件公司原有股东持有，新金山软件公司将成为联想公司成员企业。

新金山软件公司成立以后，联想公司高级副总裁杨元庆任董事长，珠海金山软件公司总裁、WPS Office办公软件发明人求伯君任公司总裁，雷军任公司总经理。

1988年，金山软件公司进入我国计算机软件行业后，推出WPS Office办公软件、"金山毒霸"计算机杀毒软件等。其中"金山毒霸"最为畅销，它与"江民KV""瑞星杀毒软件"成为当时我国计算机界三大杀毒软件，占据我国90%的计算机杀毒软件市场。[1]

参考资料：

[1]来自1998年8月24日《北京科技报·民营产业》、《中关村30年大事记》第121页，该资料由齐忠收藏。

1998 年 8 月 24 日——海淀区委、区政府发布加快海淀区个体私营经济发展意见

1998年8月24日，海淀区委、区政府发布《关于加快海淀区个体私营经济健康发展的若干意见》（海发〔1998〕16号）。

该意见规定私营企业享受国有企业集体企业同等待遇，各级政府不得以所有制为由人为设置前置条件，鼓励支持国内外私营高新企业进入北京市新技术产业开发试验区。[1]

参考资料：

①来自《中关村创新发展40年大事选编》第71页，该资料由齐忠收藏。

1998年8月29日——亚都公司上市失败

1998年8月29日，北京亚都科技股份有限公司（以下简称"亚都股份公司"）申请在国内证券交易所上市失败。

1993年12月30日，亚都股份公司成立，注册资本为17424万元，实缴资本为17424万元。亚都股份公司法人代表为何鲁敏。①

1998年初，亚都股份公司在北京召开"亚都公司股份制改造及现代企业制度研讨会"，参加会议的有何鲁敏、著名经济学家肖灼基、北

1998年8月29日，北京亚都科技股份有限公司申请在国内证券交易所上市失败后，搬入纪世瀛先生所在的北京市海淀区体育学院西路甲2号办公。齐忠摄影。

京市经济体制改革委员会副主任贺阳、国有资产管理局企业司司长管维立、国家计委经济研究所体改室主任苟大志、北京市新技术产业开发试验区战略研究室主任赵慕兰（女）、北京标准股份制咨询公司总经理刘纪鹏、经济日报社总编辑杨尚德、中国青年报社副总编辑陈小川等40多人。

肖灼基在研讨会上发言时说："现在中关村很多企业产权很难界定，说是国家投资，国家没有投资。说企业贷款，企业还了贷款就没有关系了。那么这些企业资产是从哪里来的呢？现在搞不清楚，企业在工商局登记什么样，就是什么样。实际上企业的资产大部分是创业时企业的管理人员、技术人员用技术创造出来的。"

贺阳在研讨会上发言时说："北京市经过审查批准的股份制企业有149家，北京市新技术产业开发试验区占39家，亚都股份公司是其中一家，在北京市新技术产业开发试验区，除了四通公司，亚都股份公司是第二位的。"

苟大志在研讨会上发言时说："亚都公司通过股份制改造，把民营经济与国营经济通过法人认股的方式结合起来，这是一个比较重要的着眼点。"

1998年初，亚都股份公司上市的股票主承销商准备选定为"中国经济开发信托投资公司证券部""中国新技术创业投资公司证券部"。[②]

1993年，亚都股份公司在筹备期间，以每股1元人民币的价格向社会公开筹集资金。有关人士测算，1998年，亚都股份公司如果上市成功，每股的价格在证券市场上为18—22元人民币。

1998年8月29日，亚都股份公司因种种原因上市失败后，因公司在上市的筹备过程中投入巨大，上市失败后使该公司陷入困境。不久，亚都股份公司把位于北京市海淀区上地信息产业基地开拓路1号的亚都大厦卖给了清华同方公司。因何鲁敏是北京民协会员，为了解决亚都股份公司上市失败的问题，北京民协会员纷纷伸出救援之手，为解决无处办公的问题，北京民协会长纪世瀛请亚都股份公司搬入北京市海淀区体育学院西路甲2号——纪世瀛先生所创办的中关村民营科技创业园。

参考资料：

①来自"爱企查"。

②来自《亚都公司股份制改造及现代企业制度研讨会》发言资料，该资料由齐忠收藏。

1998年10月9日——四通公司启动重组改制成立职工持股会解决我国民营科技企业产权所有者缺位的问题

1998年10月9日，根据《北京市现代企业制度试点企业职工持股会试行办法》，四通公司职工代表大会决定成立"职工持股会"，以解决"公司产权所有者缺位"问题。

"公司产权所有者缺位"，是我国民营科技企业普遍存在的问题。民

1998年10月9日上午，四通集团公司、北京四通投资有限公司在友谊宾馆科学会堂召开"深化企业重组新闻介绍会"。右起：四通集团公司副总裁王玉钤、总裁朱希铎、北京四通投资有限公司董事长李文俊、四通集团公司同人基金会主席沈国钧、四通集团公司董事长段永基、北京四通投资有限公司总裁杨宏儒。齐忠摄影。

营科技企业虽然是集体所有制企业，企业所有财产及产权归企业全体员工所有，但是，企业所有财产及产权并不能落实到企业每个职工身上，使企业在进入信息化社会后无法用产权奖励机制鼓励人才与吸引人才，减少了企业的凝聚力。四通公司决定以成立"职工持股会"为突破口，解决"公司产权所有者缺位"问题。[①]

四通公司成立"职工持股会"，是我国民营科技企业对企业产权清晰化又一次伟大的探索，为我国民营科技企业、国有民营科技企业进行产权清晰化、企业经理人持股制的建立，提供了宝贵的经验。被我国经济界人士称为"四通模式"。

中关村"国有民营"科技企业北大方正公司，就是采用企业经理人持股制，进行企业产权清晰化。联想公司采用"职工持股会"的模式，从企业股份分红制、企业股份个人拥有制、企业经理人持股制，进行企业产权清晰化。

1998 年，四通公司改制后新的负责人，左起：四通集团公司总裁朱希铎，四通公司董事长段永基，四通投资公司总裁杨宏儒。齐忠摄影于四通公司宣传资料。

一、四通公司"职工持股会"的运作过程

1999年5月6日，四通公司"职工持股会"正式在北京市民政局注册成立，名为"北京四通投资有限公司职工持股会"。该持股会有会员616人，全部为四通公司职工，这些四通公司职工共出资5100万元。

1999年5月13日，北京市工商局正式向"北京四通投资有限公司职工持股会"颁发"北京四通投资有限公司"（以下简称"四通投资公司"）营业执照。

四通投资公司分为两大股东，第一大股东为"职工持股会"，占51%的股份；第二大股东为四通集团公司，占49%的股份。四通投资公司再用这些资金收购，在香港证券交易所上市的"四通电子"50.5%的股份。[②]

随后，四通投资公司将收购"四通电子"的51%股份清晰地划分到"职工持股会"616名会员身上，完成个人拥有企业产权的第一步。

1984年5月11日，印甫盛、刘菊芬等人向海淀四季青人民公社借款两万元，创办乡镇企业"北京市四通新兴产业开发公司"。

1988年，四通公司对企业产权清晰化、企业产权如何量化到个人进行过大规模研究和探讨，还聘请了吴敬琏等著名经济学家，最后都是无功而返。

1998—1999年，四通公司引进"职工持股会"制度，所融资本杠杆收购自己所服务的公司的部分股份，使管理层得以所有者和经营者合一的身份主导重组公司，被称为"四通模式"。

二、历史资料：职工持股会

1. 职工持股会的起源

1956年，美国律师与投资银行家路易斯·凯尔索推出美国"雇员持股计划"理论基础，英文缩写为"ESOP"。按照他的理论，劳动者的劳动收入和资本收入应该结合在一起，在不剥夺、不侵犯原财产所有者的利益的前提下，实现财富的重新分配，减少管理者与劳动者的冲

突。美国在实行"雇员持股计划"后，在德国、法国、英国等国家也逐渐流行起来。美国"雇员持股计划"这个名称，在中国译为"职工持股会"。

2. 职工持股会在我国的起源与政策规定

1994年，深圳"金地（集团）股份有限公司"在我国首次建立起规范的职工持股会制度。不久，深圳、上海、北京等地政府先后颁布了职工持股制度的"试行办法"。

1996年6月6日，北京市经济体制改革委员会、北京市社会团体管理办公室发布《北京市现代企业制度试点企业职工持股会试行办法》，文号为"京体改发〔1996〕6号"。开启了北京市职工持股会的试点工作。

1996年4月，经北京市体改委批准的职工持股会已达22家，职工持股会占公司总股本最高的是，创建于1956年的北京国有企业"北京染料厂"成立的"北京恒盛染料有限责任公司"，职工持股会占公司总股本的53.96%。

1998年3月10日，国家体改委颁布《国家体改委关于积极稳妥地推进国有企业股份制改革的指导意见》（体改〔1998〕28号）。该文件指出"积极探索建立企业内部职工出资，只向本企业投资的职工持股会制度，以法人形势认购入股，与其他投资者共同组建的股份制企业"。[3]

由于职工持股会是企业经营者和企业职工向企业所有者购买企业产权，而企业经营者在职工持股会占有的资金比例较大，又被人们称为"管理层收购"，英文为Management Buy-Outs，简称为MBO，又称为"经理人收购制度"。

因为企业经营者和企业职工向企业所有者购买企业产权时，公司管理层可以利用高负债融资买断本公司的股权，达到控制、重组公司的目的，并获得超常收益的并购交易。

参考资料：

①来自《四通暨民营科技企业体制创新研讨会文集》，该资料由齐

忠收藏。

②来自1999年8月25日四通公司内刊《四通人》，该资料由齐忠收藏。

③来自1998年10月20日四通公司内刊《四通人》，该资料由齐忠收藏。

1998年11月18日——科技部在深圳召开全国民营科技企业工作会议，我国民营科技企业发展迅猛

1998年11月18—20日，科技部在深圳召开全国民营科技企业工作会议，这是我国第二次有关民营科技企业工作会议。全国各省、自治区、直辖市有关负责人参加了会议，科技部副部长徐冠华、北京市科委主任邹祖烨等在大会上作了发言。

科技部副部长徐冠华在大会上发言时指出：当前民营科技企业呈现出如下新的发展态势和特点。

1. 发展迅猛

1997年，民营科技企业发展迅猛，已达65000余家，固定从业人员315.5万人，技、工、贸总收入达到5555.7亿元，上缴税金265.6亿元。特别是进入"九五"期间后，部分国有企业困难较多，乡镇企业发展明显放慢，而民营科技企业继续保持高速发展。

2. 大批大中型民营科技企业迅速发展

1997年，大批大中型民营科技企业迅速发展。资产总额在1亿元以上的企业有1163家，技、工、贸总收入超过1亿元的企业有874家，超过10亿元的企业有64家，超过20亿元的企业有22家，超过30亿元的企业有10家。其中具有代表性的有北京四通公司、联想公司、北大方正公司、深圳华为公司、上海复兴公司、西安海星公司、长沙远大公司等。到2000年，这些企业很有希望跻身于世界500强企业。

3. 国际化步伐加快

1997年，民营科技企业国际化步伐加快，出口创汇达到89.63亿美元。北京的四通公司、联想公司、北大方正公司分别从香港金融市场筹集到数亿港币的高新技术产业发展资金。

4. 企业管理科学化

1997年，民营科技企业管理日趋规范化、科学化，使科学民主的决策管理得到较好的体现。

5. 民营科技企业的贡献和经验

民营科技企业为科技体制改革和经济体制改革的深化作了有益的探索，是社会主义市场经济体制的探索者和实践者，还成为发展高新技术产业的主力军。

1997年，民营科技企业投入的研究开发经费达216.3亿元，占当年产品销售收入的5%，远高于我国大中型企业研究开发经费占销售额1.2%的水平。

6. 民营科技企业带动国有中小型企业改革和发展方向

民营科技企业带动国有中小型企业改革和发展方向崭露头角，黑龙江省向阳实业集团，是齐齐哈尔市首家超过亿元的民营科技企业。1993年以来，先后兼并了半停产的国有企业、城市集体企业、乡镇企业20家，重新安排职工3000多人。

1995年，河南思达公司先后兼并国有企业郑州市无线电总厂、郑州市无线电仪器厂，妥善安排职工1000多人，承担了两个厂的债权债务。

北京市科委主任邹祖烨在大会上发言时指出：1980年10月，中科院物理所研究员陈春先等七人，在北京市科协的支持下，创建了北京第一家民营科技企业。这是我国知识分子在邓小平理论的指引下，在十一届三中全会改革开放感召下的伟大创造，促进民营科技企业的发展要抓好理论建设、环境建设等。民营科技企业是伴随邓小平理论思想而得到理论上的支持，我们不能无视目前，甚至今后相当长一段时间，在少数领导干部和社会人士中对民营企业的不同看法，或者消而又生的疑虑，所以，要在理论上充实自己、武装自己、引导自己的发展方向，丰富和发展民营科技企业科技创新与创业的思想，对推动民营科技企业的发展十分重要。[①]

参考资料：

①来自《1998 年度北京科技企业工作要览》第 83—104 页，该资料由齐忠收藏。

1999 年

1999 年——北京及中关村民营科技企业概况

1999年，民营科技企业的合法地位在法律上得到承认，北京及中关村民营科技企业发展历史上，创业环境、生存环境、发展环境、公平竞争环境等，非常适合民营科技企业发展壮大，是具有引导科技体制改革特殊意义的一年。

1999年3月9日，全国人民代表大会常务委员会副委员长田纪云在第九届全国人民代表大会第二次会议上，作了《关于中华人民共和国宪法修正案（草案）的说明》。田纪云在说明中指出：关于宪法第十一条，增加规定："在法律规定范围内的个体经济、私营经济等非公有制经济，是社会主义市场经济的重要组成部分。"相应地删去个体经济、私营经济"是社会主义公有制经济的补充"的提法，同时将本条的其他文字修改为"国家保护个体经济、私营经济的合法权利和利益。国家对个体经济、私营经济实行引导、监督和管理"。

1999年3月11日，在第九届全国人民代表大会第二次会议上，全体代表通过了该修正案，使我国非公有制经济从法律上确定了应有的作用和地位，推动了我国非公有制经济的健康发展。[①]

1999年8月23日，中共中央、国务院召开了全国技术创新大会，会议的主要任务是，部署贯彻落实《中共中央、国务院关于加强技术创新，发展高科技，实现产业化的决定》。

该决定指出："支持发展多种形式的民营科技企业。民营科技企业是发展我国高新技术产业的一支新生力量，在我国经济和科技发展中起到越来越重要的作用。国家科技型中小企业技术创新基金要对民营科技企业给予支持。要从管理制度上保证民营科技企业能够平等地参与政府科技计划项目的竞标。"

该决定指出："各级财政部门要帮助和支持民营科技企业解决产权关系不清的问题。对因历史原因造成的民营科技企业与国有企事业单位的产权纠纷，要本着保护国有资产权益、有利于鼓励成果转化、支持科技人员创业的原则妥善解决。在企业决策、管理、分配等方面要充分保障个人的合法权益。允许民营科技企业采用股份期权等形式，调动有创新能力的科技人才或经营管理人才的积极性。"

1999年2月22日，《国务院办公厅转发科技部等部门关于国家经贸委管理的10个国家局所属科研机构管理体制改革意见的通知》，通知指出："现就国家经贸委管理的内贸局、煤炭局、机械局、冶金局、石化局、轻工局、纺织局、建材局、烟草局、有色金属局等10个国家局所属的242个科研机构的管理体制改革提出以下意见，这些科研机构可以从实际情况出发，自主选择改革方式，包括转变成企业、整体或部分进入企业、转为中介机构等。鼓励科研机构转制为科技型企业。"该通知推动了一批科技实力较强的科研院所，以不同方式转入民营科技企业，壮大了我国民营科技企业队伍。

1999年6月5日，《国务院关于建设中关村科技园区有关问题的批复》，极大地鼓舞和推动了北京民营科技企业新的创业与创新浪潮。

1999年，北京民营科技企业经过二十年的发展，企业的数量与规模不仅成为北京市发展高新技术产业的基础，优化了北京市的产业结构，还形成北京市新的经济增长点，在北京市国民经济中占有重要的位置，为北京市地方经济发展作出越来越大的贡献。[②]

总体而言，1999年，北京及中关村民营科技企业呈现出以下特点：

一、1999年民营科技企业状况

1999年，北京民营科技企业占中关村园区内的新技术企业总数的3/4，中关村园区外民营科技企业有1800多家。

1999年，北京市科委对6500家民营科技企业统计结果显示，企业从业人员30多万人，技、工、贸总收入达到936.8亿元，利税83.2亿元，创汇8.5亿美元。

二、1999年民营科技企业遍布北京市各郊区县

1999年，北京民营科技企业遍布北京市各郊区县，北京市东城区、崇文区、朝阳区、顺义区、大兴县、怀柔县、密云县民营科技企业职工上千人，其中顺义区民营科技企业职工达到6446人。

北京市郊区县民营科技企业的兴起，出现了人才向郊区县流动的现象。大兴县民营科技企业居各区县首位，有博士65人，硕士138人，大学本科生1351人，大学专科生1171人。

三、1999年民营科技企业科研投入人均利税等超过北京市平均水平

1999年，北京民营科技企业科研与开发经费投入为21亿元，占企业国内生产总值的8.7%，大大高于北京市全社会科研与开发经费投入的这一比重。

1999年，北京民营科技企业人均利税2.8万元，北京市平均利税为1.1万元。北京民营科技企业人均技、工、贸总收入为32.1万元，北京市平均技、工、贸总收入为3.1万元。

四、1999年部分民营科技企业产权不清，激励机制没有完善，人才流入外企

北京民营科技企业在创业初期，企业创新人员以精神激励为主。进入20世纪90年代，企业创新人员随着本身技术水平的提高，理性觉悟更高，企业创新机制由精神激励转向理性的契约。为追求最大限度地促进创新，提供足够的激励机制，北京市一些大的民营科技企业，如四通公司、联想公司已经较好地解决历史遗留下来的产权问题，但一部分民营科技企业产权不清，激励机制没有完善。

1995年，北京市有外国计算机公司908家。

1998年11月5日，美国微软公司在中关村投资8000万美元，建立微软中国研究院。

1999年，驻北京的外国计算机公司逐渐增加，吸引大批高级技术人

才流向微软中国研究院和外企。

1995—1999年，北京民营科技企业科技人员每年有300人以上流向外国在北京的计算机公司。③

参考资料：

①来自1999年3月9日，全国人大官方网站"中国人大网"。

②来自1999年2月22日，《国务院办公厅转发科技部等部门关于国家经贸委管理的10个国家局所属科研机构管理体制改革意见的通知》，《1999年度北京科技企业工作要览》第120页"北京地区民营科技企业发展（99）研究报告"。该资料由齐忠收藏。

③来自《1999年度北京科技企业工作要览》第120页"北京地区民营科技企业发展（99）研究报告"，该资料由齐忠收藏。

1999年1月4日——北京私营企业积极参与国有企业改革，形成三大发展趋势

1999年1月4日，北京私营企业积极参与国有企业改革，形成三大发展趋势。

一、北京私营企业以承包、租赁、兼并等形式积极参与国有企业改革

党的十五大以后，北京私营企业以承包、租赁、兼并、收购、合资等形式积极参与国有企业改革。北京私营企业"北京比尔特公司工贸有限责任公司"以600万元收购海淀乡镇集体企业"北京温泉压力容器厂"，使这个厂从亏损严重、难以为继的局面获得盘活。

北京大兴县私营企业"南辰铝品有限责任公司"，与北京市属国营大型二类企业——严重亏损的"北京东辰铝业公司"合资，成立"伟豪铝业有限公司"后，取得很好的经济效益。

北京私营企业"凯森公司"以租赁的方式启动了国有企业"北京玛钢厂工具车间"，利用该车间的设备使公司拥有的"瓦楞纸轧棍"产品迅速形成批量生产，并出口到新加坡、印度尼西亚等国家。

二、北京私营企业规模增长迅猛

1998年6月，北京市个体、私营企业规模增长迅猛，是北京市个体、私营企业发展最快的一年，超过全国平均水平。北京市个体工商达到24.15万户，从业人员34万人，注册资金298.07亿元。

北京市私营企业还出现一批初具规模较有影响的企业，北京市注册资金上百万元的私营企业有1700多家，其中六家私营企业集团注册资金7.1亿元。

三、北京私营企业结构多样化、合理化

北京私营企业在发展中积极谋求上规模、上水平，向高科技、向国外发展。北京市海淀区私营企业共12810家，占北京市私营企业总数的25.65%。海淀区私营企业拥有北京市专利技术的企业占北京市私营企业总数的2.3%，拥有国家级专利技术的企业占北京市私营企业总数的6.6%，拥有世界级专利技术的企业占北京市私营企业总数的1.1%，为北京市的经济建设发挥了重要作用。[①]

参考资料：

①来自1999年1月4日《北京科技报·民营产业》，该资料由齐忠收藏。

1999 年 1 月 25 日——柳传志亲笔撰文叙述联想公司产权明晰以及贸易为先的原因与过程

1999年1月25日，联想公司董事局主席柳传志，亲笔撰文叙述联想公司产权明晰化的原因与过程，以及公司为何贸易为先。这也是柳传志最早论述联想公司初期企业产权明晰的原因与过程，以及联想公司贸、工、技为主的原因，是我国"国有民营"科技企业十分珍贵的历史文献，该文章内容如下。

联想的明晰企业产权与贸易为先

联想公司董事局主席　柳传志

1999 年 1 月 25 日

1984 年，我们是中科院计算所的一个公司，由所长代表国家投资

在中关村融科资讯中心 A 座，保留的联想公司最初的办公地址。齐忠摄影。

20万元人民币，我们既是公司职工，也是计算所的职工。后来越发展越大，今天公司的一部分已经在香港上市，市值50亿元左右。那么这部分产权是什么关系？

从前，国家开放初始支持给我们钱办这个企业时，明确到管理权，计算所老所长曾茂朝当时讲："钱不多，就20万元，但是管理权全在你们手里面。"即经营决策权、人事权、财务支配权等。这在当时我们就很满足了。

我们说："我们按民营企业所要的'四自'运行机制已经有了。企业运作、管理相当于民营企业后，我们去自筹资金。"

所以后来称"国有民营"企业，挣钱交给国家，经营归我们自己做。但是，企业在后来的经营中，风险越来越大，压力越来越大时，我们光有管理权这就不够了，犯得着冒这么大的政策风险、经营风险吗？于是就迫切需要企业产权明晰。企业产权不明晰，经营者有责没有利，在这种情况下，企业再发展下去就有困难了。

1993—1994年，中科院的领导与我们商量，企业的年利润65%上交中科院，35%给企业员工。因为解决企业股权问题很复杂，影响到国有资产及很多问题，但是利润分配中科院有权决定。这样联想公司就成立"员工持股会"先是把企业股票分到"员工持股会"，然后"员工持股会"再把这些股票分给诸如创业时发挥关键作用的老同志，创业时作用一般的老同志及后来人。

因为创业时发挥关键作用的老同志们，目前在企业都居于很高的位置，但精力与体力都不太够了。在这种情况下，老同志们能够得到生活的保证，应该得到自己的一份，才能心平气和地退下来，很好地支持年轻人的工作，这对联想公司的后续发展是很重要的，所以，联想公司产权明晰对企业的发展有很大好处。

联想公司创业时期的这些老同志，确实经历了千辛万苦，在20世纪90年代前，他们的工资特别低。1993—1994年，联想公司大发展，公司待遇高时老同志反倒要退下来。如果没有很好的分配体系，也要通过股权的方式让他们得到应有的回报，否则让这些老同志退下来不仅事实上做不到，于情于理也不通。因此格外感觉到企业产权方面要有适当的准备。

我们与中科院领导谈过，把中科院留给联想公司的每年企业年利润35% 交给"员工持股会"，再把这些年利润进行具体的划分，有给当年创业时功勋人员的，也有给当年创业时一般人员和后人的。分到每个人头上后，企业做得越好，利润越高，大家分的越多。老同志们也确实看到，年轻人上来后他们分配的更多，从事业上的需要，从自己的回报需要都是一致的，所以老同志就特别真心真意地帮助年轻人，企业的交接工作特别好。

企业领导人要将利益问题处理好是关键，要有办长久企业的指导思想，还要提前设计好，不要等企业有钱后分钱。

联想公司明晰企业产权的过程，中科院给了我们大力的支持。

近来一些专家、学者在一起对北大方正公司的技、工、贸道路与联想公司的贸、技、工的道路进行了比较，到底哪个更适合中国国情。我们觉得，这里面确实有一些深刻的道理。

这要从两个角度来考虑，一是从实践，二是从道理。从实践上看，联想公司在 20 世纪 80 年代末 90 年代初曾有一个人数相当多的技术研究中心，研究出来的阶段性成果可转化为产品的有几十项，其中最大的一项投资有 500 万元叫"多口汉卡"，这个产品还是比较有市场的，有的台湾厂家现在还在做。但是当时我们做起来就是成效不大，为什么呢？就是没有市场开拓能力。

一是产品本身没有在市场上反反复复磨合过，产品的性能和质量还应该在市场上获得更多的意见。

二是销售人员不知道在市场上应该如何卖。联想公司虽然是搞销售起家的，而且像我们这些创业元老都是从计算所出来搞销售研究市场的。但在 20 世纪 90 年代初的时候我们还没有摸清如何形成规模销售、挖掘市场、运用新兴市场的规律。原来的销售人员只会销售"联想汉卡"和 IBM 计算机，当开拓新领域产品时，就不知从何做起了。

从道理上讲，中国还缺少行销商品的土壤。比如科技成果转化为商品，美国人为什么就行，中国人就不行呢？后来我们明白了，像微软公司、英特尔公司的技术人员搞市场销售时，他们是长期处于商业社会中，耳濡目染早就轻车熟路，可中国企业懂吗？只有像我们这样出来干了这些年，受了这份煎熬后才能懂，这是中国的特殊情况。中国长期在计划经济的情况下，大的国有企业搞销售就是开个订货会，真正搞大规模销售我们是外行，联想公司也只是在这几年才取得一定经验。

还有，我认为中国企业的成长应该在三个方面进行研究：

一是企业发展规律，比如搞电脑的，是往网络方面搞还是往计算机硬件或软件方面走。

二是企业管理规律，就是企业本身的规律。

三是中国的一些特殊情况要研究。

而在外国则不同，人家的市场基本是相同的，没有必要研究特殊情况，国外的企业管理也是比较成熟的。所以，他们可以集中精力研究行业规律，把精力放在"技"上，有了"技"之后，就有了这个势能，就有了这个能力推动市场。就像索罗斯那样，他就是有这个势能，换了别人行吗？

有的学者说："技术能推动用户，以技术引导市场需求。"这话没错，但要看谁来做。老实说，我们今天还不具备这个势能，无论是资金还是技术都还不够，但又不能停步，还要向这个目标努力，怎么办？所以，我们搞的贸、工、技就是要用"技"引导市场的一个基本手段，"贸"对于联想公司这样的企业是非常重要的。我们可以比较一下北大方正公司，该公司是从"技"做起的，但卖的是专业产品，不是通用性产品。我相信北大方正公司今天如果卖电脑，也要探索做贸易的经验，这是因为产品背景不同。如果做报刊排版，有二十多个产品就能把全国市场做起来。如果卖电脑呢？卖通用性的软件呢？就得组织大规模的宣传攻势、有大规模的市场开拓能力等。因此，中国企业补上贸易这一课是必要的，我不敢说这是规律，但对联想公司来说这条路是很实在的。如果更清楚的表示就是，先做贸易，然后再把大规模工业做清楚，最后通过技术引导市场。①

《大事记》撰写者对柳传志先生所写文章中的瑕疵更正

上文中柳传志先生所写的北大方正公司是从"技"做起的，这个叙述与事实有差距。北大方正公司的主要产品"方正激光照排"报刊排版系统，并不是北大方正公司开发的。是1974年8月，由国家投资制定的"748工程"开发出来的，这项科研成果国家投资巨大，并且列入国家"七五""八五""九五"计划，国家投资数十亿元，仅北京大学在十年内就获得国家投资高达986万元人民币的拨款，而主要科研开发者是北京大学计算机研究所的王选院士，科研开发这项成果的过程到首批产品投放市场的十多年中，与北大方正公司的前身"理科公司"和"北大新技术公司"没有任何关系。"北大新技术公司"只是参与了该产品的二次开发，所以北大方正公司"技"的道路是不适合我国资金短缺新技术企业的。②

参考资料：

①来自1999年1月25日、1999年3月22日《北京科技报·民营产业》，该资料由齐忠收藏。

②来自2021年10月《中关村的故事》第281页，该资料由齐忠收藏。

1999年2月10日——中共中央总书记江泽民在北京考察工作，视察民营科技企业北京锦绣大地公司时强调，中关村要为全国高新技术产业的发展发挥示范作用

1999年2月10日，中共中央总书记江泽民及温家宝、罗干等领导，在北京考察工作，视察民营科技企业北京锦绣大地农业股份公司时，江

泽民总书记强调：北京市具有人才、科技、知识优势，高科技产业的发展有一定的基础，要加快发展，中关村地区就有这样的条件。要注意借鉴国外创建科学城的有益经验，成功地创建有我们自己特色的科技园区，为全国高新技术产业的发展发挥示范作用。①

参考资料：

①来自《中关村科技园区志海淀园资料汇编》第 4 页，《中关村 30 年大事记》第 129 页。该资料由齐忠收藏。

1999 年 3 月 9 日——第九届全国人大二次会议对中共中央提议的《关于中华人民共和国宪法修正案（草案）》进行了审议，宪法中"非公有制经济是公有制经济的补充"改为"是社会主义市场经济的重要组成部分"

1999 年 3 月 9 日，全国人民代表大会常务委员会副委员长田纪云，在第九届全国人民代表大会第二次会议上，作了《关于中华人民共和国宪法修正案（草案）的说明》。

田纪云在说明中指出，关于宪法第十一条，增加规定："在法律规定范围内的个体经济、私营经济等非公有制经济，是社会主义市场经济的重要组成部分。"相应地删去个体经济、私营经济"是社会主义公有制经济的补充"的提法，同时将本条的其他文字修改为"国家保护个体经济、私营经济的合法的权利和利益。国家对个体经济、私营经济实行引导、监督和管理"。这样修改，进一步明确了个体经济、私营经济等非公有制经济在我国社会主义市场经济中的地位和作用，有利于个体经济、私营经济等非公有制经济的健康发展。①

1999 年 3 月 11 日，在第九届全国人民代表大会第二次会议上，全体代表通过了该修正案。使我国非公有制经济即民营经济从法律上确定了应有的作用和地位，推动了我国民营经济及民营科技企业的健康发展。

参考资料:

①来自 1999 年 3 月 9 日，全国人大官方网站"中国人大网"。

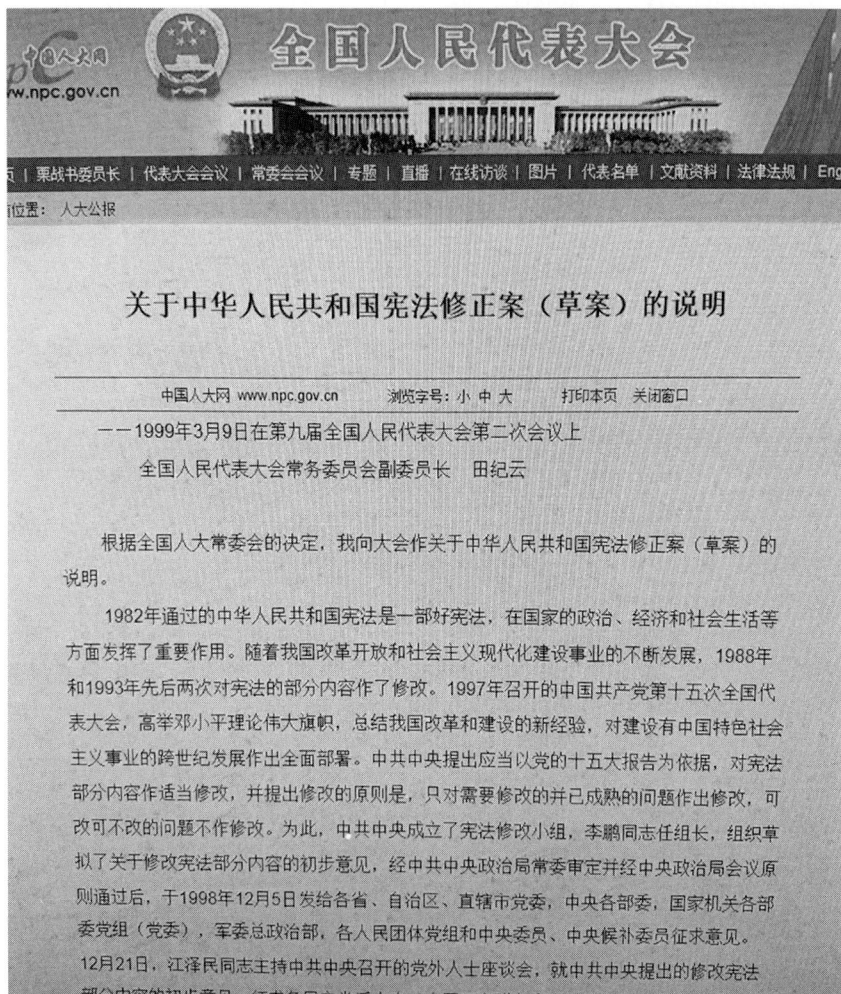

1999 年 3 月 9 日，全国人民代表大会常务委员会副委员长田纪云，在第九届全国人民代表大会第二次会议上作了《关于中华人民共和国宪法修正案（草案）的说明》。齐忠摄影于全国人大官方网站"中国人大网"。

1999 年 3 月 30 日——北京市科委首次对北京地区民营科技企业统计工作结束，并作出《北京市民营科技企业技术创新环境政策研究报告》与《北京地区民营科技企业发展（99）报告》

1999年3月30日，北京市科委首次对北京地区民营科技企业统计工作结束，并作出《北京市民营科技企业技术创新环境政策研究报告》与《北京地区民营科技企业发展（99）报告》，这是记录北京市民营科技企业发展历史和1999年发展状态的珍贵历史文献。

北京市科委对北京地区1018家民营科技企业进行统计调查，1998年，这些企业拥有长期职工29620人，企业资产总额59.2亿元，企业年总产值35.1亿元，技、工、贸总收入37.5亿元，企业年利税总额5.2亿元，企业年创汇1.1亿美元；企业年平均劳动生产率12.7万元/人，每万元资产创收0.63万元。

《北京市民营科技企业技术创新环境政策研究报告》，课题组成员为：

顾问：李艳平（女）、王军、缪国平、邵欣平、刘平

组长：曹周华

副组长：璐羽

《北京地区民营科技企业发展（99）报告》，有关工作与研究成员为：黄刚、郭毅、赵京澄、邓立众等。

《北京市民营科技企业技术创新环境政策研究报告》分为北京市民营科技企业技术创新环境现状，创新环境评价，国外、中国台湾科技园区参考，政策现状，政策建议等六大方面的对比与评述。

《北京地区民营科技企业发展（99）报告》对1998年北京地区民营科技企业的概况、企业发展状况、职工情况、资产状况、经济效益、科研活动及成果、主要产品及效益等方面作出了全面的、精确的数据统计。[①]

参考资料：

① 来自《1999 年度北京科技企业工作要览》第 79、165 页，该资料由齐忠收藏。

1999 年 4 月 12 日——我国高新技术产业开发区民营科技企业占 80%

1999年4月12日，科技部有关人士指出：由于我国民营科技企业大多涉足新兴产业，特别是技术密集的新行业，在我国53个国家级高新技术产业开发区和58个省级高新技术产业开发区中，民营科技企业约占80%。

1997年，北京民营科技企业技、工、贸总收入突破400亿元人民币，占北京市全市工业总产值的70%以上。到2000年，我国民营科技企业经济规模将增长至1万亿元，相当多的民营科技企业进入全国经济500强。[1]

参考资料：

① 来自 1999 年 4 月 12 日《北京科技报·民营产业》，该资料由齐忠收藏。

1999 年 4 月 20 日——北京民协第四届大会在京举行，纪世瀛再次当选北京民协会长

1999年4月20日，北京民协第四届全体会员大会在京举行，北京民协全体会员投票选举出协会新一届领导班子。

北京市政协副主席封明为（已故）、北京市科委主任邹祖烨当选北京民协名誉会长，纪世瀛再次当选北京民协会长。

1999 年 4 月 20 日，北京民协会长纪世瀛在大会上讲话。齐忠摄影。

京海公司董事长王洪德，时代公司第一副总裁王小兰（女），中国大恒公司总裁张家林，新奥特公司董事长郑福双，科瑞公司董事长郑跃文，四通公司党委书记马明柱、副总裁田志强（已故），联想公司副总裁李勤，北大方正公司副总裁鲁永令，中国科技经营管理学院董事长蒋淑云（女），清华紫光公司总裁张本正，科利华公司副总裁薛建国，以及赵昭亮、徐荣祥（已故）、陈平安、陈家林、于洋、王常力、耿奎，当选北京民协副会长。

三友知识产权代理公司董事长李强（女）、智凯公司董事长姜云，当选北京民协监事。[1]

参考资料：

[1]来自 1999 年 7 月 12 日《北京科技报·民营产业》，该资料由齐忠收藏。

1999 年 4 月 28 日——微软公司起诉亚都公司侵犯知识产权索赔 150 万元人民币,微软公司起诉书上有美国国务卿奥尔布莱特(女)亲笔签名,该起诉被北京市第一中级人民法院驳回

一、微软公司起诉亚都公司侵犯知识产权的证据与过程

1999 年 4 月 28 日,北京亚都科技集团收到北京市第一中级人民法院

1999 年 4 月 28 日,北京亚都科技集团收到的北京市第一中级人民法院传票复印件。齐忠摄影并收藏。

传票，要求北京亚都科技集团在1999年5月27日上午9点，到北京市第一中级人民法院14法庭。北京市第一中级人民法院该日开庭审理，美国微软公司起诉北京亚都科技集团侵犯知识产权，索赔150万元人民币及其他有关诉讼费用和律师费一案。[①]

美国微软公司在起诉状中写道：MS—Dos、MS—Windows95（中文版）、MS—Windows95（英文版）、MS—Office95、MS—Office97（中文专业版）、Foxpro2.5、Word6.0、Access2.0、Access97、Exchange4.0、Excel7.0等软件是原告开发并享有著作权的计算机软件作品。

1998年11月，原告授权代理人"中联知识产权调查中心"，在被告的办公场所发现被告未经原告许可，通过盗版光盘擅自复制并使用上述软件作品，在公证人员的监督下，海淀区工商局执法人员对被告部分计算机进行了清查。发现被告共非法复制、使用了MS—Dos 6.21软件4套，MS—Windows 95软件12套，MS—Office 95软件8套，MS—Office 97软件2套，Foxpro 2.5软件4套，Word 6.0软件1套，Access 2.0软件1套，Exchange 4.0软件3套，Excel 7.0软件2套。除以上软件外，被告工程师承认被告营业所用的五十台左右计算机内都装有盗版的微软公司软件，上述事实有"京海三证民字"第2068号公证书为证。

原告请求人民法院判令被告北京亚都科技集团：

1. 判令被告立即停止侵权行为，公开赔礼道歉，消除影响。

2. 判令被告赔偿因其侵权给原告造成的市场损失计人民币150万元。

3. 判令被告承担原告为制止其侵权行为而支付的调查、取证费用。

4. 判令被告承担本案的有关诉讼费用及律师费。

原告要求赔偿的市场损失的计算依据为：根据原告软件市场零售价格乘以被告非法复制、使用的套数可以得出非法复制并使用的软件价值80多万元，对于被告这种大量非法复制，并且是从盗版光盘中预装的行为，根据有关法律规定，可以判处最高5倍赔偿，因此，原告提出150万元的赔偿请求。

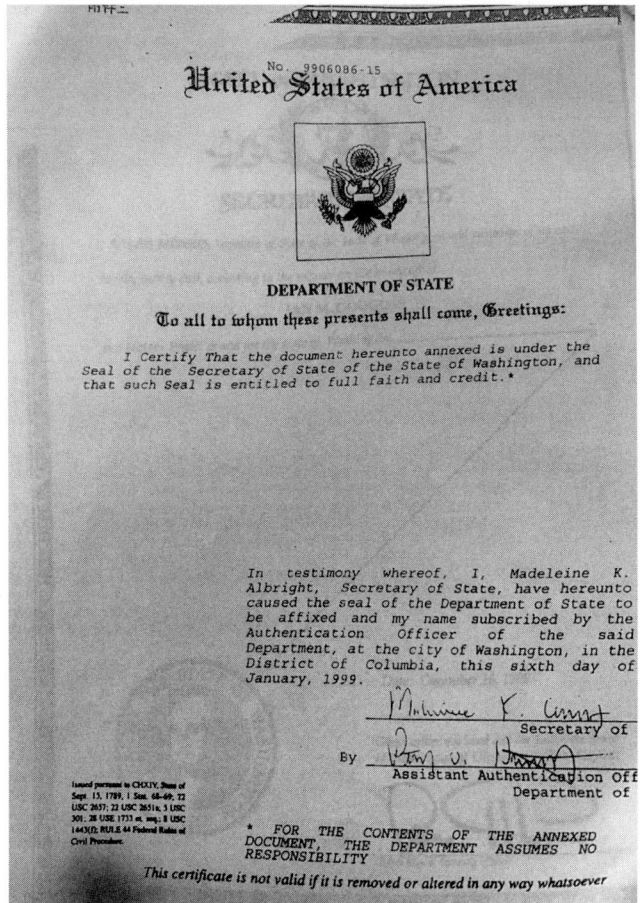

1999 年 1 月 6 日，美国国务卿马德琳·K. 奥尔布莱特（女），在美国微软公司起诉书中的亲笔签名复印件。齐忠摄影并收藏。

美国微软公司在起诉书中还有，1999 年 1 月 6 日美国国务卿马德琳·K. 奥尔布莱特（女）亲笔签名。

美国微软公司在起诉书中显示：

美利坚合众国国务院向收到此文件的所有人致意。我证明：所附文加盖了华盛顿州州务卿的印章，对此印章应予以充分的信任。

我国务卿马德琳·K. 奥尔布莱特已责成国务院认证官在此加盖国务院印章并签署我的名字，以资证明，1999 年 1 月 6 日，于哥伦比亚特区华盛顿市。

国务卿马德琳·K.奥尔布莱特（签字）

国务院助理认证官（签字）

美国微软公司起诉书上还有，华盛顿州州务卿：拉尔夫·芒罗亲笔签名，以及华盛顿州的印章。

原告地址：美国华盛顿州雷德蒙市微软路一号。②

美国微软公司还通过该公司驻中国公司，向北京市新闻界广泛散发该起诉书。

二、亚都公司的反应与对策

1999年5月10日，亚都公司向北京市新闻界发布了《关于"美国微软公司起诉亚都公司侵权案"的情况报告》。

亚都公司在该报告中指出：1999年4月28日，亚都公司收到北京市第一中级人民法院传票，通知"美国微软公司起诉亚都公司侵犯著作权案"，起诉状的简单内容是，亚都公司使用了盗版软件，要求赔偿220万元人民币。此案是国内第一例外国公司状告中国消费者（使用者）的案件，且原被告双方均为知名企业，值此中美双方就加入WTO等问题尚未明朗之际，此案已引起各方高度重视。美方证词有美国国务卿奥尔布莱特和华盛顿州州务卿芒罗亲笔签名，显然得到美国政府方面的支持。

亚都公司在该报告中还指出：亚都公司决心不惜代价与微软公司打到底，主要原因是：

1. 本案经公开审理，可能严重危害公司声誉，也可能引发其他更大危害。

2. 许多人认为"使用不犯法"，而本案恰恰是第一例外国公司状告中国消费者（使用者）的案件，如不当定论，涉及面极大。专家估计，如以本案微软公司的索赔要求，中国消费者要支付2000亿元的赔款。

3. 在调查中我们发现，微软公司的正版软件在中国和美国本土售价差别很大，如Windows 98，在美国本土售价90美元，在中国售1980元人民币，而且已经形成在基础软件方面的垄断局面，已经对中国民族产业构成威胁。因此，亚都公司与微软公司之争，不仅是企业行为，亚都有可能就价格歧视和垄断问题提起反诉。③

1999年5月18日，亚都公司又向北京市新闻界发布了《"微软"起诉"亚都"——用意何在？》的资料。

亚都公司在该资料指出：一般人认为，制造贩卖盗版软件是违法行为，使用并不违法，目前我国使用的微机上，95%以上运行微软"视窗"类的操作系统，其中可能有数百万套非正版软件。微软起诉亚都，实在是"杀鸡给猴看"。对于数百万"猴"来说，此举隐含杀机。④

1999年5月21日，亚都公司在北京召开新闻发布会，亚都公司董事长何鲁敏向北京新闻媒体记者说明微软公司状告亚都公司侵犯知识产权案的情况。

何鲁敏指出：本案中的微软公司起诉书上有美国国务卿马德琳·K.奥尔布莱特（女）亲笔签名，以及微软公司总部华盛顿州州务卿拉尔夫·芒罗的亲笔签名与印章，说明该案有美国政府的支持。

亚都公司把美国国务卿、华盛顿州州务卿两人在起诉书上的亲笔，将案件巧妙地移植上有美国政府支持的"阴影"。

其实，按照我国有关规定，国外企业在中国起诉时，必须出具本国政府和所在地政府认定有该公司的签名认证材料，才能立案。所以本案没有美国政府支持的意思。但是，微软公司和微软中国公司虽然拥有一流的法律专家、一流的公关公司，可惜在与亚都公司诉讼时，对这一点并没有说明，不难看出微软公司在管理上的漏洞。

在微软公司起诉亚都公司期间，微软公司董事长比尔·盖茨在美国著名杂志《财富》上发表了一段中国对软件知识产权保护不利的言论。他说："虽然中国每年的电脑销售量为300万台左右，但人们不花钱买软件，总有一天他们要付钱的，只要他们想偷，我希望他们偷我们的，他们将会上瘾。因此，我们可以算出未来10年的某一天，我们将怎样去收钱。"

亚都公司当然不会拒绝比尔·盖茨赠给的这份大礼，向北京新闻媒体记者公布了这段话，使微软公司自毁形象，也使每一个中国人从理智到感情上都不会原谅比尔·盖茨。

从1999年我国电脑销售的事实来看，比尔·盖茨是没有证据表明中国每年销售的300万台电脑预装的是盗版软件。

1999年，联想公司出售130万台左右的电脑，联想公司花了近亿元向微软公司购买了"视窗95"平台软件电脑预装知识产权。自然，联想公司会把这笔巨款加进联想电脑的成本中后出售给我国消费者。也就是说，中国的消费者在购买联想电脑时，也间接向微软公司支付了使用该公司的软件知识产权使用费。

1999年，美国IBM公司、惠普公司、康柏公司、戴尔公司、苹果公司，日本制造的电脑和走私进入中国的洋电脑，在150万台左右，这些"洋电脑"全部向微软公司购买了"视窗95"平台软件电脑预装知识产权，中国的消费者在购买这些"洋电脑"时，也间接向微软公司支付了使用该公司的软件知识产权使用费。

1999年，在中国销售的280万台电脑，全部向微软公司购买了"视窗95"平台软件电脑预装知识产权，这个事实是无可争辩的。比尔·盖茨所说的300万台电脑，只剩20万台电脑无法确定是否安装了盗版软件。

在北京某次会议上，有关记者面对微软中国公司及一些跨国软件公司的相关人士，就比尔·盖茨的这些言论进行提问后，微软中国公司及一些跨国软件公司的相关人士，也认为比尔·盖茨的这些言论伤害了中国人的感情。

1999年6月20日下午，亚都公司在北京市海淀区翠宫饭店召开新闻发布会，亚都公司董事长何鲁敏向北京新闻记者介绍了微软公司状告亚都公司相关情况，并在会议上宣布亚都公司所有的计算机将安装金山公司的"WPS办公系统软件"。何鲁敏并与金山公司董事长求伯君签订了有关使用协议书。⑤

1999 年 6 月 20 日下午，亚都公司在北京市海淀区翠宫饭店召开新闻发布会，亚都公司董事长何鲁敏（左一）在回答中央电视台记者有关微软公司状告亚都公司相关情况的提问。齐忠摄影。

三、美国微软公司起诉亚都公司开庭后的情况反转

亚都公司董事长何鲁敏，在美国微软公司起诉亚都公司开庭前，在任何场合都公开承认，亚都公司的电脑中使用了盗版的"视窗平台软件"。但是，在美国微软公司起诉亚都公司开庭后，情况却有了大的反转。

1999 年 5 月 27 日上午 9 点，北京市第一中级人民法院知识产权庭审理美国微软公司对亚都科技集团的起诉案时，亚都公司的代表却抛出撒手锏，指责微软公司告错了对象。美国微软公司所提供的证据，也就是装有盗版"视窗平台软件"的电脑，是属于"北京亚都科技股份有限公司"的，不是亚都科技集团的。亚都公司的辩解对美国微软公司非常不利，还无法辩解。

1999 年 7 月，美国微软中国公司虽然在北京召开新闻发布会，说明种种情况，但仍无力回天。

1992年2月20日，在中关村魏公村小学办公的亚都公司设立的"北京亚都科技股份有限公司"筹委会办公室。齐忠摄影。

四、美国微软公司起诉亚都公司的判决与微软公司的反应

1999年12月17日，北京市第一中级人民法院知识产权庭以证据不足为由，裁定驳回微软公司对亚都科技集团的起诉。

1999年12月18日，美国微软公司驻中国公司向北京新闻界散发了一份声明。

该声明指出：1999年12月17日，北京市第一中级人民法院知识产权庭以证据不足为由，裁定驳回微软公司对亚都科技集团的起诉。微软公司对此十分失望。众所周知，北京亚都科技集团的法定代表人何鲁敏同时也是其子公司亚都科技股份有限公司的法定代表人。两家公司同在亚都大厦。侵权事实确凿，且经公证处公证。何鲁敏本人也曾公开承认集团内部有使用盗版软件的行为。

事实上，法庭的裁定确认了公证书中所述侵权事实的存在，从而也就确认了北京亚都科技股份有限公司存在复制和使用盗版软件这一铁的

事实。微软公司将对亚都科技集团的子公司北京亚都科技有限公司提起诉讼。对知识产权的有力保护对于中国信息产业的发展乃至整个国民经济的建设至关重要。一个对知识产权有利保护的法律环境将对中国吸引外资和参与全球知识经济的竞争提供有力的保障。许多专家和相关人士都呼吁打击企业盗版行为。软件行业的一些其他公司已经或是正在采取法律的手段对企业盗版行为提起诉讼。

微软公司将一如既往坚持在中国的知识产权保护策略：进一步加强教育，提高市场对软件的价值的认知，树立使用正版软件的意识，以最经济和方便的方式向客户提供软件。微软公司会继续积极与政府、合作伙伴和软件同行进一步地合作，更好地开展知识产权保护工作。⑥

五、亚都公司对判决的反应

1999年12月24日，亚都公司对微软公司一案，对外界发表自己的看法。亚都公司总裁何鲁敏指出：微软公司在与亚都公司一案的调查取证上荒唐可笑，连被告都没有搞对便走上法庭。北京亚都科技集团与亚都科技股份有限公司是两个独立的企业法人和法律主体，北京亚都科技集团仅是亚都科技股份有限公司的众多股东的一个。⑦

六、微软公司起诉亚都公司侵权案证据不足的解释

1999年12月18日，在美国微软公司的声明中所述："众所周知，北京亚都科技集团的法定代表人何鲁敏同时也是其子公司亚都科技股份有限公司的法定代表人。两家公司同在亚都大厦。"但是亚都公司侵权案中，美国微软公司起诉的是北京亚都科技集团，而不是北京亚都科技集团的下属公司北京亚都科技股份有限公司。美国微软公司向法院提供的证据无法分清是北京亚都科技集团的，还是北京亚都科技股份有限公司的，造成了证据不足。

人民法院审理民事案件严格推行"谁主张，谁举证"，对案件事实负有举证责任者为提出相应主张的当事人。当事人对自己提出的主张所

依据的事实或反驳对方主张所依据的事实，均需提供证据加以证明。若当事人提供的证据不足以证明事实成立，亦即证据不足而致事实不清，则应由其自行承担相应的举证不能责任，所以裁定驳回微软公司对亚都科技集团的起诉。

七、1999年初微软公司在中国曾屡告屡胜

1998年—1999年2月，美国微软公司起诉中国公司侵犯该公司知识产权曾屡告屡胜。北京海四达公司败诉后，判决赔偿美国微软公司54万元人民币。北京民安投资咨询公司败诉后，判决赔偿美国微软公司25.344万元人民币，并被指定在报刊上公开道歉。深圳一家生产通信交换机企业，北京中关村一家企业，在遭到美国微软公司起诉后，出于对本企业形象等多方面的考虑，私下和解，向美国微软公司支付巨额赔偿金。⑦

北京民安投资咨询公司一审败诉后，在规定的期限内没有上诉，但是该公司也没有赔偿美国微软公司25.344万元人民币，所以，北京市第一中级人民法院查封该公司财产并进行公开拍卖。⑧

八、微软公司起诉亚都公司侵权案带来的法律思考

美国微软公司起诉亚都公司侵权案，给人们带来很多法律上的新思考。

1. 对被告的选择

美国微软公司在起诉亚都公司侵权案中，如果美国微软公司将亚都公司董事长何鲁敏作为单一被告起诉，作为亚都公司及属下所有企业法人的何鲁敏，是无法回避责任的。

2. 美国微软公司选错被告后果是可怕的

美国微软公司在起诉亚都公司侵权案中，选错被告后果是可怕的。亚都公司董事长何鲁敏如果反诉美国微软公司侵害名誉权，诬告亚都公司，给公司带来巨大损失，美国微软公司是无法应对的。

3. 调查盗版软件取证的新思考

如果亚都公司在美国微软公司及相关人员进入该公司调查取证时，亚都公司人员以电脑保存有企业机密，外人不能打开为由拒绝调查取证，可能该案不会发生。因为调查取证不是公安机关搜查取证，一旦企业拒绝是无法进行的。[9]

4. 美国微软公司再次起诉亚都科技股份有限公司可能再次败诉

美国微软公司虽然在声明中表示，再次起诉亚都科技股份有限公司，但是可能再次败诉，因为美国微软公司原来的取证已经无效，如果再次去亚都科技股份有限公司取证，亚都科技股份有限公司计算机全部使用了金山公司的"WPS办公系统软件"，无法找到侵权证据。

参考资料：

①来自 1999 年 4 月 28 日，北京亚都科技集团收到的北京市第一中级人民法院传票。该资料由齐忠收藏。

②来自美国微软公司起诉书，该资料由齐忠收藏。

③来自 1999 年 5 月 10 日，亚都公司向北京市新闻界发布的《关于"美国微软公司起诉亚都公司侵权案"的情况报告》。该资料由齐忠收藏。

④来自 1999 年 5 月 18 日，亚都公司向北京市新闻界发布的《"微软"起诉"亚都"——用意何在？》。该资料由齐忠收藏。

⑤来自 2021 年出版的《中关村的故事》第 686 页。

⑥来自 1999 年 12 月 18 日，美国微软公司驻中国公司向北京新闻界散发的一份声明。该资料由齐忠收藏。

⑦来自 1999 年 12 月 27 日《北京科技报·民营产业》，该资料由齐忠收藏。

⑧来自 1999 年 8 月 9 日《北京科技报·民营产业》，该资料由齐忠收藏。

⑨来自 1999 年 8 月 16 日《北京科技报·民营产业》，该资料由齐忠收藏。

1999年5月10日——中国非公有制经济纳税已占全国46%

1999年5月10日，新华社对外公布，非公有制经济已经成为中国税收的稳定增长点，1998年，非公有制经济税收占到全国税收总额近一半。

国家税务总局公布的数字表明，1998年，非公有制经济税收占全国税收总额的46%，达到4180亿元。

中国改革开放20年来，非公有制经济税收增长速度高于全国年均16%的增长速度。其中，主要来源于外商投资企业的涉外税收增加了600多倍。1998年，达到1233亿元。同时，股份制经济、联营经济以每年81.9%的速度增长，个体私营经济税收也保持年均12%的增长速度。

国家税务总局官员郑文敏指出：非公有制经济作为经济发展的主力军对税收增长的贡献日益明显。而国有经济在全国税收总额中所占份额逐年下降，在过去的20年间，国有经济占全国税收总额的份额下降了20个百分点，从1978年的74.5%下降到1998年的54%。[1]

参考资料：

[1] 来自1999年5月10日《北京科技报·民营产业》，该资料由齐忠收藏。

1999年5月13日——北京市科协在北京市政府召开以"中关村发展战略"为主题的第17次专家"季谈会"

1999年5月13日，由北京市科协主办，北京民协协办的以"中关村发展战略"为主题的第17次专家"季谈会"在北京市政府召开。

会议由北京市副市长林文漪（女）主持，北京市市长刘淇、副市长刘海燕、北京市科协负责人刘培温、北京民协会长纪世瀛、原中共中央办公厅调研室于维栋、联想公司总裁柳传志、时代公司第一副总裁王小

1999 年 5 月 13 日召开的"中关村发展战略"第 17 次专家"季谈会"上，北京市市长刘淇在会上发言。
右起：林文漪（女）、刘淇、刘海燕。图片来自《1999 年度北京科技企业工作要览》，该资料由齐忠收藏。

兰（女）、四通公司副总裁田志强等民营科技企业家参加了大会并发言。

北京市市长刘淇在会上发言中指出："中关村要有一个敢于改革、试点的新机制。高新技术企业试行新的产权制度，解决智力劳动参加分配的问题。上海在国有企业搞试点期权制，即企业的经营者董事长与总经理，给他们一部分期权。北京市马上也搞试点，不仅是高新技术企业，在国有独资或者国有控股企业的董事长与总经理，只要改成股份制，就给他一部分期权，经营者应当有这个期权。"[1]

参考资料：

[1] 来自《1999 年度北京科技企业工作要览》第 75 页，该资料由齐忠收藏。

1999年5月17日——中关村房租高于五星级饭店，企业纷纷离开

1999年5月17日，海淀工商局工作人员魏新高指出：由于中关村房租高过五星级饭店，许多知名企业纷纷离开。目前已有美国康柏电脑公司、德州仪器公司、日本爱普生公司、北京市著名私营企业大中音响城在内的46家大公司，从海淀高新技术产业区迁往朝阳、石景山等地，还有814家公司从海淀区迁出。

1999年1月—4月21日，又有93家公司从海淀区迁出，这些公司大多数为电子公司。这些公司迁出的原因是中关村的房租太高，有些地方超过北京市五星级酒店。

中关村房租最低价为每日每平方米5—8元人民币，最高可达每日每平方米10—35元人民币。比长城饭店、中国大饭店的租金都高。一家大公司在中关村每年的房租高达1000万元，中科院某公司1998年销售额为175亿元，利润只有5亿元。该公司老板笑称给银行和房东打了一年工。

美国康柏电脑公司从海淀区迁到朝阳区，租赁丰联广场大厦一层楼，租金比在中关村还优惠许多。大中音响城是海淀颇具有规模的私营企业，苦于找不到一处低价地皮，远走石景山。

1994年，北京市开始实行分税制的财政分配，使北京市各区县非常重视自己的地方税收，推出各种优惠政策，吸引中关村科技企业。密云、昌平等地推出更加优惠政策，土地不要钱，政府为企业建厂跑手续。清华大学、农业大学、北京工业大学、北京医科大学等八所大学把科技园建在密云、昌平。密云还把70亩土地50年使用权，连同地上的旧厂房和设备无偿奉送给清华大学。

北京市朝阳区也推出优惠政策吸引企业，使美国摩托罗拉公司在朝阳区大北窑建设了公司总部大楼。①

参考资料：

①来自 1999 年 5 月 17 日《北京科技报·民营产业》，该资料由齐忠收藏。

1999 年 6 月 5 日——国务院印发《关于建设中关村科技园区有关问题的批复》

1999 年 6 月 5 日，国务院印发《关于建设中关村科技园区有关问题的批复》（国函〔1999〕45 号），批复北京市政府、科技部，原则上同意

1999 年 7 月 30 日，中关村科技园区管理委员会、中关村科技园区领导小组办公室举行揭牌仪式。图片来自《三年巨变中关村科技园海淀园建设回顾》。

《关于实施科教兴国战略，加快建设中关村科技园区的请示》。

国务院批复中明确指出，加速建设中关村科技园区的重大意义，并指出加速建设中关村科技园区，通过科技成果和创新的产业化，把丰富的智力资源转化为强大的生产力，对北京市调整产业结构，加快经济和社会的发展具有重大意义，对实施"科教兴国"战略，增强我国创新能力具有重要作用，也是增强综合国力的重大措施。

国务院批复中还指出，要注意借鉴国外建设科学城的有益经验，创建中国特色的中关村科技园区，为我国高新技术产业的发展发挥示范作用。

中关村科技园区成立的过程

1999年1月8日，科技部颁布《关于同意北京市新技术产业开发试验区调整区域范围的函》（国科发高字〔1999〕006号），该函同意北京市政府将北京电子城10.5平方公里、北京经济技术开发区7平方公里，划入北京市新技术产业开发试验区。

1999年1月18日，国务院副总理李岚清与财政部、教育部、科技部等有关部门领导听取了北京市政府、科技部关于加快中关村建设的汇报。

国务院副总理李岚清在听取汇报后指出：建设中关村意义重大，关系到我国21世纪发展的战略方向。具体工作由科技部牵头，国务院副秘书长徐荣凯协调。

1999年2月2日，北京市政府发布《北京市人民政府关于调整新技术产业开发试验区区域范围的通知》（京发〔1999〕5号），通知将北京电子城10.5平方公里、北京经济技术开发区7平方公里，划入试验区。使北京市新技术产业开发试验区正式形成"一区五园"发展格局，即海淀试验区、丰台科技园区、昌平园区、北京电子城、亦庄科技园。

1999年2月8日，北京市政府、科技部联合行文《关于实施科教兴国，进一步加快中关村地区建设的请示》，上报国务院副总理李岚清。

1999年3月16日，北京市市长刘淇主持专题会，研究中关村发展规划，成立"中关村发展规划领导小组"，北京市市长刘淇任组长，北京市副市长林文漪（女）、汪光焘任副组长，并将中关村发展规划分为高新技术产业规划和建设规划两部分。

1999年5月17日，北京市市长刘淇、副市长林文漪（女）分别召集高新技术产业规划组和建设规划组，布置向国务院汇报中关村建设有关工作。

1999年5月21日，国务院副总理李岚清、温家宝及国务院有关部门负责人，听取了北京市市长刘淇关于加快中关村建设的汇报。

1999年5月26日，北京市政府与科技部向国务院递交《关于实施科教兴国战略，加快建设中关村科技园区的请示》，请示中提出要把中关村科技园区建设为世界一流的科技园区，并推动中关村科技园区内高新技术企业发展的八项政策建议。

1999年6月5日，国务院印发《关于建设中关村科技园区有关问题的批复》（国函〔1999〕45号），批复北京市政府、科技部，原则上同意《关于实施科教兴国战略，加快建设中关村科技园区的请示》。

1999年6月23日，建设中关村科技园区领导小组成立，北京市市长刘淇任组长，由科技部副部长徐冠华、教育部副部长韦钰、中科院副院长陈宜瑜任副组长。领导小组成员有北京市副市长林文漪（女）、汪光焘、北京大学校长陈佳洱、清华大学校长王大中、北京市科委主任范伯元、海淀区区长李进山、北京市新技术产业开发试验区管委会主任赵凤桐。

1999年7月22日，北京市政府决定，任命赵凤桐为中关村科技园区管理委员会主任。

1999年8月10日，北京市政府颁布《北京市新技术产业开发试验区管委会更名为中关村科技园区管理委员会的通知》（京政办发〔1999〕48号）。中关村科技园区包括原北京市新技术产业开发试验区、北京市新技术产业开发试验区丰台科技园区、北京市新技术产业开发试验区昌平科技园区、北京电子城、北京经济技术开发区。

1999年11月30日，北京市政府决定，任命陆昊为中关村科技园区管理委员会主任。[①]

参考资料：

①来自《中关村30年大事记》第128—147页，该资料由齐忠收藏。

1999年6月21日——民营科贝尔工业园区破产

1999年6月21日，北京民营科技企业科贝尔集团公司在北京市通州区马驹桥镇创办的"科贝尔工业园区"，因资产不足、管理不当欠银行贷款不能归还而破产被拍卖。科贝尔集团公司是北京市朝阳区知名的民营科技企业，北京民协会员。

1990年11月23日，科贝尔集团公司被北京市科委、北京市科协、

杂草丛生的科贝尔工业园区，齐忠摄影。

试验区、北京民协评为首届"科技之光"优秀企业。该公司以化工产品为主，负责人魏克明年仅二十多岁，年轻有为，魏克明与用友公司王文京同为北京市民营科技企业知名人物。

1991 年，科贝尔集团公司进入北京市房地产业，在北京市通州区马驹桥镇创办 59000 多平方米的"科贝尔工业园区"。

1994 年 5 月，园区获得国有土地使用证，该园区有别墅 4 座、综合楼、多功能厅、光学车间、化工车间、车库、锅炉房等配套设施，因资金链断裂该园区破产。

1999 年，经有关事务所评估后，"科贝尔工业园区"以 7239.84 万元向社会拍卖转让。

1999 年 6 月 10 日，有关方面邀请北京及中关村企业家参观该园区参与拍卖。一位中关村企业负责人观看杂草丛生的园区后说："我要买下这个园区，付 7000 多万元后，还要进行二次投资，修复各种配套设施，需要再投资 2000 万—3000 万元，花费近 1 亿元买下这个工业园，都不知道干什么等于自寻死路。"[1]

参考资料：

[1]来自 1999 年 6 月 21 日《北京科技报·民营产业》，该资料由齐忠收藏。

1999 年 7 月 26 日——民营科技园区成为中国区域经济发展重要形式

1999 年 7 月 26 日，在改革开放的推动下，中国科技园区出现多样化形式，以民营科技企业为主的民营科技园区在全国已经发展到 40 余家，成为中国区域经济发展重要形式。

1992 年 8 月 7 日，云南省昆明市创办中国第一家民营科技园区"云南民办科技园"。

1999年3月，在中国各省份民营科技园区已达40余家，山东、河北两省发展最快，已达7家。①

参考资料：

①来自1999年7月20日《北京科技报·民营产业》，该资料由齐忠收藏。

1999年8月15日——中关村西区改造工程启动中关村电子一条街大规模拆迁

1999年8月15日，中关村西区改造工程启动，中关村电子一条街

中关村西区规划模型，图片来自《中关村西区》。

1999 年 8 月 5 日，中关村西区改造工程启动后，中关村电子一条街黄庄附近开始大规模拆迁的情景，该地段现为中关村欧美汇大厦。齐忠摄影。

开始大规模拆迁。中关村西区位于海淀镇，是海淀区委、区政府所在地。中关村西区规划范围东起白颐路，西至海淀区政府西墙及规划彩和坊路，北起规划的北四环路，南至海淀镇南街，总占地面积51.44公顷。中关村西区将规划建设成为高科技商务中心区，主要功能是：高科技产业的管理决策、信息交流、研究开发、成果展示中心，高科技产业资本市场中心，高科技产品专业销售市场的集散中心。[①]

1999 年 8 月 5 日，中关村西区改造工程启动后，中关村电子一条街开始大规模拆迁，海淀区委、海淀区政府、海淀区公安局等政府机关，中关村大街的原四通公司与联想公司的销售大厅、科海公司、京海公司、信通公司、八一时空公司、四海市场、海淀剧场、颐宾楼饭店、长征饭店等数千家门市被拆除，中关村电子一条街原有窄小的马路也被大规模拓宽，渐渐形成今天的中关村大街。

参考资料：

①来自《中关村西区》第 5 页，该资料由齐忠收藏。

位于中关村大街南路的北京中关村科技发展（控股）股份有限公司办公总部，中关村科技发展大厦。齐忠摄影。

1999年8月27日——四通公司总裁段永基出任中关村科技公司总经理

1999年8月27日，四通公司总裁段永基受北京市委、市政府委托，出任北京市大型国有企业上市公司北京中关村科技发展（控股）股份有限公司（以下简称"中关村科技公司"）总经理。[①]

为此，段永基辞去四通公司总裁一职，改任四通公司董事长，朱希铎出任四通公司总裁。

一、中关村科技公司组建和借壳"琼民源"上市

1999年6月8日，中关村科技公司成立，注册资金为75312.6982万元，公司注册地址为北京市海淀区中关村南大街32号，公司法人代表为许钟民。[②]

该公司主要发起人为"北京住宅开发建设集团总公司"（以下简称"北京住宅总公司"）。北京住宅总公司成立于1983年5月，是以原解放军基建某部转业北京为基础的房地产公司。

1992年，该公司更名为"北京住总集团"。

1999年7月12日，中关村科技公司通过换股和增发，中关村科技公司帮助"琼民源"的原流通股股东完成了上市解套，借壳"琼民源"，在深圳证券交易所挂牌上市。股票交易号为"中关村科技000931"，中关村科技股票价格一时暴涨，每股在15—20元。

1991年12月30日，"海南民源现代农业发展股份有限公司"成立。

1993年4月30日，该公司在深圳证券交易所挂牌上市，发行10285.0026万股，每股价格3.25元。股票交易号为"000508琼民源A"，简称"琼民源"。

1997年2月28日至1999年初，"琼民源"因各种原因被证监会停牌交易，北京住宅总公司进驻和重组"琼民源"，更名后重新在深圳证券交易所正式交易。

二、中关村科技公司科技结构的重组

段永基出任中关村科技公司总经理后，为了摆脱该公司业务以房地产为主的局面，向高科技领域发展，2000年花费30万美元，聘请著名国际咨询公司，美国麦肯锡公司对公司发展方向进行分析研究。美国麦肯锡公司分析研究的结论是："中关村科技公司可以通过收购高科技产业，使本公司快速成为科技公司。"[3]

1999—2001年，中关村科技公司大量收购和兼并生物、制药、移动通信等高科技企业。

2000年2月，中关村科技与广东新长城移动通信有限公司签订了兴建广东CDMA项目的协议，中关村计划投资40亿元。[4]

2000年2月，中关村科技公司与"北京神州长城移动通信技术发展中心"签订投资建设800兆赫CDMA无线移动通信系统合作协议。中关村科技公司投资2.1亿元，与"北京神州长城移动通信技术发展中心"共同建设、运营和管理北京地区800兆赫CDMA移动通信系统，并在短期内全面提高CDMA网络运营质量和市场竞争力。

移动通信专家指出，CDMA系统与目前流行的GSM系统相比，保密性强，是当今世界上最先进的无线数据移动通信技术。⑤

不久，中关村科技公司又签订了兴建广东CDMA项目的协议，也就是以"133"开头的无线移动通信业务，中关村科技公司计划投资40亿元。中关村科技公司还投巨资在中关村科技公司总部中关村科技大厦建立庞大的计算机数据中心，为广东CDMA项目服务，该中心每个月的维护费用近百万元。

中关村科技公司与广东新长城移动通信有限公司签订广东CDMA项目协议的消息，被外界得知后，中关村科技股票价格再度暴涨，每股价格在40元左右。

三、段永基的退出与黄光裕入主中关村科技公司

2001年11月20日，由于政策原因国家叫停中关村科技公司广东CDMA项目建设，前期投入资金难以收回，加之公司对项目31.2亿元贷款提供了担保，中关村科技公司的发展经历重大挫折。

2002年，因广东CDMA项目不能继续进行，中关村科技公司通信的电信业务许可证也被信息产业部永久注销。

不久，有关部门下令广东CDMA项目移交给联通公司，中关村科技公司与联通公司对广东CDMA项目的价值产生严重分歧，导致无法进行资产的交接，中关村科技公司财务报表中的"预收账款—设备采购款"因而长期不能与"其他应收款"对冲。

2004年4月27日，因经营连续亏损，中关村科技公司股票被实施股票交易退市风险警示和特别处理，股票简称变更为"ST中科"。同时公司还存在巨额担保，风险巨大。

2005年7月8日，中关村科技公司的股票价格跌至历史最低点，每

股 2.28 元。

2008 年 5 月 22 日，中关村科技公司发布公告，公司董事会全票通过段永基辞去原总经理职务，聘任北京鹏润地产公司原董事长王会生为公司总经理。⑥

鹏润地产公司控股股东是国美电器公司的掌门人黄光裕。国美电器公司黄光裕投资近 8 亿元获得中关村科技公司 22.75% 股权，成功入主中关村科技公司。

段永基对这段经历评价为："耕了别人的田，荒了自己的地。"

参考资料：

①来自 2001 年 8 月 20 日《经济观察报》。

②来自"爱企查"。

③来自 2000 年，美国麦肯锡公司的"中关村科技公司咨询报告"。

④来自 2008 年 1 月 14 日"和讯股票"，《中关村：段永基、许钟民、黄光裕一致努力重组》中"'中关村'大事记"一章。

⑤来自 2000 年 3 月 13 日《北京科技报·中关村园区》，该资料由齐忠收藏。

⑥来自 2008 年 5 月 22 日，中关村科技（000931）公告。

1999 年 9 月 27 日——民营企业家孙寅贵出版自传，谈百龙矿泉壶商标争夺与我国矿泉壶市场的兴衰过程

1999 年 9 月 27 日，北京著名民营科技企业家、百龙矿泉壶发明人、"北京百龙绿色科技所"创始人、该所法人代表兼总裁孙寅贵，在自传《总裁的检讨》一书中，叙述研发和开拓"百龙矿泉壶"市场过程，有关"百龙矿泉壶"的"大拇指"商标被抢注，以及任人唯亲给企业带来的巨大伤害，还有"百龙矿泉壶"和我国矿泉壶市场兴衰的过程。

一、"百龙矿泉壶"与我国矿泉壶市场兴起

1987年1月7日，何鲁敏、孙寅贵、张立民等在北京西城区鼓楼附近创办"北京亚都建筑设备制品研究所"（以下简称"亚都公司"）。注册资金5万元，孙寅贵任董事长。正当该研究所推出的产品"亚都加湿器"走俏市场时，孙寅贵选择出走另行创业。

1991年8月5日，孙寅贵与何鲁敏等人分手，从该研究所带走几个人创办"北京百龙绿色科技所"（以下简称"百龙公司"）。①

孙寅贵对这次与何鲁敏等人分手解释说："这是一个无奈的选择，中国早期民营企业经营者种种弱点，民营企业界弥漫着一股个人英雄主义的创业氛围，都在我们身上显露无遗，一山不容二虎，只有选择分道扬镳。"

当年孙寅贵与何鲁敏等人分手还是和谐的，几个人还在分手酒桌上

百龙矿泉壶与大拇指商标，齐忠摄影。

洒下难舍难分的泪水。

谁知，1992年，孙寅贵与何鲁敏等人再次在酒桌上相聚，却是一场剑拔弩张的"鸿门宴"，因为何鲁敏抢注了"百龙矿泉壶"上的"大拇指"商标，迫使市场上走红的"百龙矿泉壶"不能再使用"大拇指"商标，让孙寅贵痛不欲生。

1991年底，孙寅贵推出自己研制的新产品"百龙矿泉壶"，孙寅贵当年还是产品市场营销一流的专家，他利用各种形式使"北京百龙绿色科技所"与"百龙矿泉壶"的广告出现在报刊、电视上。他还利用北京电视台的《相亲》栏目，安排"北京百龙绿色科技所"的年轻人参加，使"北京百龙绿色科技所"的名字，多次免费上了北京电视台，后来北京电视台的《相亲》栏目发现孙寅贵的计谋后，很是生气。

1992年3月6日，我国第一部电视轻喜剧《编辑部的故事》在全国各地电视台播出。孙寅贵投资十几万元在该电视剧插播有关"百龙矿泉

孙寅贵画像。

壶"的广告。

在《编辑部的故事》播出之前，有这样一段广告，葛优扮演的"李冬宝"溜进屋里，当他伸手想拿走桌上的一个壶型物品时，吕丽萍扮演的"葛玲"正好进来。二人猜拳，李冬宝输了，葛玲抱起壶型物品就走，该壶型物品上的"百龙矿泉壶"字样显现在观众面前。

再加上孙寅贵在各种媒体上宣传，"百龙矿泉壶"就是让人们花一分钱喝上一杯矿泉壶制作的矿泉水。

从此"百龙矿泉壶"火爆市场，使孙寅贵的"北京百龙绿色科技所"成为北京市"经济百强"。

1992年12月25日，孙寅贵邀请600多名嘉宾，在皇冠假日酒店举办"北京百龙绿色科技所"成为北京市"经济百强"圣诞节晚会。

孙寅贵在晚会上说："我是一个外地人来到北京创业，迄今没有北京户口，我做出的这点成绩，为北京的经济发展做出……"孙寅贵说到这里泪流满面。

由于"百龙矿泉壶"火爆市场，全国各厂家也纷纷瞄准这个产品推

在中关村大街上来往的公共汽车车身上的"亚都超净矿泉壶"的广告。齐忠摄影。

出自己生产的"矿泉壶",其中有"富豪""天磁""雄宇"等品牌,一家外地企业为了打进北京市场,特别用十几辆超级豪华轿车向北京运送自己生产的"矿泉壶",造成很大的广告效应。

亚都公司也推出自己生产的"亚都超净矿泉壶",在中关村大街上来往的公共汽车车身上全是亚都"矿泉壶"的广告。亚都"矿泉壶"的广告词为"迟到一步,技高一筹"。并在亚都"矿泉壶"的中间增添了发蓝色的一圈光,使"亚都超净矿泉壶"的造型非常吸引人。

孙寅贵面对众多厂家生产的"矿泉壶"并不在意,因为"百龙矿泉壶"是"矿泉壶"市场的"老大",谁也不可能撼动"百龙矿泉壶"的市场地位。

1993年,我国"矿泉壶"市场销售额达到4亿元人民币。

二、"百龙矿泉壶"的"大拇指"商标被抢注过程

天有不测风云,人有旦夕祸福,"百龙矿泉壶"的"大拇指"商标被人抢注了,而抢注的公司还是孙寅贵昔日创办的亚都公司。"百龙矿泉壶"的"大拇指"商标抢注带来的后果是灾难性的,百龙公司生产的"百龙矿泉壶"所有的包装、广告、印刷品,"百龙矿泉壶"上面印制的"大拇指"商标都不能使用,巨额的借款也无法偿还,不仅使"百龙矿泉壶"从此在市场上消失,还会让百龙公司破产。

孙寅贵得知这个消息后,浑身颤抖如筛糠,如同大病发作。孙寅贵对该事做了调查,原来是公司一位中层干部在百龙公司"大拇指"商标进行注册时,将这个商业机密告诉了与孙寅贵有些恩怨的亚都公司,该公司便抢先注册了百龙公司"大拇指"商标。

因为孙寅贵是亚都公司的创办人之一,熟知亚都公司早期一些不规范的商业操作,并带走亚都公司一些财会记录及公章样。孙寅贵制造出有关财会记录,以这些不规范的商业操作为把柄,要求亚都公司归还"大拇指"商标,亚都公司负责人何鲁敏答应与他协商。

在海淀区燕山大酒店,孙寅贵与亚都公司负责人何鲁敏进行协商。

孙寅贵说："我的要求很简单，只想活下去，各位给我一条生路。"双方最后的协商结果为，双方签字画押，亚都公司以120元的价格把"大拇指"商标转让给孙寅贵，但是，孙寅贵不得做出伤害亚都公司的事情。[2]

三、任人唯亲给企业带来的巨大伤害

孙寅贵的一位亲戚，要开发边远地区的"百龙矿泉壶"市场，孙寅贵给了这位亲戚最优惠的"百龙矿泉壶"价格，让他开发市场。没想到孙寅贵这位亲戚拿到大量优惠价格的"百龙矿泉壶"后，马上批发给北京等地的代理商，不仅破坏了百龙公司统一制定的批发价，还拿走了几十万元的货款。

孙寅贵的一位至亲，负责百龙公司南方公司的经营，大量提走公司产品后不付货款，孙寅贵只好把这位至亲告上法庭。

1990年，百龙公司发生第一次分裂，当时公司只有三十多人，在公司掌管上千万元财产经理一级的人，就走了7人。

1999年，百龙公司已经成为"百龙集团公司"，有十几个二级下属公司，对于如何管理公司，孙寅贵认为："亲情与较高的待遇无法凝聚人心，只有严格规范的现代企业管理制度才能对企业所有人产生约束力。"

1992年12月25日，孙寅贵开完圣诞节晚会，回到家中已经是深夜1点多了。孙寅贵在回忆录中写道："回想自己这些年来付出的巨大代价的人生，难道众人的喝彩就是我人生追求的目标？人生的终极目标是什么？让我黯然伤神。站在11楼上，我忽然有种随风而去的愿望，趴在11楼的护栏边上有好几次都要跳下去。"[2]

四、孙寅贵起诉韩成刚，使我国"矿泉壶"行业退出市场

2000年5月15日，20世纪60年代毕业于北京矿业学院，现任山西省榆次市截瘫研究所科研人员韩成刚，发表题为"亡羊虽补牢，无奈难回天，读孙寅贵《总裁的检讨》有感"的文章。

韩成刚在文章中写道："身为'矿泉壶行业全国委员会'主任的孙寅贵承认，状告韩成刚是他平生最不能原谅自己的一件事。"

孙寅贵为什么要去法院状告韩成刚？因为对于"矿泉壶"能否产生矿泉水这个问题，在科技界早就产生不同的看法与疑问，影响了"矿泉壶"的销售。

1986年，"矿泉壶"这个产品首先在韩国出现，韩国认为"矿泉壶"注入自来水后，流出的不是矿泉水，是人工矿化水，两者是不同的物质。韩国"活力斯矿泉壶"的宣传就称："矿泉壶"注入自来水后能转化为"优质矿泉水"，是伪科学的宣传。

1991年7月，当孙寅贵推出"百龙矿泉壶"火爆市场后，全国生产"矿泉壶"的各个厂家也纷纷推出各种行销手段，宣传自己的"矿泉壶"。

1992年4月27日，百龙公司公关部一位工作人员在上海黄浦江边当着各位记者的面，将黄浦江浑水灌进"百龙矿泉壶"，然后从"百龙矿泉壶"出水口再灌满一杯后一口饮下。

富豪公司也模仿百龙公司，该公司工作人员将污染严重的黄河水、长江水灌进"富豪保健矿泉壶"，也从出水口再灌满一杯后一口饮下。再拍成电视广告，说什么"黄河可以做证，长江可以做证。'富豪保健矿泉壶'注入浑浊的江河水后，在当地卫生防疫机构、公证机构、新闻记者的注视下，流出清澈、无异味、略带甘甜，含多种微量元素的矿泉水"。

"矿泉壶"厂家这种不当宣传，自然引起有关方面的关注，并引发一些媒体发表文章给予谴责。

1993年，"中国消费者协会"委托"水利部水质监督检验测试中心"，对"百龙""天磁""富豪""雄宇"等8种"矿泉壶"进行抽验，结果是当"矿泉壶"注入符合国家生活饮用水卫生标准的自来水后，出水的标准只达到生活饮用水卫生标准，其水质不符合饮用天然矿泉水的国家标准。

1993年7月19日，《经济参考报》发表《机关大印怎能上广告》的文章指责"矿泉壶"生产厂家损害消费者的利益。

1993—1994年，韩成刚在《山西日报》等报刊发表了《矿泉壶产不出矿泉水》《矿泉壶坑人乎？》等十篇文章。韩成刚的这些批评"矿泉壶"的文章，其实就是要"矿泉壶"生产厂家实事求是，不要夸大"矿泉壶"的作用。可惜，"矿泉壶"某些生产厂家却认为，韩成刚的这些文章对"矿泉壶"行业是致命的，要去法院起诉韩成刚。

1994年，"矿泉壶行业全国委员会"向山西省太原市中级人民法院起诉韩成刚。

1995年，百龙、天磁、富豪、雄宇四公司联合起诉韩成刚侵害其名誉权。大企业联合起来状告个人，这在我国民诉案件中不仅是罕见的，还关系到上千家"矿泉壶"生产厂家的生存、无数消费者利益，自然引发全国媒体的关注。

虽然山西省太原市中级人民法院一审判决韩成刚败诉，但是韩成刚不服一审判决，提出上诉。

1996年，山西省高级人民法院二审判决韩成刚胜诉，山西省高级人民法院判决认定，韩成刚从维护消费者利益出发，依法行使舆论监督权力，没有侵害百龙、天磁、富豪、雄宇"矿泉壶"名誉权。

1997年2月18日，中央电视台播放专题片"韩成刚打官司"后影响巨大。也注定了我国"矿泉壶"市场走向衰落。

孙寅贵在《总裁的检讨》一书中写道："与韩成刚的那场官司，是赔了夫人又折兵。在新闻界的关注下，'矿泉壶'行业的种种'内情'都被公之于众。消费者对'矿泉壶'的信任降到最低点。仅百龙在山西太原市的直接损失超过300万元，一审我们虽然胜了，但是虽胜犹败，整个'矿泉壶'市场已经无药可救。"③

参考资料：

①来自1999年9月27日《北京科技报・中关村园区》，"天眼查"，

《总裁的检讨》。

②来自 1999 年 9 月 27 日、1999 年 10 月 11 日《北京科技报·中关村园区》，该资料由齐忠收藏。

③来自 2000 年 5 月 15 日《北京科技报·中关村园区》，该资料由齐忠收藏。

1999 年 10 月 11 日——中关村民营科技企业时代公司全面改制，从集体所有制改为股份制

1999年10月11日，中关村著名民营科技企业连续6年获得试验区20强，我国最大的逆变焊机生产厂家时代集团公司（以下简称"时代公司"）全面改制，从集体所有制改为股份制。

时代公司按《公司法》的要求，首先组建一个新的产业公司，即有限责任公司，该公司有两个股东，即时代公司和时代公司职工持股会。该职工持股会由与公司建立劳动关系的企业职工，有限责任公司的董事、监事等公司业务骨干组成。在职工持股会的方式上，采取对增量股本有偿转让的方式进行，以较低的价格将部分股本转让给职工，从而使企业职工受益。

时代公司职工持股会，将按照"北京市现代企业制度试点企业职工持股会试行办法"设立，采取自愿入股的原则，按规定每一位会员出资金额不超过注册资金的5%。[1]

参考资料：

①来自 1999 年 10 月 11 日《北京科技报·中关村园区》，该资料由齐忠收藏。

1999年10月18日——柳传志谈联想公司股权改革把35%的分红权变为股权

1999年10月18日，联想公司董事长柳传志向部分有关新闻媒体记者就联想公司股权改革从35%的分红权变为股权作出了相关的解释。

一、联想股权改革从35%的分红权变为股权的原因与过程

柳传志说，"联想公司股权结构图"是联想控股公司的大致结构，联想控股公司所占股份额现在为整个上市公司的60%。这次股权改革涉及的只是联想控股公司中"员工持股会"所持有的35%股份。这35%的股份原来是以分红权的方式存在，这次股份改革就是要将这35%的股份的分红权变为股权。

柳传志说，国内的高科技企业在发展中会遇到四大困难，观念、管理能力、环境和产权。其中产权问题是企业尤其是高科技企业发展的瓶颈问题。从根本上决定企业领导者的积极性。中国成功的高科技企业在

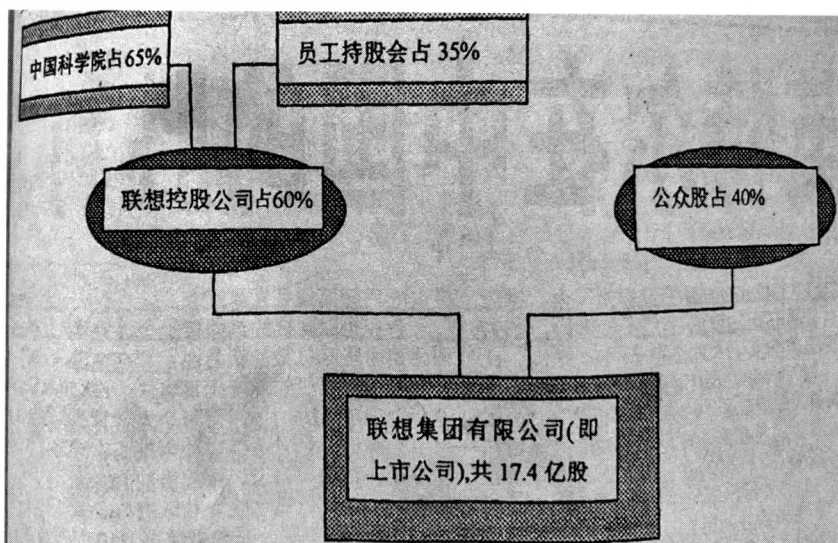

1999年，"联想公司股权结构图"。齐忠摄影。

成长中，历经无数商业风险、政策风险等，他们的主要领导人吃尽千辛万苦才将企业做大。如果产权问题不解决，企业的发展成果和前景与他们无关，这就很难调动管理者的积极性。像微软公司等这些国外的高科技企业，最初创业时，创业资金都很少，甚至比联想公司都少，能够将企业做到今天这么大，一个必要的条件和原因就是管理者是企业的主人，这也是联想公司解决产权问题的第一个原因。另一个原因是IT行业是一个竞争非常激烈的行业，当联想公司发展到一定规模阶段时，原有的创业老员工，无论在知识储备、眼界、精力方面都有很大原因。1993—1994年，联想公司急需一批年富力强的年轻人充实到一线推动企业的更大发展。但联想公司的创业老员工一直拿着很低的工资，让他们退下来，仍然只给很低的退休金，于情于理都是不公平的。解决这个问题的方法就是将企业未来的发展与退休员工的切身利益密切结合起来。1994年，中科院领导非常英明地给了联想公司35%的分红权。使联想公司的创业老员工，非常支持将年轻人推向领导岗位，以上是联想公司股份制改革的两点内因。

柳传志说，1987—1988年，一些知名经济学家帮助中关村四通公司等一些企业解决产权问题。当时国家没有明确的政策，但没有表示反对解决产权问题。这件事给我的感觉是，产权问题复杂程度比较高，所以国家不能马上制定出明确的政策，如果某个企业能将产权问题解决好，是可以有特例的，国家是不会决然反对的。在当时的环境下，中科院领导非常开明，在同样不能给中科院下属的几百个高科技企业以明确政策的前提下，1994年前后，中科院给了联想公司35%的分红权作为试点，股权问题很复杂，不是中科院一家能解决的问题，现在我们正在做的就是要将这35%的股份的分红权变为股权。在当时复杂的情况下，国家不搞一刀切，允许某些单位、部门和企业提前进入股份制，充分说明了国家改革的决心，尤其是近几年来随着国家对民营企业和产权关系的重视达到一个相当高的程度后，在强调建立现代化企业制度和加快推进国企改革的大背景下，国家对高科技企业的股份制改造问题更持积极态度。

这次联想公司与四通公司的改制正是得到中央领导的直接关怀，进展才比较顺利。

柳传志说，联想公司的股权是按照35%、20%、45%的份额进行分配。35%分配给公司创业时期有特殊贡献的员工共15人；20%以时间为限，分配给1994年以后一段时间内较早进入公司的职工大约160人；45%分配给后来的有特殊贡献的员工。根据香港证券交易所的有关规定，公司的管理层可以获得上市公司总股份的10%的认股权证。因此，大部分联想公司员工及后来的新员工主要是从上市公司即"联想公司股权结构图"中的联想集团有限公司这10%的股份中获得认股权。而员工持股会持有的35%股份主要是对在联想公司发展历史上做出贡献员工的功绩的一种认可。在政府的支持下我们希望在1999年底实现这个愿望。

二、联想股权改革后会进入新业务领域包括资本领域

柳传志说，联想公司这次改制成功后，联想控股公司会进入新的业务领域。因为联想控股公司拥有的主要公司就是上市公司，因此联想控股公司主要职责就是把财产权管好，公司内部不能有矛盾的业务运作。当股权改革成功后，联想控股公司将进入其他业务的运作，包括资本领域，未必一定在IT行业。

三、对持有联想公司价值一亿多元股份的解释

柳传志说，我名下占有联想公司总股份的1.2%，目前这部分股份的市场价值为一亿多元。而这部分股票是包含在"员工持股会"的35%股份之内的。而"员工持股会"拥有的这35%股份是不能卖的，是联想公司用来当作"镇山之宝"用的，防止恶意收购。①

四、历史资料：1999年联想公司大股东出售股票换回十亿元人民币的现金全部投入科研领域

1999年6月，联想公司的大股东在香港证券市场出售所持有的联想

公司上市股票的10%，换回十亿元人民币的现金。联想公司将用这笔现金投资改建中科院计算所和联想研究院，在北京和深圳建立两个研发基地，为中科院设立一个管理奖励基金。[1]

参考资料：

①来自1999年10月18日《北京科技报·中关村园区》，该资料由齐忠收藏。

1999 年 10 月 21 日——方正"逼宫"内讧，王选院士离开北大方正公司董事会，后重返北大方正公司董事会

1999年10月21日，在北大方正公司公布的新一届董事会名单中没有出现王选院士的名字，原北大方正公司董事长张玉峰也没有出现在新一届董事会名单中。

北大方正公司新一届董事会由北京大学党委常务副书记、副校长闵维方出任董事长，苏东波担任副董事长。董事会由闵维方、苏东波、张兆东、张旋龙、王勇等五人组成。北大方正公司新一届董事会人员的更换表明，北大方正公司内部近一年发生的要求王选院士辞去上市公司"香港北大方正公司"董事局主席，被外界称为"逼宫"内讧的事件暂停。

一、北大方正公司"逼宫"内讧事件的起因

1999年初，在香港上市的"方正控股有限公司"宣布，公司在1998年亏损1.6亿元港币，使该公司在香港发行的股票每股跌落到几港角，该公司市值从50多亿港币，跌落到6亿多港币。

"方正控股有限公司"的"拳头"产品——"北大方正激光照排系统"是中国报纸、杂志出版界的垄断产品，每一套产品的利润惊人。这

样的公司会发生亏损，引起北京大学校方、北大方正公司内部和外界人士的惊讶，这就是引发"逼宫"内讧事件的原因。

二、北大方正公司"逼宫"内讧事件发起人

1999年9月16日，"方正控股有限公司"第二大股东渠万春，公开要求公司董事局主席王选院士辞职。

1999年9月20日，王选院士就此事向北大方正公司职工发送电子邮件，王选院士声称："渠万春的行为是对方正严重伤害。"

三、北大方正公司"逼宫"内讧事件各方面的态度

对渠万春"逼宫"内讧事件，北大方正公司内部分为两派。北大方正公司董事长张玉峰支持渠万春，以北京大学计算机科学技术研究所为主的北大方正公司研究院负责人肖建国、北大方正公司部分负责人等，公开上书北京大学校方领导，反对渠万春、支持王选院士。

四、北京大学校方领导的态度

1999年11月19日，北京大学党委书记任彦申对该事件发表看法，他说："这次方正的人事变动，从长远看未必是坏事，提拔一些创新能力强、年轻的同志到领导岗位上，对方正来说是一件好事。对校方来讲，如何对产、学、研三方面更好地探索和创出新的模式，也是一个考验。"

五、王选院士重返北大方正公司董事会

1999年底，张玉峰与渠万春离开北大方正公司，不久渠万春将所持方正股票抛售变现。

2000年，渠万春投资成立"高阳投资控股有限公司"。

2001年，张玉峰出任"高阳投资控股有限公司"董事会董事长。[①]

2000年3月，北京大学党委书记任彦申离开北京大学调任江苏省委

2000 年 9 月 5 日，重归北大方正公司的王选院士。齐忠摄影。

常委、省委宣传部部长。

2000 年 6 月 20 日，北大方正公司董事会再次调整，北京大学党委常务副书记、副校长闵维方宣布，北大董事会方正公司董事会由闵维方任董事长、肖建国任副董事长，董事会由王选院士、闵维方、肖建国、张兆东、张旋龙、唐耀福、魏新等七人组成，王选院士重返北大方正公司董事会。[②]

2001 年 11 月，魏新出任北大方正公司董事会董事长。魏新将北大方正公司"逼宫"内讧事件中，公司有关人员的态度称为"站队"问题。

参考资料：

①来自 1999 年 11 月 8 日《北京科技报·中关村园区》，《中关村的故事》第 256 页"方正系列"。该资料由齐忠收藏。

②来自 2000 年 7 月 10 日《北京科技报·中关村园区》，该资料由齐忠收藏。

1999 年 11 月 1 日——武汉法院公开审理北京民营企业家牟其中诈骗案

1999 年 1 月 7 日，北京民营企业家牟其中被武汉警方刑事拘留。

1999 年 2 月 5 日，因涉嫌信用证诈骗罪，牟其中经武汉市人民检察院批准被逮捕。

1999 年 11 月 1 日，武汉法院开庭公开审理牟其中"涉嫌信用证诈骗案"，涉嫌金额近 8000 万美元。①

2000 年 5 月 30 日，武汉市中级人民法院一审判决南德集团及牟其中等犯信用证诈骗罪，判处牟其中无期徒刑，并剥夺政治权利终身。后因表现好，改为有期徒刑 18 年。

2016 年 9 月 27 日，服刑 16 年已经 75 岁的牟其中出狱。

参考资料：

①来自 1999 年 11 月 22 日《北京科技报·中关村园区》，该资料由齐忠收藏。

2000 年

北 京 · 中 关 村 民 营 科 技 大 事 记（下 卷）1998—2004

2000年——北京及中关村民营科技企业概况

2000年，我国民营经济发展迅猛，全国民营企业共有980万家，个体工商户2800万家。

1990—1999年，我国国有企业和集体企业下岗职工达到3500万人左右，民营企业、合资企业容纳了3000万名下岗职工，为社会的稳定作出巨大贡献。[①]

1999年12月，北京及中关村民营科技企业技、工、贸总收入达到1109.8亿元，资产总额达到1593.25亿元，实现工业总产值600亿元，实现利税83.2亿元。这是在国家没有直接投入的情况下，北京及中关村民营科技企业从无到有，从小到大，艰苦奋斗，大胆创新，勇于实践所取得的骄人成绩。[②]

2000年，北京及中关村民营科技企业呈现以下特点：

一、北京科技园区外民营科技企业增势强劲

2000年，北京科技园区外民营科技企业增势强劲，1999年，北京科技园区外民营科技企业比1998年增长40%，约2300家。对其中1126家企业统计结果显示，企业从业人员约4万人，技、工、贸总收入达到72.7亿元，实现利税13.2亿元，创汇2634万美元。[③]

北京科技园区外民营科技企业快速增长的势头，推动了北京各郊区县经济的发展，成为北京各郊区县新的经济增长点。

二、北京民营科技企业加快进入互联网领域并成功上市

1993年12月18日，四通公司投资成立四通利方公司，最后又形成"新浪网"。

2000年，"新浪网"在美国纳斯达克上市后，推动了北京民营科技企业加快进入互联网领域并筹备上市。

2000年4月18日，联想公司投资2亿元人民币，推出MF365.COM门

户网站，并邀请中国香港演艺界明星谢霆锋做该网站代言人，在中关村黄庄路口竖立起高大的有谢霆锋肖像的 MF365.COM 门户网站广告。

2000 年，张朝阳创办的"搜狐网"，也成功地在美国纳斯达克上市。

2000 年，从美国留学归来的李彦宏，在 1999 年创办的"百度公司"，经过六个月的经营，在我国互联网领域颇有名气，最后成为我国知名的互联网网站。

北京民营科技企业加快进入互联网领域，在短短几年内上市并积累了巨额财富，超过了西方发达国家工业化企业十几年、几十年才完成的财富积累速度。

三、北京民营科技企业加快完成股份制改造及经理人持股制

2000 年，北京著名私营民营科技企业用友财务公司改制为股份制企业，为上市做好准备后终于获得上市名额。

用友财务公司在改制为股份制企业后，将企业剩余资金分配给王文京等三人，上缴个人所得税后，平均分到上千万元，成为北京及中关村民营科技企业中，首位"公开"的千万富翁。

2000 年，国有民营企业、北京大学校办企业北大方正公司，在完成股份制改造后，又开始对企业进行"经理人持股制"改造，最终完成北大方正公司的 30% 的股份为企业经理人所有，使北大方正公司出现百名，拥有价值百万元与千万元股份的经理人。[④]

2000 年，国有民营企业清华大学校办企业清华同方公司成功上市，并成功打造出数百名拥有价值百万元股份的企业经理人。

参考资料：

①来自 2002 年 4 月 4 日《北京科技报·民营产业》，该资料由齐忠收藏。

②来自 2000 年 10 月 22 日《北京科技报·民营产业》，该资料由齐忠收藏。

③来自2000年5月1日《北京科技报·民营产业》，该资料由齐忠收藏。

④来自2013年，北大方正公司官方网站。

2000年1月3日——联想公司总裁柳传志发表数万字长篇回忆录《联想的故事》

2000年1月3日，联想公司总裁柳传志发表数万字长篇回忆录《联想的故事》，该回忆录分为"创业的艰难""三大发展战略""降价大战与企业凝聚力""制度、工资与企业文化""怎样做人"等部分。这是联想公司总裁柳传志首次向外界披露联想公司早期对经营过程的探索，也是早期中科院科研人员在改革开放的大潮中"摸着石头过河"，在中关村电子一条街开办科技公司心态的真实写照，也是早期中关村电子一条

早期联想公司位于中关村科学院南路10号与中科院振中公司合用的公司办公总部大楼。齐忠摄影。

街 "国有民营" 科技企业珍贵的、不可多得的历史文献。①

参考资料:

①来自 2000 年 1 月 3 日《北京科技报·民营产业》，该资料由齐忠收藏。

2000 年 1 月 24 日——江泽民总书记视察中关村科技园区，北京民协会员归国创业的民营科技企业家严望佳汇报工作

2000 年 1 月 24 日，江泽民总书记在国务院副总理李岚清、北京市委书记贾庆林、市长刘淇及中关村科技园区有关负责人的陪同下视察中关村科技园区，在中关村创业大厦听取北京民协会员、归国创业的民营科技企业家、启明星辰信息技术集团股份有限公司首席执行官严望佳（女）汇报工作。①

江泽民总书记在视察中指出："北京市集中许多科研机构和大专院校，具有科技、人才、智力和知识的优势，集中力量实施一批重大科研项目，形成一批拥有自主知识产权的高科技企业，以利带动和开创全市高新技术产业的发展。"②

参考资料:

①来自《2000 年度北京科技年鉴》第 2 页，该资料由齐忠收藏。
②来自《中关村 30 年大事记》第 148 页，该资料由齐忠收藏。

2000年1月24日——微软声明视窗2000不捆绑汉字手写识别技术，汉王股份公司等企业与微软视窗2000软件捆绑汉字手写识别技术之争结束

2000年1月24日，微软（中国）公司向外界宣布《微软公司关于微软手写输入汉字技术的声明》，声明中承诺该公司正式推出的中文"视窗2000"计算机平台软件中，不包含汉字手写识别技术。微软公司这项声明是以中关村"国有民营"企业——"汉王科技股份有限公司"（以下简称"汉王股份公司"）为代表的，我国计算机手写输入汉字技术企业强烈反对的结果，也表示汉王股份公司等企业与微软视窗2000软件捆绑汉字手写识别技术之争宣告结束。

汉王股份公司研制开发的产品"汉王计算机汉字手写识别笔输入识别板"。齐忠摄影。

一、微软（中国）公司关于微软手写输入技术的声明

微软（中国）公司在《微软公司关于微软手写输入汉字技术的声明》中指出："很遗憾地看到有关公司指责微软公司在视窗产品中发展汉字手写输入技术。即将推出的视窗 2000 中文版不包含微软手写识别功能，因为它在一些方面尚未达到微软对于产品的要求标准。早期的视窗 2000 中文版的测试版包含微软手写识别功能的目的，是让测试版的用户有足够的机会对该功能进行测试，以便提高产品的质量。实际上，微软在视窗 2000 中文版三年多的开发过程中，曾经增加和删除了很多功能，如 COM 的负载平衡、IMOD 和 Server 支持 CPU 的数量，任何一项功能的增加和删除都是经过深思熟虑的，充分考虑了用户的反馈和用户的利益。至于手写识别技术，微软公司已经开发研究了十几年，由微软公司手写识别技术组开发的核心技术，已经被许多国家和地区广泛使用，微软中文手写识别就是基于这个核心技术开发出来的。最后，我们需要再次指出：发明创造权是技术发展的根本，保护不论是中国公司的发明创造权，还是外国公司的发明创造权，这是中国科技发展的需要，也是对最终用户负责和有利的事情，同时也符合中国的法律。"（注：《微软公司关于微软手写输入汉字技术的声明》，本文有删节。）

二、微软"视窗 2000"软件如包含汉字手写识别技术将给我国汉字手写识别技术产业带来毁灭性打击，消费者不会再去购买我国企业生产的汉字手写识别技术相关产品

1999 年，美国微软公司推出"视窗 2000"计算机平台软件中文测试版，该软件包含汉字手写识别技术，又称"捆绑"汉字手写识别技术。如果美国微软公司在正式推出的"视窗 2000"计算机平台软件中，包含汉字手写识别技术后，凡是使用"视窗 2000"计算机平台软件的消费者，将免费获得计算机手写输入汉字功能，也称为"计算机笔输入功能"，这将对中国汉字手写识别技术产业带来毁灭性打击，因为中国的消费者不会再去购买汉字手写识别技术相关产品。

几年前微软公司在推出的视窗软件中捆绑了美国网景公司的看家产品"互联网浏览器"，使消费者可以免费使用，导致美国网景公司的产品滞销，该公司最后被兼并而消失。

前美国网景公司副总裁沙正治指出：计算机软件是一个特殊的行业，竞争不仅残酷，而且不择手段。美国网景公司因成功地推出互联网急需的"互联网浏览器"软件后，在短时期内成为几乎能够与微软公司抗衡的软件公司，可就是这一点遭到灭顶之灾。微软公司开发出同等类型的产品，并用捆绑方式随"微软视窗系列软件"免费送给消费者，一举击败了美国网景公司，迫使该公司被兼并。谁财大，谁气粗。用白送的方式击败竞争对手，这是软件行业无情的规律。[①]

因此，微软公司在正式推出的"视窗2000"计算机平台软件中，如果包含汉字手写识别技术，汉王股份公司等该项目的中国制造企业可能步美国网景公司的后尘，引起汉王股份公司等该项目的中国制造企业的反对。

三、中国计算机汉字手写识别技术应用软件是中国应用软件市场潜力最大的产品

1997—1999年，中国计算机汉字手写识别技术产业的规模逐渐走向成熟，计算机汉字手写识别技术应用软件成为中国应用软件市场潜力最大的产品，开发该产品的有汉王股份公司、清华紫光公司、清华文通公司、蒙恬等公司。以汉王股份公司规模最大，反对微软公司在"视窗2000"捆绑汉字手写识别技术最为强烈。

1984年，中科院自动化研究所科研人员、汉王股份公司创始人刘迎建研发的"联机手写汉字识别装置"，开创了非键盘汉字输入新的应用领域，实现了计算机文字识别的世纪革命。

汉王股份公司是中科院自动化研究所下属"国有民营"科技企业，该公司的计算机汉字手写识别技术应用软件的研发，也来自中科院自动化研究所，中科院自动化研究所为该软件研发用了近二十年的时间。汉王手写识别技术的研发，攻克了脱离西方键盘输入方块汉字的历史难

题，成为中国跨入信息化时代的一大关键节点。自此，汉王公司开始了人工智能道路上的探索前行。

1998年9月11日，汉王股份公司成立，注册资本2.44亿元人民币，法人代表为刘迎建。

2000年1月26日，在香山饭店举行的"国家863计划工作会议"上，汉王股份公司被列入首批16个国家高新技术研究发展计划成果产业化基地之一。

2001年11月，汉王股份公司的"汉王形变连笔的手写识别方法与系统"，获得国家科学进步奖一等奖。

四、汉王股份公司等企业反对捆绑汉字手写识别技术的理由

汉王股份公司负责人刘迎建认为，竞争是技术发展的最大动力，汉王股份公司不反对微软公司发展汉字手写识别技术，但是反对微软公司在视窗产品中"捆绑"汉字手写识别技术，因为"捆绑"会危害公平竞争，导致市场垄断、技术垄断、标准垄断、创新能力的垄断。

有关人士也指出：汉字手写识别技术应用软件，是由中科院自动化研究所科研人员最先开发并推出的产品。经过研究所创办的"中自公司""中自汉王公司""汉王股份公司"长期的市场开拓和培育才获得成功。而微软公司将发明创造权与市场垄断权作了一个概念混淆，在占据市场垄断地位的"微软视窗"计算机平台软件中"捆绑"汉字手写识别技术，只是试图垄断中国汉字手写识别技术应用软件市场。虽然中国还没有"反垄断法"，但是并不表明市场垄断就符合中国的法律。[2]

参考资料：

①来自2000年3月27日《北京科技报·民营产业》，该资料由齐忠收藏。

②来自2000年1月3日《北京科技报·民营产业》，该资料由齐忠收藏。

2000年1月31日——用友公司获得上市名额，历年来积累的多余资金分给三位股东，最多的分到1140万元

2000年1月31日，用友公司对外宣布，该公司获得上市名额，将成为北京及中关村私营民营科技企业首家上市公司。[1]

2000年1月31日，由于用友公司即将上市，公司将多出注册资本的历年积累分给三位股东，其中一位股东获得1140万元，上缴个人所得税400多万元。

在北京及中关村，拥有上千万元、上亿元资产的企业家虽然很多，但都是挂名于企业上市的股票市值。用友公司是北京及中关村首家造就出千万元级个人收入的民营科技企业。[2]

2001年5月18日，用友软件股份有限公司在上海证券交易所上市，股票代码600588，每股36.68元，共发行2500.00万股，融资额为9.17亿元人民币。[3]

参考资料：

①来自2000年1月31日《北京科技报·民营产业》，该资料由齐忠收藏。

②来自2000年2月28日《北京科技报·民营产业》，该资料由齐忠收藏。

③来自用友公司官网及该公司上市公告。

2000年1月31日——吴坤岭成为我国首位用1元人民币注册公司的企业家

2000年1月31日上午，37岁的吴坤岭在海淀工商分局，拿到注册号为"1101082118596"的个人独资企业营业执照，注册资本为1元人民

币。这是自2000年1月1日，我国《个人独资企业法》实施以来，海淀工商分局受理登记的全国第一家个人独资企业，该企业名称为"北京知本家投资顾问事务所"。

个人独资企业与有限责任公司不同，个人独资企业的投资人以其个人资产对企业债务承担无限责任。与有限责任不同，投资人以其实际投资额为限，对企业承担有限责任。

吴坤岭，吉林省人，1985年毕业于中国人民大学本科历史系，曾任职于中关村民营科技企业"北京京海润水处理工程技术有限公司"。[1]

2001年，吴坤岭的"北京知本家投资顾问事务所"成为"2001年北京国际周第四届中关村电脑节"的主要策划和承办单位。

吴坤岭坦承，在2001年他的企业亏损十几万元。[2]

参考资料：

①来自2000年2月14日《北京科技报·民营产业》，该资料由齐忠

吴坤岭，齐忠摄影。

收藏。

②来自 2001 年 4 月 16 日《北京科技报·民营产业》，该资料由齐忠收藏。

2000 年 2 月 14 日——王选院士指出有联想公司做榜样，北大方正公司改制后要出现 100 个百万富翁

2000 年 2 月 14 日，北京大学"国有民营"校办企业北大方正公司负责人王选院士指出：前面有联想公司做榜样，我认为北大方正公司的产权改制没有任何障碍，北大方正公司出 100 个百万富翁的目标也会实现。

北大方正公司不久前，对王选院士淡出公司一事发生变化，王选院士重归公司领导层。对此王选院士称："现在的形势不让我淡出北大方正公司。"①

参考资料：

①来自 2000 年 2 月 14 日《北京科技报·民营产业》，该资料由齐忠收藏。

2000 年 3 月 27 日——民营企业家王江民"上书弹劾"外企软件同行不公平竞争

2000 年 3 月 27 日，我国著名计算机杀毒软件厂家、中关村民营科技企业江民公司董事长王江民，向国家工商局反不正当竞争处投诉北京某外企软件同行用不正当手段，掠夺性侵占我国计算机杀毒软件市场，严重地侵害了我国同类产品厂家，要求工商管理部门根据国家法律给予严厉查处。这家北京某外企也是生产制造计算机杀毒软件的厂家。

这是我国软件行业在 2000 年汉王公司反对微软公司捆绑汉字手写识别软件后，发生的第二件中国软件企业投诉外企软件企业的事件。

2000 年 3 月初，这家北京某外企推出"2000 年新版计算机杀毒软件"，市场价格为 199 元。

这家北京某外企在推销该软件时，对全国各地的代理商承诺，用任何一件品牌计算机杀毒软件，再加上 59 元人民币，就可得到该外企的"2000 年新版计算机杀毒软件"。该北京某外企用低价换取市场的营销手段，不仅能一网打尽我国同类产品的生产厂家，快速地占领市场，还能轻易地使竞争对手退出市场。

王江民的投诉，已经引发有关部门的关注。[①]

参考资料：

①来自 2000 年 3 月 27 日《北京科技报·中关村园区》，该资料由齐忠收藏。

2000 年 4 月 18 日——联想公司首期投资 2 亿元创办 365 门户网站

2000 年 4 月 18 日，联想公司投资 2 亿元人民币，创办 MF365.COM 门户网站（以下简称"联想 365 网站"），并邀请香港演艺界明星谢霆锋做该网站代言人，在北京、上海、广州等大城市投巨资做路牌广告。在中关村黄庄路口竖立起高大的有谢霆锋肖像的联想 365 网站路牌广告。联想公司公关部部长杨洁（女）出任该网站负责人，该网站办公地址在上地信息产业基地某三层小楼。

在联想公司有关联想 365 网站的新闻发布会上，联想公司董事长柳传志在讲话中指出："目前国内互联网站赚钱很难，期望 365 网站在 2001年能够盈利。"

联想公司为创办联想365网站作出很大的努力，在香港证券交易所发行的配股所得的32亿港币中，拿出2亿港币作为联想365网站首期投资。还在联想公司新推出的互联网电脑中配有上网拨号键，只要一点该键就可登录联想365网站，对该网站有很大的推动作用。[①]

2000—2001年，联想365网站运营非常好，每天网站访问量高达3700万次，联想365网站与新浪网、搜狐网、网易成为我国四大门户网站。

2001年6月11日，联想公司董事长柳传志与美国在线公司又称"AOL"公司的负责人在北京国贸中心签订合资协议，双方为联想365网站各投资1亿美元，推动该网站的发展，后来被有关方面制止，该合资协议无效。

联想365网站从大规模"烧钱"走向鼎盛，从2亿元资金用完走向衰落，网站从拥有两百名员工，后来只有几个员工。

2003年4月，联想MF365网站正式关闭。

2003年末，因联想公司管理大意，联想365网站域名没有续费而过期，被美国一家公司注册成功。

2004年2月21日，来自该域名注册信息显示，联想公司已经补交（2003年12月19日至2004年10月21日）一年域名费用。

2004年2月22日，该域名指向联想FM365官方网站服务器。但是，原有独立运营的互联网联想365网站并没有恢复运营的迹象。

参考资料：

①来自 2000 年 5 月 29 日《北京科技报·中关村园区》，该资料由齐忠收藏。

2000 年 5 月 18 日——我国最大的民营大学中国科技经营管理大学成立十五周年

　　2000 年 5 月 18 日，由北京著名民营企业家蒋淑云（女）创办的我国最大的民营大学——中国科技经营管理大学，后更名为北京科技经营管理学院，迎来成立十五周年纪念日。

　　1985 年 5 月 18 日，原北京工业学院（现更名为北京理工大学）精密仪器系教授，46 岁的蒋淑云（女），在中关村创办我国首家民营大学——中国科技经营管理大学。

　　蒋淑云（女）在初创时期，只有"捡砖拾瓦　四宝办事"方针。捡砖拾瓦指的是，动员群众到处捡砖寻找建筑材料，建造大学教室与教学设施。四宝办事指的是，一宝：简易板房办公。二宝：破旧电话通信。三宝：自行车当交通工具。四宝：人力三轮车当拉人交通工具。

　　在没有国家一分钱的投资下，蒋淑云（女）自筹资金在中关村盖起

北京著名民营企业家、中国科技经营管理大学校长蒋淑云（女）（前排左四）。图片来自中国科技经营管理大学建校十五周年大会，齐忠摄影。

▼当年的老式电话。

中国科技经营管理大学当年的办公室。

中国科技经营管理大学校长蒋淑云（女），当年创办该校的办公室。图片来自中国科技经营管理大学建校十五周年宣传资料。

来2万多平方米的教学大楼。

2000年该大学拥有88个专业，800多名老师，为国家培养了2.58万名学生。

中国科技经营管理大学更名的原因

1999年，因教育部门规定，民营高校未经国家批准，不得在校名冠与"中国""中华""国际"等字样，"中国科技经营管理大学"因校名中的"中国"二字不符合要求，没有获得"全国具有学历教育招生资格"，也就是该大学的学历国家不承认，在招生方面有很大压力。

蒋淑云（女）只好将"中国科技经营管理大学"更名为"北京科技经营管理学院"，使该学院的毕业生获得国家承认的大专学历。[1]

2022年，蒋淑云（女）校长86岁。

参考资料：

[1]来自2000年5月29日《北京科技报·中关村园区》，中国科技经营管理大学建校十五周年资料之一《鞭策集》。该资料由齐忠收藏。

2000 年 5 月 18 日，中国科技经营管理大学校园。图片来自中国科技经营管理大学建校十五周年宣传资料。

2000 年 5 月 28 日——北京民协再次发起"科技之光国家助学贷款担保基金活动"

2000 年 5 月 28 日，北京民协在人民大会堂召开新闻发布会，北京民协会长纪世瀛在会上宣布，即日起北京民协全体会员为支持因家庭贫穷上不起大学的学生，再次发起"科技之光国家助学贷款担保基金活动"，北京生命源科技公司总裁祁魁元出资捐赠 50 万元，设立"生命源国家助学贷款担保基金"。该基金的设立是为家庭贫困的学生考上大学后，顺利地拿到上大学的费用。

全国人大常委会副委员长许嘉璐等有关领导出席了这次活动。

首批从北京大学、清华大学等 21 所高校中选出的 40 名贫困生，从"生命源国家助学贷款担保基金"顺利地领到第一笔贷款。

2000 年，北京高考过后，家住北京市东城区鼓楼新安里 72 号楼的董天骥同学考上了北京大学化学系，因他父亲生病家里陷入贫困，为了学

2000年5月28日，北京生命源科技公司总裁祁魁元出资50万元，设立"生命源国家助学贷款担保基金"。前排左一为祁魁元。齐忠摄影。

费很是发愁。北京生命源科技公司总裁祁魁元得知这个消息后伸出救援之手，为董天骥同学提供了助学贷款担保基金，使他顺利地拿到上大学的费用。

祁魁元也为此决定响应北京民协号召，设立"生命源国家助学贷款担保基金"。

全国人大常委会副委员长许嘉璐在会上指出："生命源这家民营科技企业，为贫困家庭大学生出资捐赠50万元，设立'生命源国家助学贷款担保基金'，让我深受感动。'穷则独善其身，达则兼济天下。'这是我们企业家成熟的表现。"①

参考资料：

①来自2000年9月11日《北京科技报·中关村园区》，该资料由齐忠收藏。

2000 年 6 月 1 日——北京及中关村民营科技企业的重要窗口与日记《科技之光》创刊十周年

2000 年 6 月 1 日，北京及中关村民营科技企业的重要宣传窗口与日记《科技之光》创刊十周年。回首十年发展，感慨良多。

一、北京民协会长纪世瀛为《科技之光》成长作出巨大贡献

1990 年 6 月 1 日，北京民协会长纪世瀛决定创办协会内刊《科技之光》，后来更名为《科技之光报》《北京科技报·民营产业》《北京科技报·中关村园区》。

北京民协创办内刊《科技之光》，北京民协会长纪世瀛出任社长与总编，北京民协副秘书长齐忠任主编。"科技之光"四个字是纪世瀛会长请自己的老师、全国人大常委会副委员长、中国科技大学原校长、中

2000 年 7 月 3 日，《北京科技报·中关村园区》发表的纪念《科技之光》创刊十周年文章。齐忠摄影。

国当代物理学泰斗严济慈所写。

1990年底，北京民协内部有关负责人以及大多数人，认为协会内刊《科技之光》，每月的人工费用及印刷成本占用协会资金1000元左右，协会难以承担应以停办。

北京民协会长纪世瀛力排众议，他指出：《科技之光》不仅是北京民协的喉舌，还是社会各界人士了解北京民营企业与北京民营科技企业重要的窗口，绝对不能停刊。"

北京民协会长纪世瀛决定由协会借给齐忠一万元人民币，采用民营"四自"机制，即"自筹资金、自主经营、自负盈亏、自由组合"的方式继续出版协会内刊《科技之光》。

北京民协会长纪世瀛还指令，他的下属企业得思公司负责人金宇先生，在得思公司大厅为协会内刊《科技之光》提供办公场所。不久，《科技之光》更名为《科技之光报》，纪世瀛会长又请自己的老师、全国人大常委会副委员长严济慈亲笔写《科技之光报》报名。

北京民协会长纪世瀛，使协会内刊《科技之光》第一次避免停刊获得新生。

1994年底，在《广告法》颁布后，《科技之光报》因是北京民协内刊不准刊登广告，并受到有关部门的处罚而停刊。

北京民协会长纪世瀛与北京市科协协商，将《科技之光报》并入北京市科协下属的《北京科技报》，作为该报周一出版的《北京科技报·民营产业》形式继续出刊，还是采用民营"四自"机制出报，在北京民协会长纪世瀛的多次协商下，北京市科协同意这个办法。北京民协会长纪世瀛，第二次使北京民协创办内刊《科技之光》避免停刊获得新生。

1995年3月5日，《科技之光报》更名为《北京科技报·民营产业》出版。

1999年8月30日，《北京科技报·民营产业》更名为《北京科技报·中关村园区》（以下简称《科技之光》）。

回顾北京民协创办的内刊《科技之光》，1990—2003年共十四年的办报足迹,《科技之光》不仅是北京民协的喉舌,是我国各界人士了解北京民营企业与北京民营科技企业重要的窗口,还是中国唯一记载北京及中关村民营科技企业、民营企业创业历史、发展历史、走向国际化的过程,是研究中国和北京及中关村民营企业重要的历史资料,是不可多得的弥足珍贵的历史文献。

20多年后的今天,纪世瀛会长与作者齐忠能够撰写《北京·中关村民营科技大事记》上卷、中卷、下卷,这部近百万字、有800多张珍贵历史照片的巨著,90%的资料来自《科技之光》。

北京民协会长纪世瀛,为北京民协创办内刊《科技之光》的发展作出了不可替代的巨大贡献。

二、《科技之光》十年来为北京民营企业作出重大贡献

1990—2000年,《科技之光》十年来为宣传和推动北京及中关村民营科技企业的发展作出重大贡献。

在北京及中关村民营科技企业进行股份制改造过程中,《科技之光》连续发表了我国著名经济学家、"中国股份制之父"、北京大学厉以宁教授的有关企业股份制文章,极大地推动了我国民营科技企业、民营企业进行股份制改造的进程。

《科技之光》在四通公司的资助下还创办"四通杯——中国民办科技企业发展阶段理论研讨征文"专栏,该专栏发表了四通公司总裁段永基《论民营科技企业二次创业》的系列经典文章,为我国民营科技企业及首家科技园区"海淀试验区"在发展过程中提供理论性指导,为我国民营科技企业及首家科技园区"海淀试验区"的发展作出巨大贡献。

《科技之光》创办的"四通杯——中国民办科技企业发展阶段理论研讨征文"专栏,有十三年的历史,我国各省市民办科技企业家协会负责人、我国各省市著名民办科技企业家在该专栏中发表文章。它是研究我国各省市民办科技企业家协会、我国各省市著名民办科技企业家在1991—2004年发展动态的珍贵历史资料。

三、《科技之光》十年来为我国新闻事业提供了众多独家报道

《科技之光》十年来为我国新闻事业提供了众多独家报道，成为我国新闻事业的一朵奇葩。

1992年5月31日，《科技之光》独家报道了《亚都兼并启示刊登以后》的文章，该文章发表后在全国引起巨大反响，我国数十家新闻报刊纷纷转载。

1993年2月23日，《科技之光》独家报道了"我国大陆知识产权第一案"，即中关村民营科技企业"微宏软件研究所状告中国科学院远望技术公司黑马软件部知识产权侵权案"。这是我国众多新闻媒体中唯一报道此案的文章，成为研究我国知识产权侵权案的珍贵历史资料。

1993年4月23日，《科技之光》独家报道了《洋电脑：船坚炮利围剿中关村》的系列文章。这组系列文章发表以后，引发海内外众多新闻报刊纷纷转载，也成为《科技之光》创刊以来，在我国影响最大的新闻报道。

1994年7月11日，《科技之光》独家报道了《微软在京状告侵权者，中关村五公司成被告》的系列文章。该系列报道发表以后，引发海内外众多新闻报刊纷纷转载，新华社还以该报道写成内参。

四、《科技之光》十年来在纪世瀛会长的支持下为保护民营科技企业家合法权益不受侵犯作出重大贡献

北京民协保护民营科技企业家合法权益不受侵犯，是重要的宗旨之一。《科技之光》十年来在纪世瀛会长的支持下为保护民营科技企业家合法权益不受侵犯作出重大贡献。

1994年6月21日，中关村电子一条街民营科技企业开拓者之一的陈春先教授，因经济纠纷被南方某省某市的公安机构从北京拘押走。

纪世瀛会长指示，一定要营救陈春先教授。《科技之光》随后发表了《民办民营科技企业家合法权益不容侵犯》的文章。经过纪世瀛会长

和协会众多会员及《科技之光》的努力，陈春先教授平安返京。

在纪世瀛会长的支持下，《科技之光》的努力下，民营科技企业家胡静无罪释放。

1991年6月14日，中国最大的走私案"中关村信通公司走私案"爆发后，北京民协纪世瀛会长、徐可倬副会长、北京民协副秘书长《科技之光》主编齐忠，多次上门看望信通公司职工，《科技之光》也多次报道信通公司状况。

1992年6月15日，中关村电子一条街民营科技企业第一批开拓者，北京民协常务理事、海淀区政协委员，"中国科学院北京东方仪器公司"总裁张伦在公司被下属无理殴打后，引发中关村企业家的震惊。北京民协纪世瀛会长极为重视，指示北京民协副秘书长《科技之光》主编齐忠到该公司处理此事，然后又赶到医院看望张伦，并向中科院、海淀区委、区政府、区政协反映此事。《科技之光》也多次发表相关文章，该事件终于妥善解决。

2000年11月，北京民协会员单位伟嘉公司，在北京某区县的加工厂被某些人设置障碍封路、封门无法正常生产，造成该公司巨大损失。伟嘉公司向北京民协纪世瀛会长汇报此事后，纪世瀛会长立即向该某区县负责人反映此事，并派《科技之光》相关人员前往该地调查，此事最后得到圆满解决。

2001年11月29日，得知张伦病危后，纪世瀛会长，北京民协副秘书长毕文华（女），北京民协副秘书长、《科技之光》主编齐忠深夜赶到中科院半导体宿舍看望张伦。当时张伦已经不能说话卧病在床，当听到纪世瀛会长告诉他荣获"科技之光"优秀企业家奖和安慰之言后，张伦眼含热泪摆手相谢。

2002年1月21日下午三点，张伦在家逝世后，纪世瀛会长还委托北京民协副秘书长、《科技之光》主编齐忠前往追悼会，代表北京民协全体会员致悼词，并在《科技之光》发表悼念文章。①

五、《科技之光》成为北京及中关村民营科技企业家喜爱的报纸

十年来，《科技之光》成为北京及中关村民营科技企业家喜爱的报纸，他们将《科技之光》作为喜爱的报纸收藏起来。

2011年7月15日，中关村电子一条街民营科技企业第一批开拓者、中国高校民营科技企业创办第一人、清华大学教授、北京民协常务理事、海华公司总裁倪振伟先生去世。在倪振伟先生纪念册《物化归自然　真情为人情》中，还收录了《科技之光》刊登倪振伟先生的文章。[②]

六、十年来民营企业为《科技之光》无偿提供巨额资金

十年来《科技之光》共出版500多期，办报的人工费、印刷费、发行费、水电费、房租费等运行费用是一笔巨资。北京及中关村民营科技

倪振伟先生纪念册《物化归自然　真情为人情》中收录的2001年1月8日《北京科技报·中关村园区》有关倪振伟先生的文章。

企业家、民营企业家们，无偿向《科技之光》提供了这笔巨额资金。在此向北京及中关村民营科技企业家、民营企业家们表示深深的、衷心的感谢！

参考资料：

①来自 2000 年 7 月 3 日《北京科技报·中关村园区》，中国科技经营管理大学建校十五周年资料之一《鞭策集》。该资料由齐忠收藏。

②来自倪振伟先生纪念册《物化归自然 真情为人情》，该资料由齐忠收藏。

2000 年 6 月 29 日——四通、联想、时代、用友、北大方正、锦绣大地等民营科技企业成为全国首批设立博士后工作站的企业

2000 年 6 月 29 日，经国家人事部考察和评审后，中关村科技园区海淀园举行企业博士后工作站授牌仪式。四通公司、联想公司、时代公司、用友公司、北大方正公司、锦绣大地公司等民营科技企业及国有民营科技企业，成为全国首批设立博士后工作站的企业。

用友公司董事长王文京出任用友公司博士后工作站站长。

这些企业博士后工作站采用开放的形式，对全国各大学博士后进行全面的接收，企业不仅为进站的博士后提供办公环境和科研设备，还提供巨额资金。

海淀创业服务中心也成为全国首批设立博士后工作站的企业。[1]

参考资料：

①来自 2000 年 4 月 3 日《北京科技报·中关村园区》、《中关村 30 年大事记》第 151 页，该资料由齐忠收藏。

2000年8月7日——清华大学国有企业清华同方公司宣布五年内打造千名百万富翁与百名千万富翁

2000年8月7日，清华大学校办国有企业清华同方公司总裁陆致成对外宣布，最短三年、最长五年内，清华同方公司要造就一千名百万富翁、一百名千万富翁。

清华同方公司将分三步完成该计划。

1. 现有的上市公司尽快实行期权制度，约占流通股的10%。

2. 新设立的公司要把总股本的10%—15%，以期权的方式，由职工持股。

3. 对于尚在孵化的项目，将以虚拟股本的15%—20%个人化。

陆致成表示，清华同方公司要造就一千名百万富翁、一百名千万富翁，需要20亿元。清华同方公司上市以来，股价已经上涨6倍。今后3年只要股价上涨3倍，达到每股150元左右，比现在增值100元，按照职工认股期权1000万元计算，就是10亿元。清华同方公司今后分拆出10个子公司，如果有5个公司上市每股20元，按照职工认股期权1000万计算，也是10亿元。有了这20亿元，清华同方公司造就一千名百万富翁、一百名千万富翁，不是"空中楼阁"。①

参考资料：

①来自2000年8月7日《北京科技报·中关村园区》，该资料由齐忠收藏。

2000年8月23日——我国最大的网站并购：联想公司出巨资3537万美元入主赢时通网站

2000年8月23日，联想公司在北京召开新闻发布会，宣布联想公司出资3537万美元入主"深圳信达互联信息技术公司"开办的"证券商务网站赢时通"（以下简称"赢时通网站"）。杨元庆出任赢时通董事长。联想公司入主赢时通网站，成为中国大陆最大的网站并购案。联想公司董事长柳传志，联想电脑公司总裁杨元庆，财务总监马雪征（女），深圳信达互联信息技术公司、赢时通科技有限公司董事长汪人泽等人出席了新闻发布会。

联想公司出资的3537万美元由现金、联想公司股票、电子设备三部分组成。

2000年，赢时通网站被"中国互联网络信息中心（注:缩写CNNIC）"评为财经类网站第一名。赢时通网站开发的综合网上股票系统，是联想公司出资的主要原因。

联想公司入主赢时通网站后，将对赢时通网络进行改造，针对联想掌上电脑等接入设备用户，成为联想掌上电脑用户在进行证券交易时移动接驳的终点。[1]

不久，联想集团助理总裁、365网站财经频道的负责人荆宏接手了

2000年8月23日，联想公司在北京召开新闻发布会，宣布联想公司出资3537万美元入主深圳信达互联信息技术公司。左一为联想公司财务总监马雪征（女），左三为联想公司董事长柳传志。齐忠摄影。

赢时通的管理工作。

2002年6月19日，位于上地信息产业开发区联想大厦旁边亚士帝大厦一层的赢时通北京分公司关闭，公司全体员工被通知办理离职手续，此举意味着联想公司与赢时通网站彻底分手。

赢时通北京分公司，是联想365网站财经频道部门职工与原赢时通北京分公司职工合并成立的，初期有100多名职工。

赢时通深圳总部一位不愿透露姓名的员工指出，联想公司正式进入赢时通开始，双方的裂缝就一直存在，赢时通的赢利模式是争议焦点。"赢时通最典型的商业模式，是花1万块营销费用，实现50块的收入。加上去年以来证券行情低迷，更无异于雪上加霜。"

2002年，联想公司从赢时通网站回收的资金不超过2000万元。[2]

参考资料：

①来自2000年9月4日《北京科技报·中关村园区》，该资料由齐忠收藏。

②来自2002年6月28日、2002年7月3日搜狐工商财经，《联想赢时通：当爱已成为往事》《联想放弃赢时通　汪人泽是否会重新接招？》。

2000年10月22日——北京民协隆重举办庆祝北京民营科技企业及中关村电子一条街创办二十周年大会

2000年10月22日，是北京民营科技企业及中关村电子一条街创办二十周年。为了隆重庆祝北京民营科技企业及中关村电子一条街创办二十周年，北京民协在北京市大兴县大兴宾馆举办"庆祝北京民营科技企业及中关村电子一条街创办二十周年大会"。有500多人参加了大会。

中共中央政治局委员、北京市委书记贾庆林向大会发来贺信。全国

2000 年 10 月 22 日，在北京民协举办的"庆祝北京民营科技企业及中关村电子一条街创办二十周年大会"上，北京民营科技企业及中关村电子一条街首家企业，"北京等离子体学会先进技术发展服务部"创办者之一，原中科院物理所研究员陈春先在主席台上（注：前排站立者）与全国政协副主席万国权（注：后排左起），胡启立，原海淀区委书记、北京市委副书记张福森合影留念。齐忠摄影。

政协副主席、原国家科委主任宋健为大会题词——"勇担历史性重任，帷幄高技术战役"。

全国政协副主席万国权、胡启立、北京市市长刘淇、北京市委副书记张福森、龙新民、科技部秘书长林泉、白介夫、吴明瑜、谢明绍、北京民协名誉会长封明为、赵绮秋等老领导、大兴县委书记牛有成也参加了大会。

参加大会的还有北京民营科技企业及中关村电子一条街老一代科技企业家，北京民营科技企业及中关村电子一条街首家企业——"北京等离子体学会先进技术发展服务部"创办者之一、原中科院物理所研究员陈春先教授，纪世瀛，北京市朝阳区民营科技企业家老红军徐可倬，四通公司董事长、泰山会董事长段永基，京海公司董事长、泰山会总裁王洪德，科海公司首任总裁陈庆振，信通公司首任总裁金燕静（女），时代公司总裁彭伟民、副总裁王小兰（女），清华紫光公司副总裁赵斐（女），北大方正公司首任总裁楼滨龙，五笔字型发明人、王码电脑公司董事长

2000年10月22日，北京民协在北京市大兴县大兴宾馆召开"庆祝北京民营科技企业及中关村电子一条街创办二十周年大会"。全国政协副主席、中国工程院院长宋健亲自给大会题词"勇担历史性重任，帷幄高技术战役"。左起：北京民协会长纪世瀛、北京民协副秘书长毕文华（女），向大会来宾展示宋健的亲笔题词。齐忠摄影。

王永民，龙兴公司董事长刘长兴等北京市各区县民营科技企业家。

大会由北京民协副会长、四通公司副总裁田志强（已故）主持，北京市政府领导在大会上作了题为《大力发展民营科技企业　加速建设中关村园区》的报告。

北京市政府领导在报告中指出："在新世纪即将来临之际，迎来了中关村民营科技企业创业二十周年，我代表北京市委、市政府向全市民营科技企业的创业者、领导者和全体员工表示热烈的祝贺。民营科技企业是中国知识分子在改革开放中的一个伟大创举，1999年，北京民营科技企业技、工、贸总收入达到1109.8亿元，工业总产值600亿元，上缴利税83.2亿元。经过二十年的风雨历程，已经成为北京市重要的新的经济增长点。"

陈春先教授在大会发言时激动地说："我至今无怨无悔，今后仍然在民营科技企业这条大道上奋力拼搏，我相信明天更加美好。"

　　四通公司董事长、泰山会董事长段永基在大会发言中指出，二十年前，陈春先教授为代表的一批知识分子，走出中科院来到中关村这个小集镇，创办中国第一家民营科技企业。遥想当年，民营科技企业赤手空拳，一无所有。但是有对民族振兴、国家富强、人民幸福的强烈责任感。我们才走出了成功，走出了一代知识分子的勃勃英姿。

　　京海公司董事长、泰山会总裁王洪德在大会发言中指出，今天是中国民营科技企业创办20周年的庆祝大会，也是北京民营科技企业奋斗了20年最隆重、最辉煌的一次大会。二十年来，民营科技企业灵活的"两不、四自"运行机制，即"不要国家投资、不要国家编制、自筹资金、自主经营、自由结合、自负盈亏"已经成为我国各行各业进入市场经济和市场经济接轨的准则，这是民营科技企业对我国社会最大的贡献。

　　时代公司总裁彭伟民在大会发言中指出，二十年来，民营科技企业由小变大、由弱变强，成为我国科技体制创新的典范，国民经济和高科技产业化的重要组成部分，证明民营科技企业的强大的生命力和发展的重要性。

　　清华紫光公司副总裁赵斐（女）在大会发言中指出，民营科技企业二十年是成功的二十年，清华紫光公司在"国有民营"的机制下，取得了长足的发展。

　　大兴县委书记牛有成在大会发言中指出，北京民协在大兴县举办"庆祝北京民营科技企业及中关村电子一条街创办二十周年大会"，我代表大兴县委向北京民协全体会员表示热烈的祝贺。此次大会极大地推动了大兴县民营科技企业的发展，大兴县的未来寄希望于民营科技企业。

　　在这次大会上，北京民协还对112名北京市民营科技企业家颁发了"创业英才奖"。[1]

参考资料：

　　[1]来自2000年10月30日《北京科技报·中关村园区》，该资料由齐忠收藏。

2000年12月8日——北京市人大通过《中关村园区条例》

2000年12月8日，北京市第十一届人民代表大会常务委员会第二十三次会议通过《中关村园区条例》。该条例共八章80条，2001年1月1日正式施行。

2000年12月25日，《北京科技报·中关村园区》在全国首家全文刊登该条例。

北京民协要求全体会员单位认真学习和宣传该条例，在北京民营科技企业界掀起学习《中关村园区条例》的新高潮。[1]

参考资料：

[1] 来自2000年12月25日《北京科技报·中关村园区》，该资料由齐忠收藏。

2000年12月16日——中关村园区发展研讨会在北京举行，对联想公司产权改制进行探讨

2000年12月16—17日，由泰山产业研究院（以下简称"泰山会"）、中关村企业家俱乐部联合举办的"中关村园区发展研讨会"，在北京海淀翠宫饭店举行。

参加研讨会的有著名经济学家、泰山会顾问吴敬琏，中关村科技园区管委会主任陆昊，泰山会董事长、四通公司董事长段永基，泰山会副董事长、联想公司董事长柳传志，中科院所属公司中国大恒公司总裁张家林，中科院所属公司希望公司总裁周明陶，时代公司第一副总裁王小兰（女），北京民协会长纪世瀛，中国民协秘书长、中科院所属公司科海公司首任总裁、泰山会副董事长陈庆振等。

该研讨会就中关村园区联想公司企业产权改制问题迟迟得不到解决

进行了探讨。

1994年，联想公司成立"职工持股会"也称"员工持股会"，联想公司开始企业产权改制。联想公司企业产权改制从公司股权分红制又转化为公司股权分配制。人们普遍认为联想公司企业产权改制已经完成，但是，联想公司企业产权改制还处在计划审批之中。

中关村企业家对联想公司企业产权改制问题迟迟得不到解决，纷纷发表了自己的看法。他们认为，高科技企业产权清晰的速度太慢，弱化了高科技企业人才奖励与激励机制。

中关村企业家指出，中关村园区国有民营企业负责人退休后，待遇十分艰苦。1999年10月，科海公司首任总裁陈庆振退休后，每月只有960元退休费。1983年5月，陈庆振以借款海淀"菜蔬基金"10万元起家，他领导的科海公司，为国家累计缴纳利税数千万元，企业固定资产上亿元，陈庆振这样的结局令人寒心。

中关村企业家还指出，有红头文件批准的联想公司产权改革至今无法落实，不仅会影响联想公司，还会影响一大批中关村园区内的国有民

2000年12月16—17日，由泰山产业研究院、中关村企业家俱乐部联合举办的"中关村园区发展研讨会"会场。齐忠摄影。

营企业，没有企业产权清晰目标与突破口，使自身企业无法开展企业产权清晰。

有关人士认为，在全球经济一体化的今天，联想公司这样的国有民营企业负责人管理不再是单一的国有资本，企业的资本是由私人、海外企业、社会团体及各种投资机构所组成。企业负责人必须有相应的报酬，否则会失去投资者的兴趣。

联想公司董事长柳传志在发言中指出，公司产权清晰化问题迟迟不能解决，恐怕人心浮动。

有关人士还在会上透露，联想公司产权改革方案今天还没有落实的主要原因是，在履行批准的各个部门中，有的是上面批了，下面要上面再批个具体措施。有的部门是循规蹈矩，看看联想公司产权分配改革方案，符合哪些规定，违反哪些规定。

中共中央政策调研室、国务院发展研究中心、中国银行、中国农业银行、中关村科技园区海淀园、北京新闻界记者等有关人士，也参加了研讨会。①

中关村企业家俱乐部是由联想公司创办的，办公地址在联想公司总部大楼。

参考资料：

①来自2001年1月1日《北京科技报·中关村园区》，该资料由齐忠收藏。

2000年12月23日——新奥特公司总部办公大楼出售给中关村科技园海淀园区，更名为中关村发展大厦

2000年12月23日，中关村著名民营科技企业新奥特公司，将公司位于海淀上地信息产业基地近万平方米的总部办公大楼出售给中关村科

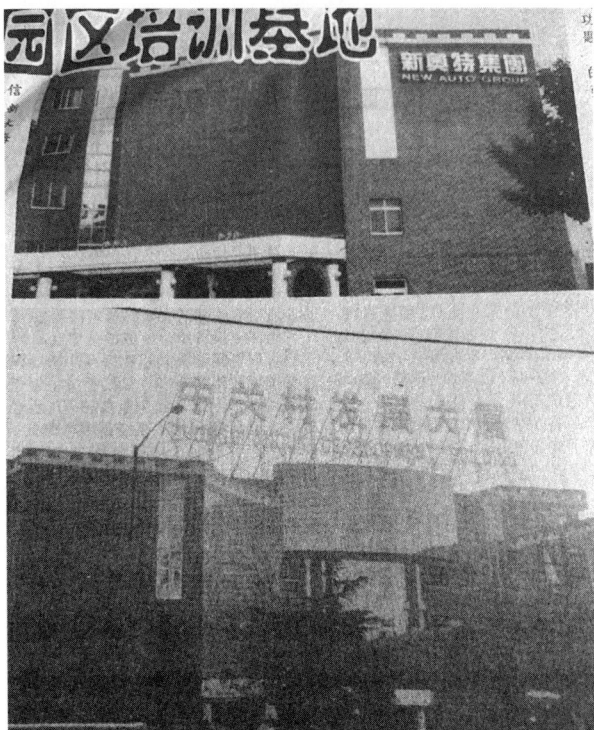

原新奥特公司总部办公大楼与更名后的中关村发展大厦，齐忠摄影。

技园海淀园区，更名为"中关村发展大厦"。海淀园区将中关村发展大厦作为海淀园区内高科技企业管理人员的培训基地。[1]

参考资料：

[1]来自 2001 年 1 月 1 日《北京科技报·中关村园区》，该资料由齐忠收藏。

2001 年

北 京·中 关 村 民 营 科 技 大 事 记（下 卷）1998—2004

2001年——北京及中关村民营科技企业概况

2001年，中国改革开放已经走过二十多年，新中国也发生了巨大变化，国家逐步走向富强，人民生活达到了小康水平。中国和北京及中关村民营科技企业异军突起，是中国知识分子、科技人员在改革开放中的伟大创举。

2001年，中国民营科技企业经济规模达到1.05亿元，职工500万人，实现利润683亿元，上缴国家利税560亿元，出口创汇160亿美元。[①]

2001年，中国民营经济及非国有经济固定资产投资达到15500亿元，私营企业158.7万户，从业人员2085.5万人。[②]

2001年，由于国家在政策与法规方面加强对民营科技企业的支持，北京及中关村民营科技企业生长环境良好，北京及中关村的国有科技企业、大院大所创办的国有科技企业，大学创办的国有校办企业，甚至"三资"企业也纷纷自称"国有民营"科技企业，一些经过股份制改革的国有科技企业，在大量的私人资本涌入下，也纷纷自称民营科技企业。

2001年，在中关村科技园区的"一区五园"中，90%左右的高科技企业成为民营科技企业。

2001年，北京及中关村民营科技企业，呈现以下特点：

一、北京首次用法律确定私营企业是发展首都经济重要力量

2001年8月3日，北京市第十一届人民代表大会常务委员会第二十八次会议通过《北京市促进私营个体经济发展条例》。

该条例是北京首次用法律形式确定："私营个体经济是社会主义市场经济的重要组成部分，私营企业和个体工商户是发展首都经济的重要力量。长期在本市经营并有较大贡献的私营企业的负责人、执行合伙企业事务的合伙人或者法定代表人及其配偶和一名未成年子女可以办理本市常住户口，不受进京指标的限制。"

2000年，北京私营企业已达10.4万家，个体工商户已达24.4万家，北京私营企业、个体工商户上缴利税 17 亿元。[③]

二、北京全部大学校办企业被剥离，无法再享受校办企业免税待遇

2001 年 7 月，北京有关部门召开有关大学校办企业与大学剥离脱钩的会议，因大学校办企业与大学剥离脱钩后，无法再享受国家给予校办企业的免税待遇，占上海、深圳证券交易所 1% 的高校板块股票价格开始下跌。

1950 年，我国的大学开始创办校办企业。

1966 年，我国的大学、中学、小学开始大规模地创办校办企业，学校无偿提供场地及职工。校办企业的利润，既解决了我国教育体系经费不足的问题，也改善了教职员工的生活待遇。

2001 年，北京校办企业的数量大大超过中关村科技园区企业的数量，是我国教育体系独特的企业。国家为了支持校办企业，规定校办企业生产的产品用于教育事业的可以享受免税。

北大方正公司创始人、首任总裁楼滨龙曾经指出，北大方正公司作为北京大学的校办企业，享受校办企业免税待遇得到的好处是外人无法想象的。

北京及中关村地区的大学校办企业与其他企业相比，具有不同的特点。北京大学、清华大学的北大方正公司、清华紫光公司是校产，企业法人代表由大学指派，有的并不拿公司薪酬。

2001 年，北京及中关村地区的大学校办企业与大学剥离脱钩，一方面说明校办企业已经成长壮大，不需要校方的支持；另一方面说明校办企业摆脱了学校的束缚，以"国有民营"的方式自己选择发展方向。[④]

参考资料：

①来自 2001 年 3 月 12 日《北京科技报·中关村园区》，该资料由齐忠收藏。

②来自 2001 年 4 月 16 日《北京科技报·中关村园区》，该资料由齐

忠收藏。

③来自 2001 年 7 月 16 日《北京科技报·中关村园区》，该资料由齐
忠收藏。北京市司法局官网《北京市促进私营个体经济发展条例》。

④来自 2001 年 9 月 17 日《北京科技报·中关村园区》，该资料由齐
忠收藏。

2001 年 1 月 1 日——中关村电子一条街每亩土地价格上涨到 7000 万元

2000 年 11 月 29 日，中科院直属企业，中关村著名的国有民营科技
公司中国大恒公司，在上海证券交易所主板 A 股上市。

2001 年，该公司因形象问题想在中关村电子一条街附近盖一座办公
大楼，因每亩土地价格在 7000 万元人民币左右，使该公司放弃了这个
想法。

1993 年，中关村电子一条街附近每亩土地价格只有 600 万—700 万
元人民币，短短数年时间涨到每亩土地价格 7000 万元人民币左右。

企业要想在中关村电子一条街附近盖一座办公大楼，审批的费用太
高，需要有关部门批准盖 108 个公章，各种审批手续和批件连起来有 5
米多长。①

参考资料：

①来自 2001 年 1 月 1 日、2001 年 3 月 5 日《北京科技报·中关村
园区》，该资料由齐忠收藏。

2001 年 1 月 5 日——亚都大厦出售给清华同方公司，更名为清华同方上地产业楼

2001 年 1 月 5 日，民营科技企业亚都公司上市失败后，将自己在海淀上地信息产业基地的总部办公大楼亚都大厦以 7500 万元人民币左右的价格，出售给清华大学校办企业清华同方公司。清华同方公司将该楼更名为"清华同方上地产业楼"。[①]

参考资料：

①来自 2001 年 1 月 8 日《北京科技报·中关村园区》，该资料由齐忠收藏。

原亚都公司在海淀上地信息产业基地的总部办公大楼亚都大厦，与更名后的清华同方上地产业楼。齐忠摄影。

2001年1月8日——北京市每年投资15亿元建设中关村园区

2001年1月8日，北京市政府为加快中关村园区建设，决定在2001—2003年三年每年投资15亿元建设中关村园区。其中10亿元由海淀园、昌平园、丰台园、亦庄园、电子城的区县管理部门支配，5亿元由市级管理部门使用。①

参考资料：

①来自2001年1月8日《北京科技报·中关村园区》，该资料由齐忠收藏。

2001年2月24日——中国民营科技企业新世纪高峰论坛暨中国民营科技实业家协会年会在北京举行

2001年2月24日，在北京举行的"中国民营科技企业新世纪高峰论坛暨中国民营科技实业家协会年会"上，中关村电子一条街老一代创业者出席。第一排左起：北大方正公司创始人、首任总裁楼滨龙（已故），清华紫光公司创始人、首任总裁张本正，中关村高校创办民营科技企业第一人、清华大学副教授、海华公司董事长倪振伟（已故），希望公司创始人、董事长兼总裁周明陶，中国大恒公司创始人、总裁张家林。齐忠摄影。

2001年2月24日，"中国民营科技企业新世纪高峰论坛暨中国民营科技实业家协会年会"在北京人民大会堂举行。中国民营科技企业家、有关部门领导共500多人参加了大会。

全国政协副主席、中国工程院院长、中科院院士、中国工程院院士宋健，在大会上作了题为"努力奋斗做先进生产力的代表"的重要讲话。

科技部副部长徐冠华也在大会上作了题为"民营科技企业要做创新的勇敢实践者"的重要讲话。

中国民协理事长王治国、北京民协会长纪世瀛、甘肃民协负责人、江苏民协负责人等全国各地民协负责人参加了会议，并在大会上发言。

中国民营科技企业创始人之一陈春先教授（已故），北京著名民营科技企业家、老红军徐可倬（已故），四通公司董事长段永基，北大方正公司创始人、首任总裁楼滨龙（已故），中关村高校创办民营科技企业第一人、清华大学副教授、海华公司董事长倪振伟（已故），希望公司创始人、董事长兼总裁周明陶，中国大恒公司创始人、总裁张家林，

2001年2月24日，"中国民营科技企业新世纪高峰论坛暨中国民营科技实业家协会年会"在京举行。全国政协副主席、中国工程院院长、中国科学院院士、中国工程院院士宋健在大会上讲话。齐忠摄影。

时代公司总裁彭伟民、副总裁王小兰（女），三友知识产权代理有限公司董事长李强（女），清华紫光公司创始人、首任总裁张本正，南京高能公司董事长薛频，新大陆公司董事长胡钢等民营企业家参加了会议，并在大会上发言。

参加大会的全体中国民营科技企业家，还在大会中发表了"中国民营科技实业家新世纪宣言"（以下简称"新世纪宣言"）。

宋健在报告中指出："二十世纪最后二十年的改革开放，使新中国也发生了巨大变化，国家逐步走向富强，人民生活达到了小康水平。中国民营科技企业异军突起，是中国知识分子、科技人员在改革开放中的伟大创举。2001年，中国民营科技企业经济规模达到1.05亿元，职工500万人，实现利润683亿元，上缴国家利税560亿元，出口创汇160亿美元，为科技体制和经济体制改革作出了示范和创造了新鲜经验。"

参加大会的全体中国民营科技企业家，在新世纪宣言中指出，20年来，中国民营科技实业家，风雨兼程、开拓创新，完成了世纪的跨越，谱写了求索、创业、创新发展的凯歌，所建的功绩彪炳史册。新世纪到来，我们将在中华民族伟大复兴中继续建功立业，豪迈地走向世界！

大会还对124名中国民营科技企业家，授予了"中国民协开拓奖"，146名中国民营科技企业家授予了"中国民协新秀奖"，93名中国民营科技企业家授予了"敬业乐群奖"。①

参考资料：

①来自2001年3月12日《北京科技报·中关村园区》，该资料由齐忠收藏。

2001年2月25日——史玉柱在北京论巨人公司倒闭的原因

2001年2月25日，中国著名民营科技企业家史玉柱，在"中国民营

2001 年 2 月 25 日，史玉柱讲述了巨人公司倒闭的原因。齐忠摄影。

科技企业新世纪高峰论坛暨中国民营科技实业家协会年会"上，讲述了巨人公司倒闭的原因。

他说，我是一个失败的企业家，巨人公司倒闭由以下几点原因造成：

1. 投资失误

巨人公司在投资上的失误是巨大的，做了不应该做的事。今后要投资朝阳企业，不投资不熟悉的领域。发现投资方向不对，立即砍掉不留烂尾工程。

2. 资本结构太差

巨人公司资本结构有巨大问题，资金流动性太差，除主营业务外没有其他业务。应收账款回收率低，当巨人公司进入"休克"状态后，有 4 亿多元的应收账款全部变成"死债"。

3. 管理失误造成信用危机

巨人公司管理不配套，停留在国有机制上，公司内部造成有权力者没责任，有责任者没权力，最后连分公司经理请人吃饭都要发传真由总部批准。

公司内部形成"说得到做不到"，月初下的任务，每个分公司经理都承诺完成任务，月底连30%都完不成，没有人追究责任。完成任务的，总部又不兑现奖励，造成公司内部上下级关系信任危机。

4. 企业文化变种

企业文化应是公司管理的补充，可是巨人公司把企业文化当成公司管理的主要手段，不承认个人的业绩，只承认企业文化的结果。造成只认苦劳，不认功劳，从今天来看，应该只认功劳，不认苦劳。

5. 大手大脚浪费严重

巨人公司在经营状况好的时候，公司内部产生大手大脚浪费严重现象。公司员工吃苦精神大为下降，都在等生意上门，导致巨人公司经营全面下降。[①]

参考资料：

①来自2001年3月12日《北京科技报·中关村园区》，该资料由齐忠收藏。

2001年2月26日——美国李文和间谍案给中关村园区归国创业留学生留下阴影

2000年9月14日，著名美国华裔科学家"李文和间谍案"，终因控方的证据不足放弃起诉，李文和被释放。虽然美国各方面都承认是一件冤案，但是"李文和间谍案"给中关村园区归国创业的留学生心理上留下巨大阴影，他们创业时纷纷回避我国国防等行业。

1999年12月，美国《纽约时报》根据匿名信，对59岁的美国华裔科学家李文和，向中国泄露核机密的"间谍案"进行报道。美国国家安全与军事及商业要事委员会认为，中国已经成功地将核弹头小型化，其技术是窃自美国武器实验室的88微型核弹头技术。该委员会认为，在新墨西哥州的阿拉莫斯国家实验室工作的流体动力学专家，出生于中国台湾的美籍华人科学家李文和有向中国传递技术的重大嫌疑，李文和因处理武器机密不当等59条罪名受到起诉，导致李文和入狱9个月。

2000年9月14日，"李文和间谍案"终因控方的证据不足放弃起诉。美国联邦地区法官帕克当庭宣判李文和被释放的同时，向李文和道歉。随后，李文和将有关方面和《纽约时报》等5家媒体告上法庭，李文和在起诉书中指控美国有关方面侵犯其隐私权，最后达成庭外和解，李文和从美国司法部和能源部获赔89.5万美元，《纽约时报》等5家媒体向李文和支付75万美元。美国政府有关方面和新闻机构支付赔偿的行为在类似案件中是史无前例的，《纽约时报》因在该案中的表现受到广泛指责。

虽然事实表明"李文和间谍案"是一起冤案，但是对中关村园区归国创业的留学生在心理上留下巨大阴影，他们不愿涉足我国国防与一些敏感领域的新产品的工作。

1998—2001年，在中关村园区工作创业的留美学生，大多数有美国国籍和持有绿卡，不少人还有在美国微软公司、英特尔公司等的工作经验，参加过重大科技产品开发。"李文和间谍案"爆发后，他们对工作涉及的领域非常小心谨慎，并拒绝对外宣传报道。

一位中关村园区工作创业的留美学生指出，他研究的系统软件可以广泛地应用于国防、航空、通信等方面。但是，由于已经加入美国国籍，家人和孩子在美国居住，由于"李文和间谍案"的前车之鉴，也怕回国后遭到同样的对待。[1]

参考资料：

[1]来自2001年2月26日《北京科技报·中关村园区》，该资料由齐忠收藏。

2001年6月11日——联想公司与美国在线网站签订两亿美元成立合资公司合作协议，最后该协议没有生效

2001年6月11日下午，联想公司与美国最大的门户新闻网站美国在线网站（美国在线网站英文缩写为"AOL"，以下简称"AOL"），在北京嘉里中心饭店召开签订两亿美元成立合资公司的合作协议新闻发布会。

联想公司董事长柳传志、副总裁杨元庆、财务总监马雪征（女，已故）、365网站负责人，以及AOL总裁李文，有关方面人士400多人出席了新闻发布会。

合作协议决定：

1. 联想公司与AOL各投资1亿美元，共2亿美元成立合资公司。联想公司占合资公司51%的股份，AOL占合资公司49%的股份。

2. AOL给联想公司的365网站网络技术上的支持。

3. 合资公司首期投资5000万美元。

该合作协议如果实施，联想公司的365网站将成为中国最大的门户新闻网站，还可获得AOL旗下的时代华纳公司拥有的流行影视、报刊新闻、音乐等资源。

虽然该合作协议受到关注，但最后该协议没有生效。[1]

参考资料：

[1]来自2001年8月13日《北京科技报·中关村园区》，该资料由齐忠收藏。

2001年6月18日——海淀区780家企业资不抵债，凯奇公司排名首位

2001年6月18日，海淀区资不抵债企业达到780家，国有企业"北

京凯奇通信公司"（以下简称"凯奇公司"）在资不抵债企业中排在首位。

2000年，海淀工商年检中凯奇公司资产为16亿元，负债为19亿元，净资产为负的2.7亿元，负债原因主要是银行贷款。2000年，凯奇公司营业收入为1400万元，还不够还银行贷款利息。

在780家资不抵债企业中，注册资金在3万元左右的股份制合作企业资不抵债率最高，达到4.12%。

海淀全民企业、集体企业、联营企业资不抵债率逐年增高，因为全民企业、集体企业、联营企业是旧的所有制企业，全民企业、集体企业、联营企业中，经营业绩良好的企业改制为股份制企业。所以尚未改制的全民企业、集体企业、联营企业经营业绩差的企业，资不抵债率逐年增高。

海淀全民企业中部分资不抵债额巨大，这类企业注销、吊销、破产后的未清理债权、债务由上级单位承担，上级单位为摆脱自己的法律责任，千方百计地保留负债累累的下属企业，使这些毫无生还希望、资不抵债严重的全民企业赖而不死。

海淀新技术企业资不抵债率高于总体平均水平，是由新技术企业产品开发周期长，前期开发费用高，产品开发是否成功风险很大这些原因造成的。

海淀有限责任公司资不抵债率较低，因为有限责任公司是现代制度的企业，公司负责人与股东风险防范意识较强。[1]

参考资料：

[1]来自2001年6月18日《北京科技报·中关村园区》，该资料由齐忠收藏。

2001年7月3日——北京民协赴台湾考察增强两岸科技交流

2001年7月3日，北京民协考察团11人赴台湾考察，参观该地高新技术企业，拜会有关商会，增强了两岸科技交流。

北京民协考察团团长为北京民协会长纪世瀛，副团长为北京民协副会长、四通公司总裁朱希铎，北京民协副会长、北大方正公司副总裁鲁永令。

北京民协考察团在台湾参观了台湾新竹科技园、东森公司等企业，拜访了台湾资策会、台北工商协会等商会。

北京民协考察团在台湾还参观了联想光电公司、方正资讯有限公司等中关村企业在台湾开办的公司。[①]

参考资料：

①来自2001年7月16日《北京科技报·中关村园区》，该资料由齐忠收藏。

北京民协会长纪世瀛等人考察台湾高新技术企业。左起：左三为北京民协会长纪世瀛，左四为北京民协副会长、四通公司总裁朱希铎。照片由纪世瀛提供。

2001 年 7 月 8 日——李德磊博士研制的我国首枚计算机中央处理器（CPU）芯片在北京中关村通过专家鉴定

2001 年 7 月 8 日，由北京中芯微电子有限公司留美归国创业的李德磊博士研制的，我国首枚实用化的 32 位计算机中央处理器芯片（以下简称 "CPU"）"方舟 –1"，在北京中关村翠宫饭店通过专家鉴定，该技术鉴定专家组负责人为全国政协副主席、中国工程院院长、中科院院士、中国工程院院士宋健。

2001 年 7 月 10 日，科技部、信息产业部、中国工程院、中关村园区管委会联合召开 "北京中芯微系统技术有限公司 32 位 CPU 技术鉴定" 新闻发布会。科技部部长徐冠华，信息产业部副部长曲维枝，中国工程院副院长朱高峰，中关村园区管委会负责人，李德磊博士，"方舟 –1" 研制参与者、原联想公司总工程师、中国工程院院士倪光南等参加了新闻发布会。

手拿 "方舟 –1" 的李德磊博士，齐忠摄影。

科技部部长徐冠华在发布会上指出，北京中芯微系统技术有限公司，在集成电路领域取得重大突破，我国终于有了自己的CPU，结束了我国信息产业无芯片的历史，摆脱了信息领域受制于人、受控于人的局面。①

一、"方舟-1"开发过程

2000年6月24日，国家《鼓励软件产业和集成电路产业发展的若干政策》的颁布，鼓舞了大批在国外顶级集成电路芯片公司工作的中国留学生归国创业。在外企担任CPU设计总监的李德磊博士找到他在中科院读研究生认识的倪光南院士，谈了自己创办公司研发CPU的想法，获得倪光南院士的支持和帮助。倪光南院士还加入李德磊博士的公司，参与方舟-1芯片的开发。

2001年，方舟-1开发成功后，李德磊博士获得国家有关方面大批资金的支持。

虽然李德磊博士研发出CPU芯片方舟-1，但是李德磊博士要绕开美国微软公司和英特尔公司组成的Wintel联盟，建立一个全新的设计方案。

20世纪80年代，微软与英特尔两家公司在PC产业内密切合作，以推动Windows操作系统在基于英特尔CPU的PC机上运行。英特尔公司成立之初，专利保护就是其核心竞争力之一，英特尔公司几乎把X86体系相关的知识产权专利全部注册。

倪光南做出新的选择，走RISC结构做嵌入式，绕开X86体系以避免侵犯英特尔公司知识产权。

但是，CPU芯片方舟-1、方舟-2生产出来后没有目标客户。因为客户用CPU芯片方舟-1、方舟-2，无法在英特尔公司或它的设计工厂（design house）的计算机主机板上使用。

方舟公司在做完CPU后，又建立硬件团队，推出网络计算机（英文为"Network Computer"，缩写为"NC"）。并将NC产品原型推向市场，北京市政府直接订购了几万台NC机。

2002年11月4日，联想神州数码公司与方舟公司双方召开新闻发布会，联想神州数码公司宣布正式推出基于方舟1号的网络计算机。联想神州数码公司成为方舟公司的第一个客户。②

二、北京中芯微电子有限公司的创办过程

1999年10月14日，北京中芯微电子有限公司在海淀区工商局注册成立，法定代表人张韵东，企业类型：有限责任公司（外国法人独资），注册资本为8214.744万元，公司地址：北京市海淀区学院路35号世宁大厦六层603号。公司股东为英属开曼群岛中星微电子股份有限公司，持股比例为100%，认缴出资额8214.744万元，认缴出资日期为2017年12月22日。

2000年11月22日，北京中芯微电子有限公司更名为"方舟科技（北京）有限公司"，法定代表人王凯，注册资本为1240万元，实缴资本1240万元，公司地址：北京市海淀区东北旺西路8号中关村软件园15号楼方舟大厦，企业类型：有限责任公司（外国法人独资），公司股东为中芯微系统（集团）有限公司，持股比例为100%，认缴出资额1240万元。认缴出资日期：2000年11月22日。③

2002年12月9日，李德磊博士出任方舟科技（北京）有限公司（以下简称"方舟公司"）法定代表人、董事长兼总裁。

三、倪光南院士与李德磊博士分手

2006年，因李德磊博士放弃了承接的科技部"863"（中国高技术研究发展计划）项目，引发倪光南院士不满，倪光南院士与李德磊博士发生纠纷。再加上方舟公司短期内花巨资完成方舟大厦的建筑，这引起有关部门对方舟公司资金使用的调查，还曝出倪光南院士声称向科技部"负荆请罪"。从此倪光南院士退出方舟公司与李德磊博士分手。④

参考资料：

①来自 2001 年 7 月 23 日《北京科技报·中关村园区》，该资料由齐忠收藏。

②来自 2019 年 3 月 27 日"硬核财经"的文章《寒武纪的前世今生与未来》。

③来自"爱企查"。

④来自 2006 年 6 月 24 日新浪网"科技时代"《IT 时代周刊》中《方舟事件调查：倪光南主动向科技部负荆请罪》一文。

2001年8月3日——北京市颁布《北京市促进私营个体经济发展条例》，确定私营企业发展为北京经济的重要力量

2001年8月3日，北京市第十一届人民代表大会常务委员会第八次会议通过《北京市促进私营个体经济发展条例》。该条例确定私营企业发展为北京经济的重要力量，推动了北京民营私营个体经济的发展。

2001年10月1日，该条例正式实施。

该条例共分为五章44条，第一章第三条规定："私营个体经济是社会主义市场经济的重要组成部分。本市的私营企业和个体工商户是发展首都经济的重要力量，与其他市场主体平等参与市场竞争，其合法权益受法律保护，任何组织和个人不得侵犯。"

第一章第二十一条规定："鼓励外地私营企业和公民在本市投资开办私营企业。长期在本市经营并有较大贡献的私营企业的负责人、执行合伙企业事务的合伙人或者法定代表人及其配偶和一名未成年子女可以办理本市常住户口，不受进京指标的限制。具体办法由市人民政府制定。"①

参考资料:

①来自北京市司法局官网《北京市促进私营个体经济发展条例》。

2001 年 8 月 6 日——我国首次创办企业技术入股不受限制的规定在北京施行

2001 年 8 月 6 日,毕业于中央民族大学的彝族学生果吉尔锑,从海淀工商局拿到"北京锐智伟业农业科技发展有限公司"的营业执照。公司注册资本 50 万元,其中一项无机复合材料科技成果作价出资占注册资本的 90%。而传统的企业登记办法规定科技成果作价入股比例不能超过 20%,高新技术成果入股比例不能超过 35%。这次北京锐智伟业农业科技发展有限公司科技成果作价出资占注册资本的 90%,表明我国首次创办企业技术入股不受限制的规定在海淀中关村施行。

在《中关村科技园区条例》颁布后,北京市工商局推出新的企业登记办法,规定以高新技术成果出资所占注册资金和股权不受限制,作价 50 万元以下的,可以不经过评估。

北京市工商局推出新的企业登记办法,推动了北京市科技企业发展的进程。①

参考资料:

①来自 2001 年 8 月 6 日《北京科技报·中关村园区》,该资料由齐忠收藏。

2001 年 8 月 7 日——北京大学重新建起南墙拆除商业街

2001 年 8 月 7 日,北京大学决定重新修建起该校南墙,拆除商业街。

1993年，北京大学决定推倒该校南墙，在南墙的基础上盖起临街的一排小楼，出租给公司，北京大学该决定当年成为北京市的一大新闻热点。众多公司租赁了北京大学临街的这排小楼，以"风人松"书店最为有名，成为中关村新的商业一条街。

北大发展规划部副部长吕斌对北京大学决定重新修建起该校南墙解释说，近年来北大校办企业发展很快，小打小闹没有意义，还浪费资源，所以北大对南墙地带有了新的规划。①

参考资料：

①来自2001年8月13日《北京科技报·中关村园区》，该资料由齐忠收藏。

2001年9月3日——中国首家有限合伙风险投资公司落户中关村

2001年9月3日，中国首家有限合伙风险投资公司"北京天绿创业投资中心"落户中关村。该中心是由北京新华信企业管理咨询有限公司，与上海证券交易所上市的新疆天业公司、新疆石河子开发区经济发展总公司共同投资5000万元成立的，北京新华信企业管理咨询有限公司董事长赵民任该中心事务执行人。

该中心初步选定肥料、电力等项目作为投资项目。①

参考资料：

①来自2001年9月3日《北京科技报·中关村园区》，该资料由齐忠收藏。

2001 年 9 月 24 日——中关村海淀园取消 838 家企业新技术企业资格

2001 年 9 月 24 日，中关村海淀园管委会对外宣布，取消海淀园中 838 家企业新技术企业资格。

这是中关村海淀园成立以来，园中企业新技术企业资格取消最多的一次，占中关村海淀园内新技术企业的 10% 左右。[①]

参考资料：

①来自 2001 年 9 月 24 日，《北京科技报·中关村园区》，该资料由齐忠收藏。

2001 年 11 月 28 日——首届中国民营经济论坛在深圳举行

2001 年 11 月 28—30 日，由全国工商联、科技部体改司、中国民营科技实业家协会、中国民（私）营经济研究会、中国生产力学会、北京民营科技实业家协会联合举办的首届"中国民营经济论坛"大会在深圳举行。

全国工商联副主席保育钧为大会组委会主席，北京民营科技实业家协会会长纪世瀛为大会执行主席。

全国政协副主席胡启立、孙孚凌，全国政协副主席、全国工商联主席经叔平，全国工商联副主席保育钧，广东省工商联副会长陈海燕，科技部法规司司长张景安，北京市科委主任邹祖烨，中国民营科技实业家协会理事长王治国，秘书长陈庆振等领导出席了大会。

出席大会的有著名经济学家与专家吴明瑜、于维栋等。

出席大会的还有全国各省市著名民营科技企业家，北京四通公司董事长段永基、北京京海公司董事长王洪德、北京新浪网 CEO 汪延、北京

2001年11月28日，首届"中国民营经济论坛"大会在深圳举行开幕式，北京民协会长纪世瀛（左一）致开幕词。齐忠摄影。

时代公司第一副总裁王小兰（女）、北京科瑞公司董事长郑跃文、北京北大方正公司副总裁曹永令、重庆力帆公司董事长尹明善、西安海星集团董事长荣海等，并在大会上发言。

在这次大会上还通过《民营企业家宣言》，该宣言中写道，民营企业努力把科研成果转化为生产力，肩负起历史使命，为实现中华民族的伟大复兴而拼搏！①

参考资料：

①来自2001年12月4日《北京科技报·中关村园区》，该资料由齐忠收藏。

2002 年

北京·中关村民营科技大事记（下卷）1998—2004

2002年——北京及中关村民营科技企业概况

2002年，北京民营科技企业已经发展到1.6万多家，从业人员40多万人，技、工、贸总收入达到2200多亿元，向国家缴纳税金150多亿元，利润130多亿元。在北京民营科技企业中有70%为新技术企业，主要集中在中关村科技园区内。

2002年，北京民营科技企业年销售额超过亿元的有243家，年销售额超过10亿元的有25家，年销售额超过100亿元的有3家。①

2002年，我国民营科技企业及民营企业在国民经济中发挥出巨大作用，成为我国新的经济增长点。我国民营科技企业家及民营企业家被中央电视台首次评为"2001年中国经济年度人物"，四通公司董事长段永基、用友公司董事长王文京、联想电脑公司总裁杨元庆、巨人公司董事长史玉柱、北京点击公司董事长王志东、四川希望公司董事长刘永行、万向公司董事长鲁冠球、SOHO中国公司董事长潘石屹榜上有名。

2002年，由于中关村科技园区不断调整和扩大，已经在北京市占地23252.29公顷，形成"一区十园"的格局，即海淀园、丰台园、昌平园、德胜园、雍和园、电子城、健翔园、亦庄园、石景山园、大兴生物医药基地。②

中关村科技园区的建立，不仅推动了北京市民营科技企业的发展，也促使民营科技企业加入园区，享受园区新技术企业优惠待遇。

2002年，中关村科技园区共有新技术企业9673家，从业人员405890名，科技人员128634名。③

据统计，2001年中关村科技园区全部企业技、工、贸总收入为2151亿元，上缴各种税费92.1亿元。④

2002年，北京及中关村民营科技企业呈现以下特点：

一、北京民营科技企业员工及企业家呈现年轻化

2002年，北京民营科技企业员工呈现年轻化，80%以上是30岁以下

的年轻人。北京民营科技企业中 30—40 岁的年轻企业家越来越多，65 岁以上的北京民营科技企业家所占比例越来越小。[①]

2001 年 7 月 24 日，由北京广厦网络技术有限公司承办的专项普查，对中关村科技园区 4000 家 IT 企业，167922 名员工进行的问卷调查显示，167922 名员工平均年龄为 28.8 岁，公司中层管理人员平均年龄为 31.46 岁，公司高层管理人员平均年龄为 36.56 岁。公司普通员工平均月收入达到 2477.93 元，公司中层管理人员平均月收入达到 3768.69 元，公司高层管理人员平均月收入达到 5768.69 元，[②]

二、中关村科技园区软件企业员工呈现高学历、高收入特点

2002 年，中关村科技园区软件企业员工呈现出高学历、高收入特点。企业员工大学本科学历占 54.21%，硕士学历占 9.96%，公司普通员工平均月收入达到 3562 元。[⑤]

三、中关村科技园区出现海外留学归来人员千人创业

2002 年，中关村科技园区共有 1010 名海外留学归来人员申请创办企业，348 人拿到营业执照，海外留学归来人员在中关村科技园区创办的企业已达 500 多家。[⑥]

四、2002 年，北京市海淀区及中关村 900 多家国有民营大学校办企业改制难

北京市海淀区及中关村"国有民营"大学校办企业有 900 多家，科技企业占 50%，从业人员 3.35 多万人，注册资本 39.35 亿元，资产规模 200.82 亿元。

大学校办企业改制难，进展缓慢，只有 50 家校办企业完成改制。[⑦]

参考资料：

①来自 2002 年 12 月 23 日《北京科技报·中关村园区》，该资料由

齐忠收藏。

②来自《中关村 30 年大事记》第 131 页，该资料由齐忠收藏。

③来自《北京科学技术志资料长编》第 521 页，该资料由齐忠收藏。

④来自 2002 年 2 月 25 日《北京科技报 · 中关村园区》，该资料由齐忠收藏。

⑤来自 2002 年《四通人》合订本第 281 期第 4 页，该资料由齐忠收藏。

⑥来自 2002 年 1 月 7 日《北京科技报 · 中关村园区》，该资料由齐忠收藏。

⑦来自 2002 年 3 月 4 日《北京科技报 · 中关村园区》，该资料由齐忠收藏。

2002 年 1 月 4 日——2001 年中国经济年度人物评选结果揭晓，吴敬琏及民营科技企业家段永基、王文京、杨元庆、史玉柱、王志东、刘永行、鲁冠球、潘石屹等入选

2002 年 1 月 4 日，由中央电视台、百名经济学家评委、百名财经记者评委评选的"2001 年中国经济年度人物"评选结果揭晓，我国著名经济学家吴敬琏名列首位。

我国及北京民营科技企业家四通公司董事长段永基、用友公司董事长王文京、联想电脑公司总裁杨元庆、巨人公司董事长史玉柱、北京点击公司董事长王志东、四川希望公司董事长刘永行、万向公司董事长鲁冠球、SOHO 中国公司董事长潘石屹当选"2001 年中国经济年度人物"。

当选"2001 年中国经济年度人物"的还有中石化公司总经理李毅中、招商银行董事长马蔚华、万科公司董事长王石、中国海洋石油有限公司董事局主席卫留成、华润公司董事长宁高宁、长虹公司董事长倪润

中央电视台、百名经济学家评委、百名财经记者评委评选的"2001年中国经济年度人物"中，名列首位的我国著名经济学家吴敬琏教授予夫人周南合影，并有吴敬琏教授亲笔签名。齐忠摄影。

峰、华晨汽车公司董事长仰融等。

一、吴敬琏获奖感言指出2001年中国经济喜中有忧

我国著名经济学家吴敬琏在获奖感言中说："2001年，中国国民经济增长率保持稳定，在全球各国中可谓一枝独秀。2002年，中国国民经济增长率可达到7%—8%，但是喜中有忧。因为我国市场经济很不规范，没有进入一个法治的状态，在我国加入世贸组织以后，不规范的市场经济是一个重大隐患。"

二、联想公司董事长柳传志出席颁奖会，在杨元庆照片上亲笔题词"非常高兴"

联想公司董事长柳传志也出席了颁奖大会，他对杨元庆当选"2001年中国经济年度人物"心情喜悦，在杨元庆获奖照片上亲笔题词"非常高兴"。

2001年12月29日，用友公司董事长王文京在《竞争力》杂志介绍中央电视台"2001年中国经济年度人物"中，在自己照片上的亲笔签名。齐忠摄影。

三、王文京获奖感言：用友公司要进入世界软件业50强

用友公司董事长王文京在谈到获奖感言时说："我当选为'2001年中国经济年度人物'，感到很高兴。用友公司上市是我10多年前创办用友公司的一个梦想，用友公司下一个目标是在2010年进入世界软件业50强。"

四、史玉柱获奖感言：多谢宽容再创巨人

巨人公司董事长史玉柱在谈到获奖感言时说："我是一个犯过错误，给民营企业抹黑，又被社会各界人士宽容的人。我曾经是最穷的人，欠债高达两亿元人民币。我不会再建巨人大厦，盖二、三层小楼为自己办公用。多谢大家对我的宽容，我会再创巨人。"

五、卫留成获奖感言：中国入世国有企业不惧怕民营企业竞争

中国海洋石油有限公司董事局主席卫留成在获奖感言中说："我国加入世贸组织以后，国有企业只要改变机制，就不惧怕民营企业竞争。国有企业拥有的人才优势比民营企业大的多，只要为国有企业搭建平等的竞争平台，国有企业就会发挥出强大的人才优势。"[1]

参考资料：

①来自 2002 年 1 月 14 日、1 月 21 日、1 月 28 日《北京科技报·中关村园区》，该资料由齐忠收藏。

2002 年 1 月 20 日——王永民推出标准五笔字型软件 WB-18030，再度成为我国计算机汉字输入领袖

2002 年 1 月 20 日，中国发明家协会、王码集团公司在北京人民大会堂举行新闻发布会，民营科技企业家、王码集团公司董事长、五笔字型发明人王永民教授在会上宣布，王码集团公司推出我国首家符合信息产业部颁布的"编码字符集标准"的"标准五笔字型软件 WB-18030"。

全国人大常委会副委员长倪志福等有关领导，有关专家学者参加了新闻发布会。

有关专家指出：随着国家强制性汉字标准的推广，"标准五笔字型软件 WB-18030"的推出，使五笔字型发明人王永民教授再度成为我国计算机汉字输入领袖。

"标准五笔字型软件 WB-18030"是王码集团公司用时两年投资 200 多万元研制成功的。该软件完成了 27533 个汉字的编码设计，并通过信息产业部有关方面的检测。[1]

参考资料：

①来自 2002 年 2 月 4 日《北京科技报·中关村园区》，该资料由齐忠收藏。

2002 年 2 月 1 日——北大方正公司董事局主席王选院士荣获国家最高科技奖

2002 年 2 月 1 日，北大方正集团公司董事、方正控股集团董事局主席、原北京大学计算机研究所所长、中科院院士、中国工程院院士、北京大学王选院士荣获国家最高科技奖，并获奖金 500 万元。

王选院士是北京及中关村最受尊重的科技企业家，北大方正集团公司是北京民协会员单位，所以北京民协全体会员单位在《北京科技报·中关村园区》上向王选院士表示恭贺。①

1975 年，王选教授为首的科研团队决策跨越当时日本流行的光机式二代机和欧美流行的阴极射线管式三代机阶段，开创性地研制当时国外尚无商品的第四代激光照排系统，针对汉字印刷的特点和难点，发明了高分辨率字形的高倍率信息压缩技术和高速复原方法，率先设计出相应的专用芯片，在世界上首次使用控制信息（参数）描述笔画特性，获一项欧洲专利和八项中国专利，并获第 14 届日内瓦国际发明展览会金奖、中国专利发明创造金奖，2007 年入选"首届全国杰出发明专利创新展"。②

参考资料：

①来自 2002 年 2 月 25 日《北京科技报·中关村园区》，该资料由齐忠收藏。

②来自原"北京大学计算机研究所"，现更名为"北京大学王选计算机研究所"官网。

2002 年 3 月 4 日——中关村 900 多家"国有民营"大学校办企业改制难

2002 年 3 月 4 日，海淀工商局有关负责人魏新高、齐国元向外界透露，海淀与中关村"国有民营"大学校办企业改制难，进展缓慢。

一、海淀区大学"国有民营"校办企业状况

北京大学、清华大学等高校在海淀区开办的"国有民营"校办企业有 900 多家，科技企业占 50%，从业人员 3.35 多万人，注册资本 39.35 亿元，资产规模 200.82 亿元。

2000 年，校办企业技、工、贸总收入为 200.82 亿元。这些校办企业 80% 全是 1994 年以前，按照企业法人登记管理条例登记注册的全民所有制公司和集体所有制公司，集体所有制公司又称"二全民"。现在这些校办企业要按照《公司法》进行公司改制，大学与企业分开，所有权与经营权分开，建立现代化企业制度。但是从 1998 年"北京市工商管理局企业改制中心"成立以来，完成改制的校办企业只有 50 家左右，占应该改制的校办企业总数的 1/10 都不到。在完成改制的校办企业中大多数为有限责任公司，也有少数改制为股份有限公司，并成功上市，如北京大学校办企业"方正控股公司"、清华大学校办企业"清华紫光公司"等，但改制后的一些校办企业，公司法人治理结构不甚落实，甚至出现失控现象。①

二、海淀区大学"国有民营"校办企业为什么要改制

海淀区大学"国有民营"校办企业为什么要改制？是由以下几点原因造成的。

1. 规避大学风险

海淀区大学"国有民营"校办企业由于是全民所有制，包括"二全民"校办企业，投资主体单一，大学所办，大学经营。这种全民所有

制等于全民没有，盈利归企业，亏损归大学，巨大的债务包袱由大学背着，大学承担无限连带责任，再加上校办企业日常经营的抵押、贷款、担保等，以及大学的名称被校办企业无偿使用等问题，出了事情，大学会被稀里糊涂地推上被告席。海淀区大学因所属的"国有民营"校办企业债权、债务纠纷输掉的官司有数十起，搞得大学领导人异常头痛。

例如，北大方正公司原总裁张玉峰回忆说，北大方正公司有一次需要2亿元资金，向北京大学求助后，只用半天的时间，北京大学就支持了2亿元资金。假如北大方正公司发生经营不善，北京大学的2亿元资金就会打"水漂"。

再有，海淀区大学"国有民营"校办企业还存在资产占用问题，技术合作与开发问题，向大学上缴使用大学教职员工费用问题，收益分配问题，企业坏账处理问题，企业产权问题等，如一团乱麻。如果企业效益好，谁都想追溯企业产权，捞一块"肉"吃。如果企业效益不好，如同"弃婴"没人管。

2. "国有民营"校办企业的产权界定与历史纠纷

海淀区大学"国有民营"校办企业有相当一部分成立时资金是不到位的，或者借款，或者挂靠，或者企业成立以后再把注册资金抽回，或者以大学之名持有企业干股。

由于校办企业原始档案的缺失和人员的频繁流动，海淀区大学"国有民营"校办企业成立之初，企业注册资金与大学的关系是借款还是出资，企业科研产品是职务发明还是个人发明，大学无形资产是否能够持企业干股，谁也说不清楚。

例如，北京大学所属的"国有民营"校办企业，北大方正公司起家产品是王选院士科研成果产品"激光照排"。但是王选院士科研成果的近千万元的科研投资，来自1974年8月国家"748工程"。如果说王选院士科研成果产品"激光照排"是国家的，北大方正公司最初的前身为"北京理科新技术公司"，后更名为"北京大学新技术公司"。那么从根本上来看，国家有关部门有权力将"北京大学新技术公司"从北京大学剥离，组成与北京大学无关的新公司。当国家有关部门向北京大学提出这个指令时，被北京大学拒绝，因为在 1989 年，"北京大学新技术公司"有近亿元的产品订单，北京大学不愿意将这座"金山"拱手让出。[②]

再有，全球三大钛金公司之一"北京长城钛金公司"，从表面上看是北京理工大学下属"国有民营"校办企业，但是该公司创办人王殿儒教授为了把自己在河北省遵化县创立的公司搬到北京中关村，更好地发展，通过关系纳入北京理工大学下属校办企业的行列，还将自己所持有的公司一部分股份赠给北京理工大学。

另外，"国有民营"校办企业中的大学还存在占有和无偿使用校办企业资金问题。例如，北大方正公司原总裁张玉峰回忆说，北京大学为了庆祝百年校庆举办"全球校长论坛"，北大方正公司无偿提供几百万元资金。

3. "国有民营"校办企业应该建立现代企业制度

北京科技大学校产办主任张同录指出："一些校办企业由于人事变动引起震荡，其实是企业股权架构，法人治理结构的深层次问题。"

大学领导的设想是通过企业所有权与经营权的分离，引进职业经理人概念，建立有效的激励机制与约束机制，消灭校办企业"穷庙富方丈"现象。

三、海淀区大学"国有民营"校办企业改制的难度

海淀区大学"国有民营"校办企业改制的手续繁杂，中国农业大学校产办主任吴加志指出，"我校'中农大生物技术股份有限公司'的改制资料就有二尺多高，没有一年半载的时间不可能把这些手续跑完。"

由此可见，一家校办企业改制就要一年半载的时间，海淀大学 900 多家"国有民营"校办企业改制，三年时间不可能完成。同时，"国有民营"校办企业改制还要面临以下问题。

1. 校办企业资产股份如何量化到个人

900 多家"国有民营"校办企业从无到有，从小到大，从最初企业

的几百万元资产到2002年的267亿元资产，如何分割，企业股份如何量化到个人问题，是校办企业改制的最大难点。

1986年8月21日，北大方正公司最初的前身"北京理科新技术公司"成立，北京大学投资40万元。

2002年，北大方正公司资产达到20多亿元人民币，这么大的资产是谁的？北京大学领导层不愿解释，国有资产管理部门更是层层审批，层层确定，怕造成国有资产流失。

而北大方正公司内部的创业元老、技术主要研制人员认为，没有我们埋头苦干，不会有今天公司巨大的财产。

方正控股公司董事局主席王选院士指出，企业的股份他会要的，因为他不能"发扬风格"破坏了企业规则。[③]

许多大学想借鉴联想公司改制模式，将校办企业增值部分65%的股份划归大学所有，35%归职工持股会所有，职工购买一部分股份，奖励一部分股份。职工持股会的35%股份，又将其中65%的股份分配给管理人员、技术骨干。余下的35%股份分配给创业元老。

从理论上讲，评论企业每一个人的贡献大小是可以的，要具体量化到每一个人持有多少企业的股份，实际上是困难的。

例如，王选院士应该得到公司多少股份才合适？谁也说不清。

2. 大学领导人设想成立校产集团公司，如何重新建立大学与校办企业在改制后的关系

"国有民营"校办企业改制后，大学与校办企业关系重新建立的问题是难以解决的问题。

校办企业改制前，企业领导人的任命与免职，是大学领导层用行政管理的方法说了算。原北大方正公司首任总裁楼滨龙的任命与免职，全是由北京大学下发红头文件的方式解决。

校办企业改制后，大学与校办企业的关系是投资与收益的资产关系，企业领导人的任命与免职，是用《公司法》的规定企业董事会说了算。此外，校办企业改制后企业不再采用大学的规章制度，而是采用现

代企业的规章制度。

大学领导层的设想是，以资产关系为纽带成立校产集团公司。校产集团公司实际上是经过大学授权的投资公司，负责大学国有资产的管理、投资和运营，确保国有资产的保值和增值。

校办企业成为校产集团公司的控股、参股、联营、合资、合作的子公司或分公司，大学以实际出资额为限对校办企业承担有限的责任，校办企业以全部资产承担有限责任，大学与校办企业的关系变成投资与收益的资产关系，这种设想的好处是理顺了大学与校办企业的关系，避免了大学承担无限责任与行政管理带来的种种弊端。但是成立国有独资的资产经营性集团公司，需要严格的审查和审批程序，还要经过国务院有关部门的批准。北京有大学68所，成立68家校产集团公司是不可能的。

还有大学规定的60岁退休制度，在校办企业改制后留在校办企业中的原大学职工就可不退休。

再有校办企业改制后，每年向大学上缴的费用是合同制，大学不得随意增加上缴的费用，也不得随意向校办企业无偿索取费用，要用抵押的方式向校办企业借款。

以上这些大学与校办企业关系的改变，不仅引发校园文化与企业文化的冲撞，也会引发大学领导层的不理解。

四、专家对海淀区大学"国有民营"校办企业改制的另类看法

对于海淀区大学"国有民营"校办企业改制，不少专家、学者提出以下另类看法。

1. 校办企业是校有资产

一些专家、学者指出，校办企业应是"校有资产"。因为校办企业与国有企业不同，国有企业是国家即政府投资的。校办企业的投资主体是学校，资本的构成基本是学校结余的科研经费，哪怕当初学校投资为一元钱，校办企业今天发展到一亿元资产，都是"校有资产"的增值。

反对"校有资产"理论的人认为，大学的科研经费也是由国家财政拨款，如果"校有资产"理论成立，北京市也可以提出"市有资产"、中科院也可以提出"院有资产"，校办企业改制会乱了套。

2. 大学不应办企业

北京大学教授张维迎、浙江大学有关负责人、微软中国研究院院长李开复认为"大学不应办企业"，大学的职责是教书育人，不宜大办校办企业。其理由是国外大学都不办企业，大学的科研成果转化为商品的途径很多，不一定要亲自动手。学校与企业是两种机制、两种文化、两种价值观，扭在一起会产生很多麻烦。

反对"大学不应办企业"的人认为，"国有民营"校办企业是我国改革开放涌现出的新生事物，是我国知识分子在科研成果转化为产品做出的伟大的探索，为推动我国经济发展，解决大学办学经费不足作出巨大贡献。盲目地以国外大学为例，不仅脱离了中国的实际情况，也会对大学师生创业的积极性给予严重的打击。④

参考资料：

①③④来自 2002 年 3 月 4 日《北京科技报·中关村园区》，该资料由齐忠收藏。

②来自《中关村的故事》第 256 页"方正系列"1-11。

2002 年 3 月 15 日——清华紫光股份公司年报公布亏损，张本正辞去总裁职务，徐井宏出任总裁

2002 年 3 月 15 日，清华大学校办企业清华紫光集团公司下属上市公司"清华紫光股份有限公司"（以下简称"清华紫光股份公司"）发布 2001 年公司年度报告，宣布在 2001 年公司经营亏损 2300 万元，这也是该公司上市以来的首次亏损。①

清华紫光股份有限公司新任总裁徐井宏，齐忠摄影。

2002年3月15日，清华紫光股份有限公司第一届董事会第三十次会议决议公告，同意张本正先生因工作变动辞去公司总裁职务，聘任徐井宏先生为公司总裁。[②]

2002年6月3日，清华紫光股份公司正式对外发布消息：在公司日前召开的2001年度股东年会上，选举产生了新一届董事会和监事会。39岁的清华大学副研究员、清华紫光集团公司副总裁徐井宏出任公司总裁，原公司总裁张本正出任公司副董事长、清华紫光集团公司总裁。[③]

一、2001年清华紫光股份公司费用增长率超过2000年的净利润

2001年，清华紫光股份公司发布公司中期公报，公布公司预警亏损。[④]

对此清华紫光股份公司原总裁张本正认为："公司业绩不能靠预期，到年底走着瞧。"

2002年3月15日，清华紫光股份公司的2001年经营亏损公报，用数字表明该公司发生重大亏损。

清华紫光股份公司在公报中显示，2001年公司的营业费用、财务费用、管理费用为1.94亿元，其中包含销售人员工资和广告费用1.27亿元。比2001年增长84.41万元，合计为9149万元，超过该公司2000年7563万元的净利润。

二、2001年清华紫光股份公司1.27亿元的营业费用去哪了

2001年，该公司1.27亿元的营业费用，应该由销售人员工资和广告费用组成。但是，2001年，该公司销售额最大和最赚钱的项目是代理施乐公司、惠普公司产品，营业额为8.19亿元，毛利润3980万元。这些业务都是批发业务，不应该产生销售人员工资和广告费用。

2001年，清华紫光股份公司利润最丰厚的项目是环保工程业务，而销售总额为6500万元，毛利润2700万元，除去成本费用，不可能产生高额的管理费用。

2001年，清华紫光股份公司的紫光扫描仪与紫光笔记本电脑，全部的宣传广告费用为2000万元，而这两个产品销售过程中的分销、代销、直销等，不会产生销售人员的工资费用。

2001年，清华紫光股份公司在市场宣传方面投下巨资，聘用约7家公关公司，在上百家媒体刊登文章和广告，但是对该公司品牌推广却一事无成。

2001年，该公司1.27亿元营业费用中的绝大部分去哪了？是一个疑问。⑤

三、清华紫光股份公司亏损是大学校办企业与大学关系难解的问题

大学校办企业与大学的关系，永远是难解的问题。清华大学是校办企业清华紫光集团公司和下属上市公司"清华紫光股份有限公司"真正的"老板"。清华大学的校园文化自然在校办企业的企业文化之上。清

华大学的校办企业做什么事情都不能跨越这个底线，造成校办企业出现以下几种奇特的现象。

1. 大学校办企业员工月薪较低没有激励措施

2000 年左右，中关村各大学教授和教员的月薪较低，使这些大学的校办企业员工的月薪也不得不处于较低局面。

1999 年 11 月 4 日，清华紫光股份公司在深圳证券交易所上市，在上市公告中显示，公司总裁张本正月薪为 12000 元，公司副总裁赵微（女）月薪为 8000 元。⑥

1993 年，中关村四通公司在香港证券交易所上市，公司董事长的年薪为上百万元港币。

北京大学下属校办企业北大方正公司的前身"北京理科新技术公司"（以下简称"北大方正公司"）也是如此。

1986 年，北大方正公司发放 11 个公司管理人员上半年的奖金，最高为 250 元，最低为 50 元。⑦

1984 年，中关村科海公司高中层管理人员年终奖金为每人 1 万元。⑧

清华紫光股份公司新任总裁徐井宏在公司大会上讲话也承认公司员工工资低，没有激励措施。他说："公司管理架构不科学，激励措施非常不力。工资体系，一个现代企业的激励措施应当做，也必须做非常大的改进。"⑨

2. 大学校办企业员工流动频繁难以留住人才

由于校办企业员工月薪较低，使企业员工流动频繁，企业出了事更是各奔前程。

2001 年，清华紫光股份公司在市场宣传方面投入巨资，使该公司 1.27 亿元营业费用中的绝大部分成了谜团，但是公司无法追究有关责任人，因为有关责任人已经辞职。

再加上校办企业员工月薪较低，企业难以留住人才，新浪网的创始人王志东在北大方正公司下属的"新天地公司"就职，以研发"中文之星"软件闻名，还是因为待遇问题去四通公司就职。

3. 大学对校办企业领导更换频繁

大学领导层是校办企业真正的"老板"，如果用领导教学的校园文化代替企业经营规则和企业文化，大学领导人成为校办企业董事会的董事长、董事，但是对校办企业经营方面并不负担任何责任，校办企业如果发生亏损，这些由大学领导人出任校办企业董事会的董事长、董事们唯一的办法就是撤换校办企业领导人。

北京大学校办企业北大方正公司的总裁一职几乎两年一换，有从下属分公司直接提升的，还有从外企聘请"空降"来的。

清华大学校办企业紫光集团、清华紫光股份公司的总裁更换频繁，有的任期只有几个月。

2022年7月8日，徽商银行以紫光集团不能清偿到期债务、资产不足以清偿全部债务且明显缺乏清偿能力、具备重整价值和重整可行性为由，向北京市第一中级人民法院申请对紫光集团进行破产重整。

2022年7月9日，紫光集团发布公告称，债权人徽商银行已于2022年7月8日，向北京一中院申请对紫光集团进行破产重整，理由是不能清偿到期债务且已无力还债。[⑩]

清华大学下属的校办企业紫光集团出现的破产现象，显示出大学校办企业与大学关系难解的老问题仍在。

参考资料：

①来自清华紫光股份公司发布2001年公司年度报告。

②来自"清华紫光股份公司第一届董事会第三十次会议决议公告"。

③来自2002年6月4日，《北京现代商报》。

④来自2001年清华紫光股份公司发布的公司中期公报，公布公司预警亏损。

⑤来自2002年4月23日《北京科技报·中关村园区》，该资料由齐忠收藏。

⑥来自1999年11月4日，清华紫光股份公司上市公告。

⑦来自《北大方正创业回忆》第 137 页，该资料由齐忠收藏。

⑧来自《中关村的故事》第 590 页，"状告中关村公司系列"。

⑨来自 2002 年 4 月 29 日《北京科技报·中关村园区》，该资料由齐忠收藏。

⑩来自 2022 年 7 月 9 日，紫光集团公告。

2002 年 4 月 19 日——柳传志首次对外宣布风险投资是联想公司新发展方向，首轮投资 1400 万美元

2002 年 4 月 19 日—20 日，在北京举办的"2002 中国风险投资论坛"上，联想控股有限公司总裁柳传志在论坛发言中首次对外宣布，风险投资是联想公司新的发展方向和战略措施，联想公司已经涉足并完成 9 个项目的风险投资，投资总额为 1400 万美元。

柳传志在介绍联想公司的风险投资运营情况及方向时说，目前联想公司成立"风险投资专职增值小组"，帮助其投资的公司完善管理结构，寻找产业上下游的关系，形成战略联盟。联想公司风险投资的方向是所熟悉的 IT 业及相关领域，也不排除国外如美国硅谷一些原创性新技术。

柳传志指出，联想公司以风险投资方式进入的一些项目，为联想公司长期发展的业务。联想公司并不想控股与急于退出套取盈利，可能借助香港证券交易所的创业板，或者卖给联想公司的两家上市公司，实现退出与资本增值。

柳传志认为，国外风险投资基金进入中国市场，必须认真面对中国退出机制的缺陷，国外风险投资家还要认真地了解中国相关政策法规，并且有必要和中国的大公司进行联合。

"2002 中国风险投资论坛"由国家计委主办，中国风险投资有限公司承办。

2002年5月11日——四通公司从苏联进口的大型数控机床完成三峡大坝发电机120吨主轴加工，为三峡大坝顺利发电作出巨大贡献

2002年5月11日，为了庆祝四通公司从苏联进口的，技术上在国际领先的，苏联加工直径22米立式高精度大型数控机床KY466（以下简称"KY466机床"）投产加工的发电机主轴和三峡大坝机组的发运，三峡大坝机组工程承包商合作方"东方电机股份有限公司"，在四川德阳工厂举行盛大的剪彩仪式。四川省副省长黄小祥，国务院三峡建设委员会副主任张德楠，四通新技术有限公司总裁陈小涛等人，参加了发电机主轴发运仪式。

四通公司从苏联进口的国际技术领先加工直径22米立式高精度大型数控机床KY466。图片来自2002年6月《四通人》。

一、四通公司从苏联进口 KY466 机床的原因

1994年12月14日，我国宣布世界第一大的水电工程——三峡大坝工程正式开工。而三峡大坝工程核心部件水轮发电机的主轴外径为4.16米，高度为6.3米，重达120吨，并且加工精度要求非常高。

由于国内一家重型机床厂对东电15米卧式机床的改造失败，国内生产厂家无法制造水轮发电机的主轴，只好在国际上寻找能够加工水轮发电机主轴的机床。我国著名民营科技企业中关村四通公司，为解国家之忧，也加入了寻找能够加工水轮发电机主轴机床的行列，在苏联成立"俄罗斯四通公司"及"苏联东欧贸易部"。

二、四通公司从苏联进口 KY466 机床的艰难过程

1994年，四通公司在俄罗斯首都莫斯科"克罗姆那工厂"发现KY466机床，该机床是由苏联潜艇研究所与德国联合研制，"克罗姆那工厂"制造完成的。苏联解体后，由于经费不足等原因，该机床试车后便进入仓库封存。

四通公司在购买KY466机床后，还要对该机床进行技术改造。四通公司高薪聘用俄罗斯原公司6名工程师，对机床液压系统与加工精度进行最后的安装校验，使该机床精度标准高于国家制定的精度标准。

四通公司最后用三个月的时间，将KY466机床运回国内。在三峡大坝工程对该项目的投标中，四通公司以低于德国、瑞典等国的公司报价50%而中标。

三、四通公司为国家利益不惜代价

在四通公司购买KY466机床后，有机会将该项目转包给其他有实力的公司。一方面可以避开技术改造的风险，另一方面还可以得到可观的利润。

四通公司董事长段永基表示："四通作为民营高科技企业，没有理

由当国家需要时临阵脱逃，四通在国家利益面前不要算经济账，要不惜任何代价确保三峡工程的按期发电。"①

参考资料：

①来自 2002 年 6 月四通公司内刊《四通人》，2002 年 8 月 12 日《北京科技报・中关村园区》。该资料由齐忠收藏。

2002 年 6 月 6 日——中关村软件园开园，中关村软件公司成为首家入驻企业

2002 年 6 月 6 日，中关村软件园孵化服务有限公司与中关村科技软件有限公司（以下简称"中关村软件公司"）联合举办中关村软件园孵化器开园暨中关村软件公司新址揭牌仪式，中关村软件公司也是入驻该园的首家公司。①

2002 年 1 月 16 日，中关村科技发展股份有限公司（以下简称"中关村科技公司"）、四通公司、美国微软公司在北京王府饭店举行新闻发布会，宣布三家公司合资创办中关村软件公司。

中关村软件公司，是美国微软公司在中国投资的首家合资软件企业，公司总注册资金为 1 亿元人民币。中关村科技公司占 51% 的股份，四通公司占 30% 的股份，美国微软公司占 19% 的股份。中关村科技公司总裁段永基任公司董事长，原四通公司总裁朱希铎任公司总裁，美国微软公司将为公司推荐首席技术官。②

一、中关村软件公司的起源

2000 年 9 月 19 日，美国微软公司总裁兼首席执行官史蒂夫・鲍尔默访问中国，在和北京市委书记贾庆林的会谈中，史蒂夫・鲍尔默承诺，美国微软公司将在北京成立亚洲第一家合资软件公司（注：日本除外），

左起：中关村科技软件有限公司董事长段永基、总裁朱希铎，微软中国公司总裁唐骏，出席中关村软件园孵化器开园仪式。齐忠摄影。

这就是中关村软件公司的起源。

二、中关村软件公司合资的谈判过程

中关村软件公司合资的谈判过程为期5个月左右，参加谈判的有四通公司董事、新浪网的创办人刘菊芬（女），中关村科技公司副总裁谈锋，中关村科技公司总裁、四通公司董事长段永基，美国微软公司罗川。

三、中关村软件公司的发展方向

中关村软件公司最初的发展方向，是以面对全球市场的软件外包业务为主，如同印度软件行业那样，靠外国的订单生存。

中关村软件公司最后的发展方向为，公司要向两个方面发展，面向中国政府和企业的信息化，推出相适应的平台软件，同时也接一些外国的订单。[③]

2002年，该公司推出CenGRP系列的第一个平台产品CenEP——中关村企业门户平台。

参考资料：

①来自2002年6月17日《北京科技报·中关村园区》，该资料由齐忠收藏。

②来自2002年1月四通公司内刊《四通人》第6页，该资料由齐忠收藏。

③来自2002年4月1日《北京科技报·中关村园区》，该资料由齐忠收藏。

2002年10月10日——北京市大兴区最大的民营科技企业奥宇公司创办十周年

2002年10月10日，北京市大兴区最大的民营科技企业奥宇公司举行创办十周年大会，北京市科协有关领导，大兴区有关领导，全国工商联副主席、中国民协理事长王治国，北京民协会长纪世瀛，四通公司、联想公司、三友公司、王码公司、北大方正公司等民营科技企业负责人到会表示祝贺。

奥宇公司董事长兼总裁刘振邦，在大会上发言时说，"企业做大了，就属于社会，不再属于我个人，我希望奥宇公司大家庭的每一个成员，都成为一粒种子，撒向社会，使奥宇长成茂盛的森林，永远扎根于祖国的沃土。"

1992年9月14日，北京奥宇模板公司（以下简称"奥宇公司"）成立。在创始人刘振邦带领下，以制造建筑模板起家，仅用10年的时间发展成为北京市大兴区最大的民营科技企业，并在大兴工业开发区拥有总面积1.4万平方米的奥宇大厦。

奥宇公司董事长兼总裁刘振邦，图片来自《一个中国老人的创业神话》。

    2001年，奥宇公司投资400万元，建成自行研制的全国第一条模板自动化焊接流水线。①

    今天的奥宇公司，经过30年的坚实发展，拥有奥宇建筑工业大厦、北京研发设计基地、西安模板生产基地、山东模板生产基地、北京物流园等近千亩不动产，员工600余人，是一家集建筑新材料研发设计、建筑模板生产、科技企业孵化、产业投资为一体的集团化公司。2021年总收入4亿元，在建筑模板板块，公司凭借独具匠心的设计理念及精益求精的生产工艺，30年来公司产品在各类工程建设领域得到广泛应用，承接国内外房建、公路、桥梁、水利水电、核电站、高铁、风电等方面近5000个工程，模板年产能规模达4万吨，以规模彰显行业地位，以精品铸就奥宇品牌。公司是中国模板协会理事单位，具有中国模板脚手架协会一级资质，取得了ISO9000、ISO14000、ISO18000体系的认证，获得了国家高新技术企业、《北京市新技术新产品》、北京市"专精特新"中小企业等证书和资质。②

参考资料：

①来自 2002 年 10 月 7 日《北京科技报·中关村园区》，该资料由齐忠收藏。

②来自奥宇公司官方网站。

2002 年 12 月 8 日——北京市第五届"科技之光奖"信用企业、优秀企业家颁奖大会在京举行

2002 年 12 月 8 日，北京市第五届"科技之光奖"信用企业、优秀企业家颁奖大会在北京友谊宾馆举行。大会由北京民协会长纪世瀛主持，向中关村电子一条街首家民营科技企业创始人之一陈春先，北京未来科学研究所所长、老红军徐可倬，四通公司董事长段永基，京海公司董事长王洪德，科海公司首任总裁陈庆振，用友公司董事长王文京，奥宇公司董事长刘振邦等 201 名民营科技企业家颁发"科技之光奖"优秀企业家奖。向中国大恒公司、仁创公司等 65 家民营科技企业颁发"科技之光奖"信用企业证书。

大会宣读了中共中央政治局委员、市委书记、市长刘淇，全国人大常委会副委员长许嘉璐，全国政协副主席胡启立、宋健，北京市政协主席陈广文为大会发来的贺信。

全国政协副主席孙孚凌，北京市人大常委会副主任陶西平，全国工商联副主席、北京市政协副主席孙安民，北京民协名誉会长封明为，市科委主任范伯元，全国工商联副主席、中国民协理事长、四通公司董事长段永基，北京市科协党组书记田小平，海淀区区长周良洛，中关村园区管委会副主任任冉齐等领导出席大会并讲话。

2002 年 12 月 8 日，北京市第五届"科技之光奖"信用企业、优秀企业家颁奖大会上，左起：科海公司首任总裁陈庆振，奥宇公司董事长刘振邦，北京未来科学研究所所长、老红军徐可倬，奥宇公司副总裁陈家林合影。齐忠摄影。

北京市数百名民营科技企业家参加了大会。[1]

参考资料：

[1]来自 2002 年 12 月 23 日《北京科技报·中关村园区》，该资料由齐忠收藏。

2003 年

北 京 · 中 关 村 民 营 科 技 大 事 记（下 卷）1998—2004

2003年——北京及中关村民营科技企业概况

2003年初，北京市政府推出使北京成为"投资首善之区 推动民营经济"的策略。北京要放手发展非公有制经济，打破一切陈旧观念，在一般竞争性领域逐步降低国有企业比重，鼓励民间投资参与国有、集体企业的改制，努力拓展非公有制经济的发展空间，使非公有制经济成为增加经济总量和增加就业的新领域。[①]

2003年2—5月，北京地区暴发大规模非典疫情，成为我国非典疫情的重灾区，北京很多民营企业中的外地员工，纷纷返回家乡躲避。在北京非典疫情最严重的2003年4月，北京很多民营企业暂时停业，让员工回家带薪休假防止疫情蔓延，这次非典疫情影响了北京及中关村民营科技企业的发展。为支持国家抗击疫情，北京民营企业向国捐赠数千万元的资金与相关物资。

2003年，由于受到全球计算机市场低潮的影响，北京及中关村民营科技企业也面临着IT界的"冬天"，影响了北京及中关村民营科技企业的发展。

2003年，北京及中关村民营科技企业的总体数量、年收入、出口创汇等与2002年基本持平。

2003年，北京及中关村民营科技企业呈现以下特点：

一、北京民营科技企业全部进入网络化

2003年，北京及中关村民营科技企业全部进入网络化，建立介绍企业的网页及官方网站、电子邮箱等。在企业内部建立企业内部管理网，使企业的财务、管理等迈向现代化管理，推进北京及中关村民营科技企业的快速发展。

二、北京民营科技企业面临IT业界的"冬天"

2003年，由于受到全球计算机市场低潮的影响，北京及中关村民营

科技企业也面临着 IT 界的"冬天"。凡是涉及互联网网站业务的北京及中关村民营科技企业，出现大规模亏损。

三、北京民营科技企业进入创投与融资金融新领域

2003 年，北京民营科技企业进入创投与融资金融新领域。最具有代表性的是，中科院下属企业联想公司成立"联想投资公司"，这是专门进入风险领域投资的，首期资金为 3500 万美元，全部是联想公司自有资金。该公司曾投资"卓越网"，资金为 200 万美元。2003 年，卖给了美国亚马逊，获益很大。2003 年，联想公司私募基金为主成立"联想弘毅投资公司"，该公司首期启动资金 3 亿元人民币，全部是联想公司自有资金。2007 年，该公司已经从国外募集到 5.8 亿美元。2004 年，该公司入主民营企业先声药业公司。[2]

2003 年，以民营科技企业为主的中关村科技园区，创业投资机构有 71 家，外资创业投资机构有 40 家，119 家企业获得创业投资。[3]

参考资料：

[1] 来自 2003 年 1 月 13 日《北京科技报·中关村园区》，该资料由齐忠收藏。

[2] 来自《中关村的故事》第 741 页"柳传志谈：联想私募基金与风险投资"。

[3] 来自 2003 年 1 月 20 日《北京科技报·中关村园区》，该资料由齐忠收藏。

2003 年 1 月 22 日——"首都民营科技企业大拜年文艺演出活动"在京隆重举行

2003 年 1 月 22 日，"首都民营科技企业大拜年文艺演出活动"在北

著名歌唱家李光曦（前排左一）在"首都民营科技企业大拜年文艺演出活动"中演出。齐忠摄影。

京隆重举行。该活动由北京市大兴区委、北京民协主办，北京市科委、北京市科协、中关村园区管委会协办。

北京市委副书记龙兴民，北京市科委李宏，北京市科协党组书记田小平，副主席贺惠玲、王力军，北京市工商联主席崔永年，中关村园区管委会赵慕兰，大兴区委副书记张书岭，人大常委会主任杨书启，政协主席马万海，副区长黄维荣，北京民协会长纪世瀛出席大会并讲话。北京民营科技企业家及其他相关人士出席了大会，我国著名歌唱家李光曦等文艺界人士在大会上作了精彩的表演。[1]

参考资料：

①来自 2003 年 1 月 20 日《北京科技报·中关村园区》，该资料由齐忠收藏。

2003 年 3 月 1 日——《北京科技报·中关村园区》正式停刊

2003 年 3 月 1 日，因《北京青年报》正式代管北京科技报社，由北京青年报社接管《北京科技报》的一切工作，《北京科技报·中关村园区》也因此正式停刊。

1990 年 6 月 1 日，北京民协内刊《科技之光》，形式为四开报纸，不定期出版，《北京科技报·中关村园区》来源于此。

1991 年，北京民协借款一万元，由齐忠按"自主经营，自由结合，自担风险，自负盈亏"的方式经营《科技之光》。

1991 年，《科技之光》更名为《科技之光报》，出版形式为对开四版报纸，每月四期，每周一正式出版。

2003 年 2 月 24 日，《北京科技报·中关村园区》出版的最后一期。齐忠摄影。

1994年，《科技之光报》出版形式为对开八版报纸，总发行量达到15万份，成为我国宣传民营经济与民营科技企业最大的内刊报纸。

1995年，《科技之光报》并入北京科技报社所属的《北京科技报》，获得向全国公开发行和征订的资格，并更名为《北京科技报·民营产业》《北京科技报·中关村园区》，每月四期，每周一正式出版，出版形式为对开八版报纸。

2003年3月1日，正式停刊。

2003年3月18日——《中关村》杂志正式创刊

2003年3月18日，《中关村》杂志正式创刊出版，该杂志由海淀区委与中关村科技园区管委会共同主办，卫汉青出任社长兼总编。

中关村杂志社社长兼总编卫汉青，照片由卫汉青先生提供并授予版权。

卫汉青，山西省临汾市人，历任中共海淀区委宣传部副部长、海淀区文联主席，《中关村》杂志创办人、社长兼总编，中国人民大学研究生学历，中国作家协会会员，著有《轨迹》《威风锣鼓》《稻香湖》《保家卫国之战》《中关村的足迹》等作品。

2005 年、2011 年被北京市委、市政府授予"首都精神文明奖"荣誉称号。

2003 年 7 月 12 日——北京民协召开全体理事大会，北京民协会长纪世瀛表示不再继续担任会长

2003 年 7 月 12 日，北京民协在北京召开协会全体理事大会，北京民协会长纪世瀛在大会上表示，由于自己连任三届十四年会长，因此不再作为第五届理事会会长候选人。

在这次大会上，北京民协决定组成了换届领导小组。2004 年初，北京民协召开第五届协会代表大会，完成北京民协会长换届工作。

2004 年

北京·中关村民营科技大事记（下卷）1998—2004

2004年4月25日——王小兰（女）当选北京民协新一届会长

2004年4月25日，北京民协在北京友谊宾馆贵宾楼召开第五届北京民营科技实业家协会全体会员大会，进行北京民协会长换届工作。北京民营科技企业时代公司第一副总裁王小兰（女）当选北京民协新一届会长，也是北京民协第三任会长。

在这次大会上，还举行了"科技之光"颁奖活动。纪世瀛为北京民协成立以来208名北京民营科技企业家及28名北京民协优秀工作者颁发"科技之光"奖牌。

纪世瀛在鲜花和掌声中把北京民协会旗交给了新任会长王小兰，纪世瀛在大会上向北京民协全体会员作了致谢词。

他说："承蒙全体同仁、各级领导和社会各界朋友的抬爱和信任，我于14年前担任了会长职务。我知道我无法和企业界巨子们相比，我能担此重任只是由于我有6个条件：'人物小、矛盾少、干得早、资格老、

2004年4月25日，北京民协原会长纪世瀛（右一）把北京民协会旗交给了新任会长王小兰（女）。图片为纪世瀛先生提供。

热情高、人缘好'，仅此而已。但是我以'梦系中关村、魂系民营科技、情系会员企业'的理念，为大家服务了14个春秋。

"回忆起这奔走呼号、呐喊搏击的五千多个日日夜夜，眼看着今天万马奔腾、欣欣向荣的大好局面，我心潮起伏、感慨万千！一句名诗代表了我此时的心情——'待到山花烂漫时，她在丛中笑。'

"这14年是我人生中最重要的黄金年龄段。从48岁的壮年时代一直干到62岁的老年时代。这14年来我一边干、一边跑、一边叫，风风雨雨，一路走来，我至今无怨无悔，而且为此感到骄傲！因为一幕幕动人的场面让我感到由衷的宽慰，一张张激动的笑脸让我感到莫大的享受。长期而巨大的付出能换来朋友和同仁的成功是我人生理念的重要追求！

"人生最重要的是过程和价值的实现，人的幸福没有标准，重要的是个人的感受。感谢诸位同仁和社会各界给了我一个实现个人价值的机会，使我有机会得到这些幸福的感受！

"不能忘记90年代初，受命于民营科技企业的危难之时，沉闷的空气压得以四通公司为代表的民营科技企业抬不起头。我在上任之初顶着压力授予四通公司'科技之光优秀企业'的称号，并花8000元人民币买了《科技日报》半个版面，以北京市科委、北京市科协、试验区、北京民协共同署名，祝贺四通公司荣获'科技之光优秀企业'。报纸出版后影响巨大，四通公司的职工高呼'我们总的感觉是解放了'，第二天四通公司送来了一张28000元的支票，作为该公司对庆祝民营科技创业10周年首届'科技之光'奖大会的支持，解决北京民协召开大会经费不足的问题，这是何等的感人！

"我们经过艰苦的努力、繁杂的审批，登上人民大会堂这个大雅之堂庆祝民营科技创业10周年并颁奖，鸣响了第一声礼炮，一举震动全国民营科技企业界。

"不能忘记与会员企业风雨同舟、奋力拼搏、同甘共苦、庆功狂欢的每一个场面。

"不能忘记那么多中央和市区领导对我们的亲切的关怀，每当我们前进的关键时刻，从总书记、政治局常委、人大常委会委员长、政协副主席到市委书记，市、区（县）长都亲临关怀，多少个具有重大意义的批示，像宝刀利剑为我们披荆斩棘，每一次莅临盛会都像春雨东风为我们扬帆导航。

"不能忘记尉健行、贾庆林、李岚清、李长春、宋健等党和国家领导人对我们四份万言建议书的批示和落实，掀起一个又一个创业高潮。

"不能忘记共同经历的磨难与艰辛，我们共同排忧解难，披荆斩棘的情景，为民营企业架桥铺路、保驾护航的日月。一句'有困难找协会'的口号，让我们感到责任的重大、同仁的亲切、家庭的温暖、兄弟的情谊！

"不能忘记在我遭到入室抢劫、身负重伤、住院抢救之时，诸多同仁站在我的床头那种担忧、关切、期望和祈福的殷切目光！

"最难忘记民营科技创业二十周年，二十几位党和国家领导人、部级领导冒着风雨，通过泥泞而拥堵的路段赶到北京市大兴区参加盛会！广大会员企业欣喜若狂，群情激昂！

"最难忘记在去年平谷召开的换届筹备会上，当我提出不再担任新一届会长候选人的时候，会员同仁以7次热烈的掌声和感人的话语挽留我的情景，使我万分激动、热泪盈眶！

"五千多个日日夜夜，激动人心的场面数不胜数，与大家结下的深厚友谊无法用语言表达。

"在我就要离任的时候，请允许我大声地说一声'谢谢！'谢谢各位同仁的抬爱、信任和热情支持！谢谢党和政府各个领导机关部门的理解帮助！谢谢社会各界朋友的鼎力相助和长期关爱！谢谢协会整个团队每个成员的密切配合和无私奉献！谢谢新闻媒体的热情关怀和舆论支持！谢谢所有关心和支持过我们，为协会工作作出过贡献的朋友！我们永远是朋友！让我们的友谊地久天长，携手共创更加美好的未来！"

在这次大会上，新任北京民协会长王小兰（女）也作了发言，她说："向上一届北京民协工作人员表示感谢，北京民协今后要为北京民营科技企业的发展作出新的贡献。"

王小兰简介

王小兰，女，1954 年出生于北京。1983 年毕业于西南财经大学，大学本科学历。

1984 年 10 月 7 日，创办时代公司前身"中国机械工程协会工业技术咨询服务公司"。

1988 年 7 月 25 日，该公司更名为"北京海淀时代机电新技术公司"，王小兰任公司第一副总裁。

王小兰曾任全国政协委员、北京市人大代表、北京市工商联副会长、中关村企业家咨询委员会副主任等职务。为推动北京民营科技企业的发展作出重大贡献。

2020 年

北 京 · 中 关 村 民 营 科 技 大 事 记（下 卷）1998—2004

2020 年 10 月 23 日——北京召开纪念中关村电子一条街民营科技企业创办四十周年座谈会暨《北京·中关村民营科技大事记（上卷）》及《中关村的故事》正式出版发布会

2020 年 10 月 23 日，由中关村民营科技企业家协会（原"北京民营科技实业家协会"）、团结出版社共同主办的"纪念中关村电子一条街民营科技企业创办四十周年座谈会暨《北京·中关村民营科技大事记（上卷）》及《中关村的故事》正式出版发布会"，在北京友谊宾馆贵宾楼隆重举行。

1983—1984 年任北京市委常委兼海淀区委书记，中关村电子一条街民营科技企业最强有力的支持者——国家安全部原部长、公安部原部长、最高人民检察院原检察长贾春旺，向大会发来贺信。

出席大会的还有北京及中关村第一代民营科技企业创业者：我国第

2020 年 10 月 23 日，"纪念中关村电子一条街民营科技企业创办四十周年座谈会暨《北京·中关村民营科技大事记（上卷）》及《中关村的故事》正式出版发布会"，参会人员在北京友谊宾馆贵宾楼前合影。图片为团结出版社提供。

一家民营科技企业"北京等离子体学会先进技术发展服务部"（以下简称"服务部"）创始人之一的中科院物理所原高级工程师、北京民营科技实业家协会原会长纪世瀛，服务部最强有力的支持者、北京市科协原副主席赵绮秋（女），中关村著名民营科技企业大中电器公司创始人张大中，中关村民营科技企业家协会会长、绿创公司创始人姜鹏明，四通公司创始人之一的印甫盛、刘菊芬（注：刘菊芬女士还是"新浪网"创始人之一，她是印甫盛先生的夫人），中科院原科研人员沈国钧，中自公司及中国大恒公司创始人、中国大恒公司董事局主席张家林，龙兴公司创始人刘长兴，中科院科电高技术公司创始人郑允强，北京市顺义首家民营科技企业北京市征成耐火建材厂创始人张征等。

中关村园区管委会及有关方面负责人、团结出版社总编辑赵广宁、北京及中关村科技企业家、北京新闻界记者 200 多人参加了大会。

四通公司创始人之一的印甫盛先生在大会上宣读了贾春旺先生发来的贺信。贾春旺先生在贺信中指出："各位老领导、各位老朋友、各位新朋友，因为工作安排冲突，请印甫盛同志宣读一下我的发言。中关村

四通公司创始人之一的印甫盛先生在大会上宣读贾春旺先生向大会发来的贺信，图片为团结出版社提供。

的改革，就是在邓小平同志提出改革开放的大形势下，在民间、科技、高校、农村、区机关各界人士的要求参与下，党和政府高度重视支持下开始的，之后不断提升发展，如今成为海淀、北京乃至全国科技和经济发展的巨大推动力。中关村辉煌的经历充分证明毛主席、邓小平同志讲的，只有人民才是历史发展的真正动力，科学技术是第一生产力。预祝今天活动圆满成功！"

四通公司创始人之一的印甫盛先生还在发言中回顾了1984年5月11日，创办四通公司的艰难历程。他说："自20世纪80年代初，海淀区委响应号召，以大无畏精神积极支持并带领年轻知识分子冲破束缚，与农民结合，与基层结合，支持民营企业，支持改革开放，使得中关村飞速发展，我相信今天广大的知识分子，一定会认真学习习近平同志在深圳改革开放40周年庆典会上的讲话精神，在北京市党委和政府的正确领导下，中关村一定会融入改革开放的新高潮，焕发出新的青春！中关村必将成为全国乃至全球创新中心！"

北京第一家民营科技企业"北京等离子体学会先进技术发展服务

北京第一家民营科技企业创始人之一纪世瀛先生在大会上发言，图片为团结出版社提供。

部"（以下简称"服务部"）创始人之一的中科院物理所原高级工程师、北京民营科技实业家协会原会长纪世瀛先生在大会上发言时说："今天我讲话的题目是'中关村精神万岁'！中关村已经40年了，我今天站在讲台上，我很感动，为什么？这么多老领导、老朋友、老企业家，多少年之后仍能热情地来参加这个纪念活动，我感到非常的欣慰和鼓舞。另外，我今天发言不但感动还很激动。"

纪世瀛先生说："1980年10月23日，我追随中科院物理所核聚变专家、研究员陈春先先生，创办北京及中关村第一家民营科技企业——北京等离子体学会先进技术发展服务部，当年服务部就在中科院物理所半间五六平方米的破旧库房里办公，七八个科技人员。北京市科协借给我们500元钱作为启动资金。服务部从创办到成立以后北京市科协副部长赵绮秋，一直在陪伴着我们，支持着我们的工作。并且在中央领导批示支持服务部的过程中，起到决定性作用，让我们用掌声向她表示感谢！四十年前，服务部这颗星星之火，如今已经成为燎原之势，民营科技企业不仅成为北京新的经济增长点，中关村还成为中国的'硅谷'。让我们这些老一代企业家，怎么会不激动？

"1990年，在北京及中关村科技企业家及老红军徐可倬的推荐和爱戴下，我出任北京民办科技实业家协会第二任会长，并担任了14年。北京民协与北京及中关村科技企业家们，在创业阶段中、发展阶段中、股份制改造阶段中同舟共济。不仅使北京民协成为北京及中关村民营科技与社会各界的桥梁与纽带，还成为北京及中关村民营科技企业家们合法权益不受到侵犯最坚强的保护者。

"民营科技企业是我国知识分子在改革开放大潮中伟大的发明创造，是我国科技体制改革最光辉的篇章。记录北京及中关村民营科技企业的历史，传承下去是我义不容辞的责任和义务。我和齐忠同志携手共同撰写共一百万字左右，有三百多张珍贵的历史照片的《北京·中关村民营科技大事记》，今天在大会上向大家赠送已完成的上卷，今后在二三年内完成中卷、下卷。齐忠同志还亲自撰写了《中关村的故事》，今天也送给所有到会的同志。我已经到了耄耋之年，撰写《北京·中关村民营科技大事记》是我平生最后的一个心愿。最后，我向张大中先生对出版《北京·中关村民营科技大事记》上卷和出版《中关村的故事》的巨大支持，以及中关村其他民营科技家的巨大支持表示衷心的感谢！"

北京及中关村著名民营科技企业大中电器公司创始人张大中先生在大会上发言时说："我把我的发言题目也跟大家分享一下，就是《勤奋努力，扬长避短，贡献社会，挣阳光下的财富》。我简单地回顾大中电器公司发展的历程，见证北京及中关村民营科技企业是如何在艰苦的环境下，用四十年的时间发展壮大，成为北京新的经济增长点，为我国及北京和中关村的发展作出巨大的贡献。我在来之前，纪世瀛先生对我说，要我在这个大会上一定发个言，为什么？因为大中电器公司是北京和中关村注册登记的第二家民营科技企业，我因此感到自豪与欣慰。

"1982年4月，我辞去公职。用母亲王佩英平反昭雪的500元抚恤金，在工商局注册了大中电器公司前身'张记电器加工部'，企业的性

张大中先生在大会上发言，图片为团结出版社提供。

质是私营。这个名称是工商局给起的，我认为这是一个非常有歧视性的名字而十分不满。因为在当年的环境下，人们的意识中是排斥私营企业，逢私必然反对。所以拿着这样一个私营性质的执照，以及私营企业特殊的菱形的公章，去推销企业的产品极其困难，这是当年私营民营科技企业被歧视的真实现状。我用了一年的时间才把'张记电器加工部'这个名称改为'大中电器服务部'。

"1982年，我辞去公职下海创业的理由很简单，就是对未来美好生活有一个强烈的期盼，怀着对未来生活的憧憬，不甘心于在单位每月拿几十块钱工资，看到那些老员工每到月初发工资的时候，我就感觉非常的悲凉，非常不甘心三十年之后我也这样。

"1982年，在改革大潮的推动下，我认为我国的企事业单位不可能总是'一杯茶水、一根烟、一张报纸看一天'混过去，也觉得国家肯定不会允许再这样，肯定要调动人民创造财富的积极性。与其让国家动员你，不如笨鸟先飞，自己先把'铁饭碗'打掉。我的感觉就是追求美好，必须自己身体力行，自己去努力、自己去奋斗，你才能赢得美好的生活。当然也非常的庆幸，本人的预判、所走的路子和中国发展的轨迹同车同辙，所以在国家兴旺发展的过程中，本人也收获了丰富的硕果。应该说在创业过程中，我们企业经历了一个小商铺、大卖场、专营店，以至后来的遍布北京的家用电器连锁大卖场。在20世纪90年代初，家用电器的生产和销售空前发展。在这个时候我国有几个家用电器大卖场，它们是北京大中电器公司、国美电器公司、江苏苏宁电器公司、上海永乐电器公司，这几家公司凭着自己的勤奋、努力，打造出一个中国自有的家用电器销售市场，虽然这个家用电器销售市场在我国商品零售中是微利领域。在经营大中电器公司过程中，我们要把成本降得很低，公司做一百亿元的销售额，才能盈利一亿元，稍不精打细算，给员工发放完工资，公司可能就没钱了。但是这种低利润的家用电器大卖场，促进了我国家用电器的生产。在20世纪80年代初，我国人民群众是凭票才能购买到家用电器，例如电视机、洗衣机、冰箱等。到了20世纪90

年代后期，情况大为改变，在中国只要有钱，就可以买到任何家用电器产品。现在全球销售的80%—90%的家用电器产品产自中国。我感觉非常自豪，因为在这里面有大中电器公司的贡献。

"大中电器公司等几家我国自有家用电器产品销售公司，对我国家用电器产品销售这个行业作出了巨大的贡献，成功地阻止了国外实力雄厚的跨国公司对我国这个行业的进入。全球最大家用电器产品销售公司美国的百思买公司，在20世纪初也入驻了中国，但是经过十年经营没有赚到钱。2011年2月22日，百思买中国官方网站正式对外发布公告，结束在中国的10年经营，关闭在中国大陆地区的9家百思买门市，同时关闭其在上海的零售总部。中国这个家用电器产品销售市场，是这些民营企业的努力，成功地把国外跨国公司堵在国门之外。我感觉到中国人不比外国人差，只要政策对路，勤奋和努力，中国照样能打出一片很亮丽的天地来。

"2008年，我60岁了处在退休年龄。所以将大中电器公司卖给了更年轻的企业家，成功地完成转型。我由企业家转向金融投资领域变成了风险投资家。在这个过程中，我也很荣幸地挣到了人生阳光下的财富，并且向国家缴纳了大量的税款。2008年5月28日，我向国家缴税7.2亿元，其中一次性交个人所得税5.6亿元，这项纪录至今无人打破，也获得北京税务局的奖励。这就是我创办大中电器公司的经历。当然，比起现在年轻的北京及中关村民营企业家，他们更加有为，他们的贡献更大，我跟他们相比很惭愧。"

北京市科协原副主席赵绮秋（女）在大会上发言时说："1980年10月23日，中科院物理所科学家陈春先、纪世瀛、崔文栋等人，在改革开放的感召下，在中关村创办了中国首家民营科技企业'服务部'。四十年来，一批又一批民营科技企业的创业者，在我国的科技创新事业中，在中关村科技园区的创建中，绽放了无数鲜艳的花朵，结出了一代又一代的科技硕果，为实现中华民族的伟大复兴事业添砖加瓦。如今，我们虽然已经进入花甲、耄耋之年，但是回想起当年艰难困苦的创业经历还

北京及中关村首家民营科技企业最强有力的支持者，北京市科协原副主席赵绮秋在大会上发言。图片为团结出版社提供。

是深感欣慰，我和在座许多老同志今天可以高兴地说，我们是中国科技体制改革与民营科技企业这段历史的开创者、建设者和见证者。

"我国正处在实现中华民族伟大复兴的关键时期，当今世界正经历着百年未有之大变局，我们必须与时俱进，全面深化改革，坚持敢闯敢干敢为人先，以思想创新引领改革思维。必须坚持创新是第一动力，在全球科技革命和产业变革中赢得主动权。希望寄托在在座的年轻朋友身上和所有新一代创业者身上，希望你们在实现中华民族伟大复兴事业中，弘扬企业家精神，不断创新，不断作出新的贡献。

"最后，我想借此机会，再一次向老朋友们问声好，祝各位幸福安康，老骥伏枥，再立新功，要像纪世瀛那样永不服老，与时俱进，坚持锻炼，战胜病魔，不断思考，又创新业。同时，也要向《北京·中关村民营科技大事记》和《中关村的故事》作者齐忠同志致敬！齐忠同志这些年来为弘扬民营科技企业家的精神，坚持搜集材料，记录整理，不断撰写北京与中关村民营科技企业真实的历史和故事，付出了巨大的努力和艰辛，真是辛苦。"

中关村民营科技企业家协会会长姜鹏明在大会上发言时指出："1978年，党的十一届三中全会上，确立了把工作重点转移到社会主义现代化建设上来的战略决策，我国改革开放大幕已经拉开。1980年10月23日，中国科学院物理所科学家陈春先、纪世瀛等人在中关村创办了北京及中关村第一家民营科技企业——北京等离子体学会先进技术发展服务部，并获得中央领导的支持，指出'陈春先带头开创新局面，可能走出一条新路子'，由此点燃了北京及中关村民营科技企业的火炬。出现了一批由知识分子为主的科技企业家，把科学技术成果转化为生产力。

"40年前的中国，不仅出现了陈春先创办的先进技术服务部，还出现了讲小平同志春天故事的深圳特区，更有小岗村严志华等18户农民家庭联产承包责任制，开启人民对美好生活的向往。今天的中关村作为培育创新企业的策源地，拥有了3万多家高新技术企业，数百家上市公司，近百家独角兽企业，2019年，中关村科技园区企业总收入已超过6

中关村民营科技企业家协会会长姜鹏明先生在大会上发言，图片为团结出版社提供。

万亿元。

"40年来，我国民营企业数量超过了2700万家，贡献50%以上的税收，60%以上的国内生产总值，70%以上的技术创新成果，80%以上的城镇劳动就业，90%以上的企业数量。在世界五百强企业中，我国民营企业由2010年的1家增加到2018年的28家。正如习主席指出的'中关村已经成为中国创新发展的一面旗帜，面向未来要加快向具有全球影响力的科技创新中心进军'。历史再次证明，人民群众有无限的创造力，只有人民，才是创造世界历史的动力。"

团结出版社总编辑赵广宁先生在大会上发言时说："今天我作为《中关村的故事》和《北京·中关村民营科技大事记》两本书的出版方被邀请参加今天的纪念大会，感到非常荣幸。首先我祝贺纪世瀛先生和齐忠先生的两本新书顺利面市，在北京及中关村民营科技企业创办40周年之际，这两本书的出版有重要的现实意义。"

赵广宁先生说："这两本书向我们展示了中关村民营科技企业发展的历史画卷，应该说齐忠先生从历史的角度做了一件非常好的事情。中关村的故事全书50余万字，100多幅图片，共讲述了120个故事，内容上既有那些知名公司发展历程，又有技术产品的介绍，既有中关村名称的由来，以及中关村试验区的建立，又有中关村公司早期股份制的探索，还有中关村大批著名企业家的口述历史。通过这些鲜活的故事详细记录了中关村早期民营科技企业的发展途径，展现了创业的坚忍不拔，勇于探索的大无畏精神，同时也见证了中国改革开放的伟大历史进程。正如纪世瀛先生在序言中所说，中关村的故事里，不但有一代创业者惊天地、泣鬼神的传奇故事，有日新月异的创新，有惊人的科学技术成果，更重要的是他们用自己的亲身实践积累了大量的经验和教训，这些曾经的教训和经验不是用笔和纸写成的，那些惨痛的教训里面，有他们的血和肉甚至是生命。他们成功的经验有他们付出的心血和汗水，缴纳了数以亿计的巨额学费，所得经验和教训对现在的创业者们都有非常重要的意义。纪世瀛先生也是《北京·中关村民营科技大事记》（上卷）

团结出版社总编辑赵广宁先生在大会上发言，图片为团结出版社提供。

的作者，该书按时间顺序全面记录了1980年至1990年十年间北京及中关村民营科技企业成立与发展的概况，资料翔实、内容准确，对于梳理中国早期民营科技企业发展脉络具有重要的参考价值，后续还将出版中卷和下卷。之所以出版这本书，也是与团结出版社的出版特色分不开。团结出版社是由民革中央主管主办的出版社，自建社以来，团结出版社出版了大量选题优良、内容优质的社科人文以及人物传记类的图书，受到社会各界广大读者的关注。40年来，中关村的民营企业家们一直为我国的经济发展、经济建设发光发热，对出版人来说，你们就是伟大时代的最好传记，你们创造了中国民营科技企业的历史，这两本出版的新书就是献给在座的每一位企业家最好的礼物！"

附录：北京及中关村第一代民营
科技企业创业者回忆录篇

北京·中关村民营科技大事记（下卷）1998—2004

导读：北京及中关村电子一条街，第一代民营科技企业家，"国有民营"科技企业家创业回忆录，再现42年前北京及中关村电子一条街企业初创的历史画卷，中国知识分子伟大的创举，让读者不但能够触摸到北京及中关村电子一条街创业历史的"脸庞"，也能够真正理解北京及中关村电子一条街第一代创业者。这些回忆录发表于他们在企业创业阶段、发展阶段、成功阶段的不同时期，弥足珍贵。

一、北京首家民营科技企业创办回忆录

作者：北京首家民营科技企业创办人之一　纪世瀛

2022年5月1日

1980年10月23日，在中国科学院物理所核聚变科学家陈春先教授的带领下，我和崔文栋先生等人，在中关村物理所的破旧仓库里创办了中国和北京及中关村第一家民营科技企业——"北京等离子体学会先进技术发展服务部"（以下简称"服务部"）。并且顶着旧科技体制的巨大压力，在中央领导人的批示支持下，服务部这颗"星星之火"才没有熄灭。当年服务部如果在巨大压力下倒闭，中科院的科研人员在三至五年内没有人敢走出中科院，到中关村开创公司，否认这个事实，需要有极大的勇气。

2006年下旬，我身患癌中之王"胰头癌"重症，被医生判为只有半年的时间，生命就会结束。我不仅没有悲伤，反而邀请好朋友们聚餐，笑哈哈地向大家宣布这个消息。好多朋友们听后伤心落泪，说这是提前开的追悼会。苍天有心，我在杨旭清教授研制的新药"双环铂"的治疗下，竟被医治好了。

四十二年过去了，陈春先教授、崔文栋先生已经故去，我也进入耄耋之年。但是，我还要和我的学生齐忠合作，完成《北京·中关村民营科技大事记》上卷、中卷、下卷这部百万字的巨著。

今天的中关村已经成为知识分子和年轻人实现人生梦想世界，创造

1973年，纪世瀛在中国科学院物理所一室工作。照片由纪世瀛先生提供。

一个又一个奇迹的世界。看到今天中关村的辉煌，回想当年创业的情景，仿佛就在昨天！

（一）进入中科院物理所工作与初识陈春先教授

1962年夏，我以昌平县高考第一名的成绩，考入中国科技大学最难考的专业"近代物理系原子核工程"，成为严济慈严老的学生。

1973年7月3日，我被分配到中国科学院物理所工作，这是我被平反昭雪后，分配的第一个正式工作，那年我30岁。因为我在中国科技大学学习的是近代物理系原子核工程专业，所以物理所又把我分配到物理所一室工作，物理所一室主要是研究授控核聚变工程的，室主任是陈春先教授，副主任是洪明苑教授。

我第一次见到陈春先教授，他的身材不高，但是有一颗硕大的头，平易近人没有一点领导的架子，一副典型知识分子的样子。因为物理所在1966年以后，几乎没有进过年轻的专业人员，陈春先教授和洪明苑教授对我十分欢迎。

我的工作是由洪明苑教授领导，负责设计中国第一座"高比压环形压缩核聚变实验装置"，这是一种超高真空、强磁约束反应装置，在国外也只有研究机构在研究设计。工作地点在物理所西大厅，物理所东大厅是陈春先教授主持设计的"北京托卡马克6号"研究地点。

1974年7月1日，"北京托卡马克6号"正式研究成功，成为中国科学院在1974年唯一记载的科研成果。[①]

1978年3月18日，全国科学大会在北京召开，"北京托卡马克6号"获"重大成果奖一等奖"。

不久，44岁的陈春先教授予著名数学家陈景润、杨乐、张广厚四人，被中科院破格提拔为研究员。陈春先教授还获得国家4000万元人民币的拨款，研究"合肥托卡马克8号"项目，地点在安徽省合肥市 。而1979

纪世瀛与陈春先教授研究工作，照片由纪世瀛先生提供。

年，国家对中科院全部拨款才只有3.2亿元人民币，可见陈春先教授研究这个项目的重要性。[②]

1978年，中科院在"文革"后首次恢复职务，因为我是"文革"前最后一批毕业的大学生，属于中科院的"小字辈"，许多资格较老的同志职称还没有解决，所以竞争十分激烈。由于我在众多科研项目工作中比较优秀，幸运地成为中科院公布工程师名单中的最后一名，也是中科院最年轻的工程师，那年我35岁。

1978—1979年，我和陈春先教授在事业上及其他各方面的人生道路，还是十分满意的。

当时陈春先教授成为"中科院物理所等离子体研究所"的负责人，今天该研究所升格为"中国科学院等离子体物理研究所"，因该所在合肥故以下简称为"合肥等离子体所"，英文缩写为"ASIPP"。合肥等离子体所以研制出"合肥小太阳"闻名全国。

陈春先教授精通俄语、英语，毕业于莫斯科大学核物理专业，毕业考试成绩为第一名，时任苏共中央总书记赫鲁晓夫亲手发给他毕业证，他还是我国"有机半导体""激光大能量""受控核聚变"三大学科的带头人。

1980年，陈春先教授如果不"下海"创办我国及中关村首家民营科技企业，肯定是中科院院士，前途无量。他也会享受院士级别的优良的医疗待遇及住房，不会在2004年8月9日年仅70岁时，使生命的火花熄灭。

我被评定为中科院最年轻的工程师后，经过多方努力又把在外地工作的我的夫人姜菁华调到中科院管理局工作，结束两地分居，一家三口终于团聚，居住在中关村南街88楼103室（注：现已经拆迁）。在这座楼里住着著名数学家杨乐、张广厚等人，大家都用公共厨房做饭。至今我还在怀念那段日子，每到星期天，张工、李工们在公共厨房做"美食"，打招呼的情景，仍然在我的脑海里留下深深的印象，那时生活虽然简朴，一家人的生活还是快乐的，我如果不跟随陈春先教授"下海"，在中科院物理所这座中国的科学"殿堂""象牙塔"中工作到退休，将过着十分安逸与舒适平静的生活。可惜，这一切都随着创办中国及中关村首家民营科技企业而消失。

为什么要讲这些，因为从中关村电子一条街创办之日起，到四十二年后的今天，还有许多人认为，从中科院出来办公司的人，都是在中科院混不下去的人。这是个观念上极大的误区，陈春先教授和我在中科院物理所当年的情况，就证实这个观点是错误的。

（二）创办中国及中关村首家民营科技企业起因

1978—1979年，我国因十年的"文革"运动，造成了十年的国民经济倒退，国家只好停止对一些大型基本建设的投资。例如上海的宝山钢铁厂的二期工程投资，中关村四通公司原总工程师，四通打字机的发明人王缉志先生，曾被冶金部派到日本三菱公司学习有关宝山钢铁厂的二期工程投资的计算机技术，就因为宝山钢铁厂的二期工程投资停止，在1980年3月提前回国。③

中科院的一些大型科研基建项目也是如此，有三分之一的项目停建，其中有"北京正负电子对撞机（BEPC）"、陈春先教授的"合肥托卡马克8号"。

1980年，国家给中科院的拨款预定为3.2亿元人民币，而1980年，实际拨款仅为预定的三分之二。④

陈春先教授对"合肥托卡马克8号"的停建，十分沮丧。因为"中科院物理所等离子体研究所"已经初见雏形，该所有研究生学历的科研人员就有100多人，如果因停建使该所的设备老化，科研人员纷纷离开，国家前期投资的2000万元会打水漂，所以陈春先教授当时的情绪非常低落。后来国家经济好转后，又投资近2亿元才建成等离子体研究所。

但是陈春先教授没有因为等离子体研究所的停建而消沉，他想起了1979年10月第二次访问美国时，参观美国波士顿128号公路的美国新技术扩散区的"永磁公司"，这个公司的老板叫汤姆克，他曾是美国波士顿大学物理教授，公司主要业务是为全球各个核聚变实验室提供核聚变设备，陈春先教授也想向该公司学习，也就是搞个"试验田"开个公司，扩散中科院的新技术，陈春先教授有了这个想法后，第一个找到我商谈如何扩散中科院的新技术。

1980年8月28日，陈春先教授来到我家，他说："老纪，你愿不愿和我一块搞个新试验？"随后陈春先教授就坐在门口的一个方凳子上，我赶紧把陈春先教授拉起来，因为我的宿舍太小，屋里除了床，就是用这个小方凳子当作放洗脸盆和肥皂盒的地方，上面满是肥皂水，我拿毛巾给他擦干净裤子，请他坐床上聊。当年中科院科研人员的生活居住条件如此简陋，今天中科院年轻的科研人员是难以想象的。

陈春先教授说："老纪，我们物理所每天大门一开，就要花掉国家三万元人民币，可是物理所没有产出。目前国家处于经济困难时期，我们要为国分忧，在中关村进行新的试验，把我们的知识运用到技术扩散领域，造成新的'核聚变'。"

陈春先教授一口气讲了好半天，从美国旧金山附近的硅谷讲到波士顿128号公路，讲到全国科技大会，讲到我们眼前的海淀区。

他说："海淀区这个地区太适合搞新技术扩散试验了，这里有中科院物理所、力学所、电工所等研究所，有北京大学、清华大学等高校，是我国科研人员与科技成果最密集的区域，你想过没有？"

我听后不仅很激动，内心深处也有同样的感受。我在物理所负责设计的中国第一座"高比压环形压缩核聚变实验装置"，用了近8年时间，花了国家七八百万元，除了评个工程师的职称，对国家经济发展几乎没什么作用。

我说："我早就感到中关村地区的强烈反差了，大墙内外两重天，墙内是中国科学院，集中了那么多人才，是世界上知识分子密度最大的地区之一，墙外是东升公社，不敢说刀耕火种，也还是一点科技的味道都没有的笨工业……你说怎么干，我还是听你这个室主任的。"

后来我们又找到崔文栋先生谈这个事情，他听后热情很高，也加入进来。

1955年3月，崔文栋先生应征入伍，他当过聂荣臻元帅的警卫员。

1958年5月，他从国防部办公厅通信兵退伍到中科院物理研究所工作，后来当政工干部。

2022年1月30日，崔文栋先生在中国广西逝世，享年84岁。我得知这个消息后，泪流满面，悲伤不已。

陈春先教授和我及崔文栋先生，在中关村点燃中国及北京和中关村首家民营科技企业服务部这团星星之火。

（三）服务部的创办过程及首批成员

陈春先教授所说的"搞新技术扩散试验"和后来创办的服务部，其实就是用中科院物理所科研人员掌握的知识与科研成果，做出社会上急需的产品，再把这些产品卖给需要的单位，说白了就是做买卖，只不过这些产品技术含量高。不少人说陈春先教授创办的服务部是"科研机构"不是公司，所以服务部不是我国及中关村第一家民营科技企业。今天还有不少专家、学者也这么认为，否定陈春先教授创办的服务部，是我国及北京和中关村第一家民营科技企业。在中关村还引发了很激烈的争论。

其实这是一种观念上的误区，1980年，中国的科研机构只是从国家得到科研资金，开发出科研成果无偿上交国家，从来不卖产品。而服务部却卖产品，完全是公司行为，也是中国知识分子在改革开放中如何创办民营科技企业的一种探索。

2018年，中科院推出宣传纪录片，其中有科技创造财富的内容，第一位人物就是陈春先教授，第二位是联想公司董事局主席柳传志先生，也说明了这一点。

陈春先教授要搞"搞新技术扩散试验"卖产品，最初也想到开个公司，他向物理所领导递上申请开公司的报告后，物理所领导根本不搭理这件事。

怎么解决这个问题？我想起来近期中科院各所不少工程师，星期日都去北京附近的工厂参加"科技咨询"活动，一方面解决了工厂的产品技术问题，另一方面还能获得津贴。我一打听，原来这个活动是北京市科学技术协会（以下简称"北京市科协"）组织的。

陈春先教授和我及崔文栋商量后，决定走另一条路，找北京市科协，用"北京等离子体学会"（以下简称"学会"）的名义创办个机构，因为北京市科协是学会的主管单位，陈春先教授又是学会的副理事长。

学会挂靠在中科院力学所，力学所著名归国科学家谈镐生院士任学会的理事长，力学所留苏学生、钛金科学家，现在的"北京长城钛金公司"董事长王殿儒先生负责学会日常工作。

谈镐生院士和王殿儒先生听到我们的想法后非常支持，陈春先教授和我又找到北京市科协汇报我们的想法。

那天接待我们的是"北京市科协咨询部"负责人赵绮秋（女），那年赵绮秋42岁，给人一种精明强干的印象。再有，中国科协和国家科委刚刚下发一个文件，要求全国各省市科委与科协鼓励科研人员利用业余时间开展科技咨询工作，每个人每月还可以领取7—15元的津贴。

北京市科协的"北京市科协咨询部"，就是为了贯彻这个文件成立的，用来推动北京市科研人员利用业余时间开展科技咨询，解决北京一些工厂产品的技术难关，在北京市取得很大成绩，解决了北京生产自行车电镀技术问题等。

中国有句老话——"他乡遇故知"，赵绮秋在吉林大学物理系毕业后，因学习突出被留校当老师，后来她与新华社记者周鸿书结婚后，又被分配到中科院的《科学报》工作。她对陈春先教授的工作很熟悉，她对陈春先教授这位中科院知名的科学家能参加北京市科研人员利用业余时间开展科技咨询工作以搞"扩散新技术"的想法，非常高兴，当时就表示支持。赵绮秋又邀请北京市科协负责人田夫同志一起来谈这件事，田夫同志也在中科院工作过，对陈春先教授也很熟悉，田夫同志说：

"只要对'四化'有利我们都支持，对老陈这样的科学家，我们举双手欢迎，有什么问题我们负责解决。"（注："四化"指1954年召开的第一届全国人民代表大会，提出要在二十世纪内实现我国工业现代化、农业现代化、国防现代化、科学技术现代化，简称"四化"。）

赵绮秋认为，开公司的手续很麻烦，不如在学会下面开个服务部，和开公司差不多，具体工作由陈春先教授负责。我们同意了赵绮秋的意见，决定开办"北市等离子体学会先进技术发展服务部"。

陈春先教授和我及崔文栋三个人中我最年轻，所以开办服务部的所有手续由我负责。

赵绮秋非常支持我们的工作，在北京市科协下发文件批准服务部的成立后，给我们开介绍信，顺利地在公安局办完有关服务部刻公章的手续。要使服务部成立合法化又具有公司运营功能，还需要在银行开个账号，因为银行不能用现金开账号，必须用支票。赵绮秋拿出一张北京市科协500元的支票，借给服务部作为在海淀工商银行东升分理处的开账号的费用，记得当时赵绮秋开玩笑地对我说："动用公款，借给服务部使用，这是让我犯错误。"当年动用公款一分钱，也会受到严厉的处分，所以没有赵绮秋的支持，服务部不可能成立。

1980年10月23日，学会在位于海淀二里沟的北京市科委下属的"北京市自然科学研究院"会议室，召开学会理事扩大会议。陈春先教授在大会上作了题为"技术扩散与新兴产业"报告，向大家介绍了美国硅谷和128号公路的新技术扩散区与新技术公司的情况，并宣布创办服务部。⑤

谈镐生院士因在美国留学和在公司工作过，他在这次大会上向大家介绍了公司的一些知识，例如公司董事会、公司股东、运行规律等，使我们这些知识分子第一次知道什么是公司。

服务部首批成员有：

服务部董事长：谈镐生院士，来自中科院力学所。

服务部副董事长兼管理小组组长：陈春先教授，来自中科院物理所，负责服务部全面工作。

服务部管理小组组长：陈庆国，来自北京市科协。

服务部管理小组副组长：纪世瀛，负责服务部财务工作，来自中科院物理所。

服务部管理小组副组长：崔文栋，负责服务部产品营销工作，来自中科院物理所。

服务部成员：刘春城、潘英、李兵、耿秀敏（女），来自中科院物理所。

吴德顺，来自中科院电子所。

王殿儒、曹永仙、汪诗金，来自中科院力学所。

陈首燊，来自中科院电工所（已故）。

罗承沫，来自清华大学。

以上服务部首批成员，全是在服务部兼职，并没有辞去公职。

服务部首批成员后来辞去公职，离开中科院在中关村又开办公司的有：

陈春先教授，创办"北京华夏硅谷信息系统有限公司"。

纪世瀛，创办"北京市理化应用技术研究所"。

王殿儒，创办"北京长城钛金公司"。

崔文栋，创办"华夏电器公司"。

服务部其他首批成员，后来又回到原单位工作。

1980年10月26日，那天是个星期日，服务部在物理所的一间破旧的仓库里举行成立大会。仓库是在受控核聚变实验大楼东北角，一间堆积实验室废旧物资的小平房。

早上我和崔文栋带着一室几个热心的同事宛振斌、蒋涛、张敏生，还有几名新来的大学生，把房间里那些被灰土和蜘蛛网包围着的破烂堆到库房的东半部，在西半部腾出了五六平方米的一块空地。东、西部之间挂了一块蓝色的塑料布，放上一只旧三屉桌，收集了几个小凳子，这就成为服务部成立"大会"的会议室。服务部首批成员以及北京市科协赵绮秋同志也参加了会议。

我首先向大家介绍到会的同志，宣布今天到会的人就是先进技术发展服务部的主要骨干。赵绮秋同志说："我愿意和大家一块干，共同探索，共同试验。"

服务部的人员全是自愿参加的，也就是民营科技企业"四自"运行机制中的"自由组合"。

（四）服务部开发新技术产品与发展过程

1980年，我国还处在物资极度缺乏的年代，连科研产品的相关零部件也很难买到。中科院为了解决这个问题，专门开办了一个有两千多人的科学仪器厂，为科研制造各种仪器。中科院物理所还有200多人的加工厂，专为科研产品制造所需要的零部件。就是这样也很难满足科研的需要，当年物理所研制科研产品，需要一条特殊的电缆线，到处买不到，只好去云南一家军工企业定制。

1981年，陈春先教授第三次访问美国，带回不少芯片。我们就用这些芯片制造出核聚变急需的"高压大电流火花间隙开关""高压长脉冲电源"等产品，出售给有关单位效益非常好。当年最大的一笔买卖是6万元，我亲自取回的支票，心情很是激动。服务部推出锅炉监测改造，开办电子培训班，为待业青年讲授计算机与电子课程，讲计算机课的是美国大学的郭保光副教授，当年中科院电工所的科研人员，后来当选中科院院士的严陆光教授、孙良方教授等也为电子培训班讲课，为后来的中关村电子一条街的各企业提供了大批人才。也就是民营科技企业"四自"运行机制中的"自主经营"。

严陆光教授曾与陈春先教授一同访问过美国硅谷和128号公路，是中关村唯一的见证人。

服务部还和海淀劳动服务公司合作，开办了"海淀新技术试验工厂""西颐电子技术服务部"。

1981年10月，服务部盈利三万多元，这笔钱在当年是笔巨款，能在中关村买10套小四合院。

陈春先教授用这笔钱买了两间30多平方米的木板房，安放在物理所的空地上，作为服务部的办公地。陈春先教授还把"北京等离子体学报编辑部"安置在这里办公，他亲自为这张小报刻蜡纸，撰写有关美国硅谷与128号公路新兴企业的文章。

服务部的工作人员每个月能领到7—15元钱的津贴，我是每月7元津贴，崔文栋和曹永仙也是7元津贴，给陈春先教授定的是每月15元津贴，但是他没要。陈春先教授这个决定很好，在后来物理所对服务部财务大检查中保护了他。

（五）物理所所长管惟炎与陈春先教授和服务部的冲突起因

1981年5月，中科院物理所所长施汝为退休，管惟炎出任物理所所长。⑥

管惟炎1945年入党，1960年从苏联1978年诺贝尔物理学奖获得者——物理学家彼得·卡皮查领导的苏联物理问题研究所毕业，获得苏联副博士学位，相当于欧美国家的博士学位。毕业后进入中国科学院物理研究所工作。1980年10月，当选为中国科学院学部委员，现在叫院士。

陈春先教授原来和管惟炎关系还不错。但是管惟炎当上所长以后，对物理所的研究方向进行调整，对他熟悉的领域超导技术等科研领域大幅度倾向性支持，对等离子核聚变体科研项目减少支持。陈春先教授因为是合肥等离体研究所负责人，对这种调整非常不满，因为对合肥等离体研究所影响太大，不好开展工作。当年陈春先教授和其他有关科研人员与管惟炎发生过激烈争论，指责管惟炎办事不公，两人从此发生矛盾。

管惟炎对陈春先教授创办的服务部也很有意见。他认为陈春先教授应该去合肥市安心做等离子体研究所的工作，不应该干什么服务部。不久，管惟炎在所务会议上公开指责陈春先教授，说他创办的服务部是"科技二道贩子"，还把一室的几万元、十几万元经费调来调去，说明有经济问题。管惟炎说的这些"罪名"足以把陈春先教授和我与崔文栋送进监狱。

我认为在1980年，人们对民营科技企业服务部这种改革中探索的新生事物，有这样的看法和那样的意见，是很正常的事情。但是不能采用"文革"时期那套整人的办法，把创办服务部扣上个"罪名"，用送进大牢的方式来对待陈春先教授和我与崔文栋。

从此，物理所门卫对进物理所找服务部的人员开始严格盘查，一室有关陈春先教授和我与崔文栋的财务账单，认真核查。一室发放奖金时，有关负责人还用嘲笑的口气对我说："你还在乎这俩钱。"

从此物理所流传着不少对服务部的谣言，有人说："陈春先把物理所的物资拿到服务部卖，赚到的钱装入私人腰包。"

有人说："陈春先利用手里的签字权，偷偷把国家的钱转到别的单位，再从别的单位转到服务部私分。"

有人说："物理所陈春先开了个服务部，想干私活赚大钱就去服务部。"

有人说："陈春先在服务部每月拿15元津贴，给自己涨两级工资。"巧了，陈春先两级工资正好是15元。

还有人说："陈春先他们拿着国家的工资，在服务部干活是损公肥私，吃里爬外，干私活捞钱，抢物理所生意。"

一时闹得是满城风雨，陈春先和我的心里也很不平静。

（六）物理所所长管惟炎决心封杀服务部

1982年1月11日，北京市科协召开全体科协委员新春团拜会，身为北京市科协委员的管惟炎，在会上发言指责北京市科协、陈春先教授和服务部。他说："陈春先在北京市科协的支持下，创办服务部另搞一套，打乱物理所的科研秩序。每月还从服务部拿15元津贴，等于给自己涨两级工资，据我们了解，服务部还有其他经济问题。"

管惟炎的发言对参会人员影响很大，他们也纷纷发言，指责北京市科协支持陈春先创办服务部的做法不妥。赵绮秋对管惟炎的发言很生气，大会结束后她与田夫、北京市科协副主席孙洪（女）找管惟炎交换意见。赵绮秋说："北京市科协推出的科技咨询活动，是中国科协和国家科委发起的，是加快'四化'的重要举措。陈春先和服务部是在科技咨询范围内进行的，北京市科协还派陈庆国同志负责指导服务部工作。服务部工作人员每月拿7—15元的津贴没有问题，是按照中国科协文件规定的。"北京市科协的赵绮秋同志最支持陈春先教授和服务部，认为这是改革开放的新生事物。她用中国科协和国家科委下发的文件，把管惟炎说陈春先涨两级工资的话顶了回去。

田夫说："科技人员业余时间搞技术咨询，是中国科协和国家科委提倡的没有错，不能上纲上线说是抛开物理所另搞一套，搞乱科研秩序。"

面对北京市科协领导有理有据的话，管惟炎只好说："眼看快到春节了，过了节咱们再碰。"

赵绮秋第二天就赶到服务部，随后她把管惟炎对服务部的指责告诉了谈镐生院士、陈春先教授和我及崔文栋，还让陈春先教授核实服务部是否有经济问题。

谈镐生院士听后说："现在是人员单位所有制，是积压人才，是巨大的浪费，咨询工作是辛辛苦苦的，是有创造性的劳动。"

陈春先教授听完气愤地说："管惟炎是旧科技体制的代表，旧科技体制如同大铁链紧紧地束缚着科技人员，科技人员怎么干，下班干什么领导都要管，服务部的建立就是要打破旧科研体制。"

赵绮秋很受感动，她说："老陈，搞改革肯定有阻力，服务部的事情没有错，跟管惟炎讲清楚他会理解。今后服务部不要和物理所争业务，使用单位东西要取得人家的同意还要给使用费。你们初次办服务部对财务没经验，有的账目可能不清楚，让北京市科协的会计先看看，别让人家抓住小辫。"

陈春先教授和我，表示同意北京市科协查服务部的财务账。

没有不透风的墙，管惟炎在北京市科协会上指责服务部，北京市科协查服务部财务账的事，很快传遍了物理所。我的夫人姜菁华闻讯后见到我虽然默不作声，但也经常伤心落泪，使我的内心很是愧疚。在我被打成"反革命"以后，夫人姜菁华不弃不离，坚持与我结婚。现在我们俩在中科院工作，一家人终于过上平静舒适的生活。我干服务部再出点事，让夫人再担惊受怕于心何忍。

陈春先教授的夫人毕慰萱、崔文栋的夫人也纷纷表示反对再干服务部。

我也明白，物理所所长管惟炎要想封杀服务部，理由多的是。服务部启动资金是北京市科协借的几百块钱，我管服务部的财务，每一分钱是能省则省。研制新产品时借用过物理所的钳子、改锥、检测设备等，每月发放的7—15元津贴，把自己从国家那里学到的知识技术没有经过组织批准给"卖"出去，当"科技二道贩子"破坏物理所科研秩序，这就是大"错误"。物理所所长管惟炎就可以凭借这个理由，不给物理所在服务部的人涨工资、评职称、分房子，这些话虽然有些直白，可是有简朴的道理。

北京市科协派出会计查看了服务部所有账本，对全部20多笔收入，350多笔支出进行检查，没有发现财务问题，就是"白条"多，这些"白条"是工作人员领津贴时签字的纸条。按道理讲，个人领取几元钱津贴，还开出发票给服务部，这不是难为人吗？可是当年这就是"错"。北京市科协领导非常开明，认为知识分子首次开公司没有经验，出点错是免不了的。

1982年春节过后，孙洪和赵绮秋到物理所找管惟炎谈服务部问题。在路上孙洪对赵绮秋说："管惟炎说陈春先和服务部的问题，我考虑很长时间，春节也没过好。如果真有经济问题，北京市科协领导的日子也不好过。"

他们见到管惟炎后，赵绮秋说："北京市科协对服务部的账本进行检查，没有发现任何经济问题。服务部人员每月7—15元津贴，是多劳多得打破'大锅饭'有力的行动。服务部人员使用物理所的工具，不是原则问题可以原谅。陈春先办服务部没有经验，大家也知道陈春先对小节不注意，穿袜子经常是一只黑一只白，衣服扣子上下弄错，在物理所是出名的。"

孙洪说："陈春先开办服务部北京市科协是支持的，有问题希望物理所与北京市科协共同协商解决。"

管惟炎认为北京市科协偏袒陈春先，他说："我们审查陈春先负责的一室的账目，不少重大问题都与服务部有关，所以物理所也要查服务部的账，并将查账结果上报中科院。"

管惟炎的这种态度，使双方的谈话不欢而散。管惟炎随后向科学院有关部门打报告，说陈春先把国家财产非法转移到服务部卖掉，还有十多万元国家拨款也被转移到服务部私分，要求立案查处。

管惟炎再次召开物理所所务会议，他又说："陈春先办服务部移植硅谷经验扩散新技术，实际上跟大街上卖菜、卖肉的'二道贩子'差不多，把国家几十年积累的科研成果贩卖出去，是'科技二道贩子'。服务部每月还给干私活的人发津贴，是鼓励科研人员不务正业，腐蚀科研队伍，搞歪门邪道。"

管惟炎的话引起很大震动，大会散场后没人敢和陈春先教授和我一块走，服务部在物理所的工作人员也后悔，今后物理所涨工资、评职称、分房子的时候，领导肯定给穿"小鞋"。当天晚上就有服务部的成员到陈春先家，放下从服务部拿到的津贴不说话就走，让陈春先很难受。

过了几天管惟炎找陈春先教授正式谈话，他说："老陈，你是物理所的业务骨干，要以工作为重。不要再创办什么服务部，相关的事写份材料跟所里说清楚，做个检查以后别干也就算了，你要是特别想干，就辞职去做买卖怎么样。"

陈春先教授听完说："物理所过去以国防科研为主，只花钱没收入是没有办法的事，改革开放的今天则不同，我们要认真想想国家的难处，怎样为国分忧、为四化做贡献，不能当一天和尚撞一天钟。我办服务部是为改革开放，为'四化'添砖加瓦，所里不支持也罢，还逼我离开物理所彻底弄垮服务部这办不到。"

陈春先教授越说越激动，声音越来越大，使管惟炎很恼怒，他打断陈春先的话说："老陈，告诉你物理所就要查服务部的账，服务部不让查也要查。"

查服务部财务账是大事，谈话结束后陈春先教授马上召集服务部骨干成员开会，把查账的事告诉大家，服务部骨干成员都反对查账。

我说："老陈，现在把人搞臭有两个办法，男女不正当的作风问题，财务上的贪污。我太了解物理所这些查账的人，服务部的账哪怕是清如水，也肯定能找出毛病来，从账目中找不出毛病来，那不等于查账的人没水平，搞我们搞错了。只要从账上查出一分钱的错，就会把我们搞臭。管惟炎只要把每月领津贴的人记下来，再到这个人的单位说该人私下捞钱，证据是服务部给的，服务部就会臭名远扬，谁也不会再跟服务部打交道。"

陈春先教授也觉得我说的有道理，他说："我参加工作多年，查账的事见过也参加过，被查的人都没有好下场。"

我又说："老陈，咱们找找北京市科协怎么样？"

陈春先教授问："找北京市科协有用吗？"

我耐心地说："老陈，咱们中国的事有些特别，办事要讲管理系统。中科院虽是正部级单位，它的权力只能管中科院的事，没有权力管外单位的事，就是小小的街道居委会，中科院也没有权力管。服务部是北京市科协批准成立的，物理所没有权力查账。"

陈春先教授和服务部其他成员听完，认为说的有道理，就用北京市科协这块"盾牌"挡物理所查账的"暗箭"。

陈春先教授找到赵绮秋，把物理所要查账这件事告诉她，赵绮秋非常生气，报告给田夫、孙洪。两人听后表示不同意物理所查账，让赵绮秋与管惟炎协商。管惟炎还是那个态度，他说："陈春先放着物理所的科研工作不干，办服务部捞钱肯定有问题。这个问题不解决让老老实实搞科研的人吃亏，科研工作今后没人干，服务部的账一定要查。"

赵绮秋听完后说："陈春先在完成本职工作的情况下，利用业余时间搞科技咨询，我们应该支持。再说服务部是北京市科协批准成立的下属机构，只接受北京市科协的财务检查，物理所没有权力查账。"

管惟炎说："陈春先是服务部负责人也是所里的人，物理所查账是正常的。"

赵绮秋再也忍不住心中的怒火，她说："物理所为什么要查服务部的账？就是要整垮陈春先和服务部，所以北京市科协不同意物理所检查服务部的账。"赵绮秋说完甩袖而去。

管惟炎知道不查账就无法鸡蛋里挑骨头，弄倒服务部。他多次打电话给北京市科协领导，要求检查服务部的账，又向中科院有关部门汇报该事，让有关部门与北京市科协协商，联合检查服务部的账目。北京市科协领导为避免管惟炎的纠缠，同意物理所与北京市科协联合查账。我知道后还去北京市科协和田夫同志吵了一架，埋怨他不应该同意物理所查服务部的账，田夫同志与我解释了好长时间，我才消气。

不久，物理所某副所长带队与北京市科协人员组成工作组，进驻服务部，对所有的账目进行审查。服务部平时人来人往的热闹场面没有了，只有陈春先教授和我与崔文栋站在服务部大门口，迎接工作组。

陈春先教授说："服务部的账本放在桌子上，有什么问题叫我。"他说完和我搬把椅子坐在门外。服务部的账半天就查完了，物理所的某副所长拿着几张"白条"问陈春先教授说："服务部发放这些津贴，有什么上级指示和根据？"

陈春先教授回答说："中国科协和国家科委规定，科技人员在不影响本职工作的前提下，利用业余时间进行科技咨询工作，每月可以获得7—15元左右的津贴。"

某副所长说："把中国科协和国家科委的文件，拿出来给我看看。"

这是故意刁难陈春先教授，当年部级文件都属于保密文件，陈春先上哪找去？谁知道陈春先教授不慌不忙拿出份复印件递给某副所长，他说："这是方毅副总理的讲话稿复印件，他在讲话中说'科技人员在不影响本职工作的前提下，利用业余时间进行科技咨询工作，每月可以获得15元的津贴'。"

陈春先教授和我太清楚管惟炎整人的手段有多狠，知道津贴会成为查账主要问题，只好通过关系到国家科委办公厅存档处找到相关的文件，当看到方毅副总理的讲话稿，有科研人员可以领取津贴的内容后很高兴，因为方毅副总理不仅是国务院主管科技的副总理，还当过中科院院长，有很高的威望。陈春先把这份讲话稿复印下来，用来抵制物理所查账的人。

某副所长看完讲话稿后，不敢对方毅副总理的讲话说三道四，但是还要在鸡蛋里挑骨头。他说："这是领导人讲话不是正式文件。再说，科技人员是脑力工作者，怎么分清大脑的工作时间和业余时间，怎么分清大脑的本职工作和业余工作，因为谁也管不住大脑。"

陈春先教授听后反问道："真是奇怪！科研人员干什么，你们要管；科研人员的大脑什么时间思考，你们也要管。我这时候走路先抬左腿还是右腿，是否也要请示物理所？"

陈春先教授的话引得众人哈哈大笑。物理所的某副所长板着脸，不顾陈春先和市科协人员的反对，把服务部的账本全部复印交给管惟炎。管惟炎利用账本记载的情况，派人到北京和外地与服务部有关系的单位进行调查，理由是追查陈春先的经济问题。

管惟炎又在物理所大会上说："今年国家开展的重要活动，是打击经济领域严重犯罪活动。物理所已经把陈春先列为重点审查对象，谁在服务部工作过，要主动向组织讲清楚。今后物理所人员无论是工作时间还是业余时间到服务部工作，都要经过领导批准。"

2003年9月23日，陈春先教授对我回忆当年情景时说："听完管惟炎的讲话我很害怕，想向物理所里缴枪投降。但是又想自己是正研究员，服务部的成员中就数自己名气大，要看看管惟炎有多大本事能把我怎么样。"

破屋逢大雨，这期间陈春先教授访美认识的美籍华人物理学家孙良方来北京，陈春先教授让他在家中住了几天。按照当时有关保密规定，陈春先教授这种接触过国家核心秘密的人，是不能够私自在家中接待外国人的。

管惟炎两事并举，向中科院有关部门递材料要求立案审查陈春先。在物理所又开始流传有关陈春先教授的小道消息。

有人说，陈春先教授被中科院定为经济犯罪团伙首要分子。

有人说，服务部的账如同天书，是本花账谁也看不懂。

有人说，服务部账上全是"白条"；陈春先明着给自己涨两级工资，暗着不知道长多少级。

陈春先教授被管惟炎多次点名后，又听说中科院纪委要立案查服务部，我们都知道调查后的结果是凶多吉少。他和我的心情十分沉重。每日下班回家吃完饭后，陈春先教授和我及崔文栋三人总是来到服务部的木板房商量对策，有时只是在一起坐下闭目沉思。我们有时也会思维混乱，有时还认为开公司扩散新技术的举动，是可笑和愚蠢的事，面对旧科研旧体制这座"高墙"，碰得是头破血流，结果可能是受处分、劳动教养、判刑入大牢。

我们不能坐以待毙，首先找到北京市科协赵绮秋同志，当时她的身体不太好，得甲亢病得很厉害。她听后也认为事情重大，马上打电话给中科院纪委，约时间谈话。

1982年10月7日，赵绮秋赶到中科院纪委，纪委的同志早就听说过北京市科协有个女同志叫赵绮秋，最支持陈春先创办服务部，没想到会到中科院为陈春先喊冤叫屈。

赵绮秋对纪委的同志说："北京市科协对服务部账目进行过审查，没有发现问题。对服务部白条多，用物理所的工具，陈春先在家接待外宾等问题如何处理，我认为要从改革开放的角度来看。知识分子开办服务部，经验不足有失误是难免的，应该帮助他们提高管理水平，在家接待外宾是小小的马虎，不能用'科技二道贩子'、不务正业捞大钱、违反外事纪律偏激的态度处理。"

赵绮秋又说："陈春先是搞应用基础科学研究的高级知识分子，业余时间搞技术咨询，移植美国硅谷经验，扩散新技术为'四化'服务，是对国家有利的好事。我们应该放弃旧观念大胆支持。"

突然，赵绮秋的甲亢犯了，她感到对面坐着的纪委同志在眼前晃动，屋顶上的灯往脚下转。她用手使劲支撑着上身说"对不起，我头晕要坐在沙发上休息一下"，说完两眼发黑晕倒在地。

赵绮秋为陈春先教授和服务部喊冤叫屈，状告管惟炎打击刁难新生事物，晕倒在中科院纪委这件事传遍物理所、北京市科协。大家都说，赵绮秋官不大，敢到中科院纪委论理不简单。

中科院在中关村研究所里的知识分子也暗中关注陈春先教授，如果服务部这棵"树"不被中科院物理所砍倒，他们就会跟着学，走出中科院科研院所的高墙，在中关村创办公司。如果服务部这棵"树"被中科院物理所砍倒，陈春先和我没有好下场，今后五年内他们不会再有在中关村创办公司的想法。

管惟炎对赵绮秋非常恼火，他通过各种渠道状告赵绮秋，直至告到北京市委。陈春先教授和服务部被扣上"中科院科研大方向被搞乱"这顶大帽子，引起北京市委的重视。北京市委组织部部长佘涤清（女）亲自调查这件事，并约赵绮秋到北京市委谈话。

赵绮秋知道这件事后非常吃惊，她对佘涤清说："北京市科协是遵照中国科协和国家科委的指示，在北京有关单位、各部委开展科技咨询活动，让科学技术更好地为'四化'服务。北京市科协在石油部下属的石油勘探院开展科技咨询后，受到石油部领导好评。在通县开展小电机的制造和推广，使通县小电机畅销全国。陈春先创办的服务部，也是北京科技咨询活动中的一部分。服务部搞扩散新技术是改革开放的新探索、新思路，与科技成果推广有本质的不同。因为成果推广是以单位为主体的转移，是领导批准和现行体制允许的。新技术扩散是以科技人员为主体，不加任何条条框框的、自发性质的技术产品扩散，能够发挥知识分子的积极性，还会促进国民经济的发展，形成新的经济增长点，单纯的成果推广是无法比拟的。"

赵绮秋又说："物理所有些人思想僵化，把科技人员视为本部门私有财产，死死地限制在小圈子内。谁越过这个圈子，就会被扣帽子纠缠不休。现在农民种庄稼都可以自主决定，知识分子利用8小时以外的时间推广新技术，为什么不可以？我作为党培养的普通干部，要支持党提出的改革开放政策，要支持服务部这个新生事物。"

佘涤清听完赵绮秋的话后，她微笑着说："我亲自听汇报就是支持你，今后在开展科技咨询工作时，要放手大胆地推动，还要掌握策略。"赵绮秋与佘涤清谈完话后心情仍很沉重，她的病情也加重了，只好到医院做手术，出院后在家休养。

陈春先教授的岳母黄绍湘，是中科院原副院长、党组书记李昌同志在"一二·九"运动的战友，我们就托黄绍湘找李昌同志汇报服务部的情况，了解中科院纪委立案的情况。

1982年11月底，陈春先教授的夫人毕慰萱在中科院计算机中心工作，被派往美国IBM公司培训计算机业务。我们又托毕慰萱找她的叔叔毕季龙先生打听中科院纪委立案的情况，毕季龙先生当时任联合国副秘书长。

送走了毕慰萱，我和陈春先教授及崔文栋回到服务部的木板房。这时的服务部已经是是非之地无人敢来了。我们三人商量一会儿怎么回答中科院纪委的讯问，也找不出头绪来，只好默默地坐着。

我觉得有种"人为刀俎，我为鱼肉"的感觉，我倒是经历过灾难的人，大不了就是进监狱。可是现在与当年不同，以前我是单身一个人，现在有家了，有夫人和可爱的儿子，如果连累他们，我是非常痛苦的。

今天有的专家、学者，中关村的第一代企业家，认为陈春先教授和我及崔文栋创办的服务部，只是有过中央领导人的批示，名气大才成为中国和中关村首家民营科技企业。我承认服务部在中央领导人的批示下

231

才得到重生，但是也要看到陈春先教授和我及崔文栋在创办服务部过程中遭受的巨大压力，冒着进监狱的危险保护服务部，才引发中央领导人的批示，引起知识分子在中关村创办民营科技企业的第一次高潮。

四通公司一位创始人原在中科院计算机中心工作，在回忆创办该公司时，他写道："1984年，我三次到陈春先教授的家与他长谈后，认为国家为知识分子在中关村创办企业打开了'绿灯'，才下定决心走出中科院创办四通公司。"该人的回忆就证明了这一点。

（七）新华社内参引发中央领导人批示支持服务部

当年赵绮秋同志虽然在家养病，但是每天还是与我通电话询问服务部的情况。她丈夫周鸿书责备她在家不安心养病，有什么大事这么忙。

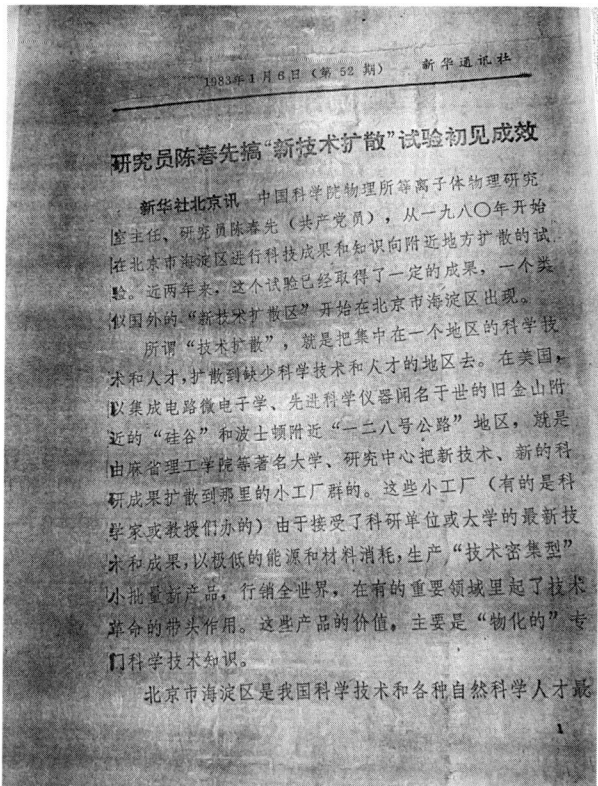

1983 年 1 月 6 日，新华社"内部动态清样"复印件。齐忠摄影并收藏。

赵绮秋向周鸿书倾诉了服务的事情与心中的苦恼。周鸿书听完后说：
"我把陈春先和服务部的事写篇'内部动态清样'，让中央领导看，听听
中央领导怎么说。"

周鸿书当年任新华社北京分社负责人，"北京市委为天安门事件平
反"这条轰动全国的好新闻，就是周鸿书参加北京市委会议，从文件堆
中挑出来的。

1982年底，周鸿书派新华社北京分社记者潘善棠同志两次采访陈
春先教授和我，还亲自对采访文章进行审阅和修改，使文章更加有说服
力。最后他把文章的题目定为《研究员陈春先搞"新技术扩散"试验初
见成效》，发往新华社"内部动态清样"简称内参。新华社内参是新华
社记者对各种突发事件，通过采访写成的新闻稿件，专供党中央、国务
院领导阅读。

以下是该内参原文：

1983年1月6日（第52期）新华通讯社
研究员陈春先搞"新技术扩散"试验初见成效

新华社北京讯　中国科学院物理所等离子体物理研究室主任、研究
员陈春先（共产党员），从1980年开始在北京市海淀区进行科技成果和
知识向附近地方扩散的试验，近两年来，这个试验已经取得了一定的成
果，一个类似国外的"新技术扩散区"开始在北京市海淀区出现。所谓
"技术扩散"，就是把集中在一个地区的科学技术和人才，扩散到缺少科
学技术和人才的地区去。在美国，在集成电路微电子学、先进科学仪器
闻名于世的旧金山附近的"硅谷"和波士顿附近"128号公路"地区，
就是由麻省理工学院等著名大学、研究中心把新技术、新的科研成果扩
散到那里的小工厂群的。这些小工厂（有的是科学家或教授们办的）由
于接受了科研单位或大学的最新技术和成果，以极低的能源和材料消耗
生产"技术密集型"小批量新产品，行销全世界，在有的重要领域里起
到了技术革命的带头作用。这些产品的价值，主要是"物化的"专门科

学技术知识。北京市海淀区是我国科学技术和各种自然科学人才最集中的地区。著名的清华、北大和中国科学院的许多研究所以及许多著名科学家，都集中在这一地区。许多科学论文、科研成果，也出自这里。但是，这些大专院校和科研单位与社会上的各种生产活动的联系很少，使大量的科学技术、科研成果和技术知识，长期停留在论文、样品、展品阶段，处于"潜在财富"状态，不能迅速生产，取得经济效益。在海淀区中关村居住和工作了20多年的陈春先通过几次短期国外考察，了解到国外"技术扩散区"的积极作用，便决心在自己力所能及的范围内，探索一条在我国扩散新技术、新的科研成果到生产中去的路子。陈春先同志的这个想法，得到了北京市科协的大力支持。

1980年10月23日，陈春先与其他一些科研人员合作、建立了"先进技术发展服务部"，并开展有经济活动的科技推广、咨询和新产品发展工作。近两年来，这个"服务部"先后与有关单位签订了27个合同，目前已完成一半以上，与海淀区四个集体所有制的小工厂建立了技术协作、帮助开发和移植新产品的关系，帮助海淀区创建了海淀区新技术实验厂和三个新技术服务机构。扩散新技术和科研成果的一些机构建立后，陈春先又与海淀区培训中心合作，办起了行业知识青年技术专修班，培养为扩散新技术和科研成果所必需的人才。第一期电子技术培训班于1981年10月开学，学员60人，学制一年半（全日制）。第二期专修班于1982年10月招生开学，学制三年，分工业与民用建筑、科学仪器设备和电子计算机应用三个班，每班50余人。教学由清华、北大和科学院各研究所的教师、研究人员担任。这些高中毕业的社会待业青年，经过专修培训后，一部分将安置在他们创建的新技术实验工厂和新技术服务部，一部分将按合同给科学院有关研究所和一些大学，提供技术服务。陈春先与有关科研人员、教授，在海淀区进行高新技术和科研成果转化为直接生产力的"扩散"试验，已初见成效。在有关科研人员、专家、教授的指导和帮助下，新技术实验工厂已经生产出了一些供科研单位、大学试验用的仪器和设备；新技术服务机构为海淀区的一些工厂传授技术，解决了一批生产技术问题；还为科学院一些单位承担了过去主要由中高级科研人员担负的若干技术服务工作；一批待业青年学到了一定的专业技术，得到了安置。此外，一些科研单位、大专院校的科研和教学人员，也能把自己的知识、技术和科研成果从本单位、从论文上、从实验室里逐步扩散到社会上，用于发展生产。但陈春先的高科技成果、新技术扩散试验，却受到本部门一些领导人的反对，如科学院物理所个别领导人就认为，陈春先他们是搞歪门邪道，不务正业，并进行阻挠，使该所进行这项试验的人员思想负担很重，严重地影响了他们继续试验的积极性。（记者潘善棠）（此件增发北京市委第一书记）

1983年1月7日，中科院原院长、国务院副总理方毅同志在内参上批示："陈春先同志的做法完全对头的，应予鼓励。"

1983年1月8日，中共中央办公厅主任、中央书记处书记、中央政治局委员胡启立同志在内参上批示："陈春先同志带头开创新局面，可能走出一条新路子，一方面较快把科研成果转化为直接生产力。另一方面多了一条渠道，使科技人员为'四化'做贡献。一些确有贡献的科技人员可以先富起来，打破'铁饭碗''大锅饭'。当然还要研究必要的管理办法及制定政策，此事可委托科协大力支持。如何定，请耀邦酌示。"

1983年1月8日，中共中央总书记胡耀邦同志在内参上批示："可请科技领导小组研究出方针政策来。"

1983年1月13日，国务院科技领导小组办公室主任赵东宛同志在内参上批示："请明瑜同志阅，在我们制定制度和政策时可按耀邦同志和胡启立同志指示精神把陈春先同志的意见考虑进去。"（注："明瑜同志"，指国家科委副主任吴明瑜同志。）[7]

1983年1月25日，清晨我被一阵急促的敲门声惊醒，我和夫人都吓了一跳，以为是有什么不好的事情要发生了。我赶紧穿上衣服打开门，原来是物理所同事小王，他兴奋地告诉我："快打开收音机，听听中央人民广播电台首都新闻和报纸摘要广播，广播说陈春先在探索一条新路子。"88楼的同事们也都纷纷走出家门向我祝贺，我简直不敢相信，创办的服务部受到中央领导人的支持，认为自己在梦中。

我和陈春先教授及崔文栋见面后，他们也在广播中听到了消息，我们三个人激动地把手紧紧地握在一起。

1983年1月29日，《经济日报》以中央领导人的批示和《研究员陈春先扩散新技术竟遭到阻挠》为主题的文章，在第1版显著位置发表，公开支持陈春先。

物理所所长管惟炎面对党中央领导人的批示不知所措，读完《经济日报》有关陈春先的报道后，他找到经济日报社有关负责人说："陈春先确实有经济问题，物理所正在追查陈春先的经济问题。"对方反问："陈春先有什么经济问题？"管惟炎说："陈春先以权谋私，通过物理所财务科在1981年12月给合肥有关部门汇款7万元，给四机部10万元。"

1983年1月31日，经济日报社的记者经过调查后，在经济日报社发表文章《陈春先从事新技术扩散未取分文　先进技术发展服务部账目没有问题》。此后《经济日报》还连续发表系列文章，支持陈春先教授和服务部。以下是系列文章的题目：

1983年2月2日，《给"科学上的二道贩子"摘帽子》。

1983年2月3日，《科技人员能量远远没有发挥》。

1983年2月7日，《不做改革的旁观者》。

1983年2月16日，《奋斗不息的人》。

中央领导人对陈春先的批示和《经济日报》的系列报道，在中科院各大研究所科技人员中争相传阅。他们说："这些报道搅动了科技界的一潭死水。"

在这期间国务院副总理方毅同志，还找陈春先教授和我到他的办公室谈话，认真地听取了陈春先教授对科技体制改革的意见。

国家科委原火炬办主任张景安同志也邀请陈春先教授和我到他的办公室谈话。

海淀区委书记贾春旺同志、科委主任胡定淮同志还专门召开会议，邀请赵绮秋、陈春先教授和我及崔文栋，商讨如何推动服务部快速发展，决定在服务部的基础上成立"北京市华夏新技术开发研究所"。

大江东去浪淘尽，千古风流人物！服务部这颗星星之火，今天已经成为燎原之势。以民营科技园区为主的中关村科技园区，技、工、贸总收入已经超过万亿元，民营科技企业、民营企业也成为我国新的经济增长点，占有我国经济的"半壁江山"！

42年后，回顾我和陈春先教授及崔文栋创办中国首家民营科技企业艰难困苦的历史，我无怨无悔。我能为中国科技改革历史最光辉的一页作出贡献，感到荣幸。唯一感到遗憾的是陈春先教授、战友崔文栋已经离我而去，陈春先教授没有能看到今天中关村繁花似锦的景象。为了把开创新中国首家民营科技企业的历史，以及北京和中关村民营科技企

陈春先教授在北京市科协推荐信中给予纪世瀛的评价，照片由纪世瀛先生提供。

业、民营企业早期创业历史的画卷流传后人，永记中关村精神，我和我的学生齐忠用三年的时间自费撰写了《北京・中关村民营科技大事记》上卷、中卷、下卷，其作为弥足珍贵的历史文献，有上百万字，并配有500张左右的珍贵历史照片，望中关村精神永刻青史，如同日月永照中华大地。

参考资料：

①来自 2005 年中国科学院官网 "1974 年大事记"。

②来自 2005 年中国科学院官网 "1979 年大事记"。

③来自《中关村的故事》第 179 页 "王缉志发明四通打字机"。

④来自 2005 年中国科学院官网 "1979 年大事记"。

⑤来自《北京民办科技实业大事记 1980—1990》第 98 页。

⑥来自《中国科学院物理研究所志》第 537 页。

⑦来自《北京民办科技实业大事记 1980—1990》第 21 页。

二、四通公司创办回忆录

（一）四通是怎么成立的

作者：四通公司创始人之一　印甫盛

2007 年 4 月 16 日

导读：本回忆录是四通公司创始人之一印甫盛先生所写，当年他任原北方交通大学计算机系主任。本文以直白简朴的文字，清晰描述了四通公司创办的历程，也向读者展示了中国知识分子在改革开放大潮中伟大的创举，创办民营科技企业的历史画卷。不仅是我国民营科技企业不可多得的珍贵历史文献，也是今后数百年研究我国民营科技企业早期发展历程的宝贵资料。

1984年5月16日下午，在海淀区四季青乡会议室宣告四通公司成立，当时出席成立会议的有，时任海淀区委书记贾春旺、时任四季青乡乡长李文元、某某某、沈国钧、刘海平、石政民、王晓霞（女）、龚克（女）和我等十几个人。为什么选5月16日这样敏感的日期？有人常常问起这个问题，其实这个日期是某某某同我商定的，某某某的儿子是5月16日出生的，我在北京交通大学（原北方交通大学）住的宿舍是5号楼16号房间，在"文化大革命"中也有人戏称我们是"5·16"分子。

"文革"过后，随着党的十一届三中全会召开，改革开放的大潮开始涌动，深圳特区的创办，中科院物理所研究员陈春先等第一批科技人员下海办公司，使我们周围的朋友们也开始动心。

1984年3月某日，刘海平（当时在北京计算机三厂工作）、吴本寻（当时在中科院院部工作）和王晓霞（当时在北方交大工作）来找我和我的夫人刘菊芬（当时在国家科委新技术局工作），聊起机关的一些工作，觉得非常压抑，有劲使不出，想离开这种环境，下海办公司。我们聊得很投机，但是，真正离开机关丢掉"铁饭碗"，还是心里没有底，也不知道怎样办公司。还是刘菊芬出主意，先摸摸情况，再找贾春旺商量商量。当时京海公司已成立，我们以为是北京和上海共同办的公司，就骑车前去拜访，一打听才知道是中科院计算所的科研人员同海淀区合办的，我们觉得有希望。刘菊芬就给海淀区委书记贾春旺打电话，贾春旺在电话里说："这是好事啊。"晚上他就骑辆自行车来到我们家，当时我们住在魏公村小区。贾春旺说："你们要搞公司我支持，但你们跟我没有组织上的联系，我们得想想这事怎么办？"

在我们家谈的时候，我还把某某某叫来。某某某是清华大学建筑学给排水专业的，毕业后分到承德铁路局当老师，曾任承德铁路中学教导主任，他同李玉结婚后，因照顾两地分居调到中科院计算中心工作。我建议他改学软件，鼓励他说："你逻辑思维能力强，没问题。"

当时计算机还用机器指令编程，某某某很聪明一个月时间就学会了，中科院从中国台湾请来的专家陈三智非常欣赏某某某，介绍他去日本学习一个多月，很快某某某在计算机编程方面已经很有一套，并当上课题组长，课题是为中科院机关搞项目管理系统。

1983年下半年，中科院要正规化，规定课题组长必须具有副研以上高级职称的专家才能当，某某某当时只有中级职称，自然要从课题组长这个位置上下来。中科院让他在1984年下半年到美国去当访问学者，这时他正在学外语等待出国。某某某知道贾春旺，贾春旺不认识某某某，这次他们互相认识了。

过了几天，贾春旺打电话给我，说晚上到区委会议室开个会，我和刘菊芬、某某某去的，我们是第一次到他办公室。老式的办公楼，楼道里黑乎乎的，办公室在朝阳的房间，进门右手边是张单人床挂张蚊帐，再往里走靠窗户有张小办公桌，贾春旺面朝西坐在办公桌前，旁边有几把折叠椅，我们每人抓把折叠椅刚准备坐下，秘书说："李乡长到了，大家到会议室去吧，这里太小。"

我们几个人在会议室里首次见到四季青李文元乡长，还有他弟弟李文俊。贾春旺把我们几个人介绍给李乡长，他说："你们可以合作，由李乡长给区里写报告。"

李文元介绍乡里的一些工业，供我们选择。第一次会议很短，商定星期天我们几个人到四季青乡参观。星期天我和刘菊芬、某某某、吴本浔、王晓霞、刘海平等人骑着车到四季青乡政府，李乡长在那儿等着我们，他找辆面包车把我们一起拉上，在海淀昆玉河西边参观锅炉厂和几个乡办厂。

李文元饶有兴致地带我们参观，中午在乡政府食堂请我们吃饭，这顿饭有五六个菜，饭随便吃，这是我们办公司以来第一次在外面吃招待饭。

我问李文元："这顿饭多少钱？"

李文元说："不用交钱。"我坚持要交钱，李文元没有办法，他说："你们实在要交就每人交两角钱吧。"

吃过饭后又接着参观。参观结束以后，某某某天天晚上都到我们家来。贾春旺也骑着车来过好几次。晚上商量，白天某某某去跑海淀区政府、四季青乡、工商、税务办公司注册手续，因为我们都在上班，某某某脱产补英语，他的时间可以自由支配。

我们先商量公司叫什么名字，想了好些都不理想，有天晚上某某某在我们家，我说："名字得有个'四'字，取四季青的一个'四'字。"

"四"字后面是什么呢？想好多字都不好，到后半夜3点多，从已选的诸多字里筛选出"通"字来，取四通八达之意，大家都觉得这个名字不错。英文名是后来某某某根据"四通"发音再从英文中找的词，英文叫"STONE"，中文是石头的意思。

某某某得意地解释说："石头很好，干不好当个铺路石，干好了就是金光四射的钻石。"

四通公司的徽也是某某某在深圳看到一家公司的徽后，受到的启示，回来画给大家看，我们都说好就这么定了。

办公司首先遇到的问题是注册资金，当时李文元愿意借给我们10万元，我不同意借这么多，只借两万元。公司办不好赔钱，就得个人掏腰包还，当时大家工资都很低，怕还不起。

其次是商量谁来做，当时贾春旺、某某某和我们夫妻二人在我们家商量，我当时提出一个方案，请贾春旺当名誉董事长，李文元当董事长，我当总经理。

贾春旺不同意，他说："我帮你们把公司办起来，但不能出面，印甫胜也不能当总经理，部队惹不起（当时我在部队工作），李文元可以当董事长。"

我说："那就某某某当总经理，刘菊芬当副董事长，我当高级顾问。"

某某某说："我9月份要去美国，现在没有事，帮你们跑跑腿，干几个月弄不好，把两万元搞丢我赔不起。"

我说："只有你干了，我在后边帮你，先干吧！"

贾春旺拍板说："就这样定吧。"

为增加公司的名气，某某某请著名经济学家于光远当名誉董事长。

为此我和某某某到他的岳父——时任中国科学院副院长、党组书记李昌的家中吃饭见于光远，他很健谈，同李昌的夫人冯兰瑞谈了很多宏观经济方面的话题，某某某提出请他当四通的名誉董事长，于光远很痛快答应了。

讨论公司人选时某某某推荐沈国钧，沈国钧在中科院计划局主管某某某承担的课题。刘菊芬推荐石政民，当时他在中国气象局工作。四通成立时，刘海平和石政民都当副总经理。

四通公司刚成立时李文元除借给两万元，还借了一间房，一部电话，这间房位于紫竹院路，在现在的香格里拉西边。我每天晚上都去，主要是商量做什么，某某某主张先到深圳弄点新东西到北京卖。主要靠罗征启，他当时是深圳大学党委书记兼校长，他们跟香港联系很方便，弄了几台娃娃机，也没有卖出去。我偏重于技术，想搞项目，石政民把他的中学同学段永基介绍过来，段永基是清华大学工化系的，在三机部的一个研究所工作，他们有个项目叫爆炸喷涂，用爆炸的方式在钻头上喷涂一层金属，钻头就会坚硬耐磨，当时这种喷涂钻头主要靠进口，我们觉得这项技术很有商业价值，我去该所，段永基很热情介绍，并提出愿意下海到四通公司来。

李文元借的两万元很快花光，正愁搞什么挣钱呢，某某某了解到科学院计算中心从日本进口一批打印机，不能打中文卖不出去。某某某请了一名技术人员，给400元加班费让他编个软件就能打中文，计算中心的这些打印机很快就卖掉了，每台加价几百元，四通获利20多万元，第一次尝到技、贸相结合公司机制的优越性。

为了面向市场，我又找李文元在中关村要个门市，经多次争取，李文元将四季青乡在海淀乡菜市场门市房和电话借给四通公司，位置就在中关村黄庄邮局那里。从此四通公司在中关村有了自己的门市。龚克（女）（原在北京计算机三厂工作）当了首任门市经理，经营计算机、打印机等各种零部件和元器件。某某某提出要让顾客来这里，就能把想买的东西一次买齐，所以门市东西要全。当时四通公司每月有人去深圳，有资金、有渠道、有机制、有思路，尤其是有服务意识，发展很快。龚克带领销售人员，坚持树立顾客第一的思想，一位顾客在门市看货不小心刮破衣角，龚克立即上前道歉主动掏钱赔偿，她说："欢迎光顾四通门市，是我们的商品摆放不当，非常对不起。"令顾客十分感动。

1984年8月，四通公司的经营势头很好，当时的中共中央政治局委员胡启立，讲了支持民营企业的一些思路，传到四通后大家很受鼓舞。

1984年9月，某某某还是如期去美国当访问学者，他到美国仍然放心不下四通，每天打长途，对要学的东西已经没有兴趣，在美国待了一个多月，终于下决心告别访问学者生涯，回到国内、回到四通公司。

1984年底，四通公司已经在社会上有了一定的影响，某某某提出"泥饭碗"的机制，先做人后做事、"顾客第一"的服务理念，得到四通公司同仁的广泛认同，每天都有不少人到四通来求职。公司在贸易上采取一些促销手段，也引起社会上的反应。对四通怎么看，在某种程度上就是对民营企业怎么看，也引起高层的关注。

1985年3月，北京市委办公厅的调查组来到四通。其原因是中科院有人联名向中央写举报信，说四通、京海、科海、中科四家公司是纯属倒买倒卖、投机而牟取暴利的不法组织，要求中央查处。邓小平同志还在这封信上做了批示。不久，李文元被通报，被迫辞去四通董事长的职务，在四季青乡做了几次检查。时任北京市委常委陈元打电话给刘菊芬，他说"你也被通报"，要她主动找领导汇报。

我们当时听到这消息，有点惊讶，为什么通报之前不找本人谈话呢？经过几天的思考，做好两种准备，如果领导找谈话，又是批评又是处分，就背水一战"下海"算了。如果领导表示理解，要挽留就辞去四通的职务。

刘菊芬正在犹豫的时候，国家科委新技术局副局长刘美生找她谈话，询问办四通公司的情况，并无批评之意，指出刘菊芬正在负责软件工程中心的项目筹备工作，这项工作很有意义，不要分心，并安慰说："只要辞去公司职务就没有事。"

当时刘菊芬也舍不得丢下软件工程中心项目，就听刘局长的劝告，辞去四通公司的职务。

1985年3月，某某某听到这些消息后，决定从科学院计算中心辞职，一心一意下海办公司。我们同某某某在这期间见面时都很忧虑，不晓得公司还能不能办下去。

1985年6月的一天，某某某晚上来到我家，非常高兴地告诉我们说："检查组找他谈话了，高度评价四通公司，账目很清楚，四通公司开创了民营科技企业的方向，他们要向社会宣传四通公司。"

从此四通公司迎来发展的第一个春天。

（二）四季青乡参与创办四通公司过程回忆录

作者：四通公司创始人之一　刘子明

2007年6月14日

导读：本回忆录由原四季青乡四季青化轻公司的总支书记、四通公司创始人之一刘子明先生所写，首次独家发表。刘子明先生以四季青乡的角度、立场、观点详细地描写了四通公司从社办企业创业的过程、四季青乡参与四通公司创办的全过程，以及纠正了四通公司是在"1984年5月16日"成立的误区，证实四通公司是在"1984年5月11日"成立。本回忆录与四通公司创始人之一印甫盛先生，从知识分子的角度、立场、观点所写的创办四通公司回忆录《四通公司如何创办的》形成鲜明的对比，是我国、北京及中关村民营科技企业不可多得的创业历史文献，弥足珍贵。

1984年，中科院一批科技人员与四季青乡联合创办四通公司，我作为四季青乡化轻公司的总支书记，参与了四通公司的创办。

当初处于改革开放的初期，科学院人才成堆，没事干，国家每年拿出了很多经费，很少出成果，就是出了成果也是摆在那儿，转换不成生产力。人才得不到充分的发挥，薪水也很低。因此中科院这些科研人员感到这种模式不合适，不满足当时的现状，急于探讨一条集科研和生产于一体的路子。这样，他们就找到了海淀区政府。

1984年3月20日，海淀区委书记贾春旺给四季青乡乡长李文元打电话，探讨四季青乡能否和印甫盛他们合作。当天晚上，李文元叫上我，一起去海淀区政府。

1984年3月20日晚7时，在海淀区政府228会议室，我们和印甫盛及某某某他们第一次见面、座谈。参加的有四季青乡乡长李文元，四季青化轻公司线路板厂厂长李文俊（注：李文俊先生后出任四通公司副董事长、副总裁直至退休），当时线路板厂为北京无线电厂收录机的集成电路板印刷、打孔，我们认为这就是高科技了，所以听说人家是中科院的，搞高科技，就把李文俊也带过来了，再有就是我。对方参加的有印甫盛先生，他前期参加了几次会议，后来他没有在四通工作。中科院计算中心的软件工程师、科海公司电脑部经理沈国钧，某某某，某某某的父亲万达邦，他原来一直在清华大学搞财务工作，1984年，他已经退休了。

贾书记给双方做了介绍以后，我们就合作的问题进行了一些简单的交流。这次交流，主要是看在海淀区领导的面子上。当时四季青乡有人议论说："这些人俩肩膀扛一个脑袋就来了，咱们这就出钱？"因为所有投入的钱都是四季青乡的，大家心里打鼓，我们觉得是贾书记出面牵线搭桥的，对他们还比较放心。

第一次交流比较顺利。某某某说他们吃、住、工作在海淀，想为海淀区的产业革命做点贡献。海淀区知识分子成堆，科研成果也不少，如何把科研成果转化为生产力是努力的方向，四季青有场地、有资金、有劳动力，他们有技术，优势互补，一定能搞起来。

沈国钧先生也谈到国家对科学院提出的要求，他说："在今后20年中科学院要为国民经济发展作出重大贡献，现在国家每年支出科研经费8亿元，这几年也出来了一些成果，关键问题是科研成果不能转化为生产力，双方合作就是要搞知识密集型产业。"

李文元乡长介绍了四季青乡的基本情况，他说："1984年，四季青乡的总收入是1.7亿元。四季青乡的乡镇企业主要有三个锅炉厂，都是搞低压小锅炉的，一个是采暖炉，一个是蒸汽炉；两个环保厂，生产旋风、脉冲、螺旋、布袋除尘器；一个汽配厂有三个单位，生产锻件、液压件、消声器等产品，这些产品的附加值很低。有一个锅炉厂从南到北摆的全是锅炉，卖不出去，产品不合格，最后都按废品处理了，就是卖出去赚一点利润，还不够损失的。所以四季青乡想要调整企业的产品结构，急需和大专院校、科研单位进行合作，能够生产一些新产品，替代那些傻大黑粗的老产品。四季青乡愿意合作，并希望在调整四季青企业的产品结构方面得到科研人员的支持。"

随后，双方简单地谈了三个问题：

1. 合作形式

某某某他们提出不以中国科学院计算中心的名义合作，因为当时中关村已经有十几家公司，包括科海公司等，这些公司大部分是与海淀区与学校、中国科学院合作的，企业性质是集体或是全民的。某某某他们认为那种合作形式条条框框太多。他们要求四季青以招聘技术人员的形式进行合作。当时我们就基本上同意了。

2. 对产品的选择

沈国钧和某某某他们说，当时确定的方向就是开发计算机技术。因为在1984年，咱们国内计算机大机器多，价格比较昂贵，小的单位用不起，用的单位少。他们定的发展方向就是开发小型微处理器（注：小型微处理器就是今天的个人计算机），要在计算机软件上下功夫，让计算增加功能，特别是汉字处理功能，目的就是小单位能用得起。

3. 双方义务

双方的义务是，四季青乡负责场地、设备和资金，他们负责开发、经营和管理。

第一次初步谈了这些，因为晚上七点才开始，谈谈就到夜里十二点了。双方约定在3月22日再详细地进行会谈。

1984年3月22日晚上7点，还是海淀区政府的228会议室，我们双方展开第二轮会谈。确定了企业名称、企业性质、组织机构和分配原则。企业的名称确定为"北京市四通新兴产业开发公司"。

企业属于四季青乡办的，他们是四季青招聘的。企业性质是独立经营、独立核算、自负盈亏的集体所有制企业。当时四季青乡的管理办法是每年总公司给企业下任务，下边的企业要向总公司上缴利润，然后再由总公司按照规定，定一个分配指标。即使企业亏损了，到年底也不少拿钱，没有收入、没有利润也保分配。

某某某他们认为这种模式不合适，所以就定了一个有自主权、独立经营、独立核算、自负盈亏原则。总的一个原则就是按劳分配，工资、奖金、津贴都要和收益挂钩，没有收益就没有报酬。按当时说法就是扔掉了"铁饭碗"，端起了"泥饭碗"，没有收益，连饭碗都没有了。

公司确定的组织机构，是在董事会领导下的经理负责制，这在当时来说也是一个突破，四季青乡就从来没有这样的管理体制，当时就是书记说的算。双方还商定，四季青乡负责提供场地、负责注册、负责银行的开户，提供电话、交通工具、办公用品等。

当天晚上重点讨论的另一个问题是企业的经营方向，就是发展新兴产业。新兴产业到底是什么？某某某他们提出发展无公害、能耗少的知识密集型企业，主要是针对当时四季青乡的企业状况提出来的。另外我们还提出他们要为调整四季青乡的企业产品结构作出贡献。这句话很重要，如果没有这句话，当时可能谈不成。几次谈判都强调，要调整四季青乡的产品结构。还有就是充分吸引人才，把科研单位、高等院校的人才聚集起来。那年月，把中科院的工作及一个月六七十块的工资不要了，上四季青乡来创业，中科院还真是没有那么多人有这样的胆量。

1984年，每月六七十块钱在当时也算高工资了，一般人不可能轻易扔掉这个"铁饭碗"，所以提出吸引人才的问题。这次谈完后，我们约定某某某他们于3月25日，到四季青乡参观。

1984年3月25日，某某某他们来到四季青乡，我和李文元全程陪同。那天来的人有印甫盛、某某某、万达邦、沈国钧、王晓霞（女），还有刘海平、龚克（女）、吴本浔。龚克和刘海平原来是北京国有企业计算机三厂的，都是工程师。我跟李文元陪他们参观了四季青的锅炉厂、啤酒厂、服务加工厂、西山塑料厂、门头村穿板厂，还有线路板厂。下午，在四季青乡进行座谈。在这次座谈中，确定这个企业的名字叫"四通新兴产业开发公司"。

为什么叫"四通"呢？他们是知识分子，他们解释说这个名称有四通八达的意思，有事业顺畅的意思，有路通四海的意思，吉利。同时还包含另一个含义，"四通"的英文名字为"STONE"，英文是石头。他们说就把四通公司当成问路石、铺路石。知识分子语言比较丰富，就定下来叫四通。另外讨论了董事会和经理问题，议定董事会由11人组成，四季青乡出4人，对方出7人；四季青乡出任董事长，某某某他们出任总经理、出主管会计，四季青乡出出纳。公司办公地点暂时定在车道沟的线路板厂内，待条件具备时迁至中关村。分配办法为，公司形成的利润，40%留给公司，用于福利基金和奖励基金；60%上交四季青乡。这60%中的40%返还公司作为福利基金和奖励基金，然后再给他们40%作为四季青乡下拨的发展基金，因为四季青乡当时是一级核算，所有收到的利润都要走这个上交下拨的手续，四季青乡只留下20%的利润。另外就是有关的合同章程、制度、分配办法等，让我和某某某两个人负责起草，然后再提交双方讨论。这以后我和某某某几乎天天在一块，经过几次商讨。

1984年4月2日，就章程、合同、分配办法，我和某某某达成一致意见，然后由我去送给海淀区领导审查。四季青也开了多次会议讨论这件事，决定委派我具体负责操作四通公司成立这项工作，因为想把这个项目安排在李文俊的厂子，所以李文俊也开始参与四通公司的运作。

四通公司是四季青的企业，它也是双方的一个企业。开户注入的2万元资金是由化轻公司从四季青总公司借的。对于这2万元，后来不论是报道还是讲话都提到过，但含义变了。这2万元开户资金，是借给这个企业的，不是借给某某某个人的。这和某某某他们几个人借钱就不是一回事。如果说某某某他们七个人要到四季青乡去借钱，那白云海同志也不会借给的。当时白云海和于志云两位同志负责四季青乡的财务。四季青乡要注册这么一个厂子，于是，我才能从总公司财务那儿先拿2万块钱去开户。经过了这一个多月的紧张准备，1984年5月11日，"北京市四通新兴产业开发公司"办下营业执照，性质是集体所有制企业。现在一般的说法，四通公司成立于"1984年5月16日"，但是它实际的注册日期是"1984年5月11日"。

1984年5月16日，在四季青乡的外宾接待室，召开了四通公司成立大会。参加会议的有：海淀区委书记贾春旺、四季青乡乡长李文元、总经理任德生、财务副经理吴志宇、副经理张彦忠、办公室主任任树德、工业办公室的工作人员杨勇清和我。中科院方面的有中科院的领导李润斋、印甫盛、某某某、沈国钧、万达邦、刘海平、龚克、李玉、石俊民、王笑言、廖仲武、康小梅、李龙坎，其中李玉是某某某的媳妇，这些人后来都被纳入四通的创始人了。

这个会由任树德主持，李文元宣布四通公司成立，并且宣布了领导班子组成名单：

董事长：李文元

副董事长：沈国钧、刘子明、刘菊芬、张彦中

总经理：某某某

副总经理：沈国钧、任树德

在这个会上，贾春旺和李润斋都讲了话，对四通的成立表示祝贺。

四通公司实际上是由化轻公司跟他们合作创办的，因此四通公司开始成立的时候，办公地点就安排在车道沟线路板厂内。当时我公司有一辆蓝色的丰田小面包车，就把这辆车提供给他们用。那时乡镇企业是不允许买车的，咱们是趁着赞助第二届农民运动会，买了车以后先上农民运动会服务一个多月，然后车才归四季青乡。

1984年6月29日，根据经营的需要，四通公司的领导班子又进行了一些调整，主要是在副经理这个位置上增加了人，同时明确分工。沈国钧负责产品开发部；我负责特区事业部，当时想到深圳去做生意，我就

在深圳大学建了四通分公司，后来某某某的弟弟万润龙被派到那儿去当经理。任树德负责财务管理；王安时没有参加四通成立大会，这时被任命为副经理，负责贸易，就是现在的四通香港分公司，刘海平负责实业部，李文俊负责行政事务。

1984年6月29日，开完会以后，我马上找李文俊谈话。他是四季青线路板厂的厂长。那时候，谁也不能保证四通一定能办成功，还得跟他做工作，让他去四通工作。

1984年7月1日，李文俊到四通上班。再有就是李建力（女），我也是在1984年6月30日找她谈的，让她到四通担任出纳。李建力现在还在四通，是总出纳。当时缺乏工作人员，我们就动员自己的孩子去四通公司工作。

四通公司成立后，当时的观点就是先搞贸易，提出一个口号就是"工、科、贸"结合，先做"贸易"后办工厂，如果没有贸易赚钱，工业也搞不起来。第一批贸易就是进了一批苹果Ⅱ计算机，七八千块钱一台。

从四通公司成立到1984年底，当年形成的收入是976.2万元，主要就是卖苹果计算机获得的收入。营业税交了29.9万元，毛利润142.6万元。这个毛利润跟工业企业的毛利润还不一样，这个毛利润里还包括工资，没提工资成本，另外交了47.1万元的所得税，留给四通公司76.4万元，其余的四季青乡拿走。

1984年底，经区政府协调，四通公司由车道沟线路板厂搬到了中关村自选市场临街的二层铁皮小楼上。

四通公司觉得税收太重了，企业所得税47万元，营业税将近30万元。当时国家有一个政策，接收一定数量回城的"知识青年"企业，可以免交企业税三年，但是这个政策不适用于农村乡镇企业。海淀区里就帮着四通公司协调免税的事情。

1985年，在这个四通公司的基础上，又成立了一个"中国四通新技术开发总公司"，是原四通公司的上级，直属区政府管辖，享受"知识青年"企业税收减免政策。

1985年，四通公司主要的攻关项目就是MS-2400A中英文打字机。

在开发MS-2400A的过程当中，某某某他们相当刻苦，七八个人在他的那个小两居室，也就五六十平方米大小，整天搞开发，吃面包、喝可乐，满屋子的面包纸、可乐瓶子。他们在很短的时间内，就把软件搞出来了。搞出软件以后，四通公司去日本引进相关硬件设备。

1986年5月15日，四通公司宣布四通MS-2400A中英文打字机试制成功，当年就实现收入大约是3200万元。

1986年，媒体报道了四通MS-2400A中英文打字机试制成功的消息，在当时引起了很大的轰动，八九千块钱一台的打字机，两个月就订出了五六千台。《光明日报》《北京日报》《人民日报》《中国青年报》《经济参考报》有大量的报道。

1986年，四通公司的收入突破了1亿元，在当时来说，是一个大企业了。

我认为四通公司所以能够在当时一两年之内有这么大的进展，首先是一个机制问题。没有了"铁饭碗"，就增加了员工的危机感，不干就没有饭吃。

其次就是在经营方面、管理方面的创新。特别是在用人制度、分配制度方面，我认为当时四通的办法比四季青的要新。比如项目承包，给人家搞了一个项目，这个项目刨去直接的成本以外，不包括工资，所产生的毛利润30%归项目负责人分配，这样，就极大地调动起员工的积极性。

1985年春，四通公司的分配制度，一度引起各方面的议论，说四通分配太高了，引起中科院声学所等研究所负责人的不满，写信告到了邓小平同志那里，受到了有关部门的关注。当年北京市委组成调查组，调查四通公司、京海公司、科海的两家公司，也就是著名的"状告中关村四公司事件"。调查组派来了几个人找我谈话，谈分配问题，说四通公司分配特别高，这里面有违反政策的地方。我就给他们解释，当时定这个分配政策的时候，我调查了位于海淀北坞地区的北京电机厂一分厂，他们的工资分配占毛利润50%以上，四通公司定在30%不算高。现在说四通公司的人一次性分配拿那么多钱，只能说明人家的效率高。跟他们这样解释以后，事情也就不了了之了。

1986年以后，我逐渐从四通公司退了出来，1990年我调到海淀乡工作，对四通的情况就了解很少了。

（三）四通公司经营的失误

作者：四通公司创始人之一　四通公司董事长兼总裁　段永基

2004年6月9日

导读：2004年6月9日，四通公司董事长兼总裁段永基先生，讲述了该公司经营上的失败与教训。这是北京中关村民营科技企业家，唯一公开叙述在公司规模经营发展道路上的失误商业案例，是不可多得的中国民营科技企业宝贵历史文献资料，弥足珍贵。

1. 四通公司的辉煌时期

四通公司的辉煌时期体现在两个方面。

（1）四通公司经营的辉煌

比如说打字机，20世纪80年代中后期，四通打字机占当时全国打字机市场份额的90%以上。最早开发中英文打字机的是日本，如日本的理光、佳能、NEC等公司，康华公司也卖过叫作"仲尼"牌的NEC打字机。

（2）四通公司体制的创新

四通公司的体制创新是对计划经济体制的冲击，从一开始就创造了"四自"原则：自筹资金、自由组合、自主经营、自负盈亏，这一点人们常常没有认识到。

1995年前，在全国电子百强企业中，四通公司一直排在前三名。

1996年，四通公司开始走下坡路，原因归根结底，不怨天，也不尤人，只怪自己。四通公司的管理层基本上是半路出家，不懂得现代的企业经营管理，主要在几个方面。如在经营策划方面，非常非常的弱，比如说市场细分、用户细分、产品细分、产品定位、市场定位等。

2004 年，段永基先生留影。齐忠摄影。

2. 四通4S排版系统市场细分化的错误定位

有人说四通公司没有第二个拳头产品，其实这个说法不对。

1987年，当四通公司的第一个产品四通打字机蒸蒸日上的时候，四通公司已经开始生产第二个拳头产品，就是激光照排，当时叫4S排版系统。

1987年，生产激光照排系统产品的公司国内只有两家，北大新技术公司，也就是北大方正公司的前身，还有就是山东潍坊公司。当时这两家公司也是合作伙伴，共用一个品牌叫"华光"激光照排系统。在20世纪80年代中期到21世纪初期，这两个系统在报纸印刷市场占有率很大，价值39亿元。

1988年，我带着四通4S排版系统到美国，找了当时全世界最大的激光照排公司，经过检测，4S排版系统质量完全超过华光激光照排系统。当时人家出400万美元要买这个技术，我们一听这么好，当宝贝带回来了没卖。但是，我们老是强调产品功能，例如4S排版系统可以编排微积分、化学公式等。所以在4S排版系统市场细分方面犯了非常严重的错误，四通4S排版系统最后推向市场的叫作"科技书刊版"，特别适合于出版社科技书刊排版。

20世纪80年代，高等教育出版社、科技出版社，都是福利出版社，不以营利为目的，他们没钱买我们的东西。为了推销我们的产品让他们试用，试用了说好，他们也没钱买，后来又还给我们了。

北大新技术公司非常聪明，他们的激光照排是为报纸排版。报纸印刷得好，登广告就多，报社就有钱改造设备，购买激光照排产品，代替铅字排版印刷。

我们只想突出技术的先进性，可惜并不是技术先进就一定有市场，当我们把技术变为商品的时候，首先想的是如何表现技术的先进性，对这个商品面对的客户是谁，有没有钱买都没考虑，所以我们第二代产品4S排版系统失败了。

3. 四通计税收款机的失败

1993年，有关部门成立计税工程办公室，成员为中国人民银行、税务总局、财政部、国家计委等大机关加三个公司，这三个公司是航天集团公司、长城集团公司、四通集团公司，四通公司又搞了一款产品——"计税收款机"。

当时我去意大利等地看外国对偷税是怎么解决的，他们是靠计税工程来解决，当年中国的偷税现象很严重。

1993年，四通公司第一个成立了金融商业机械设备部，专门研究计税收款机。

1994年，有关部门成立了计税办公室，四通公司参加了。我当时想得很简单，第一，这个国家需要；第二，不让外国人干，一定是让中国公司干。

中关村当时流行一句话："计税工程除了上级、有关部门和四通集团愿意干，做买卖的人都反对。"我后来确实体会到，做买卖的人都在反对，这个项目选择又犯了错误。

我们在某区找到了该区有关部门领导，我问他："某区所有商务部、企业能不能都用这个计税收款机？"

他说："老段，你靠边，决不能在我们区推广，搞这个工程企业都跑了，我上哪儿收税去？"

后来我又找某单位，我对他们说："用了这个系统就做不了假账了。"他们说："你弄错了，四通公司能不能做一个少缴税的机器？我坚决支持你。"后来我们好不容易说服南方某地，某地有关部门下令该地方所有的企业都用这个系统。仅用了半年时间地方税收增加了265%，在某加油站秘密地加了这款有计税功能的加油机，不加计税功能的加油机一个月交税5000元，加了计税功能的加油机一个月交税12.8万元，四通计税收款机虽然好，但是遭到很多人的反对。

在某北方地区我们去推广和试验四通计税收款机，我们体会到伟人讲的"英国工人阶级为了反对资本家的剥削，又因为资本家购买机器增加了劳动强度，所以他们破坏机器"。

我们在某北方地区的四通计税收款机，遭到了顽强破坏，有人往机器里倒茶、倒咖啡，把机器的软件破坏了。

1993年，四通组织了上百人的队伍搞研发，推销四通计税收款机，但是也遭到了不少人的顽强反抗。

四通计税收款机属于哪一类产品呢？我请教了很多经济学家，萧灼基、厉以宁等人都没有答复。

四通计税收款机的特点是，把企业兜里的钱拿出来给政府。它是国家机器中的机器，这种事民营企业别干。

4. 四通进入房地产市场的失败

1998年，四通公司眼光很"远大"，在南戴河买了800亩地，周围荒无人烟。在钟山县买了300亩，定金交了3200万元，总投资要3亿元。四通公司就交了定金，后来没钱了。在杭州买了800亩阴宅。四通公司进入房地产市场隔行如隔山，介入了自己不熟悉的领域，犯了不该犯的错误。

5. 办企业要有百折不挠的精神

人的本质是某种精神、某种信念的载体。世界上没有信念的人，没有追求的人，除非傻瓜、白痴。办企业也一样，企业是要有精神的，四通的精神支柱是创新开拓，是百折不挠。我看过尼克松的回忆录《六次危机》，他在书中写道："我一生中决不害怕也绝不希望没有失败，我最大的祈求是成功比失败多一次。"

拿破仑说："我最需要的将军不是不打败仗的将军，而是屡败屡战最后取胜的将军。"所以兵法中常讲善败者常胜。

四通公司创办的新浪网也是一波三折，新浪网在十年里，有九年都是亏损的，终于坚持到胜利。

三、联想风险投资与私募基金的创办与运营

作者：联想控股公司董事局主席　柳传志

2007 年 8 月 17 日

导读：2007 年 8 月 17 日，联想控股公司董事局主席柳传志先生首

2007 年柳传志先生留影，照片来自联想公司。

次向外界讲述了联想公司风险投资公司与私募基金的创办与运营方式，清晰地向人们描绘出联想公司当年向金融领域的发展，以及运营方式，本文是了解联想公司多方面发展的珍贵历史文献，也是研究联想公司真实的、宝贵的历史资料。本文是根据柳传志先生谈话录音整理而成。

最近这些年私募基金直接投资，在我们国家的经济生活中非常活跃，联想控股公司就是我现在所在的公司，在2001年也进入了直接投资这个业务的行列，到现在已经有五六年的历史了，我想在这里谈一点关于对私募基金直接投资的认识和体会。

（一）联想风险投资公司的创办及运营过程

2001年，我把联想集团公司拆分成两个，一个是联想神州数码公司，一个是联想电脑公司。这时候我们站在股东的位置，就会想我只有这两个高科技公司的话，风险还是很大的。

比如说联想电脑公司要收购IBM电脑部，如果我支持的话风险就会非常大，不支持的话就妨碍发展。

2000年、2001年的时候，我们决定把公司的性质变成一个投资公司。联想控股公司本身实际是个投资公司，它下面投了五家公司，每家公司都是独立管理的。我的意思是，这个多元化的组织形式绝不是一家用事业部的方式形成的，这是五家独立的公司，而每家公司做起来的时候都是非常专一的，都是各做各的事，我们只是投资而已。现在我想介绍两家我们投资公司的情况，联想风险投资公司和联想弘毅投资公司，介绍并购投资的是联想弘毅投资公司。联想风险投资公司就是我们所做的一个风险投资公司。

2001年，联想风险投资公司成立，现在管理了三期基金。

2001年，组织第一期基金，有3500万美元资金。这3500万美元全部来自联想控股公司，我们没有用外面的钱，那时候我不知道会不会做，自己要研究，怕万一做坏了毁了人家的钱，没了名声。后来做得很好。

2006年，就是第三期基金，为1700万美元，联想控股公司在这1700万美元里面就占了大概50%，其他的钱是从其他地方募集的投资。效果怎么样呢？我们投的效果还是不错的。

第一，三期基金一共完成了57个项目，在北京中关村地区大概有25个项目，第一期基金已经全部收回本金，而且有一半以上得到回报。大概现在的回报率在2.5倍以上。

第二，第三期基金回报水平明显会高于第一期。有九个项目已经成功推出了，举几个比较好的例子。一个是卓越网，它是在网上卖书和VCD这样东西的一家网络公司。2003年，我们把它卖给了美国亚马逊公司，我们大概的回报是13倍，这个投得少，200多万美元。另一个就是中讯软件集团公司，专做日本软件外包的。2004年，该公司在中国香港地区上市，是我国做软件外包的第一个上市公司。现在业务情况非常好，我们也得到了很高的回报，没有全退出，我们舍不得全退完。还有一个就是文思公司，它目前还没上市，专门做欧美的软件外包，评价非常高，今年在美国上市应该没问题。还有一个是展讯公司，是做手机芯片的。2007年，得过国家科技进步一等奖，现在已经在美国上市，回报也非常好。

2006年，又投资到清科公司，是最具投资价值的50强企业。这50强企业里面有我们投资了9家企业，其中有5家进入了前十名，刚才说的展讯公司排在第一位，这是2006年的情况。

2007年，我们有6家上榜，其中高德软件公司排在第一名。这里边还是得到了不少荣誉，我们的队伍组织得很好。这个就是刚才我讲的联想投资公司，主要做的是风险投资，现在我重点讲关于并购投资。

（二）联想弘毅投资公司创办及私募基金运营过程

联想并购投资的公司，也就是私募基金机构，我们起名叫联想弘毅投资公司。

2003年，该公司以3亿元人民币起步，完全是我们自己的钱。到现在发展到第三期，第三期的时候是五亿八千万美元。

由于做得好，第三期基金来自实际上愿意投资的人，我们去募集钱的时候，实际上募集到16亿美元，但是我们坚决不敢做，是没有这么大的能力，研究了以后只做了五亿八千万美元。为什么会有16亿美元呢？我们后面的投资人都是很有经验，而且是很有名望的，他们主要是看你的表现业绩的情况，由于前面的投资情况比较好拿得出来，所以后面很容易募集到钱。

联想弘毅投资公司一共投资了10家企业，这10家企业有6家国营企业、4家民营企业，其中有建筑材料、医药、机械设备和能源等。

一期投资的回报率超过了3.87倍。

二期投资的回报率超过了5.54倍。

三期投资的回报率到现在为止还没有算出来，意思就是说它上市了。举几个例子，一个叫林洋公司，是新能源做太阳能的，2006年投资的，2006年12月，该公司上市，投资的回报率为2.6倍。还有一个是中国玻璃公司，这也是我们花了大力气的，现在投资回报率为4.8倍，后面还应该有持续增长，所以我们并没有退出。还有一个叫先声药业公司，在2005年投资。2007年，在纽约上市，这是民营企业做药的，投资回报率为7.5倍。还有一个是中联重科公司，投资回报率为9.8倍。为什么会相当好呢？联想弘毅投资公司到底做了哪些工作？我通过几个例子说明一下。

联想弘毅投资公司的两点，就是怎么看项目、怎么看人，叫作"事为先，人为重"。"事为先"的意思，就是先看项目。"人为重"，就是着重看这个班子的情况，对人怎么考察。我觉得联想公司做这个有点优势，因为我们是一个从小做到大的公司，所以对什么样的人，是哪个层次的管理者，还是有着比较好的经验。对这些考察看得比较重。

投资选中以后做的就是四件事，第一个是"融"，第二个是"选"，第三个是"管"或者叫"帮"，第四个就是"推"，所以也叫融、选、帮、推。对小规模投资来说"选"非常重要，因为选完了以后，你只能好好帮助。真不行你不能够有大的动作。而对并购企业来说，有时候"选"的时候是可以采取大动作的。美国大的PE私募基金经常采取大动作，我们没有，我们所谓的改，主要还是改机制，并没有说把这个企业整个人全换，没这么做。那我们怎么帮呢？

有四件事，第一件事，就是调整机制，首先对产权机制进行帮助和调整，激励角色机制，调整董事会的治理架构。

第二件事，应该说是战略制定和执行，执行才是我们具体帮助的内容，这里面一会儿讲个例子就能说明做了什么。

第三件事，就是提升管理。

第四件事，就是金融服务。例如中国玻璃公司。这个中国玻璃公司是2003年的时候，我们投资的一家在江苏省宿迁市的玻璃公司，叫江苏玻璃集团。该集团大概在20世纪60年代就成立了，一直亏损。但是我们看到了它新的领导人，原来的宿迁市委的一个副秘书长，很有能力的人。他进入这个企业以后采取了一系列改革措施。我们详细跟踪以后，认为这个企业大有希望，开始进行投资。实际上它的股权在债转股的银行手里，我们把它全买过来了。

当时该公司有两条生产线，年产玻璃900吨，年产值3亿元人民币。现在的状况是，该公司总部在北京，已经是在香港证券交易所上市的公司了，生产线变成了16条，年产玻璃5530吨，年产值已经是22亿元人民币了。

目前联想弘毅投资公司，已经把该公司股权出让一部分给皮尔金顿公司了，皮尔金顿公司是世界上最大的玻璃公司，他们带来了技术，另外管理团队带来了10%的股份。

我们帮它做了什么事情呢？第一，债转股以后他们就没有债了，完全是一个新的状况，关键就是有一个规范的董事会治理。这个新的董事会本身对管理团队的支持完全不一样，更重要的一点是管理团队的持股，我们认为他们是真"老虎"，是真有本事的人，让他们持股真的产生了一种自己是主人的感觉，这个是完全不一样了。

国有企业里边有很多做得不错的企业，一些老总表现出的是个"铜"，但他实际上是个"金子"。我们的能力就是他到我们这儿后就会从"铜"变成"金子"。

第二，不能是病"老虎"或者死"老虎"。实际上是把"笼子"打开，让"老虎"出来，再一个就是给"老虎"插上翅膀。格外注意的就是战略制定。

第三，就是发展海外业务。这是什么意思呢？在玻璃行业是一年高一年低，有周期性。或者两年高两年低，高的时候建筑业大发展，需要玻璃很多，跟着就是上大量的玻璃生产线。低的时期这个情况就下来，所以业务周期非常明显。我们帮助中国玻璃公司在海外建了更大的营销渠道以后，使得它的销售不再呈一个波浪形了。这个对中国玻璃公司的财务报表，在上市以后的交代有很大好处，这样的话我们可以利用这个机会，就是当波浪到低谷的时候我们并购别人，这是第一个。

第四，是引入皮尔金顿公司，使我们这家公司有了新的高档玻璃生产线，立刻提高了价值。另外跟着就是并购，通过自己做还不够，大量地并购了其他玻璃厂家。在这里还有执行的问题，因为老实讲，在学者们看来就是花钱买，实际上并不同，比如在并购的公司里面的蓝星玻璃公司生产能力非常强，而且老总是一个能力很强的人，并购它的话就是预先要叫这两家公司的老总做朋友，他们双方先看好，是不是真有很大的信任，将来你们俩谁当董事长、谁当总经理分工好，所以我们可以帮他们解决，帮他们做引导，应该讲我们能帮他们的就是战略的制定和执行。后面的就是提升管理，他们原来公司整个管理比较粗糙，应该怎么样建立公司预算制度等，我们给了很多具体的帮助。联想弘毅投资公司通过并购的增长战略和自己的增长和并购的战略，使中国玻璃公司成为中国最大的生产玻璃厂家，超过了洛阳的洛阳玻璃公司。

投资的钱怎么弄，这个里面第一是资金性质，第二是用途，第三是谁提供的。直接融资是上市融资拿到的钱，还有并购其他的公司，并购以后吸收资金单位还是中国玻璃公司。

也说一下别的两家公司情况，一家是中联重科公司，这是湖南的一家国企，过去是研究院，研究院的院长改制做企业家，本身有很强的管理能力，把这个技术带进来确实发展前景很好。我们进去以后帮他做管理层持股，有董事会的治理结构。做好了以后中联重科公司股价一路上涨，业务一路上涨。2005年，营业收入增长率是3%。我们投资进去以后，2006年，是41.4%，净利润涨了54.9%。

先声药业公司是民营企业，它的增长倍数也是非常高的。我们是在2004年投资进去的，它营业额的增长率在30%以上，利润的增长率就更高了。

（三）联想弘毅投资公司2004—2006年投资变化

2004年，联想弘毅投资公司投资项目是86亿元。2006年是133亿元。

2006年，营业的收入增长率是31.6%，利润的增长率是44.6%。我现在想说明的是，不光是我们作为投资公司得到了好的回报，被投企业无论在营业额、利润、持续发展方面，都有了大幅度提高。大概就这么几点。

联想弘毅投资公司投资国有企业一般先控股，便于进行机制改造和把"老虎"放出来。无论是国有企业还是民营企业，在诸多方面进行帮助，实现资源和人才的结合，这是对生产力的推动。

智者千虑，必有一失。我们当年在是否投资还是一家小公司的百度公司时，亮起不投资的"红牌"。这件事让我十分后悔，今后再也不能犯这样的错误了。

四、坚持技术创新　立志科技报国

作者：北京大学教授　王选

2002年2月25日

导读：2006年2月13日，中国科学界及中关村科技企业界最受尊敬的科学家之一，全国政协副主席、北京大学教授、中国科学院院士、中国工程院院士、计算机汉字激光照排技术创始人，曾任方正控股有限公司董事局主席的王选院士逝世，享年七十岁。王选院士夫人陈堃銶教授写下挽联："半生苦累，一生心安。"这八个字与孟子所说的"故天将降大任于是人也，必先苦其心志，劳其筋骨，饿其体肤，空乏其身，行拂乱其所为，所以动心忍性，曾益其所不能"，是对王选院士一生最好的历史写照。

本回忆录根据王选院士在 2001—2002 年撰写的四篇回忆录编辑而成，向人们展示了这位中国科学家二十多年来，不畏艰难曲折，"九死一生"的科研生涯。王选院士研制的计算机汉字激光照排技术，不仅影响和推动了新中国 20 世纪末至 21 世纪初科学技术的发展和人们的生活，也为人们创立了"世界永远在变，唯有创新不变"的新观念。资产有价，观念无价。这是王选院士留给我们最宝贵的遗产，如同天上的日月，永照中华大地！

王选院士的这篇回忆录，记载了 1975 年至 2002 年他的科研经历。从为节约五分钱的公共汽车费用徒步走到情报所查资料，到用先进的科研技术击败跨国公司对中国报业印刷市场的争夺。这是研究我国计算机汉字激光照排技术发展不可多得的极为珍贵的历史文献，还是记录我国科研成

2001 年，王选院士留影。齐忠摄影。

果转化为商品，进入流通领域成为第一生产力的宝贵的历史画卷。

（一）我的北京大学学习回忆

1954年，我从上海南洋模范中学毕业，考入"北京大学数学力学系"。大学二年级选专业时，我看到国家"十二年科学发展远景规划"把计算技术列为未来重点发展学科，又了解到计算机将对人类产生巨大神奇的作用，我想，一个人只有把自己的事业同国家的前途命运联系在一起，才有可能创造出更大的价值，奉献于社会，于是选择了当时被视为冷门的"计算数学专业"。扎实的数学基础对我后来从事计算机应用研究起到至关重要的作用。

1958年，我大学毕业，留校在无线电系当助教。开始几年，主持过电子管计算机逻辑设计和整机调试工作，也参与过部分路线设计工作，一直在硬件第一线上跌打滚爬，每天工作都在14小时以上。在紧张工作的同时，也阅读国外文献。

20世纪50年代，国外有名的计算机体系结构使我赞叹不已，我试图寻找这些创新构思的背景。

1961年，我决定从计算机硬件转向软件，从事软硬件相结合的研究。通过对ALGOL60高级语言编译系统的研究，我有一种"茅塞顿开"的感觉，发现只有了解了计算机软件，才真正懂得计算机。高级语言、汇编语言（机器语言），以及微程序语言是三个不同级别的语言，贯通这三者，必然会在体系结构上有创新的构思。当时我感到似乎找到了创造的源泉，并相信一旦有了这种源泉，中国人有可能和外国人同时或更早提出某些新的思想。这种信心和计算机软、硬件两方面的实践，是我后来能够承担激光照排系统研制的决定性因素。

在从事上述研究的过程中，我大概看了近100篇国外文献，以后养成了每做一个项目先要了解国外现状的习惯。

1963年初，为了加快英文阅读速度，我开始锻炼英语听力，先收听短波中北京电台对外英语广播，后来觉得不过瘾，就收听英国广播公司

（BBC）对远东的英语广播, 连续两年多每天半小时的收听使我反应速度明显加快。当年我的这种行为是"收听敌台广播", 后来在"文化大革命"中成了我的一条"罪行", 因为"文革"前这样做的理科教师很少, 因而显得情节严重, 但对我当时了解外国的先进技术起了很好的作用。

机遇总是偏爱有准备的头脑。扎实的数学和英语基础, 加上计算机软、硬件相结合的研究, 成为我日后取得成果的重要前提和保证。

（二）进入"748"工程, 为节省五分钱每次要走一站地

20世纪70年代, 西方发达国家把计算机与数据处理, 发展到文字处理、图像处理和管理领域。

20世纪70年代初, 全电子版的英文、法文等表音文字照排系统已有多家公司生产。

20世纪70年代, 我国四机部科技司提出"汉字信息处理系统工程"方案。

1974年4月8日, 国家计委以"汉字计算机信息处理重大工程"上报国务院, 经周恩来总理批准正式立项, 简称"748"工程。

1975年, 一个偶然的机会, 我听说了"748"工程项目, 其中的"汉字精密照排系统"引起了我的浓厚兴趣, 并进入了"748"工程项目。

我了解到, 虽然印刷术是中国举世闻名的四大发明之一, 早在11世纪40年代, 毕昇就发明了活字印刷术, 但20世纪70年代我国仍用铅字印刷, 不但能源消耗大, 而且劳动强度高、效率低、环境污染严重。如果将计算机技术引入印刷行业, 无疑将引起我国报业、出版印刷业等媒体传播领域一场深刻革命, 更将对计算机信息技术在我国的普及应用起到推动作用。这一项目的宏伟远景和巨大价值强烈吸引了我, 激发了我勇攀科技高峰的豪情。

按照过去养成的习惯, 首先要了解清楚国外的研究现状和发展动向, 为此, 我常挤公共汽车到地处和平里的中国科技情报所查阅外文资料。当时我病休在家, 每月只有40元的劳保工资, 没有课题经费, 车费不能

报销，从北大到和平里的中国科技情报所的公共汽车费为二角五分，但少坐一站就可省五分钱，我就提前一站在小黄庄下车，走到和平里的中国科技情报所。复印资料也很谨慎，常常靠手抄来节省复印费。我在中国科技情报所借阅外文杂志时发现我常常是那些杂志的第一个借阅者。

（注：1975年，王选院士因患肺结核在家长期养病，当年规定"个人因生病休假超过半年，只发放60%的工资，简称'劳保'"。所以王选院士在"劳保"期间每月只拿40元的工资。再有，1975年，王选院士最初是以个人身份自愿参加"748"工程项目，他所有的研究费用全部自理，所以为了节约五分钱，他要多走一站地的路。）

通过查阅外文杂志我了解到，日本当时流行的是光学机械式二代照排机，机械方式选字，体积大，功能差；欧美流行的是阴极射线管式三代照排机，所用的阴极射线管是超高分辨率的，比黑白电视机分辨率高20倍，对底片灵敏度要求很高，国产底片也不容易过关。英国正在研制激光照排四代机，但还没有形成商品。国内从事汉字照排系统研究的单位，采用二代机或三代机的模拟存储方法，但由于与西文相比汉字字形的信息量庞大，所以难以解决存储和输出等技术难关。

（三）计算机汉字激光照排技术的核心技术与创新

1976年，我做出了一个大胆的决策，跨过第二代和第三代照排系统，直接研制第四代激光照排系统，采取了跨越式发展的技术路线。

一旦选择了激光照排的方案，汉字是表意文字，字形信息量太大，马上成为十分突出的问题。激光不能像阴极射线管那样瞬时改变光点直径，所以不同大小的字形必须用不同大小的点阵表示。英文只有26个字母，存储量问题并不尖锐，而汉字常用字有四五千字，加上人名、地名等用的汉字就更多，每个字有宋体、黑体、仿宋、楷体等不同字体，标题的字体更多，而且有几十种大小不同的字号，为了达到印刷质量，正文小字需要100×100以上点阵组成，排标题的大号字需1000×1000以上点阵。这么多字都用点阵表示，信息量达上千亿字节。汉字字形信息量大的问题成为研究激光照排的主要难关。

1976年，为了解决这一难点，我在决定使用"轮廓描述方法"描述汉字字形，为保证字形变大变小时的质量，还提出并实现了用"参数描述方法"即提示信息，控制字形变倍和变形时敏感部位的质量，而西方发达国家在大约10年后的20世纪80年代中期才开始采用类似技术。以上方法使字形信息量压缩约500倍，达到当时世界计算机汉字处理的最高水平。

把汉字字形信息压缩后存入计算机，还必须将其快速还原和输出。当时小型计算机运算速度很慢，如果用软件实现压缩信息的还原，1秒钟大约只能还原1个汉字。

1979年，由于我有多年的硬件实践，并懂得微程序，我提出了适合硬件实现的、失真最小的高速还原汉字字形算法，并编写微程序予以实现，使还原速度达到每秒250个字。后来又设计出一种加速字形复原的超大规模专用芯片，实现了高速和高保真的汉字字形复原和变倍、变形，使复原速度上升到710字/秒，达到当时汉字输出的世界最快速度。基于上述技术，1976年至1993年，我先后设计并实现了六代汉字激光照排控制器，现称栅格图像处理器RIP。采用双极型微处理器与专用芯片（ASIC）相结合的技术，在计算能力和存储能力较低的计算机系统上完成了页面描述语言（PDL）的解释处理。

上述技术和发明使得中国的电子出版技术处于先进水平，共获得8项中国专利。

1982年，我的"高分辨率字形在计算机的压缩表示"，在香港登记并向英国有关机构申请欧洲专利。

1987年3月18日，英国有关机构批准为"EP0095536"的欧洲专利，并被评为首届中国专利发明创造金奖，我成为我国第一个欧洲专利获得者。

（四）计算机汉字激光照排技术转化为商品的艰辛历程

我在从事激光照排研究之初，并没有预见到后来的发展，但我总希望把汉字激光照排技术推向市场，实现商品化、产业化，彻底改造我国落后的出版印刷行业，振兴民族产业。正是这一目标，激励着我和同事们没有满足于科研成果通过鉴定、获大奖，而是不畏艰难，百折不挠地走上了决战市场的道路。

1976年，我设计的方案一宣布，就招来众多不解和非议，有人说："王选怎么跟黑不溜秋的印刷打交道！"有人讽刺说，这是"小助教"在玩"骗人的数学游戏"。有的人更干脆说："你想搞第四代，我还想搞第八代呢！"更多的人主张研制国外技术已经成熟了的二代机。

1979年到1984年，随着改革开放的逐步发展，英、美、日等国的著名厂商大举来华，争夺汉字照排印刷领域这块巨大市场，用户和业内人士大多不看好我们的国产系统，几家大报和一批出版社、印刷厂先后购买了国外产品。与此同时，高校内部面临写论文、评职称、出国进修的巨大冲击，激光照排项目要想推向市场，必须从事繁重的软、硬件工程任务，开发条件很差，看不到任何名和利，变得"不得人心"，研发人员骤减，协作单位退缩，专家论证会也做出了主张引进国外产品的论断。那时的情况真可谓是内外交困，举步维艰。幸运的是，在这一关键时期，我们的项目得到了邓小平、江泽民等领导和部门的大力支持。

1980年2月22日，我们的原理性样机刚研制成功不久，时任国务院进出口管委会副主任的江泽民同志给国务院写了一封亲笔信，主张支持国产照排系统。

1980年9月15日，方毅副总理给北大写了一段热情洋溢的话："这是可喜的成就，印刷术从火与铅的时代过渡到计算机与激光的时代，建议予以支持。"

1980年10月25日，邓小平同志批示"应加支持"。同时，包括电子工业部、国家经委、教委、计委、科委等领导和部门也先后给予我们极大的支持，新华社作为我们的第一用户始终大力配合，潍坊计算机公司、杭州通信设备厂、长春光机所等协作单位和我们齐心协力，共渡难关。我深知，要决战市场就要争分夺秒。

1975年到1993年的18年间，我放弃了所有的节假日，克服了身体患病所带来的困苦，和同事们一起推陈出新，先后研制出华光、方正等6代激光照排系统。

1987年开始走向市场并迅速推广应用。

1987年，《经济日报》率先采用激光照排系统出版了世界上第一张采用计算机屏幕组版、整版输出的中文报纸，成为我国第一家废除铅字排版作业的报社。

1989年底，所有来我国销售激光照排系统的外国公司全部退出中国内地市场。

1993年，国内99%的报社和90%以上的书刊印刷厂采用了国产系统，使得中国没有经过二代机、三代机，没有经历照排机输出毛条、人工剪贴成页的阶段，直接从铅字排版跳到了最先进的第四代激光照排，使我国印刷行业消除了铅毒污染，改善了劳动环境，降低了能源消耗，极大地降低了劳动强度，提高了生产效率，创造了巨大的经济和社会效益。

（五）北大方正公司在困难挫折与骂声中成长

1988年，我曾开玩笑地说过，我们是在骂声中成长的。

1975年到1984年，对我可以说是九死一生。人和企业都需要磨炼，我经过了那段最困难时期的磨炼以后，再遇到困难就能冷静对待。

1979—1984年，真称得上内外交困，外部遇到美国蒙纳公司（Monotype Imaging）和日本系统的大举入侵，用户和业内人士大多不看好国产系统。研究机构内部人员面临着搞理论、写论文、出国进修的巨大冲击，激光照排成了不得人心的项目，研发人员骤减，北大校内甚至流传"748"工程干不下去了。

1982年，主要协作单位的领导由于不看好项目的前景，下令停止研发，后被技术人员顶住。

1984年，另一协作单位认定我们必然被洋货冲垮，决定终止合作，召回合作人员。一位负责人说："要和我们合作，方案必须由我们做主，应该放弃北大方案，汉字采用全点阵存储。"另一位负责人则说："今年秋北京印刷展览开幕之日，就是北大系统垮台之时"，因为该次展览有不少国外厂商参加。

1984年，人民日报社请专家组论证是否要引进，除新华社代表外，所有人都赞成引进，最令人伤心的是连主持我们项目的电子部的代表也赞成引进，会上还认为北大的系统即使做出来也是落后的。

1985年7月，我随计算机工业管理局组织的代表团访美，去纽约HTS公司总部访问的那天，见到了HTS公司的总裁，他春风得意，刚从北京回来，该公司与国内某大报社签了430万美元的合同。当时HTS公司的交互式组版系统在美国赫赫有名。同时施乐公司决定在北京建立轻印刷中心，施乐公司的轻印刷系统采用全点阵字库，与1987年底我们的轻印刷系统相比，价格贵10倍。

1987年，美国王安公司花大力气开发中文激光照排系统，并已打入中国市场，王安先生本人多次表彰该项目的负责人。

1988年，我断定是我们的翻身年，但1988年上半年的形势仍十分严峻，当时专业排版领域国内有三家竞争对手，这里隐去它们的名字称作A、B、C。

A公司是最早在PC机上开发排版软件的，1988年初，有人在中关村一条街上走了一遭，发现几乎每家电脑公司都在销售A的排版软件，但没有一家销售我们的产品。

1988年春，B公司在其中关村门市部展览它的排版软件，人山人海，加上电视台每天引人入胜的广告宣传，致使北大新技术公司（北大方正公司的前身）的一位负责人晚上做了个噩梦：我们办出版系统的展览会时没有一个观众。该负责人是我们计划展览的主持人。

C公司受到政府某部门的有力支持，该公司与香港某公司联名向潜在用户与业内人士发了几百封信，指名道姓地攻击北大方正公司的激光照排系统，使中国拉大了与西方国家的差距，使中国至少落后了十年，看来我们真是罪该万死。

当时有一个世界银行贷款的高校印刷厂改造项目，上述三家公司都参与竞标，后来我们中了标。但一位高校的代表在参观了C公司之后说，将来照排是C公司的天下。

现在大概多数人连C公司的名字都没听说过，但当时C公司确实来头不小。

1988年，我去广州时，一家电脑公司负责人是我的熟人，正在代理销售C公司的产品，而对代理我们的产品兴趣不大。

1988年到1995年，我们的轻印刷系统独占鳌头，但1988年以前南方某公司（称为D公司）的轻印刷系统已销售100多套。

1987年，该系统的技术负责人曾说，半年之内要把北大系统打垮，但在我们的产品问世后，D公司的产品很快就销声匿迹，因为他们用的是点阵字库。

当时我们的压力是很大的，但始终充满信心，坚信我们将成为排版市场的霸主。

1989年，排版系统的评测证实了我们的信心是有根据的。我们的系统获得14块金牌，B公司只获得3块金牌，C公司更差，A公司没有参加。1995年我才知道，A公司看完我们的书版软件后，认为自己两年内达不到北大的水平，决定退出。

开拓日本市场和进军广电业是近年来两个重要决策，能利用方正公司的积累和优势，但曾遭到非议，甚至在1999年见诸报端。现在日本方正公司市值已达55亿日元，电视台硬盘播控系统、采编系统我们已在国内领先。

1993年，我们终于赢得了我国香港的《明报》项目，并从此打开了我国香港、台湾地区，以及东南亚、北美市场。

1992年1月，我国澳门地区的《澳门日报》，成为第一家用激光照排系统出版彩色中文报纸的用户，关键技术是我们解决了后端挂网。

（六）我们的失误与竞争对手的失误

北大方正公司在出版领域曾创造了十几个中国第一、五个世界第一，但也有不少失误，最主要的有五项：

1．WITS是第一个Windows上的中文排版软件，但在较长时期内稳定性不够，贴近用户不够，过多地从技术出发。直到1993年在争取到《明报》项目的努力后才逐步改观。

2．具有支持软插件特色的FIT，与WITS不兼容，缺乏WITS中某些受用户欢迎的功能，稳定性也提高较慢。经过1996年后2—3年的艰苦奋斗，才有起色。

3．书版软件缺乏维护力量，长期只有DOS版本老面孔，用户在报上公开批评，直到1999年后在伍江博士领导下，才出现新面貌，受到用户欢迎。

4．Micintosh排版软件全军覆没，因为没有撒手锏、没有卖点、没有特色。

5．由于主客观原因，《明报》报社采编流程管理系统走了弯路，致使迟迟不能建立海外样板。以上失误都发生在我主持研发工作期间，这里有些是体制问题。

1995年前，公司与研究所"两张皮"，研发无法统一领导，而更主要的是管理上的问题，为此我深感愧疚。现在，在年轻一代主持下，在项目立项、进度控制、质量保证以及和市场的紧密结合方面都有很大改进。

我们的竞争对手同样也犯错误：

1．发明激光照排并最早研制RIP公司的Monotype，从1973年到1990年间，始终采用点阵黑白段存储字形，他们在1979年就看了我们的字样底片，他们在中国的合作伙伴也了解我们的底细，但令人不解的是始终没改用轮廓描述。

1989年，我国台湾地区的《中央日报》购买的他们系统还是用黑白段描述，这是很致命的错误，最终在市场上被取代。

2．1985年，我参观发明三代机的德国Hell公司，当时正在研制LS210激光照排系统，其输出设备精度极高，光学机械水平是中国企业所望尘莫及的。但对他们的RIP我实在不敢恭维，体积是我们4型RIP

（采用专用芯片）的6倍左右。技术负责人说他们用的是市场上能买到的通用芯片，我想这就很难跟我们竞争了。

1980年，我认识的一位最早做中文照排系统的台湾朋友，他的系统曾卖到上海一家大报社，因始终不能出报而淘汰。

1990年，他告诉我，20世纪80年代，他曾说服Hell公司免费送LS210给某大报社试用，后被台湾当局警告他"用高技术资助中共党报，私通共匪"而未成。这是一个插曲，不过我想，即使LS210到某大报社，也会遭到HTS公司同样命运。

1993年，我再度访问德国，当时Hell公司已与Linotype公司合并，成为世界上最大的照排系统公司，我参观了他们的RIP生产线，发现其年产量低于方正93RIP，这是因为方正激光照排与轻印刷合用一个RIP，轻印刷当时正处在销售高峰期，93RIP已简化成PC上的插件板，生产十分简单。

3．1985年，我参观日本三家最大的照排系统公司，由于是同行，几句话就了解了他们的水平，当时我觉得日本厂商今后不大可能成为我们的竞争对手。

20世纪80年代中期推出PageMaker、开创桌面出版潮流的Aldus公司，后因技术进步缓慢而被Adobe公司收购；首创软件RIP的Hyphen公司因为内部矛盾和其他失误而消亡。

首先研制出PostScirpt Level2RIP的Harlepuin公司因盲目扩张到其他与主业无关的领域（例如软件工程产品）引起亏损而被收购；Quark因不能及时满足网络时代的要求遭到批评。

4．F公司曾是我们在海外的竞争对手，这几年产品进步缓慢，原来在国内共有两家有一定影响的报社用户，近年来都转用方正公司的产品，东南亚最大的中文报社也是F公司的用户，今年转用方正公司的产品。

可见我们犯错误，竞争对手有时会犯更大的错误，当然我们不能建立在等待别人犯错误上，我们要毫不懈怠。现在国内公司要在三年内赶上方正第八代RIP和FIT新版恐怕不大可能，但竞争会以一种新的形式出现，例如有的公司为外国公司的软件做本地化，增加适合中国市场的新功能来和我们竞争。所以竞争是永远的，永恒的竞争使方正不可能处于"独孤求败"的境地。我们永远要有危机感，永远要不断改进我们的工作。如现在，在伍江博士领导下，为FIT做分阶段的脱胎换骨的改造，这样的工作是很有必要的。

几十年的科研道路虽然荆棘密布，但我将全部身心投入其中，乐此不疲，对我来说，科学研究本身带来的愉快是最大的报酬，而实现科技报国的宏伟志愿是我此生最大的欣慰。今天，我已经是一个60多岁的老者，计算机和信息技术领域发展日新月异，技术带头人在步入老年后往往会跟不上形势，发生决策失误，甚至导致严重损失，因此，"老骥伏枥，志在千里"，最好用扶植新秀、甘做人梯的精神实现自己"志在千里"的雄心壮志。今后衡量我贡献大小的一个重要标志，就是发现和培养了多少年轻才俊，决心做到"爱才如命""人尽其才"和"才尽其用"，和他们一道为我国的计算机信息处理和出版印刷事业作出更大的贡献。

五、发明四通打字机的过程回顾

作者：原四通公司总工程师、副总裁、董事会董事　王缉志

2023 年 1 月 22 日

导读：1986 年 5 月 15 日，四通公司推出第一代四通打字机 2400A。该打字机是由原四通公司总工程师、副总裁、董事会董事王缉志先生研制发明的。

王缉志先生发明的四通打字机与王选院士发明的电子排版系统、倪光南院士发明的联想汉卡性质不同。王选院士与倪光南院士都是职务发明，是国家出钱研究的。王缉志先生发明四通打字机，国家没有投资一分钱，是个人发明。

王缉志先生在中关村电子一条街发展历史上占有三个第一：第一个个人发明，第一个辞去公职的人，第一个被国家科研机构开除公职的高级知识分子。

1984年，中关村开拓者陈春先、四通公司等领导人没有辞去公职，他们是在1985年初才正式申请辞去中科院公职。

原四通公司董事、高级副总裁王安时对王缉志先生的评价是：王缉志聪明。原四通公司董事长沈国钧对他的评价是：王缉志是一个纯洁的好人。四通公司董事长段永基对他的评价是：王缉志是中关村的爱迪生！

四通打字机的问世，推动了我国办公自动化的进程，也是影响中国20世纪80年代科技进程、最伟大的科技产品之一，是我国民营科技企业的骄傲。

王缉志先生为本书撰写了有关《四通打字机发明过程回忆录》，展示了中国知识分子在改革大潮的推动下，不畏艰难险阻立志报国，用科

王缉志先生。照片为王缉志先生提供并授予本书版权。

技成果转化为商品进入流通领域，为国家提供巨额财富的赤子之心。

前言

20世纪80年代中期到90年代初期，由于四通打字机在全国范围内畅销，使四通公司的年营业额达到了"北京市高新技术产业开发试验区"所有新技术企业年营业额总数的一半以上，并多年名列中国计算机排行榜的首位。我作为四通打字机的发明人，写下这篇回忆录，记录当年发明开发打字机难忘的过程与经历。

（一）我的简历

1941年1月26日，我出生在云南昆明郊区一个叫龙头村的地方。我的父亲王力，当年是云南昆明西南联大的教授。1963年，我从北京大学数学力学系毕业，随后被分配到中科院心理所研究工程心理学。1969年，被下放到"五七干校"，1971年，调到北京在冶金仪表厂当工人。1973年底，被调入冶金部自动化研究所，任电脑工程师。

1984年7月，进入四通公司工作，成为该公司的创始人之一。

1984年11月3日，我给冶金部自动化研究所领导写了"请调报告与退职报告"后，就不再去原单位上班了。不久，冶金部自动化研究所决定把我开除公职，使我成为中关村电子一条街民营科技企业第一位被单位开除的知识分子。当年被冶金部自动化研究所开除的还有几个人，其中一位是因为去西四开了饭馆而被开除。在四通公司期间，我担任四通公司主管开发的执行副总裁、总工程师、董事会董事，主持开发四通MS系列中文打字机。1992年，离开四通公司后，我先后在多家公司担任高管；目前已经退休，在上市公司科蓝软件（股票代码：300663）担任监事。

（二）我的电脑技术能力是如何炼成的

1. 简单介绍我的父亲王力

我的父亲王力是中国著名的语言学家，是中国现代语言学的奠基人之一，北京大学教授。他对我的教诲，对我的潜移默化的影响，是我成功的因素之一。1900年，我的父亲王力出生。1926年，他考入北京清华国学研究院，师从梁启超、赵元任、王国维、陈寅恪。在赵元任的建议下，他1927年赴法国巴黎大学学习，随后获得博士学位。1932年回到清华大学任教。1935年，日本侵略中国，北京大学、清华大学、南开大学三所学校南下，最后在昆明成立西南联大。我父亲就在西南联大担任教授。抗战胜利后，他先到广州的岭南大学任教。1954年，调入北京大学中文系任教。1986年去世，享年86岁。

2. 我曾经算是学霸

我父亲在西南联大期间，父母住在昆明郊区的农村里，所以我在那里出生。我父亲还兼任昆明粤秀小学校长，母亲夏蔚霞是一年级的班主任。我4岁时应该进幼儿园，但是我不肯去，坚持要跟妈妈在一起，于是每天妈妈讲课时，我就在教室的最后一排坐着，这导致我4岁就上了

王力先生 1931 年在巴黎。

1931年王力先生在法国巴黎，照片为王缉志先生提供并授予版权。

一年级。就是这样一个偶然的现象，使得我10岁就读初中，13岁读高中，16岁就上大学了。由于我总是班上年龄最小的同学，我的体育一直都是不及格的，但是其他功课都很好。1956年，北京市举行中学生数学竞赛，我代表北京十九中去参赛，获得了二等奖。我的同学们都说我应该去学数学。

1957年，我考入了北大数力系数学专业，当时我父亲是主张我学计算机专业的，但是我没接受他的建议。

3. 学了一些心理学

在中科院心理研究所工作期间，我研究的是"工程心理学"，就是研究产品应该如何设计能符合人的心理特点，使得人在使用产品的时候得心应手。

4. 学习电脑编程

1972年8月6日，国家计委向国务院呈送《关于引进一米七连续式轧板机问题的报告》，指出："轧钢能力不足，钢材品种不配套，特别是板材、管材少，是当前国民经济发展中的一个比较突出的问题。因此，冶金部要求进口一米七连续式轧板机一套，包括热连轧机、冷连轧机、镀锌机组、镀锡机组、硅钢片机组等设备。进口一套新的连续轧板机约需2亿美元，虽然用外汇较多，但与每年进口300万吨钢板所花约3亿美元相比，还是合算的。"[①]报告建议由冶金部、一机部、外贸部、国家计委指派人员成立专门小组负责这项工作。1972年8月21日，毛泽东主席、周恩来总理正式批准从联邦德国、日本引进一米七轧机，建在武钢。

一米七轧机设备，就是指轧钢钢板的最大宽度是一米七，该设备安装在武钢。该工程由四部分组成：连铸车间、冷轧薄板厂是从联邦德国引进的，热轧薄板厂和硅钢片厂是从日本引进的。

1973年，冶金部自动化研究所就是在这样的背景下成立的，该所后来更名为"冶金自动化设计研究院"（以下简称"自动化所"）。

1973年底，我被调入自动化所。首先到北京钢铁学院的计算机房去学习电脑技术。那里有一台天津传动所制造的计算机，型号是171机，内存是4K，有一台磁鼓是外存，容量是16K。现在的内存128G的手机，其容量是这台计算机的3356万倍。

该机是没有任何软件的裸机，如果编制程序就要使用二进制的机器码来写程序。我要为这台计算机编制一个汇编程序，使用该程序后，人们就可以使用汇编语言来编制程序。在该机房工作的有一位计算机专业毕业的年轻人名叫黄维刚，他就是我的电脑启蒙老师，他为该计算机编制了一个管理程序。我是在他的指导下完成汇编程序编制的，是我人生中开发的第一个软件。

5. 到东北工学院讲课

武钢进口的一米七轧机设备，都是用计算机控制的，其水平在当时世界上是最先进的。例如，它的热轧生产线，就是把新日铁公司在日本大分县工厂里的热轧生产线照搬到武汉，从钢坯运入热轧厂开始，经过加热炉加热、粗轧、精轧，直到用卷取机卷成钢卷送入仓库，全程完全是用计算机控制的，人只需坐在计算机机房里操作即可。既然整个热轧工厂是从日本新日铁大分厂复制过来的，当然控制思路是相同的，数学模型也基本一样，用的计算机也一样。只有这样，才不需要花很多时间来调试，软件只要照搬就可以了。一套系统从开始运行到后来成熟了不再出问题，这是需要很多年时间积累的，其完善的过程是逐步达到的。面对这样一个先进的工程，我国的技术人员显然远远不够用，水平也相差甚远。这些先进的计算机系统在武钢安装之前，我们就只能在钢铁学院这台简陋的计算机上先练练兵了。所以在编制了汇编程序之后，我又在这台一米七轧机上编制了轧钢机轧辊开口的自动定位控制APC程序。

负责武钢热轧厂的建设单位，是第十九冶金建设公司，该公司也组织了一支队伍在做前期的准备，由于东北工学院属于冶金部系统，所以这些人被派到了该校计算机系接受培训。1976年，开始设备的安装调试工作。但是有关的技术资料，日本方面已经陆续开始向中国方面提供。计算机资料被送往东北工学院计算机系，该公司的人员要学的就是这些东西。这些资料都是日文的，东北工学院的外语人员先将它们翻译成中文，并且印刷成册，成为这个培训班的教材。

1975年某天，室主任彭天乾对我说，东北工学院师资缺乏，其计算机系主任李华天教授向自动化所求援，希望派人去讲授操作系统课。所里经研究决定派我去讲课，并给我提供了刚刚印刷出来的教材：《TOSBAC-40C程序设计说明书》《TOSBAC-40C过程操作系统（POPS）手册》。彭天乾告诉我，给一个月的备课时间。

武钢的计算机，我还没有见过。虽然知道操作系统就是计算机中很重要的系统软件，但是我也没有接触过，现在居然要去当老师，而且还是在东北工学院的计算机系讲课，我不敢接这个任务。但是彭天乾说："你要不讲就没人能讲了。"

我是一个负责任的人，既然接受了任务，就必须认真对待。这一个月的备课，就是自学操作系统的过程。我每天都睡得很晚，可以说，废寝忘食。武钢热轧厂的计算机系统，采用的是日本东芝公司的机器，该系统共有四台计算机，一台叫TOSBAC-7000是管理机，三台是TOSBAC-40C是DDC，即Direct Digital Control，直接数字控制计算机。我讲课的内容，就是DDC计算机的操作系统，唯一的教材就是东北工学院给我的两本书。翻译此书的人对计算机完全是外行，很多内容连中文都不通顺。本来我是不会才需要学习，但是译文如此糟糕，让人还要像猜谜语那样去猜它的原意，真叫难上加难。

听我讲课的学员，有二三十人。他们都从来没有接触过计算机，所以讲课我尽量用通俗的语言。讲的内容就是从这两本书上临时学到的，所以只是按我自己的理解体会来讲，对错并不自知。作为讲课者，最希望课堂上有互动，希望学生提问题，很遗憾的是，他们基本上不提问题，所以变成一种填鸭式的教学。

李华天教授对我的每节课都听，坐在第一排笑眯眯地看着我，课后还表扬我讲得细，这对我无疑是一种鼓励，而那时我正在自学英语，所以我遇到英语上的疑难句子，就向美国留学回来的李华天教授请教。我发现，如果要想牢记某个知识，最有效的方法就是给别人讲课，自己也就会记得很牢。

6. 武钢一米七工程的安装调试工作

1976年，我被派到武钢参加一米七工程。为了武钢一米七轧机工程，冶金部组织了一个专家工作组进驻武钢，这些专家是从冶金部所属的各个单位选派去的。我参与的是热轧工程。就轧钢而言，专家组中的机械专家都是在轧钢行业干了很多年的富有经验的人才，而轧钢的计算机控制，对于中国而言还是空白领域，因此才会把我这样刚接触电脑的人派到了专家组里面。

到了武钢之后，那些专家们每天都前往工地去协助外国专家对设备进行安装和调试，我们搞计算机的人，则每天读程序。计算机里的程序清单，都是用汇编语言写的，我们研究室把这些清单都复印并装订成册，人手一套。我只是编过一个汇编程序和一个APC程序，还没接触过日本的计算机，在没有实际机器可以操作，没有老师指导的情况下，要读懂这些程序是相当困难的。开始这些程序我一条也读不懂。只好先从最简单的程序读起。其中有一个程序叫CDT，程序清单只有几页纸，为了读懂它，我足足花了半个月的时间才算搞明白。这个程序恰恰就是整个控制软件中最关键的，是它激发了整个控制过程的各个环节。所以，我就慢慢开始读懂其他的环节了。

武钢热轧厂的计算机开始安装后，首先是硬件的安装，日本专家去到现场指导中国的硬件技术人员进行工作。中国专家工作组有来自首钢的王成明，是被派往日本进行过培训的硬件人员，他的日语非常好，所以也顺便充当翻译，这样一来，他的工作量增加了很多。他人好，技术好，日语好，在热轧工程工作期间，起了非常重要的作用。回到首钢后，他担任总工的职务，是我非常尊敬的朋友。硬件装好后，就要进入软件调试阶段。我被分到了负责控制卷取机的3号DDC计算机小组。而该计算机就是东芝公司生产的TOSBAC-40C，我讲课的操作系统，就是这个型号计算机上所采用的。

日本方面派了一批专家过来，负责调试这台3号DDC的日本专家来自东芝公司，叫小林敏夫，二十多岁。

别的计算机的调试工作，主要都是日本专家在工作，中国人在一边看。但是通过几天的接触，小林发现我对这个机器很熟悉，上手非常快，于是，我们这台计算机的调试工作改为由我来做，他在旁边指导。四台计算机里，只有我们这台是由中国人主持调试的，我很自豪，小林先生也很得意。

在武钢工作的三年内，小林先生对我的帮助很大。东芝公司有一些内部资料，例如他们公司执行当时属于比较先进的编程序方法，小林先生就把这些资料都提供给我阅读。从1976年到1979年的三年里，我和小林先生建立了深厚的友谊，同时这三年也是我电脑技术突飞猛进的三年，还被冶金部授予"技术专家"称号。

7. 参加上海宝钢的对外引进技术谈判

1979年，国家要进行宝钢设备的引进谈判，要建设上海宝钢热轧厂，我被选派为谈判代表之一。

重庆钢铁设计院的许海洪，被冶金部指定担任宝钢引进谈判小组的组长。要从国外引进设备，就会有很多国家的厂商参与竞争，所以我们的谈判安排得很满，谈判的对手每半天换一家。上午和日本新日铁公司谈完，下午就和联邦德国的西门子公司谈，次日上午和美国公司谈，下午就和澳大利亚的公司谈……还有英国、加拿大等国的公司，而且有些国家还不止一家公司前来参与。

我和许海洪等人在武钢一米七热轧工程里，对日本的系统有了相当多的了解，但是我们毕竟只了解了一家，而宝钢的这个谈判，有很多外国公司，他们的方案与日本是不同的。由于技术在进步，很多新设备开始使用，例如，外存储器的软盘驱动器那时刚刚推出，所以有些公司的方案里面就加入了这些新设备，与外国公司的技术谈判，就变成了我们学习系统设计的很好机会。我们对于设计一个热轧计算机控制系统，需要考虑哪些问题，如何设计更加合理、更加节约，如何提高性价比等，有了更多的了解。谈判进行了将近一年，这一年无论在电脑系统的设计方面还是英语水平方面，我都有极大的收获，相当于参加了一个培训班。

8. 去日本学习电脑软硬件技术

对外谈判之后，由冶金部的领导拍板，决定宝钢的热轧计算机系统向日本三菱公司购买。通过武钢的安装调试，中国已经有了一批对热轧计算机控制有比较深入了解的技术人员，但是，仅仅参与安装调试所学到的本领是不够的，最好从设计系统的时候就开始介入，这样才能全面地掌握先进技术。我们多次向上级反映，建议在宝钢引进技术的时候，中国技术人员从系统设计阶段就介入，上级领导采纳了我们的建议。

宝钢热轧厂的安装调试时间将在1982年第二季度开始，冶金部组成一个小组派往日本三菱公司学习计算机软硬件技术，然后在日本参加宝钢热轧计算机控制系统的设计工作，1982年再回国和日本人一起参加安装调试工作，直到宝钢热轧厂开工生产。既为中国培养了人才，也等于给日本方面将来的安装调试提供了助手。赴日的小组由12人组成，许海洪担任组长。小组成员由冶金部各有关单位选派。按理说，各单位应该派懂计算机的人参加，但是有的单位派来的人却是对计算机完全不懂的人。我在小组成为电脑技术佼佼者。

1979年11月，我们去日本位于镰仓的三菱公司，第一步是先学习电脑的软硬件技术，先学硬件再学软件。两个多月后，就在我们的电脑课学完的时候，由于中国遇到了暂时的经济困难，宝钢工程下马，我们的计划就被取消了，大家在1980年的春节前都回到了国内。

（三）在澳大利亚产的计算机上开发汉字系统

从日本回到冶金部自动化所之后，作为搞电脑工作的我，没机器可用，当然也就成了纸上谈兵。所里的机房里有一台计算机，印象里其型号好像是美国数字公司（DEC）的小型机PDP-11，被比我资历高的工程师占用在搞研究，轮不到我用。这时，国内开始从美国进口微型电脑（以下简称"微机"），第一批引进的是Apple Ⅱ，我们所里也引进了一台。但是我也没有机会碰它。不过，微机不需要机房，放在普通办公室里就可以用，这大大改变了人们对计算机的看法。

1982年初，国家科委从美国一次进口了500台Cromenco微机，我们所也分到了一台，这台机器被分给了搞硬件的李今民小组，我很羡慕，我还是没有机会用它。

这个时期，国内还引进了其他型号的微机，如TRS-80等，电脑开始在国内普及并应用到各个领域。我的小组也获得了一笔科研经费，被批准用来购买一套微机。我们小组一共6人，我是组长，组员有学轧钢工艺的硕士生葆鸿熙等。当我正在考虑该买什么型号的机器时，葆鸿熙对我说，他弟弟在北京天文台工作，天文台刚从澳大利亚进口了一种微机，价格很便宜，推荐我去了解一下。在他的引荐下，我认识了澳大利亚籍的华人邝振琨先生。邝振琨先生和我同龄，在大学硕士期间读的是天文学，毕业后又爱上了计算机技术，成了计算机专家。他在澳大利亚创办了一家电脑公司，叫DATAMAX，并研制生产了型号为DATAMAX-8000的微机。邝振琨先生是我认识的人中最杰出的计算机专家，聪明绝顶，他能用最精练的语言把技术问题解释清楚。

当年，一套微机系统包括三大件：主机、终端、打印机。在和邝振琨先生进行商务谈判的时候，他说："我整个系统的报价比较贵，因为三大件里的终端和打印机都不是我公司的产品，如果你们自己直接去采购这两台设备，价格就可以便宜很多。"在他的建议下，我打算由自己配置成一个系统，从邝振琨先生那里则只买主机。我在"五七干校"认识的朋友王安时，得知我正在考虑自己选购终端机，就立即向我推荐了美国Televideo公司的终端。当时，普通一台终端的价格为1400美元，而王安时给我报的是900美元！ 他也为我推荐了一款日本OKI公司的打印机，价格350美元，也比别处的报价便宜很多。我妹妹王缉惠得知我在选购打印机，她对我说，她的同班同学于成金已经成为一名港商，正在做打印机的进口生意，让我去找他。我到了他在北京饭店的办公室里，他向我推荐了一款日本伊藤忠公司的打印机，报价是500美元。他的报价比王安时的报价要高，所以我流露出不太想要的神情。他说："日本

2019 年，王缉志先生和夫人与邝振琨先生（右一）在悉尼的合影。照片由王缉志先生提供并授予版权。

人说这台打印机的性能非常先进，我和你妹妹是同学，买不买都没关系，你可以不付款先拿去用，不满意再拿回来。"既然可以不给钱先白用，我便决定先试试他的打印机。

经过一番努力，我们小组终于配齐了一套计算机系统：邝振琨先生给我们做培训，他用非常简洁的语言就把该计算机的问题都讲明白了。我发现微机的操作系统与武钢热轧控制计算机操作系统相比要简单多了，我对这台机器很快就掌握了。而这台打印机，更是带给我原先没料到的惊喜，从此改变了我人生的轨迹。

我从小就养成了一个习惯，凡是买到了一个新东西，不论是收音机、电视机，或者是别的商品，都会非常仔细地阅读说明书，然后按说明书的内容一点点去尝试它的所有功能，这个习惯一直维持到现在。当我拿到这台打印机之后，我就开始试用它的各种功能。在这之前，我用过的打印机包括老王推荐的那种都是字符式的。这类打印机的打印头上事先装好了各种字符的模子，当计算机要打印字母"a"时，打印机就把这个"a"的字模敲击到色带上，于是在纸上就印出了一个"a"来。这种打印机最多只能打印100多个字符，也就是英文字母的大小写共52个字符，再加上0—9十个数字，以及"!@#$%……"这些标点符号。这台伊藤忠的打印机却不是这样的，它被称为点阵式打印机（Dot Matrix Printer），它的打印头上没有任何字符模子，而只是在垂直方向上装有8根针，用软件指令可以控制它每一根针的动作。也就是说，它是一台图形打印机。如果要打印字母"a"时，它只是把事先存好的字母"a"的图形调出来打印而已。除了能打印上述那100多个字符外，任何形状的图形都能打印。因此，这种点阵式打印机的出现，是打印机技术的一大进步。当了解到了这台打印机的新特性之后，我灵机一动，连夜编了一小段程序，在打印纸上按图形方式打出了"冶金部自动化所"七个汉字。当然，这几个字歪七扭八并不好看，但是确实是汉字。如果只用8根针，显然打汉字的点数不够，有些汉字笔画很多。不过没关系，一行打印不了，我打印两行拼起来，不就相当于16根针了吗？我要感谢于成金先生，作为商人的他自然要极力推销自己的商品，但是我这一试用就试出兴趣来了，更应该感谢的是打印技术的进步。这一夜我兴奋得没有睡着，我想了很多很多，能打印七个汉字，就意味着原则上可以打印所有的汉字。也就是说，让电脑处理汉字不再是遥远的事，而是很有可能了。能打印七个汉字，只是解决了原理问题，要让这套微机系统能用汉字处理各种应用，则要解决一系列的实际问题。当时我的思想还是有点局限，没想更远的事情。但是我想到了眼前要做的几件事，如：

①要做一套汉字字库，至少常用字都要有。

②要有汉字输入法，像录入英文那样把汉字录入计算机里。

③要能在终端上显示汉字。

④要有能处理汉字的应用软件，真的能让电脑用中文做点实事。

首先，要有汉字字库才能使打印机真正能打印汉字。到哪里去找汉字字库呢？自己动手做吧！我从家里拿来了一副围棋，把塑料棋盘布往桌上一铺，我们全小组的人都动员起来，一个人用棋子摆放汉字点阵，另一个人把该字型用16进制数来编码，再有一个人把该数据录入电脑中。中国的汉字这么多，要给哪些字做点阵图形呢？幸亏中国在两年前刚刚公布了汉字代码的国家标准GB2312-80，我才有了明确的目标。这套国标里一共收入了6763个汉字，把汉字分为两级，第一级有3755个常用汉字，按照拼音顺序排列；剩下的是第二级，是不太常用的字，由于很多字普通人都不会念，所以按笔画顺序排列。于是，我决定把一级汉字的点阵给做出来。才做了几个字，我们就发现，字形很难看。于是，我们又请了所里书法最好的资料室的任冠甲先生来摆字形。他的热情也非常高，往往一个字的形状要左看右看，琢磨好一会儿才定稿。就这样我们连续工作了一个多月，终于做成一套包括国标一级汉字的16×16点阵字库。

其次，有了汉字字库还不够，还需要有汉字输入法。由于一级汉字是按汉语拼音的顺序排列的，显然研制拼音输入法是最容易实现的。从道理上讲，此事非常之简单，你给出一个字的拼音，一查国标一级汉字编码表，这个读音的字全都摆在一块儿了。但是这时遇到了一个难题。这就是同音字太多，如你输入一个"li"，就对应了"里离力丽李立理利……"一大串汉字。因此，如果要搞拼音输入法，就需要对同音字进行选字，怎么选？你得让操作者看得见这些字才好去选啊！所以，稍微深入地想一下就发现，要实现拼音输入，先要能显示汉字才行。我们的Televideo终端是英文字符终端，根本显示不了汉字，只能显示80×24个英文字符。怎么办呢？好在我们已经有了汉字字库，我就把一个英文字符M当一个点来用，用屏幕上的16×16个M来组成一个汉字，这样一来，虽然一屏只能显示4个大大的汉字，输入时如果同音字太多，就翻屏吧，但总算以一种最原始的落后方法解决了汉字录入问题。

懂技术的朋友知道，要处理汉字，还要修改操作系统的BIOS部分。

这台微机的操作系统是Digital Research公司的CP/M，由于邝先生购买了其使用权，所以他可以给我提供BIOS的程序清单，这使我很顺利地完成了修改工作。这样，我考虑要做的四件事，完成了三件。

这台DATAMAX电脑买来时，还附带了很多应用软件。其中，有文字处理软件WordStar（相当于微软的Word），表格处理软件CalcStar（相当于微软的Excel），数据库软件dBase Ⅱ。对所有这些软件，邝振琨先生都给我们做了讲解和演示。当我第一次看到他操作WordStar时，我惊呆了！他用键盘熟练地输入一篇英文文章，每行输入到了最右边，不需按回车，单词就自动换行了，而且马上左右都对齐了。当他选择替换某个单词时，整篇文章的同一个单词可以立刻全部替换掉……。软件有个"Block Move"功能，你只要把一组文字全选中，就可以整块移动到文章的另一个位置去。这些功能，现在大家习以为常了，但是当时我是第一次看到如此好用的文字处理软件，感到大开眼界。该软件还有Mail Merge（邮件合并）功能，邝先生表演了一下，写好一封信之后，收信人姓名那里不需要写真实姓名，而只需写一个变量符号，然后让它和dBase Ⅱ关联，在打印信件的时候，只需告诉该软件，此变量对应于数据库中的什么，软件就会自动从数据库中找出收信人的姓名替换进去。例如，你要发一个通知给某个小组的12个人，你只需录入一封信，它就自动打印出内容相同、收信人姓名不同的12封信。

用CalcStar也很精彩，假定第一格的坐标是A1，第二格是B1，那么在第三格里输入"=A1+B1"，那么如果第一格里你录入了4，第二格录入了7，那么第三格自动就变成了11。我一看，效率太高了！这也是我第一次看到这种软件。他还给我们演示了dBase Ⅱ的很多精彩功能，例如如何根据有关条件查询数据库中的数据。录入了一批人员的数据，包括姓名、年龄、性别、工资、特长等，只要查询"30岁以上的女士"，就可以立即检索出来。对于一直在轧钢现场搞过程控制的我来说，过去一直是在使用汇编语言设计软件，软件的内容就是控制轧机的开口度，钢坯的温度……邝先生这台微机的到来，把我们引入了办公自动化的领域，让我们懂得，原来使用电脑还可以极大地提高办公效率。

当时，国内很多人都在进行汉字处理的研究，电脑界纷纷在议论一个问题，是要搞一种专用的汉字电脑呢，还是让普通电脑来处理汉字呢？之所以有这样的辩论，是因为很多人认为普通电脑是不能完成处理汉字任务的。前者是我力不能及的事，所以我不去想它，于是我试图走后一条路，不管是否能成，先做起来再说。既然我已经解决了汉字处理的前三步，我就在想，是否可以用上述这些办公软件来处理汉字呢？通过试验，我发现WordStar和CalcStar都不行，当我对它们录入汉字时，软件就崩溃了，既显示不了汉字，也无法操作。

我发现dBase Ⅱ可以，例如，当我建立数据库的时候，录入的汉字虽然在屏幕上不能正确显示，但是，存在软盘里的数据是正确的。该软件的所有功能都可以执行，如果最后要把执行结果打印出来，打印内容里面如果含有汉字，也是正确的。这说明，该软件在我对这台机器增加了汉字处理能力之后，其中西文兼容性很好。我找到所里财务科的洪宝钧大姐，表示愿为财务科搞一个可以打印中文财务报表的财务软件，得到了她的积极支持，我们把所里的财务数据录入电脑，用dBase Ⅱ处理并打印出整齐的中文财务报表。实现了部分财务工作的电脑处理，提高了工作效率。财务科的同志都非常满意，所里科研处的同志也十分称赞。

当时，我家住在西直门内东冠英胡同25号的四合院内，我的大女儿在北大附小上学，小女儿在中关村三小，所以我考虑是否可以把自己的住房换到中关村去。我经常往西城区的换房站跑。换房站有非常多的换房信息，但查询起来却很不方便，我自然又想起了dBase Ⅱ，我就自告奋勇向换房站建议，为他们搞一套电脑换房查询系统，我的这个想法立刻得到了他们的大力支持。我们小组和西城区换房站的工作人员一起，把所有的换房信息都输入电脑里，由于dBase Ⅱ本来就是一个功能很强的数据库软件，所以有了数据之后，只需提出查询条件，立刻就可以获得查询结果了。例如，想把某个街道面积大于80平方米的房子找出来，就是一瞬间的事。

1983年10月，在劳动人民文化宫举办的北京市首届换房大会上，该换房站采用了我们的电脑查询系统为群众现场服务，只要把群众换房要求输入电脑，符合要求的查询结果就用汉字打印出来了，和周围别的城区的换房站相比，我们这里风头十足，换房者排队等着查询。当时《北京日报》《计算机世界》都对此作了报道。记者还特地采访了我们所长顾炎，问他是怎么想到要为换房工作服务的，这使得顾炎也很有面子。无论是为所里的财务科搞财务管理，还是为换房站搞查询系统，我们所做的工作都实现了我前面所说的要做的第四件事。

正在为这台DATAMAX微机开发汉字系统的时候，我从《计算机世界》上看到，1983年10月12—14日，由中国中文信息研究会和联合国教科文组织联合举办的"第二届中文信息处理国际研讨会"的消息，我认为自己所搞的这个汉字系统还是很有特色的，我就写了--篇题为《微计算机采用汉字时实现中西文兼容的一种方案》的论文，向这届国际会议报名。不久，我收到了会务组的通知，我的论文被这届国际研讨会采用了，中科院计算所的研究员董韫美在论文审查表上做了推荐的评语。

1983年10月12日，我带着用自己汉字系统打印的论文去参加了这届国际会议并宣读了论文。当我在报告中举例说用dBase Ⅱ处理中文时，有很多与会者还没听说过dBase Ⅱ这个软件呢。这次会议，使我认识了很多搞中文处理的人，例如，中科院计算所的王建新，几个搞输入法有点成绩的人，笔型输入法的发明者李金凯、王永民等。

对我参加这次国际会议，冶金部自动化所里有两种不同的态度，一种是支持的，例如所科研处在单位大院布告栏上贴出红色的大字祝贺信，祝贺我成为所里第一位获得参加国际会议资格的科研人员。但是所里也有人认为，我们单位是搞冶金自动化项目的，搞电脑中文处理，属于不务正业。确实如此，从我们小组买了这台电脑开始，先学习如何使用电脑，这倒也无可厚非。接下来我们就在电脑上研发汉字处理系统，进一步就做电脑财务报表系统、换房查询系统，等等，而我所在的研究室的主要任务是轧钢自动化。也就是说，从买电脑开始到我参加国际会议的一年多的时间里，我们小组做的事情都与轧钢自动化无关。因此有人对此提出异议是有其道理的。

这种情况领导不可能长时间不管。室主任通知我，让我出差到东北去搞一个轧钢自动化的项目，这个项目和武钢、宝钢这样的项目类似，参与进去就要好几年时间。

虽然我在DATAMAX电脑上的汉字系统做出了成绩，但是我并不满意，因为它不是一个完美的系统，有很多问题。例如，终端无法显示汉字，文字处理软件和表格处理软件都无法处理汉字，等等。所以，我还想在汉字处理上做更多的尝试和研究。因此我对室主任说，东北的项目我不愿意去。他说："如果你不服从，可能会降你的工资。"我和室领导开始有矛盾了。

这个时期，在北京中关村就已经陆续有民办企业诞生了。例如中科院计算所的王洪德在1982年12月成立了京海公司，1983年中科院物理所的陈春先成立了北京市华夏新技术开发研究所，而中科院物理所陈庆振领导的科海公司也在当年5月成立。这些消息在当时的报纸上都陆续有报道，这引起了我的注意。

1978年，还在武钢的时候，我的同事许教津也早有自己办公司的想法，当年他就给我画过一个示意图，就是要找一家著名的外国电脑公司，搞一个合资企业，希望通过这种方法引进新的管理模式和新技术。那时我俩就经常议论中国体制的弊病以及改革道路这些问题。我们俩想在冶金部自动化所的体制下，建立一个新型的高科技公司。许教津和我与所长顾炎的关系都不错，我们就找他表示了这个想法，顾炎很支持，让我们起草一份书面的计划。

许教津执笔写了一个计划书上报给了顾炎。计划大意是，由所里提供开办的资金和必要的场地和设备，成立一家所办公司进行科研体制改革的试点。当时，我们这个自动化研究室一共二十多人，我和许教津从中挑选了比较优秀的9名技术人员，打算拉出一支队伍，当然，我俩已经私下里和这些人员做了沟通。

计划书递交之后，我俩心急如焚地等候领导的决策，过了几天，结果出来了。所党委领导小组开会讨论了我们的方案，全盘否定了我们的计划。至于否定的理由，顾炎没有解释。不过，有的同事说，肯定要否决你们的啦，你们把自动化室里最优秀的几个人拉走，这个室还怎么干啊？这条路走不通，那再想别的办法吧。办公司，最重要的事情之一是资金。如果能找到钱，我们不一定非要在冶金部自动化所下面办公司啊，离开单位出去办也可以。

我母亲夏蔚霞，毕业于苏州景海女子师范学校，她和荣毅仁的夫人杨鉴清是同班同学。当得知我想自己找资金创业的时候，她很支持我的想法，就给荣夫人写了封信说明情况，过了几天，荣毅仁的女儿打来电话，让我带着创办公司的计划书到中信公司去一趟。当年，中信公司在天坛宾馆里临时办公，我和许教津两人带着材料，去找他们公司的一位开发部经理谈。这位经理是刚从美国回来不久的海归，他很热情地接待了我们，说话中总是不断夹杂着英语单词。我们向他介绍了我们创办公司的想法，不料他听了之后很不以为然。他说："你们的想法完全是资本主义的一套，在社会主义社会下，你们这样做肯定会被碰得头破血流的，我劝你们别这样想了。如果你们在单位里工作不顺心，我们中信公司的计算中心正缺乏技术人员，你们可以来我们这里上班。"

我和许教津彼此看了一眼，就起身告辞了。出了中信公司后，许教津对我说："没想到荣老板的公司居然会是这样，太令人失望了！"我俩都非常沮丧。

再说说我的工作。室主任让我去东北出差被我拒绝了，我一心扑在电脑汉字处理系统的研发工作上。用dBase Ⅱ处理中文虽然获得了成功，但是我认为并不完美，因为我最喜欢的文字处理软件WordStar却不能处理中文。该软件不能处理中文，我认为问题首先在于我们的终端TeleVideo950无法显示汉字，要先解决汉字的显示问题。现在回过头来看，当时我走进了一个误区。过去的打印机是字符式打印机，后来我用了伊藤忠的图形打印机，就能打印汉字了。而我当时用的终端也是字符式终端，如果当时能聪明地联想到应该改为图形终端，那么不就可以显示汉字了吗？事实上，这个推理是成立的，我们现在的台式电脑用的显示器就是图形显示器，它通过VGA接口或者HDMI接口与电脑相连，可以从电脑向显示器发送任何图形，当然显示汉字更不会有问题，所以我们在屏幕上可以看照片、看电影。因此这个推理的结论应该是，像无须开发汉字打印机一样，也无须开发汉字终端。

但是当时我没想这么明白。我只是想，要让终端能显示汉字。因此我确定了目标是研制汉字终端，而这个任务单靠我自己的力量是无法完成的。通过一番寻找，我发现中科院计算所六室正在研发汉字终端，这个研发小组有两个人，组长叫贾沛长，还有一位研究人员叫刘岁杪。于是我对他俩说，我愿意协助他们一起工作，他们很高兴接受了。

1983—1984年初，我每天都跑到计算所六室去上班，和他俩一起研究汉字终端的问题。我加入了之后，我们的研制工作既有效也很愉快。后来的电脑发展就是走了采用图形显示器的路而不是采用汉字终端，因此我们这段成果后来并没有应用到微机系统上。不过我向他们学到了很多，应该好好感谢他们。

当时，我的家也由于成功地换了房子，刚从三里河搬到了双榆树，去计算所上班也很近。这段时间我不去位于丰台的冶金部自动化所上班，还不服从领导的工作安排，策划在自动化所的领导下创建公司的想法也被否决了，这个形势已经使得我产生了离开这个单位的念头了。

（四）辞职加入四通

1984年6月的某个星期天，我和夫人在王府井新华书店门口碰到了王安时，他就问我近况如何，我说想办公司但没有资金，就把如何去中信又如何没谈成的事说了一遍。他说："你找他们没用，我们正在创建四通公司，机制比较灵活，总经理才39岁，很能干但又不是胡来的那种人，你不妨找他谈谈。"

王安时还向我介绍了身边的沈国钧，说他原来在中科院计划局工作，现在和他一起也刚刚加盟四通。我听到这个消息，就毫不犹豫去找该公司的总经理。当时四通公司刚成立，地点就在中关村丁字路口原四季青自选市场那里（注：其位置现在北四环中关村桥的西边）。那天是王安时陪我一起去的。一进去我看到整个屋子很大，但空空荡荡什么都没有，只放了一张办公桌和几把折叠椅，在空房的靠墙处有一个保险柜。

王安时向公司总经理介绍说，王缉志很聪明，在"五七干校"的时候，他能光凭听电台录音就能把交响乐《沙家浜》的总谱写出来……总经理让我先谈谈想法，我就又把在所里的方案如何遭到否决以及去中信公司的遭遇都讲了一遍，然后把我们当时写的方案拿出来给他看。

总经理听了王安时的介绍和我的想法之后，他说："老王是我的朋友，你又是他的朋友，你办公司的想法和我们都想到了一块儿，你就来吧。"

1984年5月11日，四通公司在工商部门正式注册领取执照，全称是"北京市四通新兴产业开发公司"，在5月16日，公司召开了成立大会，所以5月16日定为公司成立的纪念日。

1984年6月，我就决定加入四通公司，成为公司创始人之一。四通之所以选择了四季青的自选市场作为门市部，是因为公司总经理在当时海淀区委书记贾春旺的撮合下，认识了四季青乡乡长李文元，并决定和四季青乡合作，由四季青乡出资金并提供房子，四通的"四"字，就源于四季青乡。

"四通"的谐音在英文里是"STONE"。STONE可以是普通的石头，也可以是宝石。当年有句名言"摸着石头过河"。我们就是可以摸到的石头。科技人员办公司，要投石问路，我们就是那块石头。不成功，我们是铺路石、奠基石。成功了，我们就是里程碑。里程碑英文是Milestone，也是STONE。四通门市部是在1984年9月开业的，面积并不大，但是地理位置非常好，在交通路口，店铺的门脸朝东，隔了马路东边就是科学院各院所集中的楼群，北边就是北京大学和清华大学。

9月门市部开业后，我每天到这里上班，任务就是站柜台，推销PC电脑。这个时候，我的劳动人事关系实际上是含糊的。从我到四通公司后，四通公司给我发工资，但是从组织关系上说，这是不合手续的，应该要求所里把我的档案关系调入四通公司，办理一个调动手续。我向冶金部自动化所申请调动工作。申请是6月提出的，但是到了9月所里还是不给予答复，实际上的态度就是不同意。

1984年11月3日，我给所里写了一份辞职报告，我在报告里用词温和但态度坚定地表示：不管批准还是不批准，反正我辞职了。就这样，我离开了冶金部自动化所。过了不知多久，我听所里的人说，所里开过全所大会，宣布将7个人除名，其中就有一个我。

我父亲对我的行为很理解，他在1984年的年底，写了一首七律诗来鼓励我：

不负当年属望殷，精研周髀做畴人。
霜蹄未惮征途远，电脑欣看技术新。
岂但谋生足衣食，还应服务为人民。
愿儿更奋垂天翼，胜似斑衣娱老亲。

该诗直译过来就是：你没有辜负我当年对你的期待，你努力学习成了数学工作者，虽然双脚已经很累了但是你并不怕路途遥远，很高兴看到电脑技术不断更新，我们不仅仅是为了吃好穿好，更重要的是要为人民服务。愿儿子你张开翅膀高飞，这比穿上花衣服在我面前跳舞更能让我开心。

（五）四通公司早期二次开发的产品：日本打印机

1984年，中关村有不少民营企业开始涌现，四通公司和科海公司是邻居，科海公司销售PC机很不错，于是四通公司把销售的重点放到了和PC配套的打印机上。

1984年，国内市场上只有一种24针打印机，这就是四机部进口的日本东芝3070打印机，进口价1000多美元，市场售价在1万元人民币以上。而北京计算技术研究所拿到了一台日本Brother公司的24针点阵式打印机，型号是2024，它打印日本汉字没问题，但是打印中文汉字则是乱码。四通公司总经理得到了这个消息，感觉这里有商机，他从日本三井物产株式会社驻京办事处要了一台同型号的样机，组织中科院科研人员崔铁男等人编制驱动程序，仅用了8天，就解决了打印中文汉字的问题。此时刚好计算机及配件谈判高手王安时加入四通，主持对三井公司的谈判，他非常善于砍价，最终以500美元的进口价谈妥。四通公司2024的最终零售价是4000多元人民币，连东芝3070打印机的一半价格都不到。这个Brother-2024打印机在市场上取得了巨大成功。我记得当时王安时说过："要比别人便宜，就要便宜很多，这样才能让人下决心买你的，只便宜10%是不够的。"

四通公司靠2024打印机的销售，1984年，公司的营业额就达到了300万元。那时因为我刚进入四通，这个事情我没有参与。

1985年，四通公司从日本伊藤忠公司进口了1570彩色打印机。这种打印机自带一块汉卡，所以打印汉字更加方便，而且它还能进行彩色图形打印。不过，原装的汉卡只能打印日文中的汉字。四通公司交给我一个任务，让我把日本的汉卡改造为中文的汉卡。我带领侯璟琳等几位技术人员经过努力完成了任务，我们这块汉卡的研制成功，当年还得到了海淀区的奖励。

1985年5月16日，在民族文化宫的地下室，四通公司召开了成立一周年的大会，海淀区区长史定潮（女）出席了大会。四通公司总经理在大会致辞中提到了我，他说："如何为广大科技人员创造一个发挥他们聪明才智的舞台和环境？这是我们创办四通公司的初衷。冶金部自动化所的王缉志，在原单位有许多很好的想法，却不能实现。他辞职来到四通，找到了发挥自己聪明才智的舞台。在1570打印机的技术开发中，他作出了重大贡献。"

1985年，四通公司的年营业额达到1462万元，盈利198.9万元。[②]

把2024打印机的驱动程序改一下就能打印中文汉字，把1570打印机的汉卡改造一下，也能解决打印汉字的问题。将国外的产品做一点改动以适应国情，这种做法被称为"二次开发"。

（六）四通公司和日本三井公司合作研制打字机

1984—1985年初，四通公司好几项技术工作都是对国外产品进行二次开发而获益的。但是，作为一家科技公司来说，必须要有自己的拳头产品。于是公司的领导人在一起酝酿此事。我们发现，大多数购买电脑的单位，都是拿电脑配上一台打印机来打印合同和报告之类的公文，而一套这样的电脑系统要近五万元。于是开发中文文字处理机的想法被提了出来，想开发一种价格在万元以下的能完成打字和编辑任务的机器。当时在公司主管销售的王安时就是极力主张开发的领导人之一。由于我原来就是搞汉字处理的，对搞文字处理机当然也很赞成，公司总经理很快就作出了搞这个项目的决定。

1985年3月某日，公司总经理、王安时和我与从东京来的三井公司物资部部长石田邦夫先生讨论合作问题。四通公司销售的Brother打印机就是通过三井物产物资部进口的，这次谈判是双方决策者的会谈。在这次谈判中，我们提出了共同开发中文文字处理机的建议，希望三井公司投入开发费用。当时公司总经理分析中国的市场，认为中文文字处理机将会有每年10万台的销量，他说："一旦产品开发成功，我们将从三井公司进口文字处理机硬件。万一开发失败，四通将以向三井公司采购其他产品的方式来弥补他们的损失。"

石田先生听了我们对市场的分析之后，闭上双眼思考了片刻说："好吧，我就出5000万日元（相当于25万美元）。"这次谈判进行了约两个小时，双方就合作开发中文文字处理机达成了一致意见，并签署了备忘录。因为四通公司是民营公司，当时的规定，民营公司不能直接与外国公司签约，所以我们的备忘录不是正式合同，只能是君子协议。

这次与三井公司的谈判，对四通公司后来的发展产生了深远的影响。石田邦夫先生的魄力，给我们留下了深刻印象。回忆我过去曾经同很多外国公司谈判合作，为什么总不成功呢？因为我没有订货量拿在手里。如果四通公司在一成立时就谈合作开发，也可能谈不成。人家凭什么相信你呢？而这次谈判，首先是因为四通公司通过三井公司已经进口了相当数量的打印机，使得日本人相信了我们的市场开拓能力，其次又有每年10万台的市场前景，他们不可能不心动。

由于日本也是使用汉字的国家，在日本的市场上，已经有各种品牌的文字处理机在销售。四通公司开始的想法是，从日本现有的文字处理机中，选择一种性能和价格比较好的产品，把它的日文汉字字库换成中文的字库，把日文输入法换成中文输入法，而文字编辑功能不变，这样就可以很快地推出我们的产品。

1985年6月，包括我在内的四通的主要领导都去了东京，和三井公司讨论合作开发中文文字处理机的细节。

三井公司是投资者，但是公司并没有开发力量，他们要选择一家日本公司做具体的产品开发工作。三井公司具体负责该项目的是土屋哲雄先生，他向我们解释说，我们可以选择的开发者有三类：一类是Sony这样的大公司，他们技术实力强，名气大，但开发费用也高；一类是小公司，它们费用低，但技术差；还有一类是被称为OEM（Original Equipment Manufacturer）的公司，它们为别人开发产品，不打自己公司的商标，技术力量介于前两者之间，费用也介于前两者之间。三井公司选择的日本ALPS公司，就是一家这样的OEM公司。多年以后，OEM公司在中国有了一个新提法叫"贴牌公司"。我们在三井公司的安排下到ALPS公司去参观访问。在中国我们从未听说过这家公司，到了该公司后，看到公司规模很大，在日本很多地方设有工厂。它开发和生产很多电子产品，但都是受人之托做的。如我们看到它开发和生产的激光唱机就是SONY牌的，它生产的电脑键盘产量是世界第一，占了当时世界总产量的16%，都是打别人的商标，他们还为SANYO等公司开发日文文字处理机。参观时我被一个细节惊呆了，原来我以为电脑键盘键帽上的字是印上去的，看到他们制作键盘的过程才知道，他们是先有一个立体的字母形状然后才在这个字母的周围灌上塑料，即使键帽表面被磨薄1毫米，这个字母也不会缺少笔画的，我相信看了这样的制作，谁都会觉得键盘耐用。

我们和ALPS的领导坐下来讨论文字处理机的开发方案，日本人拿出几种现成的文字处理机给我们做演示。经过讨论比较，日本人的方案都被我们否定了。原因是日本的文字处理机都是热转印式的，对纸张和室温的要求高，色带价格很贵，不能打蜡纸。我们决定重新开发一种适合中国国情的机器，打印机芯采用击打式的打印头，以便可以打印蜡纸。此外，由于我对操作系统比较熟悉，我情愿从头搞起，这样从长远来看可以不必长期依赖日本。最后我们双方商定的合作开发方式是，四通公司负责总体方案的设计，ALPS负责选择打印机芯和液晶显示屏，进行硬件设计并提供BIOS接口，我们则进行软件设计，最后由他们进行生产。为降低开发的投入，机壳采用铁壳，免去了昂贵的模具费。

（七）四通公司与ALPS公司合作开发打字机的具体过程

ALPS公司负责该机开发工作的是岛津先生，据说当时ALPS在挑选这个负责人时，很多人听说是与中国人合作，都不愿意参加，而岛津先生是自告奋勇来做这件事的。

1985年8月，我们的开发工作从开始，三井物产北京事务所为我们双方联络提供了通信上的方便，那时候还没有传真机，我和岛津先生就通过电传机交换开发文件，一些重要的图纸文件通过三井公司的文件传递系统来往于北京和横滨之间。

为了使我能够更好地设计，日本方面拿来了一台那时日本最好的东芝牌文字处理机供我参考，并提供了一些文字处理机的说明书。当时，国内市场已经有了几种中文文字处理机，如上海的奥林匹亚、深圳的桑达、香港的运科、杭州的自动化所等。四通公司并不是第一家做中文文字处理机的单位。奥林匹亚的价格在两万元左右，采用喷墨打印机，编辑能力较差。其他几种机器也都各有缺点，我觉得我应该能做得更好。

尽管有这些做参考，其实我心中有一个比较重要的样板，就是澳大利亚邝先生给我演示过的 WordStar，我想，它在英文能实现的编辑功能，我一定要在中文上面也实现。我的总体功能设计多少受到了 WordStar 的影响，例如 WordStar 中有"block move"功能，在我的设计里想不出好词，就用了"块移动"的说法，等等。我把该机的使用者考虑为初中文化程度，在屏幕提示、编辑和打印命令上的说明文字以及使用说明书都要尽可能通俗易懂，绝不使用电脑术语。

我曾经在心理所搞过工程心理学，这对我在打字机的人机互动操作方案设计上也起了指导作用。当年我在美国王安公司驻京办事处经常学用他们的办公处理软件，"王安办公软件"的分级操作菜单方式，也成为在我设计打字机菜单时的参考。四通打字机日后在市场上的成功，我的这些设计思想和目标用户定位起到很大的作用。

产品的名称定为四通 MS-2400A，M 代表三井（Mitsui），S 代表四通（STONE），24 是打印头的针数，00A 表示第一代。由于国内绝大多数人还不习惯什么文字处理，既然我们开发这个产品是为了取代传统的机械打字机，为了市场宣传方便，消除多数人对电脑的天生恐惧心理，我给该产品起名叫"中文电子打字机"。在设计外壳时，我坚持在机壳上的所有文字都用简体中文。也有人主张给机器设计一个洋商标，但是公司总经理和我都主张用四通商标。

打字机的开发小组由四个人组成，除了我之外，还有王玉钤、孙强和张月明。王玉钤负责打印驱动软件，孙强负责显示驱动软件，张月明作为大家的助手，做些辅助工作。我是总体设计，并负责文字处理软件的开发和拼音输入法的开发。

作为文字处理机，只有拼音输入法是不够的，起码还要有一种笔形码的输入法。当年计算机笔形码输入法做得比较好的有李金凯，我找他商量把他的输入法放在四通打字机里，他要求先支付一笔入门费，开价

10万元。从当时来看我认为高了，我们谈判了几次都没能达成协议。我在分析了各种输入法之后，决定去找王永民先生，他在中央统战部招待所的地下室租了个房子在搞输入法的开发，当时王永民的"五笔字型"输入法还没有多少人知道，我去找他商量，他比较痛快就答应了，条件我比较容易接受。他并不要求我们支付入门费，只是提出每销售一台打字机给他一个提成费。于是我就同他签了合作协议，四通第一代打字机选用了"五笔字型"作为笔形码输入法。后来的事实表明，王永民先生其实是很聪明的，四通打字机在全国范围的销售，为"五笔字型"的推广带来了显著效益。王永民先生比较善于做推广工作，反过来也促进了四通打字机的销售。

为了加快开发进度，在同岛津先生确定了BIOS接口标准之后，我们公司在PC机上做了一个模拟的BIOS。只要在PC机上按BIOS的约定向打印机发送打印指令，即使打印机不是ALPS的，也能正确打印。同样，只要按BIOS的约定向屏幕发送显示指令，电脑CRT屏幕上的显示就和未来

左起：王缉志、王玉钤、张月明（女）、孙强。照片由王缉志先生提供并授予版权。

的液晶屏显示一样。于是，ALPS公司在日本研发硬件的同时，我们就在北京开发软件，双方并行工作。因为分工明确，我、王玉钤、孙强三人的软件开发工作基本上是在各自的家里进行的，必要时才在一起开会。

1986年3月，中日双方各自的工作已告完成，于是我们开发小组到日本横滨ALPS公司去进行最后的综合调试工作，同去的还有三井物产北京事务所的都建民。

按计划我们应工作3周，但是我们不是8小时工作制，而是每天从早到晚不停地工作16个小时，几乎每晚都是12点以后才睡觉，第二天仍然准时上班，星期天也不休息。现在中国的网络公司采用"996"工作制，即每天早9点上班，晚9点下班，每周工作6天。这样说的话，当时我们的工作时间比"996"更长。

虽然在宝钢项目上我去过日本，对日本人的做事认真有所了解，但是这次与ALPS公司的人一道工作，还是有很多体会。他们对待工作非常认真。在这个打字机里使用的汉字字库是我们中方提供的，因此显然字

1986年3月21日，王缉志先生在日本研制打字机。照片由王缉志先生提供并授予版权。

库的质量应该由中方负责，但是我发现日本的技术人员居然对我们的汉字字库里的点阵图形逐字校对。另一个是日本公司的文档管理制度，他们做什么事情都把文件写得清清楚楚，并不限于口头的叙述。我们过去习惯很多事情只是口头上交代一下就算完事，他们都会落实到书面上。

除了我以前去过日本以外，其他3人都是初次到日本，但是我们从未上街逛过商店。即使这样，3周还是很快过去了，机器仍未调好。于是我们决定延期回国，因为签证的原因，延期也顶多是一周，回国的日期定在了4月14日星期一。安排大家4月13日星期日到富士山游览，但是我做出决定，如果到星期六还未调好的话，星期天的游览活动也将取消。

在延长留日的这几天里，国内来了长途电话，四通公司总经理严肃地告诉我说，我的父亲因病住院了，而且生命垂危。他说："如果需要的话，公司同意我立即回国见我父亲最后一面。"

日本方面立刻安排我和我母亲通了一个长途电话，我通过电话向母亲了解了父亲的病情，知道他是因感冒发烧而住院，不想竟是白血病，而且病情恶化得很快。我的心情极为复杂，如果我这时立刻回国去看望父亲，眼看要调试成功的产品开发就要夭折，因为在日本有比较好的开发条件，如果这次没调好，下次不知要拖到什么时候了。但是如果我不回去，万一我父亲有什么情况，我不能在他身边，也是极为遗憾的。当我把我在日本的情况向母亲介绍之后，我母亲说，你的工作很重要，你回不回来由你自己决定。我听了之后告诉她，我还是决定留在日本把开发工作做完。

尽管我父亲病危，我还是领导全组人员继续昼夜奋战，终于到4月11日星期五中午，机器的调试成功了，当大家听到打印头发出刺耳的声音在纸上打出汉字时，都像听到了美妙的音乐一样高兴。当天下午，三井和ALPS公司的领导都来向我们表示祝贺，而我因为几天都没有睡好觉，感到眼冒金星、脑袋昏昏沉沉，我强打起精神，向他们介绍开发的经过。日本人说："我们从你们身上，看到了中国人的聪明才智和刻苦精神。"

4月14日星期一，我们回到了北京。我立刻赶到友谊医院去看望我父亲，我父亲这时的病情非常严重，已经不能说完整的句子了，但神志还清楚，我向他汇报了我在日本的工作，告诉他开发工作已经基本完成，他脸上露出了满意的笑容。

1986年5月3日，他离我们而去了。临终的时候，我一直守在他的身旁。他给我的诗中所说的"还应服务为人民"的教导，将永远牢记在我心中。

1986年5月15日，四通公司在北京饭店宴会厅举行"庆祝四通公司成立两周年暨2400A中文电子打字机"新闻发布会，宣布推出四通MS-2400A中文电子打字机。会上展出了我们的新机器，能打印普通纸和蜡纸，除了能打印8种大小的汉字外，还能打印英文、日文、俄文、希腊文字等多种文字，得到了与会者的好评。

发布会邀请了国家语委的周有光先生参加，他是我国语言文字学方面著名的专家，也是经济学家，是我父亲的朋友，我在开发打字机的拼

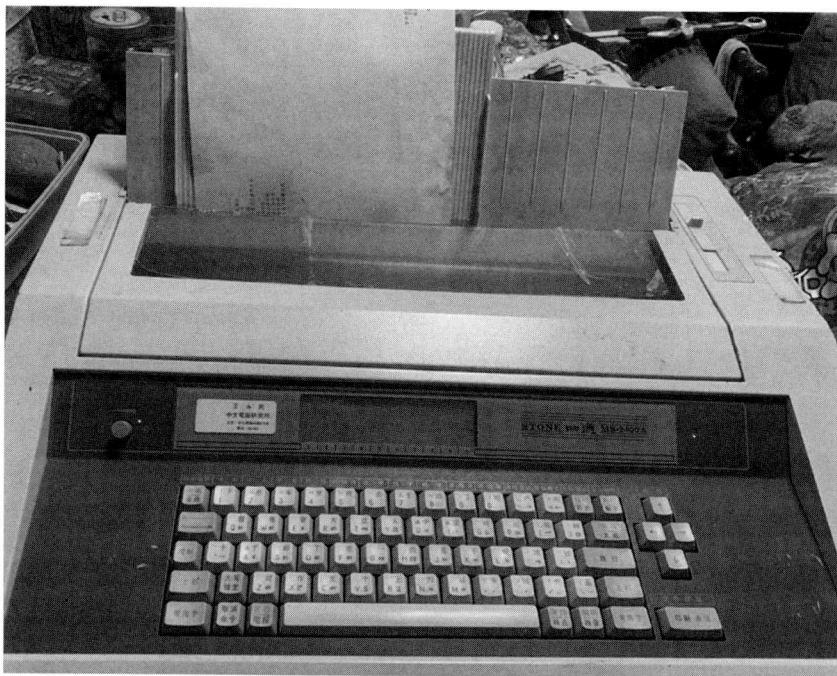

四通MS-2400A中文电子打字机，该打字机在中国仅存两台。该图片由齐忠摄影并收藏该产品。

音输入法时，曾多次向他请教。他看到四通打字机后说，"在国外人人都能使用的打字机，提高了工作效率，我们中国人整整丧失了一个机械打字机时代，我们不能再丧失电脑时代。四通打字机开创了中国语词处理的新纪元。"这里顺便说一句，周有光先生对"Word Processing"翻译成"文字处理"表示不同意，他一直认为应该称为"语词处理"。

著名语言学家、计算机输入法"郑码"的发明人郑易里先生，在大会上也说，MS-2400A打字机在中国文化史上是个创举。

MS-2400A中文电子打字机推出后，当时的零售价是7000元人民币左右一台，公司内部有人怀疑能否销得出去，但是，在四通公司销售经理沈维公和谌受于等人和全公司的努力下，第一年就销售7000多台，社会效益和经济效益的成绩十分令人鼓舞。当年四通公司的销售额居然达到了一个亿。

MS-2400A中文电子打字机是第一代产品，虽然我努力想实现WordStar的所有功能，但毕竟开发时间太短，许多功能都未能做进去，而且该机的液晶屏太小，编辑起来不方便。该机用盒式录音机做外存储器，使用也很麻烦。当时，用PC机实现的中文系统里已经有仿宋、宋、楷、黑四种字体，而我们的打字机只有一种字体。从门市部反馈回来很多顾客的意见和建议，给了我们很重要的市场信息。

因为我是第一次开发单机型的电脑类产品，也缺乏足够的经验和知识。例如，我设计的四通打字机键盘不符合英文打字机键盘的规范。当MS-2400A中文电子打字机刚刚开始销售时，就有一位专家给我打电话，他说："老兄，你的键盘设计犯了一个错误，熟练的英文打字员肯定会感到不习惯的。"

我仔细观察英文打字机和电脑的键盘，才发现了问题。但是，这种属于硬件设计的错误改起来费用太高。好在一般用四通打字机的人都是初学打字，不会有不习惯的问题，所以决定在下一代产品中再改。不过我也奇怪，既然ALPS公司的键盘产量世界第一，为什么发现不了我的设计错误？可见日本人是习惯于一丝不苟地照图纸施工，以至于我怎么设计他们就怎么做，错了自然是我设计者的责任。

（八）开发MS-2401打字机

在MS-2400A打字机推出之后，销售势头很好，但是该机的不足之处也是很明显的，因此开发新一代的打字机是迫不及待的任务。我开始组织MS-2401的开发小组。由于王玉铃向总经理提出要求去做另一项工作，所以退出了开发组。新的小组增加了两个人，除了我和孙强以外，增加了裘钢和王东方两位。

四通公司在销售1570彩色打印机的时候，航天五院下属的502所在读博士生裘钢为该打印机开发了一个软件，使得打印机可以当绘图仪使用。为此他找到了我，把开发的软件卖给了四通公司，我也因此与他相识。我就起用裘钢来做打印机驱动软件的开发工作。裘钢是博士生，非常聪明而且工作效率很高。

裘钢在502所的工作是关于航天技术的，在此期间他解决了卫星姿态实时确定的问题，他的论文在IFAC（国际自动控制联合会）第十届世界大会上获优秀论文证书。他工作起来非常投入，有一段时间他为了攻克一个航天技术的难题，曾经几个月不出门，每顿饭都是方便面，吃掉了几百包。王东方也很聪明，交给他的任务总是完成得不错。

四通2400A打字机，名义上虽然可以用磁带录音机来当外存使用，但是操作极为不方便，所以等于没有外存。因此在2400A上，每篇文章的长度不能超过内存容量。而2401打字机增加了软盘驱动器，所以我决定不再限制文章的长度。但是如果文章长度超过了内存容量，编辑软件就要增加很多处理，因为此时要把正在编辑的文章中超过内容容量的那部分暂时存放到软盘中，而当操作者需要编辑暂存在软盘中的内容时，又要把这部分内容调入内存，把另一部分调出内存。这样的处理，我把它称为"磁盘滚入滚出"。

岛津先生警告我说："日本的文字处理机一般都不这样做，因为这样比较难。"但我还是决定增加这个功能，并且安排王东方专门负责磁盘I/O调用的软件。岛津先生的警告不是没有道理的，后来我在"磁盘滚入滚出"方面花费了很大的精力才算解决，不过该功能做成之后，我们就比当时日本市面上的各种文字处理机产品都更先进了，因此我们的产品当时已经属于世界先进水平了。

MS-2401打字机增加了液晶屏的面积，MS-2400A打字机只能显示2行每行10个汉字，MS-2401打字机可以显示5行每行40个汉字，所以编辑文章更加方便了。当时PC机普遍还在采用5英寸的软盘驱动器，3.5英寸的软盘驱动器刚刚问世，而我就决定采用这种小驱动器，虽然当时有点超前，事后证明是完全正确的。另外，我们采用了仿宋、宋、楷、黑四种汉字字体，也就是说，要烧制很大容量的Mask ROM来放字库，生产前期的投入比较大。由于MS-2400A打字机的成功，公司的领导人王安时也敢于下决心投入。到了最后阶段，我们开发小组的人就要到日本横滨的ALPS公司去进行联合调试工作，正当公司为大家办理护照和出国手续时，遇到了一个问题，裘钢是在读博士生，如果办理出国手续，就要502所开有关证明，而502所此时拒绝开证明。如果裘钢不能出国，一方面我们的开发调试会受影响，另一方面裘钢自己本人的出国期待也落空了。一边要出国，一边不批准，事情就僵持在这里。此时裘钢做了一个大胆的表态：如果502所不批准就退学，即将拿到的博士学位也可以不要。这引起502所领导的注意，最后502所所长还是比较开明的，批准了裘钢出国。

MS-2401打字机的开发采用了与MS-2400A打字机同样的方式，即先在PC机上模拟，最后到日本调试时再下载移植到打字机里。

MS-2400A打字机成功推出之后，国内有很多搞汉字输入法的人找到我，要求把他们的输入法装到四通打字机中。2400A打字机的拼音输入法是我做的，其实，我对自己做的拼音输入法也不是很满意打算要修改，我实在太忙了，没有精力顾及这件事。这时刘为民找到我，他说："你开发打字机是一项很有意义的工作，何必其中每件事都亲自做呢？"在他的说服之下，我同意在MS-2401打字机中采用他的拼音输入法。实践证明，他的拼音输入法做得很好。我也思考了这个放权的问题，假如只让我做拼音输入法软件一件事，我可能比他做得更好，但如果不会用人，那么事业就做不大，因为一个人的力量永远是有限的。

我经过研究，又在笔形码输入法中选择了一些我认为优秀的加入打字机中。我的想法是，我不对输入法做评价，让全国的用户自己去选择采用什么输入法好，后来的事实说明我的愿望是不切实际的。王永民先生自己投资在全国培训四通打字机的打字员，因此在四通公司多数的分公司中，演示四通打字机操作的人只会"五笔字型"输入法，尽管四通的销售资料上写着由顾客自选输入法，但是销售员都向顾客推荐五笔字型，所以大多数顾客就买了五笔字型了。

1987年5月16日，四通公司在友谊宾馆召开"庆祝公司成立3周年大会暨MS-2401打字机新品发布会"，四通公司总经理让我在会上宣布MS-2401正式推出并讲话，应邀出席会议的嘉宾有当时任国家安全部部长的贾春旺先生、当时任社会科学院副院长的于光远先生等。

ALPS公司的岛津先生在一次和我的谈话中说："我们日本人可以把产品做得很好，但是我们没有创造性，你们中国人有创造性。三井的评价是，MS-2401的技术即使在日本的同类产品中，也是先进的。"

MS-2401推出后，关于如何推销这款新机器，在四通公司的销售部门产生了分歧。当时MS-2400A打字机的销售正旺，MS-2401打字机被认为是"阳春白雪"的东西，当时在三井公司工作的郗建民就曾和我激烈地辩论过，他说："MS-2401打字机好比高级音响，MS-2400A打字机是普通录音机，高级音响好是好，但需要的人不多。"

MS-2401打字机推出的头半年，销售情况的确并不好。作为设计者的我，很清楚MS-2401的优点，我坚信它会被市场接受。果然，半年多以后，新一代机器的优点逐渐被人们所了解，在市场上也越销越好。

1987年5月16日，MS-2401打字机问世以来连同后来以它为原型开发的MS-2411一起，畅销了很多年，共售出了20万台以上，为四通公司带来了二十几亿元的销售收入和几亿元的利润，也为国家带来了几亿元的税收收入。四通公司在全国范围内建立了庞大的多层次的销售体系，涌现出一批优秀的销售人才。

由于四通打字机的推出，我国十多万原有的专职机械打字员全部转入计算机时代的电子打字机行业，为我国培养了大批计算机操作人员，推动我国进入计算机时代发挥巨大作用。

1987年，四通公司年销售总额31713万元，利润总额2500万元，人均销售额76万元，人均利润6万元，上缴利税638万元，为国家创取外汇123万美元。[3]

1988年，四通公司计划年销售总额5亿元，利润总额3500万元，工业总产值3亿元，为国家创取外汇500万美元。[4]

1987年底至1988年初，中共中央办公厅科技局负责人于维栋，带领七部委成立调研小组，于维栋任组长。对中关村电子一条街的科技企业进行大规模的调研，为在海淀中关村成立"北京市新技术产业开发试验区"做准备。

1988年初，调研小组写出"中关村电子一条街调查报告"。1988年5月，在于维栋的主持下将调查报告全文命名为《希望的火光》一书，正式出版调查报告的全文。调查报告中对43家企业在1987年总经营额的调查结果为91492.8万元。[5]1987年，四通公司的年经营额排名第一。

中关村电子一条街、民营科技企业在全国扬名，以及1988年我国首家科技园试验区的成立，四通公司的贡献功不可没。

从我开始研制发明四通打字机的1985年5月，到2023年的今天，已经过去38年，我也从44岁的中年人成为82岁的耄耋之人，但是我仍然怀念在四通公司创业那个火红的年代，我能够成为推动中国办公自动化进程的一块"奠基石"，我国及中关村民营科技企业的骄傲"四通打字机"的发明人，无怨无悔。

滚滚长江东逝水，浪花淘尽英雄。我和四通公司全体员工创造的"四通打字机"的奇迹，永远会记载在影响20世纪80年代中国科技产品进程的历史上！

参考资料：

①来自 2006 年中共党史出版社出版的陈锦华《国事忆述》，第 13 页。

②来自 1985 年 6 月 14 日北京市对中关村四通公司、京海、科海等四公司调查报告。

③④来自中共中央办公厅与七部委的"中关村电子一条街调查报告"《希望的火光》一书第 159—160 页，"四通一个追求高效率、高效益、高境界的企业"。

⑤来自中共中央办公厅与七部委的"中关村电子一条街调查报告"《希望的火光》一书第 102 页。

六、联想式汉字系统与联想汉卡的历史价值

作者：中国工程院院士、联想公司原总工程师　倪光南

2011 年 6 月 1 日

导读：本文是中国工程院院士、联想公司原总工程师倪光南先生，在 2011 年《中国中文信息学会成立三十周年纪念特刊　中文信息处理与高技术企业》上，发表的《联想式汉字系统的历史价值》回忆录。该文清晰地向人们展示了中科院计算技术研究所在 20 世纪 60 年代至 80 年代对中文进入计算机领域的研究过程，联想式汉字系统科研成果的形成，以及"联想汉卡"系列产品的产生和影响，是中关村"科技成果转化为商品获得巨大财富"，推动我国国民经济快速发展的写照，也是中关村科技企业发展历史上珍贵的历史文献，经典的商业案例。本书作者对此回忆录稍作文字编辑。

汉字信息处理现在称为中文信息处理，是我国进入信息时代的基础性技术。它起步于 20 世纪 60 年代，在 20 世纪 80 年代取得了突破性进

2011年，中国工程院院士、联想公司原总工程师倪光南先生留影。图片来自《中国中文信息学会成立三十周年纪念特刊》。

展，使计算机应用在中文世界尤其是中国社会迅速发展。

其中，激光照排技术、联想式汉字系统、四通打字机是这一领域的突出成果。这些产品技术创新，乘着当年科技体制改革的春风，成功产业化，不仅使中文信息处理技术迅速普及，为促进我国社会信息化水平作出了令人瞩目的贡献，开始了科技为经济建设服务，科研人员走出实验室，闯进大市场的历程，走出一条高科技产业化的新路。

我有幸参与联想式汉字系统与联想汉卡的研发和产业化工作，兹将这项工作的一些心得体会与各位同志分享，这对于我国当前探索技术创新和高技术产业化具有现实意义。

（一）汉卡的技术意义十年磨一剑

在20世纪上半叶，英文打字机的普及，极大地提高了文字资料的处理能力，为世界进入信息时代奠定了基础。

但是，由于汉字的复杂性，使中文打字机迟迟未能设计出来。而后来设计出的中文打字机，要配备数千个铅字组成的大字盘，昂贵的机器成本和复杂的使用技术决定很难普及。毛泽东主席对此也曾深感无奈，发出了中文"要走世界共同的拼音文字道路"的慨叹。

1984年，美国洛杉矶奥运会，新华社派了22名记者和4名摄影记者前往采访报道，在现场的7000名记者中，只有我们记者用手写来报道，其他记者都是用打字机写稿。汉字似乎成了被打字机抛弃的"落后文明"。

1981年，IBM推出了PC机，也就是个人电脑。它在西方世界迅速流行并进入了各个应用领域。但在中国PC的推广却遇到了处理汉字的难题，这包括汉字的编码、字型、输入、输出、显示、汉字软件，等等。在这一需求的推动下，各种汉字系统应运而生。PC上最早的汉字系统是CCDOS，它是纯软件的解决方案，成本低。但也有缺点，例如在PC/XT上，汉字显示速度每秒只有几十个，全屏幕只能显示十行汉字文本，汉字字库占据了1/3的RAM，汉字显示必须通过BIOS，破坏了"直接写屏"协议，使极大多数外文软件不能用于汉字处理。

1968年，中科院计算所六室显示组，在万永熙先生主持下已在717机上首先实现了汉字显示。后来在SK-1光笔图形显示器上大大增强了汉字显示功能，并实现了光笔与显示屏的人机交互功能。

1974年，在输入方面，我在计算所阶梯教室作的学术报告中首次提出了联想输入方法，即利用上下文的关联由计算机辅助汉字输入。

1974年，我作为计算所代表参加"748"工程会议后，六室输入组开展了汉字处理研究。

1979年，开发出了"111汉字信息处理实验系统"，获中科院二等奖，它解决了汉字输入、输出、显示、人机交互等技术问题，并为机器翻译、情报检索等研究项目提供汉字处理服务。接着，我们开始进行汉字处理成果转化工作。

1980年，推出的第一个产品是"汉字、图形显示功能板"，它适用于当时流行的Cromemco、CCS等S-100总线微机，加上此板具备汉字处理功能，由457厂负责产品生产、销售和技术支持服务，取得了较好的经济效益。

1983年底，又发展为一个完整的汉字微机系统——汉字图形微型机LX-80，获得中科院三等奖，转让给457厂等四家共生产了600台。对于中国最早的这种"产学研相结合"尝试。时任457厂厂长，现任中国船舶重工集团公司党组书记、总经理李长印同志给以高度评价。他向重庆市政府推荐，在"三峡博物馆"中，将当年457厂和计算所合作的汉字处理产品作为对我国科学技术有创新并有大经济效益的项目进行展示。在上述两项产品的基础上，1984年6月，在信通公司和中航技深圳工贸中心支持下，我们进行了将LX-80移植到PC成为联想汉卡的开发工作，到年底已基本完成。

1984年11月，中科院计算所在改革开放指引下，按照中科院的方针后来称"一院二制"，为转化所内成果，创建了计算技术研究所新技术发展公司（以下简称"计算所公司"）。由所长曾茂朝兼董事长，业务处副处长王树和任总经理，原八室副主任张祖祥和六室实习研究员柳传志任副总经理。我虽已是副研究员有很好待遇，但受"科学技术是生产力"的感召，应邀于当年12月出任公司总工程师，将汉卡的全部技术都带入了公司。在公司"开发、生产、销售、服务"一条龙的共同努力下，一型联想汉卡在1985年5月开始投放市场。

1968年，做出汉字显示起算，到1985年投放市场，联想式汉卡从开始研究到推出产品，用了十多年时间。联想式汉卡推出后，计算所公司确立了以"联想式汉卡作为拳头产品，作为龙头，带动起整个经销"的业务，汉卡自身也在计算所公司这一机制下得到了迅速发展和推广，实现了产业化。

联想式汉卡包括捆绑销售的软件，是将已在8位机LX-80上实现的联想汉字系统功能移植到PC上，成为PC的一个扩展卡，通过硬件与软件相结合的方法，使PC不论处理中文还是处理西文，显示速度不变，显示格式不变，字库不占RAM，"直接写屏"协议不变，外文软件基本上不需"汉化"就可使用。当然，还有"联想"功能这一特色，并因此命名为"联想式汉卡"，全称是"联想式汉字微型机系统LX-PC"。

在当时"汉卡"这类产品中，联想式汉卡推出早、销量和影响最大。与后来那些仅作为汉字字库的汉卡不同，联想式汉卡以提高汉字处理性能为主，对于486以下的PC，它把西文PC变成中文PC，中西文软件达到高度兼容，处理能力几乎相同。

中科院计算所新技术发展公司产品目录：

1. LX-PC多功能联想式汉卡

2. PLAN系列局部网

3. 68000NIX汉字系统

4. JB-II EPROM编程器

5. A/D与D/A转换器

6. IBM-PCXT多用户系统

7. 5000W抗干扰稳压电源

8. 5KW微型控制稳压电源

9. 脉冲镀金电源

10. LX-80A联想式汉字图形微型机

11. CSQ-8001存贮取样示波器

12. 心脏室颤域值测定仪

13. 喷墨式彩色绘图机

14. FORTUNE88000+LX80A终端

15. 建筑工程预算软件包

16. 大气环境自动监测系统

17. JKJ科技文献检查系统

虽然联想式汉卡的软件与硬件捆绑，不单独销售，但实际上软件占有重要的地位，包括汉字系统软件和应用软件在内；秦梅芳等人的硬件团队和许志平等人的软件团队始终密切合作，才能有系统整体的成功。

《联想式汉字系统技术参考手册》表明，当时联想式汉卡已发展了一套智能化汉字输入技术：除联想功能外，用户可用自定义码表生成任意输入方案，支持词与词组输入，"联想"的上下文相关长度达到4个汉字，"联想"出来的候选字可动态排序，允许用户在输入现场自定义词与词组，输入中的候选字可动态排序。只是限于当时PC的硬件水平，这些技术难以充分发挥罢了。因此有人说，联想式汉卡将汉字从"字处理"扩展到了"词处理"。

1989年，联想式汉卡的硬件采用了孙组希等人开发的ASIC芯片，这就是七型（ASIC）卡的DLX-9000芯片和秦梅芳、许志平等人开发的九型卡的TLX-9200芯片，后者将汉卡功能集成在VGA芯片中，以"汉字芯片"代替了汉卡。

联想式汉卡是当年汉字处理领域的一项阶段性的成果，它的诞生表明有数千年历史的汉字决不会影响计算机在中国的推广应用，对于后来汉字处理领域的技术创新和计算机在中国普及起到了促进作用。

20世纪90年代中期，随着486电脑及以上电脑的出现，这些电脑已经配置中文Windows。由于PC的普及，DOS汉字系统包括汉卡在内，已"英雄无用武之地"。

联想式汉卡到1995年结束销售，前后历时十年，共销出了16万套，利税逾亿元。

汉卡产品和技术是在中国高技术企业萌芽阶段发展起来的。当时跨国大公司尚未充分认识中国市场的重要价值，对汉字处理技术还一窍不通，使得汉卡产品和技术抓住历史性机遇，为中国企业成长开拓出一条道路。

（二）产品创新带动企业和产业的发展

阶段性的产品创新对于企业是具有重要意义的。抓住这样的技术创新的机会，可以为企业的发展奠定基础。

当年我们开发联想式汉卡首先是为了支持国家计算机事业的发展，没有考虑如何在计算所公司取得利益。当时，计算所公司是国家的，技术资源国家无偿给，我们技术人员无条件地进入，全身心地投入。汉卡和我们对计算所公司的价值，现在可以用金钱来评估，而在当时并没有评估，但我们科技人员及其掌握的科技，是计算所公司在市场中生存下去的主要资本，也就是"第一生产力"。

1988年，联想式汉卡获得国家科技进步一等奖，是中科院计算所科技人员在计算所内长期研究开发的基础上，通过计算所公司（联想公司的前身）"开发、生产、销售、服务"一条龙的机制，实现科技成果产业化的一个典型。

联想式汉卡为计算所公司取得了第一桶"金"，据公司财务报表显示，它头三年为公司创造的利润包括退税达到1237万元，按物价水平折算，大约相当于今天的7.8亿元，还创建了"联想"品牌。

1989年12月14日，计算所公司更名为联想集团公司，并抓住产业历史机遇发展成为中国IT界的跨国公司。联想集团公司的老员工不会忘记，是计算所造就和培育了联想集团公司。

1984年11月9日，计算所公司成立时，计算所对公司的投入，主要是计算所的无形资产。主要包括即将形成产品的联想汉卡技术、计算所的商誉和技术后盾、计算所提供担保的大量贷款、计算所交给公司承担一些科研任务等，以及计算所提供的许多实验室和办公室。不过由于当时的历史条件，无形资产都没有进行评估。后来有的宣传只说计算所投入了20万元启动资金，这是一种误导。查阅公司历史文献可知。

1988年，即计算所公司成立后4年的宣传手册上，在公司简介第四段中才首先出现"20万元的创办费"字样。但以后这个计算所的次要投入"被"越来越夸大、越来越强调，以至于替代了计算所的主要投入。当然，这个"替代"过程是逐步的，在早期是难以觉察的。

1989年11月14日，计算所公司更名为联想集团公司大会上，时任总经理的柳传志先生在大会上宣称："联想集团以开发成功联想汉字系统起家并由此而得名。"

这段话肯定了计算所对于联想公司的历史贡献。如上所述，在计算所公司成立时，联想汉卡已在计算所里研制了十多年，即将变成产品，这样，才能在公司成立半年后就进入市场；而且，联想汉卡推广所需的大量资金也来自计算所担保的贷款。

后来联想式汉卡的推出，"被"改到1986年，实际上这时推出的是联想二型汉卡了，并称汉卡是用1985年计算所公司的70万元利润投入后开发出来的，这不仅无视高新技术成果研发的艰苦性，而且也企图割断该公司和计算所的历史联系。事实上，在1985年，计算所公司利润的来源，正是因为已开发出联想式汉卡，所以在与其他公司的竞争中赢得了中科院的500台PC机的合同，这些PC机都配联想式汉卡，公司又为这500台微机验机、装汉卡、培训、服务，通过这一大合同，获得了300万元营业收入和70万元利润。

1994年12月8日，朱丽兰同志在联想集团成立十周年大会上说，"联想集团的成功，是计算所多年来成果积累的一种体现，如果没有这样一个坚实的科技背景是不行的"。而联想式汉卡正是计算所多年来成果积累和坚实的科技背景的具体体现。

联想式汉卡是高利润产品。例如一型卡推出时，售价4000多元，成本只有1000多元；汉卡中销量最大的是联想七型汉卡（ASIC型），物料成本加上制造成本为1260元，销售价为2500元。所以，历年来汉卡取得了重大的经济效益和社会效益，特别是在起家阶段，联想式汉卡为计算所公司积累了资本。

1985—1987年，根据统计，计算所公司头三年营业额分别为300万元、1800万元、7000万元。联想式汉卡在全部产值和利税贡献中分别占了38.1％和45.6％。除了这一直接效益外，它还带动了PC的销售，因为买汉卡的用户往往都买PC，有重大的间接效益。

正如柳传志先生在1988年4月所说："联想式汉卡是参与市场竞争的拳头产品，至今已销出一万套的联想式汉卡，不仅取得了明显的直接经济效益，而且其间接的经济效益和社会效益也是相当可观的。"至于其他效益，最显著的应是它对联想集团企业品牌的贡献，没有联想式汉卡也就没有后来的联想公司。

从计算所公司到联想集团的发展过程，可以看出联想的发展和其主要的两个拳头产品有密切的关系。首先是联想式汉卡创建了"联想"品牌。

1989年11月14日，计算所公司成立5周年时改名为联想集团公司，当年公司产值已达到4亿元，和四通公司齐名，成为中关村高新技术企业的两大龙头。接着，我们又开发出联想微机，发展了"联想"品牌，使联想集团进一步成长。联想微机没有直接继承计算所的成果，但之所以能迅速开发出有竞争力的微机产品，也是和我们团队在计算所长期工作所积累的知识、技能和经验分不开的，而且联想系列微机的第一个产品联想286PC机正是在计算所公司中开发成功的，所以，联想系列微机的成功也有计算所的贡献。

（三）汉卡对高技术企业创业的价值

汉卡的经济价值在市场上的显现让所有人认识到科技人员的价值。点燃了技术人员创新创业的热情，乃至人力资本参与创业和利润分配的制度完善。

1992年12月，中国科学院嘉奖联想集团公司和我本人，表彰在"科技成果转化为生产力，发展高新技术产业的道路中，取得了令人瞩目的成就"。"其中联想汉字系统和联想系列微机分别荣获国家科技进步一等奖，创造了明显的经济效益和社会效益。""目前的联想集团公司已初具规模，成为一个技工贸一体化的外向型产业集团。"联想式汉卡成功的经验正是高技术实现产业化，主要体会是：

1. 市场需求高于一切

如何提高科技成果转化率？联想式汉卡的经验表明，成果能否转化，首先要看它是否符合市场需求，而不在于技术本身的"高低"。例如，在1983年我们已用联想汉字处理技术做出了一个完整的8位微机系统LX-80，但当我们看到PC将成为市场的主流时，就毅然决然地放弃了8位机而将这一技术移植到PC的插卡上去，从技术角度看，这是一个倒退，从一台微机变成了微机中的一个插卡；但从市场角度看，这是一个进步，进入了PC这个主流市场。

2. 依靠创新不断发展

一个产品要在市场竞争中领先必须有所创新。一开始，联想式汉卡能脱颖而出，是因为它首先应用了联想技术实现了汉字显示直接写屏，用卡上RAM构成汉字字库，等等。后来，联想式汉卡能维持十年寿命也是依靠不断创新、不断改进。我们先后在硬件方面发展了8个型号，采用了ASIC技术，在软件方面更新了数十个版本，不断加强中文系统软件和中文应用软件的支持。看来，IT市场上成功的产品一定都是成系列的，不会只是一个型号。

3. 抓住机遇以快取胜

联想式汉卡和四通中文打字机、方正排版系统一样，都是抓住了当时计算机必须解决中文处理这一历史机遇而成功的。在联想式汉卡推出后，也有不少公司跟着做，但大多不成功。在IT行业中，进入市场的迟早至关重要，有人比喻为"快鱼吃慢鱼"。尽力使产品早进入市场往往比追求性能价格比更为重要。例如，为了使联想式汉卡在公司成立后的半年内就投放市场，当时来不及在结构上做更多的改进就先推出了一型卡（用三张卡互联），然后再在后续的各型卡上不断改进结构和性能。实践证明，这样做使联想式汉卡在市场上"先入为主"，也使公司一开始就得到拳头产品的支撑，不论对开拓市场还是对积累资金都是有利的。

4. 创新要有制度保障

当年，中国知识产权制度建设刚起步，作为职务发明的科技人员的知识产权被企业无偿使用，其权利更是无从保障。当缺乏远见的公司将研发只当作企业成本，而不是未来竞争力时，我和同时代的科技创业者们大多处于弱势地位，无能为力，最终容易被扫地出门，一些很有前景的技术创新往往在襁褓中被扼杀，甚至在成功进入市场后被扼杀。历史一再证明，没有技术积累和技术创新能力的公司是没有前途的。要创新，首先要形成真正尊重科技人员价值的文化，用制度保障科技人员的切身利益，点燃创新者的激情。

七、创办希望公司的回忆

作者：北京中科希望软件股份有限公司董事长　周明陶

2022 年 8 月 26 日

导读：北京中科希望软件股份有限公司董事长周明陶先生，是北京及中关村第一代科技企业创业者之一，也是中国科学院科技体制改革"国有民营"优秀的代表。本回忆录向读者展现出我国知识分子在改革开放的大潮推动下的伟大创举，放弃优厚的待遇，走出中国科学院"象牙之塔"，走出"高墙"创办科技企业，使科研成果转化为商品进入流通领域，不仅成为真正的"第一生产力"，还成为中国经济新的经济增长点。

周明陶先生在本回忆录中用朴实带有哲理的文字，叙述了他在中国科学院的科研经历，以及创办希望公司的真实想法与过程，彻底改变了一些人认为中国科学院知识分子创办公司是在科研领域无法发展才去办公司的错误意识。也让读者能够触摸到改革开放中我国知识分子在"一穷二白"的情况下，创办科技企业的心态，用知识创造财富，技术与贸易在实践中的运用，"国有民营"科技企业在产权及股份制方面的探索。该回忆录向人们展现出改革开放初期，我国科技体制改革珍贵的历史画卷，也是珍贵的历史文献，弥足珍贵。

（一）迈入计算机领域

我和计算机打了一辈子交道，还真不能算是正宗的科班出身，因为我大学本科学的是电机电器。

1962 年，我从上海考进哈尔滨工业大学，其实对学电机电器专业将会从事一个什么样的职业，可以说压根儿没有什么了解，当然对一个中学毕业生来说不了解也情有可原。当时的家长好像没有对子女像现在这样全程关注。其实那时的学生学习的自觉性反而更高。进入学校的前三年充满着学习的热情。但是从 1965 年下半年，到农村参加社会主义教育运动（注：简称"社教"）到"文革"再到复课闹革命，再到延期一年

周明陶先生近影，照片为希望公司提供并授予版权。

分配到"五七干校"劳动锻炼为止，大约也是三年时间，学习基本上成了一种需要自律才能为之的行为。在一年半的劳动锻炼之后，我被分配到黑龙江省巴彦县电机修理厂（注：该县现在属哈尔滨市管辖）。幸运的是我的起步工作竟然还是和专业没有完全脱节。这样的工作也让我沉淀到我国工业体系的最底层。大概也就是这种沉淀使我的母校哈尔滨工业大学，下大力气在20世纪70年代中期把我推荐到了一个开始尝试使用计算机的国家级单位。这个单位是第一机械工业部第一设计院，一个刚刚在一号命令下搬迁到安徽省蚌埠市的中央单位。

他们刚刚分配到一台计算机，要开始尝试用计算机帮助进行建筑设计。计算机是哈军工（注：现为国防科技大学）设计的441B-3型晶体管计算机，由天津无线电厂生产。调令到得恰逢其时，我报到后几乎直接安排去了工厂车间跟着工人师傅参加了整台计算机的生产、安装、调试工作。这是一台运算速度大约每秒5万次32位浮点运算、内存仅64K

却占地大约一百平方米的大家伙。这次的工作，使我迈入计算机领域，直至今天还在从事IT行业。

在机械部第一设计院工作时期迎来了改革开放，我产生一个梦想，就是想进入一个以计算机为主业的单位，凭借这个梦想的激励，我参加了"文革"后第一届研究生的考试，从而进入国家队中国科学院计算所学习，补足各种科班出身所需要的计算机软硬件知识。三年的学习结束后顺利留所工作，真正迈入计算机领域的神圣殿堂。

（二）创办希望电脑公司的起源与过程

进入中科院计算所工作，对我们这些"文革"后首届研究生来说是梦寐以求的，尤其对一些和我一样的在"文革"中分配到社会基层单位的学生。当时研究所也是花了不少工夫才取得留京指标把我们留所工作的，"十年浩劫"之后的中科院计算所正处在青黄不接的时期，特别需要增加新生力量，我们留所工作之后都十分被重视。

我在计算所工作的短短四年中，不但成为所在研究室的骨干，还受到所里的重用。那几年我经常跟随所长参加院、省一级的合作交流并代表研究所参加一些国家项目的会议，当时除了担任计算所关于微机办公自动化的国家"六五"攻关项目的所级项目负责人，还当选计算所学术委员会专业委员会的委员。当然我们也都全身心地投入到工作当中去。当年从外地考来留在计算所工作的同学，基本都是与老婆孩子两地分居，我们都住在计算机的单身宿舍里，业余时间几乎全部都投入工作中。即使上班之余有时间在宿舍里聊天的时候，大家聊的中心内容也是关于各自研究工作的核心难点和解决需求。

这时有同学提议，我们同班留所的同学几乎遍布计算机领域的所有重要研究方向，我们为什么不定期举行讨论会，交流各自研究工作中的体会和思考呢？

于是，一个由我们同班留所的同学参与的讨论会开始了，定在每周三的晚上开讨论会，最早选择了三室林向东同学的办公室作为讨论会的地点。当年我国计算机正处于广泛应用，并助力国民经济高速发展的起步阶段。我们这些看到"文革"十年使我国科技和经济发展停滞的研究生，更渴望研究工作能有利于科技与经济的结合，有利于计算机应用的发展。同学之间的学术交流不但开阔了大家的眼界，也让大家感受到各自研究方向存在着合作的机会。但是我们当时是在科技人员青黄不接时期补充进来的，虽然进入计算所的时间不长，但都成了各个研究室的骨干。

20世纪80年代初，计算所的各个研究室也在想法抢回被"文革"耽误的时间，考虑了很多各自的课题。但是我们发现当时的计算所虽然有一种加快发展的愿望，但旧的科研管理体制束缚着科研人员工作积极性的发挥，各个研究室之间各自为政，计算所更是"山头林立"。我们同学之间在讨论中形成对计算机应用的共同兴趣，根本无法建立起有效的合作关系，我们的学术交流逐渐变成了如何突破当时的体制束缚，走我们自己的发展道路的讨论。我们要成立一个独立的研究室，甚至研究所，来发展为国民经济所需要的微机应用的想法。没有想到的是当我们有的同学把这样的想法透露给所领导后，在所里引发一片哗然。在所里召开的科研工作讨论会上，很多研究室的领导反对让我们横向合作，要求保证各个研究室科研课题的进展。我们的导师们大多参加了会议。虽然有些导师理解我们的想法，但大部分参会者都表示反对，认为我们这些年轻人在中科院计算所学到了本事就想独立，是没有良心。各种不利于我们的大"帽子"扣在我们的头上。现在回想当年这个现象，表面上看是科研学术的不同看法，实际上是我们的报告打破了旧科技体制格局，触动了别人的"奶酪"。

还有的所领导提出让我们搞第五代计算机，这就更加大了所里与我们想法的差距。第五代计算机是当时日本提出来的研究方向。作为以搞大型机为主的计算所，有这样的想法我们是理解的。但是计算机领域的科研方向，只有与应用相结合才能有效发展是我们的理念。当时我国的计算机应用还处于初级阶段，搞第五代机没有广泛的应用背景，对科技对国民经济发展的支撑作用不是很明显。而当时国际上微型电脑也就是个人计算机刚刚开始发展，而我国又刚刚开始改革开放，我们觉得微型电脑应用才是首要应该发展的。

既然我们的想法已经在所里传开，我们就正式向所领导提出，我们希望能办一个微机应用的研究室或研究所的想法。所领导很关注我们的想法，可能因为这个"我们"牵涉了七八届大部分留所研究生。他们组织了一个座谈会，当时计算所的书记范培义和许孔时副所长参加。座谈会对我们同学是开放的，谁都可以参加。其实座谈会的气氛还是很好的，但是计算所领导还是希望我们搞第五代计算机的想法没有任何变化，而我们想联合起来搞微型电脑应用，促进计算机事业发展的想法没有被理解。座谈会的结论似乎就像计算所范书记说的："计算所里很需要我们，有很重要的科研工作希望我们去做，但如果我们要办研究所，计算所领导就没有办法了，那应该去找中科院领导。"

我们的每周讨论会还继续进行，但只要讨论到合作问题就一筹莫展。那时毕竟是改革开放的初期，大家的思想相当活跃。围绕着我们的共同目标各自想着各种办法。大家一致认为既然所里解决不了，所领导也说办研究所只能找院领导，我们何不直接给科学院领导写报告呢。这一想法得到了大家的支持。但对于我们这些刚刚研究生毕业不久，以前一直在社会最基层工作的同学来说，要给中国科学院的领导写报告真是一件天大的事。我们经过好几天反复讨论终于成稿，这个报告竟有十八个同学联名签署。这就是后来在科学院内外引起不小震动的原因，也是后来社会上流传的计算所十八勇士下海创业的故事起源。当时正好有一个同学的大学同学是中科院秘书长顾以健的秘书，她答应帮我们提交。但是报告没有得到回复。这时，有一位同学告诉大家三机部表示要我们去他们那里，可以满足我们独立办微机应用研究室或研究所的全部要求（注：三机部后来更名为"航空工业部"）。我们派了几个代表去和他们沟通，我也是代表之一。三机部出面的是庄梓新，后来我和他成了好朋友，他当时好像是三机部634所的所长。谈得很坦率，也很开心。因为我们当时想法很简单，就是能让我们这些不同研究方向的同学联合起来做一些直接就能为国民经济服务的工作，如何才能真正做到没有太多的思考。这时我们中有一位同学忍受不了计算所里老没有最终答复，就写了一封辞职信交给当时的所长曾茂朝，并告诉他我们大家都打算辞职去三机部。

这封信确实起到了加速的作用。中科院严东生副院长给计算所批复"痛痛快快让他们办一个研究室"。

《人民日报》的两位记者到计算所的宿舍找我了解我们为什么要集体辞职，据他们说是当时的国家科委主任宋健安排他们了解情况的。使这件事情取得实质性进展的是当时科学院计划局成果处的处长钟琪（女）。那天晚上胡康通到办公室找我，说科海公司的刘剑锋带着院里一位处长到宿舍来找我了。她说如果我们去三机部的事情还没有最后落实，她想把我们都留下，科学院会是一个更适合大家发展的环境。钟琪真是快人快语。我跟胡康通刚刚回到宿舍，她就问我你们能不能不去三机部，你们的一些想法中科院也有办法给你们解决。她介绍了中科院当时正在考虑如何把科研工作的重心转到为国民经济服务的方向上来，中科院也在部署科研体制改革，这些都是有利于我们想法的实现的。她跟我说："你们的想法周光召院长一定会支持。"

当时周院长正在外地出差，她问我愿不愿意等院长回北京后，直接向院长汇报一下我们的想法。其实这是我们从一开始就求之不得的。几天后钟琪托人约我和胡康通去她家，说有事跟我们谈，当时大家都没有电话，只能约时间面谈。一到她家，她直接就说："周院长回北京了，你们想好了吗？"

她打算帮我们安排见周院长。她在得到了我们肯定答复后，就带着我们到附近的公用电话给周光召院长打电话。我听着钟琪在电话里把我们的情况简单介绍后，特别问周院长能不能安排时间直接听一次我们的汇报。如果中科院能够给他们一个从事计算机应用的机会，直接为国民经济服务，他们就愿意留在中科院。通完电话后钟琪嘱咐我一定等她的安排，去三机部的事立即停下来。

第二天钟琪就给我来电话，说安排好我们给周院长汇报的时间了，让我们做一些准备，把我们的工作情况和搞微机应用的想法详细给院长报告。根据安排好的时间我们去了六七个人，把周院长的办公室坐得满满的（注：当年周光召院长是中科院副院长，办公室只有一个开间）。

我根据大家提前商量过的想法向周院长汇报。讲述了我们想从事能够直接为国民经济服务的应用研究工作，不愿意做第五代机的研究。汇报了我们同学之间通过交流产生的合作愿望在所里很难实现。我们都是科学院研究生院培养的学生，我们当然更愿意在科学院工作。

周院长很平易近人，和大家进行了一些交流。最后他坦率地告诉我们在科学院办一个新研究所也是相当困难的，要国务院评审批准才行。不过现在国家开始改革开放，中科院也在探索更有效的科研发展道路。世界上很多科研工作也都是在一些企业里完成的。如果我们愿意办公司院里是可以支持的。公司的形态是"自主经营、自负盈亏"的，启动资金院里可以从中科院开发基金中给予支持。他问我们大家愿不愿意。我们当即表示愿意。其实我们来之前也商量过，当时科海公司、京海公司已经成立，所里各个室也有不少办公司的舆论，社会上办公司好像也正在成为热词。

（三）希望公司初创期间的探索回顾

从院里回来我们就开始着手创办公司的准备工作。没有想到的是周院长也开始了紧锣密鼓的工作。在前后一个星期中，周院长先后和计算机的张修副所长、中科院主管行政的章洪森副秘书长、中科院技术科学部的苏学智主任等五六位对我们在院内成立公司会起到作用的相关领导打招呼，要求他们在我们成立公司的过程中给予帮助。前后折腾了近半年的事情终于走上了正道。

在改革开放刚刚开始的年代，很多事情还没有明确的规则，而对我们这些研究所里最基层的研究人员来说是相当难的。好在那是一个开放的年代，处处也能得到帮助。我们注册公司要注册资金，还要注册费。经钟琪介绍，科海公司的陈庆振帮忙，介绍我们接受一项人民日报社的办公自动化系统项目咨询工作，我们派侯业勤同志去了，得到了2000元咨询费。这就是最早的启动资金，注册费就是用这笔钱支付的。

注册资金是计算所和中科院联合帮我们解决的。计算所张修副所长给我们开具了20万元人民币的注册资金证明，公司在工商部门注册完成后，科学院计划局在科学院开发基金里给我们发放了50万元开发贷款，提供了创业初期的运行资金。当然这是改革开放初期，相关法规还没有制定，公司就这样成立了。

公司要一个工作地点，那个时候可是有钱也没地方租的。计算所的南侧墙外有一排"文革"期间建的宿舍楼，大家称它"简易楼"。不论从外形到内部结构处处都能体现出"文革"期间粗糙建设的简易来。我们当学生时还有好几个同学的集体宿舍就在"简易楼"。

那个年代住房特别紧张，还有不少计算所的工作人员住在里面。计算所行政处的同志，帮我们在简易楼找到了三个楼道的五间房间借给我们暂用。公司的第一批员工余燮堂同志，随手就找了一块小木板，拿起毛笔就写上了一个"H公司"，公司的第一块牌子就这样竖了起来。你看，当时在场的人都自豪地拍了一张合影（见下页图）。海淀黄庄盖公司办公楼那是后话了。

1985—1986年两年我们就是在"简易楼"里开始创业的。

1987年初我们搬进了新楼。

2008年，中央电视台搞改革开放三十周年专题片时还让我们陪同他们重访我们的"简易楼"呢，"简易楼"竟然现在还在。

再说说公司名字的由来。起名字本来就是一件极难的事。奋斗了大半年好不容易得到了中科院的批准，大家几乎群策群力日思夜想想起一个好名字，最后大家一致同意叫"H公司"。这个英文"H"既是高技术英文（High Technology）的首个字母，又是计算机十六进制（Hexadecimal）的首个字母。

我们拿着盖着中科院大章的申请去办理"H公司"的营业执照相关手续时，一进工商局就挨了"当头一棒"。工商局同志告诉我们，我国

1985 年，希望公司在初创时期，部分员工在中科院计算所内的单人宿舍设立的办公地址合影。右三为周明陶先生。照片为希望公司提供并授予版权。

公司法人单位的名字必须是汉字，不能用拼音字母。我们冥思苦想选择的名字被彻底否定了，我只好再去找周光召院长改批文。周院长问我为什么要改，我说了原因并表示请周院长也帮我们想想什么名字好。

周院长说："你们公司都是年轻人，就叫希望公司吧，英文首字母也是'H'。"（注："希望"的英文为"Hope"）真好，我们怎么就没有想到呢。就这样，"中国科学院希望高级电脑技术公司"正式定名。

1985 年 12 月 11 日，周光召院长在钟琪陪同下，看望希望公司员工。周光召院长认为公司办公环境确实太差，希望中科院有关部门帮助解决这个问题。

当时要在中关村给希望公司找一块地，盖一座办公小楼其实是相当困难的。主管基建的院基建局统建处的同志，陪着我们在中关村中科院的范围内找地方，当时有两块地方从面积和位置上来看都不错。一块是中关村北区24、25楼之间的一块空地，紧邻当时的中关村路（注：现在的北四环西路）。另一块在黄庄812、813楼之间，紧邻现在的中关村大街。都是好地方，但是和规划部门联系后都不行。有一天统建处的张汤颖同志（女）来找我，她说："科学院黄庄小区正在建设，815楼南面有一块地还没有确定用途，如果中科院同意盖个小楼是不错的。"我去找了周院长，他把我们的申请批给了基建局，科学院方面同意了。

但是即使在一块很小的地上盖一座很小的楼，要列入规划也是要向有关部门申报审批的。中科院同意了，还要海淀区批准。张汤颖建议我和科海公司合作。科海公司是中科院和海淀区合资兴办的企业，他们办理海淀区的手续会很顺利，由希望公司出地皮，科海公司出资盖一座楼，完工后这座楼一家一半。手续办完后，科海公司总裁陈庆振也同意了。可是工程建设刚刚开始，科海公司的刘建锋副总裁坚决不同意由他们全部出资。但这时施工单位已经进场了，我们又等着想尽快有自己的一座小楼。我们就接受了各自出资的方案。小楼建设过程中的酸甜苦辣就不多说了，要不是中科院行管局和基建局的全力支持，我真的很难想象这座小楼能建成。

1986年底，该楼完工。1987年，一过元旦希望公司就搬了进去。

（四）希望公司技与贸的结合

公司创办的头两年，我们的工作场所虽然只是简易宿舍楼里的几个小房间，大家的工作热情丝毫没有因工作条件而受影响。那时已经不像在计算所里召开学术沙龙那样只是互相交流了，我们是"自主经营、自负盈亏"的公司，大家都要认真讨论我们有了合作的机会搞些什么项目最有利于发展。

那时我们几乎每天商讨到深夜。抽烟的同学也越来越多。有一次一个同学要求大家不要抽烟了，说只要我们在里面开会都能看到开着的窗

1987年，希望公司在海淀中关村黄庄路口的公司办公总部。照片由希望公司提供并授予版权。

户直往外冒烟。讨论中大家比较一致的意见是一定要集中在计算机中文处理方向，充分发挥各位同学的专业特长开发产品、推广应用。公司起步时我们采取了科研项目立项管理制度，主要立项的有汉化CAD系统、汉字处理技术、中文办公自动化系统和"娃娃机"等项目。

大家都说"初生牛犊不怕虎"，真的是这样。我们投标"上海市政府办公自动化招标"成了公司的中文办公自动化系统初试牛刀的标记。这个项目的消息最早是来自国家计委的一位处长，他对我们一帮研究生联合起来办公司非常支持，他建议我们把参与上海市政府的招标作为公司第一炮，如果成功我们拿到一个大项目；如果不成，我们也在国家级的项目中展示一次能力。虽然我们最后没能中标，但正像那位处长说的那样，体现了我们的实力，增强了我们的信心。我们公司以侯业勤和张颖中两位为代表的投标小组，在强手如林的众多对手之间脱颖而出进入前三。我们这个创立刚刚一个月二十多个人的小公司，竟然让我国顶尖的清华大学和华东计算技术研究所的投标人员惊出一身冷汗。最后地处上海的华东所中标，或许这里也有地利的因素吧。

汉化CAD系统项目由林向东和潘卫平主持。大家在重写一个Auto CAD制图软件，还是开发汉化AutoCAD制图软件两个方案中认真推敲。重写一个AutoCAD制图软件确实是一个好主意，能为我们积累一套源程序。但是我们当时对AutoCAD制图软件的应用环境还没有充分的体验，而且工作量大、开发周期长，不如先开发汉化AutoCAD制图软件，在推广应用过程中加强技术开发，这是适合我们初创公司采取的策略。

在林向东、潘卫平团队日以继夜的努力下，不到半年就推出了AutoCAD中文处理软件，突出了计算机绘图中中文标注、图文编辑、中国国标等计算机绘图用户最需要的功能。我们通过办培训班推广一年多的时间就有了全国各地百多家用户。

当时正是我国电脑应用的起步阶段，邓小平同志有一句话叫"电脑要从娃娃抓起"。围绕我国可能出现的应用推广浪潮，韩蓉和胡康通主持开发了目标价位在几百元钱的适合中小学生使用的中文教学电脑，定名为H-01，也叫"娃娃机"。在电子部举办的展览会上展示了"娃娃机"，受到电子部领导的重视，吸引大量电子厂家洽谈生产。

围绕着公司同仁的汉字处理技术，不少人觉得开发一个适应各种计算机都能使用进行中文处理的设备应该是有发展前景的，于是由胡康通牵头，平镇中、侯业勤参与开始开发一种通用汉字处理终端。经过一年的努力综合了软硬件汉字处理技术的HT-86汉字终端系统开发成功，还通过了中科院组织的技术鉴定。

当年国务院北京电子振兴办举办的高新技术产品展评中，希望公司的HDOS软汉字系统、汉字CAD系统、中文娃娃机和HT86汉字终端系统等产品一共获得了七项奖，是当年包括各大院大所在内的参加单位中获奖最多的公司。公司的员工都非常兴奋，中科院也对我们的成绩表示赞许。那次评选中联想汉卡也是获奖产品，并与我们的HDOS汉字系统分列硬汉字系统和软汉字系统的第一名。计算所发的喜报里对联想和我们都表示了祝贺。我们公司就是在那样的喜悦气氛中与1986年告别，迎来即将乔迁黄庄新楼开展更广泛经营活动的1987年。

公司创办时，中科院给了我们50万元的开发贷款，我们起步的项目开发都是在这笔贷款支持下进行的。在近两年的时间里我们针对技术发展方向和应用需求开发了多个项目。

根据我们和中科院签订的贷款协议，50万元贷款应在两年里还款20万元，三年还清。我们在归还第一笔20万元贷款时，冷静地回顾了我们两年来的成绩和不足。公司的骨干集聚在一起认真进行了总结，也举行了第一次公司年度总结会。（注：这个制度一直延续了三十多年）总的看法是虽然开发了很多项目，获奖很多，但力量不集中，创造经济效益不大。我们应该集中在有经济效益的领域扩大业务。我们也应该乘着乔迁黄庄小楼这个机遇加强销售活动，也就是说我们要做生意。如果我们过于集中力量搞开发就有点儿像研究所了，没有利用公司这种体制的优势和特点。所谓要做生意也就是我们要突出中关村科技公司技、贸结合的特色。（注：当时还没有技、工、贸的说法，更没有技、工、贸还是贸、工、技的争论。）

确实是这样，头两年我们主要的业务收入除了汉化CAD系统的培训收入和"娃娃机"的小批量销售收入外，主要来自两个项目，一个是希望公司参与的国务院办公厅办公自动化项目，我们提供的初步方案是一个有中文处理能力的M24微型电脑构成的网络系统，系统使用的20台M24是从我们公司购买的。另一个是我们公司承接的国家统计局的一个统计软件。我们投入了好几个人，一年的开发工作项目的软件收入只有7000元钱。我们开发了这么多项目，从获奖情况就可以看出都极具前景，问题是我们如何技、贸结合取得突破。我们首先选择了汉化CAD系统。

也是一个机遇，当时我们发现了一种美国生产的图像加速卡AGC卡。在微机上插上这种有图像加速能力的硬件专用卡，图像显示能力大幅提高。主持公司汉化CAD系统开发的林向东和潘卫平认为，如果连上一台绘图仪就会成为一台挺像样的微机CAD工作站。再安装上经过我们汉化具有中文处理能力的软件，就能成为适应设计单位需要的计算机绘图系统。这里需要的关键设备是绘图机，当然有时候也需要数字化仪。看来我们到了迈出做生意进行技、贸结合的一步了。

于是我们决定代理当时中国用户看好的价格中位、性能良好的美国得州休斯顿仪器公司的HI系列绘图机，以及波士顿AGC公司的图形处理卡，构成汉化CAD工作站。没有想到这个项目很快使公司发展进入了快车道。这个项目是张颖中领导的，当时要想做绘图机生意真的不是很容易的。一台绘图机动则好几万元，最便宜的也在万元上下。如何谈到最好的价格和最有利的付款方式，张颖中这个北大数学系的高才生发挥了重要作用，使大家也看到了学者是怎么做生意的。但是不管你怎么谈付款方式总是要钱的呀。

很巧，当时工商银行海淀支行好像正想扩大放款。他们的一位信贷部主任找到我，问我为什么不使用银行的资金来发展公司呢。真是"雪中送炭"，我们根据当时跟外商谈的进货计划申请了第一笔贷款70万元。有了钱也有了产品，其实成功还有一个重点环节就是推广，现在我们都叫营销。张颖中策划了CAD技术研讨会，邀请了计算机辅助设计领域的专家和用户一起来参加，一起讨论用户需求、技术进展、应用案例。第一次竟然就吸引了过百名参会者，几乎国内从事或开始考虑开展计算机辅助设计的单位都来了。我们的能实现中文处理的汉化CAD工作站也成了畅销货。那年我们公司一共从工商银行贷款700万元，公司实现销售额1600万元，进入了《计算机世界》周刊十大计算机公司排名。当时中自公司的总裁张家林对我说："老周，你们怎么这么有钱，敢做几万元的绘图机。"

（五）确立公司产品在市场中的地位

在CAD市场上的成功让我们看到了公司发展的正确道路，使我们认真考虑如何更好地利用好希望公司拥有的汉字处理技术，如何在技、贸结合中取得发展。当时我们主要考虑的是汉字处理技术和什么样的贸易相结合，最有利于当时电脑应用市场的需求。与当时刚刚兴起的办公自动化应用结合成为我们主要的突破方向。当时主管销售的张颖中和开发人员沟通，在石油部采购500台微型电脑的大单上，提供了我们的汉字处理技术。我们把那500台微型电脑的显示设备改成Colour400显卡和1024×768显示器直接提供25行汉字屏幕。为这套系统提供汉字处理技术的软件取名为UCDOS1.0，这就是后来MSDOS时代，希望公司风靡全国的UCDOS的第一版。石油部这单500台办公自动化电脑是公司创立以来最大的单子，这也是我们汉字技术提高市场占有率的重要机会。公司展开了要不要进入电脑代理销售的战略讨论。当然最后的结论是立即开始做电脑生意，通过代理销售电脑来推广我们的汉字处理技术软件，快速扩大我们的销售规模。

在20世纪80年代末中关村的科技企业发展很快，"两通、两海"和联想公司的年销售额均已超过亿元。

1988年，希望公司的销售额只有3200万元。虽然仍能进入排行榜前十名之中，但我们扩大销售的欲望很强烈。在这样的环境和竞争的压力

中科院院长周光召（左三）在希望公司总裁周明陶（左四）的陪同下，观看希望公司产品。照片由希望公司提供并授予版权。

下，我们找到了给石油部提供电脑的供货商"美国鸿志公司"，也称AST公司，成为他们中国市场的总代理。以AST电脑安装希望公司USDOS汉字系统的电脑，在中国生产快速扩展。

1992年，希望公司的销售额突破一亿元。

那几年电脑硬件的发展相当快，显示技术和存储技术的发展，使汉字处理技术得到空前开阔的发展空间。公司的汉字系统在市场上也遇到激烈的市场竞争。当时联想公司也是AST公司中国市场的总代理，而且他们的AST电脑的销售额几乎有我们的十倍。他们的联想汉卡当时也非常有竞争力。他们的硬件汉字系统几乎是我们最重要的竞争对手。而那时希望公司的UCDOS已经成为各事业部在市场上参与竞争的优势所在。而各事业部又各自对UCDOS进行各种改进。为了统一公司的产品开发形成更有力的竞争优势和拳头产品，公司在各部门之间开展竞标，夺魁者作为公司UCDOS产品的标准，也让电脑客户能使用到希望公司整体实力和技术优势的产品和服务。竞标结果是以鲍岳桥为首的团队取胜，公司以鲍岳桥为核心组建软件事业部，宋明华任总经理。希望公司推出软汉字系统UCDOS 3.1版本，并根据用户需求不断进行改进，不但实现了屏幕上所见即所得，还使微软公司的OFFICE软件能够流畅运行。希望公司的软汉字系统UCDOS受到了大量用户的欢迎，据《中国计算机报》报道UCDOS应用最广泛的时期，国内有92％的微型电脑都安装了UCDOS。公司在软件业务方面取得了巨大进展。希望公司以UCDOS汉字系统和汉字CAD工作站两大优势领域，1994年实现销售额3.86亿元，名列1995年电子百强第59名。从此确立了希望公司作为我国IT领域重要企业的市场地位。

（六）希望公司创办计算机图书电子出版社

支撑希望公司初创时期快速发展还有一个项目，就是图书出版。想想有时候很多事情会有一些偶然性。我还在计算所五室八组工作的时候，组长史忠植从美国结束访问学者回国，给组里带回了一台IBM PC。那可是当年最早进入中国的IBM PC之一。我一有空就泡在这台微机上，熟悉各种使用功能。

因为对IBM PC使用的了解，1983—1984年一些刚刚兴办的公司如华夏公司、信通公司都请我去讲微机应用。顺便说一下，那时讲半天课的收入也就三五十元钱。但这对于当时月薪也就刚上百元的我来说，真是巨大的财富。当时联想公司（注：当时还叫计算所公司）的副总裁刘建峰写了一本书《IBM PC使用手册》，请我做审校。就这样和当时在计算所情报室负责这本书编辑出版的秦人华（女）熟悉起来了。秦人华当时有和我们一样的一些想法，觉得在计算所出版一些书真的是太麻烦了。层层审批，作者稿费还低，积极性不高。秦人华对计算机应用类图书敏感性极强。她想通过我们公司出一些计算机类的书，每本书都能给公司一定的费用。对当时专注开发收入不多的公司来说当然是有好处的。合作了几个月出了好几本书。秦人华她们几个人几乎每天就在我们公司上班，不是盖章就是发信与书店联系。

1986年底，我就和秦人华说："要不你们几个人都来我们公司吧，成立书刊事业部，自主经营。"就这样秦人华和杨淑欣加入了我们公司，越做越大，为希望公司打出了一片天地。当时我们一年要出好几十本书，影响越来越大。我们甚至把黄庄小楼一层也改造成书店了。没想到有一天北京市出版局"扫黄打非办"的同志找上门来了，说我们卖的都是非法出版物。其实确实没有错，我们不了解咱们国家的出版管理规定。我们以为我们出的是有关计算机应用的内部资料，不需要书号。还好"扫黄打非办"的同志很讲理。我们给他们介绍了我们出书的目的，他们也检查了我们的书店。他们发现确实都是计算机类的图书，就告诉我们，如果我们不公开卖，他们可以认为这是内部资料，但是我们现在堂而皇之地开个书店卖就不行，必须申报审批。而且还发现我们有不少书是翻译国外出版社的，特别认真地告诉我们这些书的版权也有问题，一定要通过有关机构购买版权。这个提醒相当有用。当时正是电脑微型机应用大发展的时期，关于软件使用的介绍特别少。我们发现这是个机会，每年两次参加法兰克福书展和纽约书展选购图书版权，这是秦人华的特长，我们每年花在版权采购上的款项相当多。由于我们当时给作者或者译者的稿费采用了版税制，吸引了大量的作者。逐步形成了希望公司书刊事业部计算机类图书快、全、新的特色。一下子黄庄的希望公司图书门市部成了全国计算机工作者和爱好者到北京必逛的书市，希望公司也成了我国最重要的计算机类图书出版商。我国对出版是有严格的管理要求的，当时我国的出版业实际上还没有进入改革开放状态，我们的发展动了传统出版社的奶酪。在出版业改革开放初期举办的书市和图书出版展销会上，各大出版社联合起来排斥我们，甚至举报我们没有书号出书以及以版税计稿费抢夺作者。好在我们有中科院作为后盾，通过中科院的人脉，做国家新闻出版署和中宣部的工作，最终得到了出版管理部门的理解。我们创造的盘配书的适应数字化转型的新出版方式让他们看到了我国当时出版单位没有制作能力而制作单位没有出版权利的现状。

1997年，希望公司成为我国首批获得电子出版权的企业。希望公司正式迈进了出版领域。至此希望公司成为我国极少既有软件开发能力又有图书出版权的企业。

（七）希望公司完成产权激励制度改革

回忆希望公司的创办过程还有一件重要的事情应该说说，就是产权激励制度改革。希望公司作为中科院院办公司，成立时是全民所有制企业。公司创办初期中科院为鼓励新办的科技企业，以"自筹资金、自负盈亏"的方针来发展公司，按照当时国家相关规定对公司盈利实行"五三二"分配的政策，也就是公司依法经营照章纳税之后的利润按五、三、二分配。百分之五十作为发展基金用于公司积累，百分之三十留作福利基金，百分之二十是奖励基金。这个政策对经营者的积极性和公司发展有明显的激励作用。

1994年，新会计制度实施后，公司的盈利实际上无法按五、三、二分配了。只要当年利润不参与分配的都作为公司积累增加公司的净资产，员工的工资和奖金作为费用列入成本。其实公司发展初期经营资金短缺是必然的，大家都心甘情愿地把福利基金，甚至暂时少发一些奖金把一部分奖励基金都用于经营上。没有了五、三、二分配制度，如何处理好积累和分配成了每年做年度预算时最头疼的事情。如何处理好我们这类科技企业资本积累，激励经营者就成了大家都关心的问题，包括公司经营者和政府部门。

其实不论中科院、北京市还是科技部都对当时"国有民营"的科技企业的产权制度改革相当重视。他们都希望让改革开放后科技体制改革中发展起来的科技企业，有一个适应长期发展的产权关系和激励机制。

20世纪80年代末，中科院就让当时的政策局和我们讨论产权激励办法。到90年代中希望公司划转到中科集团之后，产权激励制度改革几乎到了要付诸实施的程度。但是最后真正实现产权激励制度改革是在中关村开发区和中科院推动下，由北京市、科技部和财政部联合批准完成的。

1998年的一天，当时的中关村科技园区主任找我谈话，他明确地问我愿不愿意以希望公司作为试点，进行经济性质属全民所有制的科技企业产权激励制度改革，中科院有没有可能支持。他表示北京市和中关村开发区会全力支持。我向中科院领导汇报后也得到了全力的支持。根据20世纪90年代当时的改革思路，我们提出了公司发展初期五、三、二分配制度的政策实施阶段的发展基金积累，作为公司的初始资本。

1994年，新会计制度实施后，到1999年的资产增值看作国有资本和经营者共同努力的成果。中科院以当年公司净资产的35%用于产权激励，其中20%用经营者在五、三、二分配制度政策期间留存并一直参与在公司经营发展里的福利、奖金两金结余购买，15%由经营者现金出资购买。我们的方案由北京市中关村科技园区上报，得到了科技部和财政部的批准。我记得在开始试点的时候列入第一批名单的有六家各部委的科技企业。

2000年5月10日，获得批准的只有我们希望公司和振冲公司、中讯公司三家。至此，希望公司成为一个产权关系清晰的企业，也促进了我们在2001年完成了股份制改造，成为符合现代企业制度的股份有限公司。公司也正式更名为"北京中科希望软件股份有限公司"。

现在回想起来，从在中科院计算所三室的办公室里每周举办一次同学讨论会到成为一个真正意义上的公司竟历时十五年。这十五年现在想想也是我国经济体制改革和科研体制改革最活跃的十五年。我能参与其中真是生逢其时，一生有幸！

八、清华大学创办校办科技企业历史与概况

作者：原清华产业管理处处长、清华企业集团副总裁　白洪烈
清华控股有限公司资深副总裁、中国高校产业协会常务理事　薛保兴
清华大学校务委员会副主任、中国高校产业协会副理事长　荣泳霖
2008 年 7 月 8 日

导读:《清华大学创办校办科技企业历史与概况》，是记录清华大学创办校办企业与校办科技企业历史的珍贵回忆录，也是我国高校唯一的对创办校办企业与校办科技企业历史记载的回忆录。《北京·中关村民营科技大事记》首次发表该回忆录，该回忆录不仅是今后人们研究改革开放大潮中中国高校创办校办科技企业的宝贵的历史文献，也是向读者呈现出改革开放中，中国高校勇于探索，创办校办科技企业，成为中国国民经济新的经济增长的历史画卷。

（一）源远流长的清华校办产业

1922年，清华大学创办校办企业，开办之初就将自己的命运与国家的命运、学校的命运紧密联系在一起。新中国成立后，清华大学的校办产业更与国家的建设与发展紧紧联系在一起。

在中共中央"利用现有工厂及实验室设备增加生产，服务社会"，"一切高等工业学校可以进行生产的实验室和附属工厂，除了保证教学和科学研究的需要外，都应当尽可能地进行生产"的重要指示和"教育必须为无产阶级政治服务，必须与生产劳动相结合"的教育方针的指引下，清华大学校办产业开始向教学、生产、科研三结合的道路迈进，开

创了科技成果向生产力转化的新阶段。清华大学以专业技术为依托，建立了机械、自动化、计算机等工厂，生产了一批当时在国内拥有领先水平的产品，如中国第一台数控机床、200周波交流计算机台、激光自动分步重复照相机、DJS-130计算机等，填补了国内的空白。

1978年，党的十一届三中全会之后，随着国家的工作重心向经济建设转移，"科教兴国""科学技术是第一生产力"的方针开始全面贯彻落实。在改革开放大潮的推动下，清华大学的科技产业迎来了飞速发展的大好时机。

（二）上报邓小平批准的清华大学首家公司

1979年，清华大学为贯彻党中央"改革、开放"的方针，利用学校人才资源开展对外科技服务，增加外汇及其他收入，先后请示国家教委（注：现为教育部）和中共北京市委，并上报邓小平同志，申请成立一家技术服务公司，承担对外科技服务工作。

1979年11月22日，国家教委正式批复，同意成立"清华大学技术服务公司"。

1980年2月1日，中国高校第一家外向型科技企业，清华大学技术服务公司（以下简称"清华技术服务公司"）宣告成立。标志着清华大学的校办企业开始从单纯的"教学与生产劳动相结合"的校办工厂，向"产权明晰，事企分开，权责明确，管理科学"的现代企业转型。

清华技术服务公司以学校的计算机软件技术为依托，主要从事对外技术服务、技术咨询及科技交流，开创中国承包美国、日本、联邦德国等发达国家高水平计算机软件开发及高精度数据加工项目的先例，成为国内这一行业的先驱。据当时国家科委的统计，清华技术服务公司的软件出口占全国软件出口总量的1/4，居中国计算机软件出口单位之首。清华技术服务公司自成立以来，不断得以扩大与发展。

1997年，根据学校产业发展的战略部署，技术服务公司加入了新组建的清华同方股份有限公司，并顺利上市。

（三）清华开办校办公司的高潮期

1980—1993年，清华大学的科技型产业像雨后春笋般的涌现出来。

1993年底，学校直接投资的科技公司已发展到23家，包括具有独立法人地位的下属企业共62家。虽然在中关村电子一条街上看不到清华大学开办的公司，但这些科技企业在清华园内，依托学校的学科优势和相对完善的校内产业基地，与中关村的科技企业同步成长。这些企业的主要特征都是运用企业的运行机制，实施清华大学高新技术成果的转化和产业化；部分企业开始吸收社会资本，积极探索现代企业制度的建设。

（四）走出校园迈向社会的清华校办公司

1985年1月，工程物理系以冯忠潜教授等开发的 γ 射线测量技术为基础，与海淀区合作组建了华海公司，生产核技术测量仪器系列产品。该公司曾有过较大发展，成为北京市著名的高新技术企业，该公司后因产品市场萎缩而停业。

1987年6月，自动化系以金国芬教授（女）自主开发的自动控制技术为基础，与香港华润集团合作，组建了合资的华仪公司，开发工业生产过程自动化控制系列产品。

1988年6月，热能系以吕崇德教授，在荣获"国家科技进步一等奖"的电力仿真系统技术为基础，与华能集团合资创办了华电公司，生产电站仿真系统系列产品，该产品不仅占领国内市场，并出口到国外。

2002年，根据学校产业的总体布局，该公司并入同方股份公司。

1988年6月，电子系以殷志强教授发明的太阳能真空集热管专利技术为基础，与中关村先锋公司合作，成立了华业公司，生产销售全玻璃真空太阳能集热管及热水器。由于该产品符合国家能源政策，市场宽广，公司规模不断扩大。

1992年，在北京市经委的支持下，华业公司被列为北京市产学研结合的重点工程，与北京玻璃仪器厂合作，改制设立了北京清华阳光能源开发有限公司。

2001年，北京清华阳光能源开发有限公司，又吸收首钢参股，在北京昌平区阳坊建立生产基地，公司规模得以进一步扩展。公司以全玻璃真空太阳能集热管、集热器、热水器和热水系统为主导产品，累计拥有专利34项，先后获得国家发明奖和科技进步奖，引领了我国太阳能热利用新兴产业群的建立和发展。

1988年6月，电子系以冯重熙等教授自主开发的光通信技术及其设备为基础，成立了合资的华环公司。初期公司建在校内，规模不大，之后在上地信息产业基地建立了总部大厦，并在密云开发区建设了生产基地，公司得以迅速发展。

1989年3月，热能系的江亿和陆致成教授等成功开发了分布式温度控制系统，应用该项技术改造城市供热工程及楼宇空调系统，可大幅度节约能源，改善人居环境。热能系利用科研经费的结余，自筹资金创办了人环公司。由于技术先进、市场广阔，公司得以快速成长。人环公司组建时的注册资本为30万元。

1996年，该公司资产已超过4000万元。

1997年，以人环公司为骨干，组建了清华同方股份有限公司，并成功上市。

1989年3月，为化学系自主开发的液晶材料技术进行产业化，成立了京华液晶材料公司。公司初期在校内进行小批量的生产，后来为扩大规模，与河北省石家庄市郊区联合，成立了清华永生液晶材料公司，在石家庄建立生产基地，开始进行规模化生产。20世纪90年代至今，该公司从初期的TN液晶扩展到STN、TFT等多品种的液晶产品生产，其规模一直稳居全国第一。

1990年11月，微电子所以钱佩信教授等发明的激光快速退火技术为基础，与香港华兴公司合资组建了华兴微电子公司，将该项技术转化为具有自主知识产权的微电子生产配套设备。

1992年8月，精仪系以冯冠平教授拥有的先进传感技术为基础，开发生产系列计量产品，并组建了华滨公司。该公司由于技术先进，市场规模迅速扩大。

20世纪末，该公司参与了清华大学深圳研究院所属的力合创业投资公司的重组，其核心技术的开发和产品系列进一步扩大，现已成为力合公司的主导高科技产品。

当时，《中国青年报》的一位记者曾写过一篇报道，在该报头版刊出。文中对清华开办公司进行了形象化的叙述，说"在清华大学，你只要推开一个教研组的门，就可以看到一个公司的牌"。这话虽然太夸张，但在一定程度上反映了当时清华大学下属各学院、各系纷纷开办公司的情景。那时学校所开办的一批以专业技术为依托的学科型校办高科技公司，在中关村地区乃至全国都有一定影响。

在这个阶段，清华的公司基本是清华大学下属各院、系自发形成，自我发展，学校不投资也不干预。但是公司办多了，就会对学校的教学、科研工作造成影响，例如在某些教研组，就出现了"三维教授"的现象。"三维教授"是指有少数教授既是教研组或重点实验室的主任、学术带头人，又是博士生导师，还担任公司的总经理，一人兼三职，负担太重，既无法集中精力搞好教学、科研，又没有能力搞好企业的经营管理。

学校领导经过调查研究，为保证"以教学、科研为中心"的办学方针的贯彻实施，学校提出对校内的公司采取"统一领导、加强管理，调整压缩、扶植重点"的方针，既要肯定各系开办公司，从事科技成果转化和产业化的积极性；又要保证教学、科研中心工作的稳定发展。

（五）组建清华龙头企业清华紫光集团

1988年4月，为深化教育和科技体制改革，适应社会主义市场经济发展的需要，充分发挥学校人才和技术密集的优势和潜力，充分利用中关村新技术产业开发区的有利条件，加快学校科技成果向生产力的转化，实现科技成果商品化，经清华大学1987—1988学年度第九次校长工作会议决定，投资150万元创办"清华大学科技开发总公司"（以下简称"清华开发总公司"）。

1988年5月，清华开发总公司经国家教委批准成立。当时学校要求下属各学院、各系创办的公司要逐步并入清华开发总公司，今后学校下属各学院、各系不再开办公司。要求各系将自己的技术成果与总公司合作，由总公司筹集资金，负责管理，各系只需派出技术人员负责成果的转化与生产过程的技术指导。在学校的大力支持下，清华开发总公司发展迅速。

1989年，经营收入为1061万元。

1990年，经营收入为2595万元。

1991年，经营收入为5158万元。

1992年，经营收入为11154万元。

在清华开发总公司发展的大好形势下，为进一步探索我国大学高新技术企业发展壮大的新路，充分发挥企业集团合理配置与利用资金、技术、人才、信息等资源的整体优势，获得与清华大学相般配的、更快的、更大步伐的发展，学校决定以清华大学科技开发总公司为核心企业，组建清华紫光集团。

1993年4月，经国家工商局核准，清华大学紫光集团（以下简称"紫光集团"）正式宣告成立。紫光集团是"北京市新技术产业开发实验区"首批认定的新技术企业之一，享有外贸进出口权。紫光集团成立后，规模又有了更大的发展。

1993年，紫光集团经营收入为1.62亿元，到1998年已增至5.74亿元。

1999年，紫光集团因业绩突出，经上级有关部门批准，将其部分优质资产进行股份制改造并成功上市，新成立"清华紫光股份有限公司"（以下简称"紫光股份公司"）。

紫光股份公司总股本为12880万股，紫光集团作为紫光股份公司的主发起人与第一大股东，占总股本的62.11%，紫光股份公司发行流通股4000万股，募集资金4.7亿元。

2007年末，紫光股份的经营总收入达39亿元，市值达43亿元。

（六）清华校办公司的深化改革

1993年12月，国家教委、国家科委和原国家体改委在北京京西宾馆联合召开全国高校科技产业工作会议，号召高校大力创办和发展校办科技产业。

李岚清副总理在大会开幕式上发表了书面讲话，他指出："在向社会转化学术、科技成果的同时，各高校根据当前校内的人、财、物等条件，选择其中的一部分尽快在高校转化并发展成产业，或通过进入高新技术开发区、与社会联办等方式，发展成不同类型的实业型实体。这既是高校成果转化的一种形式，也是各高校综合改革的一个方面。"

李岚清副总理还指出："高校科技产业虽然起步晚，但起点高。在指导方针和运行管理上，应该借鉴国内外同类企业的经验和教训，直接纳入我国逐步构建的现代企业制度，既可按照经济规律办成市场竞争主体和法人实体，又可在运行上尽量引入新的机制，明确与本校的各类关系，使其有助于办学而不是妨碍办学，有利于提高教学和科研质量而不是相反。"

李岚清副总理还指出："对高校兴办科技产业，一方面，要看到符合我国当前的国情，应予以积极支持。另一方面，又要积极引导，力求把事情办好。当前高校兴办科技产业的工作，只能在学校统一领导筹划下，有组织地办，绝不能系、所、室、组一齐上，搞人人'下海'。同时，还要严格遵循高校的教学、科研规律，维护学校的正常教学、科研秩序。"

1994年3月，国家教委、国家科委、国家体改委联合下发了《关于高等学校发展科技产业的若干意见》（以下简称《若干意见》）。《若干意见》指出：高等学校科技产业的主体是科技企业；高校科技企业应以开发、转化、推广科技成果和实现技术创新为主要任务；要逐步建立现代企业制度；要完善财务、人事管理制度；要创造科技产业发展的环境和条件。

（七）成立清华企业集团和筹建清华科技园

随着国家经济体制改革步伐的加快，校办产业在管理体制及运行机制方面的改革相对滞后，急需推进解决。根据全国高校科技产业工作会议和《关于高等学校发展科技产业的若干意见》的精神，清华大学于

1994年4月，召开了全校产业研讨会。这次会议对清华大学校办产业的发展，具有极为重要的现实和历史意义，是清华大学校办产业发展史上的一个重要里程碑。这次会议做出了两个重要的决定：成立清华大学企业集团和筹建清华科技园。

1995年8月1日，经上级主管部门批准，"清华大学企业集团"正式宣告成立（以下简称"清华企业集团"），同时学校宣布取消清华大学产业管理处。当时组建清华企业集团的目的是：加强管理，壮大清华大学校办科技产业的实力和影响；与学校深化改革相适应，促进产业队伍分流；从体制上保证"事企"分开和校办科技产业经营机制的转换，逐步建立适应市场经济要求，"产权清晰、政企分开、权责明确、管理科学"的现代企业制度。

从事后的实践来看，组建清华企业集团的决断是完全正确的，对清华产业后来的发展起到了重要的决定性作用。

首先，由于清华企业集团的成立，解决了校办公司多年存在的出资人不到位的问题，以前凡成立一个公司，出资人都为清华大学，而学校实际上并没有以出资人的身份去参与决策和管理，却承担着全部的法律责任和企业经营风险。

清华企业集团成立后，学校授权集团作为出资人代表，以资产为纽带，与所投资公司形成"母子公司"体系，清华企业集团行使出资人的权利，承担相应的经济、法律责任，有利于企业规范化管理的实施。

其次，清华企业集团作为出资人，可以对企业的资产进行调配与优化组合，有利于学校产业整体实力的扩展。

例如，1997年，由清华企业集团作为出资人，以5家公司的优质资产作为基础，组建了清华同方股份有限公司并成功上市。

再次，清华企业集团的成立，有利于事、企真正分开，各公司的日常管理和经营由清华企业集团负责，学校作为清华企业集团的出资人，不再干预集团下属企业的经营，不影响学校教学、科研工作的正常运行。

清华企业集团成立后，学校向企业的派出人员进行了分流，与教学、科研明确分开，企业人员的薪酬待遇也与经营效益挂钩。

最后，明晰了产权，理顺了管理体制与运行机制，为之后国务院和教育部实施高校校办企业管理体制规范化建设的工作打下了良好的基础。

1994年8月，清华科技园开始筹建。经北京市批准，把校园东南侧地段约300亩土地作为园区用地。园区的功能定位是为校内科技成果的转化与校办产业的发展提供一个良好的环境与基地，同时也为吸引跨国公司的入驻及海外留学人员的回国创业提供一个优质的服务平台。经过十多年的建设，清华科技园区70多万平方米的建筑已全部建成。今天的清华科技园，同方公司、紫光公司、诚志公司等清华控股的上市科技企业在园区聚集。计算机光盘、网络、CAD等国家工程中心在园区落户。

美国太阳公司（SUN）、微软公司、谷歌公司（Google）、施伦贝谢公司（Schlumberger）、宝洁公司（P&G）等跨国公司的中国研发本部，以及搜狐公司、赛尔公司等高科技网络公司在园区落户发展。

清华大学科技开发部、国家技术转移中心、北京清华工业开发研究院等机构也在园区设立。

清华科技园作为清华大学服务社会的重要平台之一，在依托清华大学雄厚的人才、技术、信息、成果、设备等资源为社会、企业服务的同时，也为清华大学建设世界一流大学作出了贡献。

2003年10月，清华科技园被国家科技部、教育部评为全国唯一的A级大学科技园。

1997年，是清华大学校办企业发展史上极为重要的一年，"清华同方股份公司"的改制上市，为清华大学未来的校办产业发展奠定了坚实的基础，标志着清华大学校办产业开始进入现代企业制度的轨道，从单一的产品经营发展为产品、技术加资本的经营；校办企业的功能，也从单纯的孵化科技成果发展为孵化高新技术项目，同时孵化高新技术企业。

（八）走向上市的清华同方公司

1997年6月27日，经中国证监会批准，清华大学企业集团以所属的人环公司、技术服务公司、设备公司、IT公司及化工公司等5家企业的资产作为出资，发起成立"清华同方股份有限公司"（以下简称"清华同方公司"），并在上海证券交易所上市。

清华同方公司总股本为11070万股，发行4200万流通股，募资3.39亿元。募集的资金极为有效地解决了校办企业科技成果转化与规模化发展的关键瓶颈问题。

"大型集装箱检查系统"的成功产业化就是一个典型的事例。该系统原为清华大学承担的国家重点科技攻关项目（注："大型集装箱检查系统"以下简称"集装箱检查系统"）。

1996年，清华大学完成了集装箱检查系统一比一的样机，在成果产业化过程中，正值清华同方公司上市。在学校的支持下，清华同方公司注入资金，并创造性地采用"带土移植"的模式，让主要技术负责人团队携带关键技术成果进入企业，以市场为导向，在企业机制的保障下迅速推进产品化。

1998年，第一套集装箱检查系统装备天津海关，投入正式运行。该系统主要通过射线成像技术对集装箱进行不开箱检查，是海关缉私、查毒、反恐的重要手段。经过多年的努力，该产品已装备了我国40余个海关，并作为具有全部自主知识产权的高科技产品出口境外。

2003年，"清华同方集装箱检查系统"已与德国、美国形成世界市场三足鼎立的局面，国际市场占有率达60%，为中国自主知识产权的高科技产品赢得了良好的国际声誉。

清华同方公司自上市以来，产业规模与经济效益都得以快速地增长。

2006年，清华同方公司经营收入达到121.17亿元，是1997年该公司上市当年的25倍。目前清华同方公司继续立足原创性的自主技术，通过构筑信息产业、能源与环境两大核心业务，保持持续快速增长；在数字电视、能源环保等新兴领域抓住产业机遇，积极培育有巨大成长潜力的新的主营业务群；加强与跨国公司在全球范围内的合作，树立国际化品牌。清华同方公司正站在新的起点，向着新的目标，开始新的征程。

2007年12月31日，清华同方公司的总市值达289亿元，为全国高校上市公司之首。

（九）二十一世纪的清华校办企业

2001年11月1日，国务院办公厅转发了国家体改办、教育部《关于北京大学清华大学规范校办产业管理体制试点指导意见》（以下简称《指导意见》）。

2002年2月，根据《指导意见》的要求，清华大学拟订了《清华大学贯彻执行〈关于北京大学清华大学规范校办产业管理体制试点指导意见〉》的实施方案，并报经教育部批准，清华大学校办企业的管理规范化建设工作全面启动。

此次改制和规范化工作的基本原则是推进高校企业现代企业制度的建设，实行事企分开，推进企业的管理规范化，建立与学校之间的"防火墙"。具体的工作包括全校企业的清产核资、产权界定、资产划拨、撤并公司、人员分流，以及改制设立清华大学经营性资产管理公司，进一步完善法人治理结构，建立新的管理体制等。

（十）清华大学的"一校两制"

事企不分，权责不明，是校办产业发展中存在的普遍现象，将事业与企业彻底分开，分别按不同的模式和机制运行，实行"一校两制"，是改制和规范化建设要解决的最基本问题。事企分开包括资产剥离，分类建账，分开管理，健全法人治理结构，以及事企之间的人员、地域分开，取消校办企业的"清华"冠名等多个方面。

在实施改制的过程中，清华大学做了五个方面的工作：

1. 清产核资、产权界定。

2002年12月31日，清华大学经营性资产的账面权益为31亿元。

2. 公司撤并

清华大学将学校的40余家大部分原属无限责任性质的系办独资公司

进行撤并，把其中具有发展潜力的公司改制为有限责任公司，或由上市公司出资兼并。

3. 取消企业的"清华"冠名

清华大学为了维护学校声誉，取消校办企业的"清华"冠名。2007年底，这项工作已基本完成。

4. 人员分离

清华大学校级领导一律不再兼任企业的职务，在企业工作的事业编制人员逐步将劳动人事关系转入企业。

5. 地域分开

清华大学校办企业一律从校园内搬到清华科技园或其他产业基地。

（十一）清华校办产业的里程碑"清华控股有限公司"

2003年底，经过两年多的工作，以上五项任务基本完成。经国务院、教育部批准，原清华大学企业集团改制为"清华控股有限公司"。

2003年12月18日，清华控股有限公司正式成立，为清华大学出资的国有独资有限责任公司，该公司注册资本为人民币20亿元。这是清华大学校办企业发展史上又一个重要的里程碑。

清华大学对清华控股有限公司所经营的国有资产实施监督与管理，清华控股有限公司代表学校，行使对所投资企业的出资人权利，负责经营性资产的保值与增值。清华控股有限公司依法经营在所投资企业中拥有的股权和资产，以投资、资产运营和资本运作为手段，致力于科技成果的产业化，孵化高新技术企业。

2006年末，清华控股有限公司所投资的控股企业有33家，其中包括同方公司、紫光公司、诚志公司等3家上市公司，所投资的参股企业有44家。

清华控股有限公司通过改制，经营规模和效益稳步增长。

2003年，清华控股有限公司经营收入为126.47亿元。

2004年，清华控股有限公司经营收入为151.26亿元。

2005年，清华控股有限公司经营收入为172.27亿元。

2006年，清华控股有限公司经营收入为213.12亿元。

2006年，清华控股有限公司，在全国企业集团500强中排在第141位。在经营规模迅速扩大的同时，清华控股有限公司向国家上缴的税收总额超过8亿元，纯利润也有了成倍的增长。

2006年末，清华控股有限公司总资产达280.03亿元，合并净资产为92.07亿元，清华大学所占有的账面权益达32.19亿元。

九、用友公司产权明晰的历程回顾

作者：用友软件股份有限公司董事长兼总裁　王文京

2004 年 6 月 18 日

导读：1988 年 10 月 8 日，王文京先生与苏启强先生借款 5 万元人民币，创办私营科技企业"北京海淀区双榆树用友财务软件服务部"（以下简称"用友公司"）。2004 年，王文京先生用该回忆录，向人们描述了用友公司创办与发展的历程，向人们阐述创办企业的理念，回顾在改革开放的不同时期，企业产权明晰的重要性，是北京及中关村早期私营科技企业家论述企业产权与企业发展壮大关系的宝贵历史文献，也是不可多得的在我国改革开放大潮中，知识分子开办私营科技企业珍贵的研究资料。

（一）创办用友公司时私营所有制的选择

1988年，北京创业氛围与企业的生存环境与现在不一样，当时我从国家机关出来，到中关村创业开公司有三种选择。

1. 选择创办国有科技公司。公司的所有制是全民所有即国家所有，公司所有资产归国家所有，例如当年的联想公司。

2. 选择创办民营集体性质的科技公司。公司的所有制是集体所有，公司所有资产归集体所有，例如当年的四通公司。

3. 选择创办个体工商户的科技企业。公司的所有制是私人所有，公司所有资产归私人所有。

1988年，北京的工商部门不办理和注册私人企业即公司。1989年，北京工商部门才开始办理和注册私人企业即公司。

在这三种企业中，国家给国有企业的优惠政策最好，其次是民营集体企业，最差的是个体工商户，没有任何优惠政策。但是我们选择了个体工商户，为什么我们选择个体工商户呢？我发现这三种体制企业里只有个体工商户产权明晰。所以我们就选择个体工商户。因为它产权是最明晰的，对企业长远发展是有益的。如果一个企业产权不明晰的话，即便当时优惠政策很好，也会影响企业的中长期发展。

今天我们回头看，很庆幸当时的选择，如果我们选择国有或民营企业，用友公司现在可能是另外一个状况了。

民营集体所有制的科技企业是一个过渡时期、过渡形式的企业，在法律上不是一个很符合标准的企业模式，导致后来的民营集体所有制公司，在发展中出现了很多的问题。

1988年6月3日，国务院第七次常务会议通过《中华人民共和国私营企业暂行条例》。

1988年6月25日，国务院令第4号发布，自1988年7月1日起施行《中华人民共和国私营企业暂行条例》。该条例第一次提出可以发展私营企业，也就是说在法律上国家已经允许发展私人企业。

1989年1月16日，国家工商行政管理局公布《中华人民共和国私营企业暂行条例实施办法》。北京市批准注册十家私营公司作为试点。

1989年5月13日，海淀工商局批准中关村私营科技公司"北京市海淀利国电子技术有限公司"成立，公司的公章是圆形带五角星的，以前私营企业和个体工商户的公章都是菱形的，并不带五角星。

一个国家的法律对于国家的经济发展太重要了，它是国家整个社会发展的基础。现在对私人企业，政策影响越来越小，法律影响越来越大，这说明社会是法制社会。

今天企业产权的问题，对于我们来讲不像20世纪80年代初那么困难，法律体系的管理也好得多，但还是要强调企业产权清晰。有些企业包括从用友公司分出去的企业，例如几个好朋友合伙做生意开公司，企业股权占有率分配得很简单。如果公司是两个人创办的，各占企业股权的50%。如果公司是三个人创办的，各占企业股权的1/3。如果公司是四个人创办的，各占企业股权的1/4。

（二）公司发展时期股东结构的变化

创业时大家都集中精力来创办这个企业，但是过了3—5年，有相当比例的企业会出问题。因为在创业初期问题不大，大家股权一样都齐心协力干，公司发展很快成长也很好，公司盈利了，公司在新的发展阶段问题就来了。

因为这时公司的股东对公司发展的看法不一样，期望也不一样。这就影响了公司的发展，影响了盈利的再分配。现在公司制度分配核心是以产权为依据的，如果合作伙伴之间有问题是以股权说话，如果处理不好，内部就会出问题，最后就要分家，这样的例子我见过不少。

北京及中关村的科技公司也有不少这样的例子，这个问题反映了股权结构的问题是没有大股东。到今天为止我一直强调企业必须要有一个大股东，有不少人认为我的这种看法意义不大，其实在民营企业里大股东是一种结构的调整，是企业持续稳定发展的保证。

在公司每个股东股份差不多的情况下，最后谁来对企业决策负责？如果企业有大股东，这个大股东会毫不犹豫地对企业决策负责，所以是比较合理的结构。在公司发展前期和中期要有大股东，然后有几个小股东，这样可能比较有利于公司发展。

公司在创业时，有几个好朋友持有企业股份，持股的数量都差不多，后来有分歧怎么办？我们也遇到过，谁有财力把其他人的股份买过来，改变公司内部的股权结构，使其他人成为小股东，这时候大股东就可以决策可以做主，否则企业就无法决策。

（三）公司在不同规模下的体制变化

在公司发展时期股权结构发生变化后，还有一个问题就是企业的体制。

企业的体制也要随着企业的发展不断地变化，不能说最早怎样就永远不变，要根据不同的发展阶段选择不同的体制，这样企业才能不断地升级。用友公司在法律上来讲是私人企业，到20世纪90年代，我们又把用友无限责任公司变成了有限责任公司，因为这种模式使我们的企业更容易规模化发展。

1995年，我们在有限责任公司基础上组建成集团公司。

1999年，我们在私人有限责任公司的基础上改为股份有限公司，因为用友公司要上市必须是股份有限公司，用友公司变成了一个上市股份有限公司，成为一个公众参与的公司了。我一直做到公司产权明晰，但是在不同的发展阶段，随着公司的发展需要不断地提升，如果该提升时不提升就会阻碍公司发展。所以公司要随着发展不断地升级。在企业的发展阶段利用金融的手段促进企业发展，企业发展中关键因素是企业的财务经营，这一点搞技术的不适应或搞营销的不适应，我们应该知道现代经济的特点。

（四）企业要融入现代经济之中

现代经济有两大特点，它有两个"轮子"。第一个"轮子"是现代科技，驱动。第二个"轮子"是现代金融体系，公司在经济发展中离不开这两个"轮子"。要把公司业务搞好，就必须善于组合，利用金融资源。从用友公司这些年的发展来看，在一定程度上还是利用了金融资源。

1988—1989年，是用友公司初创的时期，利用的是民间金融资源。因为公司初创时我是政府机关的公务员，"下海"开公司没有任何积蓄。但是办企业必须要有资金，当时银行不给贷款，因为我们没有基础和信誉，只好找个人借了五万元，这就叫民间借贷。

1990年，我们就开始利用商业银行贷款。因为当年我们发现了一个问题，市场起来了公司的流动资金不够，很容易错过市场机会。所以我当时决定向银行贷款，用来支持公司的发展。银行当年不给私人企业贷款，我们找到一家城市信用社，只有这家信用社允许给民营及私营企业贷款。信用社的审查相当严格，我们组织多次专家论证，才获得第一笔10万元贷款。从10万元贷款开始，然后贷款30万元、50万元、100万元、200万元、500万元，最多时贷款达到1000万元至2000万元。

十、三友专利事务所创业回忆录

作者：三友专利事务所创始人　李强（女）

2002年10月9日

导读：在中国民营科技企业界及中关村科技园区内，女企业家屈指可数，有中国经营大学校长蒋淑云、时代集团王小兰、李强、张洁等。李强不仅是民营科技界最年轻的女企业家之一，其涉及的领域也是独特的。她所从事的企业是知识产权保护领域中很重要的专利商标、著作权代理工作，业务覆盖国内外化工、生物、电子、机械、自动控制等多个领域，不仅是我国民营科技企业知识产权代理第一家公司，也是目前国内最大的知识产权代理公司。本回忆录在2002年完成，真实地向人们展示了中国知识分子在改革开放大潮中的伟大创举，创办民营科技企业艰苦奋斗的创业历程。它不仅是研究中国知识产权保护历程珍贵的历史资料，也是北京及中关村民营科技企业宝贵的历史文献。

1986年10月9日，我创办中国民营科技企业首家专利事务所——"三友专利事务所"，企业初始资金只有1000多元人民币，创业之初主要靠的是勤奋工作。后来公司做大了，更名为"北京三友知识产权代理有限公司"（以下简称"三友公司"）。目前，靠的是管理。我作为公司总经理，对公司的每一项规章制度都要首先遵守，因为在制度面前每一个

三友公司驻日本代表处，图片来自三友公司官方网站。

人都是平等的。

1977年，我毕业于北京邮电学院有线通信系，因表现突出，幸运地留校任教。（注："北京邮电学院"后更名为"北京邮电大学"。）

1984年，我国专利法实施后，北京有关部门举办培训第一批专利代理人培训班，我被学校派去参加学习，结业后拿到了专利代理人证书。从拿到证书那天起，被这个新型事业所吸引，深深地爱上了这项事业。

随后学校开办了"邮电学院专利事务所"，我成为这个事务所的负责人之一，并且想在专利事业大干一场。

1986年，因种种原因，北京邮电学院要"脱钩"这个事务所。摆在我的面前有两种选择，一种是继续当大学老师，另一种是"下海"继续干自己热爱的事业。

1986年，以那个时期的思维和观念来看，许多人肯定会选择继续在大学当老师，不会放弃这个"金饭碗"，"下海"端起"泥饭碗"。但是，我只考虑了一夜，第二天便向校方递交了辞职报告，创办了"三友专利事务所"并出任所长。"高楼万丈平地起"这句话人人都懂，人人都知道，但是"平地起"的艰苦只有创业的人才能真正体会到。当时的政策不允许民营开办专利事务所，必须戴个"红帽子"，有个国有的上级主管单位，有关部门才能颁发营业执照。无奈之下，"三友专利事务所"只好挂靠在北京市某街道办事处。一个街道办事处能够管理专营科学发明的事务所？这在国内外都是一件"蹊跷"的事情，我正是在当时中国这种独有的特色"夹缝"中成长。

1000多元的开办费，对于刚刚起步的"三友专利事务所"所来说简直是杯水车薪。我为了事务所的生存，一边做专利事务，一边组织生产成本低见效快的产品，积累创业资金。

我当时在北农租了几间平房生产黑陶工艺品。在院子里盖了一个大窑，自制花瓶泥坯，然后用煤和沥青烧制。

我白天跑专利业务，烧窑的事情自然安排在晚上。每当夜晚封窑之后，信步小院，眼望星空，仍在憧憬着自己事业的未来。产品赚到钱，再把钱投入心爱的专利事业。

我创业之初最痛心的事，是有一次我蹬着装满黑陶工艺花瓶的三轮车，在去海淀太平庄的路上，一个转弯没走好，只听"哗啦"一声响，车上的黑陶工艺花瓶一半掉下来，我的心和花瓶一样也碎了。我深知这里边不仅凝聚着大家的汗水，更凝聚着大家的希望啊！这件事虽然过去了十几年，但至今我还记忆犹新。

还有一次，客户来事务所来访，因为特殊原因，我只好在一家卖茶叶铺的柜台边上接待客户。"窥一斑，观全豹"，通过这两件小事，可以想象出当年创业之艰难。

今天，三友知识产权集团是以北京三友知识产权代理有限公司为核心，集合知识产权代理、知识产权法务、知识产权咨询以及知识产权国际法务等高精业务的综合性知识产权服务集团。集团致力于全方位服务于客户，建立了包括申请代理、法律法务、侵权诉讼、维权打假、战略定制、检索咨询、评估交易以及翻译服务在内的具有集成创新意义的"一站式知识产权服务链"。

三友IP集团汇聚了国内一流的知识产权代理机构、律所、咨询机构、培训机构、翻译公司等优良服务资源。集团内各家机构各具优势、业务互补、资源共享，其创新的组织架构、精英化的服务团队、优质的资源配置使三友公司能够更快速地实现以客户需求为导向的发展战略，为客户的知识产权保护、知识产权管理水平以及知识产权商业化效率提供更优质高效的解决方案。

三友公司目前有8家分支机构在德国、日本、苏州、大连等地设立了办事处，400多名员工形成跨国集团公司。但是三友公司初期创业的情景，仍然不断地在我的脑海清晰出现。

十一、北京民营科技创造全国四项第一的历史回顾

作者：原北京市科协副主席　赵绮秋（女）

2022 年 5 月 10 日

导读：原北京市科协副主席、北京民协首任会长赵绮秋是北京市领

2021 年，赵绮秋同志在天安门前留影。照片由赵绮秋同志提供并授予版权。

导中对北京民营科技企业早期的创办与发展，最强有力的支持者之一。

1987 年 2 月 19 日，《科技日报》在一版头条发表文章《开明婆婆赞》，以及评论员文章《为"开明婆婆"请功》。文章中赵绮秋被称为北京民营科技企业的"开明婆婆"。

本回忆录向人们展示了 20 世纪 80 年代到 90 年代，北京民营科技企业在全国率先创造四项第一的历史画卷，为全国民营科技企业的兴起产生巨大的推动作用，是珍贵的历史文献，也是今后研究我国民营科技企业早期发展历程的宝贵资料。

民营科技企业是我国知识分子在改革开放中伟大的创举，北京又是我国民营科技企业的发源地。在民营科技企业发展的历史上，占有全国四个第一。

一、创办中国第一家民营科技企业。

二、全国第一家创建了技术市场——"北京技术市场"。

三、全国唯一由老红军徐可倬创办的民营科技企业"北京未来科学研究所"。

四、全国第一家民营科技企业协会"北京民协"。

我作为这些北京民营科技历史的见证人之一，以及代表北京市科协参与的当事人，回顾四十二年前这些历史往事，仍然感慨万分。

（一）北京首家民营科技企业的创办过程

1960 年 11 月，我提前毕业于吉林大学物理系，留校任教。

1963 年 8 月，调入中国科学院任《中国科学报》记者。

1972 年，调入北京日报社，任工商部副主任记者。

1980 年 3 月 15 日，中国科协在北京召开第二次全国代表大会，通过《中国科协技术协会章程》，该章程正式把科技咨询列为科协的主要任务之一。[①]

中国科协在当年向全国各地的科协组织下发了这个章程，要求全国各省市、自治区科协，组织科研人员利用业余时间到当地工厂进行科研咨询活动，解决工厂的技术难题，每个参加该活动的科研人员，每个月可以领取7—15元的津贴费用。

1980年4月13日，北京市科协为了配合中国科协的指示，筹备成立"北京市科协科技咨询服务部"（以下简称"咨询服务部"）。时任北京市科协党组书记田夫同志（原是中科院机关党委副书记），当过我的领导。我又对中科院在北京的研究所，以及北京市的工业十分熟悉，所以他要求我来北京市科协负责筹备咨询服务部的工作。

咨询服务部这个机构的目标，是在党中央提出要以经济建设为中心的号召下，把科技和经济结合起来，是一个改革的新目标，我调入北京市科协后出任该部副主任。

1981年8月21日，经北京市编委批准，该咨询服务部正式成立。②

我到咨询服务部后，开始组织北京市科协下属各类科技学会进入北京市企业，开展科技咨询活动。当年北京机械学会的工程师承接了石油部某单位急需的液压装置，这些液压工程师很快拿出设计方案，石油部某单位很满意，与咨询服务部签订了服务合同，这也是咨询服务部第一份合同。

北京市通县的微电机厂要生产新型的微电机，替代从日本进口的微电机，我们组织了电机工程学会的一些教授，还有清华大学、中国科学院的工程技术人员和研发人员80多人进行开发攻关，终于成功为国家节省了大笔外汇，也给企业带来良好的效益。

北京缝纫机厂的电镀问题一直是个老大难问题，我们的电镀学会就去帮助解决电镀问题。使北京市科协咨询服务部开展的咨询工作在社会上很有影响。由于这些科研人员是利用星期日搞技术咨询，被称为"星期日工程师"。

1980年9月16日，中科院物理所研究员陈春先同志与工程师纪世瀛同志到北京市科协，找北京市科协党组书记田夫同志，谈有关开公司扩散新技术问题。田夫同志原来是中科院政治部主任，与陈春先同志很熟。田夫同志就把我叫来一起谈。他们详细介绍了美国波士顿128号公路和硅谷周围的技术扩散的情况，还特别谈到斯坦福大学教授把他们的技术拿出来，创办惠普公司（HP），该公司产品非常受欢迎，所以他们也想开个公司扩散中科院的新技术。

我在北京日报社工商部工作期间就了解到，北京市的工业基础就是三大件——自行车、缝纫机、手表。这三大件的好多技术问题都没解决也很落后。中科院的技术很多是世界领先的，就是跟北京的工厂没什么关系，我觉得他们的思路挺好。

1980年，筹办公司的手续太复杂，公司要有局级部门作为主管单位，还要有100平方米的门市用房，注册资金50万元，这在当年是一笔巨款，北京市科协和陈春先他们，谁也拿不出这笔巨款。我当时想出一个变通的办法，北京市科协可以成立咨询服务部，陈春先是北京等离子体学会的副理事长，在北京等离子体学会下成立一个咨询服务部来干这个事，陈春先他们听后也觉得不错。从理论上讲，我和陈春先他们为了当年办公司的复杂手续，用服务部代替公司，这也是改革开放中的一种探索。

田夫同志当时就非常支持，原则上同意在学会下成立一个服务部，他说"具体的事由陈春先办，赵绮秋帮助办这个事"。有了田夫同志的话，我也就跟陈春先同志说："你想办法看怎么在学会里成立。"

1980年10月23日，北京市等离子体学会在海淀二里沟北京市科委的"自然科学院"小会议室召开一个扩大常务理事会。陈春先在会上作了题为"技术扩散与新兴产业"——访问美国128号公路与硅谷新技术公司的考察报告，然后提出来要在北京市等离子体协会下面创办"北京等离子体学会先进技术发展服务部"（以下简称"服务部"），进行技术扩散试验。纪世瀛同志也在会上提出管理方面的一些设想，崔文栋同志讲了怎么经营实干的一些东西。学会的理事长中科院力学所科学家、中科院学部委员谈镐生（注："中科院学部委员"后改称"中科院院士"）表示非常支持并同意陈春先同志的意见，还讲了有关公司的架构。

不久，陈春先他们在中科院物理所一间破旧的仓库里举办了服务部成立大会。我代表北京市科协出席成立大会，表示支持陈春先，转达了田夫同志和北京市科协副主席孙洪（女）的意见，北京市科协愿意和学会一起办此事，一起探讨，一起试验。如果在探索试验过程中出现什么问题一起来承担责任，要改革要探索就不能怕这怕那。

服务部成立以后刻公章、办银行账号这些事当时由纪世瀛同志出面来办。北京市科协是全力支持。服务部的工作与快速发展促进服务部开展了如高压脉冲电源的研制、锅炉检测的改造、高速数据采集研制、等离子冶金、高压大电流火花间隙开关等研究项目。没多久就盈利三万多块钱。服务部用这笔钱买了一些原材料，在中关村67号楼附近一块空地上，利用两棵大树之间的空隙，搭起来两间蓝色的木板房，这两间木板房有30多平方米，成了服务部的办公地点。服务部还与海淀的劳动服务公司，联合在北大门口办了一个西颐电子服务部，还与海淀劳动服务公司联合搞了一个科技试验厂。一石激起千层浪，服务部的这些成绩在中科院中关村的各个研究所引发很大震动，科技人员都关注这件事。当时中科院物理所领导也很震惊，物理所所长管惟炎对这个事却有一些看法。

1982年春节前夕，在北京市科协召开的全体科协委员大会上，北京市科协委员、中科院物理所所长、中科院学部委员管惟炎在会上指责北京市科协，他说："现在北京市科协和学会搞服务部，搞科技咨询工作，给科技人员发津贴，搞乱了科技人员的思想，在中科院中关村地区接任务，搞乱了中科院的科研秩序。"

管惟炎这么一说，当场的北京市科协委员听了以后也觉得这是个问题，有些委员提出来希望北京市科协的领导把这个问题调查清楚。当年北京市科协副主席孙洪是我的主管领导，孙洪同志过完春节马上找我，她说："春节都没过好，咱俩得去找管惟炎交换一下意见。"

1982年2月6日，孙洪同志带着我一起到物理所，找管惟炎把我们的想法说出来，当时管惟炎还坚持他的意见，他说："服务部有三个问题。第一，服务部的财务是神秘的，这里会出问题。第二，服务部科技人员利用多年积累的知识和成果进行服务，你的成果和知识是谁的，你去服务还要人家的钱是说不清楚的一笔账。第三，服务部搞科技咨询服务的人有津贴，在所里搞课题的人没有津贴，这把科技人员思想搞乱了，大家都去搞咨询服务没人搞科研了，这是破坏了科研秩序，科研秩序就乱了"。

听完管惟炎的话，我这个人也是急脾气马上就给他解释。我说："北京市科协搞科技咨询服务，是中国科协第二次大会的决定。北京市科协要利用科协这种跨行业、部门、学科的优势来开展科技咨询服务工作，这是一种促进科技和经济结合的很好的做法，但是这是个新生事物，没有什么先例，就是在实践中逐步摸索逐步完善，是一个过程。"

我特别强调说："服务部是我们北京市科协系统的机构，不属于物理所领导，服务部的工作是接受北京市科协和北京等离子体学会的监督，服务部的财务也是在有监督的情况下进行的，服务部科技人员从事咨询服务工作，已经开展了一些非常有效的工作。而且他们都是利用业余时间干事，不是占用工作时间，科技人员拿的津贴只是象征性的，按照中国科协的规定每人每月不超过15元钱"。

这时孙洪同志也表示了鲜明的态度，她说："对陈春先我们是支持的，他的技术扩散思路，我们觉得很有新意。所以才批准他们成立服务部，说他们工作中有问题的话，我们北京市科协有责任，我们会帮助他一起解决。今后还希望物理所对学会的工作、对咨询服务工作多支持，另外我们也让学会，让陈春先把他们的工作情况多向所里汇报。"我们这次与管惟炎交换意见，谁也没说服谁。

不久，管惟炎向北京市科协提出来服务部的财务非常神秘，是不是应该查一查？我们说中科院物理所没有资格查账，因为服务部是我们北京市科协的办的，要查也是我们的事。当时北京市科协孙洪同志、田夫同志和我开会研究管惟炎的意见，我们有个想法，因为我们派北京市科协的陈庆国同志在管理服务部，账目非常简单，进出没任何问题。

田夫同志说："咱们就按照国家当时提出来年底进行财务大检查，我们进行大检查也去查一下这个账，查出来以后就更清楚了，更有说服力，省得管惟炎到处乱说，说服务部有经济问题。"

1982年2月26日，北京等离子体学会在服务部的木板房召开常务理事会，陈春先同志汇报等离子体协会的工作，我介绍了和物理所管惟炎接触的情况及北京市科协的态度。我说："田夫同志有这么一种想法，为了更有力地用事实，来回答一些人对我们服务部财务的怀疑，我们想根据国务院财务大检查的要求，由北京市科协组织有关人员来检查服务部的账目。"

在这个会上，学会理事长、服务部董事长谈镐生院士也非常感慨地说："我们现在的制度是人员单位所有制，积压了一批人才，积压很多人员这是巨大浪费。学会开展咨询活动大家都是辛辛苦苦的，而且是有创造性的劳动，把科技成果用到生产中去，这是个好事，但是人家不理解。"

中科院力学所的潘英同志在会上说："我们有一批年富力强的同志敢于动脑筋，敢想敢干，做了很多好事，北京市科协应该支持，而且领导应该出面要敢于支持，这么干下去咱们国家才有希望。"在这次会议上，北京等离子体学会同意北京市科协的意见，同意查账。

1982年3月7日，北京市科协组织了一个财务检查小组由我带队，还有北京市科协的主管会计于百江同志等三名会计共五人。财务检查的结果为，从1981年初，服务部全部收入有22笔，支出236笔。我们从单记到总账逐一清查，结果账是清楚的，手续是齐全的。陈春先按规定每月应该有15元津贴，但是他分文没取。只是发这些津贴是用"白条"发的，就这一个问题没有其他问题，当时我把这个情况也通报给管惟炎。

两个月以后，管惟炎又提出来要由中科院物理所出面查账，我们拒绝了，因为物理所没有权力查。但是，管惟炎又通过中科院纪委找孙洪同志，又直接给田夫同志打电话，提出要求由物理所和科协联合查账。

田夫同志和孙洪同志为了避免纠缠，反正我们查完了也没有问题，联合查账又能查出什么问题来，所以同意联合查账。我把同意北京市科协与物理所联合查账告诉陈春先同志和纪世瀛同志后，陈春先、纪世瀛、崔文栋他们很惊讶，问北京市科协为什么同意管惟炎来查账？纪世瀛还直接到田夫同志办公室，跟田夫同志谈话时很激烈。田夫同志非常客气地说："你别生气，相信北京市科协是支持你们的，而且我们做的这些事是光明磊落的不怕查。我们对科技服务部的账是清楚的，没有问题，所以这次查账也是保护性的，查也是一种对你们支持的办法。"

田夫同志又把纪世瀛同志带到孙洪同志那一块谈。孙洪同志一再说："我们还是爱护服务部的，我们是支持的，对服务部的情况我们一定要负责到底，不论出现什么情况我们都会保护你们的。"纪世瀛同志和田夫同志后来还成为了好朋友。

1982年5月11日，由北京市科协主管会计于百江、物理所的盛礼奇等两名会计共六个人组成的联合调查组，对服务部进行第二次查账。对1981年服务部全年，1982年1—3月，服务部的财务账目联合调查组进行了全面清查。查的结果和头一次一样，也没什么问题。但是物理所的那些人，不顾北京市科协的反对，把服务部所有的账单、单据账目给复印了。管惟炎就根据服务部账单去协作单位私自调查，他们一查就查坏了，好多人拿了服务部给的津贴，这些人的单位是不知道的，如果这些人的单位知道后就麻烦了。管惟炎这种做法给服务部的工作打击很大，有好多人不再给服务部干活了。

北京市科协与中科院纪委、物理所管惟炎等有关负责人召开碰头会，北京市科协负责人明确地说："通过这次查账服务部账目没有问题，服务部的工作和方向是对头的，希望今后物理所不要再干预这事了。"后来陈春先、纪世瀛又跟我说，陈春先被中科院纪委立案审查了。我听说有这个事必须要了解一下。

1982年6月23日，我一大早就坐公共汽车到中科院，那个时候我甲亢病很重，下车后头很晕。到了中科院纪委一问情况，中科院纪委同志跟我说没立案，只是觉得陈春先有一些问题应该注意。特别是一些外事活动，他随便接待外宾不合适。当时《科技导报》杂志社的一个美籍华人，是陈春先在访问美国认识的，他来中国后陈春先自然接待一下，还让他住的家里，像这些事应该注意一点。（注：陈春先在访问美国硅谷时，认识了美籍华人孙良方，后来孙良方在中国开办了《科技导报》

杂志，陈春先在孙良方来中国时，让他在自己家住了两天，这事也被管惟炎告到中科院纪委。）当时接待外宾这些事都有严格的纪律，他们觉得是个事。我与中科院纪委同志谈话时，甲亢病突然发作晕倒在中科院纪委的办公室。

我根据这些事，回来找陈春先谈了一次话，我给陈春先提出三点意见。第一，服务部接任务的时候不要跟物理所争任务，物理所能接的事你让人家干。第二，服务部不管用什么，包括物理所，用了单位的成果、器材、场所，这些都要通过单位同意，另外要给予补偿还要给钱。第三，外事活动一定要按照规定上报有关部门审批以后再进行。

1982年7月3日，田夫找我谈话。他说："现在北京市委组织部收到管惟炎告你的信，北京市委组织部的同志打电话问我服务部有关情况，我已经向北京市委组织部的同志说明事实，北京市委组织部部长佘涤清（女）想亲自找你谈话，你去一下，别害怕，服务部的情况实事求是地讲。"

1982年7月5日，我与北京市委组织部部长佘涤清同志谈话，她询问了服务部的一些情况。我说："北京市科协是遵照中国科协和国家科委的指示，在北京有关单位、各部委开展科技咨询活动，让科学技术更好地为'四化'服务。北京市科协在石油部下属的石油勘探院开展科技咨询后，受到石油部领导好评。在通县开展小电机的制造和推广，使通县小电机畅销全国。陈春先创办的服务部，也是北京科技咨询活动中的一部分。服务部搞扩散新技术是改革开放的新探索、新思路，与科技成果推广有本质的不同。因为成果推广是以单位为主体的转移，是领导批准和现行体制允许的。新技术扩散是以科技人员为主体，不加任何条条框框的、自发性质的技术产品扩散，能够发挥知识分子的积极性，还能促进国民经济的发展，形成新的经济增长点，单纯的成果推广是无法比拟的。"

我又说："物理所有些人思想僵化，把科技人员视为本部门私有财产，死死地限制在小圈子内。谁越过这个圈子，会被扣帽子纠缠不休。现在农民种庄稼都可以自主决定，知识分子利用8小时以外的时间推广新技术，为什么不可以？我作为党培养的普通干部，要支持党提出的改革开放政策，要支持服务部这个新生事物。"我从头到尾说了一个下午。

佘涤清同志听后，她微笑地说："我亲自听汇报就是支持你，你们干的这个事是个好事。今后在开展科技咨询工作时，要放手大胆地推动，还要掌握策略。"

她还提醒我说："你得注意，因为涉及经济活动要注意。发挥科技人员的作用，把成果跟北京市服务合作都是好事，但是一定注意别'踩雷'。"

佘涤清同志的话给我一个印象，一个感叹，感觉我们要自己找路子，找"夹缝"走科研成果转化为商品的道路，真正成为生产力一定要多加注意。那个时候好在凡是干的工作与钱的事都跟我没关系，我一分钱也不沾，谁也说不了。管惟炎只能说我把物理所人员给拉出来了，影响人家工作了，就这些事。

后来我的甲亢病加重，就到北大医院做了甲状腺切除手术，两边各切除一块。在家养病的时候，陈春先、纪世瀛经常给我打电话，我也经常打电话问他们情况。我爱人周鸿书问我："你怎么回事，在家养病也不好好养，什么事没完没了的。"

他是新华社北京分社主管业务工作的副社长，我就把物理所陈春先的技术扩散来龙去脉，现在遇到的困难和问题跟他说了一遍，我那个时候性格特别急，我说这是改革开放的一个新生事物，我接触到的北京市一些领导如北京市科协、北京市组织部佘涤清同志等都挺支持。但是中科院是中央在京单位，北京市没法管中科院物理所，不知道怎么解决这个问题。

我爱人说："既然是个新生事物可以通过新华社内参反映，把事情反映上去看看怎么样？"

他还说："你别着急，好事多磨，你就好好养病。我安排个记者去采访。"

第二天他就到新华分社找了潘善棠同志，我告诉潘善棠陈春先他们的地址，他两次采访了陈春先、纪世瀛和服务部的同志们。潘善棠同志采访回来以后写了一篇稿子，这稿子我爱人又作了多处的修改，包括题目"研究员陈春先搞'新技术扩散'初见成效"都是他定的。

另外就是稿子中导语里面特别提出一句话"一个类似国外的技术扩散区开始在北京海淀区出现"。

他又问我："什么叫技术扩散？你给我说一说，因为这件事情要说清楚让中央懂。"我又专门给他讲了讲技术扩散、硅谷、128公路是怎么回事，他听后又在导语之后加了一段"什么叫技术扩散"，这些地方都作了比较详细的修改。

1983年初，最后他定稿签字以后发出去了，先发到新华社总社。

1983年1月6日，新华社总社发出了有关服务部与陈春先的第52期内参。1月7日，原中科院院长方毅副总理在内参上批示："陈春先同志的做法完全对头的，应予鼓励。"

1983年1月8日，中共中央办公厅主任、中央书记处书记、中央政治局委员胡启立同志在内参上作了批示。我觉得批示最好的是胡启立同志。他的批示为："陈春先带头开创新局面可能走出一条新路子，一方面较快地把科技成果转化为直接生产力；另一方面又开辟了一条渠道，使科技人员为四化做贡献，一些确有贡献的科技人员可以先富起来，打破铁饭碗大锅饭，当然要研究一些必要的管理办法及制定政策，如何定请耀邦落实。"

1983年1月8日，中共中央总书记胡耀邦同志在内参上批示"可请科技领导小组研究出方针政策来"。

1983年1月25日，根据中央这个批示，中央人民广播电台广播了有关报道。

1983年1月29日，《经济日报》以中央领导人的批示和《研究员陈春先扩散新技术竟遭到阻挠》为主题的文章，在第1版显著位置发表，公开支持陈春先。

新华社《经济参考报》也连续报道，《光明日报》也肯定这个服务部的方向。从此，中关村服务部这团星星之火在中关村、北京、全国引

周鸿书同志留影，图片由赵绮秋同志提供并授予版权。

发燎原之势。

（二）北京科技协作中心与北京技术市场的创办

1983年，经北京市政府批准，"北京科技协作中心"正式成立，我担任北京科技协作中心副理事长兼秘书长。

1990年5月，经北京市政府批准，"北京技术市场管理办公室"（以下简称"技术市场办公室"）正式成立，我担任技术市场办公室常务副主任。这是我国首家以高新技术为主导，为科技企业服务的技术市场。北京科技协作中心与技术市场办公室为推动北京及中关村民营科技企业的发展作出重大贡献。

1. 北京科技协作中心创办过程

1983年初，陈春先同志、纪世瀛同志他们所创办的服务部，得到中央领导人的公开支持后，我认为北京市科协应该抓住这个机遇，推动北京科技企业的发展。我与北京科协副主席孙洪同志说："我们怎么贯彻中央的批示，我有一个设想，还要利用我们科协的优势，不仅支持民营科技，要组织中央、中科院、各大学在北京的科研院所，为北京市的经济建设服务，要这些单位与北京市企业联合起来双方搞科技协作。"

我的这个设想提出来以后，北京市科协领导也觉得不错，应该按照这个思路去贯彻，因为咨询服务部在北京地区已经开展了好多科技咨询服务的工作，已经和中央在京一些研究院所有很多联系。我们又去找北京市经委的负责人，意思就是说中央在京院所跟经济建设服务怎么搞协作这事，他们也挺支持。

北京市科协接替田夫同志的新任领导是任湘同志，他和北京市市长焦若愚同志过去是老朋友比较熟悉，他把焦若愚市长请出来，让他以市政府名义召开一个"首都科技协作座谈会"。

1983年2月9日，在北京市市长焦若愚同志亲自主持召开的"首都科技协作座谈会"上，北京市科协联合北京市科委、北京市经委，提出在咨询服务部的基础上组建"北京科技协作中心"。北京市市长焦若愚当场批准了这个建议。他说："你们继续筹备，科协去办这个事。"

这次座谈会是由我组织的，来自中科院、中央各部委、科研院所、清华大学、北京大学的一些有关领导与科学家出席了这个座谈会。当提出搞科技协作，这些领导和科学家特别高兴。他们在会上说："我们吃在北京，住在北京，但是和北京没联系，我们也很想为北京市的经济建设做一些事，这样的话正好把大家组织起来，另外我们在北京有好多事也要请北京市政府帮我们解决。"

这次座谈会非常成功，北京市科协要把中央在京的科研院所、各部委的研究院所、大专院校联合起来，为首都经济建设服务。北京科技协作中心成立后中央在京49家科研单位报名参加，北京市政府还正式为北京科技协作中心成立发出文件，这个文件发到北京市各区、县，并抄报全国人大办公厅、国务院办公厅和政协办公厅。文件中提出北京市各区县、各个单位要充分发挥北京地区的科技优势，加强科技协作，促进首都的经济建设和发展。

这个文件发下去以后，对北京市各区、县影响巨大，为民营科技企业的生长创造了良好的生存环境，最出色的是海淀区科委。海淀区科委、科协下大力量组织科技协作，海淀区政府也对这件事很重视，多次强调要发挥地区优势，积极主动地与科研单位密切合作，支持科技人员创办各类科技机构。由于海淀区政府区领导、北京市科协给予的支持，掀起海淀区的科研机构联合创办科技公司的热潮。

1984年底，海淀区涌现出多家科技企业。有四通公司、京海公司、科海公司，联想公司的前身中科院计算所公司、海淀区新兴产业联合公司、中科院仪器厂各出资100万元成立的信通公司，还有清华大学倪振伟教授和海淀区联合创办的海华技术发展中心等。中关村著名民营科技企业时代公司总裁彭伟民就是因为参加了北京科技协作中心的活动，决心"下海"创业。

陈春先、纪世瀛、崔文栋同志，也把服务部进行了扩展，在海淀区政府、海淀区科委的支持下，海淀区工业公司党委书记丑续同志借给服务部10万元，把服务部更名为"北京华夏新技术开发研究所"。

1983年3月2日，海淀区科委发文，批准成立该所。1983年5月16日，北京市科协也发文，批准成立该所。1984年7月4日，海淀区政府发出128号文件，批准北京华夏新技术开发研究所正式建制，该所是独立核算、自负盈亏的集体所有制事业单位。理事长是海淀区科委主任胡定淮，副理事长有我和丑续同志，所长是陈春先，纪世瀛和崔文栋是副所长。

1984年底，在北京科技协作中心的推动下，在海淀区形成"中关村电子一条街"的雏形，为1988年北京试验区的成立，提供了坚实的基础。

2. 北京技术市场创办过程

1986年6月，为加强管理和促进北京技术市场的发展，经北京市政府批准，"北京技术市场协调指导办公室"成立。

1990年5月，北京市政府批准正式设立"北京技术市场管理办公室"，以代替原来的"北京技术市场协调指导办公室"（以下简称"北京技术市场办公室"）。北京技术市场办公室的具体工作是，实行《北京市技术合同认定登记管理办法》，负责北京技术市场的日常管理工作，初步形成了北京地区技术市场管理体系。

1990年1月，我负责北京技术市场办公室的筹备工作，并任北京技术市场办公室常务副主任。

我认为北京技术市场办公室对北京科技企业作出的最大贡献，就是为这些科技企业免去了大量的赋税，使北京科技企业快速地发展，成为北京市新的经济增长点。

1985年3月13日，中共中央发出《关于科学技术体制改革的决定》。决定指出："转让技术成果的收入，近期一律免税。"北京技术市场办公室成立后，紧紧抓住这项税收政策，向北京有关科研院所大力宣传后，不仅推动了北京市科研院所的科技成果转让工作，也促使北京科技企业参与科技成果转让工作，北京科技企业得到快速发展。

1993年，原冶金部钢铁研究院技术交易额达到14974万元。[③]

原航天五院下属的502所创办的康拓公司，每年都通过北京技术市场办公室转让技术成果上百万元。

北京技术市场的技术交易额一直在全国遥遥领先。

北京技术市场办公室这种对北京市科技成果的转化推动作用，是改革开放过程中，对我国技术市场成功的探索。

1994年，由于我对北京技术市场从创办到规范化过程的了解和参与，北京大学还聘请我为客座教授，为北京大学研究生讲授技术市场课程，讲课教材还被正式出版为《技术市场》一书。

（三）支持老红军徐可倬创办民营科技企业

老红军徐可倬，是我国民营科技企业家中唯一的老红军，在北京民营科技企业享有崇高的威望，大家都尊称他徐老。

1937年，徐老赴延安参加中国工农红军，先后在延安中央党报委员会和晋察冀日报社工作。1954—1955年在中国人民大学预科学习。历任北京第三棉纺织厂厂长，北京纺织科学研究所所长。

1984年8月23日，老红军徐可倬同志，给北京市科协打了个报告，要成立民营科技企业"北京未来科技研究所"（以下简称未来所）。

我看到这个报告后，专门到徐可倬同志家去拜访，了解未来所的情况和他的一些具体的打算，当场向他表示支持。我向北京市科协领导商量后，专门为给徐可倬同志创办企业下发批文。

1984年9月4日，北京市科协下达的批文，同意徐老的未来所作为北京科技协作中心的分支机构，独立核算、自主经营，该所由徐老担任所长。徐老的未来所涉及纺织、印刷等多个领域，他还创办《科技文萃》杂志，兼任社长、主编。

1992年，徐老创办未来所的资产达到400多万元，历年来向国家缴纳367万元税款，向"希望工程"捐助49万元。

徐老不仅是北京市朝阳区民营科技企业的一面旗帜，也是我国民营科技企业的骄傲。

2012年8月8日，徐老在北京因病逝世，享年96岁。闻此消息后，我深为悲痛，心中永远怀念徐老。

（四）创办北京民协

1986年9月11—14日，在北京市科协召开的第三次代表大会上，我当选为北京市科协副主席。

1987年2月10—13日，受国务院国务委员、国家科委主任宋健同志的委托，中国科协召开"全国民办科技实业家座谈会"。我作为北京市科协的代表参加了这次会议。

会议期间，国务院副总理万里同志在中南海接见了80多名与会代表，我也是第一次进中南海。万里同志称："这些民办科技实业家，是冲破束缚的千里马。"宋健同志也在大会上发言指出"关键是贵在民办"。

在座谈会期间，北京的13家民营科技企业家代表又开了一个小会，建议成立"北京民办科技实业家协会筹备组"，决定筹备组由我牵头，筹备组还有京海公司总裁王洪德、纪世瀛同志，纪世瀛同志负责起草协会章程。当时他们认为北京民协会长由哪个民营企业家出来当都不合适，一再让我来当协会会长。我那个时候已经是北京市科协副主席，我请示了北京市科协领导后，领导说你就当吧。另外我还找北京市副市长张建民、北京市科委主任陆宇澄，请他们当名誉会长，他们欣然同意了。

1987年3月28日，在民族文化宫召开了"北京民办科技实业家协会"成立大会（注：北京民办科技实业家协会后更名为"北京民营科技实业家协会"，现在又更名为"中关村民营科技企业家协会"，以下简称"北京民协"）。北京各个区县的500多家民营科技企业的代表和实业家出席。

会议由王洪德同志主持，他在开幕词里讲得挺好。王洪德同志说："民办科技实业家是具有高度创造力的职业，需要哲学家的思维、经济学家的头脑、政治家的气魄、外交家的纵横、军事家的果断、战略家的眼光，我们民办科技实业家协会正是要凝聚起越来越多这样的人才。"纪世瀛在会上汇报了整个北京民协的筹备经过。

我在会上作了报告。我说："回顾民办科技机构走过的艰苦的开拓之路，分析民办科技机构在首都的地位和作用，民办科技每前进一步都不得不同旧观念旧体制的束缚，克服一个又一个的具体困难，承受着来自各方面的风雨，民办科技实业家既有成功的喜悦又有失败的教训，但是他们恪守一个信念，失败了为改革铺路，成功了为改革立碑。希望各级政府和有关部门一如既往地给民办科技实业以大力的支持。"

北京市委常委、市科委主任陆宇澄代表市委和市科技领导小组，向大会和民办科技实业家表示热烈祝贺。他说："北京民办科技实业机构实践中涌现出了一批甘冒风险、勇于创新、敢于竞争的从事科研和科技开发的人才，他们摆脱了传统观念的束缚，扔掉了'铁饭碗'，突破了旧的管理模式，创造出了新的管理方法。北京市政府一直本着热情扶持、积极引导、加强管理的原则，支持民办科技机构和民办科技实业家。"

北京市副市长封明为代表北京市政府表示祝贺，他说："民办科技实业在全市看是第六路科技大军，已经成为各区县的主要科技力量，可以说是北京市各区县的第一路科技大军。"

1987年，北京市各郊区县及中关村民营科技企业还十分幼小，北京民协的成立，成为北京市民营科技企业与北京市各级政府机构沟通的桥梁与纽带，也推动了北京市朝阳区等各郊区县民营科技企业协会的成立，使北京市各郊区县掀起创办民营科技企业的高潮。

1980年，北京第一家民营科技企业创办到今天，已经走过42年的历史进程。我也是耄耋之人，回首往昔，大江东去浪淘尽，千古风流人物。北京民营科技企业已经发生翻天覆地的变化，成为北京主要科技创新的主力军及经济增长点。我为能成为中国科技体制改革，以及北京民营科技企业发展历史上的一块铺路石，感到十分欣慰。

参考资料：

①来自《北京市科学技术协会志》第163页，该资料由齐忠收藏。

②来自《北京市科学技术协会志》第164页，该资料由齐忠收藏。

③来自《中国技术市场拾零》第158页，该资料由齐忠收藏。

十二、海淀区科委对早期科技企业的支持

作者：原海淀区科委主任、海淀区外经办主任、北京市新技术产业开发试验区常务副主任　胡定淮

2022年4月15日

导读：原海淀区科委主任、北京市新技术产业开发试验区常务副主任胡定淮先生，是中关村电子一条街早期民营科技企业最强有力的支持者。他支持陈春先、纪世瀛创办华夏所，以及科海公司、信通公司等公司的创办。还为四通公司、钛金公司、希望电脑公司等中关村众多公司解决重大问题。本回忆录详细记载了中关村电子一条街早期，海淀区科委推动创办科技企业的历程，是不可多得的历史文献，弥足珍贵。

胡定淮先生提出的海淀区科委和北京市新技术产业开发试验区的任务，就是为科技企业服务的理念，为海淀区科技企业提供了良好的生存与发展

环境。胡定淮先生深受中关村科技企业家的尊重，被称为"开明公公"。

（一）往日的回忆

1949年，新中国成立以后，我荣幸地成为新中国首批大学生，那年我考上了北京大学农学院。不久，北京大学农学院与清华大学农学院等院校合并，组成北京农业大学。后来农业机械学院又并入北京农业大学，北京农业大学更名为"中国农业大学"。

1952年，我在大学入党。

1953年，我毕业后留校工作，工作地点在北京农业大学东北旺农场。后来经过机构调整，东北旺农场全部交给海淀区政府，从此我也随之转到海淀区工作。我曾在西郊农场、苏家坨公社等地任职，在海淀区农村工作了27年，对海淀区山山水水我都十分熟悉。

1981年，我出任海淀区科委主任，后来又任海淀区外经办主任、海淀农工商总公司总经理、海淀区新型产业联合总公司总经理。不久，中关村迎来了科技企业第一次创业的高潮。我也进入了人生中最快乐和最

2020年11月19日，胡定淮先生（右）与原中科院高企局副局长钟琪同志（女）合影留念。齐忠摄影。

忙碌的阶段。

（二）帮助陈春先与纪世瀛开办华夏所

1980年10月23日，中科院物理所核聚变科学家陈春先教授、工程师纪世瀛、崔文栋等人创办了中关村第一家公司"北京等离子体学会先进技术发展服务部"（以下简称"服务部"）。我很关注这个新生事物，经常去服务部看看，并与陈春先教授、工程师纪世瀛、崔文栋成为好朋友，我与纪世瀛同志至今还来往频繁。

1983年1月29日，《经济日报》以中央领导人的批示和《研究员陈春先扩散新技术竟遭到阻挠》为主题的文章，在第1版显著位置发表，公开支持陈春先教授。当天早上陈春先教授、纪世瀛同志拿着报纸来到我家，我看到后非常高兴，就带着陈春先教授、纪世瀛同志到海淀区委书记贾春旺同志的办公室。

贾春旺同志看了也十分高兴，他认为这是一个很好的机遇，海淀区要紧紧抓住这个机遇，利用海淀区科研人才密集优势，大力发展科技产业，改变海淀区以农业为主的格局。贾春旺同志马上把区政府负责人史定潮同志（女）、邵干坤同志找来，与陈春先教授、纪世瀛同志共同协商如何扩大服务部。

1983年4月15日，在北京市科协赵绮秋同志（女），海淀区委、区政府、区科委的共同努力下，在服务部的基础上，创办了"北京华夏新技术研究所"（以下简称"华夏所"），我任该所理事长，也就是现在的公司董事长，赵绮秋同志、海淀工业公司的丑续同志任副理事长。陈春先教授任所长，纪世瀛、崔文栋任副所长。当时我兼任海淀工业公司总经理，就从该公司拨出十万元，作为该所的启动资金。后来该所不断扩大，又开办了华夏电器公司等。

华夏所后来与中科院器材站签订一笔320万元的买卖合同，因为双方在交货时发生纠纷，打了好几年官司，华夏所因败诉而倒闭，令人惋惜。

（三）海淀区科委引导科研人员在中关村创办公司

科研人员在中关村创办科技公司，就是想把科研成果转化为产品，进入流通领域，也就是转化为生产力，为国家作出贡献。我对科研人员的这种心情，感受还是比较深的，认为海淀区科委应该大力支持，引导科技人员到海淀中关村来办公司。

我依靠海淀区科委、海淀区政府和科学院、大专院校、大院大所的各种关系，分头派人到大专院校、中科院、大院大所，去找他们的科技开发处，找有关领导请他们到海淀区创办公司。再把相关政策向他们讲解，例如企业营业税免缴三年，海淀区对科技企业的支持政策等，有关领导听后很受鼓舞，他们积极地在海淀区投资创办公司。

科技企业家提出的困难，海淀区科委能够做到的，尽我所能帮他们解决。当年海淀区科委先是把科技企业、科技人才、科技项目引导到海淀区乡镇企业，后来就发展到直接引导海淀区里来办科技企业，由海淀区出面来办，创办"海淀区新型产业联合总公司"，我任公司总经理，公司的目标就是加快引导科研人员在海淀区创办科技公司。

海淀区科委还以海淀区白石桥到北京大学，由南往北这条大街为科技企业主要创办基地，也就是现在的中关村大街。动员这条街上的海淀区国有企业，例如副食品公司、蔬菜公司、种子公司、煤炭公司、工业公司、供销社把自己的门脸房租赁给科技企业，后来形成闻名天下的"中关村电子一条街"。

这些国有企业开始是把门脸房租给科技企业，后来这些国有企业也看清楚了，科技企业赚了那么多钱就不租了，提出合办科技企业，我出地方，你出技术，有好多科技企业是这样办起来的。

早期的中关村科技企业家，大多数是刚刚走出中科院、大院大所的知识分子。他们研究科研成果是内行，对外面的世界却很陌生。面对工商局、税务局、物价局，以及计划经济体制下各种繁杂的规章制度往往会"犯错"，所以海淀区科委就成为他们的"娘家"，有事就找我们科委。

那时候我白天在单位工作忙不完，那些想创办科技企业的人，想找科委解决问题的人就找到我家谈工作，有时人太多了，他们坐在小板凳上排队等着与我谈话。

2000年11月19日，我与原中科院高企局副局长钟琪同志（女）、科海公司原总裁陈庆振同志、希望电脑公司董事长周明陶同志、齐忠同志聚会叙旧。希望电脑公司董事长周明陶同志回忆创业时期时，他说："我们刚从中科院出来办公司时，有好多问题需要请人吃饭来谈，我对工商、税务等事情十分陌生又不会喝酒，只好请老胡出面陪坐来谈。"

我听后自嘲地说："那个时期我经常要为科技企业办这些事，虽然没有成为腐败人物，但是吃了个'腐败肚子'。"大家听完都笑了。

（四）钟琪同志（女）与我共同创办中科院在中关村首家企业科海公司

中科院在中关村创办的首家企业是科海公司，从此开启了中科院在中关村创办公司的大潮。中科院在中关村创办公司，对中关村科技产业的发展至关重要，为今天的中关村科技园区的发展作出了不可代替的巨大贡献。而科海公司的成立，是钟琪同志（女）与我共同努力的结果。

1982年11月27日，中科院在北京民族文化宫举办"中国科学院科技成果展览交流会"。交流会结束后，中科院准备成立专门的机构向社会推广科技成果，这个专门的机构初定的负责人，是中科院计划局的钟琪同志。我得知这个消息后，就骑着自行车到中科院找钟琪同志商谈中科院与海淀区合作问题。

钟琪同志毕业于上海同济大学，改革意识很强，我们很快达成协议，中科院在海淀区开展科技成果转化活动，组织在中关村的中科院物理所、力学所、电子所等十几名科研人员，在海淀区考察区里的乡镇企业开展科技成果转化活动，考察人员中就有中科院物理所的陈庆振同志。

我向海淀区委书记贾春旺、区领导史定潮、邵干坤同志等汇报这项工作后，他们非常重视这项活动。认为中科院有资金、有懂技术的高级科研人员，还有大量的科研成果，如果在海淀区开展的科技成果转化活动成功了，会改变海淀区的产业结构，给海淀区经济发展带来翻天覆地的变化。

中科院的科研人员在考察海淀区的乡镇企业后，认为这些企业人员知识程度太低，不可能顺利地把科技成果转化为产品，不如先开办一个科技成果转化为产品的中间机构，使科技成果顺利地转化为产品。

当年海淀区的乡镇企业职工大多数是农民，只有中小学文化程度，很难应对科技成果转化为产品这项工作。所以海淀区的领导同意了这个办法。

1983年4月28日，中科院正式成立了"中国科学院科技咨询开发服务部"（以下简称"科技咨询开发部"），钟琪同志任科技咨询开发部主任，她后来出任中科院高企局副局长。

1983年5月4日，中科院和海淀区领导，在四季青乡礼堂举行签订协议大会。中科院出席会议的有中科院副院长叶笃正，计划局副局长林文成，计划局成果处副处长、科技咨询开发部主任钟琪同志，中科院物理所陈庆振同志等。海淀区出席会议的领导有海淀区委书记贾春旺，海淀区区长史定潮、常务副区长邵丁坤，海淀区科委主任胡定淮、副主任孙景仑等。

中科院副院长叶笃正、海淀区委书记贾春旺在协议上签字，联合成立"中国科学院科技咨询开发服务部北京海淀区新技术联合开发中心"，任命陈庆振同志为该中心总经理，后来该中心更名为"科海公司"。

当年中科院不少人对创办科海公司争议很大，所以科海公司在创办时中科院没有出钱，海淀区政府也没有钱。当年北京市政府要求海淀区成为北京市的蔬菜供应基地，并拨给海淀区把农田改造为蔬菜基地的资金，当时叫"菜蔬基金"，海淀区政府把"菜蔬基金"中的10万元拿出来，借给科海公司作为启动资金。海淀区政府这种做法是违反规定的，是私自挪用公款，但这也是没有办法的事。

1984年1月7日，中科院副院长叶笃正又批给科海公司25万元，作为该公司开办"科海中间试验厂"的费用。

1984年春季，海淀工商部门找到科海公司要罚款，因为科海公司没有到工商局注册，属于非法经营。海淀区政府和我，为了保护科海公司，向工商部门说明，这是知识分子办企业，不懂什么要注册。海淀工商部门的同志也非常理解，让科海公司补办注册手续。

1984年5月，科海公司在海淀工商局正式注册，企业是集体所有制。

1984年，科海公司年经营额2352万元，盈利527万元，成为中关村四大公司之一，四大公司也就是四通公司、信通公司、京海公司、科海公司，简称"两通、两海"。科海公司的成功，推动了中科院各研究所在中关村开办公司的高潮。

（五）我与信通公司的成立

1983年7月，在中科院科仪厂工作的金燕静同志（女）来到我家，商谈开公司的事。我的夫人郑万珍是中科院遗传研究所的科研人员，她后来成为正研究员。"文革"时期，她与金燕静同志在中科院江西的"五七干校"的同一间屋子住了两年多，关系非常好。因此找到了我，让我协助她创办信通公司。

当时的信通公司有两个股东，一家是中科院科仪厂，另一家是中科院计算所，每家投资100万元，这在当年是一笔巨款。

我当时兼任海淀农工商总公司总经理，海淀农工商总公司也是海淀区政府机构改革的一种探索。当年海淀区的农业局、畜牧局、农机局等机构都改制为公司，合并到海淀农工商总公司。该公司对外的名称为"海淀区新型产业联合总公司"，是一个机构两块牌子。

1985年8月20日，全国开展第一次"清理整顿公司"运动，要求政企分开，政府工作人员不能兼任公司负责人，要么辞去公职去经商，要么辞去公司职务回到政府机构工作。我选择辞去公司职务，经海淀区政府批准，又回到海淀科委工作。后来海淀区在海淀农工商总公司下的各个机构实在庞大复杂，尾大不掉很难管理，又改回原来的名称回归海淀区政府编制。

我与金燕静同志协商创办信通公司的过程中，决定海淀农工商总公司也投资100万元。当时公司没有钱，只好向银行贷款100万元来投资，这个举措引起不少人的议论，认为风险很大。我向大家解释说："公司没有钱只能向银行贷款投资，我们应该看得远一点。"

信通公司在中关村没有办公地址，海淀煤炭公司在黄庄有块空地，就是现在的中关村家乐福超市的南门那一带。我与海淀煤炭公司协商要租赁这块空地，盖一座二层的小楼作为信通公司的办公地址。当年单位出租办公用地是不合法的，我就用"联营"的办法，回避单位出租办公用地是不合法的问题。也就是信通公司与海淀煤炭公司签订一份联营协议，把海淀煤炭公司在黄庄的空地变相地租赁给信通公司，为了假戏真唱，海淀煤炭公司还派出三个人到信通公司工作。

1983年底，信通公司开始运行。

1984年6月19日，信通公司正式注册成立，注册资金300万元，中科院科仪厂、中科院计算所、海淀农工商总公司每家投资100万元，企业性质是股份制。

中科院计算所所长曾茂朝同志任信通公司董事长，我任信通公司副董事长，金燕静同志任信通公司总经理。我和曾茂朝同志在信通公司是不拿工资的。

1987年，信通公司向三家股东，各返还利润110万元，说明信通公司成立后经营非常好。

1988年，信通公司成为中关村四大公司之一。

（六）为四通公司与钛金公司解决困难

1985年5月，四通公司派人去日本三井公司商谈开发四通打字机的事情，当年对人员出国的审查非常严格，要由组织部批准，没有批准出不了国。四通公司是民营科技企业，公司负责人当时找了中科院、海淀区政府、区委组织部等部门，都没有批下来。四通公司负责人很着急，公司人员去不了日本，开发四通打字机就吹了。

四通公司负责人又找到海淀区科委求助解决这个问题，那时我不仅是海淀区科委主任，还是海淀区外经办主任。我想了个办法，绕过外事办有关部门，走海淀外经办这条路。我们和北京市外经办的关系都非常好，北京市外经办的同志对我说："你们先盖个章同意了，我们就放心了。"

我说："那行。"

我就写了份证明，证明四通公司负责人等人至今尚未发现有任何政治问题，同意赴日本。随后北京市外经委的同志批准盖章，四通公司的人顺利出国。

当年是海淀区科委、海淀区外经办、北京市外经办的同志热心帮助四通公司解决这个难题，否则四通打字机就可能发展不起来。

王殿儒教授原是中科院力学所的科研人员，他曾在苏联留过学，是个很有才华的科学家。

1985年10月28日，王殿儒教授辞去公职，在他的老家河北省遵化县创办"北京长城钛金技术联合开发公司"。公司发展大了，王殿儒教授要在中关村试验区重新注册新的公司。他找到海淀区科委，我亲自为他办理了营业执照，还在海淀乡和海淀北安河为王殿儒教授找地，解决钛金公司的工厂用地。

王殿儒教授对海淀区科委的工作非常满意，他经常说："海淀区科委和试验区是钛金公司的家。"

王殿儒教授创办的钛金公司，后来成为世界三大钛金公司之一。

2022年，王殿儒教授已经是九十岁高龄的人，但是他还工作在第一线。

（七）在试验区工作与为企业服务的原则

1988年8月5日，北京市新技术产业开发试验区（以下简称"试验区"）成立，胡昭广同志任试验区办公室主任，我任试验区办公室常务副主任。

胡昭广同志毕业于清华大学，思维清晰，对工作认真负责。我积极配合胡昭广同志的工作，在试验区任何会议上对胡昭广同志的决定从来都是表态支持，从不提出反对意见。

有一次胡昭广同志和我私下交谈，他说："老胡，你为什么对我的决定在会上从不提出反对意见？"

我说："你在试验区是主持大局的人，全力支持你的工作是我的责任，所以在公开场合下我不会提出反对意见，使你的工作不好开展。有意见私下交流一下就可以了。"胡昭广同志和我在试验区工作的那段时间，合作非常愉快。

我常常对试验区的工作人员讲，试验区每个工作人员要有为科技企业服务的意识，为科技企业服务是我们的原则。

当年，有些人对科研人员创办公司有些看法，甚至有人说："科研人员到有关部门办事时，连话都说不清楚，还办什么公司。"

我对这种说法非常不满，我说："科研人员是知识分子，他们下笔能成章，出口万言。为什么到有关部门办事时连话都说不清楚，是有些部门，门难进、话难听、脸难看，把科研人员吓成那个样子。所以试验区要以科技企业服务为原则。"

2022年的今天，中关村老企业家们提起试验区的工作，都说那是他们的"娘家"。

什么是为科技企业服务的原则？就是对科技企业有利的事情，积极去干；对科技企业不利的事，就不去干。

例如，试验区在认定新技术企业的过程中，要企业必须具备民营科技企业的"四自"运行机制，否则不予认定。这项规定对国有科技企业帮助很大，提高了国有科技企业家自主经营权力，摆脱了国有科技企业上级领导对企业的束缚，在市场上充满竞争力。在试验区形成"国有民营"独特的国有科技企业，联想公司、北大方正公司、航天五院的502所创办的康拓公司等大批国有科技企业都采取这种形式。

1989年11月8日，全国进行第二次"清理整顿公司"运动，对海淀区民营科技企业影响很大。有些人提出要成立专门管理民营科技企业的机构。我当时就表态不能干这件事，因为对于企业的管理和经营我们不懂，谈何管理。要无为而治，不干涉企业的管理。如果成立管理民营科技企业的这个机构，海淀区民营科技企业是管一个倒闭一个。

全国开展第二次"清理整顿公司"结束后，上海市科委的同志到海淀试验区参观考察，看到试验区民营科技企业占试验区总企业的比例60%—70%。他们很惊讶，因为在全国第二次"清理整顿公司"运动中，上海的民营科技企业、民营企业几乎全军覆没。他们问我："试验区是怎么管理民营科技企业的？"

我说："对于试验区的民营科技企业，最好的管理就是不管。如果管理民营科技企业，让谁去管呢？这是个大问题。"

2022年，是中关村电子一条街创办42周年，我也进入"米寿"之年，也就是91岁了。回顾往昔，我仍然是心潮澎湃，怀念中关村电子一条街早期艰难的创业阶段，怀念当年许多不畏艰苦勇于探索的科技企业家老朋友。中关村民营科技企业、科技企业，是中国知识分子在改革开放大潮中的伟大创举，我为能够成为中关村改革开放大道上的一块"铺路石"感到荣幸，为此我一生心安。

十三、中关村发展中法治建设的回忆

作者：原北京市科委政策法规处处长、深圳市人大常委会科教文卫委巡视员　王钢锋（已故）

2008 年 1 月 6 日

导读：本回忆录是首次公开发表，作者是原北京市科委政策法规处处长、深圳市人大常委会科教文卫委巡视员王钢锋先生，写于 2008 年 1 月 6 日。作为亲临者与见证人，作者对中关村电子一条街早期民营科技企业政策法规的制定，进行了详细的叙述，是珍贵的历史文献。

对科技企业来说，20世纪80年代初正是春寒料峭，花开几枝的时期。

那时，我在北京市科委工作，先在调研室后在法规处。从1984年到1992年底离开北京市，跟踪调研民营科技企业的发展情况一直是我的工作重点之一。我亲身经历并见证了"中关村电子一条街"的起步、成长、壮大，直至建立"北京市高新技术产业开发试验区"，以及其进一步促进高新技术产业大发展的那段历史。那些科技改革的弄潮儿，冲破旧体制的束缚，怀着科技兴国的愿望，不畏艰险，勇于拼搏，艰苦创业的精神和取得的成就，让我难以忘怀。对那些成功者一直由衷敬佩和感谢，因为他们是中国科技产业的开拓者，并为中国的经济发展作出了不可抹杀的贡献；对那些失败者也怀着诚挚的敬意，因为他们是敢冒风险的铺路石，为后来者提供了宝贵的经验教训。在那些艰难奋斗的年月里，我有幸和支持他们的领导、社会各界人士、同事们一起，为新兴的科技产业奔走、呼号，为能够使科技产业发展有一个良好软环境付出了艰辛的努力，也算是做了一件无愧无悔的事。现在，可以作丛中之笑了。

（一）《北京市集体、个体科技机构管理若干规定》发布的前后过程

在改革、开放、搞活的大潮涌动期，从1980年到1984年3月，一些热心改革、甘冒风险、敢于拼搏的科技人员不管"白眼""红眼"，不顾各种责难和非议，首先冲破传统观念和原有体制的束缚，胸怀科技兴国的愿望，借鉴国外科技企业迅速发展的启示，怀着把科技成果转化为产品、商品形成生产力的紧迫感，不吃"大锅饭"、放弃"铁饭碗"，主动走出高楼大院，以"不要国家投资、不要国家编制，自筹资金、自愿组合、自创条件、自主经营、自负盈亏"的方式，在北京办起了11家民办科技企业，除了两家在宣武区和大兴县外，基本都在海淀区。

1984年3月底，北京市科委、科协召开民办科技机构座谈会（注：当时"民营"称为"民办"），由北京市科委主任陈绳武同志亲自主持。当时北京11家民办科技机构的总经理或总经理代表都参加了座谈会。座谈会上各企业家争先恐后发言，他们都表示感谢科委给他们表达意见的机会，讲了他们创业的艰难和迅速取得效益的历程，有的企业还介绍了他们不同于国营企业的运营模式，他们的运行机制、决策机制、用人机制、分配和激励机制。他们普遍反映当时的政策环境很不利于科技企业的发展，把他们与修鞋和摆摊的个体户混在一起管理，那时的工商管理人员素质和水平有限，对个体户"耀武扬威"，根本没有服务意识，加之科技人员初入经济领域，不会应酬，更加举步维艰。他们既冒着政策风险，又冒着经营风险，还要经受人为的刁难，迫切需要为他们正名，为他们发展科技生产力创造良好的政策环境。

座谈会的时间有限，不可能全面具体详细地介绍各单位的情况。我在会后利用一个星期的时间到海淀区 5 家民办科技机构进行了调研，更深入详细地了解各方面的情况。在与这些民营科技企业负责人的接触中，感到这些人确实是优秀又精明的科技人才，他们把沉淀的科技成果和闲置的智力调动起来，高效率地转化为生产力并迅速获取了高效益。他们不仅有高境界，而且具有脚踏实地干事业的作风和行动。同时，我也深深了解到他们创业的艰难，有的总经理含着眼泪讲述所受到的刁难与挤兑。旧的管理体制保护的是阻碍生产力发展的"大锅饭"，伤害的是积极进取的技术市场开拓者，确实到了应该坚决改变的时候了。

1984 年 4 月上旬，根据深入调查所得到的情况和座谈会上的记录，我写了一篇《北京地区民办科技开发事业正在兴起》的调查报告。陈绳武主任看了之后，认为内容充实，建议也很好，但对民办科技机构特点的总结不够，让我听听纪世瀛先生的看法。纪世瀛先生当时是北京及中关村第一家民办科技企业创始人之一，时任"华夏新技术开发研究所"副所长，他是从中科院出来的，提供了很有价值的见解。调查报告经修改后在《科技工作》1984 年增刊第 4 期上正式印发。这期增刊引起较大的反响，北京市政府有关委、办都找上门来索取，这是以前很少见的情况。在这份调查报告中提了六条建议，主要是应该有一个明确的政策法规承认他们的合法地位，建立档案存放机构保留从全民单位走出来的人员档案，给予他们适当优惠政策。应在贷款、外汇指标方面给予扶持；对他们的供销渠道、进出口渠道给以保证和支持；解决民办机构中科技人员的技术职称问题，并允许他们招聘大学生、研究生。在一定程度上引起了有关领导的重视。

当时，对科技人员办企业褒贬不一，褒者谓之，科技体制改革的新生事物，贬者谓之，"二道贩子""骗子"。北京市政府面对争议，在市长办公会上对民办科技企业的"方式灵活，人员不多，作用不小，效益显著"给予了充分肯定，并要求各级政府"从税、利、信贷上给予一定的优惠待遇"，要求北京市科委起草政府规章草案。

1984年底，北京市科委就组织人员起草民办科技机构管理方面的规定，由于各方面的看法极不一致，用了一年多的时间也没有成文。

1986年5月，北京市科委决定由我来接手这项起草工作。我分析了以前不成功的原因，主要是认识不一致，分歧很大，指导思想不明确。当时，有的认为他们是科技体制改革的先锋，是新生事物，应该支持、引导和管理。有的认为他们是"科技二道贩子""科技骗子"，应该限制甚至取缔。我是前一种观点的积极主张者和支持者，因为我曾做过调查研究和一些跟踪工作，我能举出很多好的事例，但是，人家也能举出反面的事例。那时，根据海淀区的估算，在海淀区的属于这类的科技机构就有300多家，全市有多少一时也难以估算，良莠不齐是肯定的，但是到底有多大的成绩，有多少问题，确实说不准。我下决心对海淀区的民办科技机构进行一次地毯式的全面调查，把情况搞清楚。这样大的工作量靠我们这三两个人是无法完成的，何况这不是我们唯一的工作。怎么办？一般研究单位也难以在短期内完成，何况研究所也不愿意干这种"简单"的调研工作，只有借助社会力量来完成这项工作。当时，北京工业学院即现在的北京理工大学，有一个"北京科技管理研究中心"，他们虽然人员不多，但其背后有大量的研究生和教师作后盾，是完成这个课题的恰当选择，在短时间里对几百家民办科技机构进行全面的调研需要有知识、有水平、有能力的密集的人力资源，借助研究生和教师的力量是完成这个课题的最好保证，同时对学生也是一次接触社会了解社会的锻炼，而且可以节省经费。我费了很多周折只争取了4400元的调查费用，钱数很少，其实只够午餐补助而已，但仍有人指责这是乱花钱，现在想起来真令人寒心。

北京科技管理研究中心没有讲价钱就愉快地接下了这个课题并迅速开展工作，由王建华先生负责调查的具体工作。他们动员了本校和中国人民大学59名研究生和教师参加调研。我们给参加调查的全体人员开了会，提出了要求和初步调查提纲。后来，他们又加以充实和细化，制作了调查表，表中有77项内容322个数据。他们首先在海淀区工商局查找登记注册的科技企业，共有380家，把全民性质的除去，真正属于集体性质的是289家，实际上很多是私营和个体，在当时不得不用集体的名义。这次调查主要是针对这289家，除去已转全民的12家，实际上是277家，共获得统计数据4.5万多个，其中有效数据2.8万多个。调查结果显示，成绩突出，问题不少。

主要问题是：有的登记后根本就没有开业，有的倒闭了，有的根本就是经商，不属于科技机构，有的迁出了海淀区。更有甚者共27家按登记地址多次寻找也找不到的。真正属于科技机构又有开发项目的并有较好效益的只有141家，只占调查对象一半。

突出的成绩是：这些科技机构的人均年产值达4.1万多元，人均创造年利润6千多元，这在当时与国营企业相比太显著了；他们的技术性年收入占23%左右，而且逐年上升。企业人员素质较高，有技术职称人员占40%以上。企业有不同于中国传统的管理模式、运行机制、决策机制、用人机制、分配机制、激励机制和企业文化。

从调查的结果看，问题确实很多，但成绩更突出，而且是代表着科技与经济结合的大方向，这就有一个站在什么立场、用什么观点来看待和分析的问题。尽管当时我们的认识并没有现在清晰，但已经认识到科技企业的大方向是符合改革的大方向的，打着科技招牌经商的"骗子""二道贩子"也是有的，但只是少数并非主流。贬斥民办科技机构的观点主要来自传统观念，跟不上改革形势的发展，对在改革中出现的新体制认识不足，没有真正认识科技是第一生产力，否定脑力劳动的经济地位和智力的商品价值，看不到科技成果转化为产品、商品乃至形成产业的重要性，歧视科技人员经商办企业的行动，认为民办科技机构吸收科技人员的兼职是挖全民单位的墙脚。科技企业自身也存在问题和困难，需要通过完善管理和制定政策法规来解决。

没有调查就没有发言权，更没有决策权。通过这次调查，我心里有了底数，形成了比较清晰的看法：海淀区的民办科技机构既不同于全民科研事业单位，也不同于一般工商企业，是改革中的新生事物，是对科技体制改革的大胆探索，是科学技术面向经济建设、把科技成果迅速转化为生产力的好形式。他们利用海淀区智力密集的潜力不仅研制开发自身的产品，而且积极为中小企业、乡镇企业搞技术服务，提高了这类企业的档次。对技术改造、产品质量和结构优化、产业结构调整乃至高新技术产业的形成都具有重要意义和深远的影响。因此，我们在制定政策法规时有了明确的指导思想，即"积极支持，加强引导，完善管理，搞好服务，使民办科技机构健康发展"，有了明确的指导思想，政策法规也就好制定了。

在这之前，海淀区委、区政府思路很清楚，就是要利用智力密集的优势，依靠科学技术繁荣海淀区的经济。他们利用政策法规的余度采取了强有力的措施，海淀区人事局为与原单位脱钩的科技人员保存档案和档案工资，为初创民办科技企业寻找场地，以"乡镇企业"或"知青企业"名义解决他们的贷款问题和税收减免问题，为他们开拓国际市场疏通外事外贸渠道等。这些为科技企业创造了良好的发展环境，正因为这样才有"中关村电子一条街"的形成，这是我们制定政策法规的实践基础。

我们在调查研究的基础上，结合海淀区扶植民办科技机构实践经验，以"积极支持，加强引导，完善管理，搞好服务，使民办科技机构健康发展"为指导思想，很快完成《北京市民办科技机构管理办法（草案）》的第一稿，又反复征求有关部门和人员意见，经多次修改后，正式提交北京市政府审议。北京市政府法制办又反复征求有关各方面的意见，多次修改后提交市政府常务会议讨论后通过。

1986年9月4日，以京政发〔1986〕123号文件发布。正式发布的名称为《北京市集体、个体科技机构管理若干规定》，把原稿中的具体优惠政策都笼统化了，当我询问时，得到的回答是有些具体措施是只能做不能写出来的，有的只能说不能做。这是当时政府工作回避矛盾和激烈争议的一种手段。

从此我也落下了"支持个体户"的名声，这虽然是半开玩笑的说法，但也反映了当时对民办科技的一种不以为然的态度。尽管这个规定不那么令人满意，但是，它给了民办科技机构的合法地位，从此，就可以名正言顺创建和发展民办科技事业了；它也体现了民办科技机构与一般的工商企业区别；规定中明确了北京市科委是主管机关，区、县科委在区、县政府领导下，负责组织实施，这为民办科技企业找到了一个娘家。虽然北京市科委内部也有争议，但从科技体制改革的角度更容易统一认识，对民办科技企业的发展是有利的。从此，北京市的民办科技机构得到了迅速发展，到1987年底，海淀区的民办科技机构发展到148家，其固定资产、营业额、技术性收入、利税额和开发的新产品数量都在成倍增长，而且，涌现了一批很有实力的科技公司，造就了一批科技企业家。在海淀区形成了中外闻名的"中关村电子一条街"。

在123号文件发布的前后，市政府还发布了有关科技体制改革、技术市场、科研生产横向联合、科技人员流动、科技人员支援乡镇企业、技术性收入减免税等有关规定，这些规定中有很多是民办科技机构可以运用的。

（二）《北京市新技术产业开发试验区暂行条例》发布的前后过程

中关村电子一条街的迅速发展引起了各方面的广泛关注。

1987年11月30日、12月1日，新华社记者夏俊生先生为中关村电子一条街连续发了四篇"内参"。

1987年12月7日，根据有关负责人对内参的批示，芮杏文、温家宝召集中共中央办公厅调研室、国家科委、国家教委、中科院、中国科协、北京市科委、海淀区人民政府七单位有关人员开会，组成了由中办调研室牵头的联合调查组。

1987年12月21日，调查组开始工作，对中关村电子一条街的情况进行了比较全面深入的调查，经过反复研究，讨论和多次修改。

1988年2月底，形成了向中央提交的《中关村电子一条街调查报告》。

1988年3月2日，有关负责人对《调查报告》作了很长一段批示并建议印发中央财经领导小组研究。

1988年3月7日，中央财经领导小组在讨论科学技术问题时，讨论了《中关村电子一条街调查报告》中的建议，提出了中央财经领导小组的具体意见。

　　1988年3月9日，温家宝同志召集会议，传达了中央财经领导小组的意见即"在科技力量密集的地区，兴办高技术产业开发区，是开发高技术产业的可行办法。应该允许，但要先集中力量，搞一两个试点，不要一下子搞很多，取得经验后再逐步推广。北京'中关村电子一条街'兴办高技术产业的经验值得重视。可以在总结它们经验的基础上，制定一个建立高技术产业开发区的条例，从政策上做出规定，会议决定，在中关村试办高技术产业开发区的问题，授权北京市全权负责。科委、科学院和财政、税务、银行等部门要大力支持，不要干预"。

　　参加这次会议的有中办调研室、北京市人民政府、国家科委、国家教委和中科院等五个单位的负责人及其有关人员。北京市政府有北京市副市长陆宇澄、北京市科委副主任高原和我三个人参加了这次会议。会议没有发放文字材料，会议结束后，陆宇澄让我马上整理记录和不太清楚的录音资料，用了半天时间才整理完成。

　　1988年3月9日，全国科技工作会议正在北京召开。陆宇澄就在会议驻地召集北京市计委、经委、工商、税务、外贸、银行等部门并邀请国家科委有关部门开会，传达了中央财经领导小组的意见。讨论、研究制定北京市高技术产业开发区条例的有关问题。会上，对高新技术企业认定条件和审批办法、工商登记和税务登记、税收和进出口关税优惠政策、银行贷款支持、税前还贷、风险投资、进出口经营权和外汇收入优惠政策、人才流动政策、区内基本建设、外资高新技术企业政策，还有条例的名称都做了探讨，一直到午夜也没有讨论完。因为第二天还要开会，陆宇澄指定由我根据大家的讨论意见归纳整理，拟一个条例初稿，再征求意见。

　　1988年3月10日，我把粗拟的条例初稿报陆宇澄审改，考虑到我国当时技术产业水平，名称暂定为《北京市高新技术产业开发区条例（暂行草案）》，由于时间紧迫，加上当时科技口与经济联系不密切、不熟悉，根据讨论的意见和沿海开放城市、经济特区的政策，仓促间罗列了46条有关规定，很不成熟。陆宇澄又自己动手做了大量修改工作。

1988年3月16日，陆宇澄召集北京市有关委、办、局和海淀区政府对条例初稿征求意见。根据大家意见又进行了反复修改，形成了大约26条规定。上报市政府后，北京市政府法制办主任张耀宗牵头，又反复征求有关委、办、局和海淀区的意见，形成了18条暂行条例的报审稿。于4月上旬以京政文字〔1988〕34号文件报送国务院。

当时，对条例中意见最多的是国家税务局，他们对中关村减免税收无法干预，他们向国务院反映了其最大的担心是各地会纷纷效仿，竞相减免税收，会影响国家的财政大局。事实证明这种担心确实值得注意，就在我们紧锣密鼓抓紧制定条例的时候，各地纷纷向国家科委报送建立科技产业开发区的报告，其中，列出了更加优惠的税收政策。知道这个意见后，我请联合调查组部分成员一起找了曾参加过调查组讨论的国家税务局一位副局长，向他说明中关村科技园区的政策是培植新税源必需的过程，希望国家税务局给予支持。副局长表示国家税务局只是有上述的担心，希望国家有关部门、北京市有关部门再多协调，把好关。

针对这种意见，国务院法制局、秘书四局先后和国家有关部门、北京市政府法制办、市科委多次座谈讨论。坚决按中央财经领导小组的意见办，先搞中关村试点。

后来，国务院法制局科技司及其科技处季司长、贾处长又找我商量了《暂行条例》的定稿和国务院的发文稿。

5月8日，国务院法制局黄曙海局长亲自约谈张耀宗和我说明了国务院对《暂行条例》的发文形式和办法，是由国务院批复、授权北京市政府发布实施。

1988年5月10日，"国务院关于《北京市新技术产业开发试验区暂行条例》批复"正式下达给北京市政府。

北京市政府立即以京政发〔1988〕49号正式发布了《北京市新技术产业开发试验区暂行条例》（注：后来被简称为"十八条"）并自发布之日起施行。

因为《十八条》都是些原则性的规定，根据其规定，北京市科委法规处又与海淀区政府和"中关村电子一条街"联合调查组有关同志胡定淮、孙景仑等参与了讲座，草拟了《北京市新技术产业开发试验区暂行条例实施办法（草案）》《新技术企业核定暂行办法》《新技术及其产品认定的原则和细目（第一期）》等一系列有关文件草案，并经市政府法制办征求意见修改后由市政府发布。

（三）回忆录后的几句话

科技产业的形成和发展只是改革开放搞活的硕果之一，回忆录只是记录了过去，重要的是启示将来。中华民族是聪明而智慧的民族，有着艰苦奋斗、不屈不挠、与时俱进的伟大精神和高尚风格，这种精神和风格造就了地球上独一无二的未曾间断过的连续五千多年的文明历史，文明历史的延续要靠中华民族的子子孙孙的聪明才智和坚持不懈的努力。任何新生事物的发展都不可能一帆风顺，让那些有志创新的中华儿女续写出更加辉煌的中华民族新篇章，为人类发展作出更大的贡献。这就需要我们克服存在于一些人中的因循守旧、嫉贤妒能的劣根性，让那些有知识、有胆识又有能力的人才不受人为因素的干扰，为他们顺利开展创造性劳动创造良好的环境。而政府工作人员需要有科学的前瞻性和正确的主张，以高度的责任感和实事求是的科学精神真诚地为创新事业服务，而不能以私心、偏见阻碍发展，把管理寓于服务之中。让中华大地持续充满活力，让中华民族振兴大业永远前进。

王钢锋简介

1944年11月，王钢锋先生出生在辽宁海城。1966年，毕业于江西大学化学系。曾任北京市科委政策法规处处长、深圳市人大教科文卫工委副主任、深圳市人大常委会科教文卫委巡视员。

王钢锋先生是最早支持北京民营科技企业的人之一，是北京市高新技术开发试验区一系列法规、规章和管理办法的起草和组织者。他先后直接起草的法规、规章和文件30余项，参加起草的法律、法规和规章50余部。

十四、亚都公司多元化经营失误的探讨

作者：北京亚都科技股份有限公司董事长兼总裁、首席设计师　何鲁敏

2003 年 6 月 8 日

导读：2003 年 6 月 8 日，北京亚都科技股份有限公司董事长兼总裁、首席设计师何鲁敏先生从公司的经营实践，讲述该公司在多元化经营上的失误。这是中关村早期民营科技企业家，唯一的公开本公司在多元化经营上的从实践到理论进行辩证性探讨的珍贵历史文献，也向人们展示企业在市场经济中的探索过程，是中国民营科技企业向多元化发展宝贵的记录。

（一）亚都公司多元化经营的起源

1992—1993 年，我们亚都公司这个企业曾经很辉煌，当时亚都公司已经成长得比较大，公司资产过亿元。我们当时听信了一些经济学家的理论，出现了很多的经营失误，最大的经营失误是多元化经营。亚都公司为什么出现了多元化经营呢？

1993 年，亚都公司已经过了企业资本原始积累阶段。在公司如何继续发展的过程中，公司征求了很多经济学家的意见。他们给公司出主意说："鸡蛋不要放在一个篮子里，要把风险来分散搞多元化经营。"亚都公司是做加湿器的，经济学家说："公司不要光做加湿器，这个市场不大，万一加湿器这个市场出现问题，亚都公司就完了，这个风险太大。亚都公司风险分散一些，就是著名的'鸡蛋理论'，鸡蛋不要搁在一个篮子里。"

亚都公司相信了这个理论，后来除了保持公司的主业外，从事了很多非主业的经营。例如，房地产、服务业、餐饮业。最终结果是什么？因为公司对其他行业不熟悉，导致投资失误。

（二）亚都公司多元化经营的失误

亚都公司会做加湿器，但是公司未必会做房地产。房地产业有它自己

内在的规则，包括明规则和潜规则。亚都公司会做产品，但是不一定能把服务做得好。另外资金分散、精力分散，分散的结果就是哪个都没搞好。

1995—1996年，亚都公司不但主业上出现了一个巨大的衰落，而且其他的非主业也没有做好。这个"鸡蛋理论"让公司亏损了两亿多元。

1996—1997年，亚都公司才开始明白过来，多元化这个理论未必正确。10个鸡蛋放在10个篮子里可能是不错，但是你把10个鸡蛋都放在一个篮子里挂在脖子上仔细看着，也不一定就要出问题，这跟看护的程度有关系。10个鸡蛋搁在10个篮子里，公司脖子上挂一个篮子，胳膊上也挎着篮子，背上也背着篮子，腿上也挂上篮子，未必保险，走哪儿一摔跟头照样全都砸了。多元化理论使公司一下子损失两亿多元，差点走到死亡的边缘。

（三）经济学家对企业经营理论的认识互相矛盾

在现实中我们听到过很多经济学家，对企业如何经营的指导理论。经济学家的理论与企业经营学家的理论，在企业经营实践上，这些理论是互相矛盾的。

大家都知道经济学家有著名的"二八原理"。就是20％的客户会给公司贡献80％的利益。那么公司这个团队可能20％的人发挥了80％的作用。"长尾理论"和这个"二八理论"，完全是相对应的理论。应用"长尾理论"最著名的企业，是美国亚马逊公司。

我国的新华书店，任何一本书在书架上的周期不会超过一个月，因为新书来了要摆在书架上，第一个星期后，新华书店会把销售数量排名后几位的书，从书架上拿下来。第二个星期后，新华书店又拿下销售数量排在后几位的书。只有销售数量最多的那本书，摆在书架上的时间最长。新华书店所遵循的原理就是"二八原理"。就是20％的书，能够提供80％的销售额。从现实看这个道理很正确，但是亚马逊公司走的完全是另外一个路子"长尾理论"。

在"二八原理"中80％的书，只有20％的读者。但是它不是零收入，也有20%的读者。而且那些20%的读者，恰恰是一些个性化的需求者。所以"长尾理论"认为，这20%的个性化的需求者，他们的价值更大。当然从方式上讲，亚马逊公司不能像新华书店那样，把书摆在书架上，那样做占用的店面的成本过高。所以亚马逊开创了网上书店，中国也有如当当网。

网上书店最大的优势是什么？就是购买者可以找到任何想要找的书。可能这本书只卖几本，那么该书不打折。亚马逊公司、当当网与新华书店竞争，争夺的就是很长的这个尾巴，"长尾理论"就是说的这个消费人群。"长尾理论"和"二八原理"是相对应的，而且是相矛盾的。

如果相信"二八原理"，亚马逊公司就活不了。如果相信"长尾理论"，新华书店就活不了。所以这些理论都是因时、因事、因地而异。由于出现了互联网这样一种先进的沟通工具，才出现了相应的"长尾理论"。

（四）企业竞争优势与木桶原理的矛盾

企业"竞争优势理论"与"木桶原理"，在实践中也是矛盾的。

例如，家电企业现在都做冰箱，冰箱基本一模一样，制造原理也都差不多，技术水平上也都一样，价格也都差不多。从消费者角度来讲，怎么选择冰箱没有什么判断依据，只是谁便宜就买谁的。所以中国的家电企业都在打价格战。为什么？没有差别化。企业竞争优势理论讲的就是这个，就是说公司别管自己的短处在哪，只要把公司的长处发挥到极致就好。

例如，大家都做冰箱，某公司专门做很小的冰箱。市场上只有某公司做很小的冰箱。需要大冰箱的人不会去找某公司，但是需要小冰箱的人只能去找某公司，某公司的生存价值就存在了。所以这个企业竞争优势理论和这个"木桶原理"是矛盾的。而且关注的是问题的两个不同的方面。"木桶原理"是关注公司的缺陷，希望公司比较平衡，比较均衡地长大，长得比较匀称。按照中国人找对象的标准来讲，这个人得长得高矮适中、胖瘦适中、面貌尚可、大专学历以上。（注：木桶原理是指木桶里的水代表企业的利润，而木桶最短的那块板决定企业利润多少，也称短板原理，企业就要使该短板变长，才能增加企业利润。）但是按照市场竞争优势理论，市场不管那个人长得高点、低点、肥点、瘦点，有没有大专学历，这个人有特长就行。

例如，这个人的特长是跑得飞快，在奥运会上能拿金牌。国家也给他几十万元的奖金，在社会上也有这个人的生存基础。市场竞争优势理论，是从两个完全不同的思路来考虑这个问题。

（五）公司产品走向国际化的误区

从经营企业的角度讲，亚都公司处在一个不断变革的社会。除了经济学家侃侃而谈如何经营企业外，公司还要受到各种舆论的影响。例如，公司产品迈向国际化的经营理论，大家都讲中国企业长得好，不能光在国内发展，还要到国外发展走国际化道路。

但是，我们亚都公司的这个企业，可以明确地告诉大家五年之内不出国，因为公司根本没有国际化这个基础。

我举一个简单的例子，亚都加湿器、净化器，别说卖到美国，就是卖到上海去，亚都公司连上海人的生活习惯都不知道。蒙牛公司总裁牛根生给我讲了一件事。他说："我们蒙牛公司卖冰激凌，在东北和北方地区叫冰激凌、冰砖，这个名字很厉害。夏天在哈尔滨无论是老爷们儿、小伙子、大姑娘都手拿一块冰砖吃。但是卖到上海去，上海人不接受。最后调查的结果是，一定要把冰激凌切成九块做成格，要配一个叉子。因为上海人、上海白领阶层是用小叉子叉着吃冰激凌。"

公司不了解当地的文化，不在当地生活，根本谈不上公司产品占领当地的市场。我们很多大企业，走产品国际化的经营道路都失败了。

（六）我国地域性不同决定企业产业化的发展不同

公司的产品规模化、产业化，实际上我们叫产品制造产业化。因为公司只有走产品规模产业化，才能使产品的成本下降，具有竞争优势。

我国春秋战国时期有个成语"橘生淮南则为橘，生于淮北则为枳"。就是说橘种在淮南长出来是橘子，是酸甜美味的果实人人爱吃。橘种在淮北长出来是枳子，这种枳子太酸不能食用只能喂猪。

这个成语比喻环境变了，事物的性质也变了。也说明企业所生存的环境决定了它的发展，包括公司产品规模化、产业化。

例如北京地区，从来没有大规模产业化的企业，企业只要做大，规模产业化就必然要亏损甚至倒闭。

北京最早的冰箱制造企业是雪花冰箱厂，生产"雪花牌冰箱"，原厂址就是现在建国门外的嘉里中心饭店。北京最早的彩电制造企业，是牡丹电视机厂，生产"牡丹电视机"，原厂址就在中关村学院路。北京最早的空调是"古桥牌空调"。现在这些产品在市场上很难找到。

哪些企业大规模产业化做得好呢？是长江三角洲、珠江三角洲的企业。这是为什么呢？因水土所致。在长江三角洲、珠江三角洲的公司，可以开一辆小货车、小卡车到处给客户送货。在北京就要开着高级的面包车去送货。因为北京五环路、四环路不让小货车、小卡车走。三万多块钱一辆的小货车、小卡车的成本，十万块钱面包车的成本，最后摊在公司的产品价格上，北京的企业就没有了市场竞争优势。有些人不服，一定要在北京做企业产品规模化、产业化。例如，首钢最后的命运是搬迁，北京也有企业造汽车，我给它们下的定论是早晚搬迁。因为北京"淮北"这个地方，只能长"枳子"，不长"橘子"。大家都说科技产品要产业化，也是不对的。有很多企业是不做产业化的。国外的很多企业也都不做产业化。耐克这个品牌大家都知道，就是完全靠外包不做产业化。

（七）企业盈利是最好的经营理论

我讲了这么多例子，目的是说明不必轻信企业经营理论，要相信自己，相信已有的、看得见摸得着的经验。

我再举一个简单的例子，亚都公司是北京的企业，公司是做加湿器的。公司发展到一定阶段的时候，有很多人提出来了，要扩大这个市场。最开始发展到天津，又发展到保定。最后又上新疆发展，因为新疆风多雨少空气干燥，加湿器肯定卖得好。

甚至更邪乎的人说，公司应该去中东生产石油的有钱国家，因为那里是沙漠很干燥，人们更需要加湿器。这些人说得对，新疆和中东肯定需要加湿器。

但是这个问题也告诉我们，公司家门口北京市场的事情办好了吗？因为公司成本最低的销售，是在家门口北京市场取得的。北京卖茶鸡蛋的老太太都明白这个道理，她一定不把放茶鸡蛋的小车推得太远，能在门口就在门口，一边卖茶叶蛋一边还能照顾孙子呢。到做中午饭的时候，车往回一拉就做饭去了。老太太最多推车到胡同口，城管检查的时候就跑回家了，北京没有一个老太太去长安街卖茶叶蛋的，这是做销售简单的常识，先把企业的家门口市场占有率做好，然后再扩大一点，完全没必要跑到千里之外去。

我们尝试过在新疆销售加湿器，投入巨大的人力、物力，也取得了很大的收获。但是，公司的投入与产出相比来说是得不偿失。新疆那个市场确实需要加湿器，但是公司把货发到新疆要两个星期，运费是产品成本的一半。在新疆当地卖加湿器公司得派人去指导，企业管理者必须去看看，跑一趟机票就几千块钱，在新疆公司的"人吃马喂"这个费用更高。最终的结果是新疆加湿器市场开拓得很好，但是不赚钱，这是一个很典型的商业案例。

十五、上市对公司财务管理的影响及利与弊

作者：大恒新纪元科技股份有限公司董事长兼总裁　张家林

2002 年 5 月 18 日

导读：2000 年 11 月 29 日，大恒新纪元科技股份有限公司（以下简称"大恒公司"）在上海证券交易所正式上市。

2002 年 5 月 18 日，大恒公司董事长兼总裁张家林，回忆了该公司上市后，对公司财务的影响及公司上市的利与弊。这是北京及中关村国有民营科技企业唯一的叙述上市前后资本运作，与公司上市后的财务管

理的宝贵历史文献，是经典的公司上市商业案例。

（一）公司上市的好处是来钱最快

公司上市是大多数企业的追求，因为公司上市来钱最快，使企业从资金制约中获得解脱。公司上市还可获得源源不断的后续资金。北京及中关村所有的企业，特别是民营科技企业都感到很难的一件事就是资金。自有资金不足，银行贷款难，找担保人难，许多企业由于资金的缺乏，受到许多困扰和打击，企业通过上市基本上能够解决这个问题。公司上市首发可以募集一大笔钱，还可以通过增发、配股获得资金。只要公司的业绩能够达到所要求的程度，企业可以做到年年配股、年年增发。

目前，我国所有的上市公司有需要，或者能够达到配股资格的有40%，上市公司中60%的企业既没有增发，也没有配股。

例如，大恒公司在上市前，法定发起人发行的股份是9000万股，每股资产是1.6元，加上企业积存的利润和没有分配的利润不到2亿元，总额大约是1.8亿元。

大恒公司发行时是每股价格9元，共发行了5000万股。当时登记购买大恒公司股份的人大约有1.8万人，购买中签率在千分之几，最后募集了4.5亿元。扣除大恒公司上市给股票承包商的费用1000万元，大恒公司实际获得了4.4亿元。公司首发时资本不足2亿元膨胀到了6亿元，在上市头三年里如果公司的总裁、董事长不胡作非为，会利用这笔钱把公司的规模做大。

银行从来都是"嫌贫爱富"的，上市公司的钱比较多，信誉就比较好。上市公司很公开，经营业绩报纸上每期都有公告，银行很容易监控，银行就非常欢迎上市公司。作为一个上市公司，募集了5亿元后，就有权利跟银行再贷款5亿元。

当上市公司这些钱用得差不多了，公司业绩能保持净资产回报率在6%以上就可以了。如果公司每年都能做到这样的业绩，可以申请增发配股。大恒公司是因为所募集的资金到现在还没有用完，所以还没有增发。我走得比较慢不太敢闯祸，所以没有申请增发，也没有申请配股。太谨慎也是个问题，由于现在增发配股制度都有些改变，也许今后就很难增发、很难配股了。

（二）公司上市大幅度提升信誉度和知名度

公司上市，为企业做大做强创造了基本条件。如果是生产型企业，公司上市会起到一个广告的效果。比如说我们公司的股民平均有4万户。这4万户股民天天看《证券报》，看你今天的股价是多少。股民对大恒公司的产品就有了了解，他们天天都关注着大恒公司经营情况，《证券报》定期每季度公告大恒公司的情况。大恒公司这一季度做得怎么样，利润情况，还有大恒公司生产什么产品。还有些股评家会来评论大恒公司，实际上为大恒公司的产品做了活广告。

中关村电子一条街的企业，有许多也做一些代理营销，比较有名的"联想神州数码公司"，一年有130亿元到160亿元的销售额，是做笔记本和投影仪的。大恒公司也有50%的营业额来自代理销售。例如代理销售飞利浦公司的灯具，代理法国富可视公司的投影仪，显示器是代理飞利浦公司的，一年销售额大概是两亿元。

如果大恒公司都销售自己生产的产品，不足以养活自己，所以要做些代理销售。大家要改变一个概念，作为上市公司只要合法赚钱，做什么都很好，不一定非得做高科技企业。

在国外最大的和最赚钱的是零售公司，如美国的沃尔玛公司。中国现在崛起的企业如大中、苏宁、国美公司等，它们的营销能力和发展潜力都大，高于某些高科技公司。所以开公司千万不要有这样的想法，认为公司的技术比别人的高，公司的档次也比别人的高。实际上作为一个上市公司是不分档次的，只要把股民的钱看好，让他们的钱增值，股民才不管公司是干什么的。在中关村电子一条街所有的公司都做网络、通信、计算机，这不见得是好事。

（三）公司上市后可获得多个行业准入许可

公司上市后容易获得多个行业准入许可证，也就是门槛。例如银行、基金管理、系统集成等行业。因为公司上市后资本增加了，有很多的行业准入门槛就很容易过去。

银行业界经常招股东，像民生、光大、兴业、广发、浦东这些银行经常要扩资，它们扩资的条件，要求股东注册资金在5000万元以上，有三年的营业记录，才能有资格做它们的股东，才能认购它们的股票。而且资金不能太少，它不愿意一元一元地募集。

我上面讲的不是银行业界上市公司，讲的是银行业界中非上市阶段的银行。因为它们要不断扩大资本规模，就会不断扩股。最近北京商业银行又在扩股，它也是资本金不够，你的钱多对银行来说很安全，所以太小的公司不可能成为银行的股东。

还有基金管理公司，基金都是基金管理公司发行，一个基金管理公司能募集到很多资金。但是基金管理公司要求有一亿元的注册资金，作为基金管理公司发起人的股东要求比较高，要求有3—5个发起人，每个发起人公司的注册基金都要在3亿元以上，做一个基金发起人要具备这个资格。

系统集成公司在中关村电子街做的很多。系统集成公司是由信息产业部颁发的一种资质，分一级、二级、三级。建设部还有一个楼宇自动化与弱电系统集成公司资质，都对公司有注册资金的要求。

信息产业部一级系统集成公司的资质，要求公司注册资金至少3000万元，而且不许一家公司既卖电视又卖投影仪。

大恒公司原来的系统集成公司，是由总公司注册的，资金大、人力多、业绩好，后来就要求把它们分出去，另成立一个专业公司。如果总公司注册资本为5000万元，要再给子公司注册一个5000万元的公司就不行，投出资金不能超过自有资金的50%。

（四）公司上市并不是所有企业的最佳选择

按照上市公司与股东共享净利润的原则，导致我国某些利润很高的企业不选择上市。因为这些企业不缺钱，不愿意把利润分给别人。烟草行业就是这样，红塔烟草公司每年的利税，占云南省年利税收入总额60%左右。所以有关部门也好，股东也好，都不想与别人分享这个利润。因此我国烟草企业大多不上市。

还有一个例子，中国科学院成都生物研究所创办的"成都地奥集团"。这个公司刚成立时有20多人。该公司生产治疗心脏病的药叫作"地奥心血康"。这种药销售得一直非常好，它是一种中药，是由山里长的一种荆棘的植物，取其果实和根部提炼出来的。"地奥心血康"对患心脏病的人特别有效。如果当时喘不过气，吃了就能缓解。患心脏病的人容易脚肿，吃一周"地奥心血康"脚就不肿了。这个公司采取了一个非常便捷的方法，项目在实验室开发好以后，委托一个药厂把制药的树枝、树叶都去掉，把果实和根部取出来，再把核心的东西放进去，然后交给分装厂制成药贴上商标出售。"成都地奥集团"实际上不需要太大的场地，也无须雇用许多的工人。

1992—1993年，这家20多人的小公司年税后利润达上亿元。像这种企业就不愿意上市，不愿把利润分给别人。因此，给成都地奥集团上市指标，他们也不上市。

还有是北京某报社，2002年在香港上市。该报在北京发行量很大，一年房地产广告费是12亿元，在银行存着5亿—6亿元。如果在香港上市发行募集10亿港元，对这个报纸就没有意义。

北京某报社从上到下都不愿意上市，因为他们钱够了，但是国家新闻体制改革，要求它上市，它也不得不上市。我所说的这些事，是说有些利润很高的行业，不适应于其他行业，就不选择上市或者没有必要选择上市。

（五）阳光下的运营原则导致某些企业不适合上市

上市公司阳光下的运营原则含义有两个：

1. 在财务上一定是真实的，不能有偷税漏税的情况，一定照实缴税。企业不缴税所获得的利润，会计师事务所审计时不承认，证监会也不承认。由于某些企业有诸多的灰色经济，是不愿意缴税的，所以这些企业不适合上市。

有些地方的企业赚钱比中关村公司多得多。某地有一个老板开染房做染布的生意，他的投资只有6000万元，厂房也不大，一年就有6000万元的利润，问题是排出的废水有污染，会污染环境，所以不适合上市。还有些企业有偷税现象，它的钱达到上市的标准，生产规模也够，但不能上市，因为不敢把自己完全暴露出来。

2. 上市公司非常规范，在管理上是非常严格的。有会计师事务所在监督上市公司，上市公司的总裁、董事长想违法都是很难的。

例如，一个上市公司有9名董事，其中有6名是公司管理层干部。但是还有3名独立董事是外面请来的，这3名独立董事跟公司的资产没有利益关系，可以很公正。

例如，大恒公司现在的净资产有7亿元左右。当公司决定要收购或出卖资产抵债时，超过公司资产的1/10，也就是说到了7400万元的时候，公司决定要有董事会的决议，而且要提交股东大会，不然连工商局都不给你过户。如果公司向银行借钱必须有2/3的董事签字。

例如，有些关联交易，某公司的破烂资产想卖给上市公司，但能不能卖成，董事会没有表决权，只有独立董事才有表决权，由他们说成还是不成，所以上市公司会受到很多的制约。但是上市公司有5%是做得很糟的，像啤酒花公司的董事长最后就消失了。

（六）公司上市审查实际上高于上市标准线

在中国上市公司要求的底线并不高，中国A股对上市公司的要求是：公司有五个以上的发起人，有5000万元的注册资金，有连续三年盈利的营业记录。上市以后要保证给股民的净资产回报率，高于银行的同期贷款利息。其实这些对上市公司的要求没有实际意义。因为公司上市时在监管、运营规则等方面的审查，与公司有重大差异，作为股东可从公司上市获得的合法利益有限，发起人股东申请上市前要有充分的思想准备。公司上市所受到的制约都包括哪些呢？

公司上市时公开发行的股票，是发行人通过中介机构向不特定的社会公众广泛地发售，这些中介机构简称为"募商"，他们都有一个包销的风险。如果公司的股票发行了，老百姓不认购，募商必须全买下来，所以募商要判断即将上市的公司股票是好是坏。万一发行得不好，它就要认购。被迫当了股东，募商就赔本了。还有一个是"募商公告法"，募商每年有权向证监会推荐公司上市也就是公告。大的募商一年有4—6个公告，也就是有权向证监会推荐4—6个上市公司。小的募商一年有2个公告，有权向证监会推荐2个上市公司。募商发行一个小的上市公司挣不了多少钱，所以募商要求必须有一个发行的规模，按百分比执行。例如发行的规模2%的利润归募商，大恒公司上市发行股票价值为五亿元，募商可以拿一千万元的手续费。如果某公司上市发行的股票价值为两千万元，募商就只能挣几十万元，募商就会不愿意做，募商也有一个经济利益驱动。

中国的《中小企业法》推出后，全国有6000家左右的中小企业改制为股份公司。中关村也有许多公司都改制了，希望公司就改成了股份公司，大洋、利亚德公司也都改成了股份公司。它们为什么改制？因为只有股份公司才可以申请上市。而且被证监会监督一年，这一年不偷税、不漏税，也不犯错误，可惜大部分公司到最后都没能够上市。因为在6000个中小企业里，上市的名额只有38家，就跟考律师差不多，有一万人都够律师资格，但是每年只选一千名律师，只能从前面一千名里面录取，没有一个准确的分数，没有确定多少分是及格。

不少准备上市的公司都留下了后遗症。这后遗症是什么呢？

首先，企业准备上市时公司要做大，在科研上投入的战线就比较长。要想准备上市，就要供着一些人，不能等到这钱到了账上再找人，让人给公司做一些想做的事。因为公司原来的那些人只能做原来的事，所以在人力上要准备，技术上要准备。前期银行不给贷款。公司上市了，银行会追着给公司贷款，公司上市失败后银行马上就会变脸。

其次，公司虽然上市了，但钱没了只有股票，这些让企业很难受。

这些上市公司都没做起来，只好选择卖掉。我们就收购了两个这样的公司，其中就有中关村的大洋公司。

公司上市的门槛比想象的高，公司上市后也不是想象的有多少好处。所以公司负责人要在公司上市之前算好账，走上市这条路还是走其他的路。

（七）上市公司的资金管理

公司上市以后获得的资金，是所面临的实际问题、特殊问题。

1. 要了解证监会或者股民的核心要求是什么

在国外，即使是个"垃圾"公司也可以上市，只要如实地告诉别人你是个"垃圾"公司，只要有500人愿意买你的股票，就会成为上市公司，与公司的专业没有什么关系。核心要求主要是诚信，公司交上的东西不能是假的，因为这个没法考核公司。诚信主要是公司财务账，当然还有管理，还有信息披露，这些都体现了诚信的概念。

2. 净资产回报率

上市公司有净资产回报率规定的底线，要求每年公司的净资产回报率是6%，而且连续三年都要达到，尤其最后的第三年一定要达到。

此外，不是大家想象的公司所有赚的钱都算。上市公司是有区分的，属于公司经营主业正常经营的利润算公司的。虽然公司卖了一幢房子，卖了一块地皮，炒股票或者公司卖了股权所赚的钱，也算公司赚的钱，但是不算考核的利润。

例如，大恒公司今年有7亿元的资产，今年年底赚了4200万元，这4200万元应该是公司正常生产经营活动赚的钱。

如果公司有一幢房子，账面上有500万元，给它卖了2500万元，赚了2000万元。如果正常的经营活动不够4200万元，这笔钱就没用，不算公司的业绩。证监会认为这是偶然性收入。因为证监会很不赞成上市公司委托理财和炒股，公司炒股赚的钱也不算公司的。

上市公司配发新股也是一样的，证监会要求公司三年业绩的平均增长是10%，而且第三年要高于10%。

例如，第一年公司业绩的增长是11%，第二年是9%，第三年是10%，平均10%，最后一年10%就可以。

如果公司第一年11%，第二年10%，第三年9%就不行了。

证监会这个规定，比财政部规定的财务制度的回报率要难一些，因为还要受很多其他方面的制约。还有就是强调现金分红。现金分红其实也分不了多少，大恒公司的股票9元一股指的是原始股，股民从股市上买来的就得10—20元一股，公司每股每年现金分红0.1元、0.2元又怎么样？老百姓不计较这个，但证监会计较。

（八）上市公司会计制度与一般公司的差异

上市公司为什么利润做好不容易？因为上市公司所执行的财务制度与我们一般公司执行的财务制度不一样。

首先是上市公司各项坏账准备金及贬损准备金，坏账准备金是公司应收账款和其他应收款的总和。这个提取的比例原则上授权给公司董事会，报请公司股东大会批准。坏账准备金的提取通常有两种规定。

第一种规定是平均提应收账款，公司把东西卖出去，钱没收回来就要有5%的坏账准备金收不回来，提应收账款的5%为坏账准备金。包括合同期内的，比如公司今天卖出去了，但是钱没收回来。虽然没有什么风险，可能三个月、五个月客户就会给公司。

第二种规定是分年度年限的长短提坏账准备金，例如在公司合同期内可以不提，到了合同期或超过合同期两年，就要提取10%或20%的应收账款为坏账准备金，第三年提取应收账款的40%，超过三年就按100%提取坏账准备金。这个数量有多大？例如我们公司年销售额24亿元，如果在年底有5%的钱没有收上来这是很正常的。一个多亿就要提取500万—700万元。坏账准备金是从当年公司的利润里面扣。公司一年赚了5000万元，这500万—700万元不算，公司只赚了4500万—4300万元。还有上市公司无形资产减值的坏账准备金。公司无形资产每年要核定，会计师事务所派来的审计师要核查公司的无形资产生产还是不生产。有许多企业买来的无形资产价格比较高，比如说买了一个公司ERP管理系统软件，可能花了1000万元或500万元，甚至有更便宜的80万元。只要审计师发现公司不用这个软件了，因为这个他能看得见，通过调查知道公司用的情况，公司账面的无形资产马上降到零。

再比如公司买了一项生产技术，当这个新产品下滑到一定的程度公司不想再做下去了，公司账面的无形资产也马上降到零。特别是民营公司，当初为了提高技术人员、管理人员的持股比例，就注册了无形资产。这个无形资产很容易被审计师认定快速贬损，甚至是一次性贬损，因为无形资产这些东西在正常营运时也会有问题，在实际运作当中比想象的要难。

公司库存产品时间长了，产品的市场价格可能下降，这是很正常的事，审计师就要重新给库存产品定价格。像我们公司库存产品价值在3亿—5亿元，其中有10%贬值率，这个数是比较大的。上市公司财务上会做两本账。一本是报到证监会被审计师认定的公司财务损益表，这本账只要是认定被去掉的利润都会去掉。公司一年赚到的5000万元会去掉1500万元，交到证监会的财务报表利润就只有3500万元。但是公司的税务报表上，审计师所有去掉的利润都不承认，公司还得按5000万元缴纳企业所得税。还有就是上市公司在所有研发过程中的费用，不能积累成无形资产。许多软件公司和生产型的公司也很麻烦。要研究出一种新的机器，公司要雇许多人，找场地，要请外面的人帮忙，要花许多钱。按照我们的概念公司花了这么多钱，公司建成的这个无形资产可以以后再摊。

上市公司却不是这样规定的。公司所有在研发过程中花的钱，不允许建立为公司的无形资产，这样造成了上市公司在无形资产上损失一大笔钱，所有上市公司搞研发的都会损失一大笔费用。上市公司所有用于研发的费用和开发费用，要计入当期费用而不能形成固定的无形资产待摊费用。

（九）上市公司投资股权资金差额问题

我讲一讲，关于上市公司投资股权资金差额的问题。假定一家上市公司A企业，想收购另一家B企业，那么A企业家就要与B企业家谈收购价格。B企业的净资产包括无形资产有100万元，但是效益比较好，利润比较高，前途也比较好。

A企业想买B企业一半的股权，出价50万元，但B企业不卖。A企业只好加价给100万元，B企业100万元也不卖。A企业最后加价给200万元成交。

A企业花了200万元买来的这份资产，但是在A企业的账面上只有支出50万元，列入当年企业的成本，那150万元要求分摊10年，每年摊15万元。因为有关方面不承认这份资产，也就是说A企业钱花多了，A企业就得高价提出来。有许多企业家认为，流失100万元对上市公司不是什么了不起的事。

我举例说明这种做法对上市公司损害有多大。大恒公司收购大洋公司的股份时，大洋公司每股净资产是1.4元。大恒公司每股花3元收购，大恒公司共收购了4000万股。3元与1.4元之间相差1.6元，大恒公司收购4000万股就有6000万—7000万元的投资股权差额。大恒公司在计算利润时就要扣掉6000万—7000万元。大恒公司买了4000万股就差出这么一大笔钱，这笔钱每年都要摊。

上市公司还有一个问题，是关于严格的固定资产折旧年限，严格的无形资产摊销年限。公司想达到配股的要求，公司想达到发新股的要求，公司所有的买卖房地产，买卖技术专利，买卖股票，委托理财，这些钱都不算。还有上市公司现金流的披露问题，公司募集资金使用情况和效果的披露和管理。当时公司募集资金想干什么，公司讲的是真还是假，公司执行的情况怎样，在项目上投了多少，都有人进行检查。

再有是上市公司预警、预盈、预亏和其他风险的公告问题。如果公司经营利润今年比去年下降了50%，即公司亏损要预警；公司赚大钱要预盈。如果公司过去盈利现在是亏损，公司要在公告中告诉股民。

上市公司挣钱速度和绝对量与许多中小企业是不同的。可能中小企业有500万元的资产，一年赚250万元很容易，净资产回报率是50%，那么上市公司是绝对不行的，再加上七折八扣，不承认它赚那么多钱，这是要有很大区别的。

（十）上市公司的特殊负担费用

上市公司的特殊负担费用有：年度审计费用，独立董事年会费用，法律顾问年会费用，证券报告费用，证券年鉴费用，交易所提供的上市公司专用软件费用，交易所年费及业务培训费用，上市公司协会会费，首次募股、增发、配股费用，等等。

上市公司的会计师事务所年度审计费用，相当于一个公司净资产规模的1%，如我们公司一年要60万—70万元的年度审计费。就是说让公司请人来找毛病，还要付给人家钱。

审计师考虑到他的从业资格，他要采取谨慎计算原则，宁可给你算少，不能给你算多。还有的要分会计科目分支审计。比如说有几个分公司，有几个子公司。还有独立董事是要付钱的，还要求公司请法律顾问。公司开股东大会，所有股东都到还不行，还要有一个法律顾问，因为他是见证人，这个法律顾问拿的钱都是年薪。

还有《证券报》公告费也是一大笔钱，一个公司要求在《上海证券报》和《中国证券报》同时公告，公告费是包年制，一个报纸一年要付20万元，登不登都要付钱。

上市公司一年应付150万—200万元费用，还不算首次募股、增发、配股等费用。也就是说上市公司要花钱找人看着，这些原因就造成了有些公司不愿意上市。

温州的有些企业挣钱很容易，企业负责人认为要做什么决定都得找股东，还要登到报纸上，请人去表决，还要找独立的董事，还要找人来审计，既麻烦又费钱不愿意这样做，因此企业就不上市。

但温州经营发展是有时间性的，在一段时间像"战国"时期发展得就很好。因为它们潜力是有限的，这种不规范的经营是发展不大的，我想在温州出不了像李嘉诚、王文京这样的人物，温州的企业不可能发展太大。

（十一）公司上市后必须面对的问题和选择

如果公司没上市之前资产是9000万元，上市后公司资产有9亿元，那么原来的9000万元摊到里面回报率就不够了，因为公司原来还有成本，所以就必须要增加业务。其实必然增加的只有一项，就是把欠银行的钱还了，公司把利息结了，还要看公司原来借款规模是多少。剩下资金的公司都得种上新地，都得施肥、浇水，想办法种出新的庄稼。公司要搞研发费用就更大了，就必须想办法再增加新的业务。公司还要考虑的问题是，要看净资产的突增和原有业务的空间、利润的增长速度成不成比例。有的企业突增容易，有的企业却比较难。我就讲比较难的企业。例如工程类的公司，利亚德公司是做大彩屏的，公司得一个个地跟人家谈，因为别人也有做的，海龙大厦就有人做。投标与公司钱的多少没有太大关系，与技术好坏也没有关系。现在有些不正之风，有些部门办事作风不好。所以公司投标时看认识什么人，认识哪位部门负责人，认识哪位投标主任，这些原因使得这些企业增长很难。

例如，原来搞软件的某公司，以前搞系统工程，上市后就没办法消耗那么多钱，后来改做光纤的生意，结果赔钱了。后来又做了DVD向美国出口，正好赶上美国西海岸罢工船上不了岸。往美国出口有45天无条件退货的规定。对顾客是这样，对供货商也是这样，公司供他的东西，他卖不了就给你退回去，所以某公司从盈利的企业到后来亏损。还有搞软件的公司，搞系统集成的公司，它原有的业务扩大不了那么快，就不得不到处筹钱，尽管自己觉得能赚到钱，其实不是那么容易。

上市公司扩大生产力所需的周期，就像种地，要等苗长起来，施肥、浇水，春天种上，秋天才能收。甚至有的果树要等上四五年才能收。公司花钱种上树，可是当年结不出果来，也不一定能挣回钱来。即使是觉得项目不错，随着公司的管理，生产规模的扩大，也有周期性。

有的上市公司募集来钱以后，钱用得差不多了，马上操心的是企业经营下降。比如大恒公司原来有2亿多元资产，赚4000万元，净资产回报率不错，现在有了6亿元资产，赚了6000万元，资产回报率就差多了。公司就要想办法迅速增长，无非三件事：公司种树就是指开发新产品，买树苗就是指买新项目，买果树就是指买公司。

公司种树的风险很大，买的种子是真是假，什么时候能长成，长成了还要修整，所以种树特别难，成功率只有30%，有的是立项不对，有的是项目成长得太慢，比如公司开发了一个软件，等开发得差不多了，人家不给钱，还会说软件盘丢失了，实际上他可能把软件盘卖给别人了，这种事情十个会发生七个。

在中关村电子一条街，公司不是三十年河东，三十年河西，而是三年河东，三年河西。

中关村公司从评选海淀新技术试验区20强企业的第一年开始，能每年连选连任到2001年的只有三家公司，分别是联想、方正、大恒公司。这里也有些原因，比如清华同方公司成立得晚，前几年就没有它。紫光、四通公司本来都不错，但评选时要看公司是不是亏损过，四通公司可能就亏损过好几年，紫光公司也亏损过。

也有做得不好的公司，如像科利华公司，做《学习的革命》一书走红，后来亏损很大最后消失了，所以说中关村公司失败概率很大。

公司不去种树，去买树苗至少能区分出它是什么树。但公司还要耐心等待它的长成周期。特别是科研院所出来的公司，他们给做了样机认为很成功，实际上还得再改两年才能过关。

1992年，我们做的激光打包机，当时科研院所说能做，就送到香港去宣传一番。实际上这台机器没用三个月就坏了，机器平均寿命是五个月。后来开始停机，用的时间长了几个小时就停机一次，真正能够工作的大概就只有两年时间。公司买的机械，里面的元器件出了问题，因为这元器件不是公司自己做的。所以公司要知道是哪个厂生产的，哪个厂的好，哪个厂的不好，至少得花三个月时间。

我投入的三个企业，到现在还没有到挣钱的程度。其中包括我们的三种合作，买果树也就是收购公司，该公司十年前开始盈利，五年前还盈利，去年也盈利。但该公司一定不会平价卖，一定要提价，这就产生了投资股权差额，这种投资股权差额很大。

例如大洋公司，它去年的利润是1800万元，我们持大洋公司54%的股份，我花6000万元买来的，那这1800万元中大概有900多万元是我的。这900多万元和6000多万元之间就有15%的投资股权差额，约600万元，扣掉约600万元的投资股权差额，只有300万元的利润，相对6000多万元的投资只有5%的资产回报率。

我们觉得大洋公司很好，因为买得贵，最终结果只有股权差额的摊销了，我们只能盼望大洋公司利润能到1500万元，扣掉700万元，你还有550万元，总的来说，买树就是买公司，比种树和买树苗要好些。上市公司研发新产品和保障当期收益比的矛盾，导致公司不敢大规模研发，这样可能丧失后续竞争力。上市公司开发投资若干个新软件，它有一个准确的立项，到时去认证确定干了这件事，这笔钱应该打一包，承认新成立的无形资产。公司卖了100份软件摊入其中的百分之几，又卖了100份软件，又摊百分之几。现在不允许上市公司这样做，当年公司花了这么多钱，今年又花了1000万元，那你的费用增加了1000万元。我们是上市公司，每年利润有5000万—6000万元。为什么到现在没有配股，是因为募股资金花不出去。为什么花不出去？如果公司要花2000万元，那就算亏了2000万元。

那么股民会问我，怎么当时还挣钱，现在却亏了，所以我不敢那么走，我只能按公司一年利润增加2000万元来走。公司用1000万元开发新产品，还要能保持利润增长。这种事情造成公司不敢大量投入，公司的竞争力就比不在意这种情况的公司低。

如果一个民营企业不是上市公司，因为公司很挣钱，没有配股，也没有再增发新股，所以公司不管业绩怎样都敢投入。相比之下我们公司的竞争力就比他们差，我们投入太慢，不是因为没有钱，是不敢在一年里把钱都花了，因为花了却形不成一个被审计师认定的资产。由于这么多困难，部分上市公司去炒股票，委托理财，在一定程度上是无奈的选择。公司要保证有回报，一下子又花不出那么多钱，都花了也不行，算公司亏损。所以什么保险，公司就做什么。公司就选择委托理财。现在委托理财也不保险了，如果证券公司亏了，应该给公司80%的回报率，但是达不到就赖账，要是好一点的证券公司本金会还给公司，比较差的证券公司本金都还不起。委托理财其实是上市公司管理制度不健全，也是没办法的事。

那么证监会怎么处理这件事呢？公司可以委托理财，但不属于经营性利润，属于非经营性利润。让对方没有兴趣去做，公司挣的钱没用。但这种非经营性利润对于ST的上市公司有利，公司已经ST了，卖厂房赚的钱，炒股赚的钱也能摘ST的帽子，但是公司卖房子、卖项目或委托理财赚的钱，不能使公司的业绩提升。

（十二）上市公司与银行的关系

银行对高科技企业的上市公司来讲，开始时银行是比较热情的，公司刚上市就整天追着公司给贷款。公司虽然不缺钱，银行还是让公司贷点款，因为公司准能还。另外公司有了这些贷款可以作为二次性贷款，比如公司贷了5000万元，只花了3000万元，可以利用平均差值再贷给别的公司。

当上市公司募集的资金用得差不多了，虽然公司还比较健壮，银行对公司就不那么热情了。银行有办法帮助公司，也有办法约束公司。当公司有麻烦时，银行查封公司的账号比谁都快。

我的经验是公司最好能跟银行保持正常关系，即便有钱也贷点款，公司多出点基本上保证银行利息，哪怕公司做些不太赚钱的生意。如果不与银行保持住这种关系，当公司缺钱跟银行贷款时会非常难。因为银行每次贷款给公司一笔钱，上级银行要求它做1%的坏账准备，所以银行贷款给公司钱时就要做1%的坏账准备。如果银行要借给公司100万元，可能还收不回三个月的利息，这对银行来说就是亏损，上级银行要考核它的业绩。上级银行要求银行对该公司再贷款时，把原来的亏损的账补上。所以说公司第一次跟银行贷款不要急，因为银行有它的游戏规则，上级银行对无担保贷款、无坏账准备的比例和考核标准是不一样的。银行无担保贷款难，上市公司寻找担保难。银行对无担保贷款要有上一层的审批，无担保贷款银行的损失大，还有对坏账准备的监管。有些银行对无担保贷款要多提取一个点的坏账准备，例如银行无担保贷款给公司一亿元，并且认为公司能够还，银行要提公司2%的坏账准备。上市公司找担保难是什么意思？因上市公司的股东把所有老本及精华都放到上市公司，上市公司把核心部分又都拨到下边了，上边就是一个控股公司，控股公司没钱担保不了。上市公司就想与别的公司互保，那就看银行接受不接受，如果不接受就有很大的风险。我们公司不敢跟其他公司互保，到今天日子还过得去，如果贷款规模再扩大，银行让我们再找担保就更难了。不是人家不愿意给我们公司作担保，是我也不愿意给别的公司作担保，因为这个担保风险很大。

（十三）关于现在银行开展集团授信的问题

现在银行开展集团授信，是因为银行发现A公司出事以后，又发现A公司下属许多企业层层贷款。例如A公司的"孙子公司"注册资金是2000万元，营业额是一亿元，银行根据这个资产贷了款。因为A公司控"孙子公司"的股份，A公司的资产和"孙子公司"的资产加在一起，这样两部分资产实际上是重复计算了，利用这个又可以向银行贷款。那么A企业又把子公司的资产、"孙子公司"的资产都加在一块，所有资产担保后又贷了一份款。其中有一部分资产又是重复计算了。

银行贷款所对应的是公司净资产。这家银行认为A公司的子公司有净资产，那家银行认为A公司的"孙子公司"有净资产。其实A公司的子公司没有净资产，子公司那份净资产在"孙子公司"那呢。A公司子公司从银行又贷一份款，这种局面造成银行的风险很大。

银行集团授信会造成一个问题，特别是民营企业。

例如，B民营企业买了一个上市公司，就是借了一个上市公司的壳上市，其实B民营企业是背着债的。以前银行贷款给B民营企业的子公司，不管母公司B民营企业有多少钱。现在银行对B民营企业和子公司的贷款，不管B民营企业股东的贷款、B民营企业的贷款、子公司的贷款都一块算，使B民营企业及相关联企业很难贷到款。

（十四）上市公司与股东的关系

上市公司与股东的关系如下：

1. 股东通过公司上市获得的利益，募股时实有净资产的大幅增长，年度分红实际回报率在3%—5%。

2. 上市公司股东可通过股权质押获得一定规模的银行贷款。

3. 上市公司控股股东几乎无法利用上市公司的资金。

4. 上市公司不得为股东及其关联企业提供贷款担保。

5. 上市公司对小股东形同鸡肋（注：发起人小股东）。

6. 国有企业上市公司的大股东与民营企业上市公司的大股东的处境不同。

7. 证监会有权进行对上市公司控股股东的监管和转让股份的审查。

8. 上市公司的股东分类监管和网上投票，会导致大部分上市公司丧失再融资能力。

下面主要讲讲上市公司股东的分类监管、网上投票的问题。

上市公司除了首发，还有增发和配股等再融资。现在为了保护中小股东的利益，实行网上投票和分类投票，不光法人股可以投，小股民的流通股也算一股，他们可以投票，也可以不投票。因为是要他们花钱。如果他们不投票，公司再投也没用，这就导致了许多上市公司没办法再融资。小股民不投票有两个原因：

1. 小股民不愿意总买股票，而是希望所买到的股票增值，对于配股他们会反感，他们会认为上市公司又让他们捐钱。

2. 网上投票的人多数是对公司有意见和不满的人，因此，这种投票很难通过，这样就使得一些上市公司可能丧失再融资的能力。

十六、百度公司的自主创新

作者：百度公司总裁　李彦宏

2007 年 8 月 18 日

导读：2007 年 8 月 18 日，百度公司总裁李彦宏，对该公司如何自主创新进行了详细的阐述，使人们首次了解百度公司的市场运作与发展，也是北京及中关村民营科技企业中，唯一向人们展示的有关新兴互联网企业发展历程的十分珍贵的历史文献。

（一）百度的自主创新

因为现在做一个具体的公司，所以我想就这个话题，主要谈一谈企业自主创新这方面的一些体会。

我作为一个公司的CEO，会不停地有人跟我讲，说我们有一个新的想法，我们准备尝试一种新的方法。我把大部分的精力都花在了说服他们上，说这不行、这个东西不能坐等，在这方面我做了很多的工作。

最近我们在谈论一个问题，百度公司要不要搞一个研究院。因为我们已经看到很多全球顶级的IT企业，都有非常像样、非常有规模的研究院，我们百度公司要不要做一个这样的东西？因为很简单的理论，你要想有创新，你要想在竞争当中长期立于不败之地，一定要进行投入。我的观点是不能建研究院，实际上去建研究院，用研究院的方法做创新的这些IT相关的企业，我见到的下场都不好。

第一个例子是施乐公司。施乐公司有一个很著名的研究院，这个研究院在计算机领域其实有很多创新的，其中有一个是改变整个 IT 产业的发明，后来这个东西被苹果公司用了，苹果公司后来做得还不错，但是真正的发明者施乐公司没有从中获得相应的收益。

第二个例子是IBM。我在美国那些年，IBM在IT的研究上投入是很大的。IBM也有几个研究院，有很多很著名的计算机科学家，它制造的PC机，却让微软、英特尔公司获得更大的收益。

有一个公司在美国硅谷，在美国有研究院，这个研究院做了一件跟我们领域相关的事情，就是搜索引擎。这个搜索引擎当时是作为它的一个研究项目，为什么要做这个研究项目呢？因为这个公司是做小型机的，它当时的小型机实际上从技术上讲是非常领先的，尤其支持比较大的内存。为了向世人证明它的小型机在性能上比其他的竞争对手更好更强，该公司负责人说："我就做一个应用，来证明我的性能更强。"该公司做了一个搜索引擎。

20世纪90年代中期，大家觉得搜索引擎技术含量非常非常高，要求非常非常高，对于大数据大量访问，而且很多时候要迅速更新，甚至时时更新。我原来工作的公司就是搜索引擎时时做更新。这种要求对计算机的无论软件也好，硬件也好，都是很高的。

讲了这么多，我觉得为什么从我的角度来讲，在搜索引擎这样一个产业，甚至是互联网产业在创新上面有这么多的，很多东西在常人想来应该说是他做得最优秀的东西，他在技术上最先进，他应该获得最好的回报，事实上我刚才举的例子，都是在美国或者在知识产权保护上最完善的一个体系里面的状况。

（二）创新要基于市场的需求

我觉得企业创新基于以下原因。创新要基于市场的需求，因为我也在研究院里面待过，很多大公司的研究院，他们的科学家也好，或者研究人员也好，他的业绩的衡量主要是看一点，就是你申请了多少专利。很多的公司对于市场的把握，或者说对于市场的变化不是那么敏感。所以我在公司里不停地跟大家讲，不要天天盯着创新。

我们不同的部门，不同的人时不时会跟我讲："我们做一个创意大赛吧，我们鼓励大家给公司提一些新的主意，我们可以给他们一些奖励。"每次我都否决，我不鼓励大家做这样的创新。为什么呢？因为一旦用一些比如说金钱上的回报，或者说其他什么机制鼓励大家想这些创新东西的话，出发点就变了。他们不是依据市场的需求来提这些东西的，而是说为了做一些创新而进行创新。但是尽管这样，并不是说百度不是一个有创新能力的公司，事实上我认为这个公司是很有创新能力的。

首先从公司文化上讲，大家穿着都是很随便的，上下班时间都是不固定的，我们也没有打卡的制度，上下级关系也非常不明显，很多这种公司文化层面的东西实际上是在无形当中鼓励创新。我觉得只有让这些有创新能力的人，在一个比较舒适的环境里他才会比较自由，身体的自由才导致了他的心理，或者说他的头脑自由，他才能够真正想事情，去做一些新的东西。但是做这个新东西的时候并不是说闭门造车，不是说关在屋子里自己突发奇想，而是他们不断研究用户的需求。所以在百度公司我们经常说的一句话就是："你的用户想要什么，你首先要搞清楚这一点，然后再去决定你要做什么。"

这一点我想是百度公司过去七年多的历史中严格遵循的一个原则，也是很多百度公司产品能够推出来之后，大概半年、一年的时间就能够进入产业前两名的原因。我想都是跟这些有关系的，能够准确地把握用户的需求。

（三）有市场才能有创新

说到这儿让我想起来一年多以前，我参加一个类似的论坛，其中有一个很著名的美国VC问我，他说："中国现在有很多成功的互联网公司，但他们的业务都是仅限于中国本土的市场，你能不能告诉我，什么时候中国会产生一个全球性的互联网公司？"

我告诉他："大概需要中国互联网的人口数目超过美国，变成全世界第一之后。"

为什么有这样一个答案呢？我觉得任何创新，或者说你要是能够在市场上比别人做得好的话，首先要有市场的需求。由于中国目前在世界上，既不是第一大互联网市场，又不是互联网的基础设施最先进的市场。所以这个市场需求不是发生在中国的，是先发生在美国，甚至先发生在日本。当人家先知道有需求的时候，人家做东西，所以人家就领先于中国。中国的互联网公司现在到国际市场上去是有问题的，是不能够产生一个真正世界性的互联网公司的。

那么中国有这么大的人口基数，应该是一两年之内，最快可能在2008年，中国就有可能变成全世界最大的互联网市场，就是上网的人数，2007年是1.4亿多人，等我们超过了2亿人的时候，应该是世界上最大的一个互联网市场。当你的用户基数足够大，以前碰不到的问题现在就会碰到了，你就要被迫解决，而这个过程就是一个创新的过程，这个时候创新就出来了。这种创新是在别的市场上，在别的国家里头没有的，如果我们能够在这个基础设施上，比如说上网速度、无线互联网的发展之类的，能够做得比现在更好一些，我想中国的互联网市场有很多很多新的需求会出来，当这些新的需求出来，而我们又能够比较准确地把握这些需求的时候，我们就会有真正有意义的符合市场的，能够产生比较大影响的创新出来，只有这样，中国的互联网企业才有机会走向世界，在其他的国家，在其他的市场上产生相应的影响。

我想解释一下，为什么百度公司从2006年底，开始进入其他的市场。我最近看了一篇文章，它把中国企业家分为几代，该文章指出"第三代企业家还没有出现"。第三代企业家是要具备哪些特点呢？是要在主流市场，主流的产品，或者主流的产业获得主流地位的。

我想搜索引擎或者说互联网可以说是一个主流市场，主流的产业。中国现在不能算主流的市场，如果能加上日本，或者加上一个跟我们类似的比较大的市场的话，那我们也可以叫主流市场了，获得主流的地位，获得主导的地位，这样的企业家现在中国还没有，我们也希望随着中国市场越来越大，国力越来越强盛，我们这一代人有机会能够在世界上，在全球范围内产生我们应该有的影响力，所以我的基本观点还是说创新是需要根据市场需求的，是市场推动的。

附录：北京及中关村第一代民营科技企业创业者传记篇

北京·中关村民营科技大事记（下卷）1998—2004

导读：本部分内容是对已故的北京及中关村民营科技企业家，以及对北京及中关村民营科技企业的发展作出巨大贡献的有关人士所写的个人传记。文章不仅向读者展示他们的生平与简历，也向读者展现北京及中关村民营科技企业家艰难的创业历史。"老兵没有故去，只有隐去。"虽然传记篇中这些北京及中关村民营科技企业家及有关人士已经故去，但是，他们为中国知识分子在改革大潮中的伟大创举"民营科技企业"所作出的巨大贡献，永远激励我们，永远活在中国科技改革的历史记载之中，如同天上的日月，永照华夏大地！

一、北京首家民营科技企业开拓者之一陈春先传

陈春先，男，1934年8月6日出生于四川成都一个高级知识分子家庭，父亲陈之长、母亲黄端方为清华大学学生，后被派往美国留学，获得农业方面的博士学位。

2004年8月9日，陈春先教授在北京中关村家中因病逝世，享年70岁。

1980年10月23日，陈春先教授和中科院物理研究所工程师纪世瀛、科研人员崔文栋等人，创办北京及中关村首家民营科技企业，"北京等离子体学会先进技术发展服务部"（以下简称"服务部"）。

陈春先教授逝世后，北京及中关村首家民营科技企业家及员工、中科院物理研究所的同事们、中国科学院等离子体物理研究所的同事们，纷纷表示沉痛的悼念。

1951年，陈春先教授考入四川大学物理系。

1952年，陈春先教授在大学加入中国共产党。

1953年，陈春先教授赴苏联斯维尔德洛夫斯克矿业学院，学习地球物理探矿专业。

1956年，因我国急需核物理人才，经我国驻苏联大使馆批准两个名额转学申请，陈春先教授就是其中之一，他转入乌拉尔大学核物理系学习。

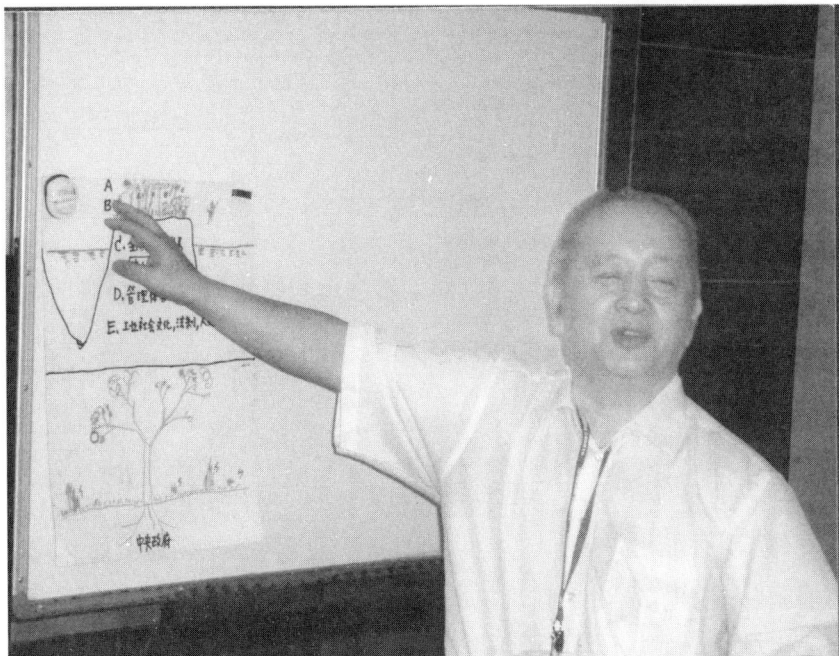

2003 年 9 月 13 日，陈春先用早期画的一幅图讲解 1980 年中美两国科技体制。他指出，图中 A、B 代表硅谷的科技公司，是风险投资与技术结合的符号。C 是金融投资体制，D 是管理体系，E 是工业和美国的社会文化。美国科技体制是市场化、多元化。而中国科技体制都固定在国家这棵树上，科研工作者一辈子要在这棵树上。僵化的科研体制，对科学技术的创新和扩散很不利。齐忠摄影。此图是陈春先生前唯一的画作，并有他的亲笔签名，现为齐忠收藏。

1957 年，陈春先教授因学习优异，考入莫斯科大学核物理系，学习固体物理与统计物理。

1957 年 11 月 17 日，毛泽东主席在苏联莫斯科大学会见中国留学生和实习生时发表著名讲话："世界是你们的，也是我们的，但是归根结底是你们的。你们青年人朝气蓬勃，正在兴旺时期，好像早晨八、九点钟的太阳。希望寄托在你们身上。"陈春先教授作为留苏学生亲耳聆听了毛泽东主席的讲话。

1959 年初，陈春先教授莫斯科大学物理系毕业，因学习优异，作为中国留学生代表，时任苏联共产党总书记赫鲁晓夫向陈春先亲手颁发毕业证书，并与陈春先教授握手合影留念。陈春先教授也因为这件事，在

"文化大革命"运动中受到攻击与批判。

陈春先教授回国后被分配到国防科研系统工作，后被中科院物理研究所党委委员、最年轻的物理学家孟宪振发现后，认为是中科院急需的人才，孟宪振通过中科院副院长、党组书记张劲夫将其调到中科院物理研究所工作。

陈春先教授曾任中科院物理研究所理论物理研究室理论物理组组长，该组成员有陈式刚、郝柏林、于渌、霍裕平等人。该理论物理组在我国固体物理理论与统计物理领域发表的论文数量达到"三分天下有其二"，后来陈式刚、郝柏林、于渌、霍裕平都当选为中科院院士。

1959年12月23日，《人民日报》发表有关苏联科学家研制出高分子半导体，其性能比"锗"与"硅"好，成本却低很多的消息。聂荣臻元帅看到后，打电话给中科院副院长、党组书记张劲夫询问此事。

中科院立即组织中科院物理研究所、中科院化学研究所科研人员，在中科院物理研究所半导体研究室，开始研制高分子半导体大会战。

1960年1月6日，大会战的科研人员终于得到具有半导体导电性的高分子材料。

陈春先教授参加了这次大会战，并作出重大贡献，成为我国高分子半导体研究领域开拓者之一。

1959—1969年，陈春先教授曾在中科院物理研究所七室"固体物理论室"、十室"高分子半导体室"工作10年。

1970年，陈春先教授担任中科院物理研究所一室主任，研究"受控核聚变项目"。

1971年，陈春先教授开始对"托卡马克"进行研究。为了得到上级的批准，陈春先教授四处奔走，某次在有关负责人处游说"托卡马克"项目时，陈春先教授情绪失控地说："苏联都做出不同型号的'托卡马克'，中国什么都没有，你为什么不着急？"

1972年，陈春先教授在安徽省合肥西郊董朴岛，现在称"科学岛"建立"中国科学院合肥受控热核反应实验站"（以下简称"实验站"）。

陈春先教授陆续为该站聚集毕业于北京大学、清华大学、复旦大学、中国科技大学的"精英"人才110多人，陈春先通过安徽省军代表兼负责人，解放军12军军长，将这些人从农村及边远地区调入合肥，办理了正式户口，为我国研究核聚变培养出大量的人才。

1974年7月1日，陈春先教授研制出我国首台"北京托卡马克6号"。该成果成为中科院在1974年唯一的科研成果，并记载到中科院官网的《中科院大事记》中。

1978年3月18日，全国科学大会在北京召开，陈春先教授出席了该大会，他负责研制的"北京托卡马克6号"，在大会上荣获重大成果奖一等奖。该奖项相当于2000年由中华人民共和国国务院设立的"国家最高科学技术奖"。

1978年，44岁的陈春先教授予著名数学家陈景润、杨乐、张广厚被中科院破格提拔为正研究员。

1992年，陈春先教授在过友谊宾馆中的科学会堂时，他指着科学会堂的一间会议室说："1978年，中科院就是在这间会议室，召开破格提拔我为正研究员的论证会，那年我已经44岁，当个研究员还要破格提拔，真是个笑话。"

1978年，陈春先教授再次组织"合肥托卡马克8号"科研项目，中科院对该项目极为重视，中科院副院长钱三强批准立项并出席了"合肥托卡马克8号"奠基仪式。为了加快该项目的进程，陈春先与夫人毕慰萱，在晚上十点到中科院党组书记李昌的家讲述"合肥托卡马克8号"的重要性，在李昌的帮助下，该项目成功地获得国家4000万元科研资金。

1979年，中科院官网《中科院大事记》记载，该年国家给中科院全部拨款为3.2亿元人民币，而陈春先教授的"合肥托卡马克8号"科研项目就获得国家拨款4000万元，可见国家对这个项目的重视。实验站也更名为"中国科学院合肥受控热核反应研究所"，今天该所更名为"中国科学院等离子体物理研究所"。

1978年5月11日，陈春先教授被任命为该所负责人之一。

1979年7月7日—1981年11月16日，陈春先教授被任命为该所副所长。

1978年，陈春先教授也成为我国受控核聚变研究领域的带头人。

1981年，陈春先教授任中国科技大学等离子体专业研究生导师。

1978年，是陈春先教授在科学研究生涯的巅峰。中科院物理研究所官网《中科院物理研究所大事记》在1980年中是这样评价陈春先教授的，"陈春先是中科院物理所重点培养'又红又专'的对象"。

1979年10月，陈春先教授赴美国访问，参观考察美国"托卡马克"装置，为建造"合肥托卡马克8号"获得有益的帮助。陪同陈春先教授赴美国访问的有中科院电工所科研人员严陆光，他是我国科技泰斗严济慈之子，后来当选为中科院院士、中科院电工所所长、宁波大学校长。我国著名哲学家、原中国社科院院长胡绳之弟，中国科技大学等离子体专家项志遴教授，美国方面全程陪同人员是刘全生教授。

陈春先教授等人在美国用两个多月的时间，参观了美国所有的民用核聚变实验室。还参观了美国波士顿128号公路、旧金山硅谷一些为美国民用核聚变实验室提供设备的新技术公司。

严陆光院士回忆这段历史时说："陈春先是一个对新生事物非常敏感，非常感兴趣的人。在别人的眼里对美国的新技术公司是看看而过，而陈春先却牢牢记在心里，这也是他创办中关村首家公司的原因吧。"

十年的"文化大革命"导致国民经济大规模衰退，1979年，我国国民经济面临严峻的困难。国家只好对基本建设投资进行大规模削减，其中有上海宝钢二期工程的扩建等，对中科院基本科研设施的建设也采取了削减。

中科院官网《中科院大事记》中对此事的记录为："1979年，中科院对规划中的基本科研设施的建设，削减或停建了三分之一。"

在中科院这次消减和停建的项目中，就有陈春先教授的"合肥托卡马克8号"。严陆光院士回忆"合肥托卡马克8号"后的情况时说："1979年，国家没有钱。'合肥托卡马克8号'又是基础科学项目，运用到实际中要用100—200年的时间，该项目的停建下马是无奈之举，国家在经济好转后又投资2亿元人民币才建设完成。"

1980年初，陈春先教授等人从美国考察归国后，到机场迎接的中科院副秘书长郁文同志告诉陈春先教授等人，"合肥托卡马克8号"下马停建。

严陆光院士回忆这件事时，他说："当时我们听到这个消息后十分震惊，又得知这个决定是在聂荣臻元帅主持的会议上决定的，不可能更改。1980年初，'合肥托卡马克8号'项目的工厂与电源部已经基本完成，工作人员达到400人左右，怎么处理停建问题很棘手。陈春先和我与项志遴教授、郁文同志就在机场召开会议商量对策。最后建议，对建成的工厂、电源部、研究所进行保留，用该项目已经到账的2500万元资金，作为这些机构的运行费用。这些建议在郁文同志的支持下都得到落实。"

1980年10月，中科院在"文化大革命"后首次增补中科院学部委员，也就是现在的中科院院士，中科院物理研究所所长管惟炎，科研人员章综、洪朝生、李荫远、李林，数学所的陈景润被增补为学部委员，陈春先教授在这次增补中科院学部委员过程中没有当选。

1980年10月23日，在北京市科学技术协会咨询部负责人赵绮秋（女）的支持下，中科院物理所研究员陈春先、工程师纪世瀛、电气工程师崔文栋等七人创办北京及中关村首家民营科技企业——"北京等离子体学会先进技术发展服务部"（以下简称"服务部"），陈春先任服务部管理小组组长。

陈春先教授回忆当年创业初始想法时，他说："我们创办服务部，只是模仿美国128号公路、硅谷的新技术企业，扩散中科院的科研项目，根本不知道做买卖要赚钱，还会有亏损赔钱的风险。四通公司则不同，他们的创业初始就是赚钱，所以，这是我们虽然在中关村最先创办公司，但是却落在别人后面的主要原因。"

服务部的成立，遭到中科院物理研究所所长管惟炎的反对与打击。

1983年1月6日，北京市科协咨询部负责人赵绮秋的丈夫，原新华社北京分社负责人周鸿书支持下，新华社北京分社记者潘善堂，写出《研究员陈春先搞"新技术扩散"初见成效》的新华社"内部动态清样"的内参，发往党中央、国务院。

1983年1月7日，原中科院院长、国务院副总理方毅在新华社报道服务部内参上，批示支持陈春先与服务部。中共中央总书记胡耀邦以及中共中央办公厅主任胡启立，也作出批示支持陈春先与服务部。

1983年4月15日，陈春先教授予纪世瀛、崔文栋等人，借款10万元，创办"北京华夏新技术研究所"，陈春先任该所所长。

1985年，陈春先教授予夫人毕慰萱，正式辞去中科院公职。陈春先教授回忆这件事时，他说："1985年，中科院有关方面与我协商，将我和夫人毕慰萱的档案转到中科院软件所，以停薪留职的方式还留在中科院，到了退休年龄，按中科院正式职工退休。我拒绝了这个方式，一方面是不想留在中科院，一方面当年经营很好，卖出一台计算机能赚1万—2万元，对几百元的退休费不在意。后来公司经营不好身体又多病，医药费用没有地方报销，有些后悔。"

陈春先教授晚年看病是他一大费用支出，后来由海淀试验区出面向北京市政府汇报他的情况，北京市政府批准，陈春先教授才获得社保资格。当时陈春先要补交社保，他向好朋友严陆光院士借了一笔钱，交给社保机构才获得社保资格。陈春先去世后，陈春先夫人还给严陆光院士这笔借款。

1986年7月1日，北京市科委下属机构、北京科技研究管理中心对陈春先和华夏所进行调查研究，并提交《北京科技研究管理中心陈春先与华夏所的调查报告》，该报告显示1984年5月—1984年底，陈春先做成两笔计算机买卖，获得利润64万元。由此来看，陈春先教授辞去中科院一职的回忆是真实的。

1987年4月7日，陈春先教授予美国"硅谷太平洋模拟公司"合作，创办"北京华夏硅谷信息系统有限公司"，注册资金50万美元。陈春先教授任该公司董事长。

2003年，陈春先教授创办"陈春先工作室"，这是他生前创办的最后一个企业。

1980年，陈春先、纪世瀛、崔文栋等人，开创北京及中关村首家民营科技企业到2022年，已经有42年的历史。中关村电子一条街也已经成为中国的"硅谷"。

42年中在不同时期，对陈春先教授有不同的评价。

1990—1998年，在我国国有企业改制大批国有企业职工下岗待业期间。由于民营科技企业的崛起，为国有企业下岗职工提供了大量就业机会，仅上海一地每天就吸纳上万人就业，还成为北京和全国各大城市新的经济增长点。

民营科技企业被社会各界人士称为"中国知识分子在改革开放中的伟大创举"。

2005年，中科院物理研究所官网，在1980年"物理所大事记"中写道："1980年10月23日，物理所研究员陈春先，在中关村创办首家民营科技企业。"

2016年6月，中科院推出第三部新的介绍中科院宣传片，长达14分31秒。在该宣传片中第二篇"踏上新征程"中，以"科学创造财富的沃土"为主题，首次播出陈春先教授工作的视频，称陈春先教授为"科研'下海'第一人"，并排在联想公司董事长柳传志先生之前。

子在川上曰："逝者如斯夫，不舍昼夜。"这是孔子以河水为比喻，勉励人们珍惜时间，要有如同流水不舍昼夜，不断前进、不断进取的精神。

陈春先教授的一生正是遵循这种精神，在不断进取中探索创办出北京及中关村首家民营科技公司，才有了今天的中关村科技园、中国民营科技企业集群。

名词解释：托卡马克

1954年，苏联"原子弹之父"科学家萨哈罗夫，在西伯利亚库尔托夫原子能研究所，研制出存放等离子体的容器，命名为"托卡马克"

（TOKAMAK），也就是俄语中的"环形""真空""磁""线圈"几个词组的合成，意思是核聚变是一种利用磁约束来实现受控的核聚变。

这是一种形如面包（多纳）圈的环流器，依靠等离子体电流和环形线圈产生的强磁场，将极高温等离子状态的聚变物质约束在环形容器里，以此来实现聚变反应。但人们很快发现约束等离子体的磁场，虽然不怕高温却很不稳定，等离子体在加热过程中能量也不断损失。

1954年8月4日，以苏联高能物理学家列夫·阿齐莫维奇为首的研究组，发明出高能物理中一种利用环形磁场的约束技术，用以实现受控核聚变的装置"托卡马克"，为此，阿齐莫维奇被称为"托卡马克之父"。苏联科学家在"托卡马克装置T–3"上取得重大突破，在千万度高温以上获得稳定环形高温等离子体。

1968年，英国科学家对苏联"托卡马克装置T–3"进行测试，证实苏联获得的重大突破后，在全球引起轰动。西方各国纷纷建造托卡马克，在中国也引起关注。

还有一种军事上的推测，因为氢弹必须在原子弹产生的上亿摄氏度高温下爆炸，如果人类能够推出产生上亿摄氏度高温的托卡马克，就可以直接引爆氢弹。

参考资料：

本文相关资料，来源于2004年8月17日陈春先夫人所写的回忆录《忆春先》。

2004年8月17日，中科院院士郝柏林所写的回忆录《陈春先在1959—1966》。

1986年7月1日，北京市科委下属机构，北京科技研究管理中心调查报告《北京科技研究管理中心陈春先与华夏所的调查报告》。以上资料由齐忠收藏。

二、北京民协名誉理事长封明为传

封明为，男，1929年12月7日出生于浙江省绍兴市，1948年3月参加革命。历任北京市副市长、政协副主席。

1990年4月20日，封明为同志出任"北京民办科技实业家协会"名誉理事长（以下简称"北京民协"），为推动北京及中关村民营科技企业的发展作出巨大贡献。

2005年5月20日，封明为同志因病在北京逝世，享年75岁。封明为同志逝世后，北京民协、北京及中关村民营科技企业界人士纷纷表示沉痛的悼念。

1947年9月，封明为同志进入北平中法大学经济系学习。

1948年3月，加入中国共产党地下组织。曾历任北京市西城区区长，朝阳区委书记，北京市副市长，北京市政协党组书记等职务。2000年离职休养。

1990年4月20日，封明为同志出任北京民协名誉理事长，作为北京民协的领导人，封明为同志为发展时期的北京及中关村民营科技企业拓宽良好的生存环境，推动北京及中关村民营科技企业快速发展作出不懈的努力和巨大贡献。

1990年6月1日，北京民协推出会刊《科技之光报》。由于该会刊没有"内部刊物准印证"，得不到公开发行，使该报影响力很小。封明为同志亲自写信给有关部门负责人，说明该报对北京及中关村民营科技企业的重要性。

1990年底，《科技之光报》终于获得"内部刊物准印证"，不仅成为北京及中关村民营科技企业重要的宣传"喉舌"，还是记载北京及中关村民营科技企业发展历程的珍贵历史文献。

1990年6月15日，北京市科委、北京市科协、北京市试验区、北京民协决定四家联合举办"纪念北京民办科技实业创业十周年暨'科技之光'奖评选活动"，该活动由北京民协承办。封明为同志不辞辛苦，对

2000年5月28日，封明为同志参加北京民协会议留影。齐忠摄影。

该活的各个环节亲自过问，凡是有关该活动的各种会议，他都亲自参加。有一次该活动的新闻发布会是在晚上举行，工作一天的封明为同志还亲自参加该会议，并在会议全部结束后很晚才离开。

1990年11月23日，"纪念北京民办科技实业创业十周年暨'科技之光'奖评选活动"，在北京人民大会堂胜利举行，这次活动极大地促进了北京及中关村民营科技企业的发展，封明为同志为这次活动的成功举行作出巨大贡献，功莫大焉！

1991年，以封明为同志为团长，北京民协会长纪世瀛为副团长的北京民协考察团，对云南民营科技企业的发展状态进行大规模的考察。该考察团还写出详细的考察报告，成为北京民营科技企业与云南民营科技企业沟通的"桥梁"。

1990—1993年，北京及中关村民营科技企业还十分弱小。再加上不少人对民营科技企业"姓资"与"姓社"的偏见，侵犯北京民营科技企业家合法权益的事情时有发生，有的北京民营科技企业家还以"莫须有"的罪名被错误地抓起来。

封明为同志作为北京协会的名誉会长勇担重任，为北京市民营科技企业家保驾护航，他领导北京民协坚决保护北京民营科技企业家合法权益不受侵犯。每当企业家受到迫害，他都亲自出马，由协会班子出面，他作为强大的坚强后盾！

例如，北京民协会员，北京民营科技企业家胡静以"贪污"的罪名被宣布逮捕后，胡静的家属向北京民协反映情况后，封明为同志马上做出批示，以要求彻底清查该事。在封明为同志和北京民协的过问下，胡静最后无罪释放。

封明为同志为人谦和，深受北京民营科技企业家的尊敬。他热爱北京民营科技事业。他在多次讲话中指出："北京民营科技企业将是首都北京的第一路科技大军，重要的经济增长点与经济支柱。"

今天来看，封明为同志的观点是正确的。因为北京的民营科技企业，已经成为北京不可或缺的科技大军，重要的经济增长点与经济支柱。

回首往昔，封明为同志音容笑貌永远留在北京民营科技企业家的心中！

参考资料：

《怀念封明为》，齐忠收藏。

三、北京及中关村民营科技企业开拓者之一崔文栋传

崔文栋，男，1938年12月29日出生于山西省晋中市平遥县。

2022年1月30日，崔文栋先生在中国广西逝世，享年84岁。崔文栋先生为我国科技体制改革作出重大贡献，中国民营科技首家企业及中关村电子一条街首家公司最坚定的开拓者之一。

1980年10月23日，在北京市科学技术协会支持下，中科院物理所研究员陈春先教授、工程师纪世瀛、电气工程师崔文栋等七人创办"北

京等离子体学会先进技术发展服务部"（以下简称"服务部"）。崔文栋任该服务部管理小组副组长。

这是中国民营科技首家企业及中关村电子一条街首家公司。从此点燃了中科院和中关村知识分子创办民营科技企业的燎原之火，为我国科技体制改革、中国高科技产业集群、"北京市高新技术产业试验区"、"中关村科技园"的建立，不仅奠定了坚实的基础，并且作出巨大贡献。

1982年，在服务部濒临倒闭，险些被扼杀在摇篮之时，在强大的压力下，他仍然坚定不移地走创业之路，当陈春先教授问崔文栋先生："你怕不怕时"，他坚定地表现出永不放弃的中关村精神！

在服务部创业的峥嵘岁月里，崔文栋先生是任劳任怨最辛苦的管理者，从始至终无怨无悔，晚年虽然生活艰苦拮据，但对服务部创业历程从来没有后悔过，他默默地将自己的后半生奉献给了民营科技事业！正像纪世瀛先生所说："中关村的辉煌历史是由成功者和失败者共同创造

2010年10月23日，崔文栋先生参加中关村民营科技企业创办三十周年纪念大会留影。纪世瀛摄影。

的！"崔文栋先生不是失败者，他是一直奔跑在创业路上的奋斗者！

1983年4月15日，陈春先、纪世瀛、崔文栋等人，在北京市科协和海淀区科委支持下，创办"北京华夏新技术开发研究所"。崔文栋出任该所副所长。

1983年8月17日，崔文栋先生出任"华夏电器技术服务公司"总经理。

1985年春，崔文栋辞去中科院物理所公职。

2002年5月29日，退休。

崔文栋先生永远活在中关村这块充满"希望的火光"的土地上，永远活在北京及中关村民营科技企业家的心中。

四、老红军民营科技企业家徐可悼传

徐可悼，男，1916年出生在江苏省扬州市大桥镇东乡徐三房村。

1937年5月3日，徐老投奔甘肃庆阳红军教导师，加入中国工农红军，任三团测绘连文化教员。

1984年8月23日，68岁已经离休的徐老，向北京市科协提出申请报告，自筹资金创办民营科技企业"北京未来科学技术研究所"。

1985年2月5日，在北京市科协副主席赵绮秋（女）帮助下，创办"北京未来科学技术研究所"，在北京市朝阳区工商局正式登记注册，领取营业执照，企业所有制为集体所有制，徐老任所长，法人代表。

老红军徐可悼是我国、北京及中关村民营科技企业界、民营企业界、全球企业界唯一的老红军企业家，他是我国民营科技企业永远的骄傲。徐老是我国、北京及中关村民营科技企业、民营企业永远保持艰苦奋斗、为国争光、不忘初心的宝贵精神源泉。

徐老德高望重，在北京及中关村有关企业家聚会期间，企业家们见到徐老从不直呼其名，全是低头致敬，口称"徐老"。

2012年8月8日，徐老在北京因病逝世，享年96岁。

徐可倬徐老与夫人韩银竹合影。韩银竹1941年参加革命工作，同年加入中国共产党。图片来自徐老女儿徐守鱼并授予版权。

中关村、北京、中国民营科技企业家，及北京民协全体会员，中国民协全体会员，全国各地民协负责人纷纷表示沉痛的悼念。

徐老出生在一个贫苦的农民家庭，13岁到南京木匠行当学徒，后来到上海中孚绢丝厂打工。

1933年，徐老被上海邹韬奋先生创办的"生活书店"录取为练习生，接触到革命进步书籍和进步人士后，从此向往革命。

1937年，徐老在著名"世界语"学者叶籁士的介绍下，投奔革命圣地延安。

1937年5月3日，徐老在甘肃庆阳红军教导师，加入中国工农红军，任三团测绘连文化教员。

1937年秋，徐老入延安陕北公学学习。

1941年秋，徐老任延安中央出版发行部副部长，不久在邓拓同志的领导下，在晋察冀日报社工作。在抗日战争的残酷环境下，舍生忘死为正常出版《晋察冀日报》作出贡献。

1943年，徐老被调到山西平定县工作，为普及文化教育，帮助工农大众摆脱文盲状态，他亲笔撰写《农村工人课本》一书。1946年8月15日，徐老又与李老梅等人共同编写《灵山煤窑工人杂字》一书。

徐老为了革命的胜利，新中国的成立，南征北战，不惧枪林弹雨，九死一生，为革命事业的胜利作出重要贡献。

1947年2月20日，徐老成功地在国民党《中央日报》一版中，刊登马克思的重要著作《资本论》预售广告，该事件引发国民党当局和蒋介石的震惊。

1947年11月12日，石家庄解放后，徐老调入石家庄大兴纱厂，负责恢复生产重建工作。

1953年，徐老进入中国人民大学学习，并以优异成绩毕业，成为老红军干部中的知识分子。

1961年，徐老出任北京第三棉纺织厂厂长。该厂是我国最大的棉纺织厂，拥有纺织工及其他员工一万多人。由于当年粮食等生活物资缺乏，工厂职工患病的很多。再加上各地棉花生产量大幅度减少，北京第三棉纺织厂面临倒闭。徐老不畏困难，采取各种管理措施，使该厂渡过难关，成为我国棉布的重要供应基地。

1976年2月，徐老任北京纺织科学研究所所长，在任期间编写和出版了43万字的《中国纺织科学技术史》，填补了英国李约瑟博士所著《中国科技史》的一项空白。

1984年8月23日，68岁离休的徐老向北京市科协提出申请报告，自筹资金创办民营科技企业"北京未来科学技术研究所"。

1984年9月14日，在北京市科协副主席赵绮秋（女）帮助下，北京市科技协作中心批准该报告，并把该所纳入北京市科技协作中心下属企业。

1984年9月20日，徐老向红领巾公园附近的朝阳区道家坟生产队租赁240平方米的旧仓库，在水、电、暖全无的情况下，徐老开始艰苦的创业。

1984年12月17日，北京市科协批准该报告。

1985年1月31日，北京市科委批准该报告。

1985年2月5日，"北京未来科学技术研究所"在北京市朝阳区工商局正式登记注册，领取营业执照，企业为集体所有制。徐可倬任所长、法人代表。该所获得税务机关三年免缴企业所得税的政策优惠待遇。

1987年3月28日，徐老创办《民间科技文摘》月刊。

同日，徐可倬作为"北京民办科技实业家协会"创办人之一，出任该协会副理事长。（注："北京民办科技实业家协会"，后来更名为"北京民营科技实业家协会"，现在更名为"中关村民营科技企业家协会"。）

1987年5月3日，徐老作为"中国民办科技实业家协会"创办人之一，出任该协会常务理事。

徐老待人谦和、善爱、正直、大度，热爱民营科技事业，是我国、北京及中关村民营科技企业事业最强有力的支持者，并且热心地支持"北京民办科技实业家协会"的工作。

1990年6月1日，"北京民办科技实业家协会"创办协会内刊，《科技之光》，徐老免费提供纸张与印刷。

1991年6月29日，中国民协举办协会理事换届大会，某人以中国民协北京地区理事名额已满为由，拒绝北京民协会长纪世瀛当选为中国民协理事。

徐老深明大义，他在换届大会讲话中指出："北京民协不仅是北京地区最大的民营科技协会，也是我国最大的地方性民营科技协会。我们应以推动民营科技事业大局为重，让北京民协会长纪世瀛当选为中国民协常务理事。如果中国民协理事北京地区名额已满，我愿辞去中国民协常务理事，将名额让给北京民协会长纪世瀛。"

徐老的讲话获得大多数人的支持，在这次换届大会上，北京民协会长纪世瀛当选为中国民协理事。

1991年，中关村信通公司走私案爆发。

1991年6月5日，北京民协会长纪世瀛，北京民协副会长、75岁高龄的徐老，北京民协副秘书长齐忠冒着炎热酷暑，看望北京民协会员单位信通公司职工，使信通公司职工深受感动。

1993年7月9日，《民间科技文摘》更名为《科技文萃》杂志，获得国家正式出版刊号。该杂志不刊登商业广告、有偿新闻，深受广大民营科技企业家、科研人员的喜爱。

1992年，"北京未来科学技术研究所"资产达到400多万元，并向国家缴纳367万元税款，向"希望工程"捐助49万元。

1993年初，因占地"北京未来科学技术研究所"必须搬迁，77岁的徐老，拒绝有关企业数百万元收购动议，他"二次创业"，在昌平七棵树以二十年为期租赁土地二十亩，把"北京未来科学技术研究所"搬迁到该地办公。

1996年9月，徐可倬创作并印刷自传《求索记》。

2005年5月16日，89岁的徐可倬，再次修订印刷自传《求索记》。

回顾徐老九十六年的人生轨迹，他创造了多项中国民营科技企业界纪录，前无古人，后无来者！

第一项纪录：徐老是中国民营科技企业界、民营企业界，及全球华人企业家中唯一的老红军。

第二项纪录：徐老是中国老红军中唯一在离休后创办民营科技企业，并向国家缴纳367万元税款，向希望工程捐助49万元的老红军。

第三项纪录：徐老是中国所有企业家中唯一不印名片的企业负责人。

第四项纪录：徐老自费上百万元创办的《科技文萃》杂志，是中国唯一不刊登商业广告的杂志。

徐可倬在自传《求索记》结束语的"告别人世前"中写道："离休，不是我最后一站。年岁不饶人，我见马克思的日子，不远了。在辞别人世前，我得听鲁迅的话'要赶快做'。"

徐老逝世多年后，全国及北京和中关村老一代民营科技企业家，仍然深深地怀念他。

北京和中关村首家民营科技企业创始人、原北京民协会长纪世瀛说："徐老是北京民营科技企业的骄傲，也是北京民协优秀的领导人，为北京民营科技企业作出巨大贡献，徐老永远活在北京民营科技企业家的心中。"

参考资料：

徐可倬自传《求索记》，该资料由齐忠收藏。

五、北京优秀民营科技企业家田志强传

田志强先生，男，1941年1月22日出生在江西上饶地区，其父为解放军高级干部。

2005年8月30日，田志强先生因病在北京301医院去世，享年64岁。

田志强先生是中关村电子一条街，早期民营科技企业第一批开拓者之一，曾任四通公司副总裁、科瑞公司副总裁、中关村康华公司法人代表兼总裁。田志强还任北京民协常务副会长、中国民协常务理事，他是北京及中关村民营科技企业的发展，以及中国民营科技企业事业的发展强有力的推动者，北京民办科技实业协会（以下简称"北京民协"）优秀的领导人之一，为中关村、北京、全国民营科技事业的发展作出巨大贡献。

田志强先生为人坦荡，待人谦逊和蔼，疾恶如仇，说话直言不讳，深受中关村、全国民营科技企业家的喜爱和尊重。田志强先生逝世后，北京民协全体会员、中国民协、全国各地民营科技企业家、哈尔滨军事工程学院的同学们纷纷表示深痛的悼念。

2005年9月9日，在北京八宝山举行田志强先生追悼会，北京民协会长王小兰（女）主持追悼会，四通公司总裁段永基、科瑞公司总裁郑跃文致悼词，中关村科技企业家共三百多人参加追悼会，原北京民协会长纪世瀛在追悼会上失声痛哭。

1959年8月，田志强先生在"中国人民解放军军事工程学院"又称"哈尔滨军事工程学院"的导弹自动化系学习。（注：1978年，该校改建

1992年，田志强留影。齐忠摄影。

为"中国人民解放军国防科学技术大学"。）

1965年8月，田志强先生在哈尔滨军事工程学院毕业后，被分配到中科院自动化所工作，任助理研究员。

1985年1月，田志强先生进入中科院创办的"中国新技术开发公司"工作。

1986年5月，因"中国新技术开发公司"不景气，田志强先生进入四通公司工作，任元器件事业部经理，并且辞去中科院自动化所公职。

田志强先生谈到在中科院工作时说："中科院在旧的科研体制下，论资排辈、人浮于事、闭门造车，研究成果与经济发展严重脱节，让人厌烦。"

1987年，四通元器件事业部在田志强先生的领导下，年经营额达到3000万元。使四通打字机、仪器仪表、元器件、打印机成为四通公司当年的四大经营支柱。

1989年7月，田志强先生以大局为重，不畏风险出任中关村康华公司企业法人代表兼总裁，把该公司作为四通公司经营失败后，全体员工撤退、吃饭的后路。

1990—1998年，田志强先生任四通公司副总裁。

1998—2005年，田志强出任北京科瑞集团常务副总裁、董事会董事。他为北京科瑞集团的发展作出巨大贡献。

2001年，北京科瑞集团遭受有关部门无理的重罚，田志强先生向北京民协副秘书长齐忠诉说此事后，经齐忠的介绍，田志强先生与智凯公司总裁姜云结识，他们上下奔走，解决了北京科瑞集团无理遭重罚危机。

田志强先生生性耿直，说话直言不讳。

1991年8月16日，在有关中关村企业股份制改造研讨会上，对于企业股份量化到职工个人身上这个敏感的话题时，田志强先生面对众多专家、学者提出尖锐的质问，他说："既然国家承认集体所有制企业的资产，是该企业全体员工的，那么为什么不承认集体所有制企业的资产，是由每个员工的资产相加而成。例如四通公司有100万元的资产，100名员工，平均每个员工拥有的1万元资产，才能使四通公司拥有100万元资产。所以企业股份量化到职工个人身上是必然的，否则中关村企业股份制改造没有任何意义。"

田志强先生的讲话，当年成为中关村企业股份制改造，企业股份量化到职工个人身上的重要理论根据。

1990—2005年，田志强先生出任北京民协副理事长、常务副会长，成为北京民协优秀的领导人之一，为推动中关村、北京、全国民营科技事业的发展作出巨大贡献。

1990年，作为四通公司副总裁的田志强先生，力主四通公司为北京民协举办的"庆祝北京民办科技实业创业十周年暨首届'科技之光'奖大会"，承担50%费用，使北京民协成功地举办该活动，也使北京民营科技企业成功地走出低潮。

1998年初，中国民营科技实业家协会（以下简称"中国民协"）新的领导班子分成两派内讧不止，中国民协的执照、公章、财务章、支票被两派的人分别拿走，使中国民协无法办公面临解散。

1998年夏，为了挽救中国民协，中国民协常务理事、北京民协会长纪世瀛召开香山会议，由中关村各大公司负责人出面协调解决中国民协问题，出席会议的有中国民协理事长王兆国，北京民协副会长、四通公司副总裁田志强，北京民协常务理事、北大方正公司总裁张玉峰，北京民协常务理事、华讯公司总裁戴焕忠，北京民协常务理事、亚都公司总裁何鲁敏，北京民协副秘书长齐忠等人。

田志强先生首先发言，他说："中国民协今天的局面使我们中关村企业家感到非常痛心，也对全国各地民营协会造成巨大伤害。必须把中国民协内部两大派搞内讧、争权夺利的人全部开除。重新组成运营机构，才能避免中国民协解散的危机，重新走上正轨。这是底线绝对不可妥协，否则中国民协将永远失去北京民协全体会员、中关村科技企业家、四通公司的支持。"

田志强先生的发言得到全体与会者的支持，彻底解决中国民协解散的危机。

田志强先生对北京民协的工作十分敬业，倍加呵护和厚爱。北京民协每月的会长接待日，田志强先生都是最早赶到北京民协，认真负责地解决北京民协会员提出的困难与问题。还自己支付北京民协工作人员会长接待日午餐费用。凡是北京民协举办的各种会议，田志强先生不仅亲自参加，还让北京民协工作人员用他的奥迪汽车。

田志强先生对北京民协会刊《科技之光报》全力支持，要求四通公司在《科技之光报》刊登广告，解决《科技之光报》办刊财务困难。

当四通公司有的人员提出异议时，田志强先生说：《科技之光报》要让咱们这些四通'少爷'办，每年至少需要上百万元，北京民协没有资金的情况下创办会刊《科技之光报》，我们必须支持。"

2002年，素来身体健康的田志强先生突感不适，他对北京民协副秘书长齐忠说："我看人总是有重影，有时看见你总是忘记你叫什么名字。"齐忠劝田志强先生去检查一下。

2003年，田志强先生在301医院检查，结果是脑癌。

2005年2月7日，在春节之前齐忠打电话给田志强先生拜年，他很高兴地说："多谢你，我在回家乡的火车上。"

田志强先生是一个好人，他的一生是中国民营科技事业中光辉灿烂的一页。

参考资料：

《田志强先生生平事迹》、四通公司总裁段永基《深切悼念田志强先生》、科瑞公司总裁郑跃文《悼念田志强先生》。

六、中国高校创办民营科技企业第一人倪振伟传

1936年5月6日，倪振伟教授出生于上海，父母是高级知识分子。

1954年，倪振伟教授以优异成绩考入清华大学动力机械系汽车拖拉机专业。

1956年，倪振伟教授入党，并任该系学生会副主席。

1958年，倪振伟教授因工作需要和学习优异，提前毕业留校任教。

1985年，倪振伟教授晋升为后来任清华大学热能系副教授。

1984年7月27日，倪振伟教授在改革开放的大潮中勇于探索，在清华大学内自筹资金两万元创办民营校办企业"海华新技术开发中心"（以下简称"海华中心"），企业经济性质为"集体所有制"，倪振伟教授出任该中心总经理。"海华"二字取自海淀区的"海"、清华大学的"华"字。办公地址最初在清华大学家属院西门内一座二层临时搭建的简易木板房里。海华中心后来又更名为"海华集团公司"，倪振伟教授任该公司的董事长。

海华中心的成立，带动了清华大学、北京大学及北京高校创办"国

1991年9月9日，教师节前夕，倪振伟教授（前排中）代表海华中心向北京市四中捐款支持教育事业仪式留影。齐忠摄影。

有民营"校办高科技企业的高潮。

倪振伟教授是中关村、清华大学、中国高校教授中创办校办企业、民营科技企业第一人，中关村电子一条街早期开拓者之一。北京民协常务理事，中国民协常务理事。他为中国民营科技事业作出重大贡献。

倪振伟教授为人和蔼，说话彬彬有礼、坦诚相见，在中关村科技企业家中有很高的威望，大家都尊称他为"倪老师"。

2011年7月25日，倪振伟教授在兰州参加"中国高校老教授网球赛"，在比赛的过程中，因心脏病突发，经抢救无效逝世，享年75岁。

倪振伟教授逝世后，中关村、北京及北京民协全体会员、中国民协全体会员，全国各省、市民营科技企业家，全国各省、市民营协会负责人，有关方面好友纷纷表示沉痛悼念。

倪振伟先生谈到当年创办海华中心时，他说："1984年，当时清华大学也进行改革，国家科委（注：国家科委现更名为科技部）也下发一个文件，就是鼓励科技成果转化为生产力。海淀区为了快速发展经济，想让中关村高等院校和科学院的这些知识分子能够出来办企业，为海淀区的经济建设服务，这是中关村电子一条街的雏形，当时海淀区本身的高科技企业特别少，经济也很落后。就是在这个大背景下，我在清华大学创办海华中心。董事长由海淀区委书记贾春旺兼任，海淀区委副书记张福森兼任副董事长，时任电子部副部长的江泽民主席被聘为顾问，我任总经理。海华新技术开发中心成立时他们都来了，并合影留念，我这都有照片。"

海华中心最初的成员，大部分来自清华大学教职员工，有的人还存在"清高"观念。倪振伟说："企业成立以后，我很想在中关村租个门市促进企业销售。就找到四通公司总裁某某某，他说四通公司门市旁边正好有间空闲的门市房，租下来肯定赚钱。可是我跟同事们商量该事，遭到大家的反对，他们说如果让大学老师站柜台卖东西，就辞职不干了，在中关村租个门市的事也就告吹。"

1985年6—8月，倪振伟带领海华中心与清华大学无线电系、总参军训部联合研制成功用于军事对抗演习的"激光模拟演习遥测遥控系统"，荣获北京市1986年科技进步二等奖。

1987年，海华中心年经营额669.64万元，利润63.48万元，资产470万元，成为中关村电子一条街前十名的公司。

1987年，因各种原因，清华大学要把海华中心收为学校所有，企业性质从"集体所有制"改为"全民所有制"。如果倪振伟教授不同意，海华中心与倪振伟教授不得留在清华大学内。倪振伟教授只好向清华大学辞去公职，获得清华大学批准，海华中心也搬出清华大学。无论是当年还是今天，任何人辞去清华大学教授一职的行为，需要巨大的勇气。

1997年，倪振伟教授在海淀社保办理退休手续，每月领取1900元的退休费。

倪振伟教授予他创办的海华中心，在清华大学官方对校办企业回忆录的记载中被"雪藏"，没有任何文字记载。

1988年8月8日，倪振伟教授又创办"北京市海淀区海华电脑公司"（以下简称"海华公司"），出任公司法人代表兼总裁。该公司被试验区认定为"新技术企业"。

1991年，海华公司与航天部合作开发海华个人电脑，成为中关村最早的电脑生产厂家。

1996年，海华公司进入寻呼机市场并迅速发展起来，在全国22个省86个地级市都有分公司，拥有270多万用户。

1996年，倪振伟教授受到冤屈，因有人诬陷他走私而被有关部门立案。倪振伟教授被有关部门审查了七八年，最后有关部门宣布撤案撤诉。

倪振伟教授回忆该事件时说："这个事情对我是致命打击，因为有关部门审查后，海华公司在所有的银行贷款就很难了，公司的业务受到重大打击。"

倪振伟教授是北京及中关村民营科技事业坚定的支持者，为中国民营科技事业作出重要贡献。

1991年，信通公司走私案爆发后，倪振伟教授不惧风险挺身而出维护信通公司员工的利益。他对北京民协副秘书长齐忠说："我把家里的电话告诉你，有关信通公司与总裁金燕静的新消息，马上告诉我，咱们共同协商解决。"

1999年，中关村首家公司创办人陈春先受难之时，北京民协会长纪世瀛，向协会全体会员呼吁帮助和解救陈春先，并派北京民协副秘书长齐忠，向倪振伟教授送交有关情况的材料，倪振伟教授再一次伸出救助之手，向有关部门和人士反映情况，为解救陈春先做出重要的举措。

在倪振伟教授等一大批北京高校知识分子的推动下，北京及中关村高校创办"国有民营"校办企业，如同雨后春笋般的遍地开花，使"国有民营"校办企业在中关村科技园占有突出的位置。

倪振伟教授永远活在北京及中关村民营科技企业家的心中！

参考资料：

《希望的火光》《倪振伟教授纪念册》，该资料由齐忠收藏。

七、创办北大方正公司第一人楼滨龙传

楼滨龙，男，1935年出生在浙江义乌一个知识分子家庭。

2011年12月17日，楼滨龙先生在北京海淀医院因病逝世，享年76岁。消息传出后，中关村、全国科技企业家们以及有关方面人士、好友，向北京及中关村第一代科技企业家、"国有民营"校办企业北大方正公司第一创始人楼滨龙先生纷纷表示沉痛悼念。

1953—1956年，楼滨龙先生就读于复旦大学物理系。

1956年，楼滨龙先生转入北京大学原子核物理系。

1957年，楼滨龙先生从北京大学毕业后留校任教，后被评为北京大学教授级高级工程师。

1985年10月15日，北大正式发文成立北大科技开发总公司（以下

2007年5月21日，楼滨龙先生在中国民协留影。齐忠摄影。

简称"北大总公司"）。任命北大无线电系老师楼滨龙先生为总经理，数学系老师黄禄萍、黄晚菊为副总经理，这三个人是北大方正初期创办时的全部员工。

公司办公的地方在北大健斋110室，没有在工商局正式注册，只有学校财务处给公司开了一个的财务账号，北大总公司虽然没有正式到工商局注册，但它是北大方正公司的"鼻祖"。不少研究中关村历史的学者认为，当年北大总公司不去工商局注册的原因是，用行政机构的名义做买卖可以避开缴税。

楼滨龙先生说："这是天大的冤枉，因为学校当时没有对公司注入资金所以没有钱去注册。"（注：1985年10月15日，北京大学发文宣布成立"北京大学科技开发总公司"，聘任楼滨龙为总经理，黄禄萍、黄晚菊为副总经理。文号为校发〔85〕184号。）

楼滨龙先生出任北大总公司总经理是个巧合。1985年春，北大接到海关安检的科研任务，让楼滨龙负责海关对货物检查设备的开发与研制。该项工作结束后，海关领导对楼滨龙很感兴趣，调他当海关科技司副司长。楼滨龙先生上任几天后遇到好朋友陆永基，他对楼滨龙先生说："学校目前正准备开公司，你对科研开发又熟悉，不要去海关干公司怎么样？"楼滨龙先生思考几天后就答应下来，阴差阳错没有去海关，这是楼滨龙先生"下海"的经过。

社会上流传的"北大校长丁石孙给楼滨龙40万元开公司"是臆造之说。北大给北大总公司的任务是要做成大公司，另外管理学校各系开办的公司。

当年北大各系都开公司又不是独立法人单位，出问题打官司都找北大，弄得校长很头痛。北大总公司成立后，各系开办的公司都是北大总公司的子公司，楼滨龙对外是各系公司法人代表，出问题由楼滨龙先生负责。

1986年8月21日，北京大学开办的"北京理科新技术公司"（以下简称"理科公司"）注册成立。该公司为全民所有制，楼滨龙先生任法人代表兼总裁，理科公司注册地址为北京大学健斋109室、110室。

　　理科公司是北大为了和日本佳能公司合资而建立的，筹备时间长，过程曲折，主要是因为当年北大学生抵制日货的情绪太大。

　　1988年5月6日，海淀工商局正式批准，将"北京理科新技术公司"更名为"北京大学新技术公司"，使公司获得北大巨大的无形资产，楼滨龙先生任法人代表兼总裁。

　　1988年5月21日，中日合资的"北佳信息技术有限公司"（以下简称"北佳公司"）批准注册成立。"北佳"之名是各取北京大学和日本佳能公司的第一个字，公司注册资本为70万美元。北佳公司的董事会成员有，中方有时任北大副校长陈佳洱及花文廷、王选、楼滨龙。日方有佳能公司社长山路敬三、北村乔及乐思公司的仁谷正明共7人。陈佳洱任董事长，佳能公司社长山路敬三任副董事长，楼滨龙先生兼任北佳总经理。

　　1987年，中关村电子一条街有不少公司，都靠经营计算机获得很大利润。楼滨龙也认为应该经营计算机业务，使公司的利润快速增长，还要以"知青社"形式出现，享受国家的免缴三年企业所得税的优惠政策。楼滨龙先生将此事上报北大领导。

　　1987年5月8日，经北大副校长谢青批准，北大从校科研经费中调拨40万元，借给楼滨龙作为经营计算机业务的流动资金。此事后来误传为，丁石孙校长借给楼滨龙40万元开公司。

　　1987年7月5日，海淀玉渊潭乡农工商公司经理孟竹恩到北大寻求科技成果转让和经济合作。他拜访了北达服务部及楼滨龙先生等人。楼滨龙先生介绍了北大和公司的情况，特别是北达服务部刚刚开始经销计算机及外设相关设备，由于资金不足只能小规模经营，希望由玉渊潭农工商公司提供资金开展合作。楼滨龙先生与玉渊潭乡农工商公司总经理付洪江商谈双方的合作项目和合作方式，并达成以下合作协议：

　　1987年7月21日，楼滨龙先生在海淀工商局注册"北京市海淀区北达科技服务部"（以下简称"北达服务部"）。北达服务部企业性质为"安置城市知识青年的集体所有制"，免缴企业所得税三年，注册资金为30万元，地址为北京大学中关园2号公寓甲楼。北大为规范管理，规定北达服务部为理科公司下属公司。

（一）双方合资成立"北玉科技开发公司"（以下简称"北玉公司"）。理科公司占北玉公司60%的股份，其中无形资产投资占20%，玉渊潭乡农工商公司占40%的股份。北玉公司从事技术开发、技术工程承包、产品经销等业务，公司办公场所由玉渊潭乡农工商公司提供。北玉公司总经理由理科公司委派，玉渊潭乡农工商公司把属于它的紫玉饭店计算机管理技术改造项目资金，共计人民币80万元交给北玉公司负责。

（二）1987年6月18日之前，玉渊潭乡农工商公司提供人民币120万元，作为北达服务部计算机经营的流动资金。北达服务部经营所得利润，理科公司和玉渊潭乡农工商公司各占50%。玉渊潭农工商公司派财会人员，负责北达服务部的会计财务工作，每月向玉渊潭乡农工商公司交送北达服务部财务报表。玉渊潭乡农工商公司提供的资金，使北达服务部流动资金达到200万元。从1987年8月到11月初，北达服务部销售额超过100万元。到1987年底销售额超过200万元，可分配利润额超过60万元。

1988年初，北达服务部由于销售量不断增大，流动资金出现严重不足，于是由北京大学担保，北达服务部向工商银行贷款1200万元。玉渊潭乡农工商公司在不到半年时间里，通过投入的200万元分得利润近30万元，于是又主动提供人民币300万元。北达服务部的流动资金增加至1500万元，每次进货额高达千万元。

1988年，北达服务部并入北京大学新技术公司电脑部。

1988年，北大新技术公司在经营总结中指出：电脑门市部自1988年春节后开业到年末，销售额为2500万元，税后利润150万元。北达服务部1987年7月21日从领取执照成立，到1988年并入北大新技术公司的电脑门市部不到一年的时间里，给公司在创业初期快速积累资金作出了重大贡献。有了北达服务部第一桶金的实力，楼滨龙先生便想在北京大学寻找到更好的科研成果，开发成产品。

1987年，楼滨龙先生找王选教授要项目，王选教授就让楼滨龙先生为他的"748工程"激光照排造字模，相当于今天的软件外包，技术问题由王选来指导解决。一套字模有6000多字，费用是10万元，当年这是笔巨款。为王选教授打工，是公司首次与王选合作的方式。（注：1974年8月，国家确立的有关印刷现代化项目，称为"748"工程。）

不久，楼滨龙先生想把公司的业务扩大，他和王选教授商谈公司生产激光照排系统，遭到王选的拒绝。王选为人纯朴忠厚、重情义，潍坊公司不仅是"748"工程指定的合作生产厂家，也是他多年共同工作的战友。王选说："老楼，你不知道我和潍坊公司这十年是怎么过来的，我们是患难过来的，有共同战斗的友谊。"

楼滨龙先生对王选教授的话很理解，潍坊公司的华光激光照排已成气候，北大新技术公司又是小公司，王选不同意合作是自然的。再有，王选教授的计算所拿的是"748"工程的钱，没有上面的同意，他也没有权力让楼滨龙生产。当年干什么事都要由国家批准，生产激光照排系统要经过国家计委同意。楼滨龙先生就找到国家计委的沈忠康，谈公司生产激光照排系统的事。沈忠康不同意，他说："生产你就别搞了，有山东潍坊公司。"

楼滨龙先生又找电子部计算机司司长刘文民，谈生产激光排版系统。刘文民也不同意，他说："你们高等学校就是做学术、做些技术开发，生产就不要搞了。"楼滨龙想生产激光照排系统的事陷入困境。沈忠康、王选、楼滨龙谁也没有想到，由于山东潍坊公司生产的华光激光照排产品，技术不稳定质量不好，生产的华光4型激光照排系统在使用过程中频繁出现故障，使报社负责人很头疼。再有，报纸的有些版面可以先期排版印刷，但是一版头条等重大新闻要求抢时效，要求在10多分钟内输入和排好小样，总编确定后，再开机印刷出当天的报纸。因华光激光照排系统质量不稳定，报纸就有当天"开天窗"印不出来的危险，这个责任对报社领导来说是承担不起的。用户抱怨声很大，生产激光照排系统产品的任务终于落在北大方正的身上。

王选教授回忆该事时写道："1985年初，新华社试用华光Ⅱ型机，排发《前进报》和《新闻稿》。开始时十分狼狈，有一天的半夜系统出故障，文件丢失怎么也出不来。傅宗英急得想打电话找陈堃銶，当时我家还没安装电话无法联系。操作系统、排版软件和终端软件都有故障，大样输出时宋体字随机不闭合、拖尾巴的毛病，引起校对人员抱怨。照排机上下片经常卡住而不得不关灯摸黑处理。终端软件错误引起的'变字'，更使人胆战心惊和哭笑不得。1987—1988年，照排机输出的底片有时会出现垂直方向的错位。那段时间我看的《经济日报》和《解放军报》就经常发现这种现象，心里很难受。照排时偶尔出现的'汉字填充不封闭拖尾巴'的现象，后来才知道是印制版不良工艺造成的。1988年10月，北大新技术公司彻底改进工艺，问题才得以解决。"

还有让王选教授心痛的芯片事件。激光照排系统的控制器有两块主要芯片，相当于计算机的中央处理器，里面存储王选的科研成果，该芯片在英国加工制造价格很贵。北大计算机研究所负责这些芯片的管理，潍坊公司生产一套产品就从计算所拿两块芯片。由于山东潍坊公司生产的激光照排系统老出毛病，他们便认为是芯片的设计和制造有问题。因为有时换上两块新的芯片，激光照排系统就好了。山东潍坊公司就把换下的芯片退给计算所。山东潍坊公司生产一套激光照排系统，有时要用好几块主要芯片，使王选也开始怀疑芯片真的有设计问题。潍坊公司长期拖欠计算所技术转让费，也引起各方面的反感。随着改革开放的不断深入，外国公司纷纷登陆抢占激光照排系统市场，有钱的报社和印刷厂也把目光投向外国产品。

1985—1986年，我国有六家大报社购买美、英、日等国生产的五种同品牌的照排系统。几十家出版社、印刷厂购买蒙纳公司（Monotype）排字系统和日本第3代照排机，国内厂商与外商在中国激光照排系统领域市场争夺战拉开大幕。王选教授看到这种情况心急如焚，他知道必须推出技术绝对可靠、性能绝对稳定的激光照排系统，保证报社放心使用才能击败国外同行，占领中国报业庞大的市场。王选决定亲自向有关方面提出他与北大新技术公司合作的意向，由北大计算机所提供全部技术，北大新技术公司生产激光照排产品。

1988年1月11日，王选教授予夫人陈堃銶向沈忠康汇报有关激光照排的事情，介绍了潍坊公司产品的质量问题。沈忠康听完后说："独家生产不一定好，有两家生产也好，同意北大新技术公司生产激光照排产品，但技术要统一。"

1988年春，楼滨龙先生组织起以唐晓阳、王永达、杨燕茹为首的技术攻关团队，研制生产激光照排产品，该产品也叫"照排控制器"。王选每周两次给唐晓阳等人讲解照排控制器的原理和核心部件，使他们在短期内掌握各种技术原理。攻关团队采用外国公司先进的生产方式，彻底解决了激光照排产品质量不稳定的问题。

王选教授高度评价这支攻关团队，他说："唐晓阳总工和王永达在RIP工艺方面作出重要贡献，解决了可靠性问题，他们在电路和工艺方面的能力是我望尘莫及的。"

楼滨龙先生回忆说："当年我对唐晓阳他们说，研制时不要怕花钱，要用国内外最好的元器件，并指示财务人员对唐晓阳的工作经费开绿灯。唐晓阳在研制该产品时，控制器线路板的制作，委托最有名的成都军工企业。线路板的焊接委托太极公司，使用的电源也是最好的。虽然使控制器的成本增加3000多元，但是保证了产品质量。一套照排控制器当年的利润有10多万元，这点小成本不算什么。"

楼滨龙先生还透露当年的研发秘密，他说："生产照排控制器的过程是商业绝密，关系到公司与潍坊公司在商场竞争的胜败、公司的生与死，有些事情连王选教授都要封锁。"

唐晓阳的攻关团队首先解决的是激光照排系统的两块主要芯片问题。山东潍坊公司在生产照排控制器的过程中，认为有20%左右的主要芯片有质量问题是废品。因为他们生产的TC-86控制器经常发生死机，山东潍坊公司技术人员维修时就更换主要芯片，更换后工作就正常，换下来的芯片便报为废品。北大计算所的人员不相信芯片有质量问题，因为同时批量生产的芯片，怎么会20%有问题？但是看到换上新的芯片工作正常的事实，北大计算所的人也怀疑芯片有质量问题。王选教授也开始怀疑芯片设计有问题，这成了他的心病。

唐晓阳等人通过各种试验，发现芯片没有质量问题，是温度特性产生的问题，学术上叫"热阻"现象。因为两块主要芯片使用频繁，工作时自身会产生很高的热量。如果不把热量快速散发，就会影响主要芯片性能发生死机，所以换上新的芯片整个系统就能正常工作。唐晓阳等人加大照排控制器主要芯片的空间，在芯片背面加装散热器和安装风扇，使芯片的热量很快散发工作性能稳定。

1988年10月，北大华光激光照排控制器TC-88面世，质量高于潍坊公司生产的激光照排控制器TC-86。唐晓阳拿回潍坊公司认为不好的芯片，当着王选教授的面安装在TC-88上，王选看到设备工作正常芯片性能稳定非常高兴，认为不用再重新设计芯片。

楼滨龙先生对有关技术人员下令，这个技术秘密不能外传，连王选也不能告诉。因为王选教授是坦荡君子，知道后会告诉山东潍坊公司，不利于公司市场竞争。由于保密工作做得好，北大计算所不断把潍坊公司淘汰的"废品"100多块芯片提供给唐晓阳使用。

1988年12月15日，北大新技术公司在未名山庄举行"北大华光电子出版系统汇报推广会"。北大校长丁石孙，副校长陈佳洱、谢青，北京大学科技开发部主任花文廷，副主任陆永基，几十家报社社长参加了会议，国家重大装备办公室负责人到会讲话。王选在会上介绍北大华光激光照排系统的技术，新技术公司在三天的会议期间拿到1800万元订单。

1990年，北大新技术公司激光照排系统，销售额为9966万元。

1991年，北大新技术公司净资产超过1亿元。

1988年6月5日，王选教授予楼滨龙在海淀北太平庄远望楼宾馆和王永民先生洽谈"华光激光照排系统"使用"五笔字型"计算机输入法专利问题。王永民先生的市场嗅觉非常灵敏，因为他看到了"华光激光照排系统"可以给他带来数百万使用"五笔字型"的用户。王永民先生很快与楼滨龙签订协议。王永民先生在协议中承诺北大新技术公司无偿使用"五笔字型"和今后的新版本专利，不受时间限制。北大新技术公司在协议中承诺"在该公司出售的'华光激光汉字照排系统'只预装'五笔字型'输入法，今后'激光汉字照排系统'相关产品的资料、说明书、宣传广告中全部注明该产品使用的是'五笔字型'计算机输入法"。

这次合作使北大方正公司节省了300万元左右的专利使用费，也使五笔字型快速地进入我国各大报社、杂志社、出版印刷行业，确立了"五笔字型"在我国新闻出版业计算机输入法的垄断地位。

1990年10月12日，山东潍坊公司郑重声明，"华光"是该公司的产品商标，希望得到尊重。言外之意就是警告北大新技术公司，不能再使用"华光"商标。为了避免侵权，北大新技术公司设计与申请"北大方正"新商标。

1992年2月28日，北大新技术公司取得"北大方正"商标注册。不久，北京大学决定将北大新技术公司更名为北大方正公司。

1992年12月12日，经北京市政府批准，北京市工商行政管理局核准登记注册"北京北大方正集团公司"，注册资本5015万元，注册地址为中关园3区。

1992年7月1日，北京大学副校长李根模到北大方正公司宣布："任命楼滨龙为'校办产业办公室'副主任，免去其公司总裁职务，晏懋洵为总裁。"此举遭到楼滨龙的反对，他当场愤怒地声称"这是一个阴谋"。

1985年10月15日，楼滨龙出任北大科技开发总公司总经理，仅用7年时间，把该公司经营成中国最大的校办企业"北大方正公司"。

1993年，上海的《文汇报》发文惊叹："1993年，沪全部校办企业一年的经营额，不敌北京一家北大方正。"

原海淀试验区主任胡昭广评价北大方正公司时说："北大方正公司是中关村公司中最具有竞争实力的黑马。从这些评价中不难看出楼滨龙的经营才干，他是中关村最优秀的企业家之一。"

1994年，楼滨龙出任巨人公司总裁。不久楼滨龙又退出巨人公司，出任某药厂总裁。

2003年，楼滨龙出任中国民协副秘书长。

2011年3月，楼滨龙等人撰写回忆录《北大方正创业回忆》并正式出版。

参考资料：

《中关村的故事》第256—316页"方正系列"《北大方正创业回忆》。

八、信通公司创始人金燕静传

金燕静，女，1938年出生于北京南池子。金燕静女士出身名门，外祖父是詹天佑。其父是朝鲜人，曾留学日本学医，精通中文、朝鲜文、日文。因其父精通医术，自己开办了一家医院。

1946年，其父英年早逝，金燕静女士的母亲将四个子女全部培养成才考上大学。

2018年1月18日，金燕静女士在北京因病逝世，享年80岁。

金燕静女士是北京及中关村"国有民营"科技企业第一代创业者，她创办的信通公司，是1985—1990年中关村早期四大公司之一，四通、信通、科海、京海，被人们称为中关村的"两通、两海"。金燕静女士逝世后，北京及中关村科技企业家表示沉痛的悼念。

1963年6月，金燕静女士毕业于北京大学物理系，分配到中科院数理化学部工作，后来又到中科院科学仪器厂工作，任三室主任。

1984年，金燕静女士出任中科院科学仪器厂计算机应用研究室主任兼中科院微机应用技术协作组（以下简称"协作组"）秘书长。

金燕静女士回忆创办信通公司时说："1983年底的中关村已经有十多家公司成立，我们协作组的人也在开始酝酿开办高技术公司，协作组的负责人曹锦焕（女）同志虽然比较年长，但是她的思想比较开放，她

2000 年，金燕静留影。齐忠摄影。

提议成立一个由中科院计算所、科仪厂和海淀三方组成的股份制公司。于是她让我游说科学院科仪厂的厂长金鹤鸣，由于我在'文化大革命'时期，与中科院'五七干校'和海淀区科委主任、海淀农工商总公司负责人胡定淮的夫人郑万珍，曾住同一个房间很熟悉，她又让我联系胡定淮同志。曹锦焕同志又让中科院计算所从美国归来的计算机专家蒋士骦去游说计算所所长曾茂朝。中科院科仪厂的厂长金鹤鸣、计算所所长曾茂朝、海淀区的胡定淮同志都非常支持，决定联合成立信通公司。由海淀农工商总公司、中科院科仪厂、计算所出资，每家出资100股，每股1万元，共300万元人民币成立信通公司。"（注：郑万珍，中国科学院遗传与发育生物学研究所科研人员。）

　　1983年底，信通公司开始运作。公司与海淀煤炭公司签订租赁协议，租下海淀煤炭公司在海淀黄庄附近的一块地皮，也就是今天的中关村 DNA 标志的西边，作为公司办公用房基地。由于当时的政策不允许租赁地皮，信通公司只好与海淀煤炭公司签订联营协议，以这个办法租到地皮，海淀煤炭公司还派来3个人到信通公司工作。

1984年6月19日，信通公司的前身"北京信通电脑技术公司"正式在北京市工商管理局注册，经济性质为"集体所有制"，注册地址为"海淀镇草桥7号"，金燕静女士出任总经理（注："北京信通电脑技术公司"，以下简称"信通公司"）。

1984年7月，在中科院计算所的协调下，中科院计算所科研人员倪光南与信通公司、中航深圳工贸中心合作，由两家公司提供资金和设备开始研制"联想汉卡"。

1985年初，倪光南研制出100块"联想汉卡"小规模投放市场，由信通公司和新成立的中国科学院计算所计算机技术公司（注：联想公司的前身，以下简称计算所公司）联合在市场上销售。当时中科院进口一批美国IBM公司计算机，计算所公司争取到检测IBM这批计算机质量的生意后，在94台IBM计算机安装了"联想汉卡"，而信通公司只销售了6块"联想汉卡"。信通公司与计算所公司在100块"联想汉卡"利润分成上引起纠纷。计算所公司首任总经理王树和，要按各公司销售"联想汉卡"数量进行利润分成，信通公司总经理金燕静不同意，以公司研制开发"联想汉卡"付出巨大费用为由，要求平分100块"联想汉卡"的利润。最终两家公司还是平分了100块"联想汉卡"的利润。

计算所公司首任总经理王树和，当时还是计算所综合技术开发处的副处长，信通公司董事会董事。（注：1986年，王树和出任计算所所长助理后，柳传志接任计算所公司总经理。）王树和以计算所公司的名义聘任倪光南为总工程师，公司全部精力投入"联想汉卡"研发销售等条件，成功地吸引了倪光南。

1985年5月，在计算所所长曾茂朝的出面协调下，倪光南结束与信通公司和中航深圳工贸中心的合作关系，加入计算所公司。计算所公司拿出6万元人民币作为补偿，给信通公司和中航深圳工贸中心。

原中科院科技咨询部负责人钟琪女士回忆此事时说："当年联想公司和信通公司对'联想汉卡'争夺很厉害，就是在王树和与曾茂朝的坚持下，'联想汉卡'才落户联想公司，成为公司的起家产品，倪光南也进入联想公司工作。"倪光南和"联想汉卡"加盟联想公司后，给联想公司带来飞跃性的变化。

1985年5月到1987年12月，联想公司出售"联想汉卡"所得到的利润为1237.5万元人民币。

1987年，"北京信通电脑技术公司"更名为"北京信通集团公司"（以下简称"信通公司"），地址在海淀路31号。

1987年，信通公司销售额7700万元，利润额440万元，成为中关村电子一条街四大公司之一。

1991年6月14日，信通公司爆发中国最大的走私案，信通公司从此倒闭。

1992年，试验区为了解决信通公司职工的工作去向问题，把信通公司重新注册为四个独立法人的公司，有珠宝、化工、通信等，向社会出售。其中的信通公司下属的"信通集团公司宝石厂"，卖给地质部，后来该所演变成中国著名珠宝品牌"戴梦得"（注：见海淀工商局档案）。

1996年，金燕静女士赴上海与史玉柱筹办"脑白金"。史玉柱为了给产品创造响亮的宣传口号，举办一个高层小型会议，让参加会议的每一个人说一句宣传口号，谁不说罚款50元。金燕静说了句"年轻态"，没有想到史玉柱当场拍板定下了这句"年轻态"成为"脑白金"的宣传口号。

信通公司是北京及中关村"国有民营"科技企业中，最早的股份制企业，也是"国有民营"科技企业经典的探索商业案例。

参考资料：

《希望的火光》一书中有关信通公司的介绍，以及信通公司宣传手册，该资料由齐忠收藏。

九、北京丰台民营科技企业的旗帜赵东升传

赵东升，男，1939年12月18日出生在北京。

2019年2月9日，赵东升先生在北京病逝，享年80岁。赵东升先生逝世后，北京及中关村民营科技企业家、北京民协、中国民协及相关人士表示沉痛的悼念。

赵东升先生是北京及丰台区民营科技企业第一代创业者，"北京民办科技实业家协会"创始人之一，曾任该协会副会长。"中国民办科技实业家协会"创始人之一，曾任该协会常务理事。赵东升是北京市丰台区民营科技企业的一面旗帜，为北京民营科技企业的发展作出重大贡献。

赵东升先生荣获国家火炬奖、北京市星火奖、北京市科技进步二等奖"科技之光"优秀企业家奖、优秀企业奖，优秀产品奖等荣誉称号。

赵东升先生还被评为国家级专家、北京市劳动模范，他主导产品"强循环光亮电热罩式炉设备"经国家科委、国家计委、国家经贸委组

2001年2月24日，赵东升先生留影（前排）。齐忠摄影。

织的联合鉴定，被冶金部定为推广型产品。

赵东升先生毕业于北京钢铁学院。

1982年10月3日，赵东升先生辞去"北京有色金属机械厂"副总工程师的公职，自筹资金，创办北京市丰台区第一家民营科技企业"北京东升热处理工业炉公司"。该公司最初是租赁丰台区一块荒芜的土地，赵东升先生带领员工亲自动手盖起了工厂厂房。

1985年3月11日，公司更名为"北京北方东升热处理工业炉有限公司"。

1992年，该公司列入北京市100家集体所有制重点企业之一。

1984年6月15日，赵东升先生在"全国首届热处理技术经验交流会"上推出全国首台该公司制造的"光亮退火罩式炉"第一代产品。

20世纪80年代初，自行车是热销产品，我国各地纷纷开办自行车制造工厂，但是自行车轴辘的电镀技术问题解决不了，成为这些自行车制造工厂的头疼的问题。

赵东升先生毕业于北京钢铁学院，他为了解决这个问题，自行研制一套自行车轴辘电镀设备——"强循环光亮电热罩式炉设备"。有些关键的技术，赵东升先生还亲自骑自行车把北京钢铁学院教过他的老师拉到设备现场，进行技术指导。

这套设备研制完成后，进行试验时可能发生爆炸，赵东升先生心中很是害怕，因为自己要是出了事，一家老小怎么生活。从这件事不难看出，北京民营科技企业家们当年创业的艰难困苦。

赵东升先生十分热爱民营科技事业，他在担任北京民协副会长时，对协会工作及有关民营科技企业活动大力支持，为北京市民营科技企业的发展作出巨大贡献。

当年，北京民协会刊《科技之光报》有一个专栏"四通杯中国民营科技企业发展理论研讨征文"，很受我国民营科技企业家的欢迎，赵东升先生对北京民协副秘书长、《科技之光报》主编齐忠说："四通杯办得好，坚决不能停下来，如果资金有困难可以找我。"

在北京民协庆祝"北京民营科技企业创办十五周年"的活动中，赵东升先生还亲笔挥毫题词祝贺。

回想当年，赵东升先生浓眉大眼，身材魁梧，说话铿锵有力，待人和蔼可亲。时光淡淡如流水，赵东升先生永远活在北京民营科技企业家的心中。

十、我国军转民的典范康拓公司创始人秦革传

秦革，男，1938年2月出生在东北延边地区，与朝鲜只有一江之隔的吉林省和龙县一个贫苦农民家庭，按照山东老家的习俗，他的名字排列是元字辈，起名叫秦元富，秦革是在"文化大革命"中改的名字。

2020年1月5日，秦革先生因病逝世于北京海淀，享年81岁。

秦革先生是我国军转民优秀代表，中关村电子一条街第一代创业者，"国有民营"康拓公司创始人和首任总裁。中关村泰山会的创始人之一、泰山会副会长。北京民协常务理事，中国民协副秘书长。

1993年，秦革先生留影。齐忠摄影。

2009年8月5日，秦革先生与原北京民协副秘书长齐忠合作，由齐忠执笔，出版回忆录《创业中国硅谷——我与康拓公司的军转民之路》一书。

秦革先生逝世后，北京及中关村科技企业家，泰山会同仁，北京民协、中国民协、航天五院、502所及相关部门人士表示沉痛的悼念。

1951年，秦革先生在东北小学毕业后，因家境贫困只得辍学下地干活补贴家用。他的学习欲望非常强，不久又背着行李独自一人到济南，考入济南公立中学第十一中。当年中学分为公立与私立，私立中学学费高，国家办的公立中学学费低，报名的人数多，二十名取一名。秦革中学毕业后，因学习成绩优异，被学校保送高中，他又因家境贫困而放弃。

秦革先生又赴北京考上"北京水利发电学校"，该学校管吃管住不收学费，使秦革能够继续上学。后来该校更名为"北京水利学院"，该院为培养本校自动化系的老师，挑选四个优秀学生到中国科技大学自动化系学习，秦革又被选上成为中国科技大学学生。

秦革先生依靠勤工俭学，通过为养牛场收割牛饲料挣钱度过了上大学的时光。

1963年9月，秦革先生作为中国科技大学首届毕业生，分配到中国科学院自动化研究所工作。

1968年，中科院自动化所已经划归航天五院简称502所，秦革先生进入502所工作。

1988年，因军工任务不足，国家提出"军转民"十六字方针即"平战结合、军民结合、以军为主、以民养军"。鼓励军工大院大所科研人员"下海"，创办高科技企业，将军工科研成果转化为民用商品，推动国民经济发展的同时，也为军工大院大所带来可观的资金。

1988年6月14日，502所正式下文件，确定成立"北京海淀康拓科技开发公司"（以下简称"康拓公司"）。任命秦革先生为总经理。"康拓"的名称来自英文"Control"，中文的意思是"控制"。

1988年6月25日，康拓公司在北京市工商局正式注册。公司注册资金为90万元，来自502所借款。经济性质为"集体所有制"，公司地址为海淀区中关村南街16号。

秦革先生带领康拓公司，在北京、中关村、中国高科技产业创造出"军转民"三项全国第一的纪录。

1. 康拓红外测轴仪

康拓红外测轴仪，来自我国航天的红线遥感技术，改变了我国铁路工人用小锤子敲击火车车轴，用听声音的办法判断该车轴是否发热损坏的落后技术。因为火车在高速行驶中车轮与车轴的摩擦会产生巨大热量，使车轴燃烧，导致断轴火车发生颠覆的巨大灾难，所以火车每行走到一段路程就必须靠站停下，人工检查车轴情况。

康拓公司推出康拓红外测轴仪后，只要在铁道旁安装康拓红外测轴仪，火车通过的刹那间，该仪器利用红外辐射能量技术就能测试出火车每根车轴的温度，快速传输到下一站轴温测试计算机上，判断出火车哪根车轴轴温不正常需要维修。

1996年，我国火车首次大提速，康拓公司马上推出第二代红外产品，这种产品是毫秒级产品，适用于时速两百公里以下的列车。不久公司又推出第三代产品"光敏元件轴温探测系统"，这种产品是微秒级产品，适用于时速三百公里以上的列车，成为我国火车大提速的保护神。

康拓公司推出的康拓红外测轴仪，由于以军工标准制造，质量过硬又物美价廉，迫使生产同类产品的美国哈曼公司退出中国市场。

2. 增值税发票"防伪识伪卡"

1993年，康拓公司组织公司科研骨干进行论证，确定增值税发票"防伪识伪卡"产品的开发方向。

秦革先生回忆在开发这个项目时，他说："这个项目有非常广阔的市场，康拓公司如果研制成功，就能成为上市公司，所以要拼尽全力争取成功。但是也应该看到这个项目与以往的项目不同，这个项目不是国家指定的项目，不是国家先立项让我们去竞标。是国家想干这件事情，由众多单位自己想办法出点子和解决方案，最后由国家拍板挑中某单位去做。所以康拓公司提出的方案必须切中要害，首先让税务机关能够接受，有了这个保证，夺标才有保证。"

康拓公司抽调三十多名技术骨干，组成金税工程项目攻关小组，秦革先生还指示公司财务等部门要为这个小组大开"绿灯"。在确定项目方案的问题上特别艰苦，康拓公司作为底层的科技公司必须拿出新点子，也就是替国家想主意，还要说服国家采纳康拓公司的新点子，寻找新点子的工作非常困难，很多方案被推翻。最后聚焦在税务机关上，通过大量的调研、走访税务机关工作人员后，知道税务机关最需要解决的是增值税发票防伪问题，康拓公司就确定增值税发票"防伪识伪卡"研发方案。

1994年2月1日，国家确定康拓公司的增值税发票"防伪识伪卡"项目。

1995年8月，航天部决定，在康拓公司研制的增值税发票"防伪识伪卡"项目基础上，组建"航天信息股份有限公司"。

1996年10月5日，康拓公司的增值税防伪税控系统"票据防伪开票机和识伪认证机及其防伪识伪办法"荣获国家发明专利证书。康拓公司增值税防伪税控系统，还获国家级科技进步成果二等奖、航天科技进步成果一等奖。

2003年，康拓公司的增值税防伪税控系统进入全国120万家企业。

2003年6月26日，航天信息股份有限公司在上海证券交易所上市。

2007年，我国税收在5万亿元人民币左右，增值税在2.5万亿元左右。10年来，康拓公司的增值税发票"防伪识伪卡"，为国家堵住了300多亿元的偷税漏税。

3. 康拓工业控制机

康拓公司生产的"康拓工业控制机"，是计算机与控制技术相结合的产物，也叫工业电脑，康拓工控机技术来源于502所的航天卫星控制系统技术。

1989年，康拓公司销售"康拓工业控制机"500多套，成为我国生产工业控制机的龙头企业。

国家计委有关领导，面对我国工控机市场的"老大"康拓工控机发出的感叹是："有心栽花，花不开。无心插柳，柳成荫。"国家计委有关领导为什么这样讲，因为在1986年，开发国产化工业控制机被列入"七五"计划中，为研制工业控制机，国家投入研发经费近亿元，结果是没有一个产品在市场上走俏和赚钱。而康拓公司仅用五万元军转民事业费，以市场需求为标准研制出的康拓工控机，短时间内成为全国工控机制造行业的老大。这种现象怎能不让国家计委有关领导感叹。

1994年8月3日，由国家科委（注：国家科委现为"科技部"）批准的"国家工业控制单元装置及系统工程技术研究中心"，在人民大会堂正式宣布成立。该中心主要是由康拓公司的人员组成。成立大会很隆重，国家科委副主任黄齐陶、航天总公司副总经理夏国洪、五院常务副院长李祖洪、海淀试验区主任王思红都到场祝贺。该中心的成立为"康拓工业控机"的发展奠定了坚实的基础，也成为康拓公司"军转民"事业的一个代表之作。

我国"军转民"事业中的典范康拓公司，是我国改革开放大潮中，国防工业体制改革的一朵奇葩，也是国防工业体制内知识分子的伟大创举。秦革先生创办康拓公司的过程，就是最好的证明。

秦革先生虽然斯人已逝，但是，康拓红外测轴仪、增值税发票"防伪识伪卡"、康拓工业控制机，至今仍然为我国国民经济发挥着重要作用！

参考资料：

《创业中国硅谷——我与康拓公司的军转民之路》一书，该书为齐忠收藏。

十一、北京民营科技企业第一代创业者张伦传

张伦，男，1942年出生于东北。大学毕业以后，分配到中科院半导体所工作。

2001年1月21日下午3点，张伦先生因病在家中逝世，享年59岁。

张伦先生是北京及中关村中科院所属"国有民营"科技企业第一代创业者。他在"中科院东方仪器进出口公司"下，先后创办了东方仪器公司、东方钢结构事务所、东方繁荣发展有限公司。还参与创办了中科院工程师协会，任副理事长兼秘书长主持日常工作。并以该协会名义开办"中科院技术成果转让服务部"，由于该协会拥有数百名中科院工程师，掌握大量的高新技术，在中关村电子一条街非常有名。

张伦先生曾任北京民协常务理事、海淀区政协常委，中国民主促进会会员，为北京及中关村民营科技企业的发展作出重大贡献。

1999年，张伦先生在家中留影。齐忠摄影。

张伦先生曾荣获"科技之光优秀企业奖""科技之光优秀产品奖""科技之光中关村电子一条街创业奖"。

张伦先生逝世后，原北京市科协副主席、北京民协首任会长赵绮秋（女），北京民协会长纪世瀛，清华紫光集团副总裁郑忠秀，北京民协全体会员表示沉痛的悼念！

1990年10月底，北京民协筹备"纪念北京民办科技实业创办十周年暨首届'科技之光奖'评选活动"时，张伦不仅在财力上支持北京民协，还派出公司近十名员工到北京民协工作，大力支持该活动。

1990年，张伦先生正值壮年。精力充沛，事业也处在高峰阶段。他开创的东方公司研制的"微缩技术"，该技术主要是对重要的书籍、资料进行微缩处理，是中关村众多高科技公司中唯一掌握该技术的公司。该项高科技产品的推出，成为科技领域的重大新闻，刊登在当年《科技日报》和《北京晚报》上，使张伦先生成为20世纪90年代初，中关村电子一条街知名企业家之一。

张伦先生身材高大，为人真诚，一派书生气质，在事业辉煌的时候，曾经赞助过不少公益活动，20世纪90年代初走红我国音乐界的"爱乐女乐团"，就受到过他的巨额资金的支持。该乐团的指挥是郑小瑛女士。我国首位研究生、著名二胡演奏家宋飞女士，也在该团演出，著名主持人李铎先生为该乐团的主持人。

张伦先生，这位中关村电子一条街的开拓者，在2001年初倒下，年仅59岁。是什么原因使这位中关村企业，在短短的十年内英年早逝，公司也从兴旺走向衰落？

首先是公司的房租问题。1983—1989年，中关村电子一条街处于刚刚兴起的阶段，公司的房租费用相对便宜，例如四通公司与联想公司合作租赁海淀煤炭公司在中关村的大楼，年租赁费用在156万元左右，两家公司年租赁费用平均为78万元左右。

1990年开始，由于中关村电子一条街各大公司林立，成为风水宝地，公司的房租费用飞涨。

东方仪器公司办公总部位于四环阜成路附近的一座几千平方米6层楼，这座楼是海淀区某机构的。当时这座楼的地理位置极差，附近没有公共汽车站。因为建四环路要先建地下水、电、燃气管道设备，该楼外就是数米深的大沟。所以，海淀区某机构用很低的价格租给东方公司，每年的房租金仅为10万元，张伦为了公司发展的长远利益，与海淀区某机构签订了10年租房协议。

1991年，当该楼外的四环路地下设施完工道路通畅后，海淀区某机构想推翻原来的协议，把房租价格提上去。但是，协议的期限是10年，一时间无法提价，所以，他们在别的方面"找碴儿"。

首先让东方公司承担该机构的所有水、电、煤气、供暖费用。这笔费用每月近万元。张伦提出要分清这些费用中，有哪些是东方公司租赁大楼使用的，哪些是该机构使用的，双方合理负担。可是该机构以水、电、煤气使用数字在统一的水表、电表、煤气表上显示得分不清为由，强迫东方公司必须照单缴纳全部费用，如果限期不交，停水、停电、停煤气。

张伦对这个问题十分不满，拒绝了对方无理要求后，海淀区某机构开始对东方公司的租赁大楼停水、停电、停煤气。

1991年夏，东方公司紧急向北京民协发出求救报告，反映该公司被停水、停电、停煤气的情况。为了保证协会会员权益不受到侵犯，北京民协会长纪世瀛派协会副秘书长齐忠到东方公司调查此事。

东方公司办公大楼内，由于断水导致洗手间发出的臭气，充满整个大楼；由于断电，公司员工无法办公；由于断煤气，公司食堂关闭。

张伦说："断水、断电、断煤气，不仅使公司停止运转，还使公司对外合作全部中断，连外宾也无法接待。海淀区某机构声称，过几天他们还要封闭大门。"经过北京民协向对方多次交涉，东方公司断水、断电、断煤气等问题，经过20多天才得到解决。可是东方公司受到重创，损失收益仅是一方面，公司内部人心开始涣散，有的职工离开了公司，有的职工则萌生另立"山头"的想法。

1992年，因各种原因被称为北京和中关村老板"危机年"。张伦和他的东方仪器公司表现得最为激烈。

1992年，张伦和他的东方仪器公司内部开始爆发一场"诸侯"之战。最激烈的是东方公司钢结构部的独立。

东方公司钢结构部是东方仪器公司最赚钱的部门，该部门是把国外钢结构建筑图纸拿来，将英文进行汉化，使施工单位能够按图施工。这种工作既要有深厚的英文基础，也要有建筑知识，丝毫不能出错。

当年，仅北京就有大量亟待建设的钢结构高层建筑，市场前景非常广阔。张伦为了迅速占领市场，将钢结构部与外商合资，单独成立公司，法人是他委派自己最信任的某某人担任。而头一个立起"山头"的就是这个合资公司，在某某人的带领下，把东方公司大楼的3层封闭起来，单独办公，独立核算，成为东方公司的"国中之国"。公司其他部门也悄悄在向这个模式演变。

张伦先生自然不满这种公司内部分裂，与某某人多次交涉后提出两个条件，一是让这家公司搬出东方公司办公大楼，二是公司归属东方公司管理。谈论的结果是两个条件全部被对方拒绝。

1992年6月15日，双方终于发生激烈的冲突，张伦先生被某某人殴打，张伦先生被打得满身是伤，张伦先生之子闻讯父亲被打，赶来和某某人争执，公司乱作一团。张伦先生再次向北京民协反映情况，北京民协会长纪世瀛急派协会副秘书长齐忠前去了解情况。

齐忠到达东方公司时，警方已经赶到，只见张伦先生两臂伤痕累累，血迹斑斑，公司三楼和四楼的窗户玻璃全部破碎。张伦先生拉着他的儿子站在楼梯上对某某人大声斥责。张伦先生情绪激动，已经不能控制自己。齐忠向警方讲清身份，并建议坐下来谈一谈，警方答应。齐忠又通知海淀政协，海淀政协也派有关负责同志前来了解情况。最后协调结果为企业内部纠纷，双方都受伤，希望企业自行解决。

当各方人士走了以后，齐忠扶张伦先生回到他的办公室，张伦先生情绪依然很激动，他说："我瞎了眼，某某人是我把他调进公司。他得了肝炎，是我给他3000元，亲自把他送到飞机场让他回家养病，病好以后又让他当法人，谁知道某某人是一只'狼'。"他说完自己打自己的耳光。齐忠赶紧劝阻，当张伦先生情绪稳定后，齐忠又把他背下4楼，扶进车内赶紧送到海淀医院。张伦先生亲手创办的东方公司，有近百名职工，在齐忠背张伦走出公司时，竟无人相帮。齐忠清楚东方公司职工，有的是惧怕某某人，不敢出面，有的是盘算着怎么另立"山头"。

到了海淀医院，经检查，张伦先生血压非常高，心脏电波有异常，立即住院抢救。北京民协会长纪世瀛得知这个消息后立即赶往医院看望，张伦先生拉着纪世瀛的手连说"会长救命"，北京民协会长纪世瀛向张伦表示慰问，并向有关部门奔走呼吁这件事，维护张伦的合法权益。张伦先生病情刚刚好转，就为自己无辜受殴打一事向有关部门反映，最后的结局是各打五十大板，某某人和张伦的儿子被拘留15天。张伦先生听到这个结局气愤不已。

不久，中科院方面以张伦先生有病为由，下文撤掉了张伦总经理一职，后经张伦先生据理力争，中科院又恢复张伦总经理一职。但是在双重打击下，张伦突发脑溢血，病倒在床上。

经过一段时间的治疗，张伦先生最后落下半身不遂的后遗症。北京民协会长纪世瀛又派协会副秘书长齐忠前去探望他，他撑着病体与齐忠交谈了一个多小时，语言表达已经不太清楚。张伦病倒后，东方公司加速了分裂。各个事业部都要脱离公司，另立"山头"。东方公司就此名存实亡。

2000年初，张伦再一次爆发脑溢血，高烧40度，经过40多天才抢救过来，但是张伦的身体状况极差，全身瘫痪丧失语言能力。只能通过一只右手和眼睛来表达自己的感受。

2000年11月23日，北京民协会长纪世瀛，副秘书长毕文华、齐忠上门看望张伦先生。并给他带去有他的名字的"科技之光中关村电子一条街创业奖"奖杯。

张伦先生还是住在中科院半导体所分配给他的小三居室里，他看到北京民协会长纪世瀛和毕文华、齐忠时，眼睛露出喜悦的光芒，并艰难地抬起右手，让他的夫人给拿烟，并再三用手比划着让齐忠抽烟。北京民协会长纪世瀛见此景心情沉痛，他说："你要好好养病，你是中关村电子一条街创业者，大家不会忘记你的。"

2001年1月21日下午3点，张伦先生因病在家中逝世。噩耗传来，北京民协会长纪世瀛又派协会副秘书长齐忠主持追悼会。

2001年1月22日，北京的天空阴沉沉的，张伦追悼会在中科院半导体所举行，送别张伦的有中国民主促进会中科院半导体所支部的两位负责人，张伦的亲朋好友等人。

齐忠主持追悼会并讲话，他说："今天，我代表北京民协会长纪世瀛，北京民协全体会员，向中关村电子一条街开拓者之一，优秀的民营科技企业家张伦同志表示沉痛的悼念……"追悼会结束后，齐忠冒着大雪扶棺送别张伦。

张伦先生英年早逝，但是他给北京和中关村民营科技企业的发展留下了宝贵经验，张伦先生永远是北京和中关村科技体制改革大道上的铺路石。

十二、北京民营科技优秀企业家祁魁元传

祁魁元，男，1942年出生于北京。

2020年12月20日，祁魁元先生因病在北京逝世，享年78岁。

祁魁元先生是北京及中关村第一代创业者、优秀的民营科技企业家、北京民协常务理事，为中国民营科技事业作出重大贡献，是中国民营科技企业的骄傲，著名保健品"生命源降脂胶丸"发明人，生命源公司董事长。

祁魁元先生在病重期间与逝世后，北京及中关村民营科技企业首家公司开拓者之一、北京民协原会长纪世瀛先生，大中投资公司董事长张大中先生，四通集团董事长段永基先生，北京民协原会长王小兰女士，中关村民营科技企业家协会会长、绿创公司董事长姜鹏明先生，希望集团董事长周明陶先生，用友集团董事长王文京先生，顺义节能研究所董事长张征先生，四通集团原董事、四通打字机发明人王缉志先生，清华

祁魁元先生的生前留影。照片由祁魁元先生的家属
提供并授予版权。

紫光原副总裁郑忠秀女士，海淀园原副主任邵欣平先生，中关村民营科
技企业家协会全体会员等，纷纷探望和表示沉痛悼念。

2020年12月22日，纪世瀛先生、姜鹏明先生，委派原北京民协副
秘书长齐忠，代表北京民营科技企业界参加祁魁元先生追悼会。

祁魁元先生年轻时当过中学老师，去过"干校"劳动，但是他仍然
怀有报效祖国之心。

1988年8月9日，祁魁元先生不要国家一分钱，创办民营高新技术
企业"北京市海淀生命源卫生保健品研究所"，任法人代表兼所长。他
发明著名保健品"生命源降脂胶丸"。

1992年3月，该所转型为"北京生命源科技有限公司"（以下简称
"生命源公司"），祁魁元任公司董事长。公司开始从研发进入市场运营，
成为我国保健品市场中的常青藤。

1997年9月，"生命源降脂胶丸"荣获北京市海淀区人民政府颁发的"海淀区科学技术进步二等奖"。

祁魁元先生宅心仁厚，为人和蔼，待人彬彬有礼，谈吐风雅。祁魁元先生做人的宗旨是，"穷则独善其身，达则兼济天下"。

2000年5月28日，祁魁元先生的生命源公司与北京市教委合作，出资50万元设立北京市生命源国家助学贷款担保基金，以实际行动来关爱、帮助贫困大学生。

全国人大常委会副委员长许嘉璐出席了基金设立仪式，他说："生命源公司以实际行动让社会这个躯体得到生命之源。"

祁魁元先生热心北京及中关村民营科技事业，大力支持北京民协工作，深得北京民协会员的爱戴。

2000年10月，祁魁元先生被北京民营科技实业家协会评为"创业英才"。

2002年11月，祁魁元先生荣获中华全国工商业联合会、中国民营科技实业家协会联合评定的"中国优秀民营科技企业家"。

2002年12月，祁魁元先生荣获北京市第五届"科技之光优秀企业家"称号。北京生命源科技有限公司荣获"科技之光信用企业"称号。

2003年，祁魁元先生参加"防治非典、奉献爱心"捐赠活动，被北京市委统战部门授予"抗击非典先进个人"称号。

人的生命如同清晨的露珠，在太阳初升的刹那间化为空气升上蓝天，重新回归大自然。

祁魁元先生是民营科技企业家，是知识分子，是智者，智者只有隐去。祁魁元先生实业报国的精神会永远激励后人！

十三、中国民营科技企业的骄傲徐荣祥传

徐荣祥，男，1958年2月出生在山东省沾化县。

2015年4月14日中午，徐荣祥先生在美国拉斯维加斯他的办公室中

吃工作餐时因意外哽噎不幸逝世，享年57岁。

徐荣祥先生是北京民协副会长，北京第一代民营科技企业创业者。优秀的科学家和民营科技企业家，是北京民营科技企业的骄傲。徐荣祥先生曾荣获中国第四届十大科技英才奖、联合国科学与和平奖、"科技之光优秀企业家奖"。

徐荣祥先生逝世后，北京民协、北京及中关村民营科技企业家、有关人士纷纷表示沉痛悼念！

1982年，徐荣祥先生毕业于中国青岛医学院医疗系。

1982年，徐荣祥先生任山东省济南市第三人民医院外科医师。

1987年5月18日，徐荣祥先生辞去公职，在北京宣武区创办"北京光明中医烧伤创疡研究所"，任所长。

1987年，徐荣祥先生发明的"烧伤湿润暴露疗法"及"湿润烧伤膏"被国家科委列为国家级重大科技成果。

1989年，"烧伤湿润暴露疗法"及"湿润烧伤膏"，被我国卫生部在全国推广普及。

1990年，徐荣祥先生创办"北京美宝高科技公司"，任董事长。

徐荣祥先生的生前留影，照片来自"徐荣祥基金会"官网。

2000年8月8日，徐荣祥先生在北京召开"原位干细胞克隆皮肤器官成果发布会"。徐荣祥先生在发布会上宣布，他在完成了烧伤组织全能修复的基础上独创了原位干细胞培养模式，将世界干细胞组织工程研究首次划分为原位和体外两种模式。

2000年10月29日至11月9日，徐荣祥先生应英国牛津大学、曼彻斯特大学、法国军队烧伤学会、德国著名的创伤愈合LTS公司等邀请作了多场专题学术报告。

2001年5月，徐荣祥先生，对外公布了人体原位再生复原器官的程序图谱，奠定了人类利用潜能细胞治疗疾病理论和实现的基础。

2002年，"烧伤湿润暴露疗法"及"湿润烧伤膏"被世界卫生组织认定为烧伤救灾的急救药品。他创立的"烧伤湿润暴露疗法"，被中国

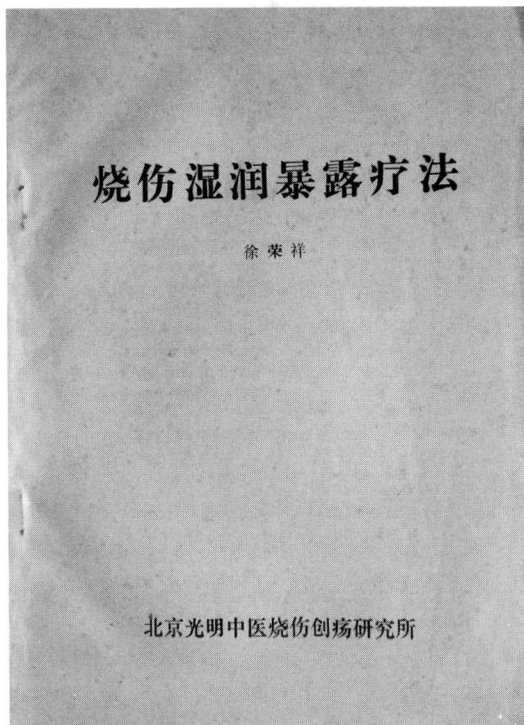

1990年，徐荣祥先生编写的《烧伤湿润暴露疗法》一书。齐忠摄影并收藏。

及美国大学教科书收录。

2002—2015年，徐荣祥任美国SKINGENIX、MEBO公司董事长、首席科学家。

2004年2月，徐荣祥《烧伤再生医学与疗法》一书的英文版在世界权威医学生物学出版社瑞士KARGER出版向全球发行。

徐荣祥先生逝世后，时任美国总统奥巴马，以及前总统克林顿、老布什致函悼念他。美通社发表悼念文章中指出："徐荣祥博士的理念、科研和技术是人类医学史上的宝贵财富。"

徐荣祥先生虽然英年早逝，他发明的"烧伤湿润暴露疗法"及"湿润烧伤膏"，至今仍为千千万万的烧伤病人带来了福音。

徐荣祥先生永远活在中国民营科技企业界人士的心中！

十四、中国计算机杀毒软件的开拓者王江民传

王江民，男，1951年10月7日出生于上海。不久，因其父出任烟台检察院检察长，全家搬到烟台。

2010年4月4日上午9点20分，王江民先生在北京京西信翔垂钓园突发心脏病，在北京门头沟医院抢救无效逝世，享年59岁。

王江民先生是中国计算机杀毒软件的开拓者，研究计算机杀毒软件的科学家，中国优秀的民营科技企业家，北京民协常务理事，曾获得"全国新长征突击手标兵"称号。

王江民先生研制开发的"KV"系列计算机杀毒软件产品，不仅成为中国销售量最大计算机杀毒软件产品，也成功地阻止了国外跨国公司计算机杀毒软件产品进入中国市场。

王江民先生逝世后，北京民协全体会员，北京计算机软件业界人士纷纷表示沉痛的悼念！

1954年，刚刚三岁的王江民先生患上小儿麻痹症，造成右腿残疾。不久，他的左腿又被自行车压断，形成双腿残疾，使他的人生道路充满

2002年，王江民先生留影。齐忠摄影。

坎坷。

　　肢体残疾对人的一生是件可怕的事情。但是，人的一生更可怕的是肢体健全而智力"残疾"。王江民先生发奋读书，凭借自学成才，成为中国计算机杀毒软件的开拓者。

　　1966年，在"文化大革命"期间，其父被打倒下台，被下放农村劳动改造，王江民先生又走上一条伤心的痛苦之路。回忆当年的情景时，他说："父亲被打倒后天天到田里推小车拉土劳动改造，我怕父亲累坏了，就在小车前拴根绳子在前面拉车减轻父亲的负担，有一次下沟没有注意，我的腿又不好连人带车摔到沟里，那个年月不堪回首。"

　　1971年，王江民先生被分配到一家街道工厂工作，三年学徒期满后成为一级工，每月工资32.24元。因为家境贫穷，王江民先生31岁才结婚。不久，进入山东省烟台市"烟台轴承仪器总厂"工作，因工作表现突出曾获得多项奖励。

　　1979年9月19日，王江民先生获共青团中央颁发的首届105名"全国新长征突击手标兵"称号。

1985年，王江民先生获"烟台市劳动模范"称号。

1985年，王江民先生获"全国青年自学成才标兵"称号。

1991年，王江民先生获"全国自强模范"称号。

1990年，王江民先生当选为烟台市政协委员，并连续当选至2010年。

1989年，王江民先生结业于中央电教馆软件专业，并从事个人计算机反病毒研究。

1989年，王江民因勤奋好学被单位重用，开发工控软件。可是工控软件感染病毒之后，机器就会失控，人们就会指责王江民先生的工控软件有问题。他重新研究工控软件发现了"果实"与"小洞"两种计算机软件病毒，就研制计算机杀毒软件，工控软件经过计算机杀毒后又正常工作了。

从此只要发现一种新的计算机软件病毒，王江民先生就开发一种新杀毒软件。当他开发六种杀毒软件时，就把这六种杀毒软件程序装在三寸软盘上，起名为"KV6"。"K"是英文"杀"的"Kill"首字母，V是英文"病毒"的"Virus"首字母。

当王江民先生把杀毒软件开发到"KV100"时，起名为"超级巡警"。

1994年7月5日，王江民先生在《软件报》首次发布"反病毒公告"，使"KV100"杀毒软件在中国计算机杀毒软件中名声大震。

1996年，王江民先生决定离开烟台，到中关村开创自己的事业，挖掘计算机杀毒软件这个蕴藏千亿元的"金矿"。

1996年8月21日，王江民先生在北京市海淀区工商局注册首家公司"北京江民新技术有限责任公司"（以下简称"江民新技术公司"）。注册资金50万元，公司为集体所有制，王江民任公司法人代表、公司董事长兼总裁，地址为北京海淀区海淀路171号北京市大华衬衫厂。

1996年9月，王江民先生开发出"KV300"杀毒软件，并以100万元出售了"KV300"杀毒软件版权，完成江民新技术公司原始资本积累阶段。

1997年，江民新技术公司，被北京市新技术产业开发试验区认定为"新技术企业"。

1999年6月16日，王江民先生又在北京市新技术产业开发试验区注册"北京江民新科技术有限公司"（以下简称"江民新科公司"）。该公司被认定为"新技术企业"，注册资金50万元，公司为集体所有制，王江民先生任公司法人代表、公司董事长兼总裁，地址为北京海淀区海淀路乙39号。

1999年12月15日，王江民先生发表《计算机病毒的发展趋势及KV3000的反病毒对策》，这是中国民营科技企业家从实践到理论得来的唯一的学术论文报告，弥足珍贵。

2000年，江民新科公司推出王江民研制的"KV3000"系列计算机杀毒软件。从此王江民先生成为中国最大的计算机杀毒软件产品制造商。

王江民先生不仅是一位优秀的民营科技企业家，还是一位中国残疾人事业的热心支持者和慈善家。

王江民先生说："在大千世界中生存，对残疾人来说是相当困难的，从台阶迈步下去，这件在正常人看来是非常普通的事情，对残疾的人来讲，就是件要特别小心的事。手要紧握扶手来保证下肢无法支撑全身重量时不会摔倒，抬腿时身体要避免与其他人碰撞而摔倒，这些事做好后才能移动腿和脚走完下台阶这步，任何失误就会让残疾人滚落在地，摔得鼻青脸肿。我是下肢有残疾的人，帮助残疾人在这个世界上快乐地生活，是我的义务！"

王江民先生对家乡烟台的残疾人事业特别关心，为烟台市特殊教育事业捐赠30万元。还向家乡"烟台残疾人联合会"捐赠10万元奖励基金。当他听到家乡有位聋哑人开办的木工厂因失火面临倒闭，王江民马上捐赠6万元给这位聋哑人，让他重新创业。

王江民还给著名残疾人张海迪（女）捐赠10万元，帮助她出版小说《登顶》。

2001年10月26日，王江民还向中国残疾人福利基金会捐款100万元，每年用于残疾人相关学校教师的奖励。

在捐赠仪式上原中国残疾人协会理事长邓朴方先生，他在发言中对王江民先生评价很高，他说："要号召大家向王江民同志学习！"

王江民还盛情邀请获奖的残疾人学校教师，在人民大会堂以每桌5000元的豪华盛宴，招待这些来自全国各地残疾人学校的教师。这些残疾人学校的教师是第一次进入人民大会堂，他们非常激动，纷纷合影留念。

首届获奖的残疾人学校老师中有不少残疾人，他们大多数都是身穿蓝色服装，朴素甚至有些寒酸，这些老师从千里之外赶到北京领奖穿成这样，他们的工资待遇可想而知。他们中有的人不停地用手触摸大会堂中如同金银耀眼的设施，有的人在不停地照相留影。

吃饭时王江民如同亲人似的，不停为在座的老师们加菜、添饭、倒酒。当他听老师们说这次到北京没能去故宫看看皇帝的金銮殿，很是失望。王江民马上说："老师们来趟北京不容易，多住几天，我让公司的人组织老师们到故宫参观，费用由公司支付。"在座的老师和残协的工作人员听后都很感动。

王江民先生还担任过烟台市残疾人协会副理长、北京工业大学客座教授、中国光学学会会员、山东激光学会理事、烟台激光学会副理事长等多种社会职务。

在中国计算机杀毒软件这个神秘的领域里，因为有了王江民先生才变成丰富多样的五彩缤纷的世界！在中国民营科技企业这个中国知识分子伟大的创举历史中，永远会牢记王江民先生！

十五、四通公司首任董事长李文元传

2023年1月10日，原四通公司创始人之一、首任董事长、中关村电子一条街的开拓者之一、海淀四季青乡乡长李文元先生，因感染新冠肺炎逝世，享年88岁（注：四季青乡现改名为"四季青乡镇"）。

北京市海淀区老领导、海淀试验区老领导王思红等人，中关村电子一条街的开拓者，第一代企业家纪世瀛、姜云等人，四通公司的创始人印甫胜及全体同仁，惊闻李文元先生逝世后，纷纷表示沉痛的悼念。

1935年9月15日，李文元出生于北京市海淀区。20世纪50年代初，全国劳动模范李墨林在北京市海淀区创建了"温室生产合作社"，因一年四季蔬菜常青，遂命名为"四季青"合作社。此后这一名称沿用为"四季青人民公社""四季青乡""四季青镇"。

（一）积极参与四通公司的创办

1984年3月，原北方交通大学计算机所所长印甫盛先生与夫人刘菊芬（注：刘菊芬当时在国家科委新技术局工作，后任四通公司董事会首届副董事长、副总裁兼总工程师，"新浪网"创始人之一，任"新

1989年3月19日，李文元先生在香港四通公司留影。照片由李文俊先生提供，并授予本书版权。

浪网"董事会董事）在家中与刘海平（注：当时在北京计算机三厂工作）、吴本浔（注：当时在中科院院部工作）和王晓霞（注：当时在北方交通大学工作）聊起机关的一些工作，觉得非常压抑，想离开这种环境，下海办公司。但是，真正离开机关丢掉"铁饭碗"，心里还是没有底，也不知道怎样办公司。只好先摸摸情况，当时京海公司已成立，我们以为是北京和上海共同办的公司，就骑车前去拜访，一打听才知道是中科院计算所科研人员同海淀区合办的。我们觉得有希望，刘菊芬就给时任海淀区委书记贾春旺打电话，贾春旺在电话里说："这是好事，你们要搞公司我支持，但你们跟我没有组织上的联系，我们得想想这事怎么办。"

1984年3月20日，海淀区委书记贾春旺给四季青乡乡长李文元打电话，探讨四季青乡政府是否能和印甫盛这些科技人员合作创办公司。对改革开放十分敏锐的李文元先生认为，这些科技人员到四季青乡办公司，会给四季青乡镇企业的产品结构调整带来全新的变化，必须紧紧抓住这个机遇，马上表示同意。

1984年3月20日晚7时，在海区政府228会议室，双方召开第一次会议，参加会议的有海淀区委书记贾春旺，李文元先生，四季青化轻公司线路板厂厂长李文俊（注：李文俊先生是李文元之弟，后来任四通公司副总裁、董事会董事），四季青乡总公司下属的四季青乡化轻公司党支部书记刘子明（注：刘子明先生后来任四通公司首期董事会副董事长、财务部负责人、副总裁），与印甫盛、某某某、沈国钧等人首次见面。（注：某某某与沈国钧是中科院计算中心计算机方面的科研人员。某某某后任四通公司首任总裁、第二届董事会董事长，沈国钧后任第二任四通公司总裁、第三任董事会董事长。）

双方召开第一次会议交流得很顺利，李文元先生对这次合作表示非常支持。贾春旺书记说："你们可以合作，由李乡长给区里写报告。"

3月22日晚上7点，还是在海淀区政府的228会议室，我们双方第二轮会谈。确定了企业名称、企业性质、组织机构和分配原则。企业的名称确定为"北京市四通新兴产业开发公司"。

3月25日星期日，李文元先生邀请印甫盛等参观四季青乡乡镇企业。并确定由刘子明与某某某负责办理四通公司注册工作，四季青乡出资十万元人民币，借给四通公司作为启动资金。印甫盛先生怕公司亏损后无法赔偿，只同意借款两万元人民币。

1984年5月11日，四通公司从工商局取得正式营业执照，性质是集体所有制企业。

1984年5月16日，在四季青的外宾接待室，召开了四通公司成立大会，并宣布四通公司领导班子名单：

四通公司名誉董事会董事长：于光远（注：于光远先生是我国著名经济学家，曾任中国社会科学院副院长）

四通公司董事会董事长：李文元

副董事长：沈国钧、刘子明、刘菊芬（女）、张彦中

总经理：某某某

副总经理：沈国钧、任树德

（二）在四通公司初创与发展时期作出重大贡献

李文元先生利用广泛的人脉，以及四季青乡的优势，在四通公司初创期间和发展期间，作出重大贡献。对初创时期的四通公司支持是巨大的，在车道沟四季青乡线路板厂内给了四通公司办公室和一部电话。

不久，又把四季青乡化轻公司的一辆丰田蓝色的小面包车，拨给四通公司使用。那时乡镇企业是不允许买车的，四季青乡是趁着赞助第二届农民运动员机会，买了车以后先为农民运动员服务一个多月，然后车才归还四季青乡。

1983年，李文元先生用四季青乡的一块土地，向东升乡换来中关村一块土地。现在为中关村海龙大厦北边四环路路口，创办"四季青自选市场"，是当年北京仅有的两家自选市场，另一家在和平里。

1984年7月，李文元先生决定把四季青乡创办的"四季青自选市

1984年9月，四通公司在中关村"四季青超市"原址上建造的营业大厅，当年是中关村电子一条街的最漂亮时尚的营业大厅。照片由王缉志先生提供并授予本书版权。

场"，交给四通公司，作为公司经营门市地址。

1984年9月，四通公司经营门市部正式开业，该经营门市部是当年中关村电子一条街最漂亮的门市部。

1984年5月11日—1985年3月，四通公司的营业额达到1462万元，盈利198.9万元。①

1985年3月，因发生有关部门"调查中关村四通公司、京海公司、科海两公司"事件，李文元先生被迫作过几次检查，辞去四通公司首任董事长一职，但是李文元先生还是坚定地支持四通公司的工作。

1987年5月27日，四通公司与日本三井物业株式会社合资创办的"北京四通办公设备有限公司"，取得营业执照，简称"索泰克"。该公司又得到李文元先生与四季青乡的大力支持，四季青乡政府以250万元的价格，向该公司出售四季青乡北坞村一处十亩地的房产，作为四通打字机生产基地。四通公司与日本三井物业株式会社合资时，该房产作价500万人民币，作为四通公司合资股份。

李文元先生在退休后进入四通公司工作，为中关村的四通大厦的筹备与建设又作出重大贡献。

1995年6月28日，四通大厦竣工典礼上，李文元先生很是激动，他说："当年创办四通公司时，没有想到能够盖起大楼。"

2022年，海淀工业总产值已经超过万亿元人民币这样的飞跃是与当年中关村电子一条街的老一代企业家是分不开的。

中关村电子一条街的发展历史，以及老一代企业家在改革开放大潮的推动下，无畏艰难险阻的创业精神，是我国科技体制改革历史上最光辉的篇章，永照华夏大地。

参考资料：

①来自1985年6月14日北京市对中关村四通公司、京海、科海等四公司调查报告。

附录：珍贵历史文献及资料

北 京 · 中 关 村 民 营 科 技 大 事 记 (下 卷) 1998—2004

一、历史文献：我国允许私营公司成立的法律进程

1988年6月3日，国务院第七次常务会议通过了《中华人民共和国私营企业暂行条例》，该条例规定："个人或合伙经营，雇工八个人以上，并有一定规模的可注册为私营企业。"从此，个人创办私营企业的发展有了法律依据。在该条例颁布之前，个人不准私营注册企业，只能以"个体工商户"名义注册。例如，大中电器公司前身"张记电器加工铺"，用友公司前身"北京市海淀区双榆树用友软件服务部"。

1989年1月16日，国家工商行政管理局公布《中华人民共和国私营企业暂行条例实施办法》，北京市批准注册十家私营公司作为试点。

1989年5月10日，海淀工商局批准中关村私营科技公司"北京市海淀利国电子技术有限公司"成立，该公司的公章是圆形的，中间有五角

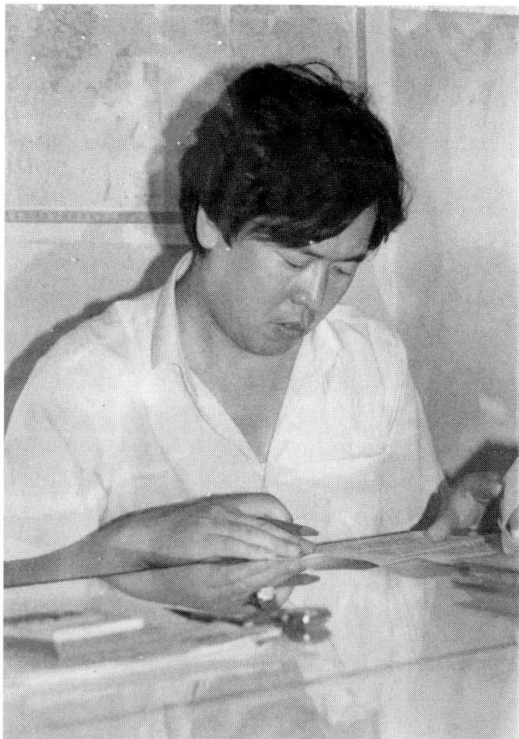

1989年，北京市海淀利国电子技术有限公司创始人郑建国先生在工作中。照片由郑建国先生提供并授予版权。

星。在此之前，个人注册的私营"个体工商户"的公章为三角形或者为菱形，公章中间没有五角星。

二、历史资料：中关村现今仅存的太监墓地

2021年11月18日，经过几十年的考证，在北京海淀中关村南三街16号，北京控制工程研究所，内部名称"中国空间技术研究院502研究所院内的一处遗留下坟地，是中关村目前唯一留下的明朝太监墓地，该墓地四周留有十几棵粗大的青松树，最少有几百年历史。据该所老员工述说，当年墓地十分豪华，几十棵青松翠柏环绕，因位于502研究所院子当中很不雅观，该所多方寻找墓地后人没有结果，后得知是明朝太监墓地，又有青松翠柏，就平其坟头保留该墓地和原来的松树。谁也没有想到成为中关村珍贵的历史遗迹。

位于中关村502研究所院内的明朝太监墓地，该墓地上面是圆形坟头，为了好看平了坟头种上牡丹花，而四周的十几棵青松翠柏还存在。齐忠摄影。

中关村最早的名称为"中官屯"，是因为在明朝时期一些无权无势的明朝太监死去后无地安葬，有权有势的太监在这里买下地皮作为这些太监义坟，所以明朝大量太监死后埋葬在这里。

明朝时期的太监有些人权力很大，能够代替皇帝起草圣旨，处理一些朝中大事。由于明朝时期的太监这种作用，使明朝的太监处于皇帝与大臣们的中间地位，所以当时人们称太监为"中官"，这些有权有势的太监死去后，还能得到皇帝封的谥号与赏给进士出身等名号。

明朝时期太监最有名的是，明朝成祖皇帝朱棣时期下西洋的郑和，郑和是回族人。

清朝时期吸取明朝太监乱政、使天下大乱的弊病，下令太监不得参与政务，又称太监为"老公"或"阉人"，使太监的地位低下。清朝时期一些穷太监死去后无地安葬，很多人也就埋葬在中关村。

清朝时期至新中国成立初期至1960年间，也有大量的清朝王公贵族和名人埋葬在海淀中关村、魏公村一带，1957年9月16日，我国当代著名画家齐白石就安葬在海淀魏公村。当年的海淀中关村一带可以说坟头满地。

1980年10月23日，中科院物理所研究员陈春先、高级工程师纪世瀛等七人，开创北京及中关村首家民营科技企业。40多年来中关村"沧海变桑田"，所有的历史遗迹几乎荡然无存。这次发现的中关村明朝太监墓，弥足珍贵。

写作后记

2020年2月8日，北京及中关村电子一条街首家民营科技企业创始人之一、我的老师纪世瀛与我联系，他要与我合作撰写《北京·中关村民营科技大事记》一书（以下简称《大事记》），作为2020年10月23日，召开的"北京及中关村电子一条街创业四十周年大会"的贺礼。书中的内容定为1980年10月23日至2004年，为什么要定在这个时间段呢？因为在2004年纪世瀛老师不再担任北京民协会长，我也不再担任北京民协副秘书长，我们手中有关北京及中关村电子一条街民营科技企业的资料也仅仅截止到2004年。

对于纪世瀛老师的提议，当时我很是犹豫，进行很长时间的思考，因为撰写这部巨著不仅要花费大量的时间，付出辛勤的汗水，写作的劳累，还要以损害身体及寿命作为代价。

在纪世瀛老师多次启迪下，我认识到八十岁的耄耋之人纪世瀛老师还在为民营科技企业树碑立传，为中关村精神呐喊，我不能后退。决定与纪世瀛老师合作撰写《大事记》。

历时三年之久，《北京·中关村民营科技大事记》（上卷）（中卷）（下卷），这部记录北京及中关村电子一条街民营科技企业1980—2004年珍贵的历史传记，近百万字，400幅左右珍贵的历史照片，在2022年12月24日终于完成，心中感到无比欣慰。

在写作过程中，纪世瀛老师给予我精神上巨大鼓励，以及财务上充分支持。可以说没有纪世瀛老师，就不会有这部巨著。

撰写近百万字历史题材的《大事记》，一般来说要成立编委会和编辑部，由十几个人才能完成。纪世瀛老师和我仅两个人，就完成近百万字历史题材的《大事记》一书，可以说是个奇迹！

一、《大事记》主题：民营科技企业是中国国民经济最坚固的基石

我认为中国知识分子在改革开放的推动下，做出的最伟大创举是创办民营科技企业，也是中国科技改革历史最光辉的篇章。民营科技企业在短短的42年中，为社会创造和财富积累是巨大的，超过西方发达国家企业在工业化百年时间才完成的财富积累，成为中国经济新的增长点和中国国民经济发展中最坚固的基石。还为不发达国家提供在没有国家投资、证券市场、风险投资、私募基金的情况下，打造出能够与西方发达国家相抗衡的高科技产业集群的创新模式，这是撰写《大事记》一书的宗旨与方向。

二、《大事记》是中国民营科技历史的一项历史性的抢救工程

子在川上曰："逝者如斯夫！不舍昼夜。"这是《论语》记载孔子所说的一句名言，意思为"孔子面对奔涌不息的大河，发出了时不我待的感慨。流水一去不复返，无论昼夜永不停息。观水而悟人生之道，尽管过去的已经过去，但应该时时刻刻保持自强不息、永不懈怠的精神"。

1980年10月23日，从北京及中关村首家民营科技企业创办到今天，已经过了42年，第一代民营科技企业家绝大多数进入八十耄耋之年，还有近20%的第一代民营科技企业家已经逝世。所以《大事记》一书为中国民营科技企业书写历史，为民营科技企业家树碑立传，是中国民营科技历史的一项重大的、具有历史性的抢救工程，把即将消失的中国民营科技企业历史变成书籍以便流传。

《大事记》还会成为今后中外学者研究中国民营科技企业历史的最重要历史文献和参考资料，以及众多民营科技企业创业者的参考指南。

最重要的是，这部巨著将流传下去，将中国民营科技企业刻在历史的丹青上，如同天上的日月，永照华夏大地。

纪世瀛老师和我，要感谢北京及中关村电子一条街民营科技企业员工及企业家，没有北京民营科技企业的发展状况及历史，就不会有《大事记》这本书，所以向北京及中关村电子一条街民营科技企业员工及企

业家，表示衷心的感谢。

纪世瀛老师和我，要感谢大中电器公司创始人张大中先生，一位不愿透露姓名的中关村民营科技企业家，京海公司的王洪德先生，姜鹏明先生，以及多名北京及中关村电子一条街民营科技企业家，伸出援助之手，慷慨解囊赞助本书的出版等相关费用。

1980—2004年，北京及中关村电子一条街民营科技企业这段历史，包括北京及中关村电子一条街民营科技企业及国有民营企业的重大事件，其中有企业的起源阶段、原始资本积累阶段、发展阶段、多元化经营阶段等。并且有成功的商业案例，探索过程中失败的经验教训。涉及北京及中关村电子一条街民营科技企业在最初的人员组合，企业家的经营理念、资金筹集、计算机领域、互联网方面、吸引国外风险投资及企业金融方面的运作，以及经济、公司法律等多方面的变化。清晰地再现历史的画卷，也显示出撰写这部巨著是一项浩大繁重的工程。

根据三年来对当代北京及中关村电子一条街民营科技企业历史重大事件、企业家口述历史、企业家回忆录、人物传记的撰写，有一些新的思考与认识，所以作为本书的"写作后记"展现出来，以飨读者。

三、《大事记》中历史考证与注明出处来源的艰难历程

人物与事件的口口相传，是文学作品的最初形式。而文学作品中的史、志、传、大事记、口述历史、回忆录等记录历史题材的作品，大多数来自文学作品的这种口口相传的最初形式。但是这些记录历史题材的作品，有特殊的要求，那就是必须对历史人物与事件真实性进行考证与注明出处来源，这也是中外历史学家对历史题材的作品公认的标准，也是衡量一部历史题材的作品是否优秀的唯一标准，《大事记》必须完全按照这个标准完成。

但是随着北京及中关村民营科技企业负责人的更换和变动，企业最初的负责人往往会被"雪藏"。例如，北大方正公司创始人之一楼滨龙先生，今天北大方正公司出版的书籍和宣传手册上没有任何记载。企业

由全民所有制、集体所有制改造为股份制企业后，企业的性质与各种名称让人眼花缭乱，例如，联想公司就有"计算所公司""中国科学院计算研究所新技术发展公司""香港联想电脑公司""北京联想公司""联想电脑公司""联想集团公司""联想控股公司"等多种名字。错综复杂的变化，使人很难清晰刻画出联想公司在不同时期企业变化的"路线图"。

为了使《大事记》一书准确地还原历史真相，我购买和收集了大量有关北京及中关村电子一条街民营科技企业珍贵历史文献。例如，北京民营科技企业首本大事记《北京民办科技实业大事记1980年—1990年》及该书的草稿，北京及中关村电子一条街首家民营科技企业创始人之一纪世瀛老师的回忆录《风云乍起》。中国唯一的老红军民营科技企业家徐可悼回忆录《求索记》。大中电器公司创始人张大中先生回忆录《不问收获的耕耘收获自在其中》，以及大中电器公司《管理手册》。北京及中关村电子一条街首家民营科技企业支持者，原北京市科协副主席赵绮秋（女）的回忆录。中关村电子一条街调查报告《希望的火光》，以及该书主编原中共中央办公厅调研室于维栋先生的回忆录。京海公司创始人王洪德先生回忆录《励炼人生》，京海公司内刊《京海纵横》。北大方正公司首任总裁楼滨龙等人的回忆录《北大方正创业回忆》，以及我对北大方正公司创始人楼滨龙先生、陆永基先生等人的采访记录。长城钛金公司创始人王殿儒先生回忆录《留学苏人点铁成金》。中关村唯一陪同陈春先教授访问美国硅谷严陆光院士的《严陆光传》。联想汉卡发明人倪光南院士的《倪光南传》。1994—2007年，北京市科委出版的《北京科技年鉴》《北京市科学技术学会志》《中国科学院物理研究所志》《中国科学院计算技术研究所三十年》《中国科学院计算技术研究所45年》，中国著名作家丁玲（女）以及黄宗英（女），陆星儿（女），原海淀文联主席、《中关村》杂志卫汉青先生等人所撰写的记录中关村早期企业家创业经历的《一代天骄》《一代天骄续集》等书籍。

还有众多珍贵的历史资料：四通公司董事长创始人之一段永基先生

的四通公司经营回忆录；四通公司创始人之一，原北方交通大字计算机所所长印甫盛先生，写的有关四通公司创办与起源回忆录。四通公司创始人之一，原四季青乡干部刘子明先生所写的有关四通公司初期经营与贸易的原始资本过程回忆录。原四通公司副总裁兼总工程师王缉志先生所写的，四通公司与日本三井公司联合研发四通打字机的《四通打字机项目开发可行报告》。1986年6月8日至2003年，全部的四通公司内部刊物《四通人》，这是记录四通公司和有关中国民营科技企业的"日记"。

联想公司董事长柳传志先生在不同时期所撰写的《联想初创时期的回忆》《联想的故事》、有关联想股份制改革等多篇回忆录。联想公司首任总裁王树生先生所写的联想公司筹备与创办回忆录。原联想公司总工程师、中国工程院院士倪光南先生，所写研制联想汉卡回忆录；香港联想公司创始人之一，香港企业家吕谭平先生所写的创办香港联想公司回忆录；国务院发展研究中心企业研究所所写的《联想发展研究专题报告汇编》、联想公司早期出版的白皮版《联想之路》，蓝皮版《联想之路》书籍、联想公司内刊《联想报》等，清晰地展现出联想公司初创与发展阶段的历史。

1978年，中国恢复高考后中国科技大学首届研究生，原中科院计算所科研人员，中关村希望电脑公司创始人，公司董事长周明陶先生所写的回忆录——《创办希望公司的回忆》。

用友公司创始人王文京先生在不同时期所写有关用友公司的回忆录，清晰地展现出用友公司作为私营民营科技企业初创与发展阶段的历史。

信通公司总裁金燕静（女）所写的回忆录——《较早的股份制企业信通》，信通公司内刊《信通之光》。大恒新纪元科技股份有限公司创始人、董事长兼总裁张家林先生所写的回忆录——《上市对公司财务管理的影响及利与弊》。百度公司总裁李彦宏所写的回忆录——《百度公司的自主创新》。北京市丰台区天安所创始人吕克健先生所写的回忆录——《我的企业观》。中国科技经营管理大学创始人蒋淑云校长（女）

写的回忆录，及该校出版的《鞭策集》一书。三友专利事务所创始人李强（女）所写的回忆录——《三友专利事务所创业回忆录》。1978年，中国恢复高考后清华大学首届研究生、亚都公司创始人何鲁敏先生所写的回忆录——《亚都公司多元化经营失误的探讨》，以及该公司出版的《亚都物语》一书。百龙矿泉壶的发明人孙寅贵先生所写的回忆录——《总裁的检讨》一书。原中科院高企局副局长钟琪所写的回忆录——《中科院创办公司及"一院两制"的起源》。原清华产业管理处处长、清华企业集团副总裁白洪烈等人所写的回忆录——《清华大学创办校办科技企业历史与概况》，时代公司内部刊物《时代之路》等。在这些资料中，有罕见的首次披露北京及中关村电子一条街民营科技企业重大事件和历史原貌的珍贵历史文献。

1985年6月14日，北京市委办公厅《关于部分科研人员致信中央领导同志反映四通等四公司问题的调查报告》，这份历史文献极为珍贵，是中国官方最早对中关村四通公司、京海公司、科海的两个公司在经营、人员结构、工资分配、公司利润、资金筹集和来源的调查报告，对以上四家公司的经营利润精准到个位数，是北京及中关村民营科技企业最早的、最为详细、最为精确、最有权威性的官方调查报告。更可贵的是收集到当年该调查报告调查组成员，海淀工商局工作人员对中关村四公司的调查笔记，原四通公司董事长沈国钧先生在这份报告中看到自己在1984年的每月工资为800元时，感到十分惊讶。这是记录1984—1985年初，北京及中关村民营科技企业在原始资本积累阶段最珍贵的历史资料。

1987年5月8日，有关方面撰写的有关四通公司的《北京四通公司简要情况报告》，也是记录北京及中关村民营科技企业发展时期，在经营、金融、贷款、税收、外汇等多方面情况的宝贵历史资料。

中科院撰写的《中国科学院促进高技术产业发展大事记1983—2003年》草稿，再现和证实中科院"一院两制"与创办科技企业的历程。

中国最为著名的商会，泰山会的筹办过程，泰山会的章程，泰山会首次会议的人员名单，泰山会相关运营机制，泰山会创办民生银行的过程等资料，保证了《大事记》一书对泰山会撰写的真实性。

我与原航天五院下属的502研究所开办的"军转民"企业，康拓公司首任总裁秦革先生共同撰写的《创业中国硅谷——我与康拓公司的军转民之路》，该书是中国唯一记载"军转民"工程中，利用军事技术创办"国有民营"新技术企业，推出"红外线测轴仪"为中国火车运行向高速发展提供安全保障，以及中国"三金工程"中的增值税必要措施"增值税防伪卡"等产品的推出过程，弥足珍贵。

1988年8月31日，信通公司在股份制改造过程中，出售给公司员工股份的"股金证"，清晰地记录员工购买信通公司股份的数量，每股年分红的金额，十分珍贵。

1990—2003年，由北京民协内刊《科技之光》后来更名为《北京科技报·中关村园区》周刊，准确和真实地记录下北京及中关村民营科技企业14来发生的大事件，是北京及中关村民营科技企业的"日记"，是还原北京及中关村民营科技企业历史，考证和注明出处不可多得的历史资料。

还收集到有关"北京市新技术产业开发试验区"（以下简称"试验区"）起源、筹备、运行的相关资料与回忆录，以及试验区在不同时期出版的各种宣传手册，其中的试验区中英文宣传手册极为罕见。

还收集到北京市政府、中科院学部委员会、中科院物理所、中科院计所、北京市科委、北京市科协、试验区以及各种研究机构，专家学者，民营科技企业家所撰写的各种志、大事记、有关民营科技企业发展回顾等上百本书籍，上千万字的相关资料，数千张历史照片，珍贵的影像资料等。

其中最为珍贵的照片是中关村的标志"DNA"塑像最初照片，中关村纪念碑地点与出处，上地信息产业基地的起源。北京及中关村电子一条街民营科技企业家创业初期，敢于辞去公职、艰苦创业的照片。例如，首家民营科技企业创始人之一纪世瀛创办企业时的照片。希望电脑公司创始人周明陶先生创办企业时的照片。大中电器公司创始人张大中先生在创办企业时，在家里小厨房自行研制的"15W OCL高保真扩音板"等产品的照片。民营科技企业家创业初期，省吃俭用，衣衫褴褛，仍不忘初心的写照，今天让人看来仍然会感动得潸然泪下。

我还购买到四通MS2400A打字机，该打字机在我国仅存两台。以及张大中先生在1982年研制的"15W OCL高保真扩音板"，联想汉卡，解放前带有"中关"字样的老地图，这些实物弥足珍贵。

以上这些资料和照片为《大事记》一书撰写有关历史的考证，注明出处的准确性、可靠性、真实性奠定了坚实的基础。

四、《大事记》独特史、志、传的撰写方式

1.《大事记》对当年历史进行详细的描写，突出"史"的必要性

1980年10月23日，北京及中关村首家民营科技企业"北京等离子体学会先进技术发展服务部"成立到今天，已经有42年。这也是中国改革开放后发生翻天覆地变化的42年，中国的计划经济体制被社会主义市场经济体制所代替的42年。在这特殊的时代转换时期出现一大批的特殊事件、特殊名词、相关的科技产品。随着时代的演变逐渐被人们忘掉和不理解，造成读者对《大事记》一书的内容感到乏味。为此要对当年的历史进行清晰的叙述，所以《大事记》一书对历史的横向进行详细的描写。

例如，中科院物理所研究员陈春先、纪世瀛、崔文栋等七人为什么要辞去中科院物理所的公职，走出"科学殿堂"在中关村创办北京第一家民营科技企业？国家有关部门负责人为什么要支持陈春先、纪世瀛、崔文栋？这在今天是许多人不可能想象和理解的。

四通公司的"四通打字机"，联想公司的"联想汉卡"，北大方正公司的"激光照排系统"，用友公司的"财务软件"，江民公司的"杀毒软件"，康拓公司的"增值税发票防伪卡"等产品在对中国20世纪80年代

到90年代的科技巨大推动作用是什么？今天计算机行业的年轻人都不知道，何况计算机行业外的人。

对于民营科技企业"二不、四自"优秀的运行机制，"知青社""全民所有制""集体所有制""私营企业""个体工商户""国有民企业""军转民企业""校办企业""新技术企业""科技中心与企业的区分""社办企业""乡镇企业""合资企业""内地与香港合资企业""三资企业""外资企业"等，这些特殊时代产生的企业历史名称，以及"外汇额度""企业之间的互保贷款""企业发行债券""企业对股份制的探索"等，现在的年轻人又有多少人了解？

《大事记》一书对当年的诸多历史都进行了清晰描述。例如：北京大学教授王选院士在"748"工程的巨大作用，北大方正公司与王选院士的北大计算机研究所从合作到二次开发"华光激光照排系统"，最后演变为王选院士进入北大方正公司，成为该公司的精神领袖。

中国著名的知识产权案"五笔字型"案，美国微软等公司状告"中关村五公司侵犯其知识产权案"，美国微软公司状告亚都公司侵犯其知识产权被驳回案，"信通公司走私案"等。

中国第一次全国性质的清理整顿公司，第二次清理整顿公司，对中关村四公司调查，对民营科技企业姓"资"、姓"社"质疑，北京及中关村第二次开公司大潮，"老板危机年"，"技、工、贸与贸、工、技"之争，联想公司柳传志先生与倪光南先生之争等重大历史事件等。

对人们关注的神秘的"泰山会"，以及北京民协、中国民协等民营科技企业有影响的社团组织，书中也有详细介绍。

再有对四通公司的起源，四通打字机的研发过程，公司股份制改造与上市的过程，公司的结构等。联想公司的起源，联想汉卡的研发过程，公司的结构从国有企业转变为股份制企业与上市过程的起因与"路线图"等企业的演变，《大事记》一书都有涉及。

《大事记》还用大量的历史记录，再现了20世纪80年代中国经济处于低潮与落后的状况。例如，各种计算机及电子元器件的匮乏，大量国有企业职工下岗状态，国家外汇储备的稀缺等现状。并且对这个年代出现的特殊事物、名词、各种企业称谓，从历史的角度给予解释。从侧面反映出中国知识分子勇于突破计划经济体制的束缚，不要国家一分钱投资辞去公职，创办民营科技企业，把科技成果转化为产品进入流通领域，成为真正的第一生产力，不仅成为中国新的经济增长点，还为国家提供了50%以上的税收，60%以上的就业机会，使读者看到历史的原貌，也触摸到民营科技企业家用科技产品改变中国贫穷落后的爱国之心！

2.《大事记》准确性保证了"志"的特征

准确性是以"志"的形式作为历史题材作品的特征。所以《大事记》一书在对每一件历史事件的撰写过程中，事件发生的年、月、日等，力求做到准确，并以相关照片、相关资料、企业在工商部门登记注册的档案、有关部门相关文件再次给予证实，并且给予相关的解释，使《大事记》一书所记载的大事件准确无误。

例如，四通公司在工商部门正式登记注册时间为：1984年5月11日，公司成立大会的时间为1984年5月16日，公司筹备的时间为1984年3月。筹备地点在北方交通大学宿舍，印甫盛、刘菊芬夫妻二人家中。公司实到资金为四季青乡的借款两万元。

信通公司在工商部门正式登记注册时间为1984年6月19日。公司筹备的时间为1983年11月。公司注册资金为300万元人民币，实到资金为300万元人民币。公司最初以与海淀煤炭公司合营的模式创办，方便公司向海淀煤炭公司租赁办公用地，否则违反政策。

联想公司的前身"计算所公司"在工商部门正式登记注册时间为1984年11月9日。公司注册资金为180万元人民币，实到资金为20万元人民币，出资方为中科院计算所。公司最初以海淀供销社合营的模式创办，方便公司向海淀供销社租赁办公用地，否则违反政策。

1985年1月8日，中国科学院希望高级电脑技术公司，正式在工商部门注册成立，注册资金为20万元人民币，实到资金为0，只有中科院计算所给开出愿意出资20万元的证明。

科海公司成立时间为1983年5月4日，由中科院与海淀区政府共同创办。启动资金为10万元人民币，是北京市拨给海淀区把农田改造为菜田的"蔬菜基金"。公司在工商部门正式登记注册时间为1984年5月5日。

1975年，北京大学教授王选院士进入"748"工程。

1985年10月15日，北京大学正式发文注册"北大新技术总公司"，公司法人代表为楼滨龙先生。该公司并没有在工商部门正式登记注册。

1986年8月21日，北京大学正式在工商部门登记注册"北京理科新技术公司"，注册资金为30万元人民币，实到资金为30万元人民币，出资方为北京大学，公司法人代表为楼滨龙先生，这就是北大方正公司的前身。

由于《大事记》一书准确性保证了"志"的特征，也保证了《大事记》一书对各种事件撰写的准确性。例如"联想汉卡"的起源，是由时任中科院计算所科研人员倪光南先生负责技术研发，信通公司与中航深圳工贸中心投资联合研制成功的。因为联想公司是在1984年11月9日成立的，不可能在1985年初研制出"联想汉卡"。

北大方正公司推出的"方正激光照排系统"，是王选院士在国家"748"工程近千万元的财力、物力支持下开发的"华光激光照排系统"基础上二次开发的成果。因为，1975年，北京大学教授王选院士进入"748"工程。1986年8月21日，北大方正公司的前身"北京理科新技术公司"才正式成立。

这种合乎事实逻辑的准确性，保证了《大事记》一书记载北京及中关村民营科技企业历史的真实性。

3.《大事记》中以创业时期为标准的人物传记

对民营科技企业界优秀人物的传记撰写，民营科技企业家本人的自传、回忆录等，是《大事记》的重要内容。

但是，这些优秀人物的传记内容，只限于民营科技企业的创业阶段——1980—1990年，因为《大事记》一书作者所掌握的最为全面的人物资料也在这个时间阶段，民营科技企业最为珍贵的历史也在这个时间阶段。

《大事记》一书的传记属于"志"传、"史"传类型，与文学作品的"传记"不同。文学作品的人物"传记"为了增强阅读感，添加了大量的感情色彩和大量的评论性文字。例如，"中关村企业家教父""某某科学家与夫人的爱情故事"，等等。

而《大事记》一书的传记，为了真实地展现人物的生平、事迹，创业的艰难困苦，发明科技产品的过程，对中国科技事业的推动与贡献，采用对人物性格，当年的历史背景及经济状态，进行人物与大事件的发展过程，清晰地还原大事记的来龙去脉，展现中国知识分子创办民营科技企业的风采。

《大事记》一书中的北京及中关村首家民营科技企业创始人《陈春先传》，中国民营科技企业家中唯一的老红军的《徐可倬传》，北京高校首家民营科技企业创始人的《倪振伟传》等，就是这种类型。

五、《大事记》使难懂的技术名词增加阅读感

北京及中关村早期民营科技企业，在科技产品的技术开发的过程中，有不少让人感到艰涩难懂的技术名词，例如"受控核聚变""托卡马克""等离子体""钛金""汉卡""四通打字机""热敏纸""热阻现象""晶体振荡器""线路板的信号屏蔽""照排控制器"等，使《大事记》写起来很难下笔，写不好会让读者进入"云雾"产生厌烦而不愿读下去。

例如，受人尊敬的北京大学教授王选院士如何入选"748"工程，北大方正公司攻克难关对"华光激光照排"二次开发的过程，涉及"汉字字模信息压缩技术""热阻现象""晶体振荡器""线路板的屏蔽""照排控制器"等技术名词。为彻底弄懂、弄清这些技术名词，执笔人"喝"下数百万字相关资料的"水"。其中有王选院士写的回忆文章，王选纪念室的文章，陆永基、楼滨龙、唐晓阳等人的口述历史，北大方正公司相关的资料等。再把这些技术性文字重新"熟化"，用通俗性、阅读性强的文字描写出来，让人们在阅读中不再感到"苦涩"。还多次拜访严陆光院士、中科院物理所有关人士，聆听他们的讲解，购买

有关"托卡马克""等离子体""受控核聚变"的书籍，终于弄懂了什么是"托卡马克""等离子体""受控核聚变"，以及"托卡马克"在中国的起源。王缉志先生发明的四通打字机，是中关村乃至中国在20世纪80年代最伟大的个人发明之一。为了写好四通打字机的发明与研制过程这篇文章，弄懂每一个技术名词、每一个细节，向王缉志先生请教了近十年。

六、《大事记》解开英国科学史学家李约瑟难题

英国著名学者生物化学和科学史学家李约瑟先生，在他编著的有15卷的《中国科学技术史》一书中提出一个问题。他指出是："尽管中国古代对人类科技发展做出了很多重要贡献，但为什么科学和工业革命没有在近代的中国发生？"

1976年，美国经济学家肯尼思·博尔丁先生把这个问题称为"李约瑟难题"。而"李约瑟难题"分为两个核心，首先是："为何在公元前1世纪到公元16世纪之间，古代中国人在科学和技术方面的发达程度远远超过同时期的欧洲！"其次是："为何近代科学没有产生在中国，而是在17世纪的西方，特别是文艺复兴之后的欧洲？"

《大事记》"上卷""中卷""下卷"的出版，彻底解开"李约瑟难题"。因为在公元618年—1636年，唐朝建立之后，中国的科举制度、重农轻商的政策，严重束缚和阻碍了中国知识分子对科学技术的研究，"学而优则仕"，"满朝朱紫贵，尽是读书人"。也就是学习知识为了当官，成为中国知识分子唯一的选择。

1978年12月28日，党的十一届三中全会决定"中国开始实行对内改革、对外开放的政策"。改革开放中敢于探索，勇于探索的良好的政策环境，使中国知识分子有了新的选择，在改革开放的大潮推动下，中国知识分子摆脱了种种束缚，向旧的科研体制发出挑战，走出科研院所，以实现"实业报国"的梦想，创办民营科技企业，用学到的知识将科研成果转化为产品，用科学技术创造财富。在短短的四十多年里，中

国民营科技企业打造出能与西方发达国家高科技企业相抗衡的产业集群，财富的积累速度超过西方发达国家企业，在上百年"工业化"年代财富积累的速度。

中国民营科技企业的出生、成长、发展的历史，成为解开"李约瑟难题"最好的答案！

最后，本书作者纪世瀛、齐忠，向陈春先先生（已故）与他的夫人毕慰萱女士、周鸿书先生（已故）与他的夫人赵绮秋女士、老红军徐可倬先生（已故）、张大中先生、段永基先生、王洪德先生、柳传志先生、印甫盛先生与他的夫人刘菊芬女士、沈国钧先生、李文俊先生、王缉志先生、中科院院士严陆光、王殿儒先生、周明陶先生、姜鹏明先生、李彦宏先生、张朝阳先生、陈庆振先生、金静女士（已故）、王文京先生、王永民先生、王江民先生（已故）、张家林先生、祁魁元先生（已故）、中国工程院院士倪光南、于维栋先生、韩秀峰先生、钟琪女士、李艳萍女士、李玉女士、李莉女士、吴琼女士、刘长兴先生、刘子明先生、秦革先生（已故）、楼滨龙先生（已故）、倪振伟先生（已故）、王刚锋先生（已故）、陆永基先生、胡定淮先生、邵欣平先生、袁方先生、卫汉青先生、曹永训先生、魏新高先生、方兴东先生、张亚珠女士、曹述玮先生、杜维先生、董超英先生等为本书提供的帮助，表示衷心的感谢！

大江东去浪淘尽，千古风流人物！中国民营科技企业是中国改革开放历史，以及中国科技体制改革历史上最光辉的篇章。"铁笔如刀刻青史"，是《大事记》一书记载下这段珍贵历史的真正含义。而更重要的是《大事记》一书会给后人启示，使他们具有艰苦奋斗，不惧困难，与时俱进的伟大精神，使中华民族五千多年的文明历史，在后来者的聪明与智慧下得以传承发扬光大！

世界永远在变，唯有中国民营科技企业的创新精神永远不变！

《北京·中关村民营科技大事记》执笔人　齐忠

2022 年 12 月 24 日

声　明

　　本书版权及文章图片的版权，全部归属于纪世瀛先生与齐忠先生，文章中注明年、月、日的事件都真实可信，可以引用。欢迎大家把文章转发到朋友圈。公众号转载须授权，不得用于公众号以外平台。没有经过作者的同意，任何形式的转载、抄袭、盗版，将受到法律的追究。

　　本书有关全部版权及销售事宜，纪世瀛先生全权委托齐忠先生代理。

　　齐忠电话：13901063290，微信：qizh666
　　电子邮箱：qizh666@hotmail.com